（汉英对照版）

（Chinese-English Version）

上海知识产权法院裁判文书精选

（2018～2020）

Shanghai Intellectual Property Court Judgments Selection

（2018–2020）

上海知识产权法院　组织编写

Written by Shanghai Intellectual Property Court

陈亚娟　主编

Chief Editor: Chen Yajuan

上海炎博文化传媒有限公司　译

Interpreted by Shanghai Yanbo Culture Media Co., Ltd.

知识产权出版社

全国百佳图书出版单位

—北京—

图书在版编目（CIP）数据

上海知识产权法院裁判文书精选：2018～2020：汉英对照版/上海知识产权法院组织编写. —北京：知识产权出版社，2022. 2

ISBN 978-7-5130-8050-7

Ⅰ. ①上… Ⅱ. ①上… Ⅲ. ①审判—法律文书—汇编—上海—2018-2020—汉、英 Ⅳ. ①D926. 134

中国版本图书馆 CIP 数据核字（2022）第 019741 号

内容提要

本书包括上海知识产权法院 2018～2020 年的优秀裁判文书，其中包含案情复杂、审理难度较大的案件，具体涵盖专利权纠纷、计算机软件纠纷、商标权纠纷、著作权纠纷、不正当竞争纠纷等方面。通过对知识产权不同类型案件的分析，全面、精准展示法官裁判的思路、依据及核心要点，使读者了解有关案件的裁判全貌。本书为汉英对照版。

Introduction

This book presents to readers the excellent judgments of Shanghai Intellectual Property Court from 2018 to 2020, including cases involving complicated facts and great difficulties in trial and covering disputes in a variety of areas such as patent, computer software, trademark, copyright, and unfair competition. Different disputes over intellectual property are analyzed to show the approaches, grounds and key points of judges in making judgments in an all-round and accurate manner, providing readers with a panorama for adjudications over cases. The book is compiled in a Chinese-English version.

责任编辑： 卢海鹰　王瑞璞　　**责任校对：** 潘凤越
封面设计： 杨杨工作室 · 张冀　　**责任印制：** 刘译文

上海知识产权法院裁判文书精选（2018～2020）（汉英对照版）

上海知识产权法院　组织编写
陈亚娟　主编　上海炎博文化传媒有限公司　译

出版发行： 知识产权出版社有限责任公司　　**网　址：** http：//www. ipph. cn
社　址： 北京市海淀区气象路 50 号院　　**邮　编：** 100081
责编电话： 010-82000860 转 8116　　**责编邮箱：** wangruipu@ cnipr. com
发行电话： 010-82000860 转 8101/8102　　**发行传真：** 010-82000893/82005070/82000270
印　刷： 三河市国英印务有限公司　　**经　销：** 新华书店、各大网上书店及相关专业书店
开　本： 720mm×1000mm　1/16　　**印　张：** 43
版　次： 2022 年 2 月第 1 版　　**印　次：** 2022 年 2 月第 1 次印刷
字　数： 930 千字　　**定　价：** 189. 00 元

ISBN 978-7-5130-8050-7

目　　录*

一、专利权纠纷

二、计算机软件纠纷

* 本书案例为2018～2020年上海知识产权法院精选判决书，故其中引用的法律、行政法规及司法解释为当时有效的版本。另外，对所选判决书中的个人信息进行了处理，如需查找相应判决书的原文，参见中国裁判文书网，特此说明。——编辑注

三、商标权纠纷

四、著作权纠纷

五、不正当竞争纠纷

Contents

Ⅰ. Disputes over Patent Right

Ⅱ. Disputes over Computer Software

Ⅲ. Disputes over Trademark Right

Ⅳ. Disputes over Copyright

Ⅴ. Disputes over Unfair Competition

一、专利权纠纷

1. 上海聚蓝水处理科技有限公司诉沃尔玛华东百货有限公司等侵害发明专利权纠纷案

上海知识产权法院
民事判决书

（2017）沪73民初753号

原告：上海聚蓝水处理科技有限公司。

法定代表人：李某，该公司总经理。

委托诉讼代理人：王某，上海百一领御专利代理事务所（普通合伙）专利代理人。

委托诉讼代理人：陈某1，上海美谷律师事务所律师。

被告：沃尔玛华东百货有限公司。

法定代表人：陈某2，该公司总裁。

委托诉讼代理人：陈某3，上海通乾律师事务所律师。

委托诉讼代理人：武某，上海通乾律师事务所律师。

被告：莱卡健康科技（南京）有限公司。

法定代表人：连某，该公司董事长。

委托诉讼代理人：方某，北京商专永信知识产权代理事务所（普通合伙）专利代理人。

委托诉讼代理人：杨某，江苏益邦律师事务所律师。

原告上海聚蓝水处理科技有限公司（以下简称“聚蓝公司”）与被告沃尔玛华东百货有限公司（以下简称“沃尔玛华东公司”）、莱卡健康科技（南京）有限公司（以下简称"莱卡公司"）侵害发明专利权纠纷一案，本院于2017年12月26日立案后，依法适用普通程序进行审理。本院组织各方当事人进行了庭前会议，并公开开庭审理了本案，原告聚蓝公司的委托诉讼代理人王某和陈某1、被告沃尔玛华东公司的委托诉讼代理人陈某3、被告莱卡公司的委托诉讼代理人方某和杨某到庭参加诉讼。审理中，当事人和解未果。本案现已审理终结。

原告聚蓝公司向本院提出诉讼请求：（1）判令被告沃尔玛华东公司停止销售、许诺销售侵犯原告聚蓝公司"滤芯分离式直饮水壶"发明专利权的行为；（2）判令被告莱卡公司停止进口、销售和许诺销售侵犯原告聚蓝公司"滤芯分离式直饮水壶"发明专利权的行为；（3）判令被告沃尔玛华东公司、莱卡公司共同连带支付原告聚蓝公司经济损失人民币200万元（以下币种相同，其中含律师费9万元、公证费7000元、公证购买被诉侵权实物款448元、差旅费1500元）。事实和理由：原告系水处理科技、树脂行业科技领域内的技术开发、技术咨询，水处理设备、模具制造、加工的公司。原告拥有专利名称为"滤芯分离式直饮水壶"（专利号：ZL201010208923.8）的专利，申请日为2010年6月24日，授权公告日为2012年12月19日。原告发现市场上出现了与其专利十分相似的产品，便于2017年9月8日以普通消费者的身份购买了名为"莱卡滤水壶+4芯"的产品。该产品发票上显示销售商为被告沃尔玛华东公司，产品外包装上显示生产商在华责任单位为被告莱卡公司。2017年11月16日，原告至被告沃尔玛华东公司处再次公证购买了被诉侵权产品。经过技术比对，原告发现上述产品的技术特征完全包含了原告专利权利要求所要求保护的部分必要技术特征，落入了原告专利权权利要求1～4、7、8的保护范围。原告认为，其对"滤芯分离式直饮水壶"享有发明专利权，被告沃尔玛华东公司未经原告许可擅自销售、许诺销售侵权产品，被告莱卡公司进口、销售和许诺销售侵权产品，均构成侵权。原告遂诉至法院，要求判如所请。

被告沃尔玛华东公司辩称：（1）被诉侵权商品有正规进货渠道，其作为销售商，有合法来源，不构成侵权。（2）原告专利有9项权利要求，但仅主张部分技术特征相同或等同，故被诉侵权商品并没有侵权。（3）原告要求两被告承担连带责任没有法律依据，对经济损失的主张没有事实依据。综上，要求驳回原告的全部诉讼请求。

被告莱卡公司辩称：（1）其进口、销售的被诉侵权产品未落入原告专利权的保护范围，没有侵犯原告的发明专利权；同时，被诉侵权产品实施的是现有技术。（2）在不能证明构成侵权的情况下，原告主张的经济损失缺乏事实和法律依据。综上，要求驳回原告的全部诉讼请求。

当事人围绕诉讼请求依法提交了证据，本院组织当事人进行了证据交换和质证。

原告聚蓝公司为证明其主张向本院提交了：（1）发明专利证书；（2）专利权利要求书、说明书及附图；（3）专利年费收费收据；（4）（2017）沪徐证经字第18257号公证书及其附件（照片打印件）、公证购买的被诉侵权滤水壶实物；（5）被告莱卡公司 http：//www. laicachina. com. cn 官网和 http：//laicaitaly. taobao. com“官方企业店”相关网页；（6）《微污染水源饮用水处理》《物理法水处理过程与设备》《饮用水净化技术》三本书的相关内容；（7）律师费发票及上海农商银行付款通知、公证费发票、购买被诉侵权滤水壶发票。经质证，两被告对原告提供之证据的真实性无异议，但对部分证据关联性不予认可，具体意见为：（1）被告莱卡公司官网内容不能证明所宣传的是被诉侵权产品；（2）原告提供的三本书出版时间均晚于涉案专利申请日，不能作为证明公知常识的证据；（3）原告未提供律师代理合同，故律师费发票及付款凭证不能证明是为了本案维权而支付的律师费。

经审查，本院对原告提交的证据认证如下：因两被告对于原告上述证据的真实性均没有异议，本院对证据的真实性予以确认。对于两被告提出的证据关联性问题，本院认为，对于被告莱卡公司官网，本院将对网站内容进行综合判断后认定与本案相关的事实；对于证明公知常识的证据，两被告的质证意见能够成立，故不作为认定相关专业知识的参考；对于律师费关联性问题，因原告提供的发票及付款凭证时间均为2017年11月上旬，与原告申请办理现场购买保全证据公证及向本院提起诉讼的时间相近，故可以作为定案证据予以采纳。

被告沃尔玛华东公司为证明其辩称意见向本院提交了：（1）被告莱卡公司出具的《公函》；（2）沃尔玛（中国）投资有限公司（以下简称“沃尔玛中国公司”）与被告莱卡公司签订的《供应商协议》；（3）载明货物名称为“莱卡滤水壶+4芯”“莱卡滤芯六只装”的江苏增值税专用发票；（4）发货单。经质证，原告对被告沃尔玛华东公司提交之证据的真实性均无异议，但认为《公函》系被告莱卡公司的单方承诺；《供应商协议》上未记载与被诉侵权产品相关的内容。被告莱卡公司对被告沃尔玛华东公司提交之证据没有异议。经审查，本院认为，因原告与被告莱卡公司对上述证据的真实性均无异议，本院将根据证据与本案的关联性认定相关事实。

被告莱卡公司就其提出的现有技术抗辩，向本院提交了专利号为US6405875 B1的美国专利。经质证，原告认为美国专利与本案无关，被诉侵权产品采用的不是该美国专利技术，两者主要不同体现在：（1）被诉侵权产品具有过滤蓄水腔，而美国专利没有披露该技术特征；（2）被诉侵权产品的超滤膜机构是线圈结构，而美国专利的过滤机构是蜂窝状结构。被告沃尔玛华东公司对被告莱卡公司提交之证据没有异议。经审查，本院认为，原告所述区别点能够成立，被告莱卡公司提供的美国专利不能证明被诉侵权产品采用的是现有技术。

根据当事人陈述和上述经审查确认的证据，本院认定事实如下：

一、关于原告聚蓝公司主张的权利要求

原告系名称为“滤芯分离式直饮水壶”、专利号为 ZL201010208923.8 的发明专利的专利权人，专利申请日为 2010 年 6 月 24 日，授权公告日为 2012 年 12 月 19 日。原告按期缴纳了专利年费。该专利具有 9 个权利要求，原告在本案中主张权利要求 1～4、7、8，具体内容如下：

“1. 滤芯分离式直饮水壶，包括一壶体、置于所述壶体内的用于过滤大分子物质的大分子过滤滤芯，其特征在于，所述壶体内还设有一用于除菌的除菌滤芯，所述除菌滤芯的上部设有进水口，所述除菌滤芯的下部设有出水口，所述大分子过滤滤芯的出水口与所述除菌滤芯的进水口连通，所述除菌滤芯的进水口与出水口之间设有一超滤膜机构，所述除菌滤芯、所述大分子过滤滤芯、所述壶体三者之间可拆卸连接；

“所述大分子过滤滤芯包括一大分子过滤壳体和置于所述大分子过滤壳体内的大分子过滤材料，所述大分子过滤壳体下方设有大分子过滤滤芯的出水口，所述大分子过滤壳体下方还设有一大分子过滤蓄水腔，所述大分子过滤蓄水腔内的最低点低于所述大分子过滤滤芯的出水口。

“2. 根据权利要求 1 所述的滤芯分离式直饮水壶，其特征在于：所述壶体包括一设置在所述壶体内的滤芯支架，所述大分子过滤滤芯设置在所述滤芯支架的上部，所述大分子过滤滤芯与所述滤芯支架可拆卸连接；

“所述除菌滤芯设置在所述滤芯支架的下部，所述除菌滤芯与所述滤芯支架可拆卸连接；

“所述滤芯支架、所述大分子过滤滤芯和所述除菌滤芯之间形成一密闭的水流通道，所述大分子过滤滤芯的出水口流出的水经过所述水流通道流入所述除菌滤芯的进水口。

“3. 根据权利要求 2 所述的滤芯分离式直饮水壶，其特征在于：所述除菌滤芯与所述滤芯支架的连接处设有一防水垫圈，所述大分子过滤滤芯与所述滤芯支架的连接处设有一防水垫圈。

“4. 根据权利要求 1 所述的滤芯分离式直饮水壶，其特征在于：所述大分子过滤滤芯底部设有卡槽，所述除菌滤芯顶部设有与所述卡槽相配套的卡口，所述大分子过滤滤芯与所述除菌滤芯卡接。

“7. 根据权利要求1所述的滤芯分离式直饮水壶，其特征在于：所述大分子过滤壳体底部中间设有所述大分子过滤滤芯的出水口，所述大分子过滤滤芯的出水口上设有大分子过滤滤网，所述大分子过滤滤芯的出水口的周边设有所述大分子过滤蓄水腔。

“8. 根据权利要求7所述的滤芯分离式直饮水壶，其特征在于：所述大分子过滤蓄水腔的外轮廓形成环绕所述大分子过滤滤芯的出水口的环状。”

二、关于原告聚蓝公司主张被告沃尔玛华东公司、莱卡公司实施被诉侵权行为的事实

2017年11月16日，原告委托代理人魏某向上海市徐汇公证处申请对现场购买进行保全证据公证，上海市徐汇公证处为此出具的（2017）沪徐证经字第18257号公证书载明：魏某于申请公证当日来到上海市浦东新区高科西路2110号招牌显示为“山姆会员商店”的商店内，以消费者身份购买了价格为人民币448元的“LAICA”滤水壶一个（产品包装内含滤芯四个，其中Bi－flux滤芯三个，Germ－Stop滤芯一个）。发票上加盖了被告沃尔玛华东公司的发票专用章。滤水壶外包装上印有“PREDATOR”字样；外包装加贴的中文标签上显示有“产品名称：莱卡滤水壶”“主要材质和部件：莱卡5000SERIES－J51型滤水壶一只（SAN苯乙烯丙烯腈）莱卡POM复合滤芯三只（PP聚丙烯）莱卡DUF超滤滤芯一只（PS聚苯乙烯）”“产品特点：双重过滤系统，无需煮沸，急速过滤”“生产企业：莱卡股份公司”“原产国：意大利”“生产企业地址：意大利维琴察省巴巴拉诺－维切提诺市劳动大街10号”“在华责任单位：莱卡健康科技（南京）有限公司”“生产日期：2016年10月15日”等内容。购买滤水壶同时取得的《使用说明及商品保证》载明：“系统配备有：1. Germ－Stop滤芯（图1），能够有效解决市政饮用水偶发出现的污染，可直接过滤并阻断水中大于0.01μm**的物质。……3. Bi－flux滤芯（图11），其能够有效地减少氯气和其有毒衍生物，及重金属、杀虫剂和除草剂等其他化学品。”“Bi－flux滤芯内含有活性炭……Bi－flux滤芯内含有银离子，以起到抑菌作用。”

被告沃尔玛华东公司在本案审理过程中表示，其于2018年1月2日收到本案起诉状，因总部向被告莱卡公司核实情况后，取得了不侵权承诺，总部需要根据现有材料就是否对商品下架进行评估，最终执行到被告沃尔玛华东公司门店下架的时间为2018年8月13日。对此，原告聚蓝公司称，若被告沃尔玛华东公司在2018年8月13日之后再有侵权行为发生，则另行主张。

审理中，本院组织各方当事人登录网址为 http：//www. laicachina. com. cn 的网站，网页下方显示有“Copyright 莱卡健康科技（南京）有限公司”等字样，网站“产品中心”栏目中展示有不同系列的滤水壶，其中在“自由单身贵族”和“幸福小家庭”频道下均展示了“PREDATOR 直饮壶”，其外观与原告公证购买的滤水壶基本相同。该网站“销售网点”栏目的“线上”频道中罗列的平台包括“天猫”“京东自营”“京东”“淘宝”“天猫专卖店”“天猫国际店”“央视商城”“当当”“苏宁易购”“亚马逊”“飞牛网”；“线下”频道所罗列位于全国各地的实体店共 230 家，主要有“Jshop 居之岛”“华联”“云沃进口超市”“银座”“金格百货”“伊藤洋华堂”“山姆会员店”“生活本色”等，其中包括位于上海的“上海山姆会员店”。

三、关于对被诉侵权产品勘验的情况

审理中，分别拆开原告经公证购买的 5000SERIES－J51 莱卡滤水壶及其两个滤芯，其中位于上部的 Bi－flux 滤芯内装有黑色和白色混合颗粒物，原告和两被告均确认黑色颗粒物为活性炭，白色颗粒物为离子交换树脂；位于下部的 Germ－Stop 滤芯内装有线圈结构的过滤材料。另经查看上部 Bi－flux 滤芯的内部结构，其下方出水口上设有过滤滤网，且在出水口内的周边设有小的过滤蓄水腔，过滤蓄水腔内的最低点低于该滤芯的出水口。此外，在 Bi－flux 滤芯外部出水口下方装有蓝色限流盖，在蓝色限流盖中心点位置有一小孔；Bi－flux 滤芯、Germ－Stop 滤芯与壶体可拆卸连接，连接后，Bi－flux 滤芯的出水口与 Germ－Stop 滤芯的进水口连通。

四、关于被告沃尔玛华东公司销售之被诉侵权滤水壶的进货来源情况

2017 年 5 月 31 日，沃尔玛中国公司与被告莱卡公司（供应商）签订《供应商协议》，该协议中约定了后者向前者供货的标准条款和条件。被告莱卡公司在其于同年 11 月 29 日致被告沃尔玛华东公司和沃尔玛中国公司的《公函》中确认：“贵司所销售的莱卡过滤水壶 5000SERIES－J51 型……是由我司直接供货给贵司的，该商品质量合格且不存在侵犯第三人著作权、专利权、商标权或其他合法权利的情形。”

被告莱卡公司于 2017 年 12 月 20 日开具给沃尔玛中国公司的江苏增值税专用发票载明“莱卡滤水壶＋4 芯”的数量为 168 套，价税合计金额为 66 931. 14元，其不含税单价为 340. 51 元。订单日期显示为 2017 年 7 月 19 日，发货单显示被送往被告沃尔玛华东公司的 5000SERIES－J51“莱卡滤水壶＋4 芯”的折扣后价格为 19 068. 70 元（按照上述发票记载的不含税单价计算为 56 套）。

五、关于原告聚蓝公司主张的损害赔偿及合理开支的情况

被告莱卡公司向本院提交的书面回复中确认"意大利供货方确认，该涉案产品出口到中国的数量为25 642件。其中有1644件是通过中国转运到其他国家。另外，在中国的销售数量也与出口数量不相应，自从原告起诉后，已有3500~4000件该产品退回意大利供货方，且退货数量还在增加。"

2017年11月3日，原告向上海美谷律师事务所支付律师费9万元。

2018年2月1日，上海市徐汇公证处开具的发票载明的金额为7000元。

本院认为，原告聚蓝公司系专利号为ZL201010208923.8"滤芯分离式直饮水壶"发明专利的专利权人，其依法享有的专利权应受到法律保护。根据各方当事人诉辩意见，本案的争议焦点为：（1）被诉侵权5000SERIES-J51型莱卡滤水壶是否落入涉案专利权的保护范围；（2）被告沃尔玛华东公司提出的合法来源抗辩是否成立；（3）原告聚蓝公司的诉讼请求能否获得支持。

对于第一项争议焦点，本院认为，《中华人民共和国专利法》（以下简称《专利法》）第五十九条第一款规定："发明或者实用新型专利权的保护范围以其权利要求的内容为准，说明书及附图可以用于解释权利要求的内容。"《最高人民法院关于审理侵犯专利权纠纷案件应用法律若干问题的解释》第七条规定："人民法院判定被诉侵权技术方案是否落入专利权的保护范围，应当审查权利人主张的权利要求所记载的全部技术特征。被诉侵权技术方案包含与权利要求记载的全部技术特征相同或者等同的技术特征的，人民法院应当认定其落入专利权的保护范围；被诉侵权技术方案的技术特征与权利要求记载的全部技术特征相比，缺少权利要求记载的一个以上的技术特征，或者有一个以上技术特征不相同也不等同的，人民法院应当认定其没有落入专利权的保护范围。"

本案中，原告主张权利要求1~4、7、8，其中权利要求1为独立权利要求，权利要求2、3、4、7、8均为从属权利要求。将被诉侵权滤水壶技术方案的技术特征与原告主张保护之权利要求1记载的技术特征进行比对，被诉侵权滤水壶包括一壶体以及置于壶体内的Bi-flux滤芯和Germ-Stop滤芯；Bi-flux滤芯内装有含活性炭和离子交换树脂的可以过滤大体积颗粒和悬浮物的大分子过滤材料，Bi-flux滤芯壳体下方设有出水口和过滤蓄水腔，过滤蓄水腔内的最低点低于该滤芯的出水口；可直接过滤阻断水中大于0.01μm物质的Germ-Stop滤芯内装有线圈结构的过滤材料，属于利用多孔材料除菌的超滤膜机构；Bi-flux滤芯的出水口与Germ-Stop滤芯的进水口连通，且两个滤芯与壶体三者之间可拆卸连接，上述被诉侵权技术方案的技术特征与独立权利要求记载的全部技术特征相同。由于设置于Bi-flux滤芯外部并位于出

水口下方的蓝色限流盖属于增加的技术特征，不影响在侵权判定过程中全面覆盖原则的适用。因此，被诉侵权滤水壶技术方案包含了与涉案专利独立权利要求记载的全部技术特征相同的技术特征。

将被诉侵权滤水壶技术方案的技术特征与原告主张保护之权利要求2、3、4、7、8记载的技术特征进行比对，被诉侵权滤水壶包括一设置在壶体内的滤芯支架，Bi－flux滤芯设置在该支架上部，Germ－Stop滤芯设置在支架下部，两个滤芯均与支架可拆卸连接，且在三者之间形成一密闭的水流通道，Bi－flux滤芯的出水口流出的水经过水流通道流入Germ－Stop滤芯的进水口；Germ－Stop滤芯与滤芯支架的连接处设有一防水垫圈，Bi－flux滤芯与滤芯支架连接处亦设有可起到防水作用且与滤芯壳体制为一体的弹性圈边缘；Bi－flux滤芯壳体下方出水口周边的过滤蓄水腔的轮廓形成环绕该滤芯出水口的环状，上述被诉侵权技术方案的技术特征与权利要求2、3、7、8记载的技术特征相同。虽然Bi－flux滤芯壳体下方的因设有两个出水口而位于底部两侧的中间，与专利权利要求7记载的技术特征设于大分子过滤壳体底部中间存在差异，但基于出水口个数的不同而产生的位置偏差，系以基本相同的手段，实现基本相同的功能，达到基本相同的效果，并且本领域普通技术人员无须经过创造性劳动就能联想到的特征，故应认定为等同技术特征。经比对，被诉侵权滤水壶技术方案的技术特征包含了与涉案专利权利要求2、3、7、8记载的全部技术特征相同或等同的技术特征。但是，涉案权利要求4的技术特征为，所述大分子过滤滤芯底部设有卡槽，所述除菌滤芯顶部设有与所述卡槽相配套的卡口，所述大分子过滤滤芯与所述除菌滤芯卡接。由于被诉侵权滤水壶的上下两个滤芯并不是采用上部滤芯的卡槽与下部滤芯的卡口直接卡接方式进行连接，而是通过分别与壶体内的滤芯支架连接卡接，故被诉侵权滤水壶技术方案的该技术特征与涉案专利权利要求4记载的技术特征不同。

综上分析，被诉侵权滤水壶技术方案包含与涉案专利权利要求1～3、7、8记载的全部技术特征相同或等同的技术特征，已落入专利权利要求1～3、7、8的保护范围。

对于第二项争议焦点，本院认为，《专利法》第七十条规定：“为生产经营目的使用、许诺销售或者销售不知道是未经专利权人许可而制造并售出的专利侵权产品，能证明该产品合法来源的，不承担赔偿责任。”本案中，被告沃尔玛华东公司提交的证据可以证明被诉侵权滤水壶系由被告莱卡公司供货，在被告沃尔玛华东公司于2018年1月收到本案起诉状之前，基于涉案专利系发明专利，可以认定其不知道所销售的是专利侵权产品，但所收到起诉状中已载明涉案专利权的基本信息、被诉侵权产品的基本情况、侵权比对结果等内容，在此情况下，被告沃尔玛华东公司应对被诉侵权产品及时采取下架处理。然根据被告沃尔玛华东公司的自认，其实际下架时间为2018年8月13日，已超出了合理的处理时间，故应当推定其在收到本案起诉状之后知道销售的是涉嫌侵犯他人专利权的产品，故不能免除被告沃尔玛华东公司自在本案中应诉后至2018年8月13日期间因销售被诉侵权滤水壶而应当承担的赔偿责任。

对于第三项争议焦点，本院认为，《专利法》第十一条第一款规定："发明和实用新型专利权被授予后，除本法另有规定的以外，任何单位或者个人未经专利权人许可，都不得实施其专利，即不得为生产经营目的制造、使用、许诺销售、销售、进口其专利产品，或者使用其专利方法以及使用、许诺销售、销售、进口依照该专利方法直接获得的产品。"就本案而言，被告莱卡公司未经原告聚蓝公司许可，进口、销售并许诺销售技术特征已落入涉案专利权利要求1~3、7、8保护范围的5000SERIES－J51型莱卡滤水壶，在被告莱卡公司提供的证据不能证明被诉技术方案采用的是现有技术的情况下，本院认定被告莱卡公司的行为构成对原告享有的发明专利权的侵害，依法应当承担停止侵害、赔偿损失的民事责任。被告沃尔玛华东公司未经原告聚蓝公司许可，销售向被告莱卡公司进货的5000SERIES－J51型莱卡滤水壶，并自认于2018年8月13日下架该商品，其销售和许诺销售的行为亦构成对涉案专利权的侵害。鉴于原告明确若于2018年8月13日之后再发现被告沃尔玛华东公司存在侵权行为则另行主张，即在本案中原告主张被告沃尔玛华东公司实施的侵权行为已停止，故无须判决该被告停止侵权。然如前所述，被告沃尔玛华东公司应就其收到本案起诉状至将侵权商品进行下架处理期间的侵权行为承担赔偿责任。另鉴于，被告沃尔玛华东公司系被告莱卡公司官网上所列实体店之一，其专利侵权行为的损害后果是在被告莱卡公司的进口、销售行为与被告沃尔玛华东公司的销售行为共同作用下发生的，故本院酌情确定该被告对被告莱卡公司应承担之赔偿数额中需承担连带责任的赔偿数额。

就赔偿数额的确定，本院认为，《专利法》第六十五条规定："侵犯专利权的赔偿数额按照权利人因被侵权所受到的实际损失确定；实际损失难以确定的，可以按照侵权人因侵权所获得的利益确定。权利人的损失或者侵权人获得的利益难以确定的，参照该专利许可使用费的倍数合理确定。赔偿数额还应当包括权利人为制止侵权行为所支付的合理开支。权利人的损失、侵权人获得的利益和专利许可使用费均难以确定的，人民法院可以根据专利权的类型、侵权行为的性质和情节等因素，确定给予一万元以上一百万元以下的赔偿。"由于本案难以确定原告的实际损失或者两被告的侵权获利，本院综合考虑涉案专利权的类型、被告莱卡公司确认的进口和退货数量、被告莱卡公司官网上罗列的线上平台和线下门店数量、被告沃尔玛华东公司提交之证据证明的进货数量、原告委托诉讼代理人在本案中的工作量以及工作内容被本院采纳的程度、公证取证所产生的费用等因素，酌情确定两被告应承担的包含合理开支在内的赔偿数额。

综上所述，依照《中华人民共和国民法总则》第一百七十九条第一款第一项和第八项、第三款，《中华人民共和国专利法》第十一条第一款、第五十九条第一款、第六十五条，《最高人民法院关于审理侵犯专利权纠纷案件应用法律若干问题的解释》第七条规定，判决如下：

一、被告莱卡健康科技（南京）有限公司应于本判决生效之日起立即停止对原告上海聚蓝水处理科技有限公司享有的名称为“滤芯分离式直饮水壶”发明专利权（专利号：ZL201010208923.8）的侵害；

二、被告莱卡健康科技（南京）有限公司应于本判决生效之日起十日内赔偿原告上海聚蓝水处理科技有限公司经济损失及合理开支共计人民币1 000 000元，被告沃尔玛华东百货有限公司对其中的人民币10 000元承担连带赔偿责任；

三、驳回原告上海聚蓝水处理科技有限公司的其余诉讼请求。

被告莱卡健康科技（南京）有限公司、沃尔玛华东百货有限公司如果未按本判决指定的期间履行给付金钱义务，应当依照《中华人民共和国民事诉讼法》第二百五十三条规定，加倍支付迟延履行期间的债务利息。

案件受理费人民币22 800元，由原告上海聚蓝水处理科技有限公司负担人民币5700元，被告莱卡健康科技（南京）有限公司负担人民币16 929元，被告沃尔玛华东百货有限公司负担人民币171元。

如不服本判决，可以在判决书送达之日起十五日内，向本院递交上诉状，并按照对方当事人的人数提出副本，上诉于最高人民法院。

审 判 长　　陈惠珍
审 判 员　　刘　静
人民陪审员　　程晓鸣
二〇一九年八月六日
法官助理　　曾　旭
书 记 员　　朱丽娜

附：相关的法律条文

一、《中华人民共和国民法总则》

第一百七十九条　承担民事责任的方式主要有：

（一）停止侵害；

…………

（八）赔偿损失；

…………

本条规定的承担民事责任的方式，可以单独适用，也可以合并适用。

二、《中华人民共和国专利法》

第十一条　发明和实用新型专利权被授予后，除本法另有规定的以外，任何单位或者个人未经专利权人许可，都不得实施其专利，即不得为生产经营目的制造、使用、许诺销售、销售、进口其专利产品，或者使用其专利方法以及使用、许诺销售、销售、进口依照该专利方法直接获得的产品。

…………

第五十九条　发明或者实用新型专利权的保护范围以其权利要求的内容为准，说明书及附图可以用于解释权利要求的内容。

…………

第六十五条　侵犯专利权的赔偿数额按照权利人因被侵权所受到的实际损失确定；实际损失难以确定的，可以按照侵权人因侵权所获得的利益确定。权利人的损失或者侵权人获得的利益难以确定的，参照该专利许可使用费的倍数合理确定。赔偿数额还应当包括权利人为制止侵权行为所支付的合理开支。

权利人的损失、侵权人获得的利益和专利许可使用费均难以确定的，人民法院可以根据专利权的类型、侵权行为的性质和情节等因素，确定给予一万元以上一百万元以下的赔偿。

三、《最高人民法院关于审理侵犯专利权纠纷案件应用法律若干问题的解释》

第七条　人民法院判定被诉侵权技术方案是否落入专利权的保护范围，应当审查权利人主张的权利要求所记载的全部技术特征。

被诉侵权技术方案包含与权利要求记载的全部技术特征相同或者等同的技术特征的，人民法院应当认定其落入专利权的保护范围；被诉侵权技术方案的技术特征与权利要求记载的全部技术特征相比，缺少权利要求记载的一个以上的技术特征，或者有一个以上技术特征不相同也不等同的，人民法院应当认定其没有落入专利权的保护范围。

2. 吴某诉浙江全季家居用品有限责任公司等侵害外观设计专利权纠纷案

上海知识产权法院
民事判决书

（2018）沪73民初890号

原告：吴某。

委托诉讼代理人：李某，上海市海华永泰（南京）律师事务所律师。

被告：浙江全季家居用品有限责任公司。

法定代表人：陈某1，该公司执行董事。

被告：黑马科技（上海）有限公司。

法定代表人：陈某2，该公司执行董事。

上列两被告的共同委托诉讼代理人：胡某，广州凯东知识产权代理有限公司专利代理人。

原告吴某诉被告浙江全季家居用品有限责任公司（以下简称“全季公司”）、黑马科技（上海）有限公司（以下简称“黑马公司”）侵害外观设计专利权纠纷一案，本院于2018年9月30日受理后，依法组成合议庭，于2019年1月16日公开开庭进行了审理。原告吴某的委托诉讼代理人李某，两被告全季公司、黑马公司共同的委托诉讼代理人胡某到庭参加了诉讼。本案现已审理终结。

原告吴某向本院提出诉讼请求：（1）判令两被告立即停止侵犯原告ZL201630100421.1号外观设计专利权的行为，包括停止生产、销售、许诺销售侵犯涉案专利权的被控侵权产品；（2）判令两被告连带赔偿原告经济损失人民币（以下币种相同）8万元及合理费用6079元（律师费5000元、公证费1000元、购买被控侵权产品费用79元），共计86 079元；（3）判令两被告承担本案诉讼费。事实和理由：原告系涉案“杯子（萌猫保温杯）”外观设计专利的专利权人，专利申请日为2016年3月30日，授权公告日为2016年8月31日，专利号为ZL201630100421.1，该专利目前处于有效状态。专利授权后，原告通过其关联企业生产、销售专利产品，专利产品推出后深得年青一代消费者喜爱，销量不断扩大，对原告具有重大商业价值。后原告发现两被告经营的京东电商平台店铺和天猫电商平台店铺销售的“黄色小猫杯”保温杯与涉案专利外观设计相近似。原告认为两被告未经许可，擅自制造、销售侵犯其涉案专利权的产品，给原告造成了较大的经济损失，故提起诉讼。

两被告辩称：(1) 被控侵权产品与涉案专利不相同也不相近似，未落入涉案专利权保护范围；(2) 被控侵权产品采用的是现有设计，不构成专利侵权。

当事人围绕诉讼请求依法提交了证据，本院组织当事人进行了证据交换和质证。

原告向本院提交了以下证据：

(1) 外观设计专利证书、外观设计专利权评价报告、专利缴费信息查询网页打印件、专利收费收据，证明原告是涉案专利的专利权人、专利权处于有效状态以及涉案专利权的保护范围；

(2) 天猫艾可思家居旗舰店专利产品销售页面打印件、该旗舰店经营者信息网页打印件，证明原告对涉案专利进行了商业使用；

(3) (2018) 宁钟证经内字第4256号公证书、公证购买产品实物，证明两被告生产、销售的杯子产品落入涉案专利权保护范围，构成对原告专利权的侵害；

(4) 公证费发票，证明原告为维权支付了公证费1000元。

两被告对上述证据的真实性、合法性均无异议，但对原告以此证明两被告行为构成侵权不予认可。

两被告向本院提交了以下证据：

(1) 申请号为CN201230509233.6的外观设计专利，证明该专利相对涉案专利属于现有设计，被控侵权产品采用的是该现有设计，以及涉案专利区别于现有设计的设计特征；

(2) 申请号为CN201430484262.0的外观设计专利、申请号为CN201530021304.1的外观设计专利、申请号为CN201530408600.7的外观设计专利，证明涉案专利在杯身和杯盖的弧度设计上区别于现有设计的设计特征；

(3) 专利号为ZL201730184666.1的外观设计专利权评价报告，系被控侵权产品所采用的设计申请的外观设计专利的专利权评价报告，证明国家知识产权局认为涉案专利与被控侵权产品不构成相同或近似。

原告对上述证据的真实性、合法性均无异议，但对关联性有异议，认为证据1不能证明被控侵权产品采用的是现有设计，证据1、2、3亦不能证明被控侵权产品与涉案专利不构成近似。

鉴于各方当事人对对方提交证据的真实性、合法性均无异议，本院予以确认。但两被告提交的证据3系被控侵权产品所采用的设计申请的外观设计专利的专利权评价报告，该报告记载，基于该专利的设计特征，在与该专利相同和相近种类产品中经过检索得到有关的现有设计文件10篇，其中X类文件［单独导致外观设计专利不符合《中华人民共和国专利法》（以下简称《专利法》）第二十三条第一款和/或第二款规定的现有设计文件］1篇，其余为A类文件（背景文件，即反映外观设计的部分设计特征或者有关的现有设计文件），而原告在本案中主张的涉案外观设计专利即属于上述A类文件之一；报告亦记载，该专利与前述X类现有设计文件不具有明显区别，并未对该专利与原告本案主张的涉案专利进行比对，不能证明国家知识产权局认为涉案专利与被控侵权产品不构成相同或近似，故与本案缺乏关联性，本院对此不予采纳。其他本院确认的证据，本院予以采纳。

根据上述经审查确认的证据及各方当事人的陈述，本院认定如下事实：

名称为“杯子（萌猫保温杯）”的外观设计专利申请日为2016年3月30日，授权公告日为2016年8月31日，专利号为ZL201630100421.1，专利权人为原告吴某，该专利目前处于有效状态。该专利外观设计图片显示杯子由杯身和杯盖组成，两者比例约为2∶1，整体近似圆柱形，上部略窄下部略宽；杯盖整体近似半球形，上部有一对三角形耳朵，正面为左右对称的三道胡须，背面有一向外弧形翘起状的猫尾巴，该猫尾巴通过一长椭圆形的连接块设置于杯盖上；杯身接近底部处设有一圈分隔线，底部弧形内收。该专利简要说明记载，用途为用于盛装冷热水、饮料，设计要点在于形状，立体图是最能表明设计要点的图片。该立体图区别于六面视图，类似于侧视图，清晰可见杯盖上的耳朵、胡须和尾巴设计。2017年1月6日，国家知识产权局依原告请求就涉案专利作出《外观设计专利权评价报告》，结论为全部外观设计未发现存在不符合授予专利权条件的缺陷。

2018年4月19日，原告向江苏省南京市钟山公证处申请保全证据公证，其委托代理人于当日使用公证处计算机，进入京东网“FACE全季专卖店”，显示的网店经营者为被告全季公司，店铺内展示有“Face保温杯女便携水杯学生316不锈钢水壶儿童创意杯子迷你可爱茶杯 黄色小猫”产品的销售信息，售价69元，选择颜色中有棕色小熊、白色小兔、黄色小猫、黑色小兔、黑色小猫、黑色小狗、粉色小兔、黄色小狗八类可选，同时附有被控侵权产品照片；1号店“Face集思专卖店”，经营者上海集思实业有限公司，法定代表人陈某2，店铺展示有“Face保温保冷杯夏天杯子创意女便携水杯学生316不锈钢水壶儿童创意杯子迷你可爱茶杯 黄色小猫”产品的销售信息，售价79

元，选择颜色同前述京东店铺八类可选，所附产品照片亦同前述京东店铺；天猫网“Face 旗舰店”，经营者被告黑马公司，法定代表人陈某 2，店铺展示有“Face 保温杯女学生可爱水杯儿童迷你便携 316 不锈钢时尚创意茶杯子”产品的销售信息，售价 79 元，选择颜色八类可选，月销量 606，累计评价 12 739，总销量 33 036，所附产品照片亦同前述图片。在该天猫店铺购买该杯子一个，并于当月 23 日进行公证收货。

庭审中，当庭拆封前述公证购买被控侵权产品，外包装盒粘贴的标识显示监制商黑马公司、制造商全季公司。该产品系一杯子，由杯身和杯盖组成，杯身整体呈圆柱形；杯盖为猫脸造型，整体近似半球形，上部有一对三角形耳朵，正面设计有两只眼睛、三道胡须、一个鼻子、一个嘴巴。

经比对被控侵权产品与涉案专利外观设计（参见附图），两者相同点主要在于：(1) 两者均由杯身和杯盖组成，两者比例约为 2∶1；(2) 杯身整体近似圆柱形，底部弧形内收；(3) 杯盖为猫造型，整体近似半球形，上部有一对三角形耳朵，正面设计有胡须。两者差异主要在于：(1) 被控侵权产品杯盖正面较之涉案专利增加了眼睛、鼻子、嘴巴设计，背面缺少了尾巴设计；(2) 被控侵权产品杯盖正面的三道胡须间距较宽，靠近正面两侧边缘位置，且胡须长度较短，位置较为靠下，而涉案专利设计三道胡须间距较窄，相对居中设置，且长度相对较长；(3) 被控侵权产品猫耳朵正面呈内凹状，涉案专利设计猫耳朵表面平滑，无凹陷设计；(4) 两者杯盖弧度不同，被控侵权产品杯盖弧度较为圆润，涉案专利设计弧度较为平缓；(5) 被控侵权产品杯身整体半径相当，杯身上不存在分隔线设置，涉案专利设计杯身上部略窄下部略宽，杯身接近底部处设有一圈分隔线。

另查明，申请号为 CN201230509233.6 的“水壶盖（猫头）”外观设计专利，申请日为 2012 年 10 月 24 日，授权公告日为 2013 年 5 月 1 日。该专利外观设计的使用状态参考图显示杯子由杯身和杯盖组成，两者比例约为 3∶1；杯盖下部系圆柱形，上部系半球形，顶部有一对三角形耳朵，正面设计有两只眼睛、两道胡须、一个鼻子、一个嘴巴。

申请号为 CN201430484262.0 的“不倒翁保温水杯”外观设计专利，申请日为 2014 年 11 月 28 日，授权公告日为 2015 年 4 月 29 日。该专利外观设计图片显示杯子由杯身和杯盖组成，两者比例约为 3∶1；杯身近似圆柱形，上部略窄下部略宽，杯身接近底部处设有一圈分隔线，底部为弧形设计；杯盖近似半球形，上部有一对半圆形耳朵。

申请号为 CN201530021304.1 的“水杯（5733）”外观设计专利，申请日为 2015 年 1 月 23 日，授权公告日为 2015 年 7 月 1 日。专利外观设计图片显示杯子由杯身和杯盖组成，两者比例约为3：1；杯身近圆柱形，接近顶部和底部处各设有一圈分隔线，底部弧形内收；杯盖近似圆弧形，上部有一对弧形耳朵。

申请号为CN201530408600.7的“保温杯（猕猴桃）”外观设计专利，申请日为2015年10月21日，授权公告日为2016年3月2日。专利外观设计图片显示杯子由杯身和杯盖组成，两者比例约为3：1；杯身呈圆柱形，杯盖近似半球形。

经比对申请号为CN201230509233.6的“水壶盖（猫头）”外观设计专利与被控侵权产品（参见附图），两者相同点主要在于：（1）两者均由杯身和杯盖组成，杯身呈圆柱形；（2）杯盖为猫脸造型，上部近似半球形，顶部有一对三角形耳朵，正面设计有胡须、眼睛、鼻子、嘴巴。两者差异主要在于：（1）杯身和杯盖比例不同，该专利设计两者比例约为3：1，被控侵权产品两者比例约为2：1；（2）杯身底部设计不同，该专利设计不存在底部弧形内收设计，被控侵权产品杯身底部弧形内收；（3）杯盖形状存在差异，该专利设计杯盖上部半球形下部圆柱状，而被控侵权产品整体近似半球形；（4）杯盖上耳朵、眼睛、鼻子、嘴巴、胡须设计均存在一定差异；（5）杯身图案不同，该专利设计杯身存在彩色图案设计，而被控侵权产品杯身不存在图案设计。

再查明，天猫网艾可思家居旗舰店中销售有“萌萌可爱保温杯女创意潮流便携迷你学生水杯韩版清新文艺杯子超萌”产品，狂欢价29.80元，月销量204件，累计评价1710条。原告主张上述产品即系其专利产品，该店铺经营者为中山市艾可思日用品有限公司，原告系该公司股东，持股比例为70%。

原告为本案支出了公证费1000元，购买被控侵权产品费用79元。

本院认为，原告吴某是涉案ZL201630100421.1号“杯子（萌猫保温杯）”外观设计专利的专利权人，该专利目前仍在有效期内，任何单位或者个人未经专利权人许可，不得实施其专利，即不得为生产经营目的制造、许诺销售、销售、进口其专利产品，否则属于侵害外观设计专利权的行为，依法应当承担相应的民事责任。

结合各方当事人的诉辩意见，本案争议焦点主要在于：（1）被控侵权产品是否落入原告涉案外观设计专利权的保护范围；（2）两被告主张的现有设计抗辩能否成立；（3）如果构成侵权，两被告应当承担哪些民事责任。

一、被控侵权产品是否落入原告涉案外观设计专利权的保护范围

根据《最高人民法院关于审理侵犯专利权纠纷案件应用法律若干问题的解释》第八条、第十一条第三款的规定，在与外观设计专利产品相同或者相近种类产品上，采用与授权外观设计相同或者近似的外观设计的，人民法院

应当认定被诉侵权设计落入外观设计专利权的保护范围。被诉侵权设计与授权外观设计在整体视觉效果上无差异的，人民法院应当认定两者相同；在整体视觉效果上无实质性差异的，应当认定两者近似。本案中，被诉侵权产品与原告专利产品均为杯子，系相同种类产品。两者在整体视觉效果上存在一定差异，外观设计并不相同，主要争议在于被诉侵权设计与授权外观设计是否构成近似，即两者在整体视觉效果上是否存在实质性差异。

《最高人民法院关于审理侵犯专利权纠纷案件应用法律若干问题的解释》第十条、第十一条规定，外观设计近似的判断应以外观设计专利产品的一般消费者的知识水平和认知能力，根据授权外观设计、被诉侵权设计的设计特征，以外观设计的整体视觉效果进行综合判断；产品正常使用时容易被直接观察到的部位相对于其他部位、授权外观设计区别于现有设计的设计特征相对于授权外观设计的其他设计特征通常对外观设计的整体视觉效果更具有影响。

本案中，本院注意到，根据两被告提供的现有设计，圆柱形的水杯设计较多，包含杯身和杯盖，杯身整体半径相当，或者是上部略窄下部略宽，杯盖近似半球形或是圆弧形，故授权外观设计区别于现有设计的设计特征应当主要在于其杯盖的具体设计，表现为耳朵、胡须、尾巴组成的萌猫造型。该区别设计特征亦与涉案专利名称“萌猫保温杯”相对应。此外，涉案专利简要说明记载立体图是最能表明设计要点的图片，从该立体图清晰可见杯盖上的耳朵、胡须和尾巴设计，亦进一步印证杯盖设计系涉案专利区别于现有设计的设计特征。

经比对被控侵权产品与涉案专利，两者相同点主要在于均由杯身和杯盖组成，杯身和杯盖高度比例相当，杯身近似圆柱形，杯盖正面均为猫脸造型，整体近似半球形。其中，圆柱形杯身和半球形杯盖设计系现有设计中的惯常设计，对外观设计的整体视觉效果影响较弱，且两者杯身和杯盖的具体设计上亦存在一定差异，如杯盖弧度不同，杯身整体形状略有差异，被诉侵权设计杯盖弧度较为圆润，杯身整体半径相当，杯身上不存在分隔线设置，而授权外观设计杯盖弧度较为平缓，杯身上部略窄下部略宽，杯身接近底部处设有一圈分隔线，上述差异对于整体视觉效果具有一定影响。

关于杯盖的猫造型设计，两者差异更为显著。涉案专利设计由耳朵、胡须、尾巴组成，其中胡须位于杯盖正面居中位置，属于显著设计特征，系以抽象设计方式表现猫的脸部特征。而被控侵权产品三道胡须间距较宽，靠近正面两侧边缘位置，且长度较短，位置较为靠下，并不属于正面显著位置，与涉案专利胡须设计差异较大；被控侵权产品在三道胡须中间也即杯盖正面居中位置增加了眼睛、鼻子和嘴巴设计。虽然眼睛、鼻子和嘴巴设计系相对于涉案专利额外增加的设计要素，但该额外增加的设计要素在一定程度上弱化了胡须的视觉效果，导致两者胡须设计的视觉差异更为明显；该额外增加的设计要素系杯盖正面的显著设计特征，与胡须共同构成猫脸部设计，该脸部整体设计系产品正常使用时容易被直接观察到的部位，对杯子整体视觉效果具有较大影响。此外，猫尾巴设计系涉案专利设计区别于现有设计的重要设计特征之一，而根据保温杯的使用习惯，一般消费者正常使用杯子过程中的触摸部位是杯盖，故杯盖各部位设计包括尾巴设计均是正常使用时被直接观察到的部位，但该尾巴设计在被控侵权产品中却并未体现。

综上，在涉案专利的区别设计特征方面，被控侵权产品与涉案专利存在较大差异，这些差异亦均是一般消费者正常使用产品时容易直接观察到的部位差异，对整体视觉效果影响较大。结合两者其他设计部位差异，可以认定被控侵权产品与涉案专利外观设计在整体视觉效果上具有实质性差异，不构成近似设计，被控侵权产品未落入原告涉案外观设计专利权保护范围。

二、两被告主张的现有设计抗辩能否成立

《专利法》第六十二条规定，被控侵权人有证据证明其实施的设计属于现有设计的，不构成侵犯专利权。《最高人民法院关于审理侵犯专利权纠纷案件应用法律若干问题的解释》第十四条第二款规定，被诉侵权设计与一个现有设计相同或者无实质性差异的，人民法院应当认定被诉侵权人实施的设计属于《专利法》第六十二条规定的现有设计。

本案中，两被告依据申请号为 CN201230509233.6 的“水壶盖（猫头）”外观设计专利主张现有设计抗辩。该专利的授权公告日为 2013 年 5 月 1 日，早于本案专利申请日，故相对于涉案专利属于现有设计。经比对该现有设计与被控侵权产品，两者在杯盖猫脸造型设计上存在较大差异，虽均包括眼睛、鼻子、嘴巴、胡须、耳朵设计，但眼睛、鼻子、嘴巴、胡须、耳朵的具体设计均存在一定差异，且该差异位于杯盖正面显著位置，系产品正常使用时容易被直接观察到的部位，对整体视觉效果影响较大。此外，两者杯体整体形状亦存在一定差异，杯身和杯盖比例不同，杯身底部是否弧形内收不同，杯盖整体弧形设计亦存在差异，杯身图案设计不同。综上，不能认定被控侵权产品与该现有设计属于相同或者无实质性差异，两被告主张的现有设计抗辩不能成立。

鉴于被控侵权产品未落入原告涉案外观设计专利权保护范围，原告的侵权指控不能成立，本院无须对两被告实施何种侵权行为以及应承担的侵权责任问题进行评判，故亦无须再对争议焦点三进行评判。

据此，依照《中华人民共和国专利法》第五十九条第二款、第六十二条，《最高人民法院关于审理侵犯专利权纠纷案件应用法律若干问题的解释》第八条、第十条、第十一条、第十四条第二款的规定，判决如下：

驳回原告吴某的诉讼请求。

本案案件受理费人民币 1951 元，由原告吴某负担。

如不服本判决，可在判决书送达之日起十五日内向本院递交上诉状，并按对方当事人的人数提出副本，上诉于上海市高级人民法院。

审　判　长　　黎淑兰
审　判　员　　陈瑶瑶
人民陪审员　　汤洪波
二〇一九年三月二十九日
法官助理　　陈　兵
书　记　员　　沈晓玲

附：相关的法律条文

一、《中华人民共和国专利法》

第五十九条　……

外观设计专利权的保护范围以表示在图片或者照片中的该外观设计专利产品为准。

第六十二条　在专利侵权纠纷中，被控侵权人有证据证明其实施的技术或者设计属于现有技术或者现有设计的，不构成侵犯专利权。

二、《最高人民法院关于审理侵犯专利权纠纷案件应用法律若干问题的解释》

第八条　在与外观设计专利产品相同或者相近种类产品上，采用与授权外观设计相同或者近似的外观设计的，人民法院应当认定被诉侵权设计落入专利法第五十九条第二款规定的外观设计专利权的保护范围。

第十条　人民法院应当以外观设计专利产品的一般消费者的知识水平和认知能力，判断外观设计是否相同或者近似。

第十一条　人民法院认定外观设计是否相同或者近似时，应当根据授权外观设计、被诉侵权设计的设计特征，以外观设计的整体视觉效果进行综合判断；对于主要由技术功能决定的设计特征以及对整体视觉效果不产生影响的产品的材料、内部结构等特征，应当不予考虑。

下列情形，通常对外观设计的整体视觉效果更具有影响：

（一）产品正常使用时容易被直接观察到的部位相对于其他部位；

（二）授权外观设计区别于现有设计的设计特征相对于授权外观设计的其他设计特征。

被诉侵权设计与授权外观设计在整体视觉效果上无差异的，人民法院应当认定两者相同；在整体视觉效果上无实质性差异的，应当认定两者近似。

第十四条　……

被诉侵权设计与一个现有设计相同或者无实质性差异的，人民法院应当认定被诉侵权人实施的设计属于专利法第六十二条规定的现有设计。

附图

原告专利

主视图

立体图

被控侵权产品

主视图

立体图

现有设计

主视图

二、计算机软件纠纷

3. 上海硕蕊电子科技有限公司诉庆阳市人民医院计算机软件开发合同纠纷案

上海知识产权法院
民事判决书

（2017）沪73民初102号

原告：上海硕蕊电子科技有限公司。

法定代表人：张某1，该公司执行董事。

委托诉讼代理人：魏某，男，该公司工作人员。

委托诉讼代理人：侯某，上海鼎城律师事务所律师。

被告：庆阳市人民医院。

法定代表人：张某2，该院院长。

委托诉讼代理人：郭某，男，该院副院长。

委托诉讼代理人：苟某，甘肃隆庆律师事务所律师。

原告上海硕蕊电子科技有限公司（以下简称“硕蕊公司”）与被告庆阳市人民医院（以下简称“庆阳医院”）计算机软件开发合同纠纷一案，本院立案后，依法适用普通程序进行审理。2018年9月18日，本院公开开庭审理了本案，原告硕蕊公司的法定代表人张某1及委托诉讼代理人魏某、侯某，被告庆阳医院的委托诉讼代理人郭某、苟某到庭参加诉讼。审理中，当事人在本院主持下调解未果。本案现已审理终结。

原告硕蕊公司向本院提出诉讼请求：（1）判令被告向原告支付技术开发服务费人民币9 305 120元（以下币种相同，该费用包括初始技术开发费用3 786 000元、二次补充开发费用1 392 000元、维护费4 127 120元）；（2）判令被告向原告支付因研发需要所产生的硬件和耗材费用 2 521 150 元［包括医院在线运行的服务器费用 393 000 元、系统集成综合布线费用 207 960 元、用于数据备份和应急备份的硬件费用 720 120 元、研发设备硬件费用393 070元、查询卡（磁卡）材料费 800 000 元、准系统接口调试控制机费用7000元］。事实和理由：原告是一家从事电子科技领域内的技术开发、技术服务等业务的企业，成立于 2010 年 6 月 23 日。原告成立前，魏某于 1998 年开始即代表上海硕慧贸易有限公司（以下简称“硕慧贸易公司”）为被告提供软件维护服务。2005 年法定代表人为魏某的上海硕慧电子科技有限公司（以下简称“硕慧电子公司”）成立后，由该公司为被告提供软件维护服务。原告成立后，被告委托原告为其开发一套能够满足其需求的最新版本的医院管理系统并提供维护服务。基于软件技术开发的需要，原告当即要求被告签订书面技术开发合同，但被告表示其系事业单位，签订合同需要经过招投标程序，希望原告先进行开发，故双方对于全套医院管理系统的开发以及维护管理等达成口头协议，并约定开发费用按市场价计算，待招投标程序完成后再补签书面合同。原告为此专门成立项目组，购买专用设备，投入人力物力进行软件开发，2010 年 8 月 8 日软件上线运行，之后原告又不断扩展系统内容，并于 2010 年底完成全部开发，且进行了计算机软件著作权登记，取得软件名称为“硕蕊 T&T 医院管理软件 V7. 0”的《计算机软件著作权登记证书》和《软件产品登记证书》。原告履行上述约定义务后，被告并未履行承诺，原告多次试图通过参加招投标的形式与被告补签书面技术开发合同，但被告一拖再拖或者故意设置障碍拒绝履行义务。其间，原告多次要求被告支付软件开发服务费、开发所产生的硬件和耗材费等费用，但被告一直拖延。2014 年被告明确告知原告，其已通过招投标的方式选定了另一家公司作为其医院管理系统的供应商，并要求终止原、被告之间的一切合作关系。此外，硕慧贸易公司、硕慧电子公司和原告先后为被告提供软件维护服务，保证系统运行良好，为被告创造了巨大的经济价值，但被告一直拖欠维护费用至今。硕慧电子公司成立后，硕慧贸易公司于 2006 年将相关债权转让给了硕慧电子公司，原告成立后，硕慧电子公司又将相关债权全部转让给了原告。综上，原告认为，原、被告双方已通过口头协议的方式形成了事实上的软件开发合同关系，原告作为开发方已按约履行了合同义务，但被告却拒不支付软件开发费用，拖欠软件维护费用以及硬件和耗材费用，故原告诉至法院，请求支持其上述诉讼请求。

被告庆阳医院辩称：（1）涉案软件于 1999 年 4 月 25 日正式上线，由“西安交大瑞森集团康龙公司”开发，双方约定的合同金额为 12. 9 万元，其中软件费3万元，魏某原是该公司的软件开发人员，具体负责为被告提供软件维护服务，后来魏某自己成立了硕慧贸易公司，涉案软件被迫改由硕慧贸易公司维护。为此，2001年和2004年魏某以硕慧贸易公司名义与被告签订合同，2009年被告又与硕慧电子公司签订合同，被告亦为维护人员提供了固定工作室一间。原告成立后，由原告继续为被告维护涉案软件，故原、被告之间仅存在软件维护关系，并不存在软件开发合同关系，且双方的软件维护关系已经自2014年被告向原告发出停止维护通知后终止。（2）由于被告业务发展和形势需要，被告的上级部门组织被告进行网络服务采购招投标，魏某先后所代表的公司欲参加投标，故被告应魏某要求为其出具了相关证明。2014年被告通过招投标确定创业软件股份有限公司为其开发新系统，故先后向原告发送了两份通知，告知原告做好终止原系统服务的准备，并做好交接工作，但原告不愿意退出。原、被告之间发生争议主要是因为原告未能在招投标活动中中标，以及原告擅自为被告购置并安装了高达五六十万元的设备，虽双方多次谈判协商，但未能达成一致意见。现原告占用的工作室尚未交还，系统历史数据亦尚未移交。（3）经被告财务部门清理，被告仅欠原告2014年8月4日至同年11月4日的维护费用6.5万元和涉及“新农合暨城镇职工住院病人医保接口软件”开发的相关费用9000元（包括维护费6000元、接口押金3000元），共计7.4万元，该费用被告愿意支付给原告；至于原告主张的2010年之前的维护费用，双方并无约定，且已过诉讼时效。综上，被告希望本院查清事实，依法驳回原告的诉讼请求。

本案审理中，当事人围绕诉讼请求依法提交了证据，本院组织当事人进行了证据交换和质证。本院依据采纳的相关证据和当事人的陈述查明如下事实：

一、涉案相关企业基本情况等事实

硕慧贸易公司成立于1999年6月16日，注册资本为50万元，法定代表人为张某3，股东为张某3和赵某，经营范围包括办公用品、计算机配件、通信器材等。该公司现登记状态为吊销、未注销。

硕慧电子公司成立于2005年12月6日，注册资本为100万元，法定代表人为魏某，股东为魏某和张某1，经营范围包括计算机系统的技术开发、技术转让、技术咨询、技术服务，计算机软硬件、电子产品等的销售。该公司现登记状态为吊销、未注销。

原告成立于2010年6月23日，注册资本为500万元，法定代表人为张某1，设立时股东为张某1和魏某，2017年11月16日股东变更为张某1一人，经营范围包括从事电子科技领域内的技术开发、技术转让、技术咨询、技术服务，计算机、软件及辅助设备、电子产品等的销售。

2011 年 5 月 10 日，上海市经济和信息化委员会颁发的《软件产品登记证书》载明：经审核，硕蕊 T&T 医院管理软件 V7.0 符合《鼓励软件产业和集成电路产业发展的若干政策》和《软件产品管理办法》的有关规定，准予登记，特发此证。申请企业为原告，证书编号为沪 DGY-2011-0418，有效期为五年。

2011 年 8 月 23 日，国家版权局出具的证书号为软著登字第 0278404 号的《计算机软件著作权登记证书》载明：软件名称为硕蕊 T&T 医院管理软件 V7.0［简称：T&THE_Software］，著作权人为原告，开发完成日期为 2011 年 1 月 1 日，首次发表日期为 2011 年 1 月 30 日，权利取得方式为原始取得，权利范围为全部权利，登记号为 2011SR014730。

二、涉案相关企业与被告之间签订的软件合同及履行等情况

2000 年 2 月 4 日，西安康龙电子有限责任公司（以下简称“康龙公司”）开具抬头为“庆阳地区人民医院”的其他服务业统一发票一张，该发票记载的“项目”为软件开发费，金额为 26 200 元。2000 年 2 月 22 日，康龙公司开具购货单位为“庆阳地区人民医院”商业零售普通发票三张，发票记载的“品名规格”为 UPS 500W 等硬件以及网络配件等，金额共计 133 800 元。

2001 年 6 月 6 日，硕慧贸易公司开具购货单位为“庆阳地区人民医院”的商业统一发票一张，该发票记载的“品名规格”为 NEC 服务器、磁带机、20 用户 NT 操作系统，金额为 50 000 元。2002 年 1 月 10 日，该发票记载的货品经验收入库。该发票正面手写批注的文字显示，“庆阳地区人民医院”于同年 1 月 11 日支付了相应款项。

2001 年 9 月 1 日，硕慧贸易公司开具购货单位为“庆阳地区人民医院”的商业统一发票一张，该发票记载的“品名规格”为计算机及配件，金额为 26 050 元。同年 9 月 18 日，“庆阳地区人民医院”通过银行电子汇兑向魏某的个人账户支付上述款项，电子汇兑凭证的“汇款用途”栏载明“材料款”。

2001 年 12 月 28 日，庆阳地区人民医院（甲方）与硕慧贸易公司（乙方）签订《甘肃庆阳地区人民医院计算机应用软件合同书》，该合同约定的主要内容为：根据地区医院目前的现状，为了提高系统的安全和保密性，经双方协商，对原有网络系统进行全面升级，并增加病区医嘱录入模块，为此由乙方协助甲方进行网络的组建规划、应用软件的开发、安装调试。（1）应用系统的设计……根据现状，进行如下模块的升级：①门诊收费系统；②住院结算系统；③病区医嘱录入系统；④药品管理系统；⑤患者查询系统；⑥药房管理系统；⑦经济收入统计分析。（2）网络系统设计 ……系统要求选择

WINDOWS NT 2000 网络系统、DELPHI 编程、SERVER 2000 数据库。（3）协议：①本合同总金额为 3.5 万元，签约后甲方即支付乙方首期付款 2 万元；②乙方在完成软件安装调试后，经甲方验收合格，甲方支付给乙方 1.2 万元，余款 0.3 万元年底付清，软件系统转入维护期；③甲方提供硬件系统服务器、网络操作系统、客户端系统及部分材料；……⑧乙方根据甲方所提供的资料为甲方设计医院信息管理系统软件；……⑫乙方免费为甲方负责提供一年技术服务，每天 24 小时（电话跟踪）服务，定期网络维护……。2002 年 1 月 3 日，硕慧贸易公司开具购货单位为“庆阳地区人民医院”的商业统一发票一张，该发票记载的“品名规格”为软件费，金额为 35 000 元。上述发票正面手写批注了“先付 20 000 元，余款完工验收后分期支付”等字样。同年 1 月 15 日，“庆阳地区人民医院”通过银行电子汇兑向硕慧贸易公司支付20 000元。

2004 年 5 月 31 日，被告（甲方）与硕慧贸易公司（乙方）签订《庆阳市人民医院计算机软件合同书》，该合同约定的主要内容为：因甲方业务发展需要，要求对总务、器械、中药房进行计算机管理，双方达成如下协议：（1）软件系统：①总务物资管理系统；②医疗器械管理系统；③中药房审发药管理系统。软件系统 6000 元，首付款 3000 元，一个月后付 3000 元。（2）硬件系统：①工作站 清华同方 128ram 40Hard 2.8CPU 17” crt 4 台，含税票 4300 ×4 = 17 200 元；②票据打印机 3200 ×3 =9600 元；③布线工程 500 元。硬件一次性付款。合计 33 300 元。同年 6 月 2 日，被告支付魏某个人“计算机预付款” 20 000 元。同年 12 月 11 日，硕慧贸易公司开具购货单位为被告的商业统一发票两张，其中一张发票记载的“品名规格”为软件费，金额为 6500 元；另一张发票记载的“品名规格”为上述合同中约定的硬件系统以及 LQ300 打印机 1 台，金额共计为 29 050 元。

2005 年 10 月 18 日和 2006 年 4 月 10 日，被告开具收款人均为魏某、金额分别为 30 000 元和 7000 元的中国银行转账支票各一张，用途均为软件费。

2006 年 4 月 20 日，被告（甲方）与硕慧电子公司（乙方）签订《庆阳市人民医院急救中心网络系统合同书》，该合同约定的主要内容为：甲方的急救中心经过一年左右的基础建设，现已全面竣工，部分科室已开始工作，与其工作紧密相关的计算机网络管理系统的实施已成为当务之急，计算机系统的使用给医院带来许多好处，其经济和社会效益已有目共睹，近两年来医院的巨大变化就证明如此，上海硕慧公司承担人民医院网络系统已有多年历史，双方合作十分成功，随着医院的发展，原来系统的升级换代已不可避免，而且应用的范围要加深和扩大，为此根据医院领导创新思维的要求，更好地为病人服务，由上海硕慧公司继续承担急救中心网络工程及软件的供应商。网络规划如下："（一）应用系统的设计 新版软件相对原来系统有很大的提升 1. 采用刷卡技术 采用双轨26道卡刷卡技术，实现一卡通……2. 采用路由技术……3. 网络计算技术……4. 清单自动打印……5. 双屏技术……由于甲方要求增加下列软件：（1）网络考勤系统；（2）医保门诊收费系统；（3）医保住院结算系统。这三个系统为新开发，工作量很大，签约后两月内完成。以上双方协议软件费用50 000元。（二）网络系统设计 医院的网络系统是基于一个区域网的规模……硬件系统具体要求如下：1. 企业级网络服务器；2. 工作站；3. 一体化查询考勤机；4. 打印机；5. 双屏同步监视器；6. 交换机；7. 路由器；8. 网络辅件；9. 拨号器；10. 读卡器；11. 磁卡改双道26轨（增加成本1元）；12. 机柜；硬件系统按市场价确定，其维护为一年；共计158 180元。（三）双方协议 1. 甲方提供硬件系统服务器网络操作系统和客户端操作系统；……6. 本系统双方协定软件费50 000元，签约后甲方即支付乙方首期付款30 000元，一个月内，在完成软件培训后甲方正常运行，甲方支付给乙方15 000元，余款5000元半年内结清，软件系统转入维护期，硬件货到一次性付款；7. 硬件系统158 180元，预付70 000元，余款88 180元货到后一次性付款……。"2007年1月17日，硕慧电子公司开具购货单位为被告的商业统一发票一张，记载的"品名规格"为软件费，金额为50 000元；同年1月18日，硕慧电子公司开具购货单位为被告的商业统一发票两张，发票记载的"品名规格"分别为计算机网络系统硬件部分（1）（详情见合同）、计算机网络系统硬件部分（2）（详情见合同），金额分别为90 000元、68 180元，合计158 180元。上述发票正面手写批注的文字显示，被告于同年1月19日支付了相应款项。

2006年6月17日和2007年1月17日，被告与硕慧电子公司先后签订关于"数字安全监控系统"开发及维护的相关合同，合同价款共计58 179元。2007年1月17日，硕慧电子公司开具购货单位为被告的商业统一发票一张，记载的"品名规格"为数字安全监控系统（详情见合同），金额为58 179元。该发票正面手写批注的文字显示，被告于同年1月19日支付了相应款项。

2009年3月25日，被告（甲方）与硕慧电子公司（乙方）签订《庆阳市人民医院新农合暨城镇职工住院病人医保接口软件协议》，该合同约定的主要内容为："（一）技术规范要求 A 新农合要求 1. 从中心导出的药品文件在定点HIS中能够实现动态实时更新；2. 软件系统按HIS接口规范表格规定的字段生成文本文件……。（二）软件功能描述 1. 费用标准代码转换，医保办完成；2. 药品信息代码转换，医保办完成；3. 建立医保病人信息数据库（录入或补充医保信息），住院处完成；4. 费用审核，医保办完成；5. 提取内网数据，数据中心完成；6. 数据格式审核；7. 上传数据；8. 建立参保费用项目数据库；9. 建立参保药品代码数据库；10. 出入院医保病人个人账户；11. 安全防护（在医保服务器安装防火墙）；12. 安装 Server2005 数据库；13. PHP 数据查询（web）。……（四）双方协议……4. 乙方在签约两个月内完成接口文件，应对整个系统的安全管理负责；……6. 本系统双方协定系统费用60 000元，签约后甲方即支付乙方首期付款20 000 元，一个月内，在完成培训后甲方正常运行，甲方支付给乙方 20 000 元，系统转入维护期，余款 20 000 元半年内付清，硬件货到一次性付款……。”同年 4 月 17 日，被告开具收款人为魏某、金额为 20 000 元的中国建设银行转账支票一张，用途为软件款。同年 8 月 21 日，硕慧电子公司开具购货单位为被告的商业统一发票一张，记载的“品名规格”为软件费（医保接口），金额为 60 000 元。同年 9 月 17 日，被告相关人员在该发票正面手写批注“支付 2 万元，余款挂账”。同日，被告开具收款人为魏某、金额为 20 000 元的中国建设银行转账支票一张，用途为材料费。2010 年 3 月 11 日，被告开具收款人为魏某、金额为 20 000 元的中国建设银行转账支票一张，用途为材料费。该款项为被告支付的上述合同余款。之后，硕慧电子公司又为被告开发了“医保安全防毒服务器系统”，共计价款 88 300 元。2010 年 8 月 5 日，硕慧电子公司开具购货单位为被告的商业统一发票一张，记载的“品名规格”为医保农合系统（详见清单），金额为 88 300 元。2011 年 2 月 28 日，被告开具收款人为魏某、金额为 150 060 元的中国建设银行转账支票一张，用途为材料款，该款项中包括上述应付款项 88 300 元。

2012 年 8 月 21 日，被告（甲方）与原告（乙方）签订《庆阳市人民医院城镇职工医疗保险接口软件合同书》，该合同约定乙方在签约两个月内完成接口文件；费用为 30 000 元，签约后甲方即支付乙方首期付款 20 000 元，三个月内，在完成培训后甲方正常运行，甲方支付给乙方 7000 元，系统转入维护期，余款 3000 元半年内付清，硬件货到一次性付款。同年 9 月 6 日，原告开具购货单位为被告的商业统一发票一张，记载的“品名规格”为城镇医疗保险接口（住院），金额为 30 000 元。同年 9 月 20 日，被告相关人员在该发票正面手写批注“支付 2. 7 万元，余款挂账”。同年 9 月 25 日，被告开具收款人为魏某、金额为 27 000 元的中国建设银行转账支票一张，用途为购软件。

原告主张其为被告开发的软件包括以下模块：“（一）初始开发软件模块 1. 住院大楼（包括门诊收费系统、护士工作站系统、医生病历系统、新农合医保数据接口、城镇职工医保数据接口等 25 项模块）；2. 门诊大楼（包括一楼门诊收费系统、三楼门诊收费系统、功能检查记账系统等 7 项模块）；3. 急诊楼（包括门诊收费系统、门诊记账管理系统、住院结算系统等11项模块）；4. 身心楼（包括门诊收费系统、门诊记账管理系统、住院结算系统等14项模块）；5. 行政楼（包括药品管理系统、药品实物审核系统、药品电子台账系统等8项模块）；6. 传染楼（包括门诊收费系统、门诊记账管理系统、住院结算系统等7项模块）；7. 住院二部大楼（包括住院结算系统、医生病历系统、患者查询系统、后台维护系统等14项模块）。（二）补充开发软件模块 1. 接口模块（包括反贪局数据接口、统方软件数据接口、庆阳市审计局数据接口等20项模块）；2. 便民药房（包括门诊收费系统、药品会计管理系统、药房审核系统等8项模块）；3. 互联网架构；4. 移动智能手机 app；5. 远程拨号（包括药品传送系统、远程拨号维护系统、会计接口3项模块）；6. 漏费系统（包括化验仪器控制接口、放射设备控制接口、B超控制接口等6项模块）；7. 张某2（包括药品数量管理系统、院长查询系统、历史数据备份3项模块）。”

被告提交的其出具的《软件模块清单》记载，被告确认其当时使用的软件模块包括：（1）门（急）诊收费系统；（2）住院入、出、结算系统；（3）住院护士工作站系统；（4）住院医生电子病历系统；（5）功能检查记账系统；（6）多媒体查询系统；（7）后台维护系统；（8）后勤物资管理系统；（9）设备管理系统；（10）药品管理系统（含中、西药房及药库）；（11）查询系统；（12）农合、医保数据接口。

三、本案所涉硬件的相关情况

（一）查询卡（磁卡）的相关情况

原告主张自2003年起至2013年，共计向被告提供查询卡（磁卡）34.9万张，被告实际支付费用的是18.9万张，尚有16万张的费用未支付（包括被告认可收到的2012年至2013年提供的12万张以及被告不认可收到的4万张），应以6元/张计算，共计960 000元，本案中主张800 000元。被告认可共计收到查询卡（磁卡）30.9万张，且所有费用均已结清。对于双方存在争议的4万张查询卡（磁卡），原告表示其中2万张系2010年9月10日提供给被告，并提交了同日由被告微机室工作人员李某出具的收条。该收条载明：“今收到魏老师磁卡二万张。”对于另外2万张，原告表示现仍在被告的微机室，原告当时已经将卡录入被告的系统，但没有交付给被告。

被告提交的《2003年至今查询卡使用情况表》以及原、被告提交的发票、器材验收单（或器械入库单、验收入库单）、付款凭证等证据显示：（1）2003年至2005年，硕慧贸易公司共计向被告提供查询卡（磁卡）2.5万张，硕慧贸易公司开具的查询卡（磁卡）发票记载的单价为5元，被告的器材验收单记载的单价为5元，被告亦按照单价5元支付费用。（2）2006年硕慧电子公司共计向被告提供查询卡（磁卡）1万张，硕慧电子公司开具的查询卡（磁卡）发票记载的单价为6元，被告的器械入库单记载的批发单价为6元，但被告按照单价5元支付费用，并由被告相关人员在发票正面手写批注“每个磁卡5元，实际支付……”（3）2007年至2011年，硕慧贸易公司共计向被告提供查询卡（磁卡）15.4万张，硕慧贸易公司开具的查询卡（磁卡）发票记载的单价除2007年1月18日开具的发票记载为6元、2010年1月28日记载为4.5元外，其余记载的单价均为5.5元，被告的器械入库单、验收入库单记载的批发单价均与发票记载的单价一致，被告亦均按照发票记载的单价支付费用。（4）2012年至2013年，原告共计向被告提供查询卡（磁卡）12万张，原告开具的查询卡（磁卡）发票记载的单价均为1元，被告的验收入库单记载的批发单价为1元，被告亦按照单价1元支付费用。

（二）被告确认现存于被告处的硬件情况与原告主张提供给被告的硬件情况

被告提交的其2016年4月6日出具的《硬件情况》记载，当日下午经组织人员对相关设备核对，下列设备属实：“（一）服务器（1）IBM 3850 M2 Intel（R）Xeon（R）cpu E7310 1.6GHz（双核）8GB内存 硬盘4*146.8G 操作系统：Windows Server 2003 注：带一个16TB存储设备；（2）IBM 3850 X5 Intel（R）Xeon（R）cpu E7－4807 1.87GHz 64GB内存 硬盘4*900G 操作系统：Windows Server 2003。（二）交换机（1）华为S2300两台；（2）H3C S1224R九台；（3）H3C S5000一台；（4）DELL 2748一台；（5）H3C S5500一台；（6）H3C S5024P－E1两台。（三）光模块 现有光模块12个。（四）其他设备（1）黑色带KVM大机柜一台；黑色小机柜一台；（2）UPS（蓄电池15个）一台（未使用）；2014年1月22日由急诊三楼搬至网络中心机房，现未使用；（3）光电转换设备四台；分别连接身心楼和总务楼；（4）IBM服务器硬盘8块换下来的6块硬盘现未交回网络中心。”注：身心楼、总务楼现有光纤及交换设备两套，其中一套为被告正常招标后铺设、购买的；另外一套为魏某铺设（光纤铺设及交换设备的购置手续不清）；现身心楼、总务楼所使用的光纤及交换设备均为魏某所提供，被告铺设的光纤及交换设备都未使用。注：身心楼布线（1）光纤500米；（2）小机柜5；（3）熔纤布线。总务楼布线（1）光纤500米；（2）熔纤费。急诊楼布线（1）光纤1000米；（2）布线熔纤。住院部备用光纤200米。住院二部设备使用情况清华同方PC机一台。

原告主张提供给被告的硬件共包括以下几部分：（1）医院在线运行的服务

器两台；（2）医院系统集成及综合布线；（3）补充维护系统（含数据备份系统、应急备份服务器系统、Dell 台式机、打印机等）；（4）研发设备；（5）准系统（工业接口 232 控制机）。

被告在上述《硬件情况》中确认现存于被告处的硬件情况与原告主张的第 1 部分“医院在线运行的服务器”和第 2 部分“医院系统集成及综合布线”所涉硬件大部分一致，仅存在个别差异。

关于原告主张的上述硬件第 3 部分中的 Dell 台式机、打印机，被告（甲方）与原告（乙方）于 2012 年 10 月 8 日签订了《上海硕蕊电子科技有限公司订购合同书》，该合同约定甲方向乙方订购台式电脑（22 台）和打印机（3 台），台式电脑金额为 82 500 元，打印机金额为 8400 元，共计 90 900 元。同年 12 月 3 日，原告开具购货单位为被告的商业统一发票一张，记载的“品名规格”为 PC 机（Dell）、打印机，金额分别为 82 500 元、8400 元，合计 90 900 元。2013 年 2 月 1 日，被告将上述订购的设备入库。2014 年 5 月 13 日，被告以“我院神经内科住院病人超员加床现象严重，于 2012 年 10 月搬迁至新建成的身心楼后，其中的网络系统时间紧迫，为了不影响病人正常治疗，经医院同意由原软件供应商上海硕蕊电子科技有限公司提供了 22 台戴尔台式电脑及 3 台打印机，价格按医院的原政府招标供货价电脑每台 3750 元，打印机每台 2800 元执行”为由，向庆阳市人民政府采购办公室申请补办审批手续。之后，庆阳市人民政府采购中心批复“请采购单位参照 2012 年市级协议供货价执行”并加盖该采购中心印章。2014 年 7 月 18 日，被告相关人员在该发票正面手写批注“同意支付，先还欠款。”同年 7 月 30 日被告提交的由其相关人员签字的《设备、物资采购合同付款审批单》显示，供货单位为魏某、货物名称为维护费及打印机等、付款金额为 100 900 元。该金额中包括上述 22 台 Dell 台式电脑及 3 台打印机的款项 90 900 元。同年 10 月 28 日，被告通过电汇方式向原告支付 94 756 元（被告称该金额为应付款 100 900 元扣除之前多汇出的材料款 6 144 元）。

四、本案所涉维护费的支付等相关情况

原告在本案中主张被告应支付的维护费共计 4 127 120 元，具体包括：（1）1998 年 8 月 4 日至 2016 年 11 月 4 日的维护费，按每年 260 000 元计算，被告共计应支付 4 745 000 元，已支付 650 000 元（即 2010 年 8 月 4 日至 2011 年 8 月 4 日的维护费 260 000 元、2012 年 8 月 4 日至 2013 年 8 月 4 日的维护费 260 000 元、2013 年 8 月 4 日至 2014 年 2 月 4 日的维护费 130 000 元），未支付 4 095 000 元；（2）农合医保系统维护费 32 120 元，未支付。

原、被告双方提交的维护费发票、付款凭证等证据显示，维护费付款情况如下：

（一）关于信息管理系统维护费

（1）2011年12月31日，原告开具购货单位为被告的商业统一发票三张，记载的“品名规格”均为维护费（2009年8月4日～2010年8月4日），金额共计为260 000元。被告相关人员在其中金额为80 000元的发票正面手写批注“扣20万元借款，余款支付”，反面手写批注“由于维修合同意见不一致，经段院长章院长同意支付维护费260 000元”。

（2）2011年12月29日，原告开具购货单位为被告的商业统一发票三张，记载的“品名规格”均为维护费（2010年8月4日～2011年8月4日），金额共计为260 000元。被告相关人员在该发票反面手写批注“由于在合同某些条款上未达成一致意见，段院长指示同意按商定的意见付款”。2012年3月8日，被告开具收款人为魏某、金额为260 000元的中国建设银行转账支票一张，用途为网络维护费。

（3）2012年12月27日，原告开具购货单位为被告的商业统一发票三张，记载的“品名规格”分别为维护费（2012年8月4日～2012年12月4日）、维护费（2012年12月4日～2013年4月4日）、维护费（2013年4月4日～2013年8月4日），金额均为86 667元，共计260 001元。2013年2月4日、5月29日、12月4日，被告开具收款人为魏某、金额为86 667元的中国建设银行转账支票各一张，其中2013年5月29日开具的支票记载用途为维护费，其余两张支票记载用途均为材料款。

（4）2013年8月13日，原告开具购货单位为被告的商业统一发票一张，记载的“品名规格”为维护费（2013年8月4日～2013年11月4日），金额为65 000元。同年9月2日，被告开具收款人为魏某、金额为65 000元的中国建设银行转账支票一张，用途为维修费。

（5）2014年1月27日，原告开具购货单位为被告的商业统一发票一张，记载的“品名规格”为软件维护费（2013年11月4日～2014年2月4日），金额为65 000元。同年2月12日，原告开具购货单位为被告的商业统一发票一张，记载的“品名规格”为软件维护费（2014年2月4日～2014年5月4日），金额为65 000元。同年7月8日，原告开具购货单位为被告的商业统一发票三张，记载的“品名规格”均为维护费（2011年8月4日～2012年8月4日），金额共计260 000元。同年7月18日，被告相关人员在上述发票正面均手写批注“同意支付，先还欠款”。2014年10月13日，原告开具购货单位为被告的商业统一发票一张，记载的“品名规格”为维护费（2014年5月4日～2014年8月4日），金额为65 000元。2014年12月9日，被告通过电汇方式向原告支付65 000元。

（二）关于农合医保系统维护费

（1）2011年12月24日，原告开具购货单位为被告的商业统一发票一张，记载的“品名规格”为医保系统维护费（2010年度）、医保系统维护费（2011年度），金额各为12 000元，合计24 000元。2012年1月19日，被告开具收款人为魏某、金额为24 000元的中国建设银行转账支票一张，用途为材料款。

（2）2013年5月23日，原告开具购货单位为被告的商业统一发票一张，记载的“品名规格”为医保系统维护费（2012年度）、医保系统维护费（2013年度），金额各为12 000元，合计24 000元。同年6月4日，被告相关人员在上述发票正面手写批注“2013年维护费支付上半年，共计1.8万元”。同年6月4日，被告开具收款人为魏某、金额为18 000元的中国建设银行转账支票一张，用途为材料款。

（3）2015年5月13日，原告开具购货单位为被告的商业统一发票一张，记载的“品名规格”为农合接口维护费（15个月）、城镇职工医保接口维护费（13个月），金额分别为15 000元、8125元，合计23 125元。

五、本案所涉魏某向被告借款情况

（1）2006年6月23日，被告开具收款人为魏某、金额为100 000元的中国银行转账支票一张，用途为网络工程款。同年6月26日，魏某向被告出具借条一张，借款金额为100 000元，借款事由为付工程款，借条上手写批注了“同意预付微机工程款拾万元，结账时把款扣回”等字样。2006年8月18日，魏某向被告出具借条一张，借款金额为100 000元，借款事由为计算机系统预付款。同年10月18日，被告开具收款人为魏某、金额为100 000元的中国建设银行转账支票一张，用途为材料款。原、被告及魏某在本案审理中一致确认，各方就上述200 000元借款已经结清。

（2）2010年2月9日，魏某向被告出具借条一张，借款金额为50 000元，借款事由为借2009年度维护费。同日，被告开具收款人为魏某、金额为50 000元的中国建设银行转账支票一张，用途为材料款。2011年1月25日，魏某向被告出具借条一张，借款金额为30 000元，借款事由为借2009年8月4日至2010年8月4日维护费。2011年11月29日，魏某向被告出具借条一张，借款金额为100 000元，借款事由为年度软件系统维护费（2011年）。次日，被告开具收款人为魏某、金额为100 000元的中国建设银行转账支票一张，用途为材料款。2012年5月5日，魏某向被告出具借条一张，借款金额为200 000元，借款事由为付计算机硬件款。同年5月7日，被告开具收款人为魏某、金额为200 000元的中国建设银行转账支票一张，用途为网络维护。2014年10月27日，被告出具客户名称为魏某的收款收据一张，项目为收回借款，金额为380 000元。本案审理中，被告明确魏某的上述借款共计380 000元，被告已经在维护费等费用的支付中予以全部冲抵完毕。原告和魏某对上述借款数额无异议，并表示愿意在本案原、被告的费用结算中对此进行冲抵，但其中200 000元借款事由为硬件款，应与原告在本案中主张的硬件费用进行冲抵，不应冲抵维护费。

六、其他事实

（一）被告先后多次进行软、硬件招投标等情况

2008年至2014年被告多次就医院信息管理系统软件及硬件采购等进行招标，原告以自己名义或者与其他公司联合多次进行投标，但被告2014年之前的招标均因故未能完成。该期间，被告为原告出具了以下证明：

（1）2011年4月29日，被告出具《用户证明》，载明："我院目前所使用的信息系统是由上海硕蕊（慧）电子科技有限公司研发的软件产品（T&T V7.0），系统运行平稳，维护工作一直由魏某、张某1两位工程师负责，根据我院的要求做了大量现场工作，系统运行平稳。系统的技术平台为windows环境下的delphi6/7/8/2005－Sql server 2000/2008平台。我院现为甘肃省三级甲等医院规模，硕蕊（慧）公司在我院设有软件维护办公室。"

（2）2012年3月8日，被告出具《证明》，载明："经我院有关会议研究同意上海硕蕊电子科技有限公司（原上海硕慧电子科技有限公司）可以与其他公司联合参加投标工作，资质按联合体的最高资质且互补执行。上海硕蕊电子科技有限公司（原上海硕慧电子科技有限公司）自1999年以来至今，是人民医院的网络软硬件系统供应商，系统经过多次升级改造，由foxpro上升到DELPHI6_SQLSERVER6.5_windows 2000平台再升级到目前delphi7_SQLSERVER 2000_windows 2003平台，十四年来该公司技术人员忠实完成维护任务，系统运行平稳正常，医院现为国家三级甲等医院。"

（3）2013年11月27日，被告出具《工作证明》，载明："上海硕蕊（慧）电子科技有限公司为我院急诊楼、门诊部、住院楼、住院二部、传染楼及神经内科后勤办公楼网络应用软件系统供应商，为统方软件提供接口，为监察、审计、药监等政府部门提供符合要求的数据服务。一直以来承担着医院网络系统软件升级和日常维护任务，工作认真负责、忠实完成了医院委托的各项任务，多次成功处理应急事件，网络及应用软件系统运行平稳正常，无任何故障发生，无违规操作，双方于2011年终于协商维护费用为每年26万元，已支付2012、2013年度维护费用。人民医院支持上海硕蕊公司公平、

公正、遵纪守法、符合市场原则，以其多年的现场工作经验和联合技术优势，科学合理的真正解决实际问题的形式参建我院的信息化建设工作，而且必须继续保证现行网络的安全正常运行和日常维护。”

中国招标采购网2014年5月9日发布的《庆阳市人民医院信息系统政府采购项目中标公告》显示：“甘肃省招标中心受庆阳市人民医院的委托，对庆阳市人民医院信息系统政府采购项目以公开招标方式进行采购，评标委员会于2014年5月7日确定中标结果，现将中标结果公布如下：……2. 中标结果内容：第一包 HIS 部分1套 第二包 PACS 部分1套 3. 定标日期：2014年5月7日……5. 中标供应商名称及中标金额：第一包因有效投标人不足三家，予以废标。第二包中标单位：北京思创贯宇科技开发有限公司 中标金额：95.8万元……。”中国采招网2014年6月10日发布的《庆阳市人民医院信息系统政府采购项目成交公告》显示：“甘肃省招标中心受庆阳市人民医院委托，对庆阳市人民医院信息系统政府采购项目以竞争性谈判方式进行采购，谈判小组于2014年6月6日确定成交结果，现将成交结果公布如下：……2. 成交结果内容：HIS 部分 3. 成交日期：2014年6月6日……5. 成交单位名称及成交金额：成交单位：创业软件股份有限公司 成交金额：367万元……。”本案审理中，原告表示其主张的初始技术开发费用3 786 000元，系参照上述公告中确定的软件价格（共计4 628 000元）进行计算。

2014年10月21日，原告向被告发出招标质疑函，内容为：“对于本次医院招标，我们作为在医院工作十六年的软件供应商，从医院未得到任何信息，2014年10月17日，从其他公司得知医院选定的中标人不是通过公开招标的程序产生的结果。我们上网查看相关信息……特依法向你方提出如下质疑：1. 多年来医院一直坚持雷打不变的公开正面向全国的公开招标，为何突然改变性质变为竞争性谈判？……3. 竞争性谈判为何排除原医院软件供应商参加资格？4. 我们依法通过正常渠道在4月招标前在急诊五楼会议室办公会上向院方提出竞争性谈判的总价格是249万，有参会人员和会议记录备查，我们也已向医院提了医院完整系统的总价是200万左右的国内大公司代理合同依据。……7. 我方是在第一次招标公告发布后，合法购置标书，且开标前一两天招标公司还电话通知我方按时参加开标的投标人，购买标书后，我们发现资质太高，被排除参标，提出标前书面质疑，一天中午被通知在办公会上向院方说明，我们解释自己合理诉求，提出通过竞争性谈判解决问题，并报出全部符合招标书条件的软件系统总报价为249万，要求立军令状，双方签字为证，当时领导还让做好我们发言记录，全部医院领导和行政科室都在，要求我们无偿维护网络并保证系统正常运行……医院坚持政府有文件，卫生局、财政局、监察局支持让面向全国公开招标，为何又失言变成竞争性谈判，总价为462.8万，高出我方竞争性谈判报价200多万，为何招标人不通知我方参加竞争……。”

2014年10月21日，被告向原告发出《通知》，内容为：“庆阳市人民医院新信息系统项目HIS预计于2014年10月底试运行，我院已于2014年4月通知贵公司做好终止网络服务准备。为保障正常的医疗秩序，现特发出书面通知，希望贵公司妥善处理善后事宜。”同年10月30日，被告再次向原告发出《通知》，内容为：“庆阳市人民医院新信息系统项目HIS已上线运行，我院现正式通知贵公司处理以下原有HIS系统遗留问题。1. 数据整理归档（自贵公司软件在我院运行以来的所有数据）；2. 处理收费管理科提供的收费员后台对账与交账单不符账务；3. 处理所有药房及卫材窗口未提交成功的药品、卫材；4. 处理药剂科药品排队；注：以上2、3、4三项问题我方已按《庆阳市人民医院系统维护登记表》提交贵公司。我院将在贵公司接到本通知七个工作日后，组织相关人员确认数据交接工作。”

（二）原、被告就涉案争议事项召开会议的情况

2014年5月10日，原、被告就有关事宜召开会议。被告提交的会议记录显示，原告方由其法定代表人张某1、魏某以及律师嵇某参加会议，被告方由杭某、王某、郭某、周某以及律师苟某参加会议。该次会议中存在以下对话内容：“嵇（嵇某，下同）：1. 硬件，医院一直在用，没有给钱；2. 维护费问题；3. 软件使用费问题。之前我们已报过价，医院认不认可及认可的标准。关于硬件，主要确认是不是在咱们医院使用，能确定的东西就落实，服务器已报过，X系列的3850和1286。张（张某1，下同）：年前的时候，我们在急诊三楼，当时医院出了一个紧急情况，我们的服务器把医院做了个紧急备份，后来医院说要从急诊楼搬家，之后就把服务器全拉到微机室去了，当时那几台设备都是我们的。当时我们的意思是让医院列个清单，但是这个工作没做，设备一直在用。王（王某，下同）：设备在微机室吗？周（周某，下同）：在，东西搬过去了。王：两台服务器有价格吗？张：有，我们报了价。嵇：一台22.5万，一台16.8万，共39.3万。王：还有其他硬件吗？张：当时审计厅装统方软件时，我们装过交换机，还有身心楼的网络布线。……王：当时身心楼的布线是怎么做的？张：当时医院招了个标，要人家那家做的，我们一看不让我们做，我们就不管了，后来啥也上不去，医院又通知我们来做，我们就做了，价格没谈。王：当时是哪个领导通知你做的？张：是段院长在会上打的电话。王：你现在把你们布线的价格说一下。嵇：163 960元。……魏（魏某，下同）：1. DELL交换机，整个安全、备份都在我这做，

将网络分了几路，我的设计是住院部、门诊、身心楼各一路，这三路任何一个出现问题都互不干扰，现在变成了任何一个地方出问题互相干扰。2. 做统方软件时的一个镜像交换机，比一般交换机高一层，其他都是普通交换机，身心楼上有 8 个，22 台电脑，2 个打印机，熔纤、线都是我做的，后勤楼上也是熔纤、线，急诊楼当时拉过 1 个光纤，其他都是模块、配件，当时在急诊楼有一个 UPS，那时频繁断电，就配了一个 UPS。服务器，带操作系统、数据库，加上技术服务，我一起算的，还有医院用了一个 3850 旧服务器时，用了我们 4 块 300G 硬盘，价值 5500 元，价格参照医院设备科提供的价格，现在系统没有备份……。嵇：那硬件费是 185 960 元，除过 22.5 万加 16.8 万。……杭（杭某，下同）：医院用了你几个系统？张：一个，HIS 系统。……张：关键是维护费到现在未付，我们还有维护不维护问题。现在叫我们维护，还不给维护费，叫我们太难了。……苟（苟某，下同）：总计标的额是多少？张：维护费 1999 ~ 2008 年划了三段，1999 ~ 2001 年 5 万/年，2001—2003 年 10 万/年，2003 ~ 2009 年 15 万/年，2009 年到现在是 26 万/年。……王：不是以前说有磁卡费的时候没有维护费吗？磁卡费降到 1 元才有维护费。嵇：双方都没有协议。苟：所以每年的维护费递增医院没办法追认。……张：现在怎么解决，我们已经全盘托出。王：关于硬件，如果确认，正在使用，会付费的；维护费，领导班子已换了几茬，但总不能把领导叫来说，留下的会议记录，接手人都要承认，维护费我们医院有一个会议记录，上面说，卡费降到 1 元后，每年 26 万，算到哪天是哪天……以前的维护费拿卡费顶着……软件费到底有没有……假如存在，从什么时间算起，软件使用费的价格基础是什么？来源是什么？依据是什么？这是核心问题。……张：费用我们现在维持不下去了，周一能不能给我们付一部分款？燃眉之急。王：我们汇报一下，要上会，前提是网络必须正常运行。张：那 6 个月的维护费和我们 38 万的借款不能在一起谈、冲账，这 38 万都有出处，38 万有 20 万的硬件款、18 万的维护费，从维护费 26 万起，医院现在欠我们大约 40 万维护费。周：欠你的是从 2013.12.4 到现在的这 6 个月，这中间没付是存在争议的。……张：现在燃眉之急，星期一能把 22 台电脑钱付了吗？王：我们医院是事业单位，东西必须是政府采购的，你们完善手续。郭（郭某，下同）：这个医院正在给你们协调处理，可以解决掉的。但是不是星期一就可以给你的，手续要办全的。”

2014 年 7 月 7 日，原、被告就硬件费问题召开会议。被告提交的会议记录显示，原告方参加人员与前一次会议一致，被告方参加人员除增加韩某以外，其他人员亦与前一次会议一致。该次会议中存在以下对话内容：“杭：现在对一下硬件情况。网络中心机房 7 个大项……还是请网络中心说吧！韩

（韩某，下同）：2 台服务器 IBM 3850M2 8GB 内存；操作系统 Windows Server 2003；主服务器 操作系统 2003，IBM3850X5；交换机 机房 7 台 H3C S1224 2 台 华为 S2300 2 台 DEL 2478 1 台 H3C S5000 2 台（带 3 个模块）；光模块 11 个，均未使用；KVM 大机柜 正在使用；UPS 1 台 未用；光电转换设备 4 台 正在使用；身心楼、总务楼 7 台 S3C；急救中心 清华同方服务器 正在使用。杭：我咨询了物价部门，你们提供的价位相差较大。韩：熔纤费、网线未写，服务器硬盘、光纤盒子、光纤。……魏：16TB 网络储存 数据库 硬盘 8 个。……魏：大的数量一致，就是少了光纤、熔纤费、U 盘。身心楼上的网络布线，当时是另一家公司中标，5 万元左右，我未中标。朱院长、张科长打电话让我布线。价格，时间太长了。嵇：数量上没问题，价格 57 万，院方报价不到 30 万。……魏：对了一下，华为 2300 2 台，报了 31 000 左右，其中一个模块7000 多呢，500 的 2 台交换机，8000 元，差价，DELL 交换机没有5000元的，光电转换机 900 左右，建议给我们宽松一点，我们要走了。嵇：原来要加 60 万，现意思总共降 8 万，要 52 万。……王：招标要求有 10% 的价格浮动，咱们现在未招标，价格差异太大，医院过不了账，财政局走不了程序。郭：嵇律师和他们再谈一下，看差距能否再小一些。杭：……嵇律师给魏工作些思想工作，前提一魏工给医院买了东西，未经医院同意，但已默许，对魏工工作的认可。魏工将硬件内配弄清楚，看价格到底是多少？能降多少？医院在算完的价格上超不过 10%。嵇：不认可硬件，是否可以从维护费上考虑一下，平衡心情。杭：我认为他报的价格没有医院从财政局走访的价格真。嵇：那维护费将怎么付？周：根据会议记录，从卡降到 1 元起付维护费，从 2011 年往后付。”次日，上述相关人员又一次召开会议，被告方增加张某 4 参加会议。该次会议中存在以下对话内容：“杭：……1. 昨天魏某对硬件配置需增加 4 个硬盘，1 个光模块，这样硬件数完全一致，以后如果说硬件数不一致了，完全由网络中心负责；2. 维护费问题；3. 望上海硕蕊公司表个态，在新的网络投入使用之前。庆阳市人民医院比昨天的价格加了 7 万左右，包括魏工提出的 4 个硬盘和 1 块光模块。魏：这个价格报得低了，需要上浮，16TB 是 8 个硬盘，每个应算 9600 元/个。……杭：在硬盘上增加 2 万，现在评估价格为 44 万。……王：这些东西都在吗？之后要交回医院。张：都有，肯定要交回。没问题。看 48 万行不，再加 1 万。……嵇：服务费医院总说磁卡，这个和服务器没关系。……魏：磁卡顶维护费我是不承认的。……杭：维护费这件事基本是清楚的，医院有了规模之后，从 2009 年开始，维护费就提上议事日程了。从 2011 年 8 月开始，每年 26 万，没有什么问题。2009 年以前规模小。嵇：2009 年之前给医院报过价 5 万/年，2001～2003 年 10 万/

年，2003—2008 年 15 万/年，2009 年以后每年 26 万。那硬件费怎么样？杭：硬件和财政上再沟通一下，我已给张院长打过电话了，维护费我认为需开个班子会，定个调子，现在差距较大。……魏：医院怎么说，我们怎么做，全力配合……在维护费上，望医院能宽松点。嵇：硬件医院报了 46.64 万元，我们提出再加 1 万；维护费如果差价大，以后很难谈；软件医院给个方案。杭：非常感谢嵇律师，这一轮谈话到此为止，明天上班子会上再谈一下。”

（三）涉案相关企业之间的债权转让情况

2006 年 8 月 7 日，硕慧贸易公司（甲方）与硕慧电子公司签订《协议书》，约定：“为了便于乙方日后为庆阳市人民医院开展系统开发及维护工作，甲方现决定自本协议书签订之日起，将甲方基于与庆阳市人民医院合作过程中所形成的所有的权利、义务一并转让至乙方。前述权利包括但不限于债权、物权、知识产权等一切权利。”

2010 年 6 月 23 日，硕慧电子公司（甲方）与原告签订《协议书》，约定：“鉴于：1. 甲方原系甘肃省庆阳市人民医院的医院信息管理系统软件的开发及维护单位；2. 现庆阳市人民医院决定将该医院新的医院信息管理系统软件的开发及维护工作委托给乙方来承担。为了便于乙方日后开展系统开发及维护工作，甲方现决定将其基于与庆阳市人民医院合作过程中所形成的所有的权利、义务一并转让至乙方，现双方就此达成如下协议：自本协议书签订之日起，甲方将其基于与庆阳市人民医院合作过程中所形成的所有的权利、义务一并转让至乙方。前述权利包括但不限于债权、物权、知识产权等一切权利。”

（四）本案庭审中，被告陈述：（1）2008 年以前其系二级甲等医院，共 200～300 张床位；2008 年以后搬入新的住院大楼，规模扩大了，2011 年 4 月晋升为三级甲等医院，2017 年床位数已经达到 1700 张。（2）被告有住院大楼、门诊大楼、急诊楼、身心楼，没有单独的行政楼，药剂科在身心楼中的一个楼层，有专门的传染科，在急救中心还设有一个病区（即住院二部）。

本院认为，根据双方当事人的诉辩意见，本案的主要争议焦点为：（1）原、被告双方之间是否存在原告主张的软件开发合同关系；（2）原告主张要求被告支付的软件开发费、维护费、硬件和耗材费用等能否予以支持。

关于第一项争议焦点，原告认为，被告委托原告开发医院信息管理系统，但表示签订合同需要经过招投标程序，故双方约定先由原告进行软件开发，待招投标程序完成后再补签书面合同，且原告已经于 2010 年底完成了软件开发，被告亦实际投入使用。因此，原、被告双方之间存在软件开发合同关系。被告则认为，其使用的软件系由“西安交大瑞森集团康龙公司”开发，并于

1999年4月25日正式上线，原、被告双方之间并不存在软件开发合同关系，仅存在软件维护关系。本院认为，根据《中华人民共和国合同法》第三十六条规定，法律、行政法规规定或者当事人约定采用书面形式订立合同，当事人未采用书面形式但一方已经履行主要义务，对方接受的，该合同成立。本案中，首先，原告提交的《软件产品登记证书》《计算机软件著作权登记证书》显示，原告系“硕蕊T&T医院管理软件V7.0”的著作权人。其次，2011年4月29日被告出具给原告的《用户证明》中载明“我院目前所使用的信息系统是由上海硕蕊（慧）电子科技有限公司研发的软件产品（T&T V7.0），系统运行平稳……”。2012年3月8日被告出具给原告的《证明》中载明“上海硕蕊电子科技有限公司（原上海硕慧电子科技有限公司）自1999年以来至今，是人民医院的网络软硬件系统供应商，系统经过多次升级改造……”。2013年11月27日被告出具给原告的《工作证明》中载明“上海硕蕊（慧）电子科技有限公司为我院急诊楼、门诊部、住院楼、住院二部、传染楼及神经内科后勤办公楼网络应用软件系统供应商，为统方软件提供接口，为监察、审计、药监等政府部门提供符合要求的数据服务。一直以来承担着医院网络系统软件升级和日常维护任务……”。从上述证明载明的内容可以确定，原告为被告开发的信息管理系统软件，被告已经实际投入使用，而且被告在证明中亦明确表明其同意原告参加信息管理系统软件的投标。最后，被告在其提交的《软件模块清单》中确认的当时使用的软件模块与原告主张由其开发的软件模块部分重合，且被告亦当庭确认其有住院大楼、门诊大楼、急诊楼、身心楼等，上述各楼及相关科室均与原告主张被告使用软件的各楼及相关科室相吻合。综上，本案双方当事人虽未采用书面形式订立合同，但原告已经履行软件开发义务并交付被告，被告也实际投入使用，故本院认定双方的软件开发合同关系依法成立，对双方当事人均具有法律约束力。被告的相关辩称意见，本院不予采纳。

关于第二项争议焦点，本院认为，硕慧贸易公司与硕慧电子公司于2006年8月7日签订《协议书》，将硕慧贸易公司的债权转让给硕慧电子公司，硕慧电子公司与原告又于2010年6月23日签订《协议书》，将硕慧电子公司的债权转让给原告。原告表示其曾就上述债权转让口头通知过被告，被告虽对此予以否认，但从双方提交的相关证据可以看出，被告对于该债权转让事项已经知晓。即使如被告所称其未收到原告的口头通知，原告通过提起本案诉讼的方式向被告主张权利，亦可以认定为通知债权转让的一种方式，在本案相关诉讼材料送达被告时，该债权转让通知对被告发生法律效力。因此，硕慧贸易公司、硕慧电子公司对于被告的相关债权由原告享有，原告有权向被告进行主张。

原告在本案中主张要求被告支付的费用包括软件开发费（含初始技术开发费用、二次补充开发费用）、硬件和耗材费用［含查询卡（磁卡）和其他硬件］、维护费。本院将结合本案查明的事实及在案证据，分别就原告主张的各项费用能否予以支持进行分析、评判。

（一）关于软件开发费

根据本院在第一项争议焦点中所述，本案双方当事人的软件开发合同关系成立，原告已经履行软件开发义务并交付被告，被告也实际投入使用，故被告应支付相应的软件开发费。原告主张软件开发费共计 5 178 000 元（含初始技术开发费用 3 786 000 元、二次补充开发费用 1 392 000 元），其中初始技术开发费用，原告系参照 2014 年被告相关软件中标公告和成交公告中确定的软件价格（HIS 部分 3 670 000 元、PACS 部分 958 000 元，共计 4 628 000 元）进行计算。本院认为，首先，原告未提交证据证明原、被告双方就原告主张的软件开发费已经协商达成一致，原告提交的现有证据亦不能证明其所主张的软件开发费金额。其次，原、被告双方于 2014 年 5 月 10 日就涉案争议事项召开会议进行协商时，原告法定代表人张某 1 明确表示被告仅使用了原告一个系统，即 HIS 系统。最后，原告在 2014 年 10 月 21 日向被告发出的招标质疑函中表示“我们解释自己合理诉求，提出通过竞争性谈判解决问题，并报出全部符合招标书条件的软件系统总报价为 249 万……我们也已向医院提了医院完整系统的总价是 200 万左右的国内大公司代理合同依据”。因此，本院综合原告开发软件的实际情况、原告在招标质疑函中提出的报价，以及 2014 年被告相关软件成交公告中确定的 HIS 部分的成交金额等，对软件开发费酌情确定为 2 250 000 元。原告关于软件开发费的诉讼请求，本院部分予以支持。

（二）关于硬件和耗材费用［含查询卡（磁卡）和其他硬件］

原告主张硬件和耗材费用共计 2 521 150 元［包括医院在线运行的服务器费用 393 000 元、系统集成综合布线费用 207 960 元、用于数据备份和应急备份的硬件费用 720 120 元、研发设备硬件费用 393 070 元、查询卡（磁卡）材料费 800 000 元、准系统接口调试控制机费用 7000 元］。（1）关于查询卡（磁卡）费用。原告主张自 2003 年至 2013 年，共计向被告提供查询卡（磁卡）34. 9 万张，被告实际支付费用的是 18. 9 万张。被告认可共计收到查询卡（磁卡）30. 9 万张，但表示相关费用均已结清。对于双方存在争议的 4 万张查询卡（磁卡）数量，其中 2 万张原告提交了被告微机室工作人员李某 2010 年 9 月 10 日出具的收条，故对于该 2 万张本院认定原告已提供给被告；另外

2 万张原告亦确认并未交付给被告，故该 2 万张本院不予认定。对于查询卡（磁卡）单价及相关费用，在案证据显示，原告主张被告未支付费用的 2012 年至 2013 年的 12 万张查询卡（磁卡），原告开具的发票记载的单价均为 1 元，被告亦按照单价 1 元支付了全部费用，被告称当时曾明确“从卡降到 1 元起付维护费每年 26 万元”，原告虽对此不予认可，但发票是原、被告双方之间关于该部分查询卡（磁卡）的结算凭证，且被告所称亦可以与原告开具的发票以及被告提交的其他相关证据相互印证，故本院采纳被告的意见，对原告就该 12 万张查询卡（磁卡）费用的主张不予支持。对于本院之前认定的被告微机室工作人员李某签收的 2 万张查询卡（磁卡），该 2 万张李某系 2010 年 9 月 10 日签收，本院已经查明的同时期的查询卡（磁卡）单价为 5.5 元，故被告应按照 5.5 元/张向原告支付该 2 万张查询卡（磁卡）的费用。（2）关于其他硬件费用。首先，除 Dell 台式机、打印机原、被告双方曾签订合同对金额有明确约定外（该部分硬件的费用被告已经于 2014 年 10 月 28 日支付给原告），原告提交的现有证据并不能证明其所主张的其余硬件费用的金额。其次，被告确认的现存于被告处的硬件情况与原、被告双方就涉案争议事项召开会议时双方确定的硬件情况大体一致，当时原告最初提出的价格为 57 万元，之后双方经过协商，原告最后提出的价格为 47 万余元，被告最后同意的价格为 46 万余元。最后，从召开上述会议时双方协商的过程看，当时的报价应该包括了原告主张提供给被告的全部硬件（Dell 台式机、打印机除外），且原告在本案中主张的研发设备硬件，亦属于其作为软件开发一方应自行采购并承担费用的范围。因此，本院综合现有证据可以证明的原告提供给被告的硬件情况、双方就涉案争议事项召开会议时的协商情况以及相关报价等，对硬件费用酌情确定为 500 000 元，原告关于硬件费用的诉讼请求，本院部分予以支持。

（三）关于维护费

原、被告对于双方存在软件维护关系没有争议，但对于 2010 年之前以及 2014 年 11 月 4 日之后的维护费是否应支付存在争议，对于双方确定应支付的维护费中未支付的金额亦存在争议。

1. 关于信息管理系统维护费

（1）在案的维护费发票、支付凭证等证据显示，被告在原告 2011 年 12 月 31 日开具的 2009 年 8 月 4 日至 2010 年 8 月 4 日维护费的发票反面手写批注“由于维修合同意见不一致，经段院长章院长同意支付维护费 260 000 元”，并在正面手写批注“扣 20 万元借款，余款支付”；对于 2010 年 8 月 4 日至 2014 年 8 月 4 日的维护费，原告均是以每年 260 000 元的金额开具发票，被告按照该标准向原告支付了2010年8月4日至2011年8月4日、2012年8月4日至2013年8月4日、2013年8月4日至同年11月4日以及2014年5月4日至同年8月4日的维护费共计650 000元，亦按照该标准将2011年8月4日至2012年8月4日、2013年11月4日至2014年5月4日的维护费共计390 000元与魏某向被告的借款380 000元相冲抵，并支付了相应余款，故可以认定原、被告双方一致确认被告从2009年8月4日开始至2014年8月4日按照每年260 000元的标准向原告支付维护费。对于其中被告已与魏某向被告的借款相冲抵的维护费，因原告及魏某认为应冲抵的仅应是魏某向被告所借的维护费，不应包括魏某所借的硬件款，故本院将在下文的最后处理意见中对此予以明确。(2) 对于原告主张的1998年8月4日至2009年8月4日的维护费，原告提交的现有证据并不能证明其与被告就该期间需支付维护费以及维护费的支付标准达成合意，结合本院在前述关于查询卡（磁卡）单价的认定中采信的“从卡降到1元起付维护费每年26万元”的被告意见，以及原告在原、被告双方就涉案争议事项召开会议时关于“医院现在欠我们大约40万元维护费”的陈述，故本院对于原告主张的该期间的维护费不予支持。(3) 对于原告主张的2014年8月4日至2016年11月4日的维护费，其中2014年8月4日至同年11月4日的维护费65 000元，被告明确表示愿意支付给原告，故原告主张的该费用本院予以支持；对于原告主张的2014年11月4日至2016年11月4日的维护费，由于被告于2014年4月通知原告要求做好终止网络服务准备，并于同年10月两次通知原告要求原告处理相关善后事宜，被告的新信息系统也已于同年10月上线运行，即使在该期间原告继续为被告处理原有系统的遗留问题，亦属于双方软件维护关系终止后原告应尽的协助义务，故对于原告主张的该期间的维护费，本院亦不予支持。

2. 关于农合医保系统维护费

原告主张被告未支付的该项维护费为32 120元。在案的维护费发票、支付凭证等证据显示，被告已按照每年12 000元的标准向原告支付了2010年至2013年上半年的维护费共计42 000元。对于2013年下半年的维护费6000元及接口押金3000元，被告明确表示愿意支付给原告；对于其余维护费，应按照上述标准计算至被告通知原告终止软件维护的2014年10月。因此，被告应向原告支付该项服务费共计19 000元。

综上，被告应向原告支付软件开发费2 250 000元、硬件和耗材费用610 000元［其中查询卡（磁卡）的费用110 000元］、维护费464 000元（包括被告与魏某借款相冲抵的380 000元）。本案中，原、被告及魏某均同意在本案原、被告的费用结算中将魏某向被告的借款380 000元予以冲抵，仅是对该借款全部冲抵维护费还是按照当时借款时的用途分别冲抵维护费和硬件费用存在争议。但鉴于上述本院确定的被告应向原告支付的费用中维护费和硬件费用均超过了魏某向被告借款时对应用途所涉款项，分别冲抵与合并冲抵的结果并无差异，故本院确定冲抵该借款后，被告应向原告支付软件开发费2 250 000元、硬件和耗材费用及维护费共计694 000元。此外，本院需要指出的是，被告向原告支付全部应付款项后，原告应向被告移交涉案软件所涉的相关数据，并交还目前仍使用的工作室。

综上所述，依照《中华人民共和国合同法》第八条、第三十六条、第六十条、第八十条、第一百条、第一百零九条，《中华人民共和国民事诉讼法》第六十四条第一款，《最高人民法院关于适用〈中华人民共和国民事诉讼法〉的解释》第九十条规定，判决如下：

一、被告庆阳市人民医院应于本判决生效之日起十日内支付原告上海硕蕊电子科技有限公司软件开发费人民币2 250 000元；

二、被告庆阳市人民医院应于本判决生效之日起十日内支付原告上海硕蕊电子科技有限公司硬件和耗材费用及维护费共计人民币694 000元；

三、驳回原告上海硕蕊电子科技有限公司的其余诉讼请求。

被告庆阳市人民医院如果未按本判决指定的期间履行给付金钱义务，应当依照《中华人民共和国民事诉讼法》第二百五十三条规定，加倍支付迟延履行期间的债务利息。

案件受理费人民币92 757元，由原告上海硕蕊电子科技有限公司负担人民币69 666元，被告庆阳市人民医院负担人民币23 091元。

如不服本判决，可以在判决书送达之日起十五日内，向本院递交上诉状，并按照对方当事人的人数提出副本，上诉于上海市高级人民法院。

审　判　长　吴盈喆
审　判　员　刘　静
人民陪审员　吴惠丽
二〇一八年十二月二十一日
法官助理　谢　玲
书　记　员　朱丽娜

附：相关的法律条文

一、《中华人民共和国合同法》

第八条　依法成立的合同，对当事人具有法律约束力。当事人应当按照约定履行自己的义务，不得擅自变更或者解除合同。

依法成立的合同，受法律保护。

第三十六条　法律、行政法规规定或者当事人约定采用书面形式订立合同，当事人未采用书面形式但一方已经履行主要义务，对方接受的，该合同成立。

第六十条　当事人应当按照约定全面履行自己的义务。

当事人应当遵循诚实信用原则，根据合同的性质、目的和交易习惯履行通知、协助、保密等义务。

第八十条　债权人转让权利的，应当通知债务人。未经通知，该转让对债务人不发生效力。

债权人转让权利的通知不得撤销，但经受让人同意的除外。

第一百条　当事人互负债务，标的物种类、品质不相同的，经双方协商一致，也可以抵销。

第一百零九条　当事人一方未支付价款或者报酬的，对方可以要求其支付价款或者报酬。

二、《中华人民共和国民事诉讼法》

第六十四条　当事人对自己提出的主张，有责任提供证据。

…………

三、《最高人民法院关于适用〈中华人民共和国民事诉讼法〉的解释》

第九十条　当事人对自己提出的诉讼请求所依据的事实或者反驳对方诉讼请求所依据的事实，应当提供证据加以证明，但法律另有规定的除外。

在作出判决前，当事人未能提供证据或者证据不足以证明其事实主张的，由负有举证证明责任的当事人承担不利的后果。

4. 达索系统股份有限公司诉上海知豆电动车技术有限公司侵害计算机软件著作权纠纷案

中华人民共和国
上海知识产权法院
民事判决书

（2018）沪73民初81号

原告：达索系统股份有限公司（DASSAULT SYSTEMES）。

代表人：查某，该公司总经理兼董事。

委托诉讼代理人：袁某，上海市凌云永然律师事务所律师。

委托诉讼代理人：陆某，上海市凌云永然律师事务所律师。

被告：上海知豆电动车技术有限公司。

法定代表人：林某，该公司执行董事。

委托诉讼代理人：杨某，男，该公司工作人员。

委托诉讼代理人：陈某，广东南方福瑞德律师事务所律师。

原告达索系统股份有限公司（以下简称“达索公司”）与被告上海知豆电动车技术有限公司（以下简称“知豆公司”）侵害计算机软件著作权纠纷一案，本院于2018年1月15日立案后，依法适用普通程序进行审理。同年3月12日和4月3日，本院两次组织双方进行了庭前会议。同年4月13日，本院公开开庭审理了本案，原告达索系统股份有限公司的委托诉讼代理人袁某、陆某到庭参加诉讼。被告上海知豆电动车技术有限公司经本院传票传唤，无正当理由拒不到庭，本院依法缺席审理。本案现已审理终结。

原告达索公司向本院提出诉讼请求：（1）判令被告立即停止对原告著作权的侵害行为；（2）判令被告赔偿原告经济损失人民币18 452 210元（以下币种相同）；（3）判令被告承担原告为本案支付的律师费150 000元。事实与理由：原告系全球领先的产品生命周期管理软件提供商，经其大量投入，开发完成了包括涉案软件CATIA V5 R20在内的各个版本的CATIA系列计算机软件，并依法享有软件著作权。上述软件首先在法国出版，并在美国版权局合法注册。法国与中国均系《保护文学和艺术作品伯尔尼公约》的成员国，根据该公约所确定的原则和中国相关法律的规定，原告就上述软件享有的著作权受中国法律保护。为保证合法用户的权益以及为其提供技术支持，原告设置了用户资料库，存储用户的注册信息和购买记录。被告成立于2015年2月，是一家致力于人类新一代清洁交通工具——城市微行纯电动车研发与制造的创新型现代化企业。原告发现，被告未经原告授权许可，擅自在其位于上海市嘉定区安亭镇漳浦路118号经营场所内的相关计算机上，非法复制、安装和商业使用原告享有著作权的CATIA软件。因此，原告于2016年8月委托律师向被告发送《律师函》，希望就该事宜进行沟通，但未果。2017年2月，原告就被告上述侵权行为向上海市文化市场行政执法总队（以下简称“文化执法总队”）投诉，同年2月22日文化执法总队对被告的上述经营场所的计算机进行现场检查，发现8台计算机中安装了涉案CATIA软件，且均为未经原告授权许可的侵权软件。此后被告与原告进行协商，签订了和解协议，并由原告授权销售代理商上海韵华电子科技有限公司（以下简称“韵华公司”）与被告签订了软件销售合同，但被告并未按约履行，原告为此向上海知识产权法院申请诉前证据保全。同年12月13日，法院对被告上述经营场所内计算机上CATIA软件的相关信息进行了证据保全。经清点，被告经营场所内共有计算机73台，法院抽查了其中的15台，并明确将根据抽查计算机中安装CATIA软件的比例推算该经营场所内所有计算机中安装CATIA软件的情况。抽查结果为15台计算机中均安装了涉案CATIA软件，且均为未经原告授权许可的侵权软件。原告认为，被告的上述行为，侵害了原告对涉案软件享有的复制权。涉案软件的市场价格为252 770元/套，根据法院证据保全时明确的推算方式，可以认为被告经营场所内的73台计算机均安装了涉案软件，故由此造成原告18 452 210元的经济损失。如果法院不认可上述经济损失的计算方式，鉴于被告主观恶意极大，侵权情节严重，请求法院对被告适用惩罚性赔偿，在法院确定的原告损失数额的一倍至三倍之间确定赔偿数额。综上，原告请求法院支持其上述诉讼请求。

被告知豆公司在庭前会议时辩称：（1）被告曾系原山东新大洋电动车有限公司（以下简称“山东新大洋公司”）的下属部门，2015年在上海独立成立了公司，成立时间较短。（2）山东新大洋公司曾于2015年7月31日向原告购买了8套CATIA V5软件，合同中约定许可使用的软件是CATIA HD2混合设计包，但当时与山东新大洋公司签订合同的原告授权销售代理商上海志码信息科技有限公司（以下简称“志码公司”）表示CATIA V5软件的所有模块都可以使用，并给了山东新大洋公司8个注册号。被告成立后，使用该8套软件的计算机均搬至被告现在的经营场所，2017年2月文化执法总队现场执法时查到的8套软件就是该8套软件。（3）文化执法总队现场执法后，被告与原告达成了和解协议，也与韵华公司签订了软件销售合同，表明被告一直在为软件正版化而努力；被告未能按约履行的原因不是不愿意付款，而是内部管理不善所致。涉讼后，被告及时与原告进行了沟通，要求继续履行软件销售合同，支付合同款，但原告不同意。（4）山东新大洋公司向原告购买的8套软件共计1 500 000元，软件单价不到20万元；虽然被告与韵华公司签订的软件销售合同约定购买5套涉案软件共计1 400 000元，但其中包括服务费161 400元，软件本身的单价为207 036元，由于该合同系在行政执法过程中签订，软件单价中包含了惩罚性因素，比正常的销售价格高，且软件出版时间越久，价格越便宜，原告在文化执法总队亦确认涉案软件的货值单价为81 755元，故原告主张以252 770元/套计算涉案软件单价，明显过高，且缺乏依据。（5）被告名下缴纳社保的员工有100多人，但很多人员被外派至其他地方工作，在被告经营场所稳定工作的只有30~50名工程师，后勤人员不多，故被告经营场所内的73台计算机并非都实际安装了涉案软件。因此，被告不同意原告关于其经济损失的计算方式，原告也没有证据证明被告的侵权行为造成了原告多大的损失。而且被告不存在侵权的主观恶意，不应该适用惩罚性赔偿。

本案审理中，当事人双方围绕诉讼请求依法提交了证据，本院组织双方进行了证据交换和质证。其中，原告提交的（2015）沪东证字第491号公证书（公证内容为TX 7-484-915号软件注册证书及其翻译件）、被告在相关网站上发布的招聘信息、（2015）沪东证经字第8700-8725号公证书（公证内容为案外人采购涉案软件的《购销合同》及上海增值税专用发票）、律师费发票、本院诉前证据保全时制作的《查封、扣押财产清单》《计算机清点表》《计算机软件抽查情况》《证据保全笔录》以及拍摄的照片、原告与被告签订的《和解协议》以及被告与韵华公司签订的《CATIA软件销售合同》、原告持本院调查令调取的文化执法总队第2320170066号《行政处罚决定书》《现场检查笔录》《计算机软件信息现场检查登记表》《调查询问笔录》以及现场检查照片，被告提交的原告与被告签订的《和解协议》以及被告与韵华公司签订的《CATIA软件销售合同》、文化行政总队第2320170066号《行政处罚决定书》（被告提交的上述证据与原告提交的一致）、山东新大洋公司与志码公司签订的《CATIA软件销售合同》，系当事人对真实性均无异议的证据，本院对其真实性予以确认，并根据证据与本案之间的关联性，酌情予以采纳。除上述证据外，原告还向本院提交了2016年8月其委托律师向被告发送的《律师函》及快递单、CATIA Hybrid Design Config（HD2）混合设计软件包模块组成清单，被告质证后对该两份证据的真实性均不予认可，并认为《律师函》被告没有收到过；被告与韵华公司签订的《CATIA 软件销售合同》所涉软件未明确具体模块，无法与原告提交的模块组成清单进行对应，不能确定两者之间是否存在区别。本院对该两份证据审查后认为，原告虽提交了《律师函》及快递单，但并未提交被告签收快递的证据，现被告否认收到该快递，故本院对该份证据不予采纳；关于模块组成清单，虽然该份证据系原告自行制作，但与被告提交的山东新大洋公司与志码公司签订的《CATIA 软件销售合同》中约定的 HD2 混合软件包所列软件模块基本一致，故本院对该份证据予以采纳。

根据当事人的陈述、主体证明材料和经审查采纳的证据，本院认定事实如下：

一、原告以及涉案软件的相关情况

原告系在法国登记注册的企业，经营范围包括软件、数码内容和/或计算机设备，特别是 3D 设计方案、模型建立，生命周期或面向大众的 3D 自然与生命产品领域的设计、开发、销售等。

美国版权局签发的关于 CATIA V5 R20 软件的注册证书载明，注册号：TX 7-484-915，注册生效日期：2011 年 11 月 14 日，作品完成时间：2009 年，首次出版日期：2010 年 2 月 19 日，首次出版国家：法国，作者和版权申请人均为原告。

二、被告企业概况以及其被诉侵权行为等事实

被告成立于 2015 年 2 月 13 日，经营范围包括从事电动车技术、新能源汽车技术、汽车零部件技术领域内的技术开发、技术转让、技术咨询、技术服务，产品设计。

根据猎聘网（www. liepin. com）上登载的招聘信息显示，被告对外招聘的职位包括悬架结构件工程师、充电系统工程师等，在“职位描述”的“任职资格”中，均要求熟悉或熟练使用 CATIA 软件。

2017 年 2 月 10 日，原告向文化执法总队投诉，称被告未经原告许可，在其经营场所的计算机内复制安装使用 CATIA 软件，请求责令其停止侵权行为，追究侵权责任。同年 2 月 22 日，文化执法总队至被告在上海市嘉定区安亭镇漳浦路 118 号的经营场所进行了现场检查，发现该经营场所内有 8 台工作使用的计算机中复制、安装了 CATIA 软件（每台计算机中安装有 1 套软件），文化执法总队对检查情况制作了《现场检查笔录》《计算机软件信息现场检查登记表》，并对检查现场、相关计算机和软件信息进行了拍照取证。拍摄的照片显示，该经营场所前台背景墙上标注有“吉利 · 知豆技术集成中心上海分

中心”字样。案件调查期间，文化执法总队对被告的委托代理人葛某和原告的委托代理人陆某进行了调查询问。文化执法总队制作的《计算机软件信息现场检查登记表》载明了8台计算机及计算机内安装的相关软件信息，包括软件名称及版本、主机信息、软件许可信息（目标ID）等，上述8台计算机内安装的软件名称及版本均为CATIA V5。

2017年7月4日，原告与被告签订《和解协议》，协议的主要内容为：（1）被告承诺，未经原告事先的明确书面许可，不非法复制、授权复制或使用原告拥有所有权和/或知识产权的任何全部或部分原告软件。（2）被告承诺，自签署本协议之日起5个工作日内与原告的授权销售代理商签署软件采购合同，采购不低于5套的CATIA软件（HD2），合同总价款（含增值税）不低于1 400 000元。（3）被告承诺，将继续对软件的合法使用问题加以关注，建立和完善软件资产核查与管理制度，确保合法地使用原告软件。被告保证严格遵照原告软件许可协议的规定使用并管理软件。（4）原告与被告达成共识，就协议签订之前被告使用CATIA软件情况双方已获得一致解决方案，原告不再向有关政府部门就此事要求解决并作出裁决，同意并积极协助被告将此协议提交有关政府部门，以便有关政府部门结案。

2017年7月14日，被告（甲方）与韵华公司（乙方）签订《CATIA软件销售合同》，合同的主要内容为：（1）乙方向甲方销售的货物清单以及最终价格：模块名称为CATIA V5 HD2 PLC，数量为5套，单价（未含税）为207 036元；CATIA V5 HD2 ALC，数量为5套，单价（未含税）为32 280元；总价小计（未含税）为1 196 581元，人民币总价（含17%增值税）为1 400 000元。（2）甲方应于合同签署后5个工作日内向乙方支付合同全款，计1 400 000元；甲方向乙方付清全部货款后，乙方须交付等额的17%增值税发票。（3）乙方于收到预付款后30个工作日内完成所有交货，包含LIC和介质光盘的交付。该合同签订后，被告未按约向韵华公司支付合同款，韵华公司因此也未向被告交付软件。

2017年8月21日，文化执法总队作出第2320170066号《行政处罚决定书》，该决定书载明：经调查查明，当事人（即本案被告）于2016年下半年在上海市嘉定区漳浦路118号的技术集成中心工作使用的计算机中，复制、安装和使用CATIA软件8套，至检查之日未停止使用。经著作权人核实该8套软件的复制均未取得权利人的授权许可。当事人将该软件用于查看技术图纸等相关业务，仅为生产经营活动的一个环节，故经营额和违法所得无法查证。案发后，当事人与著作权人的软件销售商韵华公司签订了《CATIA软件销售合同》，出资1 400 000元购买了CATIA软件，取得了该软件的复制、安装和使用的权利。其中，根据当事人之前的购买合同作为参考以及当事人和权利人的共同确认，软件的货值单价为81 755元，侵权软件总货值为654 040元。文化执法总队认为，当事人的行为，侵犯了《计算机软件保护条例》第八条第一款第四项的规定，构成了未经软件著作权人许可复制其软件的行为，损害社会公共利益，应承担侵犯著作权人复制权的法律责任。当事人在案发后能积极整改，主动卸载侵权软件，与著作权人达成和解，购买了正版软件，获得了合法授权，减轻了违法行为的危害后果和影响，具有《中华人民共和国行政处罚法》第二十七条第一款第一项减轻处罚情形，决定责令当事人停止侵权行为并依法减轻作出以下行政处罚：罚款65 404元。

根据原告的诉前证据保全申请，本院作出（2017）沪73证保16号民事裁定书，并于2017年12月13日对被告位于上海市嘉定区漳浦路118号经营场所内的计算机上CATIA软件的相关信息进行证据保全。经清点，被告经营场所内共有计算机73台，本院明确告知将按照20%的比例随机抽查其中15台计算机中CATIA软件的安装情况，并根据抽查计算机中安装CATIA软件的比例推算该经营场所内所有计算机中安装CATIA软件的数量。被告对此未提出异议。证据保全结果为：抽查的15台计算机中均安装了涉案CATIA软件，其中1台计算机的目标ID与前述文化执法总队查获的使用侵权软件的1台计算机的目标ID相同。

三、原告授权销售代理商与他人签订的销售合同等情况

2013年10月24日，原告授权销售代理商上海澜潮实业发展有限公司（以下简称“澜潮公司”）与上海西巴克斯汽车科技有限公司（以下简称“西巴克斯公司”）签订《购销合同》，约定西巴克斯公司向澜潮公司购买CATIA V5 HD2软件1套，单价为252 770元。同年12月13日，澜潮公司开具给西巴克斯公司上海增值税专用发票共计25张，“货物或应税劳务名称”均为CATIA V5 HD2 PLC + ALC，25张发票价税合计共为252 770元。

2015年7月31日，山东新大洋公司（甲方）与志码公司（乙方）签订《CATIA软件销售合同》，约定乙方向甲方销售8套原告的CATIA HD2软件，软件总金额（含税17%）为1 500 000元，培训服务费（含税6%）为255 000元。CATIA HD2混合设计包包含KE1（简介为CATIA - Knowledge Expert 1 - 知识专家1）、RT1（简介为CATIA - Real Time Rendering 1 - 实时渲染1）、ASD（简介为CATIA - Assembly Design 2 - 装配设计2）等11项软件模块。软件的许可使用期限为无限长期使用。

四、原告主张的合理开支情况

2015年12月25日，上海市凌云永然律师事务所开具给原告号码为

No 09705769的上海增值税普通发票一张，“货物或应税劳务、服务名称”为律师代理费，价税合计为150 000元。

本院认为，本案原告系在法国登记注册的企业，根据《最高人民法院关于适用〈中华人民共和国涉外民事关系法律适用法〉若干问题的解释（一）》第一条第一项规定，本案法律关系属于涉外民事关系。本案系原告以被告侵害其计算机软件著作权为由，提起的侵权之诉，《中华人民共和国涉外民事关系法律适用法》第五十条规定，知识产权的侵权责任，适用被请求保护地法律，当事人也可以在侵权行为发生后协议选择适用法院地法律。本案被请求保护地及法院地均为中华人民共和国，因此，本案适用中华人民共和国法律。

《中华人民共和国著作权法》（以下简称《著作权法》）第二条第二款规定，外国人、无国籍人的作品根据其作者所属国或者经常居住地国同中国签订的协议或者共同参加的国际条约享有的著作权，受该法保护。《计算机软件保护条例》（以下简称《软件保护条例》）第五条第三款规定，外国人、无国籍人的软件，依照其开发者所属国或者经常居住地国同中国签订的协议或者依照中国参加的国际条约享有的著作权，受该条例保护。原告系在法国登记注册的企业，中国与法国均为《保护文学和艺术作品伯尔尼公约》的成员国，该公约第五条之1规定，就享受本公约保护的作品而论，作者在作品起源国以外的本同盟成员国中享受各该国法律现在给予和今后可能给予其国民的权利，以及本公约特别授予的权利。原告提交的软件注册证书等证据，可以证明其系涉案软件的著作权人。根据上述国际条约的规定，原告对涉案软件依法享有的著作权应受中国法律保护。

《著作权法》第十条第一款第五项规定，复制权即以印刷、复印、拓印、录音、录像、翻录、翻拍等方式将作品制作一份或者多份的权利。《软件保护条例》第八条第一款第四项规定，复制权即将软件制作一份或者多份的权利。第二十四条第一款第一项规定，未经软件著作权人许可，复制著作权人软件的，应根据情况承担停止侵害、赔偿损失等民事责任。本案中，被告未经原告许可，在其经营场所内的计算机上安装了涉案软件，侵害了原告对涉案软件享有的复制权，依法应当承担停止侵权、赔偿损失的民事责任。

根据双方当事人的诉辩意见，本案的主要争议焦点在于：（1）被告安装侵权软件的数量；（2）被告的侵权行为是否存在主观恶意；（3）原告要求被告赔偿损失的数额有无事实和法律依据。

关于第一项争议焦点，本院认为，首先，被告经营场所内共有计算机73台，本院采取随机抽查的方式对计算机中安装CATIA软件的情况进行证据保全，并明确告知了被告抽查比例以及将根据抽查计算机中安装CATIA软件的比例推算 73 台计算机中安装 CATIA 软件的数量，被告对此并未提出异议。保全结果为抽查的 15 台计算机中 100% 安装了涉案软件，故根据上述推算规则，可以认定 73 台计算机均安装了涉案软件。其次，被告虽辩称 73 台计算机并非都实际安装了涉案软件，但其并未提供相反证据予以证实。鉴于该经营场所系其技术集成中心，被告也自认在该经营场所稳定工作的有 30 ~ 50 名工程师，而且对于其所称的后勤人员以及被外派至其他地方工作的人员及情况，其亦未予以证明，故本院对其该辩称意见不予采信。最后，被告辩称其曾系原山东新大洋公司的下属部门，其中 8 套涉案软件系经原告授权山东新大洋公司合法使用的软件，但被告并未提供证据证明其所称与山东新大洋公司之关系，山东新大洋公司与原告授权销售代理商签订的销售合同中亦未约定山东新大洋公司购买的软件可以再许可给该公司以外的第三方使用，故本院对被告的该辩称意见亦不予采信。综上，本院对于原告关于被告安装侵权软件的数量为 73 套的主张，予以采纳。

关于第二项争议焦点，本院认为，被告被文化执法总队查获使用侵权软件后，一方面，与原告签订《和解协议》，并与原告授权销售代理商签订销售合同，但却未按约支付合同款项。另一方面，由于被告与原告达成和解，文化执法总队对其依法减轻处罚后，其在未获得软件合法使用许可的情况下，不但未停止侵权行为，还进一步扩大了侵权规模。由此可见，被告侵权行为的主观恶意明显。被告关于其不存在侵权的主观恶意、未按约履行合同系由于内部管理不善所致的辩称意见，本院不予采信。

关于第三项争议焦点，原告主张以涉案软件的市场价格 252 770 元/套乘以被告安装侵权软件的数量即 73 套，计算被告侵权行为给原告造成的经济损失，同时主张如果本院不认可上述经济损失的计算方式，鉴于被告主观恶意极大，侵权情节严重，请求本院对被告适用惩罚性赔偿。被告则认为原告主张的涉案软件单价过高，原告亦未提供证据证明其经济损失，且被告不存在侵权的主观恶意，不应适用惩罚性赔偿。本院认为，本案中，原告虽提交了 2013 年 10 月其授权销售代理商与西巴克斯公司签订的销售合同，欲证明涉案软件的市场价格为 252 770 元/套。被告与原告授权销售代理商 2017 年 7 月曾签订的销售合同亦约定 5 套软件的总价为 1 400 000 元。但被告提交的相关销售合同可以证明 2015 年 7 月山东新大洋公司购买 8 套软件的总价为 1 500 000 元，而文化执法总队 2017 年作出行政处罚时确定的软件单价仅为 81 755 元，故现有证据所显示的涉案软件销售价格差异明显，且无法确定上述销售合同所涉软件包含的模块是否一致。因此，原告提交的销售合同不能直接作为赔偿数额确定的依据，原告关于以 252 770 元/套的销售单价计算赔偿损失数额的主张，本院不予采纳。

《著作权法》第四十九条规定："侵犯著作权或者与著作权有关的权利的，侵权人应当按照权利人的实际损失给予赔偿；实际损失难以计算的，可以按照侵权人的违法所得给予赔偿。赔偿数额还应当包括权利人为制止侵权行为所支付的合理开支。权利人的实际损失或者侵权人的违法所得不能确定的，由人民法院根据侵权行为的情节，判决给予五十万元以下的赔偿。"本案中，虽然原告的实际损失和被告的违法所得均难以确定，但结合原告提供的现有证据已经可以证明原告因侵权所受到的损失超过了《著作权法》规定的法定赔偿数额的上限五十万元，故本院结合全案的证据情况，以双方提交的销售合同约定的软件销售价格作为参考，综合考虑下列因素，在法定赔偿最高限额之上酌情合理确定赔偿数额。（1）被告安装侵权软件的数量为73套；（2）被告的侵权期间；（3）被文化执法总队查获使用侵权软件后，被告虽与原告的授权销售代理商签订销售合同，但并未实际履行，也未停止侵权行为，还进一步扩大了侵权规模，侵权主观恶意明显。关于原告主张的律师费，本院根据相关律师费收费标准，结合本案的难易程度、原告律师在本案中的工作量等予以全额支持。

综上所述，依照《中华人民共和国涉外民事关系法律适用法》第五十条，《中华人民共和国著作权法》第二条第二款、第十条第一款第五项、第四十八条第一项、第四十九条第一款，《中华人民共和国民事诉讼法》第一百四十四条，《计算机软件保护条例》第五条第三款、第八条第一款第四项、第二十四条第一款第一项、第二十五条，《最高人民法院关于适用〈中华人民共和国涉外民事关系法律适用法〉若干问题的解释（一）》第一条第一项，《最高人民法院关于审理著作权民事纠纷案件适用法律若干问题的解释》第七条、第二十五条第二款、第二十六条规定，判决如下：

一、被告上海知豆电动车技术有限公司应于本判决生效之日起立即停止侵害原告达索系统股份有限公司CATIA V5 R20计算机软件著作权的行为；

二、被告上海知豆电动车技术有限公司应于本判决生效之日起十日内赔偿原告达索系统股份有限公司经济损失及律师费共计人民币900万元；

三、驳回原告达索系统股份有限公司的其余诉讼请求。

被告上海知豆电动车技术有限公司如果未按本判决指定的期间履行给付金钱义务，应当依照《中华人民共和国民事诉讼法》第二百五十三条规定，加倍支付迟延履行期间的债务利息。

案件受理费人民币133 413元，由原告达索系统股份有限公司负担人民币34 433元，被告上海知豆电动车技术有限公司负担人民币98 980元。

如不服本判决，原告达索系统股份有限公司可以在判决书送达之日起三十日内，被告上海知豆电动车技术有限公司可以在判决书送达之日起十五日内，向本院递交上诉状，并按照对方当事人的人数提出副本，上诉于上海市高级人民法院。

审　判　长　钱光文
审　判　员　吴盈喆
人民陪审员　黄田花
二〇一八年五月三十一日
法官助理　谢　玲
书　记　员　朱丽娜

附：相关的法律条文

一、《中华人民共和国涉外民事关系法律适用法》

第五十条　知识产权的侵权责任，适用被请求保护地法律，当事人也可以在侵权行为发生后协议选择适用法院地法律。

二、《中华人民共和国著作权法》

第二条　……

外国人、无国籍人的作品根据其作者所属国或者经常居住地国同中国签订的协议或者共同参加的国际条约享有的著作权，受本法保护。

…………

第十条　著作权包括下列人身权和财产权：

…………

（五）复制权，即以印刷、复印、拓印、录音、录像、翻录、翻拍等方式将作品制作一份或者多份的权利；

…………

第四十八条　有下列侵权行为的，应当根据情况，承担停止侵害、消除影响、赔礼道歉、赔偿损失等民事责任；同时损害公共利益的，可以由著作权行政管理部门责令停止侵权行为，没收违法所得，没收、销毁侵权复制品，并可处以罚款；情节严重的，著作权行政管理部门还可以没收主要用于制作侵权复制品的材料、工具、设备等；构成犯罪的，依法追究刑事责任：

（一）未经著作权人许可，复制、发行、表演、放映、广播、汇编、通过信息网络向公众传播其作品的，本法另有规定的除外；

…………

第四十九条　侵犯著作权或者与著作权有关的权利的，侵权人应当按照权利人的实际损失给予赔偿；实际损失难以计算的，可以按照侵权人的违法所得给予赔偿。赔偿数额还应当包括权利人为制止侵权行为所支付的合理开支。

…………

三、《中华人民共和国民事诉讼法》

第一百四十四条　被告经传票传唤，无正当理由拒不到庭的，或者未经法庭许可中途退庭的，可以缺席判决。

四、《计算机软件保护条例》

第五条　……

外国人、无国籍人的软件，依照其开发者所属国或者经常居住地国同中国签订的协议或者依照中国参加的国际条约享有的著作权，受本条例保护。

第八条　软件著作权人享有下列各项权利：

…………

（四）复制权，即将软件制作一份或者多份的权利；

…………

第二十四条　除《中华人民共和国著作权法》、本条例或者其他法律、行政法规另有规定外，未经软件著作权人许可，有下列侵权行为的，应当根据情况，承担停止侵害、消除影响、赔礼道歉、赔偿损失等民事责任；同时损害社会公共利益的，由著作权行政管理部门责令停止侵权行为，没收违法所得，没收、销毁侵权复制品，可以并处罚款；情节严重的，著作权行政管理部门并可以没收主要用于制作侵权复制品的材料、工具、设备等；触犯刑律的，依照刑法关于侵犯著作权罪、销售侵权复制品罪的规定，依法追究刑事责任：

（一）复制或者部分复制著作权人的软件的；

…………

第二十五条　侵犯软件著作权的赔偿数额，依照《中华人民共和国著作权法》第四十九条的规定确定。

五、《最高人民法院关于适用〈中华人民共和国涉外民事关系法律适用法〉若干问题的解释（一）》

第一条　民事关系具有下列情形之一的，人民法院可以认定为涉外民事关系：

（一）当事人一方或双方是外国公民、外国法人或者其他组织、无国籍人；

…………

六、《最高人民法院关于审理著作权民事纠纷案件适用法律若干问题的解释》

第七条　当事人提供的涉及著作权的底稿、原件、合法出版物、著作权登记证书、认证机构出具的证明、取得权利的合同等，可以作为证据。

在作品或者制品上署名的自然人、法人或者其他组织视为著作权、与著作权有关权益的权利人，但有相反证明的除外。

第二十五条　……

人民法院在确定赔偿数额时，应当考虑作品类型、合理使用费、侵权行为性质、后果等情节综合确定。

…………

第二十六条　著作权法第四十八条第一款（现行著作权法第四十九条第一款）规定的制止侵权行为所支付的合理开支，包括权利人或者委托代理人对侵权行为进行调查、取证的合理费用。

人民法院根据当事人的诉讼请求和具体案情，可以将符合国家有关部门规定的律师费用计算在赔偿范围内。

5. 上海浦元文化传播有限公司诉北京蜜蜂出行科技有限公司计算机软件开发合同纠纷案

上海知识产权法院
民事判决书

（2018）沪73民初472号

原告（反诉被告）：上海浦元文化传播有限公司。

法定代表人：尹某，该公司执行董事。

委托诉讼代理人：王某，山西正原律师事务所律师。

被告（反诉原告）：北京蜜蜂出行科技有限公司。

法定代表人：李某，该公司执行董事兼经理。

委托诉讼代理人：胡某，男，该公司工作人员。

委托诉讼代理人：章某，北京市京师（上海）律师事务所律师。

原告上海浦元文化传播有限公司（以下简称“浦元公司”）与被告北京蜜蜂出行科技有限公司（以下简称“蜜蜂出行公司”）计算机软件开发合同纠纷一案，本院立案后，依法适用普通程序进行审理。审理中，本院依法受理被告蜜蜂出行公司的反诉，并与本诉合并审理。2018年10月15日、2019年1月17日和18日，本院组织当事人进行了庭前会议和涉案开发成果的演示。2019年4月23日，本院公开开庭审理了本案，原告（反诉被告）浦元公司的法定代表人尹某及委托诉讼代理人王某，被告（反诉原告）蜜蜂出行公司的委托诉讼代理人章某到庭参加诉讼。审理中，当事人在本院主持下调解未果。本案现已审理终结。

原告（反诉被告）浦元公司向本院提出本诉诉讼请求：（1）判令蜜蜂出行公司支付软件开发合同余款人民币275 000元（以下币种相同）；（2）判令蜜蜂出行公司支付逾期付款违约金（以合同总金额550 000元为基数，按每日千分之一的标准，从2017年5月31日计算至实际付清之日止）；（3）判令蜜蜂出行公司承担本案诉讼费用。事实和理由：2017年4月25日，浦元公司与蜜蜂出行公司签订《软件开发合同》（以下简称“涉案合同”），约定蜜蜂出行公司委托浦元公司开发“蜜蜂赚赚APP”项目。涉案合同签订后，浦元公司于同年4月27日收到蜜蜂出行公司支付的首付款275 000元，根据合同约定，项目分两期履行，浦元公司收到首付款开始启动项目，但项目第一期履行过程中，为配合蜜蜂出行公司的进度，浦元公司在没有收到首付款的情况下于同年4月7日就启动项目，并于同年4月30日向蜜蜂出行公司提交测试版APP的下载二维码，由于蜜蜂出行公司迟迟未能提供项目服务器部署环境、相关证书以及APP上线必需的文案，浦元公司虽完成了项目第一期的开发，但直至同年5月9日才将项目部署到正式服务器，并确保安卓版APP正常安装使用，iOS版APP因蜜蜂出行公司未提供相关证书，只能通过蒲公英平台内测账号进行下载安装。项目第二期履行中，蜜蜂出行公司屡次变更和增加需求，严重增加了浦元公司的项目开发成本并拖延了项目整体进度。同年6月19日，浦元公司向蜜蜂出行公司提出安排项目测试，并得到蜜蜂出行公司确认答复，此后至同年7月14日，蜜蜂出行公司多次提出测试修改意见，浦元公司均积极配合并及时完成修改。同年7月12日，浦元公司提交项目验收报告文档给蜜蜂出行公司，并在之后多次催促蜜蜂出行公司验收项目，但蜜蜂出行公司以各种理由不予验收。同年7月24日，蜜蜂出行公司暂停了服务器连接，导致APP无法登录以及后台无法打开。浦元公司认为，蜜蜂出行公司怠于履行开发成果的验收义务，且未按约支付合同余款，构成违约，应向浦元公司支付合同余款，并按照涉案合同第八条第3项的约定支付逾期付款违约金。综上，浦元公司请求本院支持其上述诉讼请求。

被告（反诉原告）蜜蜂出行公司辩称：（1）涉案合同签订之前双方经过口头沟通，浦元公司实际已经开始了项目的开发工作，故之后签订的涉案合同约定开发期限分两个阶段，第一阶段从2017年4月10日至4月30日，第二阶段从2017年5月1日至5月31日。但直至2017年8月3日蜜蜂出行公司向浦元公司发出解除合同的通知，浦元公司也未提交合格的开发成果。（2）蜜蜂出行公司在合同履行过程中，并不存在浦元公司所称的变更和增加需求的情况，仅是对原需求进行的细化和调整，属于涉案合同约定的范围，且还取消了部分功能的开发。（3）浦元公司的确于2017年5月30日向蜜蜂出行公司提交过软件，但该软件经测试是存在很多bug、功能不全的半成品，无法推广使用，该次软件的提交并非合同约定的交付，只是双方在软件开发过程中的一次沟通。之后双方就软件中存在的问题一直在沟通，蜜蜂出行公司也多次进行测试，反馈修改意见，但软件仍不能满足需求，不能实现合同目的，软件最后也没有上线，故蜜蜂出行公司不存在浦元公司所称的怠于履行验收义务的违约行为。（4）根据涉案合同约定，项目通过验收后3个工作日内蜜蜂出行公司才支付合同余款，现付款条件并未成就，蜜蜂出行公司无须支付该款项，更没有违约。如果法院认定蜜蜂出行公司存在违约行为，其也应按照涉案合同第八条第2项约定承担违约金，而非按照第八条第3项约定承担违约金，且第八条第3项约定的违约金过高，应调整为合同总金额的20%。综上，蜜蜂出行公司不同意浦元公司的全部本诉诉讼请求。

被告（反诉原告）蜜蜂出行公司向本院提出反诉诉讼请求：（1）确认双方签订的涉案合同于2017年8月4日解除；（2）判令浦元公司返还蜜蜂出行公司支付的合同款项275 000元；（3）判令浦元公司向蜜蜂出行公司支付违约金（以合同总金额550 000元为基数，按每日千分之一计算，从2017年8月4日计算至判决之日止）；（4）判令浦元公司承担本案全部诉讼费用。事实和理由：2017年4月初，蜜蜂出行公司委托浦元公司开发“蜜蜂赚赚APP”项目，并于同年4月25日补签了涉案合同。合同签订后，蜜蜂出行公司按约向浦元公司支付了合同总金额50%的首付款即275 000元，但浦元公司并未按照合同约定履行开发义务，开发工作存在重大缺陷和严重质量问题，未能在同年5月31日前完成项目开发工作并向蜜蜂出行公司交付开发成果，且逾期已超过15天，故蜜蜂出行公司按照合同约定于同年8月3日向浦元公司发出解除合同通知，要求解除涉案合同，该通知于次日送达浦元公司。蜜蜂出行公司认为，浦元公司的行为已构成严重违约，并导致合同目的无法实现，故应返还蜜蜂出行公司已支付的合同款项，并承担违约责任。综上，蜜蜂出行公司请求本院支持其上述反诉诉讼请求。

原告（反诉被告）浦元公司针对反诉辩称：（1）双方在签订涉案合同时并未对项目需求予以明确，蜜蜂出行公司在合同履行过程中不断变更需求，直至2017年7月还在对需求进行变更，故浦元公司不存在逾期履行合同义务的违约行为。（2）浦元公司提交开发成果后，蜜蜂出行公司一直在新增、删除、变更需求，导致浦元公司不断进行修改，并非浦元公司提交的软件存在质量问题。（3）如果法院认定浦元公司存在违约行为，涉案合同第八条第3项约定的违约金亦过高，应调整为合同总金额的20%。综上，浦元公司不同意蜜蜂出行公司的全部反诉诉讼请求。本案庭审中，浦元公司表示，鉴于涉案合同无继续履行的可能性，其同意解除合同，但对于合同解除的责任及合同解除的后果由法院判定。

本案审理中，当事人围绕诉讼请求依法提交了证据，本院组织当事人进行了证据交换和质证。

浦元公司提交了如下证据：

（1）涉案合同，拟证明双方的合同关系以及合同中约定的项目开发内容、开发期限、金额、付款条件以及违约责任等。

（2）国内支付业务收款回单，拟证明浦元公司于2017年4月27日收到蜜蜂出行公司支付的合同首付款275 000元，根据合同约定收到首付款开始启动项目。

（3）涉案合同履行过程中双方相关人员之间的QQ聊天记录、微信聊天记录以及发送的电子邮件、项目测试bug报告，拟证明双方在合同履行过程中的沟通情况、浦元公司已交付开发成果，以及蜜蜂出行公司多次变更和增加需求、怠于履行验收义务等。

（4）（2017）沪0106民初33361号案件的两次证据交换笔录，拟证明浦元公司就本案所涉纠纷曾向上海市静安区人民法院（以下简称“静安法院”）提起诉讼，静安法院组织双方进行了两次证据交换，后由于该纠纷应属于本院管辖，故浦元公司向静安法院撤诉后向本院提起诉讼，蜜蜂出行公司在静安法院组织的证据交换中对证据3所涉证据的真实性均予以确认。

（5）浦元公司自行整理的情况列表，拟证明系争软件的功能实现情况。

蜜蜂出行公司对浦元公司提交的证据发表了如下质证意见：对证据1、2、4的真实性、合法性、关联性均认可；对证据3的真实性认可，但对其证明目的不认可，该组证据并不能证明蜜蜂出行公司存在违约行为；对证据5的真实性认可，但该证据的备注栏中记载取消的需求为12项，故并非增加了浦元公司的工作量，而是减少了工作量，不会影响软件的完成时间，且浦元公司完成的开发成果只是做了大概的功能，对细节没有细化，还存在很多bug，不能投入市场使用。

蜜蜂出行公司提交了如下证据：

（1）涉案合同（与浦元公司提交的证据1一致），拟证明双方的合同关系以及合同权利义务。

（2）付款回单，拟证明蜜蜂出行公司向浦元公司支付了合同首付款275 000元。

（3）涉案合同履行过程中双方相关人员之间的QQ聊天记录、微信聊天记录以及发送的电子邮件、项目测试bug报告，拟证明浦元公司的开发工作存在严重延误，开发成果存在重大缺陷和严重质量问题。

（4）《解除合同通知书》及快递单、签收记录，拟证明蜜蜂出行公司因浦元公司违约，于2017年8月3日向浦元公司发送该通知书要求解除合同，通知书于次日送达浦元公司。

浦元公司对蜜蜂出行公司提交的证据发表了如下质证意见：对证据1至4的真实性均无异议，但对证据3的证明目的不认可，测试bug报告中的bug都是可以修改的，且截至2017年7月18日，浦元公司对bug均已修复完成，系争软件本身就是定制产品，测试过程中发现问题然后修改问题，直到蜜蜂出行公司确认没有问题，软件也就没有质量问题了；证据4的确收到了，但蜜蜂出行公司是在浦元公司向其发送催款函后才发的《解除合同通知书》。

本院对浦元公司、蜜蜂出行公司提交的证据认证如下：浦元公司、蜜蜂出行公司对对方提交证据的真实性均予以认可，故本院对上述证据的真实性均予以确认，并根据上述证据的证明事项、与本案的关联程度等酌情予以采纳。

本院依据确认和采纳的证据以及当事人的陈述查明如下事实：

一、涉案合同签订前双方的沟通情况及涉案合同的签订情况

2017年4月11日，浦元公司法定代表人尹某在“蜜蜂赚赚项目组”微信群中发送消息“沟通几件事：1. 昨天说的两张表，把库结构提供过来：用户信息库、车辆信息库；2. 一二三级界面需求及业务逻辑再明确一下；3. 赚赚的UI风格，是否要和出行保持一致，如果一致，把出行APP的设计稿发过来，这样节省时间，也压缩了设计风格不一致问题。”蜜蜂出行公司柳某回复“3. 保持一致风格”。2017年4月20日，尹某在该微信群中发送消息“我昨晚安装了我们开发的第一个部分功能版本，争取本周日再编译打包一个版本（部分功能），给大家看看。”柳某回复“收到”“出行那边我再催”“需求上1. 加认购按钮可以；2. 同一车型就一张图，不同车型要有不同的图。”尹某回复“好的，我们更新一下需求”，并@蜜蜂出行公司崔某“需要你提供几个信息：1. APP引导页，3个主题；2. 几个协议：注册、认购；3. 产品图片……”。

2017年4月24日，尹某在“赚赚研发”微信群中发送消息“现在微信、支付宝两个，都好了，还是?”蜜蜂出行公司刘某回复“微信支付还没下来”“1—5个工作日，说给催一下，但是目前看来没有效果”。

2017年4月25日，蜜蜂出行公司（甲方）与浦元公司（乙方）就“蜜蜂赚赚APP”项目的开发签订涉案合同，该合同与本案有关的主要内容为：“一、项目概况 1. 项目名称：“蜜蜂赚赚APP”项目，简称系统项目。2. 系统开发版本：安卓版、iOS版、管理服务端。3. 项目内容：系统原型设计、UI及用户体验设计、数据库设计、程序开发及售后服务等工作。4. 合同附件1：《蜜蜂赚赚APP开发费用明细》。二、系统建设项目进程安排 本合同签订生效后，并在收到甲方定金之日起，本项目正式启动。本项目分两阶段开发，进程安排计划如下：第一阶段工作（4月10日—4月30日）：1. APP需求沟通及原型设计与确认；2. APP UI风格设计工作；3. APP启动引导画面切换功能；4. 蜂窝：首页、搜索、信息、签到、扫一扫、优惠券、认购车辆、推广

信息；5. 发现：首页、签到、蜂王榜、邀请好友、游戏积分、帮助中心、风控解读、安全保障、联系我们；6. 我的：首页、总资产、订单管理、账号管理、登录、注册、找回密码。第二阶段工作（5月1日—5月31日）：1. 积分明细；2. 积分商城；3. 优惠券分享后，在H5分享页面上显示已领取的出行用户信息；4. 优惠券，给自己或指定某一出行用户进行全额充值，需要蜜蜂出行提供接口；5. 认购车辆，电子协议生产PDF功能；6. 蜂群频道开发，需提供栏目版块策划方案；7. 蜂王榜按时间段、按城市以图表形式显示明细；8. 后台管理功能开发；9. 第一阶段已开发之功能细节优化。说明：甲方有权对系统制作提出修改意见或建议。但修改或反馈的时间不包括在以上约定时间内。因甲方原因推迟提供资料或推迟各阶段工作确认，则后期其余工作完成时间相应顺延。三、甲方权利和义务 1. 甲方应当指定具体的项目负责人，配合乙方进行需求调研、资料整理提供、组织协调等工作。2. 甲方项目负责人有权了解整个项目开发过程中的开发进度、项目质量，并参与系统测试验收工作。3. 甲方应当提供完整、真实、合法的系统建设所需资料，并保证所提供的图片清晰……4. 甲方应当向乙方解释系统页面设计和系统功能开发的具体要求，对乙方系统建设过程中的项目文档审核、反馈，并对重要的项目文档书面确认。5. 为保障乙方系统页面设计和系统功能开发的能力发挥，保证甲方系统在投入运行后的性能稳定、安全，甲方不得推翻已确认通过的首页和栏目页……四、乙方的权利和义务 1. 乙方应当完成系统页面设计、系统功能开发，并遵循如下质量管理标准：1）系统页面设计：美观且网页文件大小适当，尽量优化网页代码，以确保系统访问速度；2）系统功能开发：在合理配置的服务器端及客户端前提条件下确保系统的访问速度和稳定，确保系统数据库结构的扩展性；3）系统框架结构：乙方应当按合同约定的系统框架图制作、设计系统页面，设计过程中须考虑栏目放置的人性化，方便用户浏览栏目下更多的信息内容；4）系统的性能和架构：系统并发一般情况下并发无上限，首期并发数保证不低于2千路，系统保证在市面上主流手机上使用平稳。2. 乙方应当指定具体的项目负责人，负责需求调研、组织协调乙方技术力量完成合同规定的内容。3. 乙方应当按合同规定的时间完成项目内容，并提供所需的技术资源。4. 根据项目进展情况及需要，乙方可调整工作计划并将调整计划通知甲方。……五、合同金额及支付方式 合同总金额550 000元，含税。1. 首付款：合同签订生效之日起3个工作日内，甲方须支付给乙方首付款，金额为合同总金额的50%（即275 000元）。乙方收到首付款项后，开始启动整个系统的原型设计与界面设计。2. 验收款：项目通过甲方验收后3个工作日内，甲方须支付给乙方项目尾款，金额为合同总金额的50%

（275 000元），乙方收到尾款后1个工作日内安排系统部署上线，并以光盘或在线下载方式提供系统源代码。备注：以上各阶段收费，如因甲方原因推迟付款或拖延付款，乙方有权利停止工作，直至甲方向乙方支付完该阶段费用后乙方再继续该阶段工作。……六、售后维护 1. 系统正式发布到域名之日起，乙方向甲方提供一年的免费保修服务。2. 保修期内，乙方对双方合同中明确的系统开发功能提供免费咨询服务，详细见《保修期内的免费服务清单》，提供24小时内电话响应服务。乙方接收到甲方确认的维护意见后，应及时响应沟通，在双方共同确认的时间内修改完成。3. 乙方随时为甲方免费提供所建设系统的技术支持服务，如原系统页面有错字、数据库模块出错；应用程序出错、系统不能访问、数据库模块不能正常运行等，内容包括来人、来函、来电等技术咨询服务。4. 当本系统运行数据库、系统页面出现错误时，经确诊是由于乙方程序开发上的问题，乙方将无条件更新源代码。……七、知识产权保护 1. 项目验收前，系统框架结构、系统页面设计等内容（甲方提供资料除外）之版权、设计权、使用权归乙方所有，未经乙方许可甲方不得擅自使用，不得复制或交由第三方使用。2. 项目验收并在甲方付清应付款项后，甲方正式完全享有系统版权、设计权、使用权。……八、违约及争议解决条款 ……2. 如甲方未能按本合同第五条支付项目进度款时，应就延迟支付款项向乙方支付按同期银行贷款利率计算的利息。3. 一方未能按时完成合同所规定义务的，应向另一方承担违约责任，每延期一天应按合同总金额的0.1%支付违约金。乙方逾期超过15日的，甲方有权解除合同，乙方除承担违约金责任外，还应当退还甲方支付的全部费用。……九、附件 合同中所列附件，作为本合同不可分割部分，具有同等法律效力；附件与合同正文冲突之处，以合同正文为准。”

合同附件1《蜜蜂赚赚APP开发费用明细》即《浦元项目开发报价单》，载明了项目开发的事项、模块及功能描述、人/天、人/天单价、总价等。其中，“基础项目”包括事项为需求调研（4人/天、人/天单价2800元，总价11 200元）、系统设计（3人/天、人/天单价2500元，总价7500元）；“UI界面设计”包括事项为主体风格界面设计（2人/天、人/天单价2000元，总价4000元）、所有界面设计（11人/天、人/天单价1800元，总价19 800元）；“前端界面制作”包括事项为前端切图及标注（5人/天、人/天单价2500元，总价12 500元）；“后台系统开发”包括事项为总后台管理系统（61人/天、人/天单价2500元，总价152 500元）；“APP前端开发（iOS＋安卓）”包括事项为APP启动引导页面（10人/天、人/天单价2500元，总价25 000元）、蜂窝频道开发（19人/天、人/天单价2500元，总价47 500元）、发现频道开发

(15 人/天、人/天单价 2500 元，总价 37 500 元)、蜂群频道开发（15 人/天、人/天单价 2500 元，总价 37 500 元)、我的频道开发（10 人/天、人/天单价 2500 元，总价25 000元)；“后台管理端与 APP 通信接口”包括事项为 APP 启动引导页面（3 人/天、人/天单价 2500 元，总价 7500 元)、蜂窝频道开发 (15 人/天、人/天单价 2500 元，总价 37 500 元)、发现频道开发（20 人/天、人/天单价 2500 元，总价 50 000 元)、蜂群频道开发（20 人/天、人/天单价 2500 元，总价 50 000 元)、我的频道开发（15 人/天、人/天单价 2500 元，总价 37 500 元)；“后台管理端与蜜蜂出行 APP 通信接口对接开发”包括事项为优惠券分享及充值接口对接（8 人/天、人/天单价 2500 元，总价 20 000 元)、车辆认购上线信息同步接口对接（5 人/天、人/天单价 2500 元，总价 12 500 元)、车辆出行数据同步接口对接（7 人/天、人/天单价 2500 元，总价 17 500 元)。共计项目费用（含税价）为 600 000 元，优惠后价格 550 000 元。

本案审理中，双方一致确认：(1) 涉案合同第二条约定的“定金”与第五条约定的首付款系同一笔款项，即为首付款；(2) 涉案合同签订前及合同签订时均未就项目开发制定过详细的需求说明书。

二、涉案合同的履行等情况

（一）2017 年 4 月 27 日，蜜蜂出行公司向浦元公司支付涉案合同约定的首付款 275 000 元。

（二）涉案合同履行过程中，双方相关人员之间的 QQ 聊天记录、微信聊天记录及往来电子邮件等情况

2017 年 4 月 27 日，浦元公司吴某在“赚赚研发”微信群中发送消息“我已经再三强调，APP 到时候哪个账号发布，就需要在哪个账号建一个项目，才可以拿到 APP id，2 周前我就说了，没人理我”“今天都 27 号，现在还没有确定哪个账号发布应用。”蜜蜂出行公司刘某回复“你们直接用 iOS2 那个账号”“个人开发号……”同日，浦元公司法定代表人尹某在“蜜蜂赚赚项目组”微信群中@蜜蜂出行公司柳某和崔某“提供一下你们一个放 H5 页面的服务器，解析二级域名然后把服务器远程登录信息给我”“这个服务器什么时候能提供?”另外@崔某“那个 APP 引导页面的几张图片主题文案什么时候可以提供?”并要求其提供用于 APP 开发的相关文件［包括：发现频道中的（1）游戏积分；(2) 帮助中心；(3) 风控解读；(4) 安全保障；(5) 联系我们。蜂窝频道中的（1）“蜜蜂采蜜”先放 4 张主题活动图片，每个主题活动提供一对应的文字与内容；(2) 注册协议；(3) 认购协议；(4) 收不到验证码地址；(5) 不能解锁地址］。同年 5 月 11 日，崔某将上述引导页面中需要的 4 个主题文案发送给尹某。同年 5 月 17 日，崔某向尹某发送电子

邮件，将上述需要由蜜蜂出行公司提供的相关文件中的“安全保障”“风控解读”等6个文档发送给尹某。

2017年4月28日，浦元公司尹某在“蜜蜂赚赚项目组”微信群中发送设计完成的APP引导页和启动页，蜜蜂出行公司柳某予以确认。同年5月1日，尹某在该微信群中发送了可以通过扫描二维码安装的安卓版APP，并发送消息“安卓版刚更新的安装包，我测完了，基本ok了”。柳某回复“ok”。同日，尹某在“赚赚研发”微信群中发送消息“刚接到@柳某最新的需求，屏蔽掉在线认购功能，这个正在修改”“目前发给你们的版本是可以认购的”“一会儿我们更新新版本上去，就不能在线认购了”。次日，尹某在“蜜蜂赚赚项目组”微信群中发送消息“今天起开始搞：1. 出行数据明细功能；2. 提现功能；3. 后台管理功能：用户增删改查，订单增删改查，完成这步，再把APP上的认购入口停掉。”5月1日—2日，尹某还在该微信群中发送账户余额、提现流程、车辆出行明细的设计稿，柳某均予以确认。

2017年5月7日，关于后台管理系统中“积分商城管理”功能的开发，柳某在“蜜蜂赚赚项目组”微信群中发送消息“这个要晚点 我们在6月以后开始梳理”“现在精力都在两个主要平台和推广上”。尹某询问“关于蜂群、积分商城、积分机制等栏目的策划由@崔某负责，还是@Zhang某负责?”“我想下周开始做这块了”。柳某回复“张某”“这两个功能还要再深入讨论下 我们也没完全想好”。同年5月10日，尹某在该微信群中发送消息“@柳某@Zhang某，麻烦把后续需求尽快明确下，我们这边来开发”，张平回复“好的，明天下午找你”。同年6月2日，蜜蜂出行公司胡某确认“蜂群”栏目“暂时都不用了”“积分只需要显示：现在用户有多少积分”“积分商城不做了”。

2017年5月9日，浦元公司陈某就APP运行所需服务器的环境配置情况在“赚赚研发”微信群中发送消息“要先配置好mysql和redis”，蜜蜂出行公司余某回复“下面这个是应用服务器+redis，redis已经安装好了”，陈某询问“redis集群装好了吗?”余某回复“只安装了，没有配置集群”，陈某询问“数据库呢”，余某回复“数据也是安装了，集群需要去配置”。

2017年5月10日，浦元公司尹某在“赚赚研发”微信群中发送消息“HTTPS，这个和你确认吗，我前天找了@余某，他说在北京出差，让我来问你下”，蜜蜂出行公司柳某回复“确认啊”“服务都买过了吧”，浦元公司陈某询问“证书能不能发下给我呢?”蜜蜂出行公司余某回复“我去阿里云登录看看有没有买”，柳某回复“我记得一起买的”，余某回复“刚看了，在未完成订单里”，柳某回复“晕”。同年6月21日，浦元公司吴某在“蜜蜂车主

APP 技术对接群”中询问“企业证书你们申请好了吗?”蜜蜂出行公司胡某回复“已经申请了，苹果还没批吧”“一会我们查下”。

2017 年 5 月 24 日，浦元公司尹某就后台管理系统中“订单管理”功能的开发情况在“赚赚研发”微信群中发送消息“这批出行提供的车辆数据、及@胡某提供的认购数据，都在后台录入完毕。”“同时，后台车主用户管理、订单录入管理、提现管理，经昨晚的实际操作测试，已可以正式使用了。”蜜蜂出行公司胡某回复“好的，辛苦了”。

2017 年 5 月 25 日，蜜蜂出行公司胡某在“赚赚研发”微信群中发送消息“APP 中的文案要求实现的规则如下：……”“帮助中心，可类似酷奇单车这样”，并发送了“风控解读”“安全保障”“首页 4 个活动的文案”等文档，同时称“目前还缺：登录时的用户协议（这个我再和其他人商量下）。另外还缺帮助中心的内容。”同年 6 月 6 日，浦元公司尹某向胡某发送消息“后台帮助中心这些功能都做好了，你可以录上内容了。”次日，胡某向尹某发送消息“有热门文章时，用户从第一个图进入；无热门文章时，并且设置了前台显示分类时，用户从第二个图进入；无热门文章时，并且没有设置了前台显示分类时，用户从第三个图进入”“页面不改动，就是加 2 个判断，减少用户进入页面层级数”。尹某回复“明白，这个主要是接口上的工作量了，APP 端是根据接口传过来的参数来判断进哪个页面”。

2017 年 5 月 25 日，蜜蜂出行公司胡某向浦元公司尹某发送消息“代码能否让技术同事先发个版本过来，我们这边开发先提前熟悉，等你们有空过来了，再帮我们解答下问题。”同年 5 月 26 日，胡某询问尹某“代码今天能发来吗?”尹某回复“争取，我一直在和公司沟通协调，这个项目还没有验收与结款，正常都是结束后发源码的，我还在内部和其他领导协调。”胡某回复“这个我觉得您完全可以相信我们公司和柳总。”次日，尹某将安卓版源代码发送给了胡某。同年 5 月 31 日、6 月 1 日和 6 月 2 日，尹某又分别将 iOS 版源代码、API 源代码和管理后台源代码发送给了蜜蜂出行公司余某。

2017 年 6 月 1 日，浦元公司尹某向蜜蜂出行公司胡某发送主题为“蜜蜂车主 APP 项目后续工作总结”的电子邮件，内容为“一、蜜蜂车主 APP 项目剩余功能：1. 已开发在测试中：文章类模块管理功能，下周三前更新上去；2. 未开发功能：积分商城功能，预期 10 号完成全部代码，15 号上线；后台管理功能：1）统计报表功能：已发需求表格过来，这个 6 号完成开发；2）后台区域管理用户审核录单功能（这个是新增，沟通后用蜂群频道取消的工作来抵消），这块麻烦把详细需求发过来，我再给你时间；3. APP 整体优化工作，你们也提一下，我这边再所有流程走一下，再整体优化一下，这个定在本月底全部完成。二、项目交接工作：1. iOS 安卓接口：已经提供源码；2. 后台：源码暂未提供，下周把文章管理功能、积分商城后台全部做完后给你们；3. 其它交接事项：你们提出来，我这边根据需求给方案。”同日，胡某通过微信回复“这个时间可能有点晚”，尹某回复“好，我今晚再内部商量一下，给答复。”次日，胡某向尹某发送主题为“蜜蜂车主积分商城后台管理需求”的电子邮件，内容为“我们整理了一些需求，请详见附件！如有疑问，欢迎随时沟通！”该邮件的附件为“已确定的需求_6. 2. docx”。

2017 年 6 月 6 日，蜜蜂出行公司胡某就后台管理系统中“统计报表”功能的开发向浦元公司尹某发送消息“我想了下：角色中固定几个角色，不允许随便更改，这样运营总监新建用户时，只能选择角色：运营经理和录单员，其他角色不允许选择。”同年 6 月 14 日，尹某询问胡某“这个统计，我框的这两个，建议不要做详情，因为正常运行的话，这两块的详情数据一周都是万计的，看这些数据没有什么价值吧”“应该显示总额，与上周对比即可，你觉得呢”。次日，胡某回复“收益明细如果能从出行获得和查询那自然最好，避免以后查点数据还要进入其他系统”“这周能完成吧”，尹某回复“昨晚代码全部写完了，还有部分修改也改完了……今天上午我盯着他们更新上去，测试一下再告诉你”，胡某回复“好的”。

2017 年 6 月 12 日，蜜蜂出行公司胡某就后台管理系统中“车辆认购订单录入”功能的开发向浦元公司尹某发送消息“昨天遗留的几个问题，我确定了：1. 录单员可以配置录入哪个地区的车辆；2. 体现申请页面，暂不加上‘所在地区’的查询条件。”尹某回复“那就是目前的功能了，不变了”，胡某回复“刚刚和柳总确认的，其实是加了一个录单员可以管辖范围，然后在添加订单的时候，可以按录单员管辖地区筛选车辆。”同年 6 月 20 日，尹某就后台管理系统中“优惠券管理”功能的开发情况向胡某发送消息“关于优惠券这个功能，目前 APP 端功能已完成开发，但 5 月中旬，柳总要求先暂停这个功能开发，后面就没有动了。是否你们内部再确认一下这个需求，还要不要了。”同年 6 月 22 日，胡某回复“优惠券确认了，先不做了”。

2017 年 6 月 19 日，浦元公司尹某向蜜蜂出行公司胡某发送消息“后台截至今晚已全部测通了，包括审核及数据权限等，你明天上班开始安排测试吧。本周你们安排对项目进行整体验收吧，测试的问题反馈给我们，这边及时修改完善，争取周五完成验收操作。”胡某回复“我已经安排人员去测试，不过我这边需要这个平台完整的一份需求功能说明书”“否则测试人员测起来不方便”，尹某回复“好的，需求文档我来编写”。同日，胡某在“蜜蜂车主 APP 技术对接群”中发送消息“……咱们现在是在交接验收了，我建议还是等今晚文档过来了，咱们还是安排人，给我们这边讲解下为好。”尹某回复“等下晚上语音会议有没有问题”“我们安排来讲解功能，每个同事把自己负责的一块讲解掉”。当日，浦元公司将 API 文档、部署文档发送给了蜜蜂出行公司，并根据蜜蜂出行公司的要求进行了讲解。之后至同年 7 月 12 日，蜜蜂出行公司多次向浦元公司发送项目测试报告，浦元公司也多次对蜜蜂出行公司提出的问题进行修改并提交更新版本。在此期间，浦元公司于同年 6 月 23 日、6 月 28 日和 6 月 29 日分别将需求文档、概要设计文档和详细设计文档发送给了蜜蜂出行公司。蜜蜂出行公司于 7 月 12 日最后发送给浦元公司的测试报告共提出了 30 余项问题，其中 30 项明确了期望达到的结果：(1) 问题摘要——帮助中心的分类与当时讨论的不一致；期望结果——增加如下开关控制：首页是否显示分类，首页是否显示热点。(2) 问题摘要——系统消息列表的问题；期望结果——消息的发送对象可以是全部，也可以是部分人？查看消息里的“提交”按钮是什么作用？(3) 问题摘要——PC 端的车主管理，手机号码不支持模糊搜索；期望结果——既然订单管理支持手机号模糊搜索，车主列表应该也可以。(4) 问题摘要——文章管理的“推荐到首页”和“状态”功能重复；期望结果——此次先功能简化：页面上隐藏状态设置，保留推荐到首页的设置；推广文章里的查看状态有个“审核通过”？(5) 问题摘要——城市管理非常不好用；期望结果——城市目录树应该可以收缩、展开；可以查询出哪些是已投放城市；+和×是什么意思？(6) 问题摘要——管理员列表 然后进入“成员列表”的“返回”操作在哪？期望结果——管理员列表然后进入“成员列表”后，需要增加“返回”操作。(7) 问题摘要——角色和用户都需要设置级别，操作起来有点晕？期望结果——能否去掉角色管理里的级别，保留管理员列表里“级别”；去除级别与角色的所属关系，其他逻辑与现有保持一致，看看这样是否能满足我们的需求。(8) 问题摘要——角色管理 操作权限：只有管理员用户才能操作；期望结果——角色管理的操作权限，建议统一按角色管理控制。(9) 问题摘要——车主管理的添加功能中填入数据都显示身份证号已存在；期望结果——正常检索。(10) 问题摘要——订单管理中新增订单选择车主选项手机号码/身份证号不支持模糊搜索；期望结果——功能支持，可以手机号或身份证号模糊搜索。(11) 问题摘要——统计分析中汇总项的理论收益与实际收益统计；期望结果——这两个页面的两个数据是不是一样的意思？如果是一样的，数据不一致，如果不一样希望能给予计算公式。(12) 问题摘要——APP 端有购买车辆积分赠送显示，但后台积分设置无该设置选项；期望结果——既然手机端已经有了该项积分显示，那后台就应该有该项积分设置了，另外希望设置成每辆购买车辆都有积分，而不是每次无论购买车辆时都是固定积分。（13）问题摘要——车辆列表的数据显示是无序的；期望结果——该页已存在按车辆号、终端编号和状态搜索，那么该页的数据可以按照上线时间进行排序。（14）问题摘要——APP与后台数据不一致；期望结果——数据匹配一致。（15）问题摘要——车辆管理查看没有认购时间显示；期望结果——添加认购时间显示栏。（16）问题摘要——付款管理的状态与查看当中的结果不一致；期望结果——保持状态一致。（17）问题摘要——同一级别树下，录单员新增订单，经理可以审核，总监无任何数据；期望结果——权限覆盖完全。（18）问题摘要——提现管理提现申请页面字符缺失；期望结果——添加完整。（19）问题摘要——管理员无订单审核权限；期望结果——管理员权限添加完整。（20）问题摘要——提现申请列表页面中时间检索框不足一星期；期望结果——需求确认时确认为一星期。（21）问题摘要——订单金额统一为每辆6000元，无调节处；期望结果——增添调节功能或者暂时修改为0.01方便测试。（22）问题摘要——订单管理订单列表无删除功能；期望结果——添加删除功能键，本人或者上级别人员可以删除无效订单。（23）问题摘要——车主列表无删除功能；期望结果—添加删除功能键。（24）问题摘要——“文章内容”下“首页－带你去采蜜”修改项中排序的提示文本不合适；期望结果——设置文本框输入数字上限或修改文本提示为“请输入5位数”。（25）问题摘要——“文章内容”下“发现－推广文章管理”修改项中排序的提示文本不合适；期望结果——设置文本框输入数字上限或修改文本提示为“请输入5位数”。（26）问题摘要——“文章内容”下“首页－带你去采蜜”排序提示出错；期望结果——设置文本框输入数字上限或修改文本提示为“请输入5位数”。（27）问题摘要——“文章内容”下“发现－推广文章管理”排序提示出错；期望结果——设置文本框输入数字上限或修改文本提示为“请输入5位数”。（28）问题摘要——系统消息管理中“系统消息列表”点击后文本框未对齐；期望结果——文本框对齐。（29）问题摘要——系统消息管理中“系统消息列表”搜索功能键样式与前面不一致；期望结果——修改成与前面一致的样式。（30）问题摘要——“城市列表”中左侧“类目”删除功能没有启用；期望结果——此处删除功能是否有存在的必要？有，请完善功能，没有，请删除该选项。浦元公司收到该测试报告后，尹某向胡某发送消息“第7点，这个之前我们讨论过多次的，如果去除了角色与级别关系，那运营总监、运营经理来添加子级账号时，可以选择全部角色了，这样在菜单权限上就乱了。”“第8点，是不是‘角色管理’这个栏目权限，只有管理员才可以管理，其他一概没有权限？”“除了刚才提出来的几点，其他都安排在修改了。”胡某回复“添加用户选择级别，添加角色也选择级别，相当奇怪”“这点，我们都想想有无更好的解决办法”“第8点，我建议也归入到角色的权限控制”“第7点，有个变通的方式，角色管理里两个特殊角色：运营经理和录单员，不可以删除和编辑，但是可以更改权限……”

2017年7月12日，浦元公司尹某将“蜜蜂车主项目验收报告.docx”发送给蜜蜂出行公司胡某，并由胡某成功接收。同日，胡某回复尹某“验收的事，我和领导请示过了，还没回复我”，尹某回复“那你再问问”“争取本周有一个答复结果”，胡某回复“嗯，我会跟进这个事”“我也希望尽快了结”。同年7月14日，尹某询问胡某“验收报告签署进展如何了？”胡某回复“柳总这几天都不在合肥”“还没回复我”。同年7月17日，尹某询问胡某“这验收怎么计划”“本周可以结束吗？”胡某回复“等柳总回来”。同年7月21日，尹某再次询问胡某“不会是项目有问题吧？”胡某回复“我都好久没见到柳总了”“我总不能因为这事老打电话给他吧”。

2017年7月21日，浦元公司尹某向蜜蜂出行公司柳某发送微信“项目测试修改都做完了，差不多有两三周了，你看看和胡说一下，安排一下验收可否？”柳某回复“我和他说下，这块我现在不管了，蜜蜂团队北京统一管理了。”尹某回复“你帮忙把合同验收及尾款支付处理掉吧，麻烦你了，谢谢。”柳某回复“现在这项目我不负责了，崔某也离职了，我和北京联系下，让胡某处理。”尹某回复“好吧，那你帮忙联系一下，尽快把事情结束掉，谢谢。”柳某回复“太久了”。同日，尹某向蜜蜂出行公司胡某发送消息“我联系到柳总了，他说和你沟通的”，胡某回复“嗯，我也收到消息了”“这边暂时由北京那边管理”，尹某询问“那这个项目验收谁来负责？”胡某回复“谁来验收，现在我这边还不知道，只知道现在是北京那边接手”，尹某询问“这个项目现在是被撤了还是有人在负责推进？”胡某回复“我知道的是，北京领导对这个项目不满意”“本应该早就上线的”。次日，尹某向蜜蜂出行公司余某发送微信“柳是不是完全不参与这个项目了，现在合肥公司还有人没，现在谁来收这个尾”，余某回复“他不参与了”“公司应该不至于欠钱，只是公司对赚赚这块的发展不满意”。同日，尹某还向蜜蜂出行公司崔某发送微信“你们和我联系的人现在都不负责这块了，突然间联系不顺畅了，所以才来想办法联系你的，现在什么情况啊”，崔某回复“我参与的项目是不会离开的，只是不在合肥那边了。你们的项目现在都是胡某在和你对接”“项目没有问题，柳兄在，款项支付没有问题”。同年7月25日，尹某向柳某发送微信“蜜蜂出行北京这边是不是接手了，今天发现所有的服务器连接全部中断，基本上要把这边甩开的节奏了，希望你能帮帮忙，了解是什么情况，谢谢”。柳某回复

“晚点和你电话说”。次日，尹某发消息询问胡某“什么情况”，胡某回复“柳总应该和你沟通了吧”，尹某回复“柳总说你们北京不搞了，要撤了这个项目，后续尾款不付了，自己来开发，对吧”，胡某回复“对”“应该就是这个决定，最终等你昨天联系的那个北京同事决策”，尹某询问“你现在还是在负责这个项目还是有新的对接人”，胡某回复“我已经不再负责这个项目了。只是中间我接手过了，我一直和你沟通，所以，既然你问到了，我这边有最近的消息，我就同步给你。”尹某询问“你们合肥招的人都解散了吗？”胡某回复“没有呀”“我们自己做，需要人呀”“按照合同看，咱们这边确实是延期了”，尹某回复“5 月下旬你们变更了需求”，胡某回复“但是，同时减少了需求的”，尹某回复“1. 砍掉了几个版块；2. 部分功能，一直反复变更需求，如提现规则，变更了 3 次左右，一直到 6 月份才定下来；3. 增加了后台业务管理模块功能，整个 6 月份一直在处理后台业务管理功能。”

（三）2017 年 8 月 3 日，蜜蜂出行公司向浦元公司发送《解除合同通知书》，以浦元公司并未按照合同约定履行开发义务，开发工作存在重大设计缺陷和其他质量问题，开发期限严重拖延，且逾期时间远远超出 15 天，蜜蜂出行公司有权依据涉案合同第八条第 3 项约定解除合同为由，通知浦元公司自该通知书送达之日起解除双方签订的涉案合同，并保留要求浦元公司承担违约金和退还已支付全部费用的权利。该通知书于次日送达浦元公司。

三、其他事实

（一）本案审理中，本院组织双方对浦元公司的开发成果进行当庭演示。鉴于蜜蜂出行公司原部署源代码的服务器已关闭，故双方一致确认，由浦元公司将相关源代码重新部署至其服务器进行演示，演示时根据蜜蜂出行公司的要求使用 2017 年 7 月 4 日的 iOS 版 APP 源代码、2017 年 7 月 9 日的安卓版 APP 源代码和 2017 年 7 月 11 日的后台源代码，但由于上述源代码在之后均有修改记录，且存在演示时需要调用的部分接口已关闭、数据库无法更新等原因，故当庭演示并不能完全呈现开发成果的完成情况（演示主要情况详见附表）。

（二）浦元公司就本案所涉纠纷曾于 2017 年 8 月 22 日向静安法院提起诉讼，静安法院组织双方进行了两次证据交换。由于双方的纠纷属于本院管辖的计算机软件开发合同纠纷，故浦元公司向静安法院申请撤诉后向本院提起诉讼。

本院认为，浦元公司与蜜蜂出行公司签订的涉案合同系双方当事人真实意思表示，依法成立，合法有效，对双方当事人具有法律约束力。当事人应当按照合同约定全面履行自己的义务。根据双方当事人的诉辩意见，本案的主要争议焦点在于：（1）双方当事人在合同履行过程中是否各自存在对方主张的违约行为；（2）涉案合同解除的责任和合同解除以后的处理。

关于第一项争议焦点，浦元公司认为，蜜蜂出行公司存在怠于履行开发成果的验收义务，且未按约支付合同余款的违约行为。蜜蜂出行公司则认为，其不存在浦元公司主张的违约行为，反而是浦元公司存在迟延履行合同义务和交付的开发成果不符合合同约定的违约行为。

本院认为：第一，涉案合同约定项目开发工作分为第一、第二两个阶段进行，分别应于2017年4月30日和5月31日完成。第二阶段的工作包括对第一阶段已开发之功能细节优化。同时，涉案合同约定蜜蜂出行公司有权对系统制作提出修改意见或建议，但修改或反馈的时间不包括在以上约定时间内；因蜜蜂出行公司原因推迟提供资料或推迟各阶段工作确认，则后期其余工作完成时间相应顺延。根据本案查明的事实，浦元公司于2017年5月1日向蜜蜂出行公司发送安卓版APP，于同年5月27日、5月31日、6月1日和6月2日，分别将安卓版源代码、iOS版源代码、API源代码和管理后台源代码发送给了蜜蜂出行公司，并于2017年6月19日完成第二阶段开发工作后要求蜜蜂出行公司对项目整体进行测试验收。而蜜蜂出行公司在涉案合同实际履行过程中，存在迟延提供用于APP开发的相关文件、未能及时提供服务器部署环境、未能及时确认开发需求等情形，且在2017年5月31日之后还对部分功能进行变更、增加或者取消，故根据涉案合同约定，浦元公司开发工作的完成时间应作相应顺延。现浦元公司完成第二阶段开发工作后要求蜜蜂出行公司对项目整体进行测试验收的时间，在开发工作完成时间顺延的合理范围之内。之后蜜蜂出行公司进行测试、反馈测试意见以及浦元公司对蜜蜂出行公司提出的问题进行修改的时间，根据涉案合同约定均不包括在约定的开发工作完成时间之内。因此，蜜蜂出行公司关于浦元公司迟延履行合同义务的违约主张不能成立，本院不予采纳。第二，涉案合同虽约定项目通过验收后3个工作日内，蜜蜂出行公司须支付给浦元公司项目尾款，但并未约定项目的验收时间以及蜜蜂出行公司不履行验收义务产生的后果，故蜜蜂出行公司是否履行验收义务直接关系到浦元公司项目尾款的收取。而在案证据显示，2017年6月19日至7月12日，蜜蜂出行公司对浦元公司提交测试的开发成果多次发送项目测试报告，浦元公司也多次对蜜蜂出行公司提出的问题进行修改并提交更新版本。对于蜜蜂出行公司于7月12日最后发送给浦元公司的测试报告中提出的问题，除几项问题双方均认为需要继续协商确定处理方案外，其余问题浦元公司当日即表示已经安排修改，并向蜜蜂出行公司发送了“蜜蜂车主项目验收报告.docx”，提请蜜蜂出行公司进行项目验收。但蜜蜂出行公司并未履行项目验收义务，且于2017年7月25日中断了项目服务器的连接，以自己的行为明确表示不再履行验收义务。因此，浦元公司关于蜜蜂出行公司怠于履行开发成果验收义务的违约主张成立，其违约行为也阻碍了浦元公司收取项目尾款条件的成就。第三，如前所述，2017年7月12日蜜蜂出行公司最后发送给浦元公司的测试报告中提出的问题，还包括需要双方继续协商确定处理方案的问题，其余问题以及本案当庭演示开发成果时出现的问题中，亦存在并非仅简单修正而是需要基于功能需求进一步明确和优化后进行修改的问题，且上述问题均非实质影响软件正常运行的问题。如果蜜蜂出行公司履行开发成果的验收义务，验收过程中仍可以对浦元公司修改完成的开发成果再行提出问题和意见，且根据涉案合同约定，系统正式发布之日起，浦元公司将在约定的“售后维护”范围内向蜜蜂出行公司提供一年的免费保修服务，蜜蜂出行公司提出的有关问题亦属于合同约定的“售后维护”范围，可以在该期间解决。因此，蜜蜂出行公司关于浦元公司交付的开发成果不符合合同约定的违约主张，本院亦不予采纳。

关于第二项争议焦点，本院认为，蜜蜂出行公司反诉要求确认涉案合同自2018年8月4日解除，如本院在第一项争议焦点中所述，其关于浦元公司违约行为的主张及要求解除合同的理由均不成立，故本院对于其该项反诉诉讼请求不予支持。本案庭审中，浦元公司表示，鉴于涉案合同无继续履行的可能性，其同意解除合同，但对于合同解除的责任及合同解除的后果由法院判定，并无不妥，故本院判决涉案合同自本案判决之日解除。

《中华人民共和国合同法》（以下简称《合同法》）第九十七条规定，合同解除后，尚未履行的，终止履行；已经履行的，根据履行情况和合同性质，当事人可以要求恢复原状、采取其他补救措施，并有权要求赔偿损失。本案中，涉案合同因蜜蜂出行公司的原因而解除，而蜜蜂出行公司怠于履行开发成果验收义务的违约行为阻碍了浦元公司收取项目尾款条件的成就，故浦元公司并不因此丧失收取项目尾款的权利。同时，本院考虑到，蜜蜂出行公司在合同履行过程中虽增加了后台区域管理用户审核录单等功能的开发，但取消了“蜂群”频道、积分商城、优惠券等功能的开发，浦元公司开发的成果亦尚存在需要修改的问题。此外，如果蜜蜂出行公司按约履行项目验收义务，浦元公司需要对验收过程中蜜蜂出行公司可能提出的问题进一步进行修改和完善；浦元公司收到项目尾款后需要将系统部署上线，并根据涉案合同约定免费在一年内为蜜蜂出行公司提供保修服务。现浦元公司尚未履行上述义务，本院判决涉案合同解除后，浦元公司也不需要再履行上述义务。因此，综合上述情况，本院对于浦元公司要求蜜蜂出行公司支付项目尾款的诉讼请求酌情予以支持，即蜜蜂出行公司再支付浦元公司合同款项 200 000 元。需要指出的是，浦元公司虽在涉案合同履行过程中曾向蜜蜂出行公司提供过开发成果的源代码及相关文档，但之后浦元公司又进行了多次修改，故蜜蜂出行公司支付全部应付款项后，浦元公司应向蜜蜂出行公司提供最后修改完成的开发成果源代码及相关文档。

《合同法》第一百零七条规定，当事人一方不履行合同义务或者履行合同义务不符合约定的，应当承担继续履行、采取补救措施或者赔偿损失等违约责任。第一百一十四条第一款、第二款规定："当事人可以约定一方违约时应当根据违约情况向对方支付一定数额的违约金，也可以约定因违约产生的损失赔偿额的计算方法。约定的违约金过分高于造成的损失的，当事人可以请求人民法院或者仲裁机构予以适当减少。"本案中，浦元公司要求蜜蜂出行公司按照涉案合同第八条第三项约定支付违约金，蜜蜂出行公司则抗辩，如果其存在违约行为，也应按照涉案合同第八条第二项约定承担违约责任。对此，本院认为，涉案合同第八条系"违约及争议解决条款"，其中第三项就任何一方未能按时完成合同所规定义务应承担的违约责任进行了约定，虽蜜蜂出行公司"未能按合同第五条支付项目进度款"亦属于该项约定中蜜蜂出行公司"未能按时完成合同所规定义务"的违约情形之一，但针对该违约情形所应承担的违约责任在第二项中专门予以了约定，故蜜蜂出行公司应按照涉案合同第八条第二项承担违约责任，蜜蜂出行公司的相关抗辩成立，本院予以采纳。浦元公司主张蜜蜂出行公司应从 2017 年 5 月 31 日起承担违约责任，但该日涉案合同尚在正常履行中，浦元公司亦未完成第二阶段开发工作，故本院将浦元公司向静安法院提起诉讼之日即 2017 年 8 月 22 日作为蜜蜂出行公司应承担违约责任的计算起点，即蜜蜂出行公司应向浦元公司支付以延迟支付款项即 200 000 元为基数，从 2017 年 8 月 22 日起至实际付清之日止按中国人民银行同期银行贷款利率计算的利息。

关于蜜蜂出行公司要求浦元公司返还合同款项和支付违约金的反诉诉讼请求，如前所述，蜜蜂出行公司关于浦元公司的违约主张均不成立，反而是蜜蜂出行公司存在违约行为，涉案合同亦因蜜蜂出行公司的原因而解除，故蜜蜂出行公司的上述反诉诉讼请求，无事实和法律依据，本院均不予支持。

综上所述，依照《中华人民共和国合同法》第八条、第六十条第一款、第九十七条、第一百零七条、第一百零九条、第一百一十四条第一款，《中华人民共和国民事诉讼法》第六十四条第一款，《最高人民法院关于适用〈中华人民共和国民事诉讼法〉的解释》第九十条规定，判决如下：

一、原告（反诉被告）上海浦元文化传播有限公司与被告（反诉原告）

北京蜜蜂出行科技有限公司2017年4月25日签订的《软件开发合同》自2019年9月26日解除；

二、被告（反诉原告）北京蜜蜂出行科技有限公司应于本判决生效之日起十日内支付原告（反诉被告）上海浦元文化传播有限公司合同款项人民币200 000元；

三、被告（反诉原告）北京蜜蜂出行科技有限公司应于本判决生效之日起十日内向原告（反诉被告）上海浦元文化传播有限公司支付以人民币200 000元为基数，从2017年8月22日起至实际付清之日止按中国人民银行同期银行贷款利率计算的利息；

四、驳回原告（反诉被告）上海浦元文化传播有限公司的其余本诉诉讼请求；

五、驳回被告（反诉原告）北京蜜蜂出行科技有限公司的反诉诉讼请求。

被告（反诉原告）北京蜜蜂出行科技有限公司如果未按本判决指定的期间履行给付金钱义务，应当依照《中华人民共和国民事诉讼法》第二百五十三条规定，加倍支付迟延履行期间的债务利息。

本诉案件受理费人民币5425元，由原告（反诉被告）上海浦元文化传播有限公司负担人民币1480元，被告（反诉原告）北京蜜蜂出行科技有限公司负担人民币3945元；反诉案件受理费人民币2972元，由被告（反诉原告）北京蜜蜂出行科技有限公司负担。

如不服本判决，可以在判决书送达之日起十五日内，向本院递交上诉状，并按对方当事人的人数提出副本，上诉于最高人民法院。

审　判　长　吴盈喆
审　判　员　刘　静
人民陪审员　吴惠丽
二〇一九年九月二十六日
法官助理　谢　玲
技术调查官　王传极
书　记　员　朱丽娜

附表

项目	序号	演示时出现的问题	说明
安卓版APP	1	首页－我的车库，累计收益、今日收益均为0，无法点击	浦元公司表示因数据接口已关闭，导致无法显示数据
	2	蜂王榜－用“胡某”登录后，在蜂王榜里显示胡某（郑州市）排名第五，切换到芜湖市，然后再切换回郑州市，“胡某”的排名没有显示	
	3	帮助中心－APP端无问题分类，管理后台系统可以看到有问题分类	浦元公司表示该问题已于2017年7月12日作了修改
	4	个人中心－点击进入个人信息项下的设置功能修改地址，点击确定后，未显示修改后的地址	
	5	操作时APP存在闪退现象	浦元公司表示产生该问题的原因可能是系统级别以及硬件不兼容的问题
	6	个人信息－更换用户头像时，选择了一个新图像，头像显示区会先显示蜜蜂头像，然后跳动一下，才显示正确头像	
	7	页面顶部的滚动广告位（banner图），点击后标题名称会先显示与标题无关的“跟我去采蜜”，再出现文章标题	
	8	付款管理－付款记录显示已支付（成功 个，失败 个），未能显示准确数据，点击进入查看后才显示数据	
后台管理系统	1	车主管理－在车主列表中点击添加，随机输入手机号和身份证号，页面提示：手机号和身份证号已存在，但实际该车主信息仍然能成功添加	
	2	车主管理－在车主列表中存在包含“138”开头手机号的情况下，在手机号码查询框输入“138”，未显示数据	浦元公司表示该需求系后续增加，且其已于2017年7月12日作了修改
	3	车主管理－车主列表中显示车主的省市是“安徽”“合肥”，在“修改车主”页面中省市均显示空白，修改后才显示正常	

续表

项目	序号	演示时出现的问题	说明
后台管理系统	4	订单管理－订单列表中，支付页面点击支付后，页面无响应	浦元公司表示该问题系因为支付所涉相关证书过期
	5	订单列表－修改订单时，点击“提交”，提示失败	
	6	帮助中心－在后台管理系统中将某条帮助记录序号改成“1”，在APP端未发生变化	
	7	在“带你去采蜜管理列表”中，新增1条记录，在APP端没有显示，且后台点击“返回”时返回到了“推广文章管理列表”，而且左侧导航栏显示的是“帮助分类”	
	8	在“推广文章管理列表”中原有11条记录，后台删除了2条，APP端显示的还是11条，缺少刷新功能，用户必须重新登录才显示9条	浦元公司表示蜜蜂出行公司提出的需求中并不要求后台与前端的更新需要实时
	9	车辆列表－有“待认购”“已预订认购”，但搜索列表中显示是“已认购”和“待认购”，两者不匹配	浦元公司表示“已预订认购”与“已认购”是不同概念
	10	车辆列表－表格不全，右下角后两列下部分没有边框	
	11	系统信息列表－第二列标题是“发送对象”，内容显示的是“发送时间”；搜索栏中显示“发送结束时间时间”	
	12	统计分析－“按车主”，在车主盈利统计页面，点击页码“2”，无法跳转到第2页	
	13	统计分析－“按车辆”中的车辆盈利统计，查询车主姓名为“俞荣”时，无法显示数据，搜索“俞荣水”有数据	蜜蜂出行公司表示同样是文本数据查询，有的设置为模糊查询方式，有的设置为精确查询方式，不统一。浦元公司表示系根据蜜蜂出行公司的需求开发
	14	在“车辆盈利统计”中分别输入关键词“俞荣水”“2015－01－01”“2019－01－17”进行搜索，显示72条数据，但在统计分析－“按车辆”页面输入同样的关键词，显示的车辆有100辆	蜜蜂出行公司表示不同页面，车辆数据显示不一致。浦元公司表示有车辆不一定有收益，且相关数据用的都是原来蜜蜂出行公司推送的老数据

续表

项目	序号	演示时出现的问题	说明
后台管理系统	15	“收益统计表”中，车主人数是34，统计分析－“按车主”搜索车主人数是22	蜜蜂出行公司表示不同页面，车主数据显示不一致。浦元公司表示相关数据用的都是历史数据
	16	基础管理－城市列表中，勾选“投放城市”，点击“提交”后返回到的城市列表仍是筛选前的列表，而非筛选后的列表	
	17	后台修改信息后，iOS 版 APP 可以下拉刷新，但安卓版 APP 没有此功能	
	18	系统管理－角色管理，标记为“＊”的必填项，不输入也可以正常提交	浦元公司表示该问题已于2017年7月12日作了修改
iOS 版 APP	1	首页－“今日收益”显示为2.4元，在安卓版 APP 的同一用户下“今日收益”为0元	浦元公司表示该数据来源于蜜蜂出行公司的原数据库
	2	首页点击所有的广告位（banner 图）均出现空白页面	浦元公司表示产生该问题的原因是时间比较赶，广告位地址都是直接写死的
	3	进入“扫一扫”页面，点击下方的“打开手电筒”按钮之后，手电筒图标变为打开状态，但文字仍然是“打开手电筒”，应该是“关闭手电筒”	浦元公司表示该功能系用图表状态表示，不是用文字表示
	4	系统消息－列表中有消息内容、时间和名称，但查看详情打开之后没有消息内容	
	5	帮助中心－帮助的详情页打开为空白；帮助中心没有分类	
	6	联系我们－点击加盟电话，提示“网络出现异常”	浦元公司表示因 iOS 版 APP 系使用虚拟机进行演示，故无法拨出电话
	7	账号管理－修改了地址和邮箱，确认之后提示修改成功，但再次进入仍然是修改前的信息。再次修改电话号码、身份证号之后，地址与邮箱显示前次修改的信息，但身份证号和手机号码没有变化	

续表

项目	序号	演示时出现的问题	说明
iOS 版 APP	8	推荐首页－在后台管理系统取消后，在 APP 端页面仍然存在	
	9	后台帮助中心删除部分文章，在前端页面发现顶部的广告位仍然是删除之前的内容，并且该页面没有下拉刷新的功能，需要退出后重新登录	浦元公司表示系根据蜜蜂出行公司的需求开发

附：相关的法律条文

一、《中华人民共和国合同法》

第八条　依法成立的合同，对当事人具有法律约束力。当事人应当按照约定履行自己的义务，不得擅自变更或者解除合同。

依法成立的合同，受法律保护。

第六十条　当事人应当按照约定全面履行自己的义务。

…………

第九十七条　合同解除后，尚未履行的，终止履行；已经履行的，根据履行情况和合同性质，当事人可以要求恢复原状、采取其他补救措施，并有权要求赔偿损失。

第一百零七条　当事人一方不履行合同义务或者履行合同义务不符合约定的，应当承担继续履行、采取补救措施或者赔偿损失等违约责任。

第一百零九条　当事人一方未支付价款或者报酬的，对方可以要求其支付价款或者报酬。

第一百一十四条　当事人可以约定一方违约时应当根据违约情况向对方支付一定数额的违约金，也可以约定因违约产生的损失赔偿额的计算方法。

…………

二、《中华人民共和国民事诉讼法》

第六十四条　当事人对自己提出的主张，有责任提供证据。

…………

三、《最高人民法院关于适用〈中华人民共和国民事诉讼法〉的解释》

第九十条　当事人对自己提出的诉讼请求所依据的事实或者反驳对方诉讼请求所依据的事实，应当提供证据加以证明，但法律另有规定的除外。

在作出判决前，当事人未能提供证据或者证据不足以证明其事实主张的，由负有举证证明责任的当事人承担不利的后果。

6. 爱康网健康科技（北京）有限公司诉上海美东软件开发有限公司等侵害计算机软件著作权纠纷案[1]

上海知识产权法院
民事判决书

（2018）沪73民初535号

原告：爱康网健康科技（北京）有限公司。
法定代表人：张某1，该公司经理。
委托诉讼代理人：金某，上海润一律师事务所律师。
委托诉讼代理人：奚某，上海润一律师事务所律师。
被告：上海美东软件开发有限公司。
法定代表人：俞某，该公司董事长。
委托诉讼代理人：郭某，上海市海华永泰律师事务所律师。
委托诉讼代理人：戚某，上海市海华永泰律师事务所律师。
被告：王某1。
委托诉讼代理人：郭某，上海市海华永泰律师事务所律师。
委托诉讼代理人：包某，上海市海华永泰律师事务所律师。
被告：美年大健康产业（集团）有限公司。
法定代表人：俞某，该公司董事长。
委托诉讼代理人：郭某，上海市海华永泰律师事务所律师。
委托诉讼代理人：戚某，上海市海华永泰律师事务所律师。
被告：上海圣嘉门诊部有限公司。
法定代表人：张某2，该公司执行董事。
委托诉讼代理人：包某，上海市海华永泰律师事务所律师。

原告爱康网健康科技（北京）有限公司（以下简称“爱康公司”）与被

[1] 该案的证据列表即附件，并不影响对案情的了解，故未列入书中，如需查看，参见中国裁判文书网。

告上海美东软件开发有限公司（以下简称“美东公司”）、王某1、美年大健康产业（集团）有限公司（以下简称“美年公司”）、上海圣嘉门诊部有限公司（以下简称“圣嘉公司”）侵害计算机软件著作权纠纷一案。爱康公司曾于2016年5月5日以案号（2016）沪73民初339－342号侵害计算机软件著作权纠纷（以下简称“339－342四案”），向本院提起诉讼。在339－342四案的审理过程中，因爱康公司、王某1申请，本院于2017年3月30日委托北京国创鼎诚司法鉴定所（原北京国创鼎诚知识产权司法鉴定中心，以下简称“国创鉴定”）就本案相关技术问题进行技术鉴定。嗣后，因339－342四案所涉作品虽有差异但各有关联，且所涉当事人相同、所涉法律关系一致，在各方当事人协商一致同意在（2016）沪73民初340号案（以下简称“340案”）中继续339－342四案的审理，且在（2016）沪73民初339号、341号、342号案件中，各方当事人已经向本院陈述的事实、递交的证据、发表的质证意见等作为340案中陈述的事实、递交的证据、发表的质证意见的前提下，爱康公司撤回了（2016）沪73民初339号、341号、342号三案的起诉，并将该三案中的诉讼请求，事实和理由在340案中一并主张。2018年4月22日，国创鉴定出具国创司鉴中心〔2017〕知鉴字第031号司法鉴定意见书（以下简称“31鉴定报告”）。嗣后，因王某1表示需就涉案技术问题补充鉴定，且340案审理期限过长，在各方当事人协商一致同意在本案中继续340案的审理，且各方当事人在340案中已经陈述的事实、递交的证据、发表的质证意见等继续作为本案中陈述的事实、递交的证据、发表的质证意见的前提下，爱康公司撤回了340案的起诉，并向本院提起本案的诉讼，本院于2018年6月11日立案后依法适用普通程序进行了审理。

2018年7月31日，王某1向本院提出补充鉴定申请。2018年8月1日，本院委托国创鉴定对本案相关技术问题继续予以鉴定。2019年3月1日，国创鉴定出具国创司鉴〔2018〕知鉴字第077号司法鉴定意见书（以下简称“77鉴定报告”）。2019年5月13日，王某1向本院出具《关于〔2018〕知鉴字第077号鉴定意见书恳请鉴定机构说明的问题》。对此，国创鉴定于同月18日出具了《复函》。2019年5月22日、7月30日，本院两次公开开庭审理了本案。原告爱康公司委托诉讼代理人金某、奚某，被告美东公司、美年公司共同委托诉讼代理人戚某、郭某，被告王某1及其委托诉讼代理人包某、郭某，被告圣嘉公司委托诉讼代理人包某到庭参加诉讼。2019年8月7日，本院向国创鉴定发出《技术咨询函》，向国创鉴定咨询相关技术问题。2019年11月6日，国创鉴定向本院出具《有关技术咨询的复函》。嗣后，各方当事人就上述《技术咨询函》及国创鉴定《有关技术咨询的复函》向本院出具了书面质证意见。本案现已审理终结。

原告爱康公司向本院提出如下诉讼请求：(1) 被告美东公司停止使用、开发、维护、出售和许可使用“体检信息管理系统”（该系统整合了“美东团检报告平台软件”“美东企业客户预约体检平台软件”“美东综合信息管理软件”“企业在线预约系统”等程序和调用的数据库文件）中的63个源代码文件（以下简称“侵权源代码文件”）及对应程序，并删除现存的侵权源代码文件及对应程序（63个侵权源代码文件名称详见附件二《63个侵权源代码文件说明表》。(2) 被告王某1停止对侵权源代码文件及对应程序的使用、开发和维护，并删除现存的侵权源代码文件及对应程序。(3) 被告美年公司停止在其下属营业场所（名单详见附件一《美年公司下属营业场所名单》使用侵权源代码文件及对应程序，并删除现存的侵权源代码文件及对应程序。(4) 被告圣嘉公司停止使用侵权源代码文件及对应程序，并删除现存的侵权源代码文件及对应程序。(5) 被告美东公司、王某1、美年公司共同在《法制日报》《健康报》上刊登说明，向公众说明其侵害原告软件著作权的事实，消除对原告造成的不良影响并赔礼道歉。(6) 被告美东公司、王某1、美年公司共同赔偿原告包括合理费用在内的经济损失人民币5000万元（以下币种相同）。

事实和理由：原告爱康公司是全国健康检查行业的领先企业，具有良好的行业声誉。爱康公司的健康检查系统软件包括：爱康国宾体检中心LIS检验系统（以下简称“爱康LIS系统”）、爱康国宾体检中心自动化排检系统（以下简称“爱康PEIS系统”）、爱康国宾体检中心信息系统（以下简称“爱康PIS系统”）、爱康国宾客户服务综合系统（以下简称“爱康MIS系统”），上述四个软件统称权利软件，爱康公司系上述权利软件的著作权人。王某1原系爱康公司工作人员，在职期间担任技术部体检软件组负责人，领导技术团队负责权利软件的开发和应用。2014年2月，王某1从爱康公司离职，出任美年公司全资子公司美东公司的副总经理职务，实际负责组建、领导技术团队为美年公司、美东公司开发与权利软件高度类似的健康检查系统软件。开发完毕后，美东公司进行了相关的软件著作权登记［原告证据16. 美东公司被控侵权软件著作权登记信息中的登记号为2015SR071011的美东团检报告平台软件（以下简称“美东团检平台”）、登记号为2015SR071006的美东企业客户预约体检平台软件（以下简称“美东预约平台”）、登记号为2015SR071000的美东综合信息管理软件（以下简称“美东综合管理”）、登记号为2013SR054186企业在线预约系统（以下简称“美东在线预约”），上述美东团检平台、美东预约平台、美东综合管理、美东在线预约统称为“美东软著软件”）]。但爱康公司发现，上述美东软著软件并非王某1、美东公司、美年公司自行开发，而是剽窃了原告的软件，各被告实施了如下侵权行为：（1）美东公司、王某1未经爱康公司许可共同实施如下侵权行为：①美东公司、王某1实质上修改了权利软件，并开发了被控侵权软件。②美东公司、王某1共同授权圣嘉公司使用被控侵权软件。③美东公司、王某1以美东公司的名义向拟购买人推销演示被控侵权软件。④美东公司、王某1授权美年公司及美年公司下属关联公司使用被控侵权软件。（2）美年公司经美东公司、王某1共同授权，在其下属关联公司使用被控侵权软件。（3）圣嘉公司经美东公司、王某1共同授权，使用被控侵权软件。

爱康公司认为：（1）美东公司、王某1的上述共同使用、开发、维护、出售、许可使用被控侵权软件的行为，侵犯了爱康公司权利软件的署名权、修改权、复制权和发行权。美东公司、王某1应当就此共同承担停止侵权、赔礼道歉、赔偿损失的民事责任。（2）美年公司上述在其下属关联公司使用被控侵权软件的行为，与美东公司、王某1共同侵犯了爱康公司对权利软件享有的复制权和发行权。美年公司应当就此与美东公司、王某1共同承担停止侵权、赔礼道歉、赔偿损失的民事责任。（3）圣嘉公司上述使用被控侵权软件的行为，与美东公司、王某1共同侵犯了爱康公司对权利软件享有的复制权。圣嘉公司应当就此承担停止侵权的民事责任。（4）美年公司作为美东公司的一人股东，还应当根据《中华人民共和国公司法》（以下简称《公司法》）第六十三条的规定，对美东公司的债务承担连带责任。

审理中，爱康公司向本院进一步明确：（1）爱康公司在本案中主张的被控侵权软件是指包含63个侵权源代码文件（详见附件二）的体检信息管理系统即美东软著软件，该美东软著软件与原告证据12.（2016）沪东证经字第3412号公证书（以下简称“3412公证”，在3412公证中展示的软件以下简称“3412公证软件”）中展示的软件系同一软件。（2）爱康公司在本案中仅主张63个源代码文件侵权，除该63个源代码文件之外的其他被控侵权软件中的源代码文件均不在本案主张的范围之内。

被告王某1辩称：（1）被控涉及侵权的63个源代码文件，仅涉及爱康公司主张著作权的爱康LIS系统、爱康PEIS系统、爱康PIS系统，而与爱康MIS系统无关。而爱康PIS系统是由爱康公司的前员工李某开发完成，王某1进行后期的维护和优化。爱康LIS系统、爱康PEIS系统是由王某1在爱康公司工作期间开发完成。故王某1认为爱康PIS系统的著作权人系李某而非爱康公司。王某1对于爱康公司系爱康LIS系统、爱康PEIS系统的著作权人并无异议。（2）美东软著软件和3412公证软件并非同一软件。其中美东软著软件系美东公司开发，王某1入职美东公司后，曾参与了部分美东软著软件的开发。而3412公证软件系王某1利用个人时间自行开发完成的K6软件，与美东公司、美年公司无关。（3）K6软件并不存在对爱康LIS系统、爱康PEIS系统、爱康PIS系统的抄袭，而是王某1根据体检软件开发经验，从2014年开始编写代码，并于2015年初完成且经过阿尔法测试。K6软件与权利软件除编写语言相同外，并不存在相同、相近似的情况。且爱康公司在本案中仅主张63个源代码文件，故其诉讼请求不能及于63个源代码文件之外的K6软件其他源代码文件。（4）本案中法院保全的圣嘉公司使用的被控侵权软件（以下简称"保全软件"），就是王某1开发的K6软件尚未完全完成的测试版本，与美东公司没有任何关系。王某1系将上述保全软件交案外人雷某测试使用，之后雷某将保全软件给圣嘉公司使用，就保全软件王某1从未收取任何费用。且除圣嘉公司之外，王某1也未再授权他人使用K6软件，也从未向他人销售过K6软件。3412公证软件、保全软件与王某1在案件审理过程中递交的K6软件，除版本略有差异外属于同一软件。（5）王某1于2013年12月从爱康公司离职，并非爱康公司主张的2014年2月。综上，王某1在本案中不应承担侵权民事责任。

美东公司、美年公司共同辩称：（1）美东公司、美年公司同意王某1关于权利软件著作权人的相关意见。（2）美东公司开发、使用、许可他人使用、销售、维护的软件是美东软著软件并非3412公证软件。美东软著软件与3412公证软件并非同一软件。3412公证软件是王某1自行开发的K6软件，美东公司从未开发、使用、许可他人使用、销售、维护过K6软件。（3）涉及美东软著软件的开发、使用、许可他人使用、销售、维护均由美东公司实施，美年公司下属关联公司对美东软著软件的使用亦来自美东公司的授权，与美年公司无关。美年公司从未在其下属关联公司使用过美东软著软件。（4）美东公司的账目清晰，财产独立于股东美年公司自己的财产，故美年公司不应根据《公司法》第六十三条的规定，对美东公司的债务承担连带责任。综上，本案中美年公司、美东公司不应承担任何责任。

被告圣嘉公司辩称：（1）圣嘉公司不清楚爱康公司是否系权利软件的著作权人。（2）圣嘉公司使用的保全软件，系由王某1开发的K6软件，与3412公证软件属于同一软件的不同版本，与美东软著软件属于不同软件。保全软件由王某1提供给雷某，由雷某向圣嘉公司销售，后圣嘉公司向雷某支付了款项。雷某除为圣嘉公司安装了保全软件外，未提供过保全软件的维护服务。

爱康公司为证明其诉讼主张，在本案中提供了如下证据：（1）计算机软件著作权登记证书（软著登字第0311603号）。（2）计算机软件著作权登记证书（软著登字第0311594号）。（3）计算机软件著作权登记证书（软著登字第BJ12759号）。（4）计算机软件著作权登记证书（软著登字第BJ12760号）。（5）劳动合同书。（6）保密协议。（7）续签劳动合同意向书。（8）合同续签意向确认单。（9）（2016）沪东证经字第2869号公证书（以下简称“2869公证”）及其附件。（10）（2016）沪东证经字第3185号公证书（以下简称“3185公证”）及其附件、文字记录。（11）（2016）沪东证经字第3467号公证书（以下简称“3467公证”）及其附件。（12）3412公证及其附件。（13）（2016）沪东证经字第5488号公证书（以下简称“5488公证”）及其附件、文字记录。（14）被侵权软件的操作演示录像。（15）双方软件对比图。（16）美东软著软件著作权登记信息。（17）证据1～16电子版本。（18）标题为“财务数据上传功能列表”的电子邮件。（19）标题为“文档工作安排”的电子邮件。（20）标题为“关于赵某，王某1，朱某升职”的电子邮件。（21）标题为“工作交接”的电子邮件。（22）标题为“技术部王某1离职”的电子邮件。（23）爱康公司与上海爱康国宾一品门诊部有限公司签署的《系统许可服务协议》《技术咨询服务协议书》及发票。（24）爱康公司与上海爱康国宾健之维门诊部有限公司签署的《系统许可服务协议》《技术咨询服务协议书》及发票。（25）爱康公司与上海爱康国宾外之滩门诊部有限公司签署的《系统许可服务协议》《技术咨询服务协议书》及发票。（26）爱康公司与上海望族国宾医疗中心有限公司签署的《系统许可服务协议书》《技术咨询服务协议书》及发票。（27）爱康公司与上海爱康国宾中环一品门诊部有限公司签署的《系统许可服务协议书》《技术咨询服务协议书》及发票。（28）美年公司官网页面。（29）爱康公司技术许可费及咨询服务费收入明细表。（30）爱康公司与广州爱康国宾健康检查有限公司（以下简称“广州爱康”）签署的《系统许可服务协议书》《技术咨询服务协议书》及发票。（31）爱康公司与南京健康园门诊部有限公司签署的《系统许可服务协议书》《技术咨询服务协议书》及发票。（32）爱康公司与上海爱康国宾蓝十字门诊部有限公司签署的《系统许可服务协议书》《技术咨询服务协议书》及发票。（33）爱康公司与上海爱康国宾名门门诊部有限公司签署的《技术咨询服务协议书》及发票。（34）爱康公司与上海爱康国宾人人门诊部有限公司签署的《技术咨询服务协议书》及发票。（35）爱康公司与北京庇利积臣门诊部有限公司签署的《系统许可服务协议书》及发票。（36）爱康公司与北京爱康国宾建外门诊部有限公司签署的《系统许可服务协议书》及发票。（37）爱康公司与北京爱康国宾亚运门诊部有限公司签署的《系统许可服务协议书》及发票。（38）爱康公司与北京爱康国宾门诊部有限公司签署的《系统许可服务协议书》《技术咨询服务协议书》及发票。(39) 2008年10月24日，北京和兴会计师事务所有限责任公司出具的《高新技术企业专项审计报告》(2007年度企业研发费用)。(40) 2008年10月24日，北京和兴会计师事务所有限责任公司出具的《高新技术企业专项审计报告》(2007年度高新技术产品收入明细)。(41) 企业所得税汇算清缴鉴定报告书。(42) 美东公司企业信用信息公示报告。(43) 美年公司的企业信用信息公示报告。(44)《关于上报上海国宾医疗控股有限公司申请设置广州国宾健康检查中心的函》。(45) 广州市组织机构代码管理中心出具的《证明》。(46) 广州市组织机构代码管理中心出具的《组织机构信息查询结果》。(47) 爱康公司的工商资料。(48) 广州爱康的工商资料。(49) 爱康国宾健康体检管理集团有限公司（以下简称“爱康管理公司”）的工商资料。(50)《缴费历史明细表》。(51) (2019) 沪张江证经字第3800号公证书（以下简称“3800公证”）。(52) (2007) 穗越证内民字第644号公证书（以下简称“644公证”）。(53) (2019) 沪张江证经字第3797号公证书（以下简称“3797公证”）。(54) (2019) 沪张江证经字第3798号公证书（以下简称“3798公证”）。(55) (2019) 沪张江证经字第3799号公证书（以下简称“3799公证”）。(56) 关联公司往来通知单。(57) 情况说明三份［分别由爱康公司、广州爱康、爱康健康科技集团有限公司（以下简称“爱康国宾集团”）出具］。(58) 爱康国宾集团的工商资料。(59) AutoCodeFactory软件的界面截图。(60) AutoCodeFactory软件的安装包。(61) 权利软件源代码及目标代码（保密证据）。

被告美东公司向本院递交了如下证据：(1) 第2015SR071000号计算机软件著作权登记证书。(2) 美年公司情况说明。(3) 第2011SR095902号计算机软件著作权登记证书。(4) 美东公司与美年公司所属集团下属体检门店的软件许可合同。(5) 美年公司下属体检门店支付许可费的发票。(6) 原告5488公证。(7) 王某1劳动合同。(8) 美年公司母公司美年大健康控股股份有限公司（以下简称“美年控股”）复牌公告。(9) (2016) 沪73民初340号民事裁定。(10) 爱康公司召开新闻发布会的新闻报道。(11) 美年控股复牌后股价。保密证据1. 美东软著软件具备的软件功能截图及分析。保密证据2. 美东软著软件源代码。保密证据3. 美东软著软件目标代码。保密证据4. 2014~2017年美东公司财务审计报告。

被告王某1向本院递交了如下证据：(1) 登记号为2010SR039091的计算机软件著作权登记信息。(2) 登记号为2009SR06849的计算机软件著作权登记信息。(3) 深圳市天方达健信科技股份有限公司企业登记信息和深圳市天方达科技发展有限公司（以下简称“天方达公司”）企业登记信息。（4）天方达公司企业发展史。（5）体检中心信息管理系统建设方案。（6）杏林神指体检系统用户手册。（7）体检信息管理系统。（8）王某1对爱康公司证据15的说明。（9）王某1递交的用于鉴定的证据，包括王某1提供的K6软件源代码、鉴定光盘、补充鉴定材料光盘（保密证据）。（10）广州爱康在国家企业信用信息公示系统中关于政府部门公示信息的摘录。（11）《社保缴费历史明细表》。（12）2008年4月1日武汉市中级人民法院作出的（2007）武知初字第109号《民事调解书》。

被告美年公司向本院递交了如下证据：（1）软著登字第2011SR095902号计算机软件（以下简称“美年软件”）著作权登记证书。（2）（2016）沪徐证经字第11106号公证书（后作为“保密证据1”）。（3）美年软件与权利软件比对截图及虚拟体检报告。（4）张某3情况说明、身份证及劳动合同，美年公司及其前身和关联公司的内档。（5）负责美年软件升级、维护和更新的员工杨某情况说明、身份证及劳动合同。（6）负责美年软件升级、维护和更新的员工沈某情况说明、身份证及劳动合同。（7）美年公司负责体检工作员工情况说明、身份证及劳动合同。（8）5488公证。（9）王某1劳动合同。（10）美年控股复牌公告。（11）（2016）沪73民初340号民事裁定。（12）爱康公司召开新闻发布会的新闻报道。（13）美年控股复牌后股价。保密证据1.（2016）沪徐证经字第11106号公证书（以下简称“11106公证”）。保密证据2.（2016）沪徐证经字第11105号公证书（以下简称“11105公证”）。保密证据3.2014～2017年美东公司财务审计报告。

被告圣嘉公司向本院递交如下证据：（1）圣嘉公司的情况说明。（2）转账凭证。

本院组织各方当事人进行了证据交换，各方当事人发表了如下质证意见：“一、针对爱康公司的证据。（一）美东公司、美年公司认为：1. 对爱康公司证据1～4、9～13、16、23～24，证据25中第197页、第201～203页，证据26～52，证据58、61的形式真实性无异议，对该些证据的关联性和证明目的不予认可。2. 对爱康公司证据53～56的形式真实性无异议，对该些证据的内容真实性、关联性和证明目的不予认可。3. 爱康公司证据17系其证据1～16的电子版本以及证据57中的爱康公司情况说明，均不属于证据。4. 虽然爱康公司就其证据14、15，57中广州爱康、爱康国宾集团出具的情况说明，59，60出示了原件，但对其真实性仍不予认可。5. 爱康公司就其证据5～8、18～22，证据25中第198～200页，证据45未递交原件，故对该些证据的真实性、证明目的均不予认可。（二）王某1则表示其对爱康公司证据5～8、14的真实性无异议，其余证据同意美东公司、美年公司的质证意见。（三）圣嘉公司同意美东公司、美年公司、王某1的质证意见。二、针对美东公司、美年公司、王某1、圣嘉公司所提供的证据。（一）爱康公司认为：1. 对美东公司证据1、3~5、8、10、11，保密证据4，美年公司证据1~5，证据6第357页，证据7、10、12、13，保密证据3，王某1证据1~3、9~12，圣嘉公司证据1、2的真实性、合法性无异议，对该些证据的关联性和证明目的不予认可。2. 对美东公司证据6、7、9，美年公司证据8、9、11的真实性、合法性、关联性无异议，但对该些证据的证明目的不予认可。3. 虽然美东公司就其证据2、保密证据1~3，美年公司就其保密证据1、2递交了原件，但爱康公司对该些证据的真实性、合法性、关联性和证明目的均不予认可。4. 王某1证据8属于王某1对证据的质证意见不属于证据。5. 鉴于，王某1证据4~6原件与其复印件不一致，故爱康公司对该些证据的真实性不认可。6. 鉴于王某1及其证据7、美年公司就其证据6第357页之外其余页数均未递交原件，故爱康公司就该些证据真实性均不予认可。（二）美东公司、美年公司、王某1、圣嘉公司对各被告各自递交的证据均无异议。”

本院认为，（1）鉴于，各方当事人对于爱康公司证据1~4、9~13、16、23~24，证据25中第197页、第201~203页，证据26~44、46~52、58、61，美东公司证据1、3~11，保密证据4，美年公司证据1~5、证据6第357页、证据7~13、保密证据3，王某1证据1~3、9~12，圣嘉公司证据1、2的真实性无异议，本院对该些证据的真实性予以确认。（2）爱康公司已就其证据14、53~56、59、60，美东公司已就其保密证据1~3，美年公司已就其保密证据1、2出示了原件，相关当事人对此虽有异议但并无相反证据予以证实，故本院对该些证据的真实性予以确认；爱康公司就其证据57中广州爱康、爱康国宾集团出具的情况说明向本院递交了由负责人签字确认的版本，该版本符合证据的形式要件，故本院对证据57中广州爱康、爱康国宾集团出具的情况说明的真实性予以确认。（3）虽然，爱康公司未就其证据5~8、证据45递交原件，但鉴于证据5~8反映的是爱康公司与王某1之间的劳动关系，且王某1对证据5~8的真实性均无异议，故本院对证据5~8的真实性予以确认；证据45所反映内容可与爱康公司证据44、46相印证，故本院对于证据45的真实性予以确认。对于美东公司、美年公司的相关质证意见，不予采纳。（4）爱康公司证据17系证据1~16的电子版本，属于证据的复制件；爱康公司证据15双方软件对比图，爱康公司证据57中爱康公司情况说明，美东公司证据2美年公司情况说明，王某1证据8王某1对爱康公司证据15的说明，均属于当事人陈述不属于证据。（5）爱康公司就其证据18~22不能递交在互联网环境下的原始电子邮件；爱康公司就其证据25中198～200页，王某1就其证据7，美年公司就其证据6第357页之外的其余页数均无法递交原件；王某1就其证据4～6所出示的原件与其递交证据4～6的复印件不一致，故本院对于该些证据的真实性无法确认，并不予采纳。（6）对于上述本院确认真实性的证据，本院根据证据所反映的事实，当事人的证明目的，证据与本案之间的关联程度、证明力等因素，酌情予以采纳。

本院经审理查明：

一、与权利软件权属相关的事实

（一）爱康国宾集团、爱康管理公司、爱康公司、广州爱康的基本情况

爱康国宾集团成立于2004年9月6日，其法定代表人为张某1，监事为葛某。

爱康管理公司成立于2004年9月13日，其股东为爱康国宾集团，法定代表人为刘某，监事为葛某。

爱康公司成立于2004年2月27日，其股东为爱康管理公司，法定代表人为张某1，监事为葛某。

在案证据显示的广州爱康的有关情况为：（1）2004年11月26日，广州市东山区卫生局向广州市卫生局出具东卫函〔2004〕19号《关于上报上海国宾医疗控股有限公司申请设置广州国宾健康检查中心的函》称："我局于2004年11月9日收到上海国宾医疗控股有限公司在我区辖内设置广州国宾健康检查中心提交的申办材料，经我局初审，该机构提交的材料基本属实，设置医疗机构符合我区卫生规划要求，同意向上级卫生行政部门上报该机构的申请设置材料。"该函中注明的附件为设置医疗机构申请书及申请材料。2012年6月6日，广州市组织机构代码管理中心出具《证明》称，"经查核，在我单位组织机构代码数据库中查到广州爱康国宾健康检查有限公司（代码号：775661138）。原名称是：广州国宾健康检查中心，曾在2009年8月第一次变更，变更后的名称是：广州爱康国宾健康检查中心，在2010年11月第二次变更，变更后的名称是：广州爱康国宾健康检查有限公司，该名称沿用至今。"2019年3月15日，广州市组织机构代码管理中心出具《组织机构信息查询结果》称："经查核，在我单位组织机构代码数据库中查到广州爱康国宾健康检查有限公司（代码证号：775661138）的登记资料。该单位曾办理代码证书单位名称变更手续，组织机构信息登记如下：变更前'广州爱康国宾健康检查中心'，变更后'广州爱康国宾健康检查有限公司'（即现名）。"（2）广州爱康的企业信用信息公示报告显示，广州爱康的股东包括爱康管理公司和爱康国宾集团，广州爱康的法定代表人为王某2，监事为葛某。成立时间为

2010年10月28日。

（二）与权利软件相关的事实

2008年8月21日，国家版权局颁发软著登字第BJ12759号计算机软件著作权登记证书，该证书记载：软件名称为爱康国宾体检中心信息系统V1.0（爱康PIS系统），著作权人为爱康公司，首次发表日期为2008年6月20日，权利取得方式为原始取得，权利范围为全部权利，登记号为2008SRBJ2453。同日，国家版权局颁发软著登字第BJ12760号计算机软件著作权登记证书，该证书记载：软件名称为爱康国宾客户服务综合系统V1.0（爱康MIS系统），著作权人为爱康公司，首次发表日期为2008年6月20日，权利取得方式为原始取得，权利范围为全部权利，登记号为2008SRBJ2454。

2011年7月14日，国家版权局颁发软著登字第0311603号计算机软件著作权登记证书，该证书记载：软件名称为爱康国宾体检中心LIS检验系统V1.0（爱康LIS系统），著作权人为爱康公司，开发完成日期、首次发表日期均为2010年5月4日，权利取得方式为原始取得，权利范围为全部权利，登记号为2011SR047929。同日，国家版权局颁发软著登字第0311594号计算机软件著作权登记证书，该证书记载：软件名称为爱康国宾体检中心自动化排检系统V1.2（爱康PEIS系统），著作权人为爱康公司，开发完成日期、首次发表日期均为2010年7月20日，权利取得方式为原始取得，权利范围为全部权利，登记号为2011SR047920。

原告递交的证据50－57显示如下事实：（1）姓名李某，个人编号101××××，证件号码51132××××××，养老、失业、工伤、生育各种险缴费历史为：2005年9月至2008年1月，缴费单位名称为广州市劳动服务外企就业部。2008年2月至2011年4月，缴费单位名称为广州爱康。2012年1月至2013年1月，缴费单位名称为广州友谊人力资源服务有限公司。（2）644公证显示，2007年8月20日，李某（男，1981年9月28日出生，身份证号码：51131××××××）作为广州国宾健康检查中心的委托代理人在广州市东山区环市东路496号广发花园裙楼3楼广州国宾健康检查中心，与梁某进行模拟健康检查，并就过程进行了录像。（3）3797公证、3798公证显示了2007年9月20日至2009年7月1日的相关电子邮件内容，该些电子邮件显示：①2007年9月20日至2009年7月1日，Li某通过邮件与相关人员沟通工作等事宜，在邮件末有“爱康国宾集团华南区”“……爱康国宾．华南区 爱康网健康科技（北京）有限公司广东分公司……”“爱康国宾集团”等署名。②2007年11月23日，潘某发送名称为“华南技术工程师李某来京”的邮件称：行政部，华南技术工程师李某来北京调试体检软件。为期一个月。费用算总部，包括来回机票，住宿和每天的差旅补助等。③2009 年 2 月 20 日，zhang 某向李某、王某 1、韦某等发送名称为“Re：欢迎李某和王某 1”邮件称：李某、王某 1，欢迎加入总部技术部。李某、王某 1，两位好！首先感谢两位同事在广州分公司优秀的工作表现，在此我代表总部同仁欢迎你们的到来！内部调动的手续等 Joyce 从深圳回到广州就会为两位办理，并请你们将签字确认的表单带到总部人事部。我会请行政部的同事帮助两位寻找并提供一些住房资源，如有一些细节问题请直接和行政部主管韦某联系。韦某，请提供帮助，谢谢！两位同事是 3 月 9 日到京赴任，希望到时可有一些供他们选择的房源。Jessica，王某 3，请安排好人事接收事宜。再次欢迎李某、王某 1。（4）3799 公证显示了爱康公司委托代理人使用公证处电脑，登录腾讯 QQ 后控制聊天对象“雪某”的电脑，查询、打印与李某有关的财务数据并进行屏幕录像的过程。上述查询的财务数据显示，科目编号 1401A02000，从爱康公司借入10 870元，摘要李某报销系统开发费用。科目编号 1011010000，从库存现金贷出 10 870 元，摘要李某报销系统开发费用。此外，爱康公司证据 56 关联公司往来通知单显示，广州爱康致爱康公司：2008 年 6 月 30 日，李某软件开发奖 10 870 元。（5）2019 年 5 月 27 日，广州爱康向本院出具《情况说明》称：广州爱康成立于 2004 年 11 月 26 日，原名为“广州国宾健康检查中心”，于 2009 年 8 月更名为“广州爱康国宾健康检查中心”，又于 2010 年 11 月更名为“广州爱康国宾健康检查有限公司”。鉴于“广州国宾健康检查中心”在成立时属于医疗机构，无法为员工办理缴纳社保，所以广州爱康委托第三方人力资源公司“广州市劳动服务外企就业部”为相关员工缴纳社保。李某自 2005 年 9 月起入职广州爱康（当时名称为“广州国宾健康检查中心”），并且于 2011 年 4 月离职。其担任技术部岗位，主要负责带领技术团队进行 PIS 系统的研发工作。在技术团队成功研发了 PIS 系统后，广州爱康向技术团队负责人李某支付了奖励费用。鉴于李某作为技术人员的优异表现，李某也顺利调任至爱康国宾集团负责 PIS 系统的后期维护及更新工作。

此外，由于广州爱康与爱康公司同属于爱康国宾集团的下属控股子公司，根据爱康国宾集团的统一指示和安排，在广州爱康完成 PIS 系统的研发工作后，由爱康公司对 PIS 系统进行版权登记。广州爱康对此也予以认可，即 PIS 系统的著作权应当归爱康公司所有。综上，广州爱康认为，李某在广州爱康任职期间，其开发的 PIS 系统属于任职期间的职务作品，应当由公司享有 PIS 系统的计算机软件著作权。广州爱康根据爱康国宾集团的统一安排，在完成 PIS 系统的研发后，由爱康公司对 PIS 系统进行版权登记，应当由爱康公司享有计算机软件著作权。同日，爱康国宾集团向本院出具了与广州爱康上述

《情况说明》内容相同的《情况说明》。

二、关于美东软著软件、美年软件的有关情况

（一）关于美东软著软件的相关事实

证据显示，美东公司系下列美东软著软件的著作权人，包括：（1）登记日期为2015年4月29日，登记号为2015SR071011号的美东团检报告平台软件（美东团检平台）。（2）登记日期为2015年4月29日，登记号为2015SR071006的美东企业客户预约体检平台软件（美东预约平台）。（3）登记日期为2015年4月29日，登记号为2015SR071000的美东综合信息管理软件（美东综合管理）。（4）登记日期为2013年6月3日，登记号为2013SR054186的企业在线预约系统（美东在线预约）。

审理中，美东公司称美东软著软件即为其向本院递交的保密证据1～3。而爱康公司则确认美东公司递交的保密证据1～3所涉软件与本案被控侵权软件无关。

（二）关于美年软件的相关事实

2011年12月15日，国家版权局颁发软著登字第0369576号计算机软件登记证书，该证书记载：软件名称为中西医结合的医学检测及体检连锁管理软件（简称"医学检测及体检连锁管理软件"）V1.0（美年软件），著作权人为美年公司，开发完成日期为2011年8月30日，首次发表日期为2011年9月1日，权利取得方式为原始取得，权利范围为全部权利，登记号为2011SR095902。

2016年12月1日，上海市徐汇公证处出具11106公证，该公证书记载了美年公司委托代理人在上海市小木桥路251号（上海美年门诊部）319诊室开启电脑，启动、登录、使用"美年大健康中西医健康管理系统V2.0"软件，并进行截屏、拍照、屏幕录像的过程。2016年12月1日，上海市徐汇公证处出具11105公证，该公证书记载了美年公司委托代理人在上海市小木桥路251号10楼对公司的笔记本电脑中"原代码"文件夹中的内容复制至公证处提供U盘，并随后刻录光盘的过程。

审理中，美年公司称上述11105公证光盘中的源代码文件即美年软件的源代码文件、上述11106公证中显示的"美年大健康中西医健康管理系统V2.0"软件即美年软件，而爱康公司则确认上述11105公证中的源代码文件、11106公证中显示的软件与本案被控侵权软件无关。

三、与王某1相关的事实

2009年5月7日，爱康公司与王某1签订《劳动合同书》，约定在2009年5月7日至2011年3月26日，王某1担任爱康公司的开发工程师。2011年2月25日，爱康公司向王某1发出《续签劳动合同意向书》，称爱康公司与王

某1之间订立的劳动合同将于2011年3月26日到期。现爱康公司有意向，在该合同期限届满之时，与王某1续订一份为期3年的劳动合同。爱康公司并要求王某1在收到该意向书后的一日内，填好《员工意向表》，并交至公司人事部。逾期不交，爱康公司将视王某1不同意与爱康公司续签劳动合同。同日，王某1在《员工意向表》上签字同意。

2013年12月12日，王某1与美东公司签署劳动合同，并入职美东公司。

审理中王某1向本院称，其在爱康公司从事包括爱康PIS系统、爱康LIS系统以及爱康PEIS系统等软件的开发工作。其中针对爱康PIS系统属于二次开发，爱康LIS系统和爱康PEIS系统属于独立开发。2013年11月，王某1以邮件形式提出离职，并于同月办理离职手续，自2013年11月12日起，王某1不再在爱康公司工作。

四、与被控侵权软件有关的公证事实

2016年3月4日、9日、10日、13日，4月15日由上海市东方公证处出具2869公证、3185公证、3412公证、3467公证、5488公证显示了如下事实：

（一）2016年3月1日下午，拜峰（上海）商务咨询有限公司委托代理人阎某与公证员，共同到达位于上海市莲花南路和东川路路口的“紫竹高新技术产业开发区”。阎某在该处“6号楼”的2楼一处门口有“美年大健康”字样标识的办公场所内取得一张名片，该名片显示“王某1，副总经理，上海美东软件开发有限公司，地址上海市东川路555号6号楼2楼……手机180××××2555、邮箱wang××@××××.cn”。

（二）2016年3月4日，阎某使用上海市东方公证处电话拨打号码为“0180××××2555”的电话（2869公证中取得的王某1名片中所载手机号码）并通话、录音，上述录音的通话内容（阎为阎某，王为王某1）为：“……阎：你好，我是北汉默的。回去之后，关于上次沟通的内容，我和老板报告了一下，老板也是倾向于品牌大一点的，产品成熟一点的供应商。他也问了我一些问题，我想在电话里再跟你确认一下，你现在方便吗？王：方便，说吧。阎：是这样，这个体检软件系统完全是由美东软件自主开发的是吗？王：没错。阎：那有没有知识产权？王：有。阎：有的是吧，就是这一套系统和软件都是有自主的知识产权的？王：是。阎：好的，我明白了，那后期使用的话是不是要授权的程序？王：需要，另外，我们这边的服务的话，是这样子，除了一开始软件的费用外，每年维护费。阎：对，我上次听您说，加盟商都是要维护费，直营店是不需要是吧。王：对，除了直营店，都是需要维护费的。阎：目前这套软件系统，除了自用以外，外部还销售给哪些体检中心使用呢？王：我们主要是自己用。阎：外面基本上没有销售过这个软件？王：今年准备销售。阎：有意向的客户了是吧，因为我们想问一些成功的案例。主要是自用的话，应用到全国每年体检的覆盖面是怎样，是全部都覆盖了吗？全国有多少家店？王：我们系统主要是全国的店上了一部分，没有全部上完，全部上完到明年，明后年能全部上完。阎：现在大概多少连锁店在用这个软件呢？王：其实都在用，公司内100多家接近200家都在用。阎：一、二百家是吧？王：都在用，只不过不是所有功能都上线。阎：这套系统都在用，不是所有功能。王：部分功能，因为全部都替换的话需要一定的时间。阎：所以连锁这块的技术已经比较成熟了是吧，可以这样理解。王：没错没错，连锁的话一点问题都没有。阎：明白了。上次我们过来就拿了您的名片，以后有技术方面的问题，或者是合作流程上的问题，主要是和您沟通还是和陈某陈先生啊？王：前期和我沟通，如果确定项目合作的话，陈某会后续跟进。阎：明白。那么技术这方面的问题前期也可以问您？像是软件上的。王：没问题。阎：哦，您也是技术出身吗？王：对，我是搞技术出身的。阎：哦，那这套软件您也是主要参与研发的？王：没错。阎：那挺厉害的。王：因为软件平台这边主要是我负责搭建的，是这样子。阎：那软件的话，您也是比较核心的开发人员。王：我主要带队，和大家一起做，也是程序员出身，搞研发出身的。阎：明白，关于下周我们演示软件，要远程来做，您上次是说用QQ对吧。我们可能安排在下周三。王：没有问题。阎：下周三下午1点2点，具体到时候再电话确定吧。王：等等啊，我看一下下周三，到时候我安排陈某来帮你演示。阎：对，您上次说要安排陈先生，您下周要出差吗？王：可能要去北京，下周三正好是9号，我估计是正在北京办公。阎：行，我知道了，没关系，咱们周三中午再通个电话确定一下时间，1点或者是2点吧，好吧？前期的话麻烦您让陈先生先准备一下，因为这次我们体检中心的高层都会参加，尽可能全面详细一点地去演示这个软件，有什么问题我们也可以马上沟通，对吧。然后，特别是软件的优势或者是特色的地方，我觉得可以着重演示一下，其他的演示我们也大概都看过，可以做一个对比吧，我是这么认为的。然后，上次我们还提到就是公司宣传彩页这一块，不知道你有没有发到我邮箱？王：这块的话，我让他们准备了一下，这些系统的功能我还要准备一下，其实昨天就出来了，还没给你发呢。一会儿给你发过去。阎：现在是这样，因为我们VPN不是特别稳定，所以我在国内的时候，都用一个国内的邮箱，我这边再告诉您一个邮箱，您方便记一下么？Li××××× @163. com。王：好的，我复述一下，是Li×××××@163. com对吧。阎：是。王总，他发给我公司介绍的时候，一般可能都是一个PPT是一个电子文档对吧？王：没错。阎：然后，如果是陈先生给我演示的话，麻烦他把QQ号码也给我，因为我这个手机短信我怕出问题。王：好，没问题。我们那个PPT可能比较长，100多页，我们以前的资料这两天整理了一下，包括软件功能的介绍，所以比较长。阎：没关系，全面一点也好，我们公司也是要留底的。QQ号到时候一起发给我，因为我可能平时用得比较少，到时候还是要问同事拿一个，我现在不清楚那个号码，所以你先给我一个号码，有那个号码的时候，我到时候先添加一下，好吧？王：行。阎：你发完之后可以给我来个电话，我不知道那个短信是不是能通，好吧？王：OK。阎：大概就这样，谢谢你王总，保持联系啊。王：好的。阎：再见。"

（三）邮箱wang××@××××.cn向邮箱Li×××××@163.com发送的名称为"美东软件体检软件系统介绍2016－03"的电子邮件（以下简称"3467公证邮件"）的内容为："杨经理：您好！请查收附件。密码……陈某QQ6808××××"，该电子邮件的署名为：王某1，美年大健康（美东软件）副总经理（180××××2555）。该电子邮件中包括了名称为"美东软件体检软件"的附件，该附件的首页显示："美东软件医疗体检系统功能介绍2015－12－24内部资料，禁止随意传播"。

（四）2016年3月9日（星期三），公证人员在阎某的指引下，下载并使用QQ软件与QQ号为6808××××的连线，在连线过程中QQ号6808××××分享了其电脑屏幕，该分享的电脑屏幕就3412公证软件进行了使用演示，演示过程中所显示的软件名称为"体检信息管理系统"。3412公证中演示的3412公证软件的界面与前述3467公证邮件中对应界面基本一致。审理中，美东公司确认陈某系其公司工作人员，与王某1一起入职，入职前亦为爱康公司员工。

（五）2016年4月15日，阎某使用上海市东方公证处电话拨打号码为"137××××1567"的电话并通话、录音，上述录音的通话内容（阎为阎某，赵为圣嘉公司赵某）为：……（阎某表示其曾到过圣嘉公司并由赵某接待）……阎：后来我们回去我们讨论了一下，因为我之前我都在出差嘛，然后我们都觉得挺好的那一来就是说可能装修环境比较新对吧，你们楼上是新装修的，然后地下一楼的设备比较先进，然后二来呢相对其他大型体检机构价格上有一些优势吧，因为我上次跟你谈了我大概心里有一个数。然后呢第三就是整个体检过程也比较有秩序，所以就是我们可能再六七月份也比较倾向于你们这边来合作，然后就是我上次听说你们这边就是圣嘉体检中心用的软件啊是一个大的体检中心叫什么美年大健康用的那个体检系统是一样的对吧？赵：对对对，我们和他用的体检系统全部都是一样的。阎：哦那你们是向美年大健康购买的吗这个软件？赵：额不是，因为我们是专门找人帮我们开发的，他们有专门开发软件的。阎：哦哦哦，那怎么能跟他们一样呢，跟他们一样会不会涉及一些什么什么。赵：你听我跟你解释，这个问题是这样子的，就是这个开发的软件和体检其实呢它是中间没有任何冲突的，我们既然做体检的，那我们最关键要最真实地了解我们的身体情况，而不是它软件的好与不好。阎：对对对。赵：我们，它软件的好与不好就是它一个秩序的问题，对吧？是这样的，我们当时那里可能你也看了是吧……（赵向阎介绍圣嘉公司体检的具体内容和优势）……阎：恩，好的，那就是比如说像那个，因为是什么呢，为什么问你这个事情，就是说一方面就是我看你们具体安排流程啊，秩序上面都比较好，然后因为我们自己也是做仓储开发那种系统的嘛，所以就是因为之前因为我听说你这边那个系统是用美年大健康的，所以我以前知道他们以后有一个专门研发软件的一个公司叫美东软件嘛，就是我不知道你们这个体检软件是不是问美东软件开发购买的，就是你们纯自己研发吗？赵：是这样子的，因为我们呢都是朋友介绍的，他们呢就是以前专门就是IT做研发这一块的，然后我们就通过朋友让他们帮我们制作了这么一套。阎：就等于是找到了他们美东软件的内部人员对吧？赵：哦，不不不，不是美东软件。阎：哦，是美年，美年大健康。赵：也不是美年的，因为这个开发，做软件的市场非常多了。阎：等于是他们私下帮忙帮你弄的，不是以公司名义帮你们做的。赵：对对对，就是私下帮忙，他们本身就有一个系统，然后我们用过这个以后，觉得这个系统不错，而且大家本身都是朋友嘛，这个不存在什么商业性的，比如我们自己一个专门设计软件的一个团队，这些都不是。阎：噢噢，所以也不需要购买什么的，直接就是朋友帮忙，他们给你这个软件，可以让你们进行后期使用。赵：因为他们也是想在我们这里做成熟了，他们这个软件以后也可以投入市场，以后也可以到我们这里来参观看看我们这个软件怎么样，诶，是这样的，所以作为一个试点一样的。阎：所以你们这个合作的单位它不是美年大健康，也不是美东软件对吧？赵：对对对，我们和这个是没有多大关系的……（赵阎交流体检的相关注意事项后双方道别）。

五、本案技术鉴定及技术咨询的有关情况

（一）关于31鉴定报告

审理中，爱康公司主张3412公证软件、保全软件系被控侵权软件，并认为王某1递交的证据9中的K6软件源代码等与被控侵权软件部分关联。嗣后，根据爱康公司、王某1申请，本院于2017年3月30日委托国创鉴定就下列技术问题进行鉴定：（1）对王某1提供的K6软件源代码编译目标程序后显示的程序界面，与3412公证中所体现的程序界面是否一致，进行比对；（2）对王某

1 提供 K6 软件源代码编译的目标程序与保全软件目标程序是否一致，进行比对；（3）对王某 1 提交的 K6 软件源代码与爱康公司权利软件源代码进行一致性比对；（4）爱康公司权利软件源代码编译的目标程序所显示的程序界面和 3412 公证中体现的程序界面是否一致，进行比对；（5）爱康公司权利软件源代码编译后的目标程序与保全软件目标程序是否一致，进行比对；（6）对王某 1 提供的 K6 软件源代码中的模块名称、变量名称、数据库名称的命名方式与王某 1 主张的命名方式是否一致，进行比对；（7）对王某 1 提供的 K6 软件源代码与王某 1 提供的开源代码（以鉴定材料 3. 王某 1 补充鉴定光盘所涉及内容为准）进行比对；（8）对王某 1 提供的 K6 软件源代码数据库中的表名、字段名的命名方式与王某 1 主张的命名方式是否一致，进行比对；（9）对王某 1 提供的 K6 软件源代码数据库中的涉及医学诊断信息的词条内容与王某 1 提供的相关医学文件，进行比对；（10）对爱康公司权利软件中涉及病情描述、医学诊断、健康建议的数据库内容和结构，与上述王某 1 提供的 K6 软件源代码以及保全软件的对应部分进行比对。

2018 年 4 月 22 日，国创鉴定向本院出具 31 鉴定报告。该 31 鉴定报告中与各方当事人最终争议相关的内容包括：对于委托事项 1：王某 1 提供的 K6 软件源代码编译目标程序后显示的程序界面截图有 249 个，3412 公证所体现的程序界面有 44 个，构成相同的有 32 个，构成相似的有 6 个，有 6 个界面在王某 1K6 软件程序功能界面中无对应功能界面。对于委托事项 2：王某 1 提供 K6 软件源代码编译的目标程序文件共有 159 个，保全软件的目标程序文件共有 51 个，构成实质相同的有 27 个。对于委托事项 3：31 鉴定报告称，根据委托方提供的鉴定材料，爱康网提交的爱康 LIS 系统、爱康 PEIS 系统、爱康 PIS 系统以及王某 1 提交的 K6 体检软件均采用 Visual Basic 语言开发，Visual Basic 语言开发相关源代码的文件类型共 27 种。经分析，其中 . frm、. bas、. ctl、. cls 是由软件开发人员编写的源代码文件，因此鉴定组将这 4 种格式的文件进行比对。爱康 LIS 系统源代码共有 882 个文件，爱康 PEIS 系统源代码共有 1954 个文件，爱康 PIS 系统源代码共有 4094 个文件，王某 1K6 体检软件源代码共有 2792 个文件。爱康 LIS 系统源代码、爱康 PEIS 系统源代码、爱康 PIS 系统源代码分别和王某 1K6 体检软件源代码的比对结果参见《爱康 LIS 系统源代码与 K6 软件源代码比对》（详见附件九）、《爱康 PEIS 系统源代码与 K6 软件源代码比对》（详见附件十）和《爱康 PIS 系统源代码与 K6 软件源代码比对》（详见附件十一）。对于委托事项 4：爱康公司提交源代码编译的目标程序所显示的程序界面共有 286 个，3412 公证体现的程序界面共有 44 个，以 3412 公证中的功能界面为基础进行比对，没有发现双方存在符合比对要求的对应界面。对于委托事项5：爱康LIS系统、爱康PEIS系统和爱康PIS系统编译的目标文件与保全软件目标程序无可比性。对于委托事项6：王某1提供K6软件源代码中无相关模块名称；王某1提供K6软件源代码中的变量名共有2314个，与其主张命名方式符合的有2102个，不符合的有212个；王某1提供K6软件源代码中的4个数据库master、k6PisCar、PisCarTest、k6PeisDB的命名符合王某1主张的数据库命名规则。委托事项8：王某1提供K6软件源代码中数据库共有478个表，全部符合王某1所主张的命名方式；王某1提供源代码中数据库共有185个字段，全部符合王某1所主张的命名方式。

（二）关于77鉴定报告

2018年7月31日，王某1向本院提出补充鉴定申请。本院于2018年8月1日委托国创鉴定对下列技术问题继续予以补充鉴定：(1) 对31鉴定报告表5、表6、表7（上述附件九至附件十一）中确认的63个源代码文件（爱康公司在本案中主张的63个侵权源代码文件）进行功能验证，并列明63个源代码文件中在王某1提供的K6软件中的对应功能。(2) 验证王某1《补充鉴定申请书》附件1（《31个未被编译的源码文件》）中列明的31个源代码文件，是否既未被编译于王某1提供的K6软件源代码的目标程序文件，也未被编译于保全软件的目标程序文件中。(3) 验证王某1《补充鉴定申请书》附件3（《爱康7个兼容盗版工具类软件的源码文件》）中列明的7个文件与ActiveReport 2.0控件实现自动生成图表功能之间的关系。(4) 验证王某1《补充鉴定申请书》附件4（《格式化代码说明》）所列明的代码是否包含在63个源代码文件中，以及该些代码行数占同一比对文件相同代码行数的比例。(5) 对王某1《补充鉴定申请书》附件4所列明的代码在该编程语言中的含义、功能、作用、一般的表达方式以及使用情况进行说明。

2019年3月1日，国创鉴定向本院出具77鉴定报告，该77鉴定报告中与各方当事人最终争议相关的内容包括：对于委托事项1：31鉴定报告所确认的63个K6软件源代码文件中，共有52个文件的功能与王某1所主张的功能相符，11个文件的功能与王某1所主张的功能基本相符（详见附件三《63个源代码文件的功能验证情况》：表一《爱康LIS系统源代码文件对应的K6软件源代码文件的功能验证结果》、表二《爱康PEIS系统源代码文件对应的K6软件源代码文件的功能验证结果》、表三《爱康PIS系统源代码文件对应的K6软件源代码文件的功能验证结果》）。对于委托事项2：王某1《补充鉴定申请书》附件1（《31个未被编译的源码文件》）列明的31个源代码文件（详见附件四《31个未被编译的K6软件源代码文件》），未被编译于王某1提供的 K6 软件的目标程序文件；保全软件的目标程序文件中查找到对上述附件四《31 个未被编译的 K6 软件源代码文件》中文件 bizNSTool、CMD_CustomerTest、clsCompareImageMap 分别对应附件四《31 个未被编译的 K6 软件源代码文件》中序号 10、14、30 的王某 1K6 软件源代码文件的引用。对于委托事项 3：王某 1《补充鉴定申请书》附件 3（《爱康 7 个兼容盗版工具类软件的源码文件》）中列明的 7 个文件（详见附件五《七个与 ActiveReport 2.0 控件配合的文件》）与 ActiveReport 2.0 控件配合来实现自动生成图表功能。对于委托事项 4：王某 1《补充鉴定申请书－格式化代码说明》中列明的 VB 语言格式化代码包含在 63 个源代码文件中，所占比例参见表 4（详见附件十二《关于格式化代码在 63 个源代码文件中的统计结果》）。对于委托事项 5：王某 1《补充鉴定申请书－格式化代码说明》中列明的代码在该编程语言中的功能与王某 1 所主张的一致（相关格式化代码的具体功能情况详见附件六《格式化代码的具体功能说明》）。

（三）关于王某 1 出具的《关于〔2018〕知鉴字第 077 号鉴定意见书恳请鉴定机构说明的问题》以及国创鉴定的《复函》

2019 年 5 月 13 日，王某 1 向本院出具《关于〔2018〕知鉴字第 077 号鉴定意见书恳请鉴定机构说明的问题》称，鉴于爱康公司在本案中仅主张 63 个侵权源代码文件（附件九、附件十、附件十一载明的 63 个源代码文件），故要求国创鉴定对相关内容予以进一步明确：（1）王某 1 对附件九、附件十、附件十一中记载的完全相同的代码行数进行了逐行摘录，并对其中属于通用表达和技术人员个人“编程习惯”的内容进行了说明，王某 1 恳请鉴定机构对上述内容进行进一步确认。（2）爱康 LIS 系统中共有六个源代码文件（附件十二序号 3、4、8、10、12、13 的文件），该六个源代码文件均有打开串口、关闭串口和异常处理程序的功能，该些功能对应的代码在上述文件中都是相同？是编程人员的个人通用串口代码？是否可以用在其他非体检软件中涉及仪器连接的代码编写？（3）在《爱康 PEIS 系统中的调试工具类代码》（附件十二序号 49、50、51、52、53、27、34、47、48 的文件）中附件十二序号 49、50、51、52、53 的源代码文件，是不是编程人员在编程过程中使用的调试工具类代码，用于判断软件架构能否吻合，而非业务代码？附件十二序号 27 的源代码文件是否属于开发过程中使用的排队系统的调试工具类代码，非业务代码。附件十二序号 34、47、48 的源代码文件是否属于王某 1 自制的 IDE 插件自动生成的代码。（4）在《爱康 LIS 系统、爱康 PEIS 系统、爱康 PIS 系统中的纯定义类代码文件》（附件十二序号 13、31、55 的文件）中的源代码文件是否属于纯定义类代码文件。（5）在《同一 K6 软件源代码文件在不同系统中的重复对应情况》（附件十二序号1、46、60、61、37、56的文件）中是否存在同一K6软件源代码文件与爱康三个系统中的文件重复比对的情况。

2019年5月18日，国创鉴定出具《复函》称，对于需说明的问题1：王某1摘录的附件九、附件十、附件十一中完全相同的代码行确实存在属于VB语言固有的通用表达（固定表达无法修改，详见附件七《附件九、附件十、附件十一中属于VB语言固有的通用表达》），该些代码属于VB语言语法相关的代码，可与开发人员编写的业务逻辑实现软件某一功能，属于VB语言的固有通用表达。但对于相关完全相同的代码行是否属于技术人员个人“编程习惯”，鉴定机构无法判断。对于需说明的问题2：《爱康LIS系统中有相同功能的六个源代码文件》中附件十二序号3、4、8、10、12的五个文件中均有打开串口、关闭串口和异常处理程序的功能，该些功能对应的代码均相同，可以认定是K6软件与相关设备通讯过程中使用的代码，但无法判定上述代码是编程人员的个人通用串口代码，附件十二序号13的文件有少量函数定义内容。且基于现有鉴定材料，鉴定机构无法判定上述代码是否可以用在其他非体检软件中涉及仪器连接的代码编写。对于需说明的问题3：《爱康PEIS系统中的调试工具类代码》中附件十二序号49、50、51、52、53的源代码文件，属于软件安装、启动及插件处理等工具类代码。附件十二序号27的源代码文件属于排队系统的测试工具类代码。基于现有鉴定材料，无法判定附件十二序号34、47、48的源代码文件是否属于王某1自制的IDE插件自动生成的代码。对于需说明的问题4：在《爱康LIS系统、爱康PEIS系统、爱康PIS系统中的纯定义类代码文件》中附件十二序号13、31、55的双方源代码文件中包含有少量函数的定义，附件十二序号55的双方源代码文件为纯定义类的代码文件。对于需说明的问题5：在《同一K6软件源代码文件在不同系统中的重复对应情况》中，附件十二序号1、46的对应K6软件源代码文件是同一文件，附件十二序号60、61的对应K6软件源代码文件是同一文件，附件十二序号37、56的对应K6软件源代码文件是同一文件。

（四）关于《技术咨询函》以及国创鉴定的《有关技术咨询的复函》

因各方当事人对爱康PIS系统的著作权人有争议，且在爱康PIS系统中发现了李某署名的源代码文件，故本院要求各方当事人对于爱康PIS系统中的李某署名情况进行统计、核实、确认。经各方当事人统计、核实、确认，爱康PIS系统中存在两种不同方式的李某署名，其一为在署名“作者：李某”的同时注明“CodeBy：AutoCodeFactory”（详见附件八《关于在爱康PIS系统中李某署名的有关情况》例一），其二为单独署名“作者：李某”（详见附件八《关于在爱康PIS系统中李某署名的有关情况》例二）。上述两种不同的涉及“作者：李某”署名方式，在爱康PIS系统不同版本中的统计情况，详见附件八《关于在爱康PIS系统中李某署名的有关情况》表一至表三。此外，涉及双方争议的爱康PIS系统的9个源代码文件，并无任何形式的署名。

针对上述署名情况，爱康公司认为，上述署名方式中，署名“作者：李某”的同时注明“CodeBy：AutoCodeFactory”的，属于使用AutoCodeFactory软件过程中，由该软件自动生成该种类型的署名，为此爱康公司向本院递交了证据60. AutoCodeFactory软件的安装包。为查明该节事实，本院于2019年8月2日，向国创鉴定发出《技术咨询函》，向国创鉴定咨询下列技术问题，（1）AutoCodeFactory软件的功能、作用及其与国创鉴定出具31鉴定报告、77鉴定报告中所涉及的爱康PIS系统之间的关系。（2）使用AutoCodeFactory软件后，会否出现著作权署名及其署名方式。

2019年11月6日，国创鉴定向本院出具《有关技术咨询的复函》称，对于咨询问题（1）AutoCodeFactory软件的功能为：连接指定的sqlserver、oracle、access等关系型数据库，获取数据库中的表、视图、存储过程信息，同时可根据数据库中的数据库表、视图、存储过程及常规操作（数据库连接、数据表创建等），生成相应的具有固定格式的代码。（2）使用文件AutoCodeFactory后，会出现著作权署名及其署名方式（《复函》中对于使用AutoCodeFactory软件后，出现的著作权署名及其署名方式进行了列举，所举实例与附件八《关于在爱康PIS系统中李某署名的有关情况》例一基本一致）。（3）在31鉴定报告表7（附件十一）、77鉴定报告表4（附件十二）中的相应PIS代码文件中，没有与上述由AutoCodeFactory生成代码相同或相似署名的代码。但在爱康PIS系统的其他文件中，有与上述由AutoCodeFactory生成代码相同或相似署名的代码，根据现有证据尚无法判断该些代码文件确实由AutoCodeFactory工具生成。

六、其他有关事实

李某系软件名称为自动化体检管理系统V1.0（以下简称“李某软件”）的著作权人，该作品的首次发表日期为2007年9月8日，登记日期为2010年8月4日，登记号为2010SR039091。

天方达公司系软件名称为天方达杏林七贤体检中心管理软件V6.0（以下简称“天方达软件”）的著作权人，该作品的首次发表日期为2007年10月18日，登记日期为2009年2月20日，登记号为2009SR06849。

审理中，王某1就爱康PIS系统的著作权权属有如下陈述：王某1系以程序员名义被招募，并于2008年3月入职广州爱康，入职后就在李某手下工作，负责爱康PIS系统的开发工作。2009年3月，王某1与李某同时调任北京总部，继续负责爱康PIS系统的开发工作，还负责爱康LIS系统和爱康PEIS系统的开发工作，但不负责爱康MIS系统的开发工作。2010年年初，李某已从爱康北京总部离职。据王某1所知，爱康PIS系统的著作权应归李某享有，但王某1并未听说过双方之间发生过诉讼。本案诉讼后，王某1曾与李某电话核实过爱康PIS系统著作权归属的问题，但李某表示不发表意见。

爱康公司证据23~27、30~38显示，爱康公司授权上海爱康国宾一品门诊部有限公司等使用权利软件。

庭审后，爱康公司向本院出具《关于合理费用的情况说明》称，爱康公司为本案支出公证费33 500元以及律师费10万元。

本院认为，本案中各方当事人的主要争议焦点在于：(1) 爱康公司是否系爱康PIS系统的著作权人。(2) 各被告是否实施了原告主张的被控侵权行为。(3) 若各被告侵权成立，则其所应承担的法律责任。

关于第一个争议焦点

爱康公司主张其系爱康PIS系统的著作权人。

美东公司、王某1、美年公司则认为爱康PIS系统的著作权人系李某。

本院认为，《中华人民共和国著作权法》(以下简称《著作权法》) 第十一条第四款规定，如无相反证明，在作品上署名的公民、法人或者其他组织为作者。《最高人民法院关于审理著作权民事纠纷案件适用法律若干问题的解释》第七条规定，当事人提供的涉及著作权的底稿、原件、合法出版物、著作权登记证书、认证机构出具的证明、取得权利的合同等，可以作为证据。在作品或者制品上署名的自然人、法人或者其他组织视为著作权、与著作权有关权益的权利人，但有相反证明的除外。

一、爱康公司系爱康MIS系统、爱康LIS系统、爱康PEIS系统的著作权人

爱康公司就涉案爱康MIS系统、爱康LIS系统、爱康PEIS系统均递交了载明爱康公司系爱康MIS系统、爱康LIS系统、爱康PEIS系统著作权人的计算机软件著作权登记证书，且各被告对于爱康公司系爱康MIS系统、爱康LIS系统、爱康PEIS系统的著作权人并无异议，故本院确认爱康公司系爱康MIS系统、爱康LIS系统、爱康PEIS系统的著作权人。

二、爱康公司系爱康PIS系统的著作权人

各方在本案中就涉案作品著作权权属的争议焦点主要在于，爱康公司是否系涉案爱康PIS系统的著作权人。为此，爱康公司递交了明确记载其系爱康PIS系统著作权人的软著登字第BJ12759号计算机软件登记证书，以证明爱

康公司系涉案爱康 PIS 系统的著作权人。王某 1 对此有异议并以其证据 1～3，及爱康 PIS 系统中存在的“作者：李某”署名的源代码文件，作为否定爱康公司系涉案爱康 PIS 系统的著作权人的“相反证明”。因此，根据前述法律的规定，该争议焦点的关键在于，上述王某 1 的证据是否足以构成否定爱康公司系涉案爱康 PIS 系统著作权人的“相反证明”。

对此，本院认为，首先，王某 1 就其关于爱康 PIS 系统系李某参考天方达软件而完成的主张，向本院递交了天方达软件著作权登记信息和天方达公司企业登记信息，但并没有递交天方达软件的程序及其文档，因此，在案证据仅能反映天方达公司与天方达软件之间的关系，无法证明涉案爱康 PIS 系统系李某参考天方达软件而完成的，故王某 1 证据 2、3 不属于否定爱康公司系涉案爱康 PIS 系统著作权人的“相反证明”，本院对于王某 1 证据 2、3 的证明目的、证明力不予采纳。

其次，王某 1 就其关于李某系爱康 PIS 系统的著作权人的依据，主要基于爱康 PIS 系统中发现的有李某署名的源代码文件，以及王某 1 证据 1 中体现的李某系李某软件的著作权人。对此本院认为，上述证据依然不足以构成否定爱康公司系涉案爱康 PIS 系统著作权人的“相反证明”，理由如下：其一，王某 1 并未递交李某软件的程序及其相关文档，因此，根据现有证据尚无法判断李某软件与爱康 PIS 软件之间的关系。其二，《著作权法》第十六条规定，“公民为完成法人或者其他组织工作任务所创作的作品是职务作品……有下列情形之一的职务作品，作者享有署名权，著作权的其他权利由法人或者其他组织享有，法人或者其他组织可以给予作者奖励：（一）主要是利用法人或者其他组织的物质技术条件创作，并由法人或者其他组织承担责任的工程设计图、产品设计图、地图、计算机软件等职务作品”。本案中，（1）从爱康公司证据 50～57 所反映的事实看，李某在 2007 年 8 月已经以广州爱康委托代理人的身份参与模拟健康检查的公证。而在 2007 年 9 月 20 日至 2009 年 7 月 1 日，李某与同事交流相关工作事宜的电子邮件中“爱康国宾集团华南区”“……爱康国宾．华南区 爱康网健康科技（北京）有限公司广东分公司……”“爱康国宾集团”等署名，则反映了上述期间内，李某在广州爱康、爱康国宾集团的工作情况。而在 2005 年 9 月至 2008 年 1 月为李某代缴养老等社保费用的均为广州市劳动服务外企就业部，上述连续缴纳养老等社保费用的情况以及前述的李某实际工作情况，可以证明爱康公司关于 2005 年 9 月至 2008 年 1 月，广州爱康委托广州市劳动服务外企就业部为李某缴纳社保的主张。且在 2008 年 2 月至 2011 年 4 月，系广州爱康为李某代缴养老等社保费用。因此，在案证据可以证明 2005 年 9 月至 2011 年 4 月，系广州爱康为李某实际缴纳养老等社保费用。该节事实，与广州爱康、爱康国宾集团的证明、3797 公证、3798 公证、爱康国宾集团、广州爱康的工商登记资料等证据互相印证，可以证明自 2005 年 9 月，李某已经在广州爱康工作，之后李某于 2009 年 3 月调任爱康国宾集团，并在 2011 年 4 月离职的过程。（2）前述李某的工作经历、爱康 PIS 系统的著作权登记证书，以及针对爱康 PIS 系统不同版本中“作者：李某”的署名统计等事实互相印证，可以证明李某在 2005 年 9 月至 2008 年 6 月广州爱康工作期间，完成了其署名的爱康 PIS 系统的源代码文件的编写工作。而直至 2008 年 6 月 20 日，爱康 PIS 软件才首次发表，因此，爱康 PIS 系统显然不是李某在广州爱康工作前就已经完成的。（3）王某 1 关于其于 2008 年 3 月入职广州爱康后在李某手下工作负责爱康 PIS 系统的开发工作。2009 年 3 月，其与李某同时调任北京总部，继续负责爱康 PIS 系统的开发工作的陈述；2011 年 4 月李某离职后，爱康 PIS 系统不同版本中依然存在署名李某的源代码文件等事实，可以证明爱康 PIS 系统的开发，以及后续的维护、更新，是基于广州爱康、爱康国宾集团的工作任务，并非基于李某的个人意志。而广州爱康关于其在爱康 PIS 系统完成后，将爱康 PIS 系统著作权转让给爱康公司的情况说明；爱康公司授权上海爱康国宾一品门诊部有限公司等使用爱康 PIS 系统等事实则表明，爱康公司就爱康 PIS 系统的开发、使用等承担相应的民事责任。因此，综合在案证据，本院认为爱康 PIS 系统是李某、王某 1 等为完成广州爱康的工作任务，而开发、完成的职务作品。（4）本院注意到，爱康 PIS 系统的源代码文件中，存在部分的署名时间在李某入职广州爱康之前（2005 年 9 月之前）的源代码文件的事实。就此，本院认为，其一，该节事实仅表明爱康 PIS 系统中存在部分在李某入职广州爱康之前已经形成的源代码文件，并不能证明在李某入职广州爱康之前爱康 PIS 系统就已经开发完成。其二，爱康 PIS 系统中其他署名时间在李某入职广州爱康之后的源代码文件，可以证明爱康 PIS 系统最终是在李某入职广州爱康之前已经形成的源代码文件的基础上修改、扩充而成。而上述针对李某入职广州爱康之前已经形成的源代码文件进行的修改、扩充，既足以使爱康 PIS 系统形成新的计算机软件作品，又可证明爱康 PIS 系统职务作品的性质。其三，根据本院查明的事实，李某已经明确向王某 1 表示就爱康 PIS 系统著作权归属不发表意见。综合上述情况，本院认为，王某 1 证据 1 以及爱康 PIS 系统中“作者：李某”的源代码文件，均不足以构成否定爱康公司系涉案爱康 PIS 系统著作权人的“相反证明”。

综上，本院认为，王某 1 在本案中的证据，尚不足以构成否定爱康公司系涉案爱康 PIS 系统著作权人的“相反证明”，故综合在案证据，本院确认爱康公司系爱康 PIS 系统的著作权人，爱康公司就爱康 PIS 系统、爱康 MIS 系统、爱康 LIS 系统、爱康 PEIS 系统所享有的合法权利，受《著作权法》的保护。

关于第二个争议焦点

一、关于美东软著软件是否属于被控侵权软件，以及各被告是否应就美东软著软件承担侵权民事责任

爱康公司主张美东软著软件（包括美东团检平台、美东预约平台、美东综合管理以及美东在线预约）系被控侵权软件。美东公司辩称美东软著软件与 3412 公证软件并非同一软件，美东软著软件并非被控侵权软件。

本院认为，《最高人民法院关于适用〈中华人民共和国民事诉讼法〉的解释》第九十条规定，当事人对自己提出的诉讼请求所依据的事实或者反驳对方诉讼请求所依据的事实，应当提供证据加以证明，但法律另有规定的除外。在作出判决前，当事人未能提供证据或者证据不足以证明其事实主张的，由负有举证证明责任的当事人承担不利的后果。本案中，美东公司为证明其辩称意见向本院递交了其保密证据 1～3 以证明美东软著软件与 3412 公证软件并非同一软件。而爱康公司对于美东公司递交的保密证据 1～3 所涉软件与本案被控侵权软件无关并无异议，且爱康公司针对其主张，仅递交了美东软著软件的计算机软件著作权登记的查询情况，并未递交或申请本院查询美东软著软件在登记时留存的源代码。因此，在美东公司已经递交美东软著软件源程序、目标程序的情况下，本院认为，爱康公司未就其美东软著软件系被控侵权软件的主张提供证据加以证明，故本院对于爱康公司关于美东软著软件即被控侵权软件的事实主张不予采纳，对于爱康公司基于美东软著软件属于侵权软件的相关诉讼请求，均不予支持。

二、关于 K6 软件是否属于被控侵权软件

（一）关于 3412 公证软件、保全软件与 K6 软件

爱康公司主张 3412 公证软件、保全软件系被控侵权软件，并认为王某 1 递交的证据 9 中的 K6 软件源代码等与被控侵权软件部分关联。王某 1 认为 3412 公证软件、保全软件与 K6 软件，属于同一软件的不同版本，且 K6 软件与权利软件除编写语言相同外，并不存在相同、相近似的情况。

本院认为，王某 1 关于 3412 公证软件、保全软件与 K6 软件，属于同一软件的不同版本，与 31 鉴定报告中 K6 软件源代码编译目标程序后显示的程序界面截图与 3412 公证所体现的程序界面有 32 个构成相同，6 个构成相似；以及 K6 软件源代码编译的目标程序与保全软件的目标程序文件中有 27 个构成实质相同的结论可相印证，故本院确认 3412 公证软件、保全软件与 K6 软

件，属于同一软件的不同版本。

（二）关于各被告是否实施了与 K6 软件有关的被控侵权行为

1. 关于被告美东公司是否实施了开发、使用、维护、出售和许可他人使用了 K6 软件的行为

在本案审理中，美东公司始终表示其从未开发、使用、许可他人使用、销售、维护过 K6 软件，对 K6 软件的开发、使用、许可他人使用、销售、维护均属于王某 1 的个人行为。

对此，本院认为，首先，本院查明的事实表明，其一，王某 1 系以美东公司副总经理的身份，在美东公司的经营场所内与他人洽谈 3412 公证软件的销售事宜。其二，在与客户关于 3412 公证软件的沟通过程中，王某 1 明确表示 3412 公证软件是美东公司自主开发，享有自主知识产权，由王某 1 负责 3412 公证软件的平台搭建，且是王某 1“主要带队，和大家一起做”。其三，是美东公司员工陈某在工作日为客户演示了 3412 公证软件。其四，在演示 3412 公证软件前，向客户发送的说明文档中，明确载明“美东软件医疗体检系统功能介绍 2015 - 12 - 24 内部资料，禁止随意传播”。其五，3412 公证软件与 K6 软件，属于同一软件的不同版本。综合前述事实本院认为，上述事实互相印证，足以证明系美东公司开发并向客户演示了 K6 软件，虽然美东公司、王某 1 均称，K6 软件的开发及演示系王某 1 的个人行为，但两者均未就此提供证据予以证实，且 K6 软件若确系王某 1 私人开发与美东公司完全无关，则前述查明事实中王某 1、陈某公然在美东公司经营场所内与客户接洽、演示与美东公司具有竞争关系的 K6 软件的行为，明显有悖于日常生活经验，故本院对于美东公司的相关辩称意见，不予采纳。其次，虽然，本案中，圣嘉公司、王某 1 均称，保全软件由王某 1 提供给雷某，由雷某向圣嘉公司销售。但一方面，圣嘉公司、王某 1 对其辩称意见尚缺乏证据予以证实，另一方面，K6 软件系美东公司开发，其著作权本应属美东公司所有，而王某 1 系美东公司的副总经理，即使是王某 1 作出许可他人使用 K6 软件的意思表示，亦应当视为王某 1 的职务行为，故基于上述因素以及圣嘉公司实际使用保全软件，保全软件与 K6 软件属于同一软件不同版本的事实，本院认为，系美东公司许可圣嘉公司使用了 K6 软件，本院对于美东公司、王某 1、圣嘉公司的相关辩称意见，均不予采纳。综上，本院认为，系美东公司开发、展示、并许可他人使用了 K6 软件。

2. 关于被告美年公司是否在其下属关联公司使用了 K6 软件

美年公司认为，其从未在其下属关联公司使用过 K6 软件。

本院认为，《最高人民法院关于适用〈中华人民共和国民事诉讼法〉的解

释》第一百零八条规定，对负有举证证明责任的当事人提供的证据，人民法院经审查并结合相关事实，确信待证事实的存在具有高度可能性的，应当认定该事实存在。对一方当事人为反驳负有举证证明责任的当事人所主张事实而提供的证据，人民法院经审查并结合相关事实，认为待证事实真伪不明的，应当认定该事实不存在。法律对于待证事实所应达到的证明标准另有规定的，从其规定。

本案中，爱康公司主张美年公司在其下属营业场所使用了 K6 软件，主要是基于王某 1 在 3185 公证中有关“我们主要是自己用……今年准备销售……我们系统主要是全国的店上了一部分……全部上完到明年，明后年能全部上完……”的陈述。

对此，本院认为，首先，本院注意到在 5488 公证中，圣嘉公司的赵某有“……就是私下帮忙，他们本身就有一个系统，然后我们用过这个以后，觉得这个系统不错，而且大家本身都是朋友嘛，这个不存在什么商业性的……因为他们也是想在我们这里做成熟了，他们这个软件以后也可以投入到市场，以后也可以到我们这里来参观看看我们这个软件怎么样……”，该节陈述与王某 1 在 3185 公证中“……今年准备销售……”的陈述相印证，反映了 K6 软件在事发时正处于实际销售前的测试阶段的情况。其次，在案证据表明美年公司有美年软件，美东公司有美东软著软件，上述软件均与 K6 软件无关，但均属于体检软件，因此，就爱康公司而言显然负有美年公司下属关联公司实际使用 K6 软件而非美年软件、美东软件的举证责任。再次，如前所述，根据《民事诉讼法》“谁主张谁举证”之基本原则，爱康公司有义务举证证明存在实际使用 K6 软件的美年公司下属关联公司，而从爱康公司诉状附件中列举的超过 140 家的美年公司下属关联公司而言，爱康公司获取美年公司下属关联公司实际使用 K6 软件的证据并不困难。但爱康公司在本案中并未提供确实存在实际使用 K6 软件的美年公司下属关联公司的直接证据。最后，本院注意到王某 1 在 3185 公证中虽然陈述了“我们主要是自己用”，但其并未提及究竟哪些店已经实际使用了 3412 公证软件，而是称“明后年能全部上完”。考虑到王某 1 正在向客户推荐 3412 公证软件的客观情况，结合前述 K6 软件在当时正处于实际销售前的测试阶段的事实，本案中确实存在王某 1 夸大 3412 公证软件实际使用情况的可能。综上，本院认为，就本案而言，仅凭王某 1 在 3185 公证中有关的陈述，尚难以得出美年公司确实在其下属关联公司使用了 K6 软件的结论。鉴于爱康公司所提供证据尚未证实其关于美年公司在其下属关联公司使用了 K6 软件的主张存在高度可能性，故本院对于爱康公司的相关诉讼主张，不予采纳，对于爱康公司基于美年公司在其下属关联公司使用 K6

软件，而提出的相关诉讼请求，均不予支持。

3. 鉴于，王某1对其实际参与了K6软件开发及展示的事实并无异议，故本院对于王某1参与了K6软件开发及展示的事实予以确认。

4. 鉴于，圣嘉公司对其实际使用保全软件无异议，而保全软件与K6软件属于不同版本的同一软件，故本院对于圣嘉公司实际使用K6软件的事实，予以确认。

综上，本院认为，美东公司开发、使用、并许可圣嘉公司使用了K6软件，王某1参与了K6软件的开发、使用，圣嘉公司实际使用了K6软件。

（三）关于K6软件是否属于侵权软件

1. 关于计算机软件侵权的判断标准

本院认为，首先，《著作权法实施条例》第二条规定，《著作权法》所称作品，是指文学、艺术和科学领域内具有独创性并能以某种有形形式复制的智力成果。上述作品的定义表明，《著作权法》保护的是具有独创性的表达，而不保护思想、工艺、操作方法或数学概念。同样，当某种表达是唯一或极为有限时，基于《著作权法》保护的是独创性表达的原则，该种有限表达也不受《著作权法》的保护。计算机软件作为《著作权法》所定义的作品，其受《著作权法》保护的亦应当是独创性的表达。

其次，《著作权法》第四十七条规定，“有下列侵权行为的，应当根据情况，承担停止侵害、消除影响、赔礼道歉、赔偿损失等民事责任；……（五）剽窃他人作品的；……”第四十八条规定，“有下列侵权行为的，应当根据情况，承担停止侵害、消除影响、赔礼道歉、赔偿损失等民事责任；同时损害公共利益的，可以由著作权行政管理部门责令停止侵权行为，没收违法所得，没收、销毁侵权复制品，并可处以罚款；情节严重的，著作权行政管理部门还可以没收主要用于制作侵权复制品的材料、工具、设备等；构成犯罪的，依法追究刑事责任：（一）未经著作权人许可，复制、发行、表演、放映、广播、汇编、通过信息网络向公众传播其作品的，本法另有规定的除外；……”就上述法律规定而言，剽窃他人软件作品的，以及复制他人软件作品的行为，均属于对著作权人所享有的软件作品复制权的侵害。而在涉及计算机软件侵权案件中，针对被控侵权软件中存在与权利软件部分相同内容时，究竟应当如何适用上述法律条款，在业界中存在相当的争议。

本院认为，在涉及计算机软件侵权案件中针对上述法律条款的适用，主要应当综合考量以下因素：（1）被控侵权人的主观过错程度。被控侵权人主观上是以复制他人软件作品为前提，仅为使被控侵权软件可正常使用和获利，而在被控侵权软件中少量修改他人软件内容或自行创作少量内容的，其侵权行为更符合《著作权法》第四十八条第一项的规定。若被控侵权人主观上以自行创作为前提，而在被控侵权软件中少量复制、抄袭权利软件部分内容的，则其侵权行为更符合《著作权法》第四十七条第五项的规定。鉴于，软件供他人使用的是目标程序，在软件著作权人不公布其源代码的情况下，他人即使通过反编译等措施也难以获得和权利软件源代码完全相同的表达。因此，是否接触过权利软件源代码，权利软件源代码与被控侵权软件源代码中是否存在全部或部分相同的权利软件源代码中的独创性表达，以及上述全部或部分相同的独创性表达的比例多寡，显然是判断被控侵权软件是否侵权及其法律适用的重要依据。（2）被控侵权行为中所侵害的权利作品独创性的程度。如前所述，计算机软件作为《著作权法》所定义的作品，其受《著作权法》保护的亦应当是独创性的表达，而就独创性的表达而言，既包括了作者在作品中自主创作部分的独创性表达，也包括了作品中作者对其内容选择和组合的独创性表达。就适用《著作权法》第四十八条第一项规定的著作权侵权行为而言，既包括了对权利作品中全部自主创作部分的独创性表达的侵害，也包括了对作者在权利作品中全部内容的选择和组合的独创性表达的侵害。而就适用《著作权法》第四十七条第五项的著作权侵权行为而言，更多侵害的是作者在权利作品中部分自主创作的独创性表达，或者是对作者在权利作品中部分内容的选择和组合的独创性表达的侵害。（3）对于《著作权法》第四十七条第五项规定的适用，还应当充分考量作者在作品中对部分内容的选择和组合，是否符合作品独创性的要求。如前所述，当某种表达是唯一或极为有限时，基于《著作权法》保护的是独创性表达的原则，该种有限表达也不受《著作权法》的保护。因此，虽然一般而言，即使是同一软件开发者，在其采用相同编程语言，编制相同功能软件，在独立创作的前提下，其前后所使用的表达也不尽相同，但基于上述原则仍应根据计算机软件编程的特征，对于作者在作品中对部分内容的选择和组合是否属于有限表达予以充分的排除，从而为软件作品的独立创作保留必要的创作空间。

而根据计算机软件的编程特征，属于应当排除的有限表达包括：（1）因同一编程语言的固定语法而形成的有限表达。不同技术人员在针对同类功能进行编程时，基于同一编程语言的固定语法，所形成的表达基本一致或差别极小，应当在被控侵权软件的侵权内容中予以排除。（2）同一编程人员针对函数的命名、函数的定义、变量的赋值、变量的定义。对于同一技术人员而言，基于其编程习惯，即使在不同的软件编程中，其针对上述事项定义会采用基本一致或差别极小的表达，应当在被控侵权软件的侵权内容中予以排除。（3）不具有独创性的第三方开源代码、第三方在先软件源代码及其组合。权利软件对于第三方开源代码、第三方在先软件源代码及其组合的选择和组合，不具有独创性时，应当在被控侵权软件的侵权内容中予以排除。(4) 对于同一编程语言的固定语法，和/或同一编程人员针对函数的命名、函数的定义、变量的赋值、变量的定义，和/或第三方开源代码、第三方在先软件源代码之间的简单组合。在上述组合不具有独创性时，应当将上述组合在被控侵权软件的侵权内容中予以排除。

综合上述意见，本院认为，就计算机软件侵权的判断，应当在确定具体适用法律条款的基础上，采用“接触 + 相同或实质性相似 - 合理理由或合法（其他）来源”的基本原则。

2. 关于 K6 软件是否属于侵权软件的判断

(1) 关于法律适用

根据本院查明的事实，31 鉴定报告中进行比对的爱康 LIS 系统源代码文件共 882 个，其中国创鉴定认为与 K6 软件 2792 个源代码文件中，可能存在关联的是 20 个文件。爱康 PEIS 系统源代码文件共 1954 个，其中国创鉴定认为与 K6 软件 2792 个源代码文件中，可能存在关联的是 34 个文件。爱康 PIS 系统源代码文件共 4094 个，其中国创鉴定认为与 K6 软件 2792 个源代码文件中，可能存在关联的是 9 个文件。基于上述事实，本院认为，K6 软件中绝大部分的源代码文件与爱康 LIS 系统源代码文件、爱康 PEIS 系统源代码文件、爱康 PIS 系统源代码文件不相同，仅有 63 个文件存在关联，更符合主观上以自行创作为前提，而少量复制、抄袭权利软件部分内容的情况。故本院认为，本案中应当适用《著作权法》第四十七条第五项的规定。

(2) 关于 K6 软件是否属于侵权软件

如前所述，本案中应在确定适用《著作权法》第四十七条第五项的基础上，采用“接触 + 相同或实质性相似 - 合理理由或合法（其他）来源”的基本原则，判断 K6 软件是否属于侵权软件。本案中，首先，根据本院查明的事实，王某 1 早年供职于广州爱康、爱康国宾集团，参与了爱康 LIS 系统、爱康 PEIS 系统、爱康 PIS 系统的开发，接触并掌握了爱康 LIS 系统、爱康 PEIS 系统、爱康 PIS 系统的源代码文件。

其次，国创鉴定 31 鉴定报告、77 鉴定报告均表明爱康 LIS 系统、爱康 PEIS 系统、爱康 PIS 系统的源代码文件中有 63 个源代码文件与 K6 软件源代码文件中对应文件存在相同或实质相同的代码行，故上述相关 K6 软件源代码文件存在侵权嫌疑。

最后，本院对爱康 LIS 系统、爱康 PEIS 系统、爱康 PIS 系统中的 63 个源代码文件与 K6 软件对应的源代码文件进行了逐一审查：

①本院根据前述原则对于两者之间去除VB语言格式化代码后的相同代码行是否属于有限表达进行了审查，本院认为，其一，附件十二《关于格式化代码在63个源代码文件中的统计结果》中序号为8、10、12、22的文件中去除VB语言格式化代码后的相同代码行，系使用编程语言的固定语法，完成停止插件、启动插件、菜单操作和错误处理等事项的常规功能编写。即使不同技术人员针对该类功能进行编程，在使用同一编辑语言时，亦极有可能形成基本一致或差别极小的表达，故附件十二《关于格式化代码在63个源代码文件中的统计结果》中序号为8、10、12、22的4个文件，应当从K6软件的被控侵权内容中予以排除。其二，附件十二《关于格式化代码在63个源代码文件中的统计结果》中序号16、18、31、57的文件中去除VB语言格式化代码后的相同代码行，属于技术人员针对函数的命名、函数的定义、变量的赋值、变量的定义。鉴于，王某1参与了K6软件的编程，而31鉴定报告显示，王某1提供K6软件源代码中的2314个变量名中，与其主张命名方式相符的有2102个；K6软件源代码中的4个数据库的命名、数据库中478个表、185个字段的命名，均符合王某1主张的命名方式，且在案证据可以证明王某1参与了爱康LIS系统、爱康PEIS系统、爱康PIS系统的开发、编程工作，考虑就同一技术人员而言，基于其编程习惯，即使在不同的软件编程中，其针对上述事项定义亦极有可能采用基本相同的表达，故附件十二《关于格式化代码在63个源代码文件中的统计结果》中序号16、18、31、57的4个文件，应当从K6软件的被控侵权内容中予以排除。其三，附件十二《关于格式化代码在63个源代码文件中的统计结果》中序号3、4、13、24、28、44、45、55、63的文件中去除VB语言格式化代码后的相同代码行中连续相同的代码行数较少，且相同行数多为技术人员王某1针对函数、变量等的命名、赋值、定义和对于编程语言的固定语法使用的简单组合，基于其独创性较低，故附件十二《关于格式化代码在63个源代码文件中的统计结果》中序号3、4、13、24、28、44、45、55、63的9个文件，应当从K6软件的被控侵权内容中予以排除。其四，对于附件十二《关于格式化代码在63个源代码文件中的统计结果》中序号1、2、5～7、9、11、14、15、17、19～21、23、25～27、29、30、32～43、46～54、56、58～62共46个文件中去除VB语言格式化代码后的相同代码行，具有较多连续相同的代码行，且代码行之间有较强的逻辑关系等特征，或不属于同一技术人员对函数、变量等的命名、赋值、定义，或不属于同一编程语言的固定语法、第三方开源代码、第三方在先软件源代码，或不属于同一技术人员对函数、变量等的命名、赋值、定义、同一编程语言的固定语法、第三方开源代码、第三方在先软件源代码等的简单组合。

故附件十二《关于格式化代码在63个源代码文件中的统计结果》中序号1、2、5~7、9、11、14、15、17、19~21、23、25~27、29、30、32~43、47~54、56、58~62共46个文件，不应从K6软件的被控侵权内容中予以排除。本院对于王某1关于该46个文件亦应当从被控侵权内容中予以排除的辩称意见，不予采纳。

②对于王某1关于K6软件源代码中共有31个文件（详见附件四《31个未被编译的K6软件源代码文件》）既未被编译于王某1提供的K6软件的目标程序文件，也未被编译于本院保全软件，故不属于侵权文件；以及K6软件源代码中共有7个文件（详见附件五《七个与ActiveReport 2.0控件配合的文件》），系匹配ActiveReport 2.0控件所编写的独立功能，在其他需要ActiveReport 2.0控件生成图表的软件中均可以使用，因此也不属于侵权文件的辩称意见。本院认为，其一，上述文件中，附件十二《关于格式化代码在63个源代码文件中的统计结果》中序号22、28、45、57、63的王某1 K6软件源代码文件，在本院的上述分析中，已被本院从K6软件的被控侵权内容中予以排除，故本院不再予以重复考量。其二，一般情况下，源程序是否会被编译入目标程序，实质取决于作者对于其编写在源程序中的对应功能模块是否在目标程序中予以开放，换言之作者可以通过在源程序的对应源代码中添加开放或关闭的注释，决定目标程序中开放的功能模块。而77鉴定报告中关于，保全软件的目标程序文件中查找到对上述附件四《31个未被编译的K6软件源代码文件》中文件bizNSTool、CMD_CustomerTest、clsCompareImageMap（对应附件十二《关于格式化代码在63个源代码文件中的统计结果》中序号11、15、46的王某1 K6软件源代码文件）的引用的事实，亦足以印证本院的上述观点。其三，《计算机软件保护条例》第二条规定，该条例所称计算机软件，是指计算机程序及其有关文档。第三条第一项规定，计算机程序，是指为了得到某种结果而可以由计算机等具有信息处理能力的装置执行的代码化指令序列，或者可以被自动转换成代码化指令序列的符号化指令序列或者符号化语句序列。同一计算机程序的源程序和目标程序为同一作品。上述法律规定中，仅要求源程序可以被自动转换成代码化指令序列（目标程序），既未要求源程序中的所有内容均需被目标程序所编译，也未要求仅可在本软件中使用的才属于源代码文件，故已经被写入源程序的源代码文件，无论其是否被编译入目标程序，或者是否可用于其他软件，都不影响其属于计算机软件作品一部分的事实。综上，本院对于王某1关于未被编译入目标程序文件的源代码文件不属于侵权文件，可使用于其他软件的源代码文件不属于侵权文件的辩称意见不予采纳。

③对于王某1关于爱康LIS系统、爱康PEIS系统、爱康PIS系统中的63个源代码文件与K6软件对应的源代码文件中，对应的K6软件源代码文件存在重复文件，不应重复计算的辩称意见。本院认为，根据2019年5月18日国创鉴定出具的《复函》，附件十二《关于格式化代码在63个源代码文件中的统计结果》中序号1、46的对应K6软件源代码文件是同一文件，序号60、61的对应K6软件源代码文件是同一文件，序号37、56的对应K6软件源代码文件是同一文件，鉴于K6软件源代码文件中相同代码行数与对应序号46、61、37的源代码文件总行数相一致，与序号1、60、56的源代码文件总行数有一定出入，故本院采纳王某1的意见，本院认为，K6软件对应的源代码文件系剽窃了爱康LIS系统、爱康PEIS系统、爱康PIS系统中序号46、61、37的源代码文件。而对于爱康LIS系统、爱康PEIS系统、爱康PIS系统中序号1、60、56的3个源代码文件，本院不再计入被控侵权内容的侵权比对范围。

基于该节事实及本院上述分析，本院认为，K6软件中共有43个源代码文件使用了原告爱康LIS系统、爱康PEIS系统、爱康PIS系统中对应源代码文件中的独创性表达。

综上所述，本院认为，K6软件中43个源代码文件使用了原告爱康LIS系统、爱康PEIS系统、爱康PIS系统中对应源代码文件中的独创性表达，故K6软件属于侵害爱康LIS系统、爱康PEIS系统、爱康PIS系统著作权的侵权软件。

关于第三个争议焦点

《著作权法》第四十七条第五项规定，剽窃他人作品的，应当根据情况，承担停止侵害、消除影响、赔礼道歉、赔偿损失等民事责任。本案中，K6软件系侵害爱康LIS系统、爱康PEIS系统、爱康PIS系统著作权的侵权软件，其共有43个源代码文件使用了爱康LIS系统、爱康PEIS系统、爱康PIS系统中对应源代码文件中的独创性表达。而王某1接触了爱康公司爱康LIS系统、爱康PEIS系统、爱康PIS系统的源代码，并实际参与了K6软件的开发及展示行为，属于复制侵权源代码文件、使用包含侵权源代码文件的K6软件，并许可美东公司复制侵权源代码文件的侵权行为。美东公司开发、展示、并许可圣嘉公司使用了K6软件，属于复制侵权源代码文件、使用包含侵权源代码文件的K6软件，并许可圣嘉公司使用的侵权行为。圣嘉公司实际使用了K6软件，属于商业使用包含侵权源代码文件的K6软件的侵权行为。综合上述事实，本院认为，王某1、美东公司共同侵害了爱康公司就其爱康LIS系统、爱康PEIS系统、爱康PIS系统所享有的著作权中复制权、修改权和署名权。圣嘉公司侵害了爱康公司就其爱康LIS系统、爱康PEIS系统、爱康PIS系统所享有的著作权中的复制权。根据爱康公司在本案中的诉讼请求，王某1、美东公司应当就此承担停止侵权、赔礼道歉、赔偿损失的民事责任。圣嘉公司应当就此承担停止侵权的民事责任。

关于停止侵权，本院认为，根据王某1、美东公司、圣嘉公司在本案中所实施的不同侵权行为，王某1应当删除K6软件中的43个侵权源代码文件并不得再行许可美东公司复制43个侵权源代码文件、停止使用包含43个侵权源代码文件的K6软件。美东公司应当删除K6软件中的43个侵权源代码文件并不得再行复制43个侵权源代码文件，停止使用包含43个侵权源代码文件的K6软件并不得再行许可圣嘉公司使用包含43个侵权源代码文件的K6软件。圣嘉公司应当停止使用包含43个侵权源代码文件的K6软件。

关于赔礼道歉，本院认为，考虑到本案涉及侵权源代码文件数量较少，在权利软件中所占比例极低，故侵权情节较轻，对权利人造成的损害有限，故王某1、美东公司应通过书面的形式向爱康公司赔礼道歉。

关于赔偿损失，本院认为，《著作权法》第四十九条规定："侵犯著作权或者与著作权有关的权利的，侵权人应当按照权利人的实际损失给予赔偿；实际损失难以计算的，可以按照侵权人的违法所得给予赔偿。赔偿数额还应当包括权利人为制止侵权行为所支付的合理开支。权利人的实际损失或者侵权人的违法所得不能确定的，由人民法院根据侵权行为的情节，判决给予五十万元以下的赔偿。"本案中，鉴于尚无证据表明爱康公司因王某1、美东公司侵权行为所受损失，亦无证据表明王某1、美东公司的侵权获利，故本院综合考虑涉案作品的类型属于计算机软件；涉案侵权行为的性质属于剽窃他人作品，王某1、美东公司的主观过错程度较低；实际抄袭他人源代码文件的数量较少，占整个软件文件数量的比重极低，侵权情节较轻；被控侵权行为发生时，包含43个侵权源代码文件的K6软件尚处于实际销售前的测试阶段，尚无证据表明包含43个侵权源代码文件的K6软件已经大规模的授权他人使用并销售获利等因素，酌情确定王某1、美东公司赔偿爱康公司经济损失人民币5万元。至于爱康公司为制止涉案侵权行为所支出的合理费用，本院认为，本院注意到爱康公司并未就涉案侵权行为所支出的合理费用向本院提供证据，但其明确表示其主张的经济损失中包括了合理费用并向本院出具了《关于合理费用的情况说明》，且爱康公司确实聘请了律师全程参与了诉讼，支出了包括律师费在内的为制止本案侵权行为所产生的合理费用，故本院根据本案的实际审理情况，酌情确定王某1、美东公司赔偿爱康公司为本案诉讼所支出的合理费用人民币10万元。

综上所述，依照《中华人民共和国著作权法》第三条第八项、第十条第一款第二项、第三项、第五项、第十六条第二款第一项、第四十七条第五项、第四十九条，《计算机软件保护条例》第二条、第三条第一项、第二十四条第一项，《最高人民法院关于审理著作权民事纠纷案件适用法律若干问题的解释》第七条、第二十一条规定，判决如下：

一、被告上海美东软件开发有限公司、王某1、上海圣嘉门诊部有限公司停止对原告爱康网健康科技（北京）有限公司享有的爱康国宾体检中心LIS检验系统、爱康国宾体检中心自动化排检系统、爱康国宾体检中心信息系统计算机软件作品著作权的侵害；

二、被告上海美东软件开发有限公司、王某1应自本判决生效之日起十日内出具致歉声明，就其侵害原告爱康网健康科技（北京）有限公司享有的爱康国宾体检中心LIS检验系统、爱康国宾体检中心自动化排检系统、爱康国宾体检中心信息系统计算机软件作品著作权的侵权行为书面向原告爱康网健康科技（北京）有限公司赔礼道歉（内容须经本院审核）；

三、被告上海美东软件开发有限公司、王某1应于本判决生效之日起十日内共同赔偿原告爱康网健康科技（北京）有限公司经济损失人民币5万元；

四、被告上海美东软件开发有限公司、王某1应于本判决生效之日起十日内共同赔偿原告爱康网健康科技（北京）有限公司为制止涉案侵权行为所支出的合理费用人民币10万元；

五、驳回原告爱康网健康科技（北京）有限公司在本案中的其余诉讼请求。

如果被告上海美东软件开发有限公司、王某1未按本判决指定的期间履行给付金钱义务，应当依照《中华人民共和国民事诉讼法》第二百五十三条规定，加倍支付迟延履行期间的债务利息。

本案案件受理费人民币291 800元，由原告爱康网健康科技（北京）有限公司负担人民币145 462元，由被告上海美东软件开发有限公司、王某1共同负担人民币146 338元。证据保全申请费人民币30元，由被告上海美东软件开发有限公司、王某1共同负担。本案鉴定费人民币600 500元，由原告爱康网健康科技（北京）有限公司负担人民币240 000元，由被告上海美东软件开发有限公司、王某1共同负担人民币360 500元。

如不服本判决，可在判决书送达之日起十五日内，向本院递交上诉状，并按对方当事人的人数提出副本，上诉于最高人民法院。

审　　判　　长　　何　渊
审　　判　　员　　范静波
人 民 陪 审 员　　吴惠丽
二〇一九年十二月二十七日
法　官　助　理　　朱世悦
书　　记　　员　　周　颖

附：相关的法律条文

一、《中华人民共和国著作权法》

第三条　本法所称的作品，包括以下列形式创作的文学、艺术和自然科学、社会科学、工程技术等作品：

…………

（八）计算机软件；

…………

第十条　著作权包括下列人身权和财产权：

…………

（二）署名权，即表明作者身份，在作品上署名的权利；

（三）修改权，即修改或者授权他人修改作品的权利；

…………

（五）复制权，即以印刷、复印、拓印、录音、录像、翻录、翻拍等方式将作品制作一份或者多份的权利；

…………

第十六条　……

有下列情形之一的职务作品，作者享有署名权，著作权的其他权利由法人或者其他组织享有，法人或者其他组织可以给予作者奖励：

（一）主要是利用法人或者其他组织的物质技术条件创作，并由法人或者其他组织承担责任的工程设计图、产品设计图、地图、计算机软件等职务作品；

…………

第四十七条　有下列侵权行为的，应当根据情况，承担停止侵害、消除影响、赔礼道歉、赔偿损失等民事责任：

…………

（五）剽窃他人作品的；

…………

第四十九条　侵犯著作权或者与著作权有关的权利的，侵权人应当按照权利人的实际损失给予赔偿；实际损失难以计算的，可以按照侵权人的违法所得给予赔偿。赔偿数额还应当包括权利人为制止侵权行为所支付的合理开支。

权利人的实际损失或者侵权人的违法所得不能确定的，由人民法院根据侵权行为的情节，判决给予五十万元以下的赔偿。

二、《计算机软件保护条例》

第二条　本条例所称的计算机软件（以下简称软件）是指计算机程序及其有关文档。

第三条　本条例下列用语的含义：

（一）计算机程序，是指为了得到某种结果而可以由计算机等具有信息处理能力的装置执行的代码化指令序列，或者可以被自动转换成代码化指令序列的符号化指令序列或者符号化语句序列。同一计算机程序的源程序和目标程序为同一作品。

…………

第二十四条　除《中华人民共和国著作权法》、本条例或者其他法律、行政法规另有规定外，未经软件著作权人许可，有下列侵权行为的，应当根据情况，承担停止侵害、消除影响、赔礼道歉、赔偿损失等民事责任；同时损害社会公共利益的，由著作权行政管理部门责令停止侵权行为，没收违法所得，没收、销毁侵权复制品，可以并处罚款；情节严重的，著作权行政管理部门并可以没收主要用于制作侵权复制品的材料、工具、设备等；触犯刑律的，依照刑法关于侵犯著作权罪、销售侵权复制品罪的规定，依法追究刑事责任：

（一）复制或者部分复制著作权人的软件的；

…………

三、《最高人民法院关于审理著作权民事纠纷案件适用法律若干问题的解释》

第七条　当事人提供的涉及著作权的底稿、原件、合法出版物、著作权登记证书、认证机构出具的证明、取得权利的合同等，可以作为证据。

在作品或者制品上署名的自然人、法人或者其他组织视为著作权、与著作权有关权益的权利人，但有相反证明的除外。

第二十一条　计算机软件用户未经许可或者超过许可范围商业使用计算机软件的，依据著作权法第四十七条第（一）项、《计算机软件保护条例》第二十四条第（一）项的规定承担民事责任。

7. 平量行保险公估（上海）有限公司诉金辰辉（北京）科技发展中心计算机软件开发合同纠纷案

上海知识产权法院
民事判决书

（2018）沪73民初863号

原告：平量行保险公估（上海）有限公司。

法定代表人：梁某，该公司董事长。

委托诉讼代理人：李某，上海市锦天城律师事务所律师。

委托诉讼代理人：薛某1，上海市锦天城律师事务所律师。

被告：金辰辉（北京）科技发展中心。

法定代表人：薛某2，该公司总经理。

委托诉讼代理人：郎某，上海国年律师事务所律师。

原告平量行保险公估（上海）有限公司与被告金辰辉（北京）科技发展中心计算机软件开发合同纠纷一案，本院于2018年9月19日受理后，依法组成合议庭，于2018年12月20日公开开庭进行了审理。原告委托诉讼代理人李某、薛某1，被告委托诉讼代理人郎某到庭参加诉讼。本案现已审理终结。

原告向本院提出诉讼请求：（1）判令解除《软件开发合同》；（2）判令被告向原告返还软件开发费用371 000元；（3）判令被告支付违约金103 880元（按软件开发费用的2%/月计算，自2017年8月计算至2018年9月）。事实与理由：2016年原告委托被告开发查勘宝软件，双方签署《软件开发合同》。此后，原告按约向被告支付全部开发费用，但被告未按约向原告交付软件源代码、可安装程序和相关文件，未交付后台管理系统，未开发和交付门户网站，未履行一年维护期义务，致使原告合同目的无法实现。为此，原告提起本案诉讼。

被告辩称：（1）被告已经履行完毕软件开发合同项下全部义务，不存在违约行为，本案不存在解除事由；（2）即使合同可以解除，原告解除权也已消灭，请求法院驳回原告诉讼请求。

当事人围绕各自诉辩主张提交了证据，本院组织当事人进行了证据交换和质证。

原告为证明其主张提交了下列证据：（1）《软件开发合同》，旨在证明原告委托被告开发查勘宝软件，被告应向原告提交源代码，履行维护期义务等；（2）付款凭证，旨在证明原告已按约支付软件开发费用；（3）被告企业信用信息公示报告，旨在证明薛某3和徐某系被告股东，薛某3担任被告公司监事；（4）微信公众号截屏，旨在证明查勘宝已变更为公估宝，公估宝是查勘宝的升级版；（5）微信聊天截屏，旨在证明被告实际控制人薛某3不定时更换查勘宝后台管理系统密码并拒绝向原告提供该密码，致使原告最晚于2017年6月23日起无法使用查勘宝及公估宝，更没有取得过软件源代码；（6）《股权及资产转让框架协议》，旨在证明《软件开发合同》系基于该框架协议签署，原告旨在取得查勘宝及其升级版的著作权，且原告基于对查勘宝后台管理系统的控制权以及可以自行使用查勘宝系统的前提下才同意案外人保勘联保险公估（北京）有限公司（以下简称“保勘联公司”）使用查勘宝系统；（7）（2017）京0106民初30338号、（2018）京02民终3339号民事判决书，旨在证明薛某3同时控制被告和保勘联公司，进而控制查勘宝系统，恶意排除原告对查勘宝系统的控制和使用，应认定被告构成对原告的违约。

被告对上述证据真实性均无异议，但认为：（1）证据1《软件开发合同》签订时间早于证据6的《股权及资产转让框架协议》，两者并无关联；（2）证据2、4证明涉案软件APP系统已上线使用，被告已经履行软件开发合同项下义务；（3）证据5微信聊天记录并不完整，但可以证明查勘宝软件已交付保勘联公司使用，薛某3代表保勘联公司拒绝提供密码并告知了原因，原告非查勘宝软件使用方，无权知道软件后台密码；（4）证据7系保勘联公司与薛某3之间的证照返还纠纷，与本案被告并无关联。

被告为证明其主张提交了下列证据：（1）（2017）京0106民初30337号判决书，旨在证明查勘宝软件已按约上线，被告已履行涉案合同，薛某3拒绝告知后台管理系统密码系代表保勘联公司而非被告；（2）原告同案外人汉鼎联合知识产权代理有限公司的往来邮件，旨在证明被告已履行交付源代码义务；（3）微信聊天截屏，旨在证明查勘宝软件已交付保勘联公司使用，薛某3作为保勘联公司负责人拒绝告知原告后台管理系统密码，与被告无关；（4）“货车帮”项目公估服务协议和OFO项目公估合作协议，旨在证明保勘联公司未经其他公司同意，不得泄露其他公司商业信息，故而不能向原告提供后台管理系统密码；（5）查勘宝微信公众号截屏，旨在证明该系统已于2016年5月3日投入试运营；（6）保勘联网站域名查询信息、网站备案查询信息及网站截屏，旨在证明涉案门户网站已开发完成并已上线；（7）保勘联公司关于查勘宝竣工交付说明，旨在证明被告已按约交付合同项下的软件和相应文件。

原告对上述证据质证认为：证据1、3真实性无异议，但不能证明被告的证明目的，薛某3擅自控制保勘联公司，代表被告拒绝告知后台管理系统密码，亦未履行完毕维护期义务；证据2真实性无异议，但不能证明被告的证明目的，被告仅交付了部分软件源代码；证据4真实性无法确认，且协议系保勘联公司与第三方签署，与案涉《软件开发合同》项下交付后台管理权限无关；证据5真实性无异议，但因时间早于涉案合同签署日，故与本案并无关联；证据6网站域名查询信息及网站截屏“三性”[1] 均有异议，网站备案查询信息真实性认可，但均不能证明涉案门户网站已开发并交付原告；证据7“三性”均不认可，所涉软件名称、交付时间均与软件开发合同不符，系被告单方伪造。

根据双方当事人的举证和质证意见，本院认为：原告提交的7份证据，被告对其真实性均无异议，本院对其真实性予以确认；被告提交的证据1、2、3、5，原告对其真实性无异议，本院对其真实性予以确认；被告提交的证据4，均提供了证据原件，原告虽对证据真实性不予认可，但并未提供证据予以证明，故对该证据真实性，本院予以确认；被告提交的证据6，三份证据材料之间可以相互印证，亦与当庭勘验事实可以相互印证，故对该证据真实性，本院予以确认；被告提交的证据7，提供了证据原件，且与证据5内容可以相互印证，本院对其真实性予以确认。对于本院确认真实性的前述证据，证据的证明力本院将在判决理由部分予以论述。

本院基于确认采信的证据及当事人的陈述，认定事实如下：

原告（甲方）与被告（乙方）签订《软件开发合同》，该合同约定：“一、项目名称：查勘宝系统。二、项目实施内容：1. 项目APP开发2. 后台管理系统开发3. 门户网站开发4. 一年维护期。三、甲方权利与义务：1. 甲方负责提供业务需求。2. 甲方负责软件运行所需的软硬件设备、通信线路、系统安全设施等运行所依赖的环境，如需乙方提供前述设备、设施，应另立合同。……8. 系统的所有权归甲方所有。四、乙方权利与义务：……7. 乙方须保守甲方的商业秘密，不得利用工作之便外泄资料，避免给甲方带来损失；并在软件交付使用时向甲方提交的软件产品包括含有软件代码的载体（光盘或磁盘）和相应的文档。软件载体中包括源代码、可安装的程序文件和以下文档：《用户需求说明书》《系统概要设计说明书》《系统详细设计说明书》

[1] “三性”指证据的真实性、合法性及关联性。

《测试报告》《用户使用手册》《数据字典》。9. 乙方为甲方提供的产品不加密，不限制安装次数和安装的终端数量。……五、开发时间：合同签订之日起，2016 年 4 月 20 日前完成软件开发工作和试运行，2016 年 7 月 15 日投产正式运行。乙方须严格执行进度计划要求，如因乙方原因造成总工期的延误，则乙方须承担由此造成的相应责任和损失。……七、项目造价：1. 开发费用人民币 371 000 元（含 6% 专票增值税，不含税 35 万元整）。2. 维护费用：一年免维护费；维护起始期从软件通过终验之日起算。八、项目验收：1. 系统达到验收条件后，由乙方提出验收申请。验收标准：本项目采用现场验收方式验收，验收标准以符合相关附件所提供的功能和甲方的要求为准；系统开始正式运营即终验完毕，最迟不超过 2016 年 5 月 31 日，甲方向乙方签发终验报告。九、付款条件：1. 预付款：合同签订后一周内，甲方向乙方支付开发费用的 60%；验收款：项目验收通过后一周内，甲方向乙方支付开发费用的 30%；3. 尾款：维护期结束后一周内，甲方向乙方支付开发费用的 10%。……十、违约责任：……5. 如乙方无正当理由逾期交付软件，从应交付之日起，一个月后开始计收逾期罚款，每月按项目造价的 2% 加收罚款。……十五、合同权利义务转让/变更/修改/补充：……2. 双方均可由于对方未履行其在本合同内的义务而终止本合同，但应提前一个月以书面形式通知对方。十六、技术成果和知识产权：1. 本合同正常完成后，乙方为执行该合同而实际制作的软件、源程序、数据文件、文档、记录、工作日志，或其他和该合同有关的资料的所有权与知识产权归乙方所有。”

2016 年 7 月 15 日，原告向被告支付查勘宝服务费 37.1 万元。

2016 年 5 月 3 日，查勘宝微信公告号文章显示试运行进行中。2017 年 3 月 13 日，该公告号发布文章称查勘宝正式变更为公估宝，请微信公众号搜索公估宝并点击关注。

王某 1（原告员工）、P 某（原告法定代表人）、薛某 3 三人微信群聊天记录显示：2017 年 5 月 2 日，薛某 3 发送微信“两位好，已过 4 月，目前系统已经在空白期，很危险。另，产权方请于本周内确定并执行维保。”P 某回复“薛某 3，不明白怎么这样的。已经明确延长原维保一年吗？这个问题上次会议时已经明确的”“我们在深圳讨论时已经有共识在深圳建 IT 以利于后续的维保”。2017 年 5 月 5 日，王某 1 发送微信“维保协议本周六王某 2 能发给我，我已定在下周一到北京。”2017 年 5 月 6 日，薛某 3 发送微信“协议拿到立即发给我，我发给维保方，他们要看”。2017 年 5 月 11 日，王某 1 发送微信“关于维保协议，上海王工已安排拟草三方协议，完成后我会即时通报你们”。

2017年6月1日，王某1发送微信“@薛某3别忘了把管理员密码发给我”。薛某3回复“pie××××××××××”“此密码我会不定期更换，你们登录”。王某1回复“收到，谢谢”。2017年6月23日和2017年7月2日，王某1分别发送微信“@薛某3把最新的管理员密码发给我”“@薛某3麻烦你把最新的管理员密码发给我，谢谢了”。薛某3 2017年7月2日回复“要这个做什么用？里面有客户的大量信息，保险人不允许我们泄露信息”“滴滴、OFO、饿了么、万达、货车帮、海尔、美的，等等所有客户信息都在系统里，属于绝对保密数据！”王某1回复“我是代表平量行在要管理员密码，不是我个人行为，如果仅因为保密的原因的话那事情就比较简单了，如果涉及我这里泄密的话，自然平量行可以启动我与平量行签订的保密协议。”薛某3回复“平量行也无权拥有这个密码”“对不起”。

2017年6月10日，汉鼎联合知识产权代理有限公司邵某给原告员工王工发送邮件，邮件主题为“平量行公估宝2软件登记申请——第一次沟通——20170610”，邮件中告知原告公司之前发来的软件著作权登记申请的相关材料存在不少问题，包括软件开发合同甲方主体名称前后不一致，开发合同标的与申请登记的2个软件（公估宝保险评估软件、公估宝保险评估管理系统）不一致，开发合同标的软件权属并非原告，仅提交了一个软件的源代码等。2018年3月25日，邵某将前述邮件发给薛某3，称该邮件系给之前负责此事的王工发送的邮件及附件，请薛某3查看以了解当初办理的情况。

另查明，baokanlian. com域名持有者为保勘联公估（北京）有限公司，注册日期2015年12月26日，到期日期2019年12月26日。ICP备案信息显示，保勘联企业门户网站，域名baokanlian. com，负责人薛某3，备案号京ICP备16008575号，主办单位保勘联公司，备案通过时间2016年2月24日。

被告提交的保勘联网站截屏页面显示，网站菜单栏分首页、公司简介、公估知识、新闻动态、企业文化、招聘信息、联系方式、业务系统、企业邮箱等栏，各栏下均涉及相应内容。

当庭登录阿里云账号2864×××××@qq. com，该邮箱系薛某3个人邮箱，该账号企业实名认证主体是保勘联公司，找到网站IP地址，通过该IP地址登录名称为“保勘联保险公估（北京）有限公司”的网站，网站页面结构与被告提交的网站截屏页面基本一致，网站所在服务器的创建时间为2016年1月26日。使用超级管理员账户登录管理后台，在系统菜单－内容管理－内容发布中对内容标题为风险管理的文章进行修改并保存，在前述登录网站亦体现相应修改内容。

2016年4月1日，保勘联公司向被告出具竣工交付证书，其中记载，贵司负责开发的公估宝（原名查勘宝）软件及门户网站已经交付使用，交付明细包括公估宝（原名查勘宝）软件产品和门户网站，软件以及门户网站开发工程已经通过验收。

庭审中，双方当事人均确认涉案合同所涉门户网站开发指保勘联公司网站，亦均确认涉案APP开发完成后在保勘联公司网站上运行，此后原告并未要求该软件在其他平台使用。

保勘联公司与中国平安财产保险股份有限公司北京分公司签订的OFO项目公估合作协议约定有保密条款，为完成本合同委托的事务，双方应相互向对方提供必需的、对方不能从公共途径获得的信息及文件，上述文件构成提供方所有的商业秘密或保密商业信息；双方在此确认并承诺，对上述信息及文件，双方均有保密义务，除因履行本合同的需要外，任何一方不得使用或允许他人使用对方所提供的信息和文件进行商业活动，并且未经对方事先书面同意，任何一方不得向第三方披露这些信息和文件。保勘联公司与华泰财产保险股份有限公司签订的货车帮项目公估服务协议亦约定，对涉及保险当事人商业秘密的相关资料、信息，保勘联公司应严守秘密，未经当事人的允许不得泄露给任何第三方，否则将承担由此造成的法律责任和经济损失。

再查明，被告成立于2004年3月，股东为薛某3和徐某，主要人员包括监事薛某3、经理薛某2。

2016年7月4日，原告（甲方）与薛某3（乙方）签订《股权及资产转让框架协议》，乙方持有保勘联公司70%股权，同时系查勘宝系统的著作权人，双方就有关股权和资产转让进行约定，其中约定：（股权转让）乙方将其合法持有的保勘联公司66%的股权转让给甲方，股权转让对价65万元。甲方取得保勘联公司股权后，乙方配合甲方进行双方商定的公司名称及法定代表人变更（梁某任董事长和法人代表，薛某3任总经理）。（资产转让）乙方将其个人合法所有的查勘宝软件（含后需改进）的著作权转让给甲方，转让价款为35万元，并由甲方作为著作权人向相关部门申请相关的知识产权权属登记。甲方取得查勘宝软件的知识产权后，将以授权许可方式允许保勘联公司利用其进行商业经营使用，具体使用费用双方另行协商确定。甲方可以自行使用查勘宝软件，但不得与保勘联公司的业务重叠。双方股权转让应以查勘宝系统转让并成功登记至甲方名下为前提，乙方配合甲方进行并完成相关权属登记。（其他）甲方将两期实缴注册资本400万元作为甲方实缴资本，以保证公司的前期运营。（支付方式及时间）甲方应于签订正式资产转让协议之日起三个工作日内，依约向系统开发商指定的银行账户支付资产转让款35万元（系统的全部价款包含尾款由乙方向系统研发公司支付）。甲方应于签署正式资产转让协议后三个工作日内向保勘联公司账户支付100万元；在2016年8月15日前向保勘联公司账户支付100万元，待查勘宝系统上线（上线时间预计为2016年7月15日）后第五个月内向保勘联公司账户支付200万元。（保障条款）乙方保证其系查勘宝系统及其后续改进的著作权人，其转让行为不受任何第三方的干扰；乙方与查勘宝研发单位之间的委托关系不会影响甲方对查勘宝后续改进系统的权属及使用；因查勘宝著作权延伸出来的查勘宝系统商标、专利等权属均归属于甲方。

2017年，保勘联公司起诉徐某、薛某3证照返还纠纷，同时还起诉被告薛某3、第三人徐某股权转让纠纷。在证照返还纠纷中，一审判决认定2016年7月15日，保勘联公司召开股东会，决议由原告、徐某、薛某3组成新的股东会，原告作为法人股东派人负责公司的全部行政及财务等内务管理工作；薛某3负责公司全盘运营管理工作，包括但不限于业务、内务工作，具体公司财务等项目的管理按权限分管模式，具体权限再行设定。后2016年9月保勘联公司办理工商信息变更登记，法定代表人变更为原告的法定代表人，薛某3任监事。后保勘联公司主张徐某、薛某3未向其交付公司公章、法定代表人名章、财务章、营业执照正副本，2017年12月25日一审判决认定徐某、薛某3应向保勘联公司返还前述证照。2018年5月29日，二审判决驳回上诉，维持原判。

2017年12月14日，本院受理原告诉被告计算机软件开发合同纠纷案[（2017）沪73民初749号]，原告诉称与被告签订《软件开发合同》，被告未将查勘宝软件的后台管理权限、用户名和密码交付给原告，导致原告无法正常使用查勘宝软件，诉请判令：被告向原告交付查勘宝后台管理权限、用户名和密码，被告向原告支付违约金103 880元，被告赔偿原告律师费、差旅费损失80 000元。2018年9月4日，原告申请变更该案诉请为：判令被告向原告交付查勘宝后台管理系统的网址、账号和密码。2018年9月6日，原告又申请变更该案诉请为：判令解除《软件开发合同》，判令被告向原告返还软件开发费用371 000元，判令被告向原告支付103 880元的违约金；并在事实和理由部分涉及被告没有向原告移交源代码。此后，原告申请撤诉，本院于2018年9月12日作出准予撤诉裁定。

本院认为，本案系软件开发合同纠纷，双方当事人所签订的《软件开发合同》系真实意思表示，应属合法有效，双方均应按照合同约定全面履行自己的义务。

根据双方当事人的诉辩意见，本案争议焦点主要在于：被告是否已履行完毕涉案合同项下的义务；如果未履行完毕，原告所主张的被告应承担的民事责任能否得到支持。原告主张被告未履行的合同义务包括以下四项：一是被告未开发和交付门户网站；二是被告未交付完整的软件源代码，未交付可安装程序文件和相关文档；三是被告未交付后台管理系统；四是被告未履行一年维护期义务。对此，本院评述如下：

一、被告是否已履行门户网站开发和交付义务

根据合同约定，被告应当开发门户网站并向原告交付。本案中，双方当事人均确认合同项下门户网站开发系保勘联公司门户网站开发。关于门户网站是否开发并交付使用，被告提供的证据显示，保勘联公司持有 baokanlian. com 域名，域名注册日期 2015 年 12 月 26 日，到期日期 2019 年 12 月 26 日；该域名亦于 2016 年 2 月 24 日进行了网站 ICP 备案，网站主办单位保勘联公司；被告提交的保勘联网站截屏与当庭登录的网站信息相符，且网站信息系通过后台管理系统发布，能够证明网站已经上线并与后台管理系统同步使用。在原告确认合同项下后台管理系统已经开发完成并已上线使用的情况下，被告基于前述证据主张门户网站亦已开发完成并交付使用，本院予以支持。

二、被告是否已履行源代码及相关可安装程序、文档交付义务

涉案合同第四条第七项规定，乙方在软件交付使用时向甲方提交的软件产品包括含有软件代码的载体（光盘或磁盘）和相应的文档；软件载体中包括源代码、可安装的程序文件和以下文档：《用户需求说明书》《系统概要设计说明书》《系统详细设计说明书》《测试报告》《用户使用手册》《数据字典》。根据前述合同条款，被告应当向原告交付软件源代码、可安装程序文件和相关文档。

本案中，首先，在案证据显示被告已完成了合同项下 APP、后台管理系统和门户网站的开发，并已由保勘联公司对前述开发成果进行了使用。原告虽主张被告未履行前述交付义务但并未提供证据予以证明，而被告提交了原告申请软件著作权登记邮件用以反证其向原告履行了前述交付义务，原告员工王某 1 亦在庭审中陈述其曾收到被告交付的部分源代码。综上，可以认定被告完成了涉案系统软件开发并就开发成果曾向原告有过交付行为。在此情况下，并没有证据显示原告在收到被告交付成果后曾向被告主张过交付成果不全，尤其在原告申请软件著作权登记，收到知识产权代理公司的邮件告知软件著作权登记申请材料存在问题后，亦未有证据显示原告向被告主张过交付成果不全。此外，原告已全额支付软件开发费用，在本案诉讼之前均未有证据显示原告曾向被告主张交付源代码及相应文档；尤其在原告 2017 年 12 月就被告向本院提起的（2017）沪 73 民初 749 号案件中，原告也仅主张被告未将查勘宝软件的后台管理权限、用户名和密码交付给原告，导致原告无法

正常使用查勘宝软件，并未涉及源代码及相应文档交付问题。在此情况下，原告主张被告未完全履行交付义务，缺乏事实依据，本院不予支持。

三、被告是否已履行后台管理系统交付义务

本案中，双方当事人均确认涉案软件开发完成后由保勘联公司使用在保勘联公司平台上线。涉案软件在保勘联公司服务器上安装运行后台管理系统过程中需设置超级管理员密码，该密码即系争的原告主张被告拒绝向其交付的密码，导致原告未能取得后台管理系统的所有权和控制权。对此，本院认为，根据合同约定，被告应当开发后台管理系统并向原告交付开发成果，即交付标的应系具体软件源代码、可安装程序和相应文档。而根据前述第二项合同义务评述，被告已履行源代码及可安装程序和相应文档的交付义务。后台管理系统软件在不同服务器上安装运行过程中均需设置相应后台管理系统管理员密码，各个服务器运行产生的管理员密码之间亦无关联，如软件开发方协助运行所开发软件，则作为合同附随义务应当告知使用方运行过程中设置的管理员密码。但在本案中，双方当事人通过合意确认涉案软件开发完成后首先由保勘联公司使用，即软件使用主体由委托方变更为案外人，涉案后台管理系统即系由案外人保勘联公司使用的系统，软件使用主体系保勘联公司，而非本案原告。保勘联公司正常使用涉案后台管理系统，并未向被告主张密码交付问题，在此情况下，原告并非软件使用方，主张案外人保勘联公司的使用密码，本院不予支持。

四、被告是否已履行维护期义务

根据合同第七条第二项规定，被告应当一年免维护费，维护起始期从软件通过终验之日起计算，即被告负有一年维护期义务。关于维护期的起始期，原告认为应从2016年7月15日查勘宝软件上线之日起算，被告则认为应从2016年4月涉案软件上线时起算。对此，本院认为，首先，合同约定维护起始期从软件通过终验之日起计算，而第八条项目验收条款则规定，系统开始正式运营即终验完毕，最迟不超过2016年5月31日。其次，双方对于软件上线时间存在分歧，但2016年5月3日，查勘宝微信公告号文章显示试运行进行中，原告对该事实予以认可，此后亦未有证据显示该软件进行过技术升级。再次，王某1、P某、薛某3三人微信聊天记录显示，薛某3于2017年5月2日发微信告知“已过4月，目前系统已经在空白期，很危险，要求在本周内确定并执行维保”，即告知维护期已经结束，此后原告员工表示维保协议已在准备中，并未对薛某3提出的维保期结束提出异议。综上，可以认定软件通过终验之日也即被告的维护期起算日在2016年5月31日前。而在案证据显示，原告已提前支付维护期结束后的合同尾款，截至2017年7月，原告仍在催要系统管理员密码，未有证据显示被告未履行维护期义务。此时一年维护期已过，原告再在本案中主张被告未履行完毕一年维护期义务，缺乏事实依据，本院不予支持。

鉴于原告主张被告未履行的四项合同义务均不能成立，即原告未能证明被告存在违约行为，原告据此主张解除合同、被告应承担相应民事责任的诉请，缺乏相应的事实和法律依据。据此，依照《中华人民共和国民事诉讼法》第六十四条第一款，《最高人民法院关于适用〈中华人民共和国民事诉讼法〉的解释》第九十条之规定，判决如下：

驳回原告平量行保险公估（上海）有限公司的全部诉讼请求。

一审案件受理费人民币8423元，由原告平量行保险公估（上海）有限公司负担。

如不服本判决，可在判决书送达之日起十五日内向本院递交上诉状，并按对方当事人的人数提出副本，上诉于最高人民法院。

审　判　长　　凌　崧
审　判　员　　陈瑶瑶
人民陪审员　　张艳培
二〇一九年三月十八日
法 官 助 理　　孟晓非
书　记　员　　汤菁茜

附：相关的法律条文

一、《中华人民共和国民事诉讼法》

第六十四条　当事人对自己提出的主张，有责任提供证据。

…………

二、《最高人民法院关于适用〈中华人民共和国民事诉讼法〉的解释》

第九十条　当事人对自己提出的诉讼请求所依据的事实或者反驳对方诉讼请求所依据的事实，应当提供证据加以证明，但法律另有规定的除外。

在作出判决前，当事人未能提供证据或者证据不足以证明其事实主张的，由负有举证证明责任的当事人承担不利的后果。

三、商标权纠纷

8. 金纽曼思（上海）食品有限公司与纽曼斯营养科技（北京）有限公司等侵害商标权纠纷上诉案

上海知识产权法院
民事判决书

（2018）沪73民终408号

上诉人（原审原告）：金纽曼思（上海）食品有限公司。

法定代表人：崔某，该公司执行董事。

委托诉讼代理人：马某，北京市中伦（上海）律师事务所律师。

委托诉讼代理人：钱某，北京市中伦（上海）律师事务所律师。

被上诉人（原审被告）：纽曼斯营养科技（北京）有限公司。

法定代表人：严某，该公司执行董事兼总经理。

被上诉人（原审被告）：武汉奥米加生物科技有限公司。

法定代表人：蔡某，该公司执行董事兼总经理。

被上诉人（原审被告）：安士生物科技（中山）有限公司。

法定代表人：徐某，该公司董事长。

上列三被上诉人的共同委托诉讼代理人：余某，北京大成（上海）律师事务所律师。

上列三被上诉人的共同委托诉讼代理人：张某，北京大成（上海）律师事务所律师。

上诉人金纽曼思（上海）食品有限公司（以下简称“金纽曼思公司”）因与被上诉人纽曼斯营养科技（北京）有限公司（以下简称“纽曼斯公

司”)、武汉奥米加生物科技有限公司(以下简称“奥米加公司”)、安士生物科技(中山)有限公司(以下简称“安士公司”)侵害商标权纠纷一案，不服上海市浦东新区人民法院(2017)沪0115民初40538号民事判决，向本院提起上诉。本院于2018年9月5日立案后，依法组成合议庭，公开开庭进行了审理。上诉人金纽曼思公司的委托诉讼代理人马某、钱某，被上诉人纽曼斯公司、奥米加公司、安士公司的委托诉讼代理人余某、张某到庭参加诉讼。本案现已审理终结。

上诉人金纽曼思公司上诉请求：撤销一审判决，依法改判支持其一审的全部诉讼请求。事实与理由：(1)一审法院未予认定DHA藻油是食用水生植物提取物有误。①一审法院仅指出DHA藻油是否是食用水生植物提取物存在争议,但未综合考虑各方当事人证据证明力大小从而对该基本案件事实进行最终认定，回避了案件争议焦点。②根据各方当事人的举证情况及证据规则,一审法院应采纳上诉人关于DHA藻油是食用水生植物提取物的观点。(2)一审法院未予认定“DHA藻油凝胶糖果”与“食用水生植物提取物”构成相同或类似商品有误。①“DHA藻油凝胶糖果”的实质是商品“DHA藻油”而非“糖果”。从“DHA藻油凝胶糖果”商品流通环节的具体样态、产品的成分、功能用途及消费对象，以及“糖果”商品的内涵等角度分析，被控侵权商品的实质是“DHA藻油”。②“DHA藻油凝胶糖果”与“食用水生植物提取物”构成相同商品关系，至少构成类似商品，并非商标法意义上的原料与成品的关系。(3)一审法院遗漏了认定“DHA藻油凝胶糖果”与食用油脂、人食用鱼粉、牛奶饮料(以牛奶为主)、奶粉、食品用胶、食物蛋白是否构成相同或类似商品有误。(4)一审法院将中国科学院水生生物研究所出具的鉴定书作为案件认定事实依据有误。

三被上诉人辩称：(1)上诉人主张“DHA藻油凝胶糖果”与“食用水生植物提取物”构成相同或类似商品，其逻辑明显错误。DHA藻油凝胶糖果虽然主要原料成分为DHA藻油，宣传中有时以其中的功能性成分DHA代称，但消费者和销售者均明确知悉该产品是一种具有特定功能的保健品，比对的应是成品而非原料。在具体比对上，DHA藻油凝胶糖果属于第0502类“人用膳食补充剂”，从功能用途、消费对象、生产部门来看，均不需要再行加工，可以直接销售。而“食用水生植物提取物”是原料，由原料生产商生产并通过再加工后形成成品，两者不构成相同或类似商品。(2)上诉人主张“DHA藻油凝胶糖果”与第7815357号“纽曼思”商标核定使用的商品构成类似商品有误。第7815357号“纽曼思”商标核定使用的商品类别为第29类，而DHA藻油凝胶糖果属于人用膳食补充剂，从功能用途、消费对象、生产部门等角度分析，两者均不构成相同或类似商品。（3）被上诉人使用的“纽曼斯”标识与上诉人第7815357号“纽曼思”商标不近似，且上诉人在人食用鱼粉、以果蔬为主的零食小吃、牛奶饮料（以牛奶为主）、奶粉、牛奶制品、奶茶（以奶为主）商品上没有进行过商标使用。

金纽曼思公司向一审法院提出诉讼请求：（1）纽曼斯公司立即停止侵害金纽曼思公司注册商标专用权的行为，即停止在官方网站（域名为www. niumansi. com及www. neuromins. cn）中使用“纽曼斯”标识、立即停止在官方微博“纽曼斯”（weibo. com/niumansi）及微信公众号“纽曼斯”（ID为Neuromins）中使用“纽曼斯”标识、立即停止销售纽曼斯DHA藻油凝胶糖果；（2）奥米加公司及安士公司立即停止侵害金纽曼思公司注册商标专用权的行为，即立即停止生产、销售纽曼斯DHA藻油凝胶糖果，立即停止在该商品包装上使用“纽曼斯”字样；（3）纽曼斯公司赔偿金纽曼思公司经济损失人民币（以下币种相同）100万元（其中包含合理开支公证费6000元、律师费8万元及购买产品费用1016元），奥米加公司及安士公司承担连带赔偿责任；4. 纽曼斯公司在官方网站、官方微博及微信公众号上连续72小时刊登声明，消除影响（声明内容、字体、字号及颜色需经法院事先审核）。

一审法院认定事实：

一、金纽曼思公司主张权利商标及其使用情况

2010年12月，金纽曼思公司成立，其经营范围为乳酸菌饮料、乳制品、食品等的批发、佣金代理（拍卖除外）和进出口等。

2011年3月，纽曼思控股有限公司（NEMANS HOLDINGS LIMITED）经核准注册第7815357号“纽曼思”商标，其核定使用商品为第29类的食用水生植物提取物、人食用鱼粉、牛奶饮料（以牛奶为主的）、奶茶（以奶为主）、奶粉、食用油脂、食品用胶、食物蛋白、以果蔬为主的零食小吃、牛奶制品，有效期自2011年3月7日起至2021年3月6日止。2011年4月，该公司又经核准注册第7310618号“纽曼斯”商标，其核定使用商品为第29类的食用水生植物提取物，有效期自2011年4月21日起至2021年4月20日止。上述商标注册时使用的系《类似商品和服务区分表》（第九版），核定使用的商品食用水生植物提取物编号为290002。及至新发布的《类似商品和服务区分表》（第十一版），其中编号为290002的商品已变更为食用海藻提取物，并注明该商品与第九版及以前版本3005螺旋藻（非医用营养品）交叉检索。

2017年5月2日，纽曼思控股有限公司与金纽曼思公司签订商标使用许可授权书，约定将包括上述第7815357号及第7310618号注册商标在内的十余个商标独占性授权金纽曼思公司使用，许可地区为中国地区，期限为注册商

标有效期内，许可费用则另行商定，同时金纽曼思公司还享有维权权利。

金纽曼思公司经营的商品现品名为纽曼思 DHA 藻油软胶囊，并区分为儿童型及成人型两种规格，其配料主要成分为 DHA 藻油。金纽曼思公司早期商品使用的商标为纽曼斯，品名为纽曼斯 DHA 海藻油胶囊等。2013 年，金纽曼思公司商品使用的商标逐步变更为纽曼思。2015 年 3 月和 5 月，金纽曼思公司的上述商品分别被批准为保健食品。金纽曼思公司商品曾获“人气橙品”、金麦奖、消费者最喜爱的营养品品牌等奖项，并多次位列网站十大 DHA 藻油品牌等。

2017 年 5 月 4 日，登录京东商城网站，搜索“纽曼思”商品，搜索结果中出现纽曼思官方旗舰店，主营品牌为金纽曼思及纽曼思（Nemans），商品主要为纽曼思 DHA 藻油软胶囊（成人型及儿童型）以及益生菌粉剂等，价格区间在一百余元至四百余元。点击打开其中的藻油软胶囊产品介绍，称其原名为纽曼斯，其原料 DHA 直接从海洋单细胞藻类中提取。上述商品存在国外原装进口及国内分装两种分类，但在商品外包装上均使用了“纽曼思”商标，标明的经销商为金纽曼思公司，在国内分装的产品还有保健食品标志。上述商品还存在京东自营销售渠道。

2017 年 5 月 27 日，在纽曼思天猫官方旗舰店，金纽曼思公司亦销售与其在京东商城旗舰店基本相同的商品。其商品名称标注中大多包含了“纽曼思海藻油 DHA”，其中部分还标注了纽曼思（原纽曼斯）字样。

二、金纽曼思公司指控纽曼斯公司、奥米加公司、安士公司实施的侵害商标权行为

域名为 www. niumansi. com 的网站在工业和信息化部登记备案的主办单位为纽曼斯公司，网站名为纽曼斯，审核时间为 2017 年 1 月 5 日。2017 年 5 月 4 日，登录该网站，显示其内容主要为介绍并宣传纽曼斯公司的“纽曼斯”品牌商品，其商品均以“纽曼斯”作为标识，并介绍其纽曼斯 Neuromins DHA 藻油凝胶糖果商品中的 DHA 来源为美国 Martek 公司的高纯度植物油 DHA 海藻油，同时其原料还包含了核桃油。网站上宣传官方购买渠道有京东商城、天猫及苏宁易购。同日，查询名为纽曼斯的微博号，显示认证单位为纽曼斯公司，简介为纽曼斯 DHA 官方微博。该微博中宣传的商品亦为纽曼斯公司的纽曼斯 Neuromins DHA 藻油凝胶糖果。同日，名为纽曼斯的微信公众号显示其账号主体亦为纽曼斯公司，认证时间为 2017 年 4 月 28 日，功能介绍中称其为“纽曼斯 DHA 官方唯一公众号，用心服务千万妈妈！”。在关注该公众号后，公众号推送了域名为 www. niumansi. com 的前述纽曼斯官方网站以及纽曼斯京东自营旗舰店的链接。

2017 年 5 月 4 日，登录京东商城网站，搜索“纽曼斯”商品，搜索结果中除金纽曼思公司的“纽曼思”系列商品外，还存在纽曼斯公司、奥米加公司、安士公司的商品纽曼斯（Neuromins）DHA 藻油凝胶糖果（孕妇型及儿童型），价格分别为 528 元及 488 元。点击上述商品介绍页面，显示销售者为 Neuromins 纽曼斯京东自营官方旗舰店，商品介绍中称该商品原料“源自纯净藻类，高纯度植物性专利 DHA 藻油”，品牌为 Neuromins（纽曼斯）。网站中还介绍纽曼斯中国官网域名为 www. niumansi. com，品牌微信公众号名为纽曼斯。在商品评论里显示，有部分消费者对商品品牌“纽曼斯”及“纽曼思”存在混淆与误解。随后金纽曼思公司的委托代理人订购了纽曼斯公司、奥米加公司、安士公司的 DHA 藻油凝胶糖果孕妇型及儿童型各一盒，合计价款为 1016 元。在购买取得的纽曼斯公司、奥米加公司、安士公司商品外包装盒上及瓶身上印有“美商纽曼斯”及“Neuromins”标识。但纽曼斯公司、奥米加公司、安士公司在使用“美商纽曼斯”标识时，其中的“美商”字体明显小于“纽曼斯”，且两者字体颜色不同，“美商”字体颜色与底色接近，较之“纽曼斯”字体更不显著，容易被消费者忽略。纽曼斯公司、奥米加公司、安士公司商品品名标示为 DHA 藻油凝胶糖果，以食品生产许可证号生产，列明其中国地区运营为纽曼斯公司，委托商为奥米加公司，生产商为安士公司。在包装盒及瓶身上还标示了“源自纯净藻类，高纯度植物性专利 DHA 藻油”“纯植物性来源，通过 KOSHER 及 HALAL 认证，素食之选”“纽曼斯产品中添加的是 DSM 帝斯曼旗下 life’s DHA 藻油原料”等。至 2017 年 11 月 27 日，Neuromins 纽曼斯京东自营官方旗舰店的商品介绍仍在使用“纽曼斯”标识。

纽曼斯公司及奥米加公司通过媒体为其 DHA 藻油凝胶糖果作了相关宣传，宣传时大多以“Neuromins”及“纽曼斯”指代其商品。其产品曾获得樱桃大赏年度最具潜力产品大奖等。

2017 年 8 月之后，纽曼斯公司、奥米加公司、安士公司变更了商品包装，其品名变为“纽曼斯乐孕”及“纽曼斯贝儿”DHA 藻油凝胶糖果。2018 年 2 月，域名为 www. niumansi. com 的纽曼斯官方网站及 Neuromins 纽曼斯京东自营官方旗舰店上宣传商品时使用的标识均已变更为“纽曼斯乐孕”及“纽曼斯贝儿”。

一审审理中，经一审法院要求协助调查，北京京东叁佰陆拾度电子商务有限公司（以下简称“京东叁佰陆拾度公司”）出具回函，称经该司统计：2017 年 3 月 1 日至 12 月 22 日，由奥米加公司供货的 Neuromins 美商纽曼斯 DHA 藻油凝胶糖果孕妇型销量为 873 件，库存数量为 0 件，供货价为 345 元，正常销售价为 528 元，最低促销价为 238 元，儿童型销量为 683 件，库存数量为96件，供货价为320元，正常销售价为488元，最低促销价为188元；2017年8月23日至12月22日，奥米加公司供货的Neuromins纽曼斯乐孕DHA藻油凝胶糖果孕妇型销量为3399件，库存数量为1559件，供货价为345元，正常销售价为528元，最低促销价为238元，Neuromins纽曼斯贝儿DHA藻油凝胶糖果儿童型销量为1087件，库存数量为127件，供货价为320元，正常销售价为488元，最低促销价为188元。

一审法院另查明，奥米加公司经核准注册了第10784959号“Neuromins”商标，核定使用商品为第30类的糖、海藻（调味品）等，有效期自2013年6月28日至2023年6月27日。后该商标受让给纽曼斯公司。纽曼斯公司还注册了第19130594号“美商纽曼斯”商标，核定使用商品为第30类的糖、糖果等，有效期自2017年3月28日至2027年3月27日。

三、其他事实

据百度百科：DHA是一种对人体非常重要的多不饱和脂肪酸，DHA藻油提取自海洋微藻；微藻是一类在陆地、海洋分布广泛、营养丰富、光合利用度高的自养植物；只有在显微镜下才能分辨其形态的微小藻类类群被称为微藻，故微藻不是一个分类学上的名称。据全日制普通高级中学生物教科书，植物界为多细胞生物，不能自由运动，原生生物界为多细胞或单细胞生物，用鞭毛、纤毛或伪足运动。2014年2月由中国农业出版社出版的《水生生物学》第2版一书中载明，藻类（蓝藻除外）系古老的低等植物，藻体形态多种多样，有单细胞类型、群体类型等，其中单细胞体种类多营浮游生活，为小型或微型藻类。

2018年2月9日，中国科学院水生生物研究所出具藻种鉴定书，载明经鉴定，奥米加公司送检的微藻液体培养样品（生产企业DSM营养产品公司，生产地美国南卡罗来纳州金斯特里）成分为裂壶藻，属于真核生物域、原生生物界、不等鞭毛门、网粘菌纲、破囊壶藻目、破囊壶藻科、裂壶藻属，富含DHA，样品为单细胞生物。奥米加公司的DHA藻油凝胶糖果企业标准载明，其原料DHA藻油以裂壶藻（或吾肯氏壶藻或寇氏隐甲藻）菌种为原料，通过发酵、分离、提纯等工艺生产。

2010年3月，国家卫计委批准DHA藻油等为新资源食品，在公告中明确其来源为裂壶藻、吾肯氏壶藻及寇氏隐甲藻，其生产工艺为以裂壶藻（或吾肯氏壶藻或寇氏隐甲藻）菌种为原料，通过发酵、分离、提纯等工艺生产DHA。食品安全国家标准食品添加剂二十二碳六烯酸（DHA）油脂（发酵法）规定，该标准适用于利用裂壶藻或者吾肯氏壶藻或者寇氏隐甲藻菌种，经生物发酵制得的二十二碳六烯酸油脂。DHA藻油的国家粮食行业标准载明，该标准适用于利用裂壶藻或者吾肯氏壶藻或者寇氏隐甲藻等菌种，经生物发酵、分离、提纯等工艺生产的一种可供食用的富含DHA的油脂，且生产DHA藻油的菌种应符合本标准及国家有关规定。

在“纽曼斯DHA”的百度百科中介绍纽曼思DHA（原名纽曼斯DHA），由金纽曼思公司总经销，使用美国马泰克的专利藻油DHA作为原料的高端DHA产品，是一款直接从海洋单细胞藻类中提取，能够促进脑细胞和视网膜发育的营养补充剂。

美国马泰克公司（Martek）在从海藻中提取DHA技术上处于领先地位，其生产Neuromins系列DHA产品。金纽曼思公司与纽曼斯公司、奥米加公司、安士公司在各自商品宣传中称其DHA原料来源于美国马泰克公司。在《西尔斯怀孕百科》一书中，作者推荐孕妇服用从海藻油中提取的omega－3补充剂，比如马泰克公司生产的纽曼斯（Neuromins）。

在母婴网站、论坛中存在大量分析、评论金纽曼思公司商品与美国马泰克公司商品间差异的帖子。在京东商城金纽曼思公司与纽曼斯公司、奥米加公司、安士公司商品的评论中，有消费者对两者商品存在混淆的评论，同时还存在消费者对两者商品与美国马泰克公司商品间混淆以及差异的评论。

为本案诉讼，金纽曼思公司聘请了律师，北京市中伦（上海）律师事务所向金纽曼思公司开具了金额为8万元的律师费发票。金纽曼思公司为本案诉讼还支付了公证费6000元。

一审法院认为，纽曼思控股有限公司（NEMANS HOLDINGS LIMITED）经核准注册了第7815357号“纽曼思”及第7310618号“纽曼斯”商标，系注册商标专用权人。金纽曼思公司经纽曼思控股有限公司授权，独占享有上述商标的许可使用权，可依法就他人侵害其对注册商标享有的许可使用权的行为主张权利。

本案中，由纽曼斯公司运营、奥米加公司委托及安士公司生产的DHA藻油凝胶糖果商品外包装及瓶身上使用了“纽曼斯”标识，在纽曼斯公司的网站、微博、微信公众号以及网络旗舰店上对外宣传该商品时亦使用了“纽曼斯”标识。《中华人民共和国商标法》（以下简称《商标法》）第五十七条第一项规定，未经商标注册人的许可，在同一种商品上使用与其注册商标相同的商标的，属侵犯注册商标专用权。该条第二项规定，未经商标注册人的许可，在同一种商品上使用与其注册商标近似的商标，或者在类似商品上使用与其注册商标相同或者近似的商标，容易导致混淆的，亦属侵犯注册商标专用权。金纽曼思公司主张，纽曼斯公司、奥米加公司、安士公司生产、销售的商品与其注册商标核定使用商品食用水生植物提取物构成同一种商品，三者在该商品上使用与金纽曼思公司注册商标相同及近似商标的行为，已构成商标侵权。因此，纽曼斯公司、奥米加公司、安士公司在其商品上使用的标识是否与金纽曼思公司注册商标构成相同与近似，该商品是否与金纽曼思公司注册商标核定使用的商品构成相同与类似，是判定被控行为是否构成商标侵权的关键。

关于商标是否构成相同与近似，一审法院认为，纽曼斯公司、奥米加公司、安士公司在其商品上使用的“纽曼斯”标识与第7310618号“纽曼斯”商标文字完全相同，已构成相同。《最高人民法院关于审理商标民事纠纷案件适用法律若干问题的解释》（以下简称“商标案件司法解释”）第九条第二款规定，《商标法》第五十二条第一项规定的商标近似，是指被控侵权的商标与原告的注册商标相比较，其文字的字形、读音、含义或者图形的构图及颜色，或者其各要素组合后的整体结构相似，或者其立体形状、颜色组合近似，易使相关公众对商品的来源产生误认或者认为其来源与原告注册商标的商品有特定的联系。纽曼斯公司、奥米加公司、安士公司使用的“纽曼斯”标识与第7815357号“纽曼思”商标相比较，同属臆造词，前两字相同，后一字不同，但读音相同。因此在没有明确含义，相关公众无法就其含义加以区分，且文字大部分相同，据以呼叫部分的读音完全相同的情况，纽曼斯公司、奥米加公司、安士公司使用的标识易使相关公众对商品来源产生误认，故两者已构成近似。纽曼斯公司、奥米加公司、安士公司辩称，其使用的“纽曼斯”标识是对纽曼斯公司字号的正当使用，一审法院认为，商标案件司法解释第一条第一项规定，将与他人注册商标相同或者相近似的文字作为企业的字号在相同或者类似商品上突出使用，容易使相关公众产生误认的，属《商标法》第五十二条第五项规定的给他人注册商标专用权造成其他损害的行为。纽曼斯公司、奥米加公司、安士公司在涉案商品上单独使用“纽曼斯”标识，并未将纽曼斯公司企业名称的全称规范列示。因此即便是对纽曼斯公司字号的使用，亦属突出使用，系对“纽曼斯”标识的商标性使用，故对该抗辩，一审法院不予采纳。纽曼斯公司、奥米加公司、安士公司还辩称，其商品上使用的是纽曼斯公司注册的“美商纽曼斯”商标。一审法院认为，纽曼斯公司、奥米加公司、安士公司在商品包装盒及瓶身上使用“美商纽曼斯”标识时，其中的“美商”字体明显小于“纽曼斯”，且两者字体颜色不同，“美商”字体颜色与底色接近，较之“纽曼斯”字体更不显著，在视觉上相关公众易忽视“美商”两字。因此，纽曼斯公司、奥米加公司、安士公司并未规范使用“美商纽曼斯”商标，而是对其中的“纽曼斯”标识突出使用，故对纽曼斯公司、奥米加公司、安士公司的该辩称意见，一审法院亦不予采纳。

关于商品是否构成相同与类似，一审法院认为，被控侵权商品为DHA藻油凝胶糖果，金纽曼思公司主张权利的两个注册商标核定使用商品均包含了食用水生植物提取物。商标案件司法解释第十一条第一款规定，《商标法》第五十二条第一项规定的类似商品，是指在功能、用途、生产部门、销售渠道、消费对象等方面相同，或者相关公众一般认为其存在特定联系、容易造成混淆的商品。该司法解释第十二条规定，人民法院依据《商标法》第五十二条第一项的规定，认定商品或者服务是否类似，应当以相关公众对商品或者服务的一般认识综合判断，《商标注册用商品和服务国际分类表》《类似商品和服务区分表》可以作为判断类似商品或者服务的参考。一审法院认为，首先，对被控侵权商品原料之一的DHA藻油是提取自水生植物，还是提取自非植物，存在一定的争议。当事人各自提交的教科书中对藻类是否属植物定义不同，中国科学院水生生物研究所就奥米加公司送检的微藻液体培养样品出具的菌种鉴定书中鉴定样品结论则为单细胞生物。同时，金纽曼思公司与纽曼斯公司、奥米加公司、安士公司在各自宣传其商品原料来源时部分定义其为植物，部分定义其为单细胞藻类，甚至与当事人在本案中所持观点相左，金纽曼思公司宣传其原料取自单细胞藻类，纽曼斯公司、奥米加公司、安士公司宣传其原料为植物性海藻油。而《类似商品和服务区分表》第九版与第十一版第29类商品中编号为290002的商品由食用水生植物提取物变更为食用海藻提取物也间接证明了以水生植物定义海藻可能并不准确。其次，区分商品类别不以商品原料为主要依据，而是以流通环节中商品的具体样态为依据。被控侵权商品为DHA藻油凝胶糖果，其在商品流通环节的具体样态及商品类别为糖果，属食品，DHA藻油仅是其主要原料之一。因此，从被控侵权商品的具体样态及类别判断，该商品应为《类似商品和服务区分表》第九版中第30类的糖果，其与第29类的食用水生植物提取物商品存在显著不同。食用水生植物提取物从其商品的具体样态分析，因其无法被消费者直接服用，故一般作为商品原料流通，而不直接面向最终消费者。即便从其功能及用途角度判断，被控侵权商品也应为该表中第5类的膳食补充剂（为正常饮食提供补充或为健康目的）。该表中第5类注释，本类尤其不包括非医用、非兽医用的代餐物、营养食物和饮料（第29类等）。该表第29类则注释，本类尤其不包括膳食补充剂（第5类）。因此被控侵权商品仅原料之一为DHA藻油，其在流通环节的商品具体样态与第29类商品并不相同，商品的类别不能与其主要原料的商品类别相混同，并由此认定为两者相同。再次，从被控侵权商品与食用水生植物提取物的用途、生产部门、销售渠道、消费对象判断，食用水生植物提取物作为商品生产原料，其由原料生产商生产，并销售给商品加工商。被控侵权商品为已加工完成商品，直接销售给消费者，两者用途、生产部门、销售渠道、消费对象完全不同。另外，被控侵权商品中还添加了核桃油，其功能也与食用水生植物提取物存在不同。最后，鉴于被控侵权商品与食用水生植物提取物存在商品与原料的区别，其销售渠道、客户群体完全不同，因此面对的相关公众群体不同，一般不会认为其存在特定联系，并造成混淆。综上，被控侵权商品中的主要原料之一 DHA 藻油是否提取自食用水生植物存在争议，其商品在流通环节中的具体样态也与食用水生植物提取物明显不同，属不同的商品类别。同时，两者在功能、用途、生产部门、销售渠道、消费对象等方面均不相同，相关公众一般不会认为其存在特定联系、容易造成混淆，故两者不构成相同或类似。

综上所述，鉴于纽曼斯公司、奥米加公司、安士公司生产、销售的 DHA 藻油凝胶糖果与金纽曼思公司主张权利商标核定使用商品范围内的食用水生植物提取物不构成相同或类似，因此纽曼斯公司、奥米加公司、安士公司涉案行为不构成商标侵权，对金纽曼思公司的全部诉讼请求，应予驳回。一审法院依照《商标法》第五十七条第一项、第二项，商标案件司法解释第九条、第十条、第十一条第一款、第十二条规定，判决驳回金纽曼思公司全部诉讼请求。一审案件受理费 13 800 元，由金纽曼思公司负担。

本院经审理查明，一审法院认定事实属实，本院予以确认。

本院另查明，京东叁佰陆拾度公司向法院出具的回函载明：结算价为供货价扣除 20% 再减去促销费用，如果促销价低于供货价则按照实际销售金额扣除 20% 再减去促销费用。

二审中，上诉人金纽曼思公司提交了下列证据：(1)《中国农业百科全书》生物学卷，用以证明藻类和菌类属于低等植物是业界的主流观点；(2)《植物学》第二版（普通高等教育农业部“十二五”规划教材），用以证明藻类和菌类均属于低等植物，又称无胚植物；(3)“糖果”在京东网站中的分类网页，证明糖果是被分类于“食品饮料 > 休闲食品 > 糖果巧克力”目录；(4)《食品安全国家标准》，用以证明被控侵权商品的主要原料是 DHA 藻油，不属于该标准所定义的糖果；(5) 帝斯曼官网及帝斯曼京东海外官方旗舰店网页，用以证明双方 DHA 藻油的供应商帝斯曼公司直接向消费者销售 DHA 藻油胶囊，DHA 藻油并非以原料形式在市场流通；(6) 京东商品分类网页，用以证明在京东商品分类中，DHA 藻油与奶粉都属于母婴食品类别，两者构成类似商品；(7) 天猫商城商品分类网页，用以证明在天猫商城商品分类中，DHA 藻油直接隶属于奶粉类别，两者构成类似商品；(8) 1 号店商品分类网页，用以证明在 1 号店商品分类中，DHA 藻油与奶粉都属于母婴食品类别，两者构成类似商品；（9）域名为“www. niumansi. com”的网页打印件，用以证明被上诉人在其网站上突出使用了“纽曼斯”字样。（10）纽曼斯公司的新浪微博、微信公众号页面，用以证明被上诉人在上述页面中使用“纽曼斯”字样的行为在一审判决后仍在持续。（11）被上诉人京东自营官方旗舰店网页，用以证明被上诉人仍在网站上突出使用了“纽曼斯”字样。

纽曼斯公司、奥米加公司、安士公司对上述证据的质证意见如下：对证据1、2的真实性无异议，但有关植物界划分范围的学术争议，不同教科书或文献间没有证明力高低的差异，该证据也不能证明上诉人所主张的观点是业界通说。对于证据3～5的真实性确认，但被控侵权商品是DHA藻油凝胶糖果，该产品属于商品分类表中第5类“人用膳食补充剂”。对于证据6～8的真实性确认，但该些网站中的商品分类并不能等同于商标法意义上的商品分类。对于证据9～11，被上诉人确认为减少商标侵权争议，曾在一审审理过程中对网站上产品介绍进行了变更，但一审判决被上诉人不承担侵权责任后，网站上使用的标识部分恢复使用“纽曼斯”。

本院对金纽曼思公司二审提交证据的认证意见如下：关于证据1、2，有关藻类是否系植物在科学界的认定，当事人在一审中已经提交了一定数量的文献证据，该两组证据所涉书籍所涉观点与上诉人在一审中所提交证据的观点相同，二审中无必要再行采纳。关于证据3、4，因被上诉人在本案中已不主张被控侵权商品属于“糖果”，故该证据与本案无关，对其不予采纳。关于证据5，该组证据所涉商品并非本案被控侵权商品，故本院对该证据不予采纳。关于证据6～8，该组证据涉及被控侵权商品在流通领域中，有关电子商务平台对被控侵权商品的分类，与本案具有一定的关联性，本院对该组证据予以采纳。关于证据9～11，该组证据涉及三被上诉人是否已经完全停止实施被控侵权行为，与本案具有一定的关联性，本院对该组证据予以采纳。

二审中，三被上诉人提交了下列证据：京东商城上DSM海外官方旗舰店销售DHA软胶囊的页面，用以证明DHA藻油是DHA藻油凝胶糖果的原料。

上诉人对上述证据的质证意见如下：该网站的相关页面显示有“藻油专家智慧”“你需要有一瓶成人藻油DHA”的宣传用语，说明该产品实质是DHA藻油而非胶囊。此外，相关网页上还显示有“100%素食来源”“60粒纯天然植物来源”的宣传用语，说明帝斯曼公司也认为DHA藻油属于植物。

本院对三被上诉人二审提交证据的认证意见如下：该证据所涉商品并非本案被控侵权商品，故本院对该证据不予采纳。

根据对各方当事人二审提交证据的认证意见及当事人的陈述，二审另查明：

在京东商城网站和1号店网站，母婴商品类别项下，包含奶粉和营养辅食，DHA产品在营养辅食商品类别项下；在天猫商城网站，DHA产品在奶粉商品类别项下。

一审判决后，纽曼斯公司在其网站（www. niumansi. com）、新浪微博、微信公众号、京东自营官方旗舰店上仍使用了“纽曼斯”。

本院认为，根据当事人二审的诉辩称意见，本案二审的争议焦点为：一是被控侵权商品与注册商标核定使用的商品类别是否构成相同或类似商品；二是如果三被上诉人的被控行为构成商标侵权，应如何确定其侵权责任承担方式。以下分别进行评述：

一、被控侵权商品与注册商标核定使用的商品类别是否构成相同或类似商品

上诉人认为，被控侵权商品与注册商标核定使用的“食用水生植物提取物”类别属于相同商品，即使不构成相同商品，亦构成类似。被控侵权商品与注册商标核定使用的“食用油脂、人食用鱼粉、牛奶饮料（以牛奶为主）、奶粉食品用胶、食物蛋白”类别构成类似商品。三被上诉人认为，被控侵权商品属于《类似商品和服务区分表》中的人用膳食补充剂，并且DHA藻油胶囊系成品，其与水生植物提取物是成品与原料的关系，两者不可能构成类似商品。

根据商标案件司法解释第十一条、第十二条的规定，类似商品是指在功能、用途、生产部门、销售渠道、消费对象等方面相同，或者相关公众一般认为其存在特定联系、容易造成混淆的商品。认定商品或者服务是否类似，应当以相关公众对商品或者服务的一般认识综合判断；《商标注册用商品和服务国际分类表》《类似商品和服务区分表》可以作为判断类似商品或者服务的参考。关于被控侵权商品与注册商标核定使用的商品类别是否构成相同或类似商品，本院综合考虑下列因素：

首先，被控侵权商品所涉藻类是否系水生植物。本案中，当事人各自提供的文献表明，有关藻类是否属于植物在科学界有不同观点。本院认为，类似商品判断主要根据相关公众对商品或者服务的一般认知，而非所属科学领域的学术观点。本案所涉商品DHA藻油凝胶糖果属于大众消费品，基于普通消费者的知识储备，通常并不知晓在植物和动物之外还有其他的生物学分类，相关公众更普遍的认知是将藻类作为一种水生植物。

其次，关于产品原料与成品有关类似商品判断。成品与原料通常位于商品流通的上下游，但成品与原料是否构成类似商品仍应根据司法解释的相关规定，从功能、用途、生产部门、销售渠道、消费对象，或者相关公众的一

般认知角度去判断，而非当然地认为成品与原料不构成类似商品。本案中，被控侵权商品为DHA藻油凝胶糖果，藻油是其主要原料。在商品名称的设定上，该产品将原料藻油作为产品名称的组成部分；在商品的外包装及广告宣传中，使用了“源自纯净藻类，高纯度植物性专利DHA藻油”表述；在商品流通环节，被控侵权商品通常被分类为母婴商品类别。消费者购买DHA藻油凝胶糖果产品主要目的是摄取该产品中的藻油成分，制成胶囊只是为更适于消费者进行服用，因此，基于相关公众的一般认知，DHA藻油凝胶糖果与藻油并没有实质性的差异，两者构成类似商品。综上，由于相关公众普遍认知藻类作为一种水生植物，且DHA藻油凝胶糖果与藻油构成类似商品的情况，被控侵权商品DHA藻油凝胶糖果与涉案注册商标核定使用的“食用水生植物提取物”亦构成类似商品。

关于被控侵权标识与涉案注册商标是否构成近似，本院认同一审法院的相关认定。本院认为，三被上诉人在类似商品上使用了与涉案注册商标相同或近似的商标，容易导致市场混淆，其行为构成商标侵权。

二、三被上诉人侵权责任的承担

本案中，纽曼斯公司运营、奥米加公司委托、安士公司生产的DHA藻油凝胶糖果商品外包装及瓶身上使用了“纽曼斯”标识，纽曼斯公司在其网站、新浪微博、微信公众号以及网络旗舰店上对外宣传该商品时亦使用了“纽曼斯”标识，上述行为构成商标侵权，三被上诉人应根据其实施的侵权行为，承担相应的停止侵害、消除影响和赔偿损失的民事责任。

关于消除影响的范围，本院认为，消除影响的范围应根据三被上诉人侵权行为所造成的影响范围为限。本案中，被上诉人纽曼斯公司在其网站、新浪微博、微信公众号中实施了侵权行为，上诉人主张纽曼斯公司在其网站、新浪微博、微信公众号上刊登消除影响的声明，该范围合理适当，本院予以支持。

关于损害赔偿数额的认定，上诉人认为，根据京东叁佰陆拾度公司向法院出具的回函，以该回函中有关费用扣除的标准，结合被上诉人自认被控侵权商品的利润率，被上诉人在该销售渠道的获利已有63万余元。目前，被上诉人的销售渠道已经扩展至天猫商城，按照其侵权期间及销售渠道推算，获利已经超过100万元。

三被上诉人认为，如果按照上述回函中所列正常销售价计算，商品毛利大约30%。但由于京东网站经常有促销活动，实际按照最低销售价计算，而最低销售价是低于供货价的，甚至最终结算价还要再扣除促销费用，被上诉人在京东商城上的经营是亏损的。

本院认为，上诉人计算被上诉人获利的方式中，未考虑最低促销价以及扣除促销费用的情形，且将库存量作为计算获利的基数，该种计算方式不尽合理，京东叁佰陆拾度公司向法院出具的回函中，并未载明被控侵权商品按照正常销售价与最低销售价实际销售数量的比例。本案中亦未有证据显示被控侵权商品按照最低促销价的销售比例，但基于日常生活经验，在侵权期间可能会存在一定的促销期间，但该期间通常较短，因此在利润计算上应当适当考虑最低促销价的情形。并且库存产品属于未销售的产品，不应作为获利计算的依据。综上，本院根据京东叁佰陆拾度公司回函中载明的被控侵权商品销售数量及价格，有关结算价的计算方式，以及正常销售价与实际销售价的比例，酌情确定三被上诉人获利为40万元。上诉人还主张三被上诉人在其他网站上实施侵权行为，但对此未提交相应证据予以证明，本院对此不予支持。

上诉人在本案中主张被上诉人赔偿其律师费8万元、公证费6000元及购买产品费用1016元。本院认为上述费用确系为本案维权所发生，且数额合理，本院予以支持。

综上，一审法院认定事实基本清楚，但适用法律有误，裁判结果不当，本院依法予以改判。依照《中华人民共和国民事诉讼法》第一百七十条第一款第二项规定，判决如下：

一、撤销上海市浦东新区人民法院（2017）沪0115民初40538号民事判决；

二、纽曼斯营养科技（北京）有限公司、武汉奥米加生物科技有限公司、安士生物科技（中山）有限公司于本判决生效之日起立即停止对金纽曼思（上海）食品有限公司享有的第7310618号“纽曼斯”、第7815357号“纽曼思”注册商标专用权的侵害；

三、纽曼斯营养科技（北京）有限公司于本判决生效之日起十日内在其网站（www.niumansi.com）、新浪微博（weibo.com/niumansi）、微信公众号（微信号：Neuromins）上刊登声明、消除影响［刊登声明的内容需经本院审核。逾期不履行的，本院将本案判决书主要内容刊登于相关媒体，费用由纽曼斯营养科技（北京）有限公司承担］；

四、纽曼斯营养科技（北京）有限公司、武汉奥米加生物科技有限公司、安士生物科技（中山）有限公司于本判决生效之日起十日内共同赔偿金纽曼思（上海）食品有限公司经济损失人民币40万元；

五、纽曼斯营养科技（北京）有限公司、武汉奥米加生物科技有限公司、安士生物科技（中山）有限公司于本判决生效之日起十日内共同赔偿金纽曼思（上海）食品有限公司合理费用人民币 87 016 元；

六、驳回金纽曼思（上海）食品有限公司其余一审诉讼请求。

如果未按本判决指定的期间履行给付金钱义务，应当依照《中华人民共和国民事诉讼法》第二百五十三条规定，加倍支付迟延履行期间的债务利息。

一审案件受理费人民币 13 800 元，由上诉人金纽曼思（上海）食品有限公司负担人民币 3540 元，被上诉人纽曼斯营养科技（北京）有限公司、武汉奥米加生物科技有限公司、安士生物科技（中山）有限公司负担人民币 10 260元；二审案件受理费人民币 13 800 元，由上诉人金纽曼思（上海）食品有限公司负担人民币 3540 元，被上诉人纽曼斯营养科技（北京）有限公司、武汉奥米加生物科技有限公司、安士生物科技（中山）有限公司负担人民币 10 260 元。

本判决为终审判决。

审 判 长　　何　渊
审 判 员　　范静波
代理审判员　　唐　毅
二〇一九年六月六日
法官助理　　陈蕴智
书 记 员　　周　颖

附：相关的法律条文

《中华人民共和国民事诉讼法》

第一百七十条　第二审人民法院对上诉案件，经过审理，按照下列情形，分别处理：

…………

（二）原判决、裁定认定事实错误或者适用法律错误的，以判决、裁定方式依法改判、撤销或者变更；

…………

9. 北京芭黎贝甜企业管理有限公司与上海汉涛信息咨询有限公司等侵害商标权纠纷上诉案

上海知识产权法院
民事判决书

（2019）沪73民终5号

上诉人（原审原告）：北京芭黎贝甜企业管理有限公司。

法定代表人：郑某，该公司总经理。

委托诉讼代理人：杨某，北京盈科（上海）律师事务所律师。

被上诉人（原审被告）：上海汉涛信息咨询有限公司。

法定代表人：穆某，该公司执行董事。

委托诉讼代理人：薛某，男，该公司工作人员。

原审第三人：北京艾丝碧西食品有限公司。

法定代表人：曹某，该公司董事长。

委托诉讼代理人：李某，北京大成律师事务所律师。

上诉人北京芭黎贝甜企业管理有限公司（以下简称“芭黎贝甜公司”）因与被上诉人上海汉涛信息咨询有限公司（以下简称“汉涛公司”）、原审第三人北京艾丝碧西食品有限公司（以下简称“艾丝碧西公司”）侵害商标权纠纷一案，不服上海市浦东新区人民法院（2018）沪0115民初28204号民事判决，向本院提起上诉。本院于2019年1月2日立案后，依法组成合议庭，于同年3月14日公开开庭审理了本案。上诉人芭黎贝甜公司的委托诉讼代理人杨某、被上诉人汉涛公司的委托诉讼代理人薛某、原审第三人艾丝碧西公司的委托诉讼代理人李某到庭参加了庭审。本案现已审理终结。

上诉人芭黎贝甜公司上诉请求：撤销一审判决，改判支持上诉人在一审中的全部诉讼请求。事实与理由：第一，一审法院仅以汉涛公司未上传“巴黎贝甜”店铺信息，认定其未使用“巴黎贝甜”标识，不构成直接侵权，存在认定错误。由于汉涛公司与艾丝碧西公司存在协议合作关系，其为艾丝碧西公司提供团购和外卖服务并以此营利，可见，汉涛公司虽为平台，却不仅是管理、展示信息，也是实际使用信息者。第二，一审法院认定艾丝碧西公司未在与芭黎贝甜公司涉案商标所核定使用的服务类似的服务上使用“巴黎贝甜”，存在认定错误。艾丝碧西公司在汉涛公司的平台上使用“巴黎贝甜”字样并在平台上进行推广与展示、吸引消费者的注意，从而为其带来线下消费，这些行为已然构成线上广告，与芭黎贝甜公司的商标核定使用的服务类似。第三，一审法院将“巴黎贝甜”认定为具有一定影响力的商标的证据不足。艾丝碧西公司提供的获奖情况并非商标品牌使用而获奖的情况，同时艾丝碧西公司提供的证据显示的是英文商标“PARIS BAGUETTE”而非中文标识“巴黎贝甜”，该证据不能证明“巴黎贝甜”在中国具有广泛的宣传和影响力，构成在先使用。第四，一审法院认为“巴黎贝甜”不属于不得注册、使用的商标，违背了客观事实。艾丝碧西公司多次申请注册“巴黎贝甜”均被驳回或不予受理，是因为申请商标中的“巴黎”字样违背了《中华人民共和国商标法》（以下简称《商标法》）第十条第一款第七项、第八项和第十条第二款的相关规定，而一审法院却片面地认为“巴黎贝甜”具有整体显著性，不具有说服力。一审法院对于艾丝碧西公司就“巴黎贝甜”是否作为商标标识的认定也超越了案件的审查范围，与本侵权案件无关。

被上诉人汉涛公司辩称：第一，汉涛公司经营的大众点评网提供信息展示服务，涉案商铺信息是由艾丝碧西公司上传，汉涛公司不是涉案商标的使用人。第二，从艾丝碧西公司提供的证据显示，艾丝碧西公司对“巴黎贝甜”构成在先使用，并在相关行业内已经具有了极高的知名度。在消费者心中，“巴黎贝甜”已经与艾丝碧西公司之间建立起了对应关系，艾丝碧西公司对“巴黎贝甜”的使用不应被认定是对芭黎贝甜公司商标的侵权。第三，由于芭黎贝甜公司未实际使用过涉案商标，汉涛公司的行为不可能对芭黎贝甜公司造成任何经济损失或消极影响，且芭黎贝甜公司注册商标及对该商标的宣传行为存在攀附艾丝碧西公司的“巴黎贝甜”的主观恶意。

原审第三人艾丝碧西公司称：第一，申请注册商标应当基于诚实信用原则，不得损害他人的权利。芭黎贝甜公司所有的商标注册都是在原始股东将全部股权转让给芭黎贝甜公司现任法定代表人郑某前，芭黎贝甜公司及其原始股东是恶意抢注商标的团队，其公司成立并非是基于合法经营目的而是为了非法谋取利益。此外，艾丝碧西公司自2004年第一次入驻中国以来已在中国实际投资了1亿多美元，对中国的烘焙行业、税收都作出了巨大贡献，反观芭黎贝甜公司，其实缴注册资本为人民币（以下币种相同）0元，注册地也与实际经营地点不符。根据上述事实可以认定，芭黎贝甜公司的行为是典型的恶意抢注行为。第二，“巴黎贝甜”品牌自2004年入驻上海以来通过广泛的推广、宣传，消费者和烘焙业其他经营者等相关公众已经将“巴黎贝甜”

与艾丝碧西公司建立起了对应关系。芭黎贝甜公司正是基于这一点实施了恶意抢注的行为。判断一个商标是否侵权应当适用混淆原则。艾丝碧西公司从2004年开始，已经在中国实际向消费者提供烘焙等产品长达15年，在国内享有较高的知名度，而芭黎贝甜公司却从未实际使用过涉案商标，因此涉案行为并不会在公众范围内造成消费者对商品来源的混淆。

芭黎贝甜公司向一审法院提出诉讼请求：（1）汉涛公司立即停止侵权行为，即立即停止在其经营的网站上使用“巴黎贝甜”字样；（2）汉涛公司在《中国工商报》上刊登声明，消除影响；（3）汉涛公司赔偿芭黎贝甜公司经济损失10 000元及为制止侵权行为而支出的合理费用11 020元，包括律师费10 000元及公证费1020元。

一审法院认定事实：

一、芭黎贝甜公司注册商标的相应情况

芭黎贝甜公司成立于2015年1月9日，经营范围包括企业管理、餐饮管理、酒店管理等。芭黎贝甜公司成立后，未实际经营相关业务。芭黎贝甜公司的原始股东为案外人金某及沈阳绅士格林贸易有限公司（以下简称“绅士格林公司”），金某原系芭黎贝甜公司的法定代表人。绅士格林公司成立于2011年5月11日，金某为该公司的股东及法定代表人。2017年5月19日，金某及绅士格林公司退出芭黎贝甜公司，郑某此时开始成为芭黎贝甜公司的唯一股东及法定代表人。

芭黎贝甜公司于2014年12月22日申请注册第15987618号“芭黎贝甜”商标，2016年2月21日被核准注册，核定使用在第35类广告、替他人推销等服务上；于2015年10月20日申请注册第18105404号“BARIS BAGUETTE 芭黎贝甜”商标，2016年11月28日被核准注册，核定使用在第40类碾磨加工、榨水果、食物熏制、面粉加工等服务上；还于2017年9月13日受让第14898063号“芭黎贝甜 BARIS BAGUETTE”商标，该商标由绅士格林公司于2014年7月24日申请注册，2015年10月28日被核准注册，核定使用服务为第43类烹饪设备出租。上述商标现均在注册有效期内。芭黎贝甜公司未实际使用上述注册商标。

二、艾丝碧西公司及其关联公司经营“巴黎贝甜”饼店的事实

艾丝碧西公司成立于2005年8月，经营范围包括生产、加工中西糕点、裱花蛋糕、冷冻面团；供应本公司品牌的广告礼品及饮料、酒水；餐饮服务（限分支机构经营）等，在北京运营“巴黎贝甜”饼店。艾丝碧西公司及案外人上海艾丝碧西食品有限公司（以下简称“上海艾丝碧西”）、南京艾丝碧西餐饮管理有限公司（以下简称“南京艾丝碧西”）等公司系案外人艾丝碧西投资有限公司设立的全资子公司。其中，上海艾丝碧西成立于2003年11

月4日，在上海运营“巴黎贝甜”饼店，并运营巴黎贝甜官方网站（pbchina.cn）。

艾丝碧西公司及其关联公司为宣传“巴黎贝甜”品牌所做的宣传推广包括：（1）在影视剧植入广告及拍摄、播放品牌宣传片。在2008年的电影《非诚勿扰》、2010年的电影《我的青春谁做主》、2011年的电影《隐婚男女》、2012年的电视剧《夫妻那些事》中植入广告，影视剧中出现的店铺店招中使用了“PARIS BAGUETTE及图”和“巴黎贝甜”；2012年7月拍摄并播放巴黎贝甜宣传片，2013年9月在上海Si TV播放韩国城名店（虹泉路店）的宣传片，2016年1月拍摄并播放“BIGBANG&PB”闪店宣传片，均在宣传片中使用了“巴黎贝甜”；此外还在2011年的韩国电视剧《千日的约定》中植入广告。（2）通过报纸、杂志进行宣传。2011年1月到2014年7月间，“巴黎贝甜”在各类报纸、杂志上共计做83次广告，广告载体包括《贝太厨房》《中华烘焙》《美食与美酒》等美食类杂志、《昕薇》《瑞丽》《都市主妇》《旅游地理》《新影迷》等其他类型的杂志及《新商报》《大连晚报》等报纸，内容包括全国各地“巴黎贝甜”新店开业宣传、产品介绍等。此外，还在2017年8月22日的《北京晚报》上为七夕推出的甜品做广告。（3）通过网络媒体进行宣传。2011年2月到2017年10月间，网易、新浪网、搜狐网的多个频道，瑞丽网、嘉人网、中央日报网等各大网站有大量关于“巴黎贝甜”的报道，其中2014年5月前有20余次报道，瑞丽网2012年9月的报道为“巴黎贝甜中国第100家店开业”，网易旅游频道2014年8月的报道为“全智贤携巴黎贝甜节目健康美丽秘方”。

“巴黎贝甜”品牌及其经营者曾先后获得以下荣誉：（1）2006年5月和2006年8月，相应产品被中国商品学会认定为“高标准高品质”中国优质产品重点推广产品；（2）2008年，“巴黎贝甜”被中华全国工商业联合会烘焙业公会评为“金牌杰出饼家”；（3）2008年9月，艾丝碧西公司作为奥运餐饮供应企业，获得第29届奥林匹克运动会组织委员颁发的荣誉证书，后又于2009年4月被评为北京市劳动和谐关系单位；（4）艾丝碧西公司的“巴黎贝甜品牌食品系列”于2008年和2012年5月，上海艾丝碧西的“巴黎贝甜食品系列”于2012年5月，被中国中轻产品质量保障中心评为“质量、服务、信誉AAA品牌”；（5）2010年3月，艾丝碧西公司的“巴黎贝甜”被中国食品工业协会认定为“中国烘焙杰出饼店”，上海艾丝碧西的“巴黎贝甜”被中华全国工商业联合会烘焙业公会评为“2009中华烘焙明星饼店”；（6）艾丝碧西公司的巴黎贝甜东方广场店于2010年10月、世贸天阶店于2016年11月，上海艾丝碧西的巴黎贝甜古北店于2010年10月、正大广场店于2013年

10月，被中国烘烤食品糖制品工业协会、全国饼店等级评定委员会评为“五星级饼店”；（7）2012年7月，上海艾丝碧西的贝甜蒜泥法棍面包被上海市食品协会、上海市食品协会烘焙专业委员会评为“2012年度上海名优食品”；（8）2010年10月、2013年10月、2016年11月，“巴黎贝甜饼店”三次被中国烘烤食品糖制品工业协会、全国饼店等级评定委员会评为“全国十佳饼店”；（9）2014年1月，南京艾丝碧西被南京市玄武区统计局评为先进集体，2014年3月被评为江苏省放心消费创建活动示范单位；（10）2016年10月，巴黎贝甜被韩国驻中国大使馆授予中国经营大奖。

中国焙烤食品糖制品工业协会于2018年4月出具证明称，艾丝碧西食品有限公司旗下“巴黎贝甜”品牌于2004年进入中国，先后在上海、北京等大中城市设立分公司，为该协会常务理事单位。中华全国工商业联合会烘焙业公会于同年6月出具证明称，艾丝碧西食品有限公司于2005年加入该公会，巴黎贝甜品牌在国内同行中名列前茅。

三、“巴黎贝甜”饼店在大众点评网上的相应情况

汉涛公司为社会生活分享类网站大众点评网（dianping. com）的经营者，注册用户可在该网站上传相应商户信息及发表点评。同时，大众点评网还为合作商户提供关键词推广、团购、预约预订等商务推广服务。

根据芭黎贝甜公司于2017年10月10日所作公证，在大众点评网的北京站搜索“芭黎贝甜”，下拉列表中会出现大量“巴黎贝甜”相关的搜索建议项，点击“巴黎贝甜”后，出现4页搜索结果，均为北京市不同地址的名为“巴黎贝甜”的店铺信息，部分店铺信息还使用了“巴黎贝甜及图”标识，部分店铺还展示了团购和/或外卖服务。点击进入其中的2家店铺，均展示了经营主体的相关证照信息，其中“巴黎贝甜（凯德MALL望京店）”展示的证照主体为北京艾丝碧西食品有限公司望京广顺店，“巴黎贝甜（凯德MALL望京店）”的证照主体为多拿滋（北京）食品有限责任公司。

一审审理中，汉涛公司提交了其后台系统中载明的前述公证书中所涉店铺的创建信息及创建者注册信息。艾丝碧西公司称北京的“巴黎贝甜”饼店均系其通过分公司经营的直营店或经其授权的加盟店，大众点评网上的店铺信息均由其统一上传，其中“巴黎贝甜（凯德MALL望京店）”为直营店，“巴黎贝甜（凯德MALL望京店）”为加盟店。

四、其他事实

根据艾丝碧西公司于2017年11月17日所作公证，在商标转让网（48590. maizhi. com）上，公司简介处介绍“本站经营范围以商标转让为主，提供全面及时的商标交易服务……联系人：金某个人……”。在该网站的“商

标超市”频道中，有大量待转让的商标，其中包括芭黎贝甜公司的涉案3个注册商标，联系人均为金某，价格均为3万元。根据中国商标网的查询结果，金某申请了639个商标的注册，芭黎贝甜公司申请了39个商标的注册，绅士格林公司申请了195个商标的注册。“pbchina. cn”网站上介绍了巴黎贝甜进入中国市场、获奖及在中国成立公司的历史。其中介绍上海巴黎贝甜1号店成立于2004年，2005年在北京开设第一家店。

根据艾丝碧西公司于2017年11月28日所作公证，“pariscroissant. cn”“baguette. com. cn”网站上以“巴黎贝甜”品牌做烘焙业的加盟宣传，大量使用了“巴黎贝甜BARIS BAGUETTE”“巴黎贝甜烘焙技术”等标识。根据艾丝碧西投资有限公司于2018年3月1日所作公证，上述两个网站上仍存在以上加盟宣传。经查询“whois. chinaz. com”网站，“baguette. com. cn”的注册人为金某，“pariscroissant. cn”的注册人为北京驰名会教育咨询有限公司，该公司的股东为金某及绅士格林公司，金某担任其法定代表人。一审审理中，该两网站均已无法登录。

根据艾丝碧西投资有限公司于2018年3月2日所作公证，芭黎贝甜公司运营的微信公众号“巴黎贝甜PARISBAGUETTE”中介绍：“芭黎贝甜中国事业部奉献全世界最美味的甜食。欢迎与同行有志者合作，全国招商400－0082－086来自韩国服务中国www. baguette. com. cn”。该公众号的注册详情显示，该账号于2016年12月20日认证“巴黎贝甜”和“巴黎贝甜PARISBAGUETTE”。

一审法院认为，商标注册人享有的商标专用权，受法律保护。未经商标注册人许可，在同一种服务上使用与其注册商标近似的商标，或者在类似服务上使用与其注册商标近似的商标，容易导致混淆的，属侵犯注册商标专用权的行为。根据各方当事人的意见，本案争议焦点在于：大众点评网上的涉案店铺信息是否由汉涛公司上传；汉涛公司的行为是否构成侵权。

一、关于大众点评网上的涉案店铺信息是否由汉涛公司上传

芭黎贝甜公司以大众点评网由汉涛公司运营为由，认为上述商户信息由汉涛公司上传；汉涛公司则辩称上述信息由其注册用户发布；艾丝碧西公司称上述信息由其发布。一审法院认为，根据大众点评网的服务模式，其主要提供本地生活信息、消费点评等信息的存储空间服务，并为合作商户提供团购、预定、外卖等交易服务，任何注册用户均可在该网站创建店铺信息。本案中，大众点评网上展示的涉案“巴黎贝甜”店铺信息均对应有具体的线下实体店，芭黎贝甜公司公证取证时点击进入的两家店铺还展示有经营者证照信息。汉涛公司提交了其网站后台存储的上述店铺创建者的注册信息及店铺创建时间，艾丝碧西公司称上述信息均由其上传，对应的线下店铺分别是其

运营的直营店或经其授权的加盟店。经核对，芭黎贝甜公司公证书中的店铺信息尤其是其点击打开的两家店铺信息与艾丝碧西公司的陈述相符。据此，根据大众点评网的一般经营模式、本案现有证据及汉涛公司、艾丝碧西公司的陈述可以证明，大众点评网上的“巴黎贝甜”店铺信息并非由汉涛公司上传，汉涛公司未直接实施对“巴黎贝甜”的使用行为。

芭黎贝甜公司还提出，即便“巴黎贝甜”店铺信息由艾丝碧西公司上传，但因汉涛公司为艾丝碧西公司提供团购等服务，故认为汉涛公司与艾丝碧西公司共同使用了“巴黎贝甜”标识。一审法院认为，艾丝碧西公司作为“巴黎贝甜”品牌在北京市的经营者及大众点评网上“巴黎贝甜”店铺信息的上传者，系直接使用该商标的主体。芭黎贝甜公司在未提交证据证明汉涛公司与艾丝碧西公司共同使用该标识的情况下，仅以汉涛公司在大众点评网上为合作商户提供团购等服务为由，认为汉涛公司与艾丝碧西公司存在共同使用行为，事实上是认为汉涛公司与大众点评网上的所有合作商户共同提供相应商品或服务，显然缺乏依据并不合常理。当然，鉴于汉涛公司为艾丝碧西公司经营的“巴黎贝甜”饼店提供信息展示空间及团购等服务，当艾丝碧西公司通过大众点评网实施侵权行为且汉涛公司对此存在主观过错时，仍可能因此而承担相应责任。

二、关于汉涛公司的行为是否构成侵权

芭黎贝甜公司主张汉涛公司存在两类商标侵权行为，即在大众点评网上使用“巴黎贝甜”商标的直接侵权行为，以及为“巴黎贝甜”饼店经营者提供网络服务的帮助侵权行为。

关于芭黎贝甜公司主张的直接侵权行为是否成立。如前所述，在大众点评网上对“巴黎贝甜”进行商标性使用的主体并非汉涛公司，故芭黎贝甜公司的该项主张并不成立。事实上，即便如芭黎贝甜公司所主张的，汉涛公司在大众点评网上提供的团购、外卖等服务属于广告推销行为，其提供服务时所使用的用以区分其服务来源的商标为“大众点评网”或汉涛公司的其他标识，并非以“巴黎贝甜”或其网站上的其他店铺名称作为其提供服务的商标。因此，芭黎贝甜公司认为汉涛公司行为构成直接侵权的主张不成立，一审法院不予支持。

关于芭黎贝甜公司主张的帮助侵权行为是否成立。芭黎贝甜公司认为汉涛公司网站为商铺提供订餐等服务，构成对商铺经营者商标侵权行为的帮助侵权。现有证据证明，芭黎贝甜公司指控的北京地区的“巴黎贝甜”饼店均由艾丝碧西公司经营或授权经营。芭黎贝甜公司的该项主张是否成立，取决于艾丝碧西公司在饼店名称中使用“巴黎贝甜”的行为是否侵害芭黎贝甜公司对涉案注册商标享有的权利。根据《最高人民法院关于审理商标民事纠纷案件适用法律若干问题的解释》第十一条的规定，类似服务是指在服务的目的、内容、方式、对象等方面相同，或者相关公众一般认为存在特定联系、容易造成混淆的服务。第十二条规定，认定商品或者服务是否类似，应当以相关公众对商品或者服务的一般认识综合判断，《商标注册用商品和服务国际分类表》《类似商品和服务区分表》可以作为判断类似商品或者服务的参考。艾丝碧西公司经营的饼店属于《类似商品和服务区分表》中第43类餐饮服务的一种，将其与芭黎贝甜公司第15987618号“芭黎贝甜”商标核定使用的第35类广告、替他人推销等服务相比，明显无任何关联，不构成相同或类似服务。与芭黎贝甜公司第18105404号“BARIS BAGUETTE 芭黎贝甜”商标核定使用的第40类碾磨加工、面粉加工等服务相比，虽均涉及食品加工，但该类服务与饼店经营中自行生产食品后予以出售的行为相比，二者在服务的目的、内容、方式、对象等方面均不相同，故不构成相同或类似服务。与芭黎贝甜公司第14898063号“芭黎贝甜 BARIS BAGUETTE”商标核定使用的第43类烹饪设备出租服务相比，虽均属第43类服务，但在服务的目的、内容、方式、对象等方面亦均不相同。因此，艾丝碧西公司并未在与芭黎贝甜公司涉案商标核定使用的服务类似的服务上使用“巴黎贝甜”，未侵害芭黎贝甜公司就涉案注册商标享有的专用权。鉴于此，芭黎贝甜公司关于汉涛公司构成帮助侵权的主张亦不成立，一审法院不予支持。

一审法院注意到，在芭黎贝甜公司涉案3个注册商标的最早申请注册日前，艾丝碧西公司及其关联公司早已开始在饼店经营中使用“巴黎贝甜”标识。根据现有证据，芭黎贝甜公司涉案3个注册商标的最早申请注册日为2014年7月24日，艾丝碧西公司及其关联公司在该日期前在全国多个城市开设了大量“巴黎贝甜”店铺，至2012年9月即已达100家。虽根据现有证据难以查明艾丝碧西公司及其关联公司最早使用“巴黎贝甜”的时间，但其自2006年开始即以“巴黎贝甜”的名义获得业内的大量荣誉，并在宣传推广中大量使用“巴黎贝甜”标识。其中，至2014年7月前的宣传行为及获奖情况包括：（1）2008年到2013年间，“巴黎贝甜”店铺在《非诚勿扰》等4部影视剧中做植入广告宣传，拍摄并播放了2个使用了“巴黎贝甜”的宣传片；（2）2011年1月到2014年7月间，在各类地方或全国性报纸、杂志上做83次广告；（3）2011年2月到2014年5月间，被各大网站报道20余次；（4）2006年到2014年3月间，“巴黎贝甜”品牌、店铺经营者及产品获得大量荣誉，荣誉证书明确提及“巴黎贝甜”的有11次，所涉荣誉包括“中国烘焙杰出饼店”“中华烘焙明星饼店”“全国十佳饼店”“金牌杰出饼家”“五星级饼店”

"质量、服务、信誉 AAA 品牌"等，评选主体包括中国食品工业协会、中国中轻产品质量保障中心、中华全国工商业联合会烘焙业公会、中国烘烤食品糖制品工业协会、全国饼店等级评定委员会等全国性的权威食品行业协会或烘焙行业协会。其中，除"巴黎贝甜"品牌获得大量荣誉外，艾丝碧西公司经营的数个店铺还从 2008 年开始获得单店荣誉。根据以上事实可以认定，在芭黎贝甜公司的涉案注册商标最早申请注册日前，艾丝碧西公司及其关联公司早已在饼店经营中大量使用"巴黎贝甜"标识，做了极为广泛的各种方式的宣传推广，获得了行业内的大量荣誉。对于烘焙行业的其他经营者、消费者等相关公众而言，"巴黎贝甜"标识与艾丝碧西公司及其关联公司之间建立了稳定的联系。根据《商标法》第五十九条第三款的规定，商标注册人申请商标注册前，他人已经在同一种商品或者类似商品上先于商标注册人使用与注册商标相同或者近似并有一定影响的商标的，注册商标专用权人无权禁止该使用人在原使用范围内继续使用该商标，但可以要求其附加适当区别标识。本案中，艾丝碧西公司及其关联公司系在与芭黎贝甜公司注册商标核定使用的服务不相同也不类似的服务上使用其具有一定影响的商标，芭黎贝甜公司更无权禁止艾丝碧西公司及其关联公司继续使用。

此外，从芭黎贝甜公司取得和行使涉案注册商标专用权的事实看，其提起本案诉讼的行为难谓正当。芭黎贝甜公司的涉案 3 个注册商标的标识中，"芭黎贝甜"与艾丝碧西公司及其关联公司在先使用的有一定影响的"巴黎贝甜"仅一字之别，读音完全相同；"BARIS BAGUETTE"与艾丝碧西公司及其关联公司在饼店经营中同时使用的"PARIS BAGUETTE"（意译为"巴黎法棍"）仅一个字母之别。"巴黎贝甜"经艾丝碧西公司及其关联公司的长期使用及宣传，在烘焙行业具有较强的显著性和较高的知名度。依常理判断，在完全没有接触或知悉的情况下，芭黎贝甜公司及绅士格林公司因巧合而注册涉案商标的可能性较低。芭黎贝甜公司涉案 3 个商标注册后未实际使用，但芭黎贝甜公司的原股东、法定代表人金某及其控制的公司在其注册的网站上使用"巴黎贝甜"品牌进行烘焙店铺的加盟宣传，芭黎贝甜公司还将"巴黎贝甜"认证为其微信公众号名称，可见芭黎贝甜公司对烘焙行业有较高的关注，并对艾丝碧西公司的"巴黎贝甜"品牌有一定的了解，芭黎贝甜公司及绅士格林公司系将艾丝碧西公司的"巴黎贝甜""PARIS BAGUETTE"作细微改动后而申请注册涉案 3 个注册商标。根据以上事实，并考虑到芭黎贝甜公司成立至今无任何实际经营行为，芭黎贝甜公司、金某及绅士格林公司申请注册了大量商标，金某在网上转让包括涉案 3 个注册商标在内的大量商标等事实，芭黎贝甜公司基于艾丝碧西公司在不同服务上使用"巴黎贝甜"的行为提起本案侵权之诉，有权利滥用之嫌。

芭黎贝甜公司还提出，艾丝碧西公司使用的“巴黎贝甜”属于《商标法》第十条第二款规定的不得作为商标使用的标识。一审法院认为，该款规定，县级以上行政区划的地名或者公众知晓的外国地名，不得作为商标。但是，地名具有其他含义或者作为集体商标、证明商标组成部分的除外；已经注册的使用地名的商标继续有效。同时，根据《最高人民法院关于审理商标授权确权行政案件若干问题的意见》第四条的规定，对于那些由地名和其他要素组成的商标，如果商标因有其他要素的加入，在整体上具有显著特征，而不再具有地名含义或者不以地名为主要含义的，就不宜因其含有县级以上行政区划的地名或者公众知晓的外国地名，而认定其属于不得注册的商标。本案中，艾丝碧西公司使用的“巴黎贝甜”由法国的城市名称“巴黎”和其臆造的词汇“贝甜”组成，对于餐饮服务而言，该标识整体上具有显著特征，且经过艾丝碧西公司及其关联公司的大量使用及宣传，该标识在烘焙行业已具有较高的显著性和知名度，亦非以表达“巴黎”这一地名作为其主要含义，故不属于不得注册、不得使用的商标。对芭黎贝甜公司的上述意见，一审法院不予采纳。至于艾丝碧西公司的关联公司曾申请注册“巴黎贝甜”商标但被驳回的事实，并不影响本案的认定。

综上，芭黎贝甜公司的诉讼请求不成立，一审法院不予支持。依照《中华人民共和国商标法》第五十七条第二项、《最高人民法院关于审理商标民事纠纷案件适用法律若干问题的解释》第十一条第二款、第十二条规定，判决：驳回芭黎贝甜公司的诉讼请求。一审案件受理费人民币325.50元，由芭黎贝甜公司负担。

本院经审理查明，除芭黎贝甜公司2017年10月10日所作公证中证照主体为多拿滋（北京）食品有限责任公司的以及艾丝碧西公司所称为加盟店的均系“巴黎贝甜（望京梦秀店）”，而非“巴黎贝甜（凯德MALL望京店）”，本院对此予以纠正外，一审法院认定的其他事实属实，本院予以确认。

二审中，芭黎贝甜公司提交了下列证据：第一组证据，商标异议理由书，用以证明艾丝碧西公司承认“PARIS BAGUETTE”（中文巴黎贝甜）商标是法国地名（PARIS）和法国的正宗面包法棍（BAGUETTE）的合成词。第二组证据，网站对“PARIS BAGUETTE”及百度词条对“BAGUETTE”翻译的截图，用以证明“PARIS BAGUETTE”翻译成巴黎面包和巴黎长棍面包。BAGUETTE一般指法式长棍面包，属于行业通用词，缺乏显著性。第三组证据，商标驳回通知书以及“巴黎贝甜”商标无效状态查询的网页截图，用以证明国家工商行政管理总局商标评审委员会（以下简称“商评委”）以

“PARIS 译为巴黎，为公众知晓的外国地名，BAGUETTE 译为法国长棍面包，不得作为商标使用”为由驳回了商标注册申请。第四组证据，巴黎贝甜官网、官方微博的页面截图、收银小票，用以证明微博页面背景图以法国巴黎面包店情景为主，店铺名称和品牌中包含巴黎及法语面包店，暗示消费者其与法国巴黎存在特定关系，以及将“PARIS BAGUETTE”和“巴黎贝甜”对应使用，但收银单未明确销售主体。第五组证据，“韩国媒体报道”韩文翻译文件、新华网、网易、今日头条、搜狐网、知乎、人民网等网站对于法棍（BAGUETTE）申遗的相关报道、商标局网站“巴黎春天”等商标被驳回或无效的查询信息记录，用以证明艾丝碧西公司故意使用“巴黎贝甜”“PARIS BAGUETTE”，给消费者造成来源地的混淆和误解，误以为品牌与法国巴黎有关联。同时，与“巴黎”相关的商标注册申请都被商评委驳回或认定无效。

汉涛公司认为上述证据与本案均缺乏关联，对关联性不予认可。

艾丝碧西公司对上述证据质证如下：第一组证据是关于英文标识的证据，与本案无关。第二组证据是百度截图，与本案无关，不认可关联性及证明目的。第三组证据不能说明艾丝碧西公司申请相关商标在被驳回后不能再成功申请，同时该证据也与艾丝碧西公司使用巴黎贝甜是否构成侵权不存在关联性。第四组证据中可以看出，芭黎贝甜公司在没有进行特许经营的情况下实施了欺诈行为，并注册了微信公众号，虽然广告中显示的是带有草字头的“芭”，但使用的头像却是巴黎贝甜。第五组证据与案件不具有关联性。

本院对上述证据的认证意见如下：本案上诉人主张汉涛公司在其网站使用的“巴黎贝甜”标识侵犯上诉人注册商标专用权，而上诉人在二审中提交的上述证据，主要为法语“PARIS BAGUETTE”与中文“巴黎贝甜”间的关系、“巴黎贝甜”商标的申请情况，以及艾丝碧西公司涉嫌虚假宣传的内容，该些证据所反映的内容与本案的商标侵权认定并无关联，故对该些证据均不予采纳。

艾丝碧西公司提交了下列证据：（1）天津市和平区人民法院（2018）津0101 民初 5391 号民事判决书，证明该法院也认为“巴黎贝甜”品牌在国内享有较高的商誉，不会使相关公众产生混淆，而芭黎贝甜公司在涉案注册商标上却未曾积累任何商誉。（2）关于第 6306376 号“PARIS BAGUETTE”商标无效宣告请求裁定书，用以证明商评委认为“PARIS BAGUETTE”商标虽然可译为“法国面包”，但在整体上具有一定显著性，且考虑其已注册和使用多年，通过宣传使用已形成相对稳定的市场格局。

芭黎贝甜公司对上述证据的质证意见如下：（1）该判决书所涉商标与本案所涉商标不同，且该判决尚未生效，无法作为参考依据。（2）该裁定书所涉商标内容、类别与涉案商标均不一致，且该裁定书尚未生效，无法作为参考依据。

汉涛公司认可上述证据的真实性、合法性、关联性及证明内容。

本院对上述证据的认证意见如下：该两组证据所涉法律文书均未生效，故对该两组证据均不予采纳。

本院认为，《民法总则》第七条规定，民事主体从事民事活动，应当遵循诚信原则，秉持诚实，恪守承诺。《民事诉讼法》第十三条规定，民事诉讼应当遵循诚实信用原则。根据上述规定，诚实信用原则是民事主体从事民事活动，以及参与民事诉讼应当遵循的基本原则。权利人通过民事诉讼寻求法律救济的前提是其实体权利的取得，以及诉讼权利的行使均具有正当性，不得违反诚实信用原则。针对本案芭黎贝甜公司所涉行为是否具有正当性，评述如下：

一、芭黎贝甜公司取得涉案注册商标是否具有正当性

《商标法》第七条第一款规定："申请注册和使用商标，应当遵循诚实信用原则。"该规定是诚实信用原则在商标法领域的具体体现。诚实信用原则要求民事主体在市场经济活动中讲究信用、恪守诺言、诚实不欺，在不损害他人利益和社会利益的前提下追求利益。

本院认为：首先，芭黎贝甜公司申请注册涉案商标不具有使用意图。芭黎贝甜公司在取得涉案三个注册商标后至今未实际在经营活动中使用，且芭黎贝甜公司在庭审中确认，其自 2015 年 1 月成立至今，并无实际从事任何经营业务。显然，芭黎贝甜公司作为一个成立已有 4 年且无任何实际经营业务的公司，其申请和受让涉案商标不可能具有在商业活动中进行使用的意图。其次，芭黎贝甜公司存在囤积商标的行为。芭黎贝甜公司申请了包括涉案商标在内的共 39 个商标，其原法定代表人、原始股东金某，以及原始股东绅士格林公司分别申请了 639 个商标和 195 个商标，上述商标的申请数量明显超过实际使用需求，且金某在网站上转让包括涉案 3 个注册商标在内的大量商标，可见芭黎贝甜公司存在通过囤积商标而牟利的行为。

关于芭黎贝甜公司申请注册涉案商标并取得商标专用权的行为是否具有正当性，本院认定如下：商标法虽不要求申请注册的商标以实际使用为前提，但仍要求申请注册商标应有实际的使用意图。《商标法》第四条第一款规定："自然人、法人或者其他组织在生产经营活动中，对其商品或者服务需要取得商标专用权的，应当向商标局申请商标注册。"根据该规定，自然人、法人或者其他组织申请注册商标应出于生产经营活动的需要。商标的基本功能是识别商品或服务的来源，如果脱离生产经营活动的需要而申请注册商标，显然

不可能实现商标的基本功能，也背离商标法保护商标专用权的立法初衷。本案中，芭黎贝甜公司申请注册涉案商标不具有使用意图，其囤积商标并牟取利益的行为不仅违反商标法的立法目的，且具有危害性。一方面，该行为会损害正常的商标注册秩序，不正当地挤占有限的商标资源，影响其他市场主体以正当需求注册商标，增加其商标注册成本。另一方面，该行为可能引发大量有关注册商标的法律争议，消耗宝贵的行政资源和司法资源。因此，芭黎贝甜公司申请注册涉案注册商标并取得商标专用权的行为不具有正当性，有悖诚实信用原则。

二、芭黎贝甜公司行使民事诉讼权利是否具有正当性

诉讼主体应当依诚实信用原则进行诉讼活动，依法善意地行使法律赋予的诉讼权利，不得滥用诉讼权利。任何违背法律精神，以损害他人正当权益为目的，恶意行使诉讼权利的行为均属于权利滥用，其相应的主张不应予以支持。本案中，艾丝碧西公司至少于2006年起在经营活动大量使用“巴黎贝甜”标识，在案证据足以证明在上诉人芭黎贝甜公司及案外人申请注册涉案商标之前，艾丝碧西公司使用的“巴黎贝甜”标识已具有一定影响，其有权在原有范围内继续使用。在此情形之下，芭黎贝甜公司仍申请注册了包括涉案注册商标在内的大量商标，并依此在本案中主张权利，其行为具有不正当性，违背民事诉讼诚实信用原则。

综上，上诉人芭黎贝甜公司申请注册取得涉案商标专用权，以及通过民事诉讼寻求救济的行为，均有悖民事主体从事民事活动及参与民事诉讼所应遵循的诚实信用原则，其权利不具有保护的基础。关于上诉人注册商标核定使用类别与被控标识实际使用的类别是否构成类似，艾丝碧西公司商标在先使用抗辩是否成立，以及汉涛公司是否构成商标侵权行为等问题，一审法院已进行了详细评述，本院予以认同并不再赘述。一审法院认定事实基本清楚，裁判结果并无不当，应予维持。依照《中华人民共和国民事诉讼法》第一百七十条第一款第一项规定，判决如下：

驳回上诉，维持原判。

二审案件受理费人民币325.50元，由上诉人北京芭黎贝甜企业管理有限公司负担。

本判决为终审判决。

审　判　长　　钱文光
审　判　员　　范静波

代理审判员　　黄旻若
二〇一九年四月二十五日
法 官 助 理　　陈蕴智
书　记　员　　周　颖

附：相关的法律条文

《中华人民共和国民事诉讼法》

第一百七十条　第二审人民法院对上诉案件，经过审理，按照下列情形，分别处理：

（一）原判决、裁定认定事实清楚，适用法律正确的，以判决、裁定方式驳回上诉，维持原判决、裁定；

…………

10. 上海唯一视觉企业发展有限公司与上海市嘉定区安亭镇新惟一视觉婚纱影楼侵害商标权及不正当竞争纠纷上诉案

上海知识产权法院
民事判决书

（2019）沪73民终324号

上诉人（原审原告）：上海唯一视觉企业发展有限公司。

法定代表人：贺某，该公司董事长。

委托诉讼代理人：张某，上海锦维律师事务所律师。

被上诉人（原审被告）：上海市嘉定区安亭镇新惟一视觉婚纱影楼。

经营者：黄某。

委托诉讼代理人：田某，上海誉嘉律师事务所律师。

委托诉讼代理人：俞某，上海誉嘉律师事务所律师。

上诉人上海唯一视觉企业发展有限公司（以下简称“唯一视觉公司”）因与被上诉人上海市嘉定区安亭镇新惟一视觉婚纱影楼（以下简称“新惟一视觉影楼”）侵害商标权及不正当竞争纠纷一案，不服上海市普陀区人民法院（2018）沪0107民初19839号民事判决，向本院提起上诉。本院于2019年8月26日立案后，依法组成合议庭，于2019年10月30日公开开庭进行了审理。上诉人唯一视觉公司的委托诉讼代理人张某、被上诉人新惟一视觉影楼的委托诉讼代理人俞某到庭参加诉讼。本案经本院院长批准延长审限三个月，本案现已审理终结。

唯一视觉公司上诉请求：（1）请求依法撤销（2018）沪0107民初19839号民事判决。（2）依法改判支持唯一视觉公司一审诉讼请求。（3）判令新惟一视觉影楼承担本案一审、二审费用。事实与理由：（1）关于事实方面：①一审判决书中记录“经当庭随机抽取2019年9月29日《预约单》，拨打拍照顾客徐某的手机，接听者表示的确曾拍婚纱照但时间久远已记不得具体日期。”但一审开庭时，为核实《预约单》的真实性，法庭主导随机挑选拨打了三个电话，只有一个电话中有类似表述，且陈述中不能确定是否新惟一视觉影楼的顾客。一审法庭记录带有偏向性，不符合实际。②一审中,唯一视觉公司只找出法定代表人贺某与案外人的一张合影，没有一审判决书中所谓“授予加盟商授权证书的人与贺某的合影”，且新惟一视觉影楼至今未说明哪些照片是涉及贺某本人的。（2）关于商标近似认定方面：①涉案商标中“婚纱摄影”是通用词汇，单个“v”是英文字母，而“唯一视觉”是起主要辨识作用的核心文字。从普通消费者的认知习惯来说，更容易记忆带有品牌辨识度的文字。从称谓习惯来说，也更容易用“唯一视觉”来指代。一审法院忽视了“唯一视觉”是涉案商标主体部分的事实。②虽然唯一视觉公司在经营过程中不是严格按照商标样式使用,但因为“唯一视觉”四个字的长期使用，涉案商标已经具有较高的知名度和价值。一审法院忽视了唯一视觉公司在百度、微博等花费大量财力进行品牌宣传的事实，忽视了涉案商标已经具有较大市场影响力的事实。③一审法院确认新惟一视觉影楼使用“唯一视觉”是基于加盟的原因，与认定涉案商标与“唯一视觉”不构成近似相互矛盾。（3）关于不正当竞争，唯一视觉公司成立时间的早晚以及唯一视觉公司获取商标的早晚并非确定新惟一视觉影楼存在不正当竞争的关键因素，关键在于混淆的成立。一审中，唯一视觉公司提供充分的证据证明唯一视觉公司进行大量品牌宣传后涉案商标已经具有较高知名度，且新惟一视觉影楼行为本身也说明其主观上具有攀附的故意。故新惟一视觉影楼字号中使用“惟一视觉”已经造成相关公众的混淆，应当承担相应责任。基于上述理由，请求依法支持唯一视觉公司的请求。

新惟一视觉影楼辩称，新惟一视觉影楼系个体工商户，2012 年开始使用新唯一视觉店招，早于唯一视觉公司，有权继续使用。新惟一视觉影楼在 2016 年参加展会时与唯一视觉公司签订独家总代理合约，支付了费用，有权在约定范围内继续使用注册商标。唯一视觉公司未使用涉案商标，根据《中华人民共和国商标法》（以下简称《商标法》）第六十四条规定，唯一视觉公司没有权利主张赔偿。唯一视觉公司的上诉请求没有事实与法律依据。新惟一视觉影楼也没有侵权行为。一审法院判决事实清楚，适用法律正确，请求维持原判，驳回唯一视觉公司的所有主张。

唯一视觉公司向一审法院提出诉讼请求：（1）判令新惟一视觉影楼停止侵犯唯一视觉公司商标专用权的行为，立即销毁带有“唯一视觉”字样的产品宣传资料、店面招牌等材料；（2）判令新惟一视觉影楼在《新民晚报》非中缝位置刊登声明，以消除影响；（3）判令新惟一视觉影楼赔偿唯一视觉公司经济损失人民币 20 万元包含合理费用公证费 1000 元、律师费 4000 元（以下币种相同）；（4）判令新惟一视觉影楼停止在字号中使用“惟一视觉”文字；（5）诉讼费由新惟一视觉影楼承担。

一审法院认定事实如下：

一、唯一视觉公司商标权利及使用情况

唯一视觉公司于2015年10月30日注册成立，经营范围包括摄影服务、品牌管理等。

涉案商标——第12554127号“V唯一视觉婚纱摄影”注册商标，原系案外人潘多拉公司于2013年5月9日提出注册申请，2016年3月21日获准注册，有效期至2026年3月20日、注册类别第41类，注册号：12554127，服务项目为摄影等。2016年10月30日，唯一视觉公司与潘多拉公司签订《注册商标转让合同》，受让第12554127号注册商标，并于2017年4月13日经商标局备案出具《商标转让证明》。根据唯一视觉公司与潘多拉公司《注册商标转让合同》第四条的约定，甲方（潘多拉公司）将针对合同生效前就存在的侵犯合同所涉商标之行为的维权权利，以及通过维权获得相应收益的权利一并转让给乙方（唯一视觉公司）。

唯一视觉公司自成立起至受让“V唯一视觉婚纱摄影”注册商标后，均使用“唯一视觉”作为店招及商标标识，在店招及宣传册上均未用与其注册商标“V唯一视觉婚纱摄影”相同的标识。

二、新惟一视觉影楼经营沿革及标识使用

新惟一视觉影楼为个体工商户，成立于2014年3月11日，经营者黄某。

新惟一视觉影楼经营者黄某持有2012年起每年大量的摄影服务《预约单》原件，《预约单》上部为：V字母带装饰花纹图形及“新唯一视觉”标识、“国际婚纱摄影”字样，《预约单》表格内有详细的客户名称、联系方式、套系名称及套系内容、拍摄须知、预约定金等。一审审理中，经当庭随机抽取2012年9月29日（一审文书表述为2019年9月29日有误，本院予以纠正）《预约单》，拨打拍照顾客徐某的手机，接听者表示的确曾拍婚纱照但时间久远已记不得具体日期。

新惟一视觉影楼经营者黄某当庭演示其手机微信朋友圈，展示2014年注册新惟一视觉影楼后，其朋友圈所发照片可见店铺使用V字母带装饰花纹图形及“新唯一视觉”标识，与上述《预约单》上标识一致。

2016年2月，新惟一视觉影楼经营者黄某参加上海婚纱摄影器材展览会，在W4馆A11“唯一视觉”展位，加入加盟商微信朋友圈。黄某看见唯一视觉公司与上海由你企业发展有限公司（以下简称“由你公司”）之间的《独家授权合作协议》，相信由你公司系唯一视觉公司的线下旅拍业务全国独家代理商，在展会现场以新惟一视觉影楼名义与由你公司签订《城市独家特许代理合约书》，成为唯一视觉旅游摄影产品在嘉定区安亭镇的独家代理。后黄某和众多加盟商受邀参加2月24日上海市宝山区长江路258号举行的《唯一视觉旅拍VIP盛典》和3月9日《旅拍大势特训营》，新惟一视觉影楼在活动现场被授予加盖“上海唯一视觉企业发展有限公司”章的《授权证书》，并取得宣传册一本，内有唯一视觉公司的获奖照片。唯一视觉公司法定代表人贺某参加了上述活动，留下大量活动照片，还包括授予加盟商授权证书的人与贺某的合影。加盟后，新惟一视觉影楼的店铺改用包含“唯一视觉”字样在内的店招。

根据2017年8月唯一视觉公司至新惟一视觉影楼注册地及附近地铁11号线安亭站3号口新惟一视觉影楼接待店铺实地拍摄录像显示：新惟一视觉影楼在其门店招牌中使用“唯一视觉 全球由你拍”“唯一视觉婚纱、婚庆一站式服务”“唯一视觉您的结婚照专家”字样；在地铁站接待店铺使用“唯一视觉全球由你拍”字样。

唯一视觉公司另提供（2017）沪东证经字第25411号公证书，证明2017年8月28日新惟一视觉影楼在百度糯米网使用“新唯一视觉婚纱摄影”字样、在品质团网使用“（安亭）新唯一视觉摄影”字样、在大众点评网上使用“新唯一视觉”字样用于店铺宣传。

一审法院另查明，在工商信息查询中，目前没有由你公司存续。

一审法院认为，唯一视觉公司的诉讼请求主要围绕“唯一视觉”四字，主张新惟一视觉影楼不得以相同四字进行商标性使用。新惟一视觉影楼使用包含“唯一视觉”四字的店招，经一系列证据相互印证，有其经营者黄某自2012年起长期开设影楼并延续经营的合理原因。唯一视觉公司称其前身“唯一视觉摄影工作室”自2005年成立起即使用“唯一视觉”作为自身商业标识，经一审法院释明后，仍未提供任何证据加以证实。2016年后新惟一视觉影楼使用包含“唯一视觉”四字的店招，另有参加展会、加盟活动取得授权的原因，新惟一视觉影楼大量证据原件及一部分与其他加盟商有关的证据复印件足以证实，唯一视觉公司法定代表人参与了上述商业活动。唯一视觉公司虽否认展会及加盟活动与其有关，否认其与由你公司合同上唯一视觉公司公章的真实性和法定代表人签字的真实性，但未提供任何证据加以反驳，以证明照片中显示其法定代表人参与的并非这些活动，唯一视觉公司法定代表人也未应一审法院要求到庭接受调查质证。既然众多加盟商参加的加盟盛典、培训活动就在唯一视觉公司住所地相同门牌号的地点，既然唯一视觉公司代理人在审理中陈述一年多以前唯一视觉公司就已发现“由你公司”非法以唯一视觉公司独家代理商名义对外招商，但唯一视觉公司却从未采取正当措施，有违常理。

就唯一视觉公司前三项诉讼请求而言，其主张新惟一视觉影楼商标侵权。依照相关法律，注册商标专用权受法律保护，未经商标注册人许可，在同一种商品上使用与注册商标相同或近似的商标，构成对注册商标专用权的侵犯。注册商标的专用权，以核准注册的商标和核定使用的商品为限。本案中，唯一视觉公司指控新惟一视觉影楼在相同商品及服务上使用了与唯一视觉公司注册商标近似的商标构成侵权，故涉及商标近似的比对。唯一视觉公司主张保护的第12554127号注册商标——“V唯一视觉婚纱摄影”，系由一个英文字母加八个汉字组成，字母V带有一定艺术设计且较汉字“唯一视觉婚纱摄影”更大，八个汉字相同大小，并未突出“唯一视觉”四字。唯一视觉公司在门店及官网使用其商标时，未按照核准注册的商标样式规范使用，未使用“婚纱摄影”四个汉字，使用了“唯一视觉”四字和带圈的字母V，“唯一视觉”比V字母大且V不带艺术设计。因受商标法保护的仅限定于核定注册的商标，如需改变标志，需另行申请注册，故在依法进行商标比对时，不能以唯一视觉公司实际使用的商标作为参照。新惟一视觉影楼使用的店招包含“唯一视觉”四个汉字，没有字母。唯一视觉公司的注册商标与新惟一视觉影楼使用的标识相比对，两者虽共同包含“唯一视觉”，但也存在很大不同，新惟一视觉影楼的商标无字母V及“婚纱摄影”四字，不构成相似，不构成对唯一视觉公司注册商标专用权的侵犯，故对唯一视觉公司要求新惟一视觉影楼停止使用“唯一视觉”、刊登声明、赔偿损失的诉讼请求，一审法院不予支持。

关于唯一视觉公司第四项诉讼请求，主张新惟一视觉影楼存在不正当竞争行为，要求新惟一视觉影楼停止在字号中使用“惟一视觉”文字，鉴于新惟一视觉影楼成立时间早于唯一视觉公司成立时间，亦早于唯一视觉公司从他人处受让的注册商标的时间，且新惟一视觉影楼字号中的“惟”字与唯一视觉公司注册商标中的“唯”字不同，新惟一视觉影楼享有企业名称权，唯一视觉公司该项请求没有法律依据，理由根本无法成立，一审法院不予支持。

据此，一审法院依照商标法第二十四条、第五十六条、第五十七条的规定，判决：对唯一视觉公司的全部诉讼请求不予支持。一审案件受理费4300元，由唯一视觉公司负担。

本院二审期间，唯一视觉公司为证明其主张提交了如下新的证据：

证据1. 第6002883号商标注册证及商标转让证明；

证据2. 第24002230号商标注册证及商标初步审定公告；

证据3. 第24005270号商标注册证及商标初步审定公告。

上述证据证明唯一视觉公司在使用涉案商标的时候因为商业发展，标识进行了更新，这些标志具有一脉相承的关联性。

新惟一视觉影楼对唯一视觉公司提交的证据发表如下质证意见：对上述证据的真实性均无异议，但是与本案无关。

本院认为，唯一视觉公司在二审提交的证据并非新证据，且其在本案中主张受保护注册商标为第12554127号商标，其二审提交的证据与本案并无关联，故对其上述证据本院不予采信。

新惟一视觉影楼没有提交新的证据。

本院经审理查明，一审法院查明的事实属实，本院予以确认。

另查明，由你公司（甲方）与新惟一视觉影楼黄某（乙方）签订的《城市独家特许代理合约书》附件载明，合作方式：唯一视觉旅拍产品城市独家代理；一城一家、区域独家；乙方可冠名使用名头“唯一视觉”作为乙方推广全球旅游摄影产品城市独家代理授权使用权益，名头使用格式如“深圳金夫人 唯一视觉全球旅游摄影代理店”；非按此格式而产生的纠纷由乙方承担。备注：上海、杭州、青岛、丽江、三亚、大理、巴厘岛、普吉岛等总部直营城市不允许使用“唯一视觉”品牌的任何宣传。

唯一视觉公司为涉案（2017）沪东证经字第25411号公证支付公证费1000元，为本案诉讼支付律师费4000元。

本院认为，本案中，双方当事人的争议焦点为：（1）新惟一视觉影楼的被诉行为是否构成商标侵权和不正当竞争；（2）如果构成侵权，民事责任如何承担。

关于争议焦点一，本院认为，未经商标注册人许可，在同一种服务上使用与注册商标相同或近似的商标，容易导致相关公众对服务来源产生混淆的，构成对注册商标专用权的侵害。唯一视觉公司主张保护的第12554127号注册商标“V唯一视觉婚纱摄影”，系由一个英文字母V加汉字“唯一视觉婚纱摄影”构成，其中婚纱摄影为服务的类别，故“V唯一视觉”为该注册商标的显著识别部分，新惟一视觉影楼使用的“新唯一视觉”“唯一视觉”标识，与该注册商标中的主要部分“V唯一视觉”的中文文字、读音、含义相同或基本相同，且均使用在摄影服务上，易使相关公众对服务的来源产生混淆，因此，构成商标近似。新惟一视觉影楼主张其对“新唯一视觉”标识享有在先权利，本院认为，根据商标法第五十九条第三款规定，商标注册人申请商标注册前，他人已经在同一种商品或者类似商品上先于商标注册人使用与注册商标相同或者近似并有一定影响的商标的，注册商标专用权人无权禁止该使用人在原使用范围内继续使用该商标，但可以要求其附加适当区别标识。

根据上述规定，新惟一视觉影楼商标在先使用抗辩成立的条件是对“新唯一视觉”标识使用时间在先且其使用的“新唯一视觉”标识在2013年5月9日第12554127号注册商标“V唯一视觉婚纱摄影”申请注册时已经有一定影响力，尽管新惟一视觉影楼提供的《预约单》和微信照片能够形成证据链证明其使用在先具有较高的盖然性，但其并未提供证据证明“新唯一视觉”标识在第12554127号商标申请注册时已经有一定影响力，故其主张的在先使用抗辩不能成立。新惟一视觉影楼还主张其使用“唯一视觉”标识是经由你公司合法授权，而由你公司是经唯一视觉公司授权，且唯一视觉公司亦知晓由你公司授权其使用的情况，因此，其对“唯一视觉”标识的使用有合法来源。本院认为，新惟一视觉影楼提供的其经营者与由你公司签订的《城市独家特许代理合约书》及其附件虽载明新惟一视觉影楼可冠名使用名头“唯一视觉”作为推广全球旅游摄影产品城市独家代理授权使用权益，但对名头使用格式用列举的方式作了明确“如‘深圳金夫人’唯一视觉全球旅游摄影代理店”，并约定非按此格式而产生的纠纷由新惟一视觉影楼承担，且该合约书明确其代理商不能在上海、杭州、青岛、丽江、三亚、大理、巴厘岛、普吉岛等总部直营城市使用“唯一视觉”品牌作任何宣传。而在案证据能够证明新惟一视觉影楼并未按照上述约定使用名头，且其在店铺、地铁站接待店铺等使用“唯一视觉”进行了宣传。综上，由于新惟一视觉影楼在摄影服务上使用的“唯一视觉”“新唯一视觉”和唯一视觉公司在摄影服务中注册的第12554127号商标构成商标近似，易使相关公众对服务来源产生混淆，且新惟一视觉影楼的在先使用抗辩和合法来源抗辩均不能成立，因此新惟一视觉影楼在门店招牌、地铁站接待店铺、网络宣传中使用“唯一视觉”“新唯一视觉”的行为构成商标侵权，故对唯一视觉公司的相关上诉请求本院予以支持，一审法院对此的适用法律错误，本院予以纠正。

关于新惟一视觉影楼使用“新惟一视觉”作为其字号的行为是否构成不正当竞争，本院认同一审法院的观点，但需要进一步指出的是唯一视觉公司的第12554127号注册商标获准注册的时间是2016年3月21日，晚于新惟一视觉影楼成立时间2014年3月11日，因此对唯一视觉公司主张新惟一视觉影楼使用“惟一视觉”作为其字号的行为构成不正当竞争，本院不予支持。

关于争议焦点二，如前所述，新惟一视觉影楼使用“唯一视觉”“新唯一视觉”的行为构成商标侵权，故应承担停止侵权的民事责任，停止侵权民事责任包括新惟一视觉影楼不得在其门店招牌上、相关宣传中使用“唯一视觉”“新唯一视觉”字样。由于唯一视觉公司并未提供证据证明新惟一视觉影楼存在带有“唯一视觉”“新唯一视觉”字样的产品宣传资料，因此对其主张新惟一视觉影楼销毁相关资料之主张，本院不予支持。

关于赔偿损失，由于本案中无证据证明唯一视觉公司因侵权所受损失或新惟一视觉影楼因侵权所获利益以及涉案注册商标的许可使用费，因此本院综合新惟一视觉影楼的侵权时间、情节、主观故意、涉案注册商标的知名度等以及其自2012年起就使用“新唯一视觉”标识并曾与由你公司签订合约书的情况，对赔偿数额予以酌定。对于唯一视觉公司在本案中主张的公证费1000元和律师费4000元，属于为制止侵权所花费的合理费用，故新惟一视觉影楼应予以赔偿。关于新惟一视觉影楼认为唯一视觉公司自成立后一直未使用第12554127号商标，根据《商标法》第六十四条的规定，即便其构成侵权，亦不应承担赔偿责任，本院认为，唯一视觉公司自成立后，虽均使用“唯一视觉”作为店招及商标标识，未用与其注册商标“V唯一视觉婚纱摄影”相同的标识，但“V唯一视觉婚纱摄影”的显著特征在于“唯一视觉”文字，婚纱摄影只是其所提供的服务类别，由于唯一视觉公司在使用时未改变第12554127号注册商标的显著特征，该使用行为属于对其第12554127号注册商标的使用，因此对新惟一视觉影楼的上述意见，本院不予采信。

尽管新惟一视觉影楼未经唯一视觉公司许可，擅自使用与其注册商标近似之“唯一视觉”“新唯一视觉”标识，但唯一视觉公司并未提供证据证明对其商誉造成负面影响，且赔偿经济损失足以弥补其所遭受的损失，故对其主张新惟一视觉影楼在《新民晚报》上刊登声明消除影响之诉请，本院不予支持。

综上所述，上诉人唯一视觉公司的上诉请求部分成立。依照《中华人民共和国侵权责任法》第十五条第一款第一项、第六项、第二款，《中华人民共和国商标法》第五十七条第二项、第六十三条第一款、第三款，《最高人民法院关于审理商标民事纠纷案件适用法律若干问题的解释》第九条、第十条、第十六条第一款、第二款、第十七条，《中华人民共和国民事诉讼法》第一百七十条第一款第二项规定，判决如下：

一、撤销上海市普陀区人民法院（2018）沪0107民初19839号民事判决；

二、被上诉人上海市嘉定区安亭镇新惟一视觉婚纱影楼立即停止侵害上诉人上海唯一视觉企业发展有限公司第12554127号注册商标专用权的行为；

三、被上诉人上海市嘉定区安亭镇新惟一视觉婚纱影楼在本判决生效之日起十日内赔偿上诉人上海唯一视觉企业发展有限公司经济损失人民币15 000元；

四、被上诉人上海市嘉定区安亭镇新惟一视觉婚纱影楼在本判决生效之日起十日内赔偿上诉人上海唯一视觉企业发展有限公司合理费用人民币5000元；

五、驳回上诉人上海唯一视觉企业发展有限公司其余一审诉讼请求。

如果未按本判决指定的期间履行给付金钱义务，应当依照《中华人民共和国民事诉讼法》第二百五十三条之规定，加倍支付迟延履行期间的债务利息。

一审案件受理费人民币4300元，二审案件受理费人民币4300元，由上诉人上海唯一视觉企业发展有限公司负担人民币3870元，由被上诉人上海市嘉定区安亭镇新惟一视觉婚纱影楼负担人民币4730元。

本判决为终审判决。

审 判 长　杨 韡
审 判 员　吴盈喆
审 判 员　邵 勋
二〇一九年十二月二十日
法官助理　杨 洁
书 记 员　朱丽娜

附：相关的法律条文

一、《中华人民共和国侵权责任法》

第十五条　承担侵权责任的方式主要有：

（一）停止侵害；

…………

（六）赔偿损失；

…………

以上承担侵权责任的方式，可以单独适用，也可以合并适用。

二、《中华人民共和国商标法》

第五十七条　有下列行为之一的，均属侵犯注册商标专用权：

…………

（二）未经商标注册人的许可，在同一种商品上使用与其注册商标近似的商标，或者在类似商品上使用与其注册商标相同或者近似的商标，容易导致混淆的；

…………

第六十三条　侵犯商标专用权的赔偿数额，按照权利人因被侵权所受到的实际损失确定；实际损失难以确定的，可以按照侵权人因侵权所获得的利益确定；权利人的损失或者侵权人获得的利益难以确定的，参照该商标许可使用费的倍数合理确定。对恶意侵犯商标专用权，情节严重的，可以在按照上述方法确定数额的一倍以上五倍以下确定赔偿数额。赔偿数额应当包括权利人为制止侵权行为所支付的合理开支。

…………

权利人因被侵权所受到的实际损失、侵权人因侵权所获得的利益、注册商标许可使用费难以确定的，由人民法院根据侵权行为的情节判决给予五百万元以下的赔偿。

…………

三、《最高人民法院关于审理商标民事纠纷案件适用法律若干问题的解释》

第九条　商标法第五十二条第（一）项规定的商标相同，是指被控侵权的商标与原告的注册商标相比较，二者在视觉上基本无差别。

商标法第五十二条第（一）项规定的商标近似，是指被控侵权的商标与原告的注册商标相比较，其文字的字形、读音、含义或者图形的构图及颜色，或者其各要素组合后的整体结构相似，或者其立体形状、颜色组合近似，易使相关公众对商品的来源产生误认或者认为其来源与原告注册商标的商品有特定的联系。

第十条　人民法院依据商标法第五十二条第（一）项的规定，认定商标相同或者近似按照以下原则进行：

（一）以相关公众的一般注意力为标准；

（二）既要进行对商标的整体比对，又要进行对商标主要部分的比对，比对应当在比对对象隔离的状态下分别进行；

（三）判断商标是否近似，应当考虑请求保护注册商标的显著性和知名度。

第十六条　侵权人因侵权所获得的利益或者被侵权人因被侵权所受到的损失均难以确定的，人民法院可以根据当事人的请求或者依职权适用商标法第五十六条第二款的规定确定赔偿数额。

人民法院在确定赔偿数额时，应当考虑侵权行为的性质、期间、后果，商标的声誉，商标使用许可费的数额，商标使用许可的种类、时间、范围及制止侵权行为的合理开支等因素综合确定。

…………

第十七条　商标法第五十六条第一款规定的制止侵权行为所支付的合理开支，包括权利人或者委托代理人对侵权行为进行调查、取证的合理费用。

人民法院根据当事人的诉讼请求和案件具体情况，可以将符合国家有关部门规定的律师费用计算在赔偿范围内。

四、《中华人民共和国民事诉讼法》

第一百七十条　第二审人民法院对上诉案件，经过审理，按照下列情形，分别处理：

…………

（二）原判决、裁定认定事实错误或者适用法律错误的，以判决、裁定方式依法改判、撤销或变更；

…………

11. 重庆赤骥科技有限公司与上海自然美生物科技有限公司侵害商标权纠纷上诉案

上海知识产权法院
民事判决书

（2020）沪73民终278号

上诉人（原审被告）：重庆赤骥科技有限公司。

法定代表人：唐某，该公司总经理。

委托诉讼代理人：杨某，四川东烜律师事务所律师。

被上诉人（原审原告）：上海自然美生物科技有限公司。

法定代表人：廖某，该公司董事长。

委托诉讼代理人：黄某，上海市华荣律师事务所律师。

上诉人重庆赤骥科技有限公司（以下简称“赤骥公司”）因与被上诉人上海自然美生物科技有限公司（以下简称“自然美公司”）侵害商标权纠纷一案，不服上海市杨浦区人民法院（2019）沪0110民初20093号民事判决，向本院提起上诉。本院于2020年5月20日立案后，依法组成合议庭，于2020年6月19日公开开庭进行了审理。上诉人赤骥公司的委托诉讼代理人杨某，被上诉人自然美公司的委托诉讼代理人黄某到庭参加诉讼。本案现已审理终结。

上诉人赤骥公司上诉请求：撤销一审判决，改判驳回被上诉人一审全部诉讼请求。事实和理由：（1）上诉人转载文章中含有“自然美”商标的作用是客观描述与介绍被上诉人的自然美美容院项目，不属于商标法意义上的使用。该行为没有突破、变更涉案商标原本标识范围、来源，是对涉案商标的合理使用，不构成商标侵权。（2）上诉人与被上诉人的商标既不相同也不近似，提供的服务既不相同也不类似。以相关公众的一般注意力，上诉人转载的文章内容不会导致网络用户将上诉人与被上诉人混淆，也不会产生两者存在关联关系的错误认识，上诉人行为不属于《商标法》第五十七条第二项商标侵权的情形。（3）上诉人行为不构成侵权，一审法院判决上诉人承担赔偿责任系适用法律错误。即使构成侵权，一审法院判决确定的赔偿金额也过高。

被上诉人自然美公司辩称，一审判决认定事实清楚，适用法律正确。上诉人在其网站上刊登的文章客观上使用了被上诉人商标，利用被上诉人的知名度吸引流量。而且网站上留的是上诉人的电话，上诉人把有加盟意向的客户吸引到上诉人处，直接或间接侵犯了被上诉人的利益。故请求二审法院驳回上诉人上诉请求，维持原判。

自然美公司向一审法院起诉，以赤骥公司经营的“世纪商机网”（www.1616n.com）上使用了与自然美公司享有涉案商标权利相近似的标识，侵害了自然美公司享有的注册商标专用权为由，请求判令赤骥公司赔偿自然美公司经济损失260 000元及合理费用40 000元。

一审法院认定以下事实：

1998年5月7日，案外人自然美化妆品有限公司经国家工商行政管理总局商标局（以下简称“商标局”）核准注册了第1173841号自然美商标，核定使用服务为第42类：美容；化妆；皮肤保养；按摩；减肥；美容咨询顾问，有效期至2008年5月6日，经续展注册后，有效期至2028年5月6日。1999年1月7日，变更注册人名义为自然美化妆品股份有限公司，2009年6月1日，变更注册人名义为自然美生物科技股份有限公司，2011年6月13日，涉案商标受让至自然美中国控股有限公司。

2008年12月14日，案外人自然美中国控股有限公司经商标局核准注册了第4637124号商标，核定使用服务为第44类：保健；芳香疗法；疗养院；饮食营养指导；蒸汽浴；美容院；按摩；宠物饲养；园艺；眼镜行，有效期至2018年12月13日，经续展注册后，有效期至2028年12月13日。

案外人自然美化妆品有限公司向商标局申请注册第4532624号自然美商标，2008年9月21日，商标局核准注册了第4532624号自然美商标，核定使用服务为第44类：按摩；保健；芳香疗法；饮食营养指导；疗养院；公共卫生浴；蒸汽浴；美容院；理发店；修指甲；纹身；兽医辅助；园艺；卫生设备出租；眼镜行，有效期至2018年9月20日，经续展注册后，有效期至2028年9月20日。2009年6月1日，变更注册人名义为自然美生物科技股份有限公司，2011年6月13日，涉案商标受让至自然美中国控股有限公司。

2016年9月1日，案外人自然美中国控股有限公司（委托人）与上海自然美化妆品有限公司（受托人）签订委托（授权）书，委托人上海自然美化妆品有限公司为本公司之合法代理人，全权代表本公司处理本公司在中国注册商标的使用及商标维权等相关事宜。委托人授权许可上海自然美化妆品有限公司使用本公司在商标局已注册获得之商标、正处于注册流程中之商标及将来注册获得之商标。委托人授权许可上海自然美化妆品有限公司将上述商标再授权给其经销商、连锁商及加盟商使用。就商标维权方面，委托人授权上海自然美化妆品有限公司以下权利：当委托人公司的注册商标在中华人民共和国境内受到侵犯时，受托人上海自然美化妆品有限公司有权单独以其自己公司名义对第三方的侵权行为实施商标权保护的法律行为，包括但不限于任何合法有效的法律行动以及民事诉讼和非诉讼法律行动，并有权独立承担并接受商标权保护法律行动的一切后果……。

2018 年 6 月 30 日，上海自然美化妆品有限公司更名为上海自然美生物科技有限公司。

国家工商行政管理总局商标评审委员会 2008 年 3 月 5 日作出的商标驰字〔2008〕第 91 号关于认定“自然美 NATURAL BEAUTY”商标为驰名商标的批复中认定：自然美化妆品股份有限公司使用在商标注册用商品和服务国际分类第 42 类美容服务上的“自然美 NATURAL BEAUTY”注册商标为驰名商标……。

赤骥公司是“世纪商机网”（www. 1616n. com）的经营者，赤骥公司成立于 2016 年 12 月 1 日，经营范围为从事计算机软件开发；网络信息咨询；网页设计；网络技术开发；设计、制作、代理、发布国内外广告；计算机配件销售。

2019 年 7 月 16 日，自然美公司的代理人向上海市长宁公证处申请证据保全，自然美公司的代理人使用公证处电脑，登录浏览器，在浏览器地址栏内输入 https：//www. 1616n. com 后，进入该网站，在网站的搜索栏中输入“自然美美容院”，点击搜索，页面显示自然美美容院，意向加盟：678 人，申请加盟：311 人，￥10 万～20 万，咨询电话 400－136－9996，上海自然美化妆品有限公司，加盟品牌：自然美美容院，更新时间：2019 年 5 月 3 日，公司名称：上海自然美化妆品有限公司，档案编码：201707102617，加盟项目中出现多处“自然美美容院”字样，在加盟项目介绍中的图片中出现“自然美及图”，2019 年 7 月 22 日，上海市长宁区公证处作出（2019）沪长证经字第 2840 号公证书，自然美公司主张该公证书下标第 10 页、第 11 页、第 13 页突出使用“自然美美容院”以及第 14 页上图片右上角的自然美 natural beauty标识均同时侵害了自然美公司主张的涉案的三个商标，自然美公司为此支付公证费 1000 元。

2019 年，案外人上海自然美三联化妆品有限公司（甲方）与案外人上海福网信息科技有限公司（乙方）签订全球加盟网 VIP 会员合同 2019 合同，乙方为甲方的自然美项目提供一年全方位的广告服务，甲方支付乙方 128 800 元。上海自然美三联化妆品有限公司系自然美公司百分百持股的子公司。

自然美公司为本案支付律师费 39 000 元。

审理中，法庭拨打电话 4001369996，接通后表示其是世纪商机网的工作人员，如果需要加盟自然美美容院，可以后续由工作人员进行联系。

一审法院认为，根据《商标法》第五十七条规定，未经商标注册人的许可，在同一种商品上使用与其注册商标相同或者近似的商标，或者在类似商品上使用与其注册商标相同或者近似的商标，容易导致混淆的，属侵犯注册商标专用权。对于前述商标侵权行为，商标注册人或者利害关系人可以向人民法院起诉，其中利害关系人包括注册商标使用许可合同的被许可人。自然美公司作为经商标权人许可的使用权人，经商标权人明确授权，有权以自己的名义对涉嫌侵害该商标权的行为提起诉讼。

本案中，赤骥公司未经自然美公司同意，在其经营的网站上突出使用“自然美美容院”作为加盟项目标题，并在文章的介绍图片中使用的行为，系标识性使用，属商标意义的使用，赤骥公司关于其系描述性使用，属于合理使用的辩称，一审法院不予采信。

赤骥公司网站上的“自然美美容院”项目信息为美容行业类别，与自然美公司涉案商标核定使用的美容、美容院属近似的商品或服务类别；该项目网页中多处使用了“自然美美容院”“自然美品牌”“自然美”文字与涉案的三个商标的中文文字相同，与涉案三个商标构成近似商标，公证书下标第 14 页中的图片中右上角的，与涉案的三个商标的中文文字相同，与涉案三个商标构成近似商标，赤骥公司未经自然美公司许可，在其经营网站上使用涉案标识，容易引起相关公众对于商品或服务来源的混淆，结合当庭拨打 4001369996 电话的情况，一审法院可以推定系赤骥公司直接将涉案文章刊登在其经营的网站上，且赤骥公司也无证据证明系转载，赤骥公司对于其侵权行为应当承担责任。

关于赤骥公司应当承担的责任，一审法院认为，赤骥公司的涉案商标侵权行为会使相关公众产生混淆或误认，现在自然美公司要求赤骥公司承担赔偿损失的民事责任，一审法院予以支持。关于赔偿数额，由于自然美公司并未提供证据证明其因赤骥公司的侵权行为而遭受的实际损失，也未能证明赤骥公司因涉案侵权行为而获得的利益，因此一审法院综合考虑自然美公司涉案权利商标的知名度、本案侵权行为的性质、后果等因素酌情确定赔偿数额。自然美公司为本案支付的公证费属于自然美公司因维护其合法权益所支出的合理费用，一审法院予以支持。关于律师费，一审法院根据相关部门有关律师收费的规定，并考虑案件的难易程度，与律师工作量等因素酌情予以支持。法庭审理过程中，自然美公司变更诉请，于法不悖，一审法院予以准许。

据此，一审法院依照《中华人民共和国民事诉讼法》第十三条第二款、

《商标法》第五十七条第二项，第六十三条第一款、第三款，《最高人民法院关于审理商标民事纠纷案件适用法律若干问题的解释》第四条、第九条第二款、第十条、第十七条第二款、第二十一条第一款规定，判决：赤骥公司于判决生效之日起十五日内赔偿自然美公司经济损失 45 000 元及为制止侵权行为所支付的合理开支 5000 元。

本院经审理查明，一审法院查明的事实属实，本院予以确认。

本院二审期间，上诉人赤骥公司提交了以下证据材料：（1）搜狐新闻网、中国财经新闻网新闻报道、自然美官网信息截图、自然美生物科技有限公司披露的文件，证明东森公司与自然美公司系关联公司，涉案文章中的“东森自然美”即指原来的自然美公司，现被上诉人仍然使用“NATURAL BEATUY”图文标识。被上诉人的官网也发布有自然美美容院的加盟信息，相关内容与上诉人转载的文章内容一致。（2）创业网网站、品牌连锁加盟网、全球化妆品加盟网站、371 美容加盟网截图及影像记录、赤骥公司转载文章与创业网站刊载文章对比，证明上诉人网站中的文章来源于创业网，相关内容在其他网站也有转载。（3）百度百科搜索页面截图，证明上诉人提供的服务与百度百科相同，都是为了介绍自然美美容院而转载使用其商标。

被上诉人自然美公司对上述证据的真实性均无异议，但认为被上诉人网站虽有加盟信息，但宣传内容与涉案文章不同。即便上诉人发表的文章系转载其他网站，相关内容仍然需要经过权利人授权许可。

被上诉人自然美公司提交了以下证据材料：371 美容加盟网和品牌连锁加盟网 ICP 备案查询信息，证明两网站备案审核通过时间均晚于涉案文章在这些网站上显示的更新时间，该些网站上刊登的相关文章内容均不真实。

上诉人赤骥公司对上述证据的真实性无异议，但认为网站备案审核通过时间会有更新，文章显示时间虽然早于网站审核通过时间，但文章内容是真实的。

本院认为，上诉人提供的自然美官网信息截图能够证明被上诉人发布加盟信息的事实，本院予以确认。其余证据无法证明其在网站上刊登的文章系转载于其他网站，这些证据均与本案缺乏必要的关联性，本院不予采纳。被上诉人提供的证据系针对本院不予采纳的上诉人证据的反证，本院对该些证据亦不予采纳。基于上述本院确认的证据，本院查明如下事实：

被上诉人自然美公司网站（nblife. com）首页使用的标识为“东森 自然美 NATURAL BEAUTY”图文商标，网站“加盟自然美”选项中有关于加盟自然美美容院的相关宣传内容，但相关内容与涉案文章内容不同。

本院另查明以下事实：

涉案文章右下角有弹窗，通过弹窗可以与网站在线客服联系，弹窗中的对话内容显示：“您好，创业顾问为您服务，请留下您的手机号码，后续我们会把推荐的项目资料、报价表、利润回报等发到您手机上，让您更加全面的了解项目信息，以便后期的考察”。

审理中，上诉人表示，网络用户浏览到上诉人网站发布的加盟信息后，若有加盟意愿，联系网站后，对于与平台有合作的加盟项目，上诉人会向该网络用户推荐。对于与平台没有合作的加盟项目，网站仅提供浏览网页上可见的信息，不做推荐。

本院认为，本案二审争议焦点主要在于：（1）涉案文章是否上诉人转载；（2）涉案文章中使用相关标识的行为是否构成商标侵权；（3）如果构成侵权，一审判赔金额是否合理。

关于争议焦点一，上诉人主张涉案文章转载于创业网，被上诉人不予认可。本院认为，上诉人网站页面仅在免责声明中声明网页信息来源于互联网，但未注明来源的网站名称。除此外，并无其他证据能够证明网页内容系转载于创业网的事实，故本院对上诉人主张文章转载于创业网的事实不予采信。即便涉案文章来源于创业网，上诉人将创业网文章中的内容作为自己网站内容发布，应当视为上诉人自己发布的文章，因此而产生的责任仍应由上诉人自行承担。

关于争议焦点二，上诉人主张文章中的“自然美美容院”标识是对“自然美”美容院服务项目的描述与介绍，系对被上诉人商标的合理使用，不构成侵权。本院认为，当使用出于善意，不作为商标使用，只是为了说明或者描述自己的商品或服务且不会造成相关公众混淆和误认时，可以将使用商标的相关行为界定为商标合理使用行为。因此，对本案上诉人行为的评判，应当从以下方面进行考量：一是上诉人的行为是否构成商标使用行为；二是其行为主观上是否出于善意；三是上诉人的行为是否会造成相关公众的混淆和误认。本案中，上诉人在文章中使用了“ ”标识并在多处突出使用“自然美美容院”字样，这种使用方式已经起到了区分商品或服务来源的作用，系作为商业标识使用，属于商标法意义上的商标使用行为；上诉人网站提供的是加盟推广服务，按惯常商业逻辑，系为发起人和投资人提供商机，居间促成双方进行项目合作。当投资人浏览到自然美美容院加盟项目，如有意向加盟则可直接联系项目发起人，或由上诉人将其导引至项目发起人。然而本案一审中，法庭拨打该项目所在网页咨询电话联系到上诉人工作人员后，工作人员未将咨询人员导引至被上诉人。二审审理中，上诉人也确认对于未与平台合作的项目不做推荐。上诉人网站作为加盟项目发布平台，发布一些较知名的加盟项目有利于其吸引人气、提高流量，有助于增加网站商业利益。本案中，上诉人发布了自然美美容院加盟项目，却未向被上诉人进行导引推荐，难以认定上诉人发布涉案文章使用被上诉人商标的行为系出于善意。至于上诉人行为是否会造成混淆和误认问题，上诉人称其提供的商品和服务与被上诉人不同，商标亦与涉案商标不相同也不近似。本院认为，上诉人自有商标虽然不会导致混淆、误认，但是上诉人网站发布自然美美容院加盟信息，并在信息中多处使用了自然美商标，会使相关公众误以为上诉人与自然美公司之间存在某种商业合作关系，故上诉人使用自然美商标的行为确系会使相关公众对上诉人在自然美美容院加盟项目中的作用和地位造成误认。

综上，上诉人网站系发布各类加盟信息的网站，上诉人在未经授权的情况下，擅自在其网站上发布被上诉人经营的自然美美容院的加盟信息，其行为并非出于善意目的，用于说明或描述自己提供的商品或服务，而是为了借助于被上诉人的商誉吸引网络用户，增加其网站的浏览量和竞争力。该行为亦容易导致相关公众将上诉人与被上诉人之间的关系造成混淆和误认，误以为上诉人系经被上诉人授权有权开展被上诉人美容院的加盟项目或误以为两者有关联关系，故上诉人行为不属于商标合理使用的情形。本院对上诉人该上诉意见不予采纳。现上诉人网站上发布的信息系关于提供美容院服务的信息，与被上诉人主张权利的商标核定的服务类别美容、美容院为相同服务类别。被上诉人主张权利的商标均包含有“自然美”字样，为权利商标的主要识别部分。上诉人使用的标识中均包含有“自然美”字样，其中所使用的“自然美美容院”标识中，美容院系行业名称，故该标识中起商业标识作用的是“自然美”字样；所使用的“”标识中，中文“自然美”为该标识的主要组成部分，该标识的中英文和图形的组成要素与被上诉人第4637124号商标完全相同，仅在排列组合上存在差异。故上诉人使用的标识与被上诉人主张权利的商标均构成近似，属于在相同服务上使用被上诉人近似商标的行为，且易造成相关公众对两者服务来源产生混淆，构成对被上诉人对涉案商标享有的商标使用权的侵害，理应承担赔偿损失等民事责任。

关于争议焦点三，根据《商标法》的规定，侵犯商标专用权的赔偿数额，按照权利人因被侵权所受到的实际损失确定；实际损失难以确定的，可以按照侵权人因侵权所获得的利益确定；权利人的损失或者侵权人获得的利益难以确定的，参照该商标许可使用费的倍数合理确定。对恶意侵犯商标专用权，情节严重的，可以在按照上述方法确定数额的一倍以上三倍以下确定赔偿数额。赔偿数额应当包括权利人为制止侵权行为所支付的合理开支。权利人因被侵权所受到的实际损失、侵权人因侵权所获得的利益、注册商标许可使用费难以确定的，由人民法院根据侵权行为的情节判决给予五百万元以下的赔偿。本案中，鉴于被上诉人并未提供证据证明因涉案侵权行为而遭受的实际损失，也未能证明上诉人因侵权行为而获得的利益，所以一审法院综合考虑涉案商标的知名度、本案侵权行为的性质、后果以及案件难易程度、律师工作量、收费标准和公证支出等因素酌情确定经济损失和合理费用金额，并无不当，判赔总额亦在人民法院自由裁量范围内，本院对此予以确认。

综上所述，上诉人赤骥公司的上诉请求不能成立，应予驳回。一审判决认定事实清楚，适用法律正确，应予维持。依照《中华人民共和国民事诉讼法》第一百七十条第一款第一项规定，判决如下：

驳回上诉，维持原判。

二审案件受理费1050元，由上诉人重庆赤骥科技有限公司负担。

本判决为终审判决。

审 判 长　　陈惠珍
审 判 员　　杜灵燕
审 判 员　　易　嘉
二〇二〇年八月十日
法官助理
书 记 员　　朱永华

附：相关的法律条文

《中华人民共和国民事诉讼法》

第一百七十条　第二审人民法院对上诉案件，经过审理，按照下列情形，分别处理：

（一）原判决、裁定认定事实清楚，适用法律正确的，以判决、裁定方式驳回上诉，维持原判决、裁定；

…………

四、著作权纠纷

12. 费希尔技术有限公司与上海东方教具有限公司等侵害著作权及不正当竞争纠纷上诉案

中 华 人 民 共 和 国
上 海 知 识 产 权 法 院
民 事 判 决 书

（2018）沪73民终268号

上诉人（原审原告）：费希尔技术有限公司（fischertechnik GmbH）。

法定代表人：马某，该公司总经理。

法定代表人：克某，该公司总经理。

委托诉讼代理人：戎某，上海邦信阳中建中汇律师事务所律师。

委托诉讼代理人：左某，上海申新律师事务所律师。

被上诉人（原审被告）：上海东方教具有限公司。

法定代表人：季某1，该公司董事长。

委托诉讼代理人：刘某，上海市锦天城律师事务所律师。

委托诉讼代理人：金某，上海市锦天城律师事务所律师。

被上诉人（原审被告）：上海雅讯智能机器人科技有限公司。

法定代表人：李某，该公司经理。

委托诉讼代理人：刘某，上海市锦天城律师事务所律师。

委托诉讼代理人：陆某，上海市锦天城律师事务所律师。

上诉人费希尔技术有限公司（fischertechnik GmbH）（以下简称“费希尔技术公司”）因与被上诉人上海东方教具有限公司（以下简称“东方教具公

司”)、上海雅讯智能机器人科技有限公司（以下简称“雅讯科技公司”）侵害著作权及不正当竞争纠纷一案，不服上海市徐汇区人民法院（2016）沪0104民初24421号民事判决，向本院提起上诉，本院立案后依法组成合议庭公开开庭审理。费希尔技术公司的委托诉讼代理人戎某、左某，东方教具公司的委托诉讼代理人金某、雅讯科技公司的委托诉讼代理人陆某，两被上诉人共同委托诉讼代理人刘某到庭参加诉讼。本案现已审理终结。

费希尔技术公司上诉请求：（1）依法改判（2016）沪0104民初24421号民事判决，支持上诉人全部诉讼请求；（2）判决被上诉人承担一审、二审全部诉讼费用。事实与理由：（1）关于著作权部分的上诉理由是：除了一审法院已经判决保护的三类图形作品外，本案中全部30种立体造型也应按照《保护文学和艺术作品伯尔尼公约》（以下简称《伯尔尼公约》）认定为“立体作品”，或根据《中华人民共和国著作权法》（以下简称《著作权法》）认定为模型作品，作品自创作完成之日起就享有著作权，无论作品的实物载体是否毁损、拆解或灭失，均不影响作品的著作权，费希尔技术公司以零散组件方式向公众销售机械与结构组合包（以下简称“权利商品”）是商品属性决定的，不能用商品中的零散状态去否定可搭建的30种立体作品可感知的外在表达，说明书首页背面及第一页中展示的栅栏、转台等30幅搭建完成的静态模型平面展示图是立体作品的平面化表达，涉案30种模型可固定，具备独创性、可保护性。（2）关于不正当竞争部分的上诉理由是：将产品名称和商标一起使用不消减产品名称的显著性，创意组合模型是费希尔技术公司独创的产品名称；产品分为主色调和次色调，主色调决定商品的识别特性，红、黄、黑三色配色为主色调，构成特有包装装潢；费希尔技术公司在前期宣传和推广中，在客户领域花费了大量的人力、物力推广权利商品，权利商品零件编号具有商业价值，两被上诉人将权利商品102幅零件编号全部照抄，低端山寨权利商品，替代权利商品的市场地位，违反《中华人民共和国反不正当竞争法》（以下简称《反不正当竞争法》）第二条的原则性规定。（3）一审判赔数额过低，应参照《中华人民共和国商标法》在1倍以上3倍以下确定赔偿数额，两被上诉人既有接触、无缝复制的行为，又有市场混淆的故意。两被上诉人拒不提供财务账簿构成举证妨碍，权利商品属于单价2000～3000元的高价产品，东方教具公司是业内知名、领先企业，现有证据不能排除中标产品中包含侵权产品。本案从最早2015年立案，其间历经撤诉再起诉，已尽力履行举证义务。综上，请求支持上诉请求。

东方教具公司辩称，上诉人和被上诉人销售的商品均是通过组件加产品说明书形式对外销售的，上诉人请求保护的是最终搭建成的模型成品，模型成品的独创性体现在设计过程中，消费者对照产品说明书将组件搭建成模型成品的过程系再现，成品与产品说明书中的图一致，是平面到立体的复制，因此不是新的作品；实现搭建行为的是消费者，并非被上诉人，即使存在复制行为，亦仅为对组件的复制；一次搭建不能完成全部30种模型，必须拆除再重新搭建，最终模型成品未固定在有形物质载体上，因此不可能实现全部30种模型成品的固定，搭建因无法持久固定而不应被认定为复制行为。

雅讯科技公司辩称：（1）30种静态模型不构成著作权法意义上的作品。上诉人和被上诉人商品均是以组件形式销售的，均未最终搭建，尚未形成有形表达，不符合以表达为原则的著作权法原理；搭建30种模型是对图形作品的精确复制，未形成新的表达；梯子、起重机等立体造型均与实际生活中的物品一致，艺术性表达未与实用性表达分割，不符合著作权法原理；组件由消费者搭建成模型，也可搭建出其他造型，消费者是通过搭建的过程了解模型，模型本身不是消费者购买商品的目的。（2）“创意组合模型”不构成知名商品特有名称，而是通用名称，无区分商品来源的作用。（3）消费者在拆开包装前无法看到红黄黑配色及零件编号，不会被消费者作为标识和特有装潢来认知。

两被上诉人共同辩称：（1）本案所涉商品的著作权权利基础只有图形作品，30种静态模型不构成作品，搭建行为是立体复制，不产生新的著作权；认可一审判决对两被上诉人侵害安装说明书著作权的认定，但不应重复处罚；不应适用《伯尔尼公约》认定立体作品。（2）在双方均各自拥有显著性商业标识的情况下，购买者不会将被上诉人产品误认为上诉人产品。对于红黄黑颜色组合，在涉案产品在中国不属于“知名商品”的情况下，上诉人无权禁止两被上诉人使用该种颜色组合装潢；“创意组合模型”的名称不具有显著性，属于行业内使用的通用名称，上诉人使用“慧鱼创意组合模型”意图通过“慧鱼”区分商品来源，其主观上没有将“创意组合模型”作为区分商品来源的特有名称的使用意图；零件编号的显著性较弱，上诉人无权对零件编号享有独占权利；上诉人指控的侵权行为均可通过法律规定一一评价，不应重复适用《反不正当竞争法》第二条的原则性规定；上诉人主张的法律基础存在瑕疵，无法通过其主张的竞争优势获得更多商业机会，因此被上诉人未攫取其合理预期的商业机会。（3）一审判决考量了上诉人提交的证据，亦提到了被上诉人的举证妨碍情节，判赔数额合理。

费希尔技术公司一审诉讼请求，要求判令东方教具公司、雅讯科技公司：（1）立即停止侵害费希尔技术公司享有的慧鱼创意组合模型之机械与结构组合包中立体作品、安装说明书中的产品图及示意图的著作权。一审审理中，明确其主张著作权的作品包括已搭建完成之30种立体造型展示图、102幅拼装组件展示图、30种组件拼装步骤示意图、30种立体造型。（2）立即销毁由东方教具公司、雅讯科技公司共同生产，侵害费希尔技术公司著作权的“创意组合模型－结构与机械原理组合”（以下简称“涉案商品”）中的全部拼装组件及装配手册。（3）立即停止对费希尔技术公司实施不正当竞争行为，即不得使用费希尔技术公司已构成知名商品特有名称的创意组合模型标注涉案商品，涉案商品的外包装及内部拼装组件不得使用与权利商品外包装及拼装组件相同的红、黄、黑三色配色，不得宣称自己为中国慧鱼，不得在涉案商品的装配手册中使用与权利商品相同的组件编号。（4）共同赔偿因实施著作权侵权及不正当竞争行为给费希尔技术公司造成的经济损失909 211.57元，支付财产保全申请费5000元及为制止著作权侵权和不正当竞争行为而支出的合理开支共计85 788.43元。

一审法院认定事实：

一、涉案主体情况

费希尔技术公司于2003年4月30日订立公司合同，2004年4月21日公司决议进行了最后一次修改，公司名义资本为500 000欧元，经营项目为各类玩具的制造和销售，包括开展所有与此有直接或间接关系的生意。

2016年2月23日，案外人费希尔厂有限责任两合公司（fischerwerke GmbH & Co. KG）的法务部负责人马某及知识产权管理负责人乌某在公证人E某面前签署一份声明。该声明载明“本公司费希尔厂有限责任两合公司，前身为费希尔控股有限责任两合公司。2008年2月4日，费希尔控股有限责任两合公司与其子公司阿图尔－费希尔股份公司费希尔厂（fischerwerke Artur Fischer GmbH & Co. KG）合并。2008年2月5日，费希尔控股有限责任两合公司将公司名称更改为费希尔厂有限责任两合公司。……就费希尔技术有限公司的资产声明如下：（1）费希尔技术业务由阿图尔－费希尔股份公司费希尔厂于1965年建立。费希尔技术作为事业部，专门从事各种玩具，即名为‘fischertechnik’创意组合模型的研发、制造和分销。（2）2004年4月21日，费希尔技术部门从阿图尔－费希尔股份公司费希尔厂分离，成立了费希尔技术有限公司（fischertechnik GmbH）……。（3）费希尔技术公司继承了阿图尔－费希尔股份公司费希尔厂的一切费希尔技术资产，包括与费希尔技术业务相关的所有资产和债务。（4）费希尔厂有限责任两合公司在费希尔技术产品的版权使用权方面无利益相关性。（5）备注：费希尔技术产品上始终载有‘fischertechnik’商标”。公证人E某确认了马某可代表费希尔厂有限责任两合公司及签署声明，且签字内容真实、有效。另，公证人E某查阅了电子版工商登记簿中按时间顺序登记的内容并进行了公证，记载内容与前述声明相符。

东方教具公司成立于1993年8月6日，注册资本为3800万元，经营范围为教具、教学仪器、教学实验室成套设备、办公家具、电子产品、电脑及配件、玩具、科普展品模型、机动车驾驶人场地驾驶技能考试系统（除计量器具）、自产自销，来料加工，室内装饰设计及施工，教学仪器、科普产品领域内的技术开发、技术咨询、技术转让、技术服务，自有房屋租赁。2009年2月发生股东变更，李某2成为东方教具公司股东，2015年4月10日股东再次变更，由原股东李某2、季某1变更为季某1、季某2、季某3，李某2则担任东方教具公司的监事。

雅讯科技公司成立于2003年4月9日，原名为上海雅讯实验室设备有限公司，注册资本为300万元，法定代表人为李某2，经营范围为教学实验室配套设施批发零售。2009年10月，申请变更公司名称为现名，随后变更经营范围为智能机器人领域内的技术开发、技术转让、技术咨询、技术服务，智能机器人生产、加工、销售，教学实验室配套设备批发零售。2010年1月，李某2不再担任雅讯科技公司法定代表人一职。

二、费希尔技术公司主张著作权保护的相关情况

庭审中，费希尔技术公司提交权利商品实物一件。该实物为内、外两层包装，外层包装正面含有“fischertechnik”标识，下端标注有“慧鱼创意组合模型”字样。外包装侧面还载有“全国大学生机械创新设计大赛慧鱼赛区专用器材”字样及北京中教仪人工智能科技有限公司（以下简称“人工智能公司”）的企业名称及联系信息。内层包装的配色以蓝、红、黄、黑为主，字体部分为白色，侧面拼装组件标注为灰色，正面印有“MECHANIC + STATIC 30 MODELS”，侧面印有“fischertechnik”“93291（商品编号）”“fischertechnik GmbH”“280714”字样。打开内层包装，出现两大盒拼装组件，其中附有一册安装说明书、一册随附说明书及一张罗列、展示有费希尔技术公司系列商品的产品宣传册。

其中，《安装说明书》（以下称为“说明书2012”）为全彩样式，底封载有“fischertechnik GmbH”字样，首页背面及第一页展示有栅栏、转台、曲柄传动机构1、曲柄传动机构2、1号汽车、2号汽车、3号汽车、带有链条的齿轮传动机构、带有转向装置的汽车、变速器、行星齿轮机构、锥齿轮传动机构、电动厨具、差速机构、车辆升降机、剪式升降台、车床、刮雨器、四活节链、弓锯、天平、带滑动秤锤的天平、滑轮组、工作台、人字梯、梁式桥、带下托梁的桥、带上托梁的桥、高脚凳、起重机共30幅搭建完成后的不同静态模型展示图。第2～3页为102幅拼装组件的展示图（每一组件都有单独编

号并标明所含数量)。第 4 ~ 5 页为一些特定组件的基本拼装方式配图及说明，第 6 ~ 122 页则为共 30 种静态模型的具体搭建步骤配图详解，每一步展示有所需搭建组件的样式及数量、组装的方位和顺序，以及该搭建步骤完成后的组件拼装状态。此外，说明书 2012 的底封页右侧还注有“111 195 · A1 · 04/12 · Co · Printed in Germany”的字样。盒内的全部拼装组件以红、黄、黑三色配色为主，部分组件为绿色。同时，产品宣传册所展示的费希尔技术公司系列商品的配色除红、黄、黑、绿四色外，还出现蓝、白、银等颜色。

2014 年 11 月 24 日，蒂宾根市第 3 公证处公证员 E 某出具两份签字公证文件。第一份公证文件证明艾某出示的一款产品目录及相关宣誓属实。该产品目录据艾某的陈述，发布时间为 2004 年 1 月（其时任费希尔技术公司销售及营销助理)。该目录上记载有编号为 93291，名为“MECHANIC + STATIC”的商品，其下的介绍载有“……这些模块构件用 20 种不同的模型回答了机械与结构组合包中的这些问题及其基本问题……”，发布日期显示于其背面右下角，为 2004 年 1 月（显示方式为“01/04”)。另，宣传册底端标注有“fischerwerke Artur Fischer GmbH & Co. KG”字样。第二份公证文件证明哈某（其自 1993 年以来供职于费希尔技术公司，担任开发主管一职）出示的一款产品目录及相关宣誓属实。该产品目录据哈某陈述名称为“慧鱼创意组合模型——技术学习寓教于乐，2006 年”，发布时间为 2006 年 1 月，并于 2006 年 1 月 2 日至 7 日举行的德国纽伦堡“国际玩具展”等场合进行过派发。该产品宣传册载有“玩具博览会纽伦堡国际玩具博览会 2006 年 2 月 2 日至 2 月 7 日”文字，其中展示有编号为 93291，名为“MECHANIC + STATIC”的商品，其下的介绍载有“这是专为未来的机械工程师、技术人员及机械师们打造的终极版技术建筑组合包……这些问题的答案，以及其他力学、结构领域的基础性问题的答案都可以在这个建筑组合包中找到，组合包中包含有 30 个不同的模型”。宣传册底端标注有“fischertechnik GmbH”。

2016 年 2 月 23 日，公证员 E 某出具签字公证文件，证明 L 某担任费希尔技术公司的出口销售经理，其出示的安装说明书及相关宣誓属实。据 L 某陈述，该安装说明书系 2004 年 8 月公开的慧鱼创意组合模型包“MECHANIC + STATIC”的安装说明书，并为 2004 年 10 月交付给客户的“MECHANIC + STATIC”创意组合模型包的附货品（以下简称“说明书 2004”)。说明书 2004 为英、德文对照全彩，外页部分除底封照片与说明书 2012 对应所载图片存在差异外，两者外观基本相同，尤其是底页标注有“fischertechnik GmbH”字样。打开内页，其封面背页、第 1 页共展示了 30 幅搭建完成后的不同静态模型展示图样，内容、名称与说明书 2012 中的对应展示一致。第 2 ~ 3 页为

105 幅拼装组件展示图例（每一组件都有单独编号并标明数量），与说明书 2012 相比，增加了编号为 32233、32263 及 36708 三幅拼装组件图。第 4 页为一些特定组件的基本拼装方式配图及说明，与说明书 2012 相比图片微有不同。第 5～121 页则为共 30 种静态模型的具体搭建步骤配图详解，除因前述增补部分拼装组件而调整出现的少数差异之外，与说明书 2012 对应内容基本一致。此外，安装说明书 2004 的底封页右侧注有“111 195 · 08/04 · KW · Printed in Germany”的字样。

三、权利商品的授权销售情况

2006 年 1 月 1 日，费希尔技术公司签署授权书，确认北京中教仪科技有限公司（以下简称“中教仪公司”）为其独家代理人，负责慧鱼技术产品的相关销售业务并签署中国大陆的投标相关文件。该证书有效期为三年，自签署日生效。2014 年 1 月 1 日，费希尔技术公司签署授权书，将永久独家代理权授予人工智能公司，授权其在中国进口并分销权利商品。2016 年 4 月 18 日，费希尔技术公司再次签署授权书将永久独家代理权授予人工智能公司，授权其在中国大陆进口并分销权利商品。2017 年 2 月 8 日费希尔技术公司出具授权确认书，确认前述三份授权书真实有效。

2016 年 5 月 3 日，人工智能公司向一审法院出具《情况说明》，其上载明：“……我公司自 2012 年开始代理慧鱼创意组合模型在中国的销售，作为慧鱼创意组合模型在中国的独家销售商，全权负责慧鱼创意组合模型产品在中国大陆地区的销售。我们公司销售的慧鱼创意组合模型自德国费希尔技术公司进口。慧鱼创意组合模型的组合包有不同的货号，我们在销售过程中会把组合包的货号作为产品描述，并在发票或者销货清单中体现，为方便国内销售，我们也给相应的货号起了中文名字，但是产品包装上货号是区别产品的主要标识……德国费希尔技术有限公司授权和委托我公司在中国地区负责宣传和推广慧鱼创意组合模型，我方接受委托后，参与承办和协办高校的大学生机械创新活动和竞赛，机械学科常规及选修课教学，以及国家倡导的创新实验室建设。这三方面得到了众多 211、985 高等院校的喜爱和认可。由教育部高等学校机械基础课程教学指导委员会以及全国大学生机械创新设计大赛组委会主办的全国大学生机械创新设计大赛，自 2003 年至 2016 年已经举办了七届大赛，是国内最具有影响力、培养学生工程实践能力和综合素质效果显著的大学生竞赛项目之一。并于 2007 年、2008 年和 2010 年三次获批为教育部和财政部联合资助的大学生竞赛项目。自第三届全国大学生机械创新大赛开始，增设慧鱼组的比赛，至今慧鱼组的比赛已经举办了十年共五届，下面仅就 2012 年以后进行的三届慧鱼比赛说明如下：……2012 年举办的第五届全国大学生机械创新设计大赛慧鱼组比赛，由三峡大学承办，经过初选，来到三峡大学参加比赛的院校 71 所，作品 187 件，从校内选拔到出席比赛，预计影响师生近万人；2014 年举办的第六届全国大学生机械创新设计大赛慧鱼组比赛，由北京理工大学承办，报名作品 282 件，经过初评来到北京参赛的院校 89 所，参赛作品 171 件，影响师生超过万人，2016 年举办的第七届全国大学生机械创新设计大赛慧鱼组比赛由北京印刷学院承办，初赛报名作品超过 400 件，经初评来自全国 123 所高校的 309 件作品齐聚北京印刷学院，参赛人员规模作品数量均创历届之最。”

2016 年 5 月 6 日，中教仪公司向一审法院出具《情况说明》，其上载明："我公司……从事电子产品、创意组合模型玩具等销售、代理等业务。我公司自 2005 年开始代理德国慧鱼创意组合模型在中国的销售，并作为慧鱼创意组合模型在中国的总代理商，负责慧鱼创意组合模型产品在中国大陆区的销售……我公司销售的慧鱼创意组合模型自德国费希尔技术有限公司进口，慧鱼创意组合模型的组合包有不同的货号，我们在销售过程中会把组合包的货号作为产品描述，并在发票或者销货清单中体现……产品包装上的货号是区别产品的主要标识。多年来，我公司与全国多所高校的实验室建立了广泛的联系，销售渠道以面对直接客户的直接销售为主。……慧鱼创意组合模型主要用于学生创新教育和综合实践能力的开发和拓展、培养。慧鱼创意组合模型自上世纪 90 年代开始进入中国市场后，……自 2000 年开始在世界银行贷款项目中，即开始进入国内知名高校，如清华大学、吉林大学，用于学生创新能力的培养。正是基于上述特点，自 2008 年开始由财政部支持、教育部高等教育司批准，并由教育部机械基础课程教学指导委员会主办的全国大学生机械创新设计大赛开始将慧鱼创意组合模型纳入比赛，该项比赛两年一届，是国内的一类赛事活动。自公司 2005 年代理慧鱼创意组合模型的销售开始，已经使得慧鱼创意组合模型在国内上百所高校中得到运用，并陆续合作出版了公开发行的各类教材。”

2006 年至 2014 年，中教仪公司及人工智能公司通过招投标、协议洽商等多种方式分别与清华大学、西安交通大学、西安电子科技大学、南京航空航天大学、山东大学、哈尔滨工程大学、昆明理工大学（云南省省级政府采购项目）、天津工业大学、天津科技大学、上海电力学院、江西理工大学、电子科技大学、四川交通职业技术学院、大连交通大学（大连交通大学政府采购项目）、广西南宁慧生科贸有限公司、贵阳欣源电子科技开发有限公司、上海出版印刷高等专科学校、南京工程学院、延庆县第四中学等签订多份（购销）供货合同，销售大量不同型号的费希尔技术公司同类商品，交易金额从数万到数十万不等。前述合同中，交易商品多冠以“德国慧鱼创意组合模型”“慧鱼创意组合模型”“慧鱼训练模型”“慧鱼公司产品”等称谓，具体货物名称前标注有数字组成的货号。其中多份合同中含有货号为“93291”名称为“机械与结构组合包”的商品，其（合同）单价在2050～2300元，甚至部分合同直接标注出商标（品牌）即为慧鱼。其中，若干合同条款载明，需方成为慧鱼的用户后即拥有参加供方组织或者协办的全国性创新大赛的权利，并可参加供方在国内组织的有关慧鱼的学术交流会。

四、费希尔技术公司所产拼装模型的获奖及知名度情况

2006年12月，全国中小学信息技术创新与实践活动组织委员会授予中教仪公司（销售）的权利商品为第五届全国中小学信息技术创新与实践活动智能机器人创新设计项目“推荐产品”称号。

中教仪公司制作的《慧鱼工程技术创新设计大赛介绍》幻灯片演示文稿中，展示有大量历届慧鱼创新设计大赛现场照片及作品照片。现场照片中多次重复出现慧鱼工程技术创新设计大赛字样，以及参赛队伍、比赛现场实景、部分承办高校名称，颁奖仪式、观众及评委观摩评审情形等。据现场照片显示，该系列赛会参赛人数众多，具有相当的规模。作品照片则展示为利用费希尔技术公司所产模型组件拼装而成的立体实物，例如爬楼梯机器人、避障机器人、智能车库、养殖场自动上料线系统等。此外，在名为《全国大学生机械创新设计大赛慧鱼组竞赛2010—2012优秀作品集锦》的系列宣传资料中，大量展示有利用费希尔技术公司所产模型组件为主要构件拼装完成的模型照片，例如多功能棚顶自动除雪机器人、废弃光盘有偿回收装置、楼道墙面自动吸尘器等。每件模型所附文字介绍均载有模型名称、参赛学校、参赛者、指导老师、模型原理及功能等信息。

全国大学生机械创新设计大赛组委会、教育部高等学校机械基础课程教学指导分委员会制发第三届、第四届、第五届、第六届、第七届、第八届《全国大学生机械创新设计大赛（主题与内容）的比赛通知》。前述文件明确将慧鱼组作为一支参赛组别或竞赛赛区（并相应设立慧鱼赛区组委会），针对该组别设置专门的慧鱼组竞赛阶段。其中第三届《全国大学生机械创新设计大赛慧鱼组竞赛2008阶段比赛通知》中的“作品要求”一项，明确要求作品的主体构造应以“慧鱼”构件完成。

另查知，全国大学生机械创新设计大赛系经教育部高等教育司于2003年6月12日批准创办并由其发文举办的全国理工科重要课外竞赛活动之一。其由全国大学生机械创新设计大赛组委会和教育部高等学校机械基础课程教学指导分委员会主办、全国机械原理教学研究会、全国机械设计教学研究会、

金属工艺教学研究会联合著名高校、社会力量共同承办，每两年举办一次。赛事的主要目的是引导高等学校在教学中培养大学生的创新设计能力、综合设计能力与团队协作精神，加强学生动手能力的培养和工程实践的训练，提高学生针对实际需求进行创新思维、机械设计和制作等实际工作能力，吸引、鼓励广大学生踊跃参加课外科技活动。

《机械基础实验教程》（高等院校教材，朱文坚等著，科技出版社 2005 年出版）及《机械基础实验教程》（第二版）（普通高等教育“十一五”国家级规划教材、国家级机械基础实验教学示范中心规划教材，朱文坚等著，科技出版社 2007 年出版）两书第 8 章“机械创新设计实验”中，均专门列有“慧鱼技术创新设计实验”一节；《机械设计基础实验指导书》（普通高等院校机电工程类规划教材，林秀君等著，清华大学出版社 2011 年 2 月出版）亦列有“慧鱼技术创新设计实验”专章；《机械原理课程设计指导书》（21 世纪机械类课程系列教材，裘建新主编，高等教育出版社 2005 年 4 月出版）第 6 章第 1 节“慧鱼模型实现”部分中载有：“慧鱼创意组合模型（fischertechnik）是德国慧鱼公司的专利产品……”；《机械原理实验教程》（普通高等教育“十二五”规划教材，李安生等主编，机械工业出版社 2011 年 2 月出版）第 8 章“慧鱼创意组合实验”的“实验目的”项下载有“认识德国慧鱼创意组合模型的整体思路及概况……慧鱼创意组合模型是通过各种构件（功能模块）组合拼装而成的……”；《机器人创新设计——基于慧鱼创意组合模型的机器人制作》（景维华、曹双著，清华大学出版社 2014 年 7 月出版）一书中的前言部分载有：“机器人技术是一门综合性很强的学科……慧鱼模型融入机器人技术的相关知识，降低了机器人技术的门槛，在机器人创新教育方面取得了显著成绩……”；《机械类课程报告论坛论文集 2010》（机械类课程报告论坛组委会编，高等教育出版社 2010 年 12 月出版）一书“慧鱼组件辅助教学设计”一节中载有：“慧鱼创意组合模型（fischertechnik）是德国慧鱼公司出品的一种教具，它是一个结构件的家族模型，有机械构件、电气构件、传感器、气动构件、控制器及软件所组成的创新系统……”；《机械原理与机械设计实验指导书》（钱向勇主编，浙江大学出版社 2005 年 9 月出版）一书中载有《慧鱼牛头刨床机构实验》一文，该文“模型简要介绍”栏目下载有：“慧鱼创意组合模型（fischertechnik）包括实训组合模型及工业模型两大类……”此外，《中国机械工程专业课程设计改革案例集》（教育部高等学校机械设计制造及其自动化专业教学指导分委员会组织编写，清华大学出版社 2010 年 5 月出版）等著作，亦对慧鱼创意组合模型进行了相关介绍说明。

五、东方教具公司接触权利商品的情况

2009年10月15日，中教仪公司（销货方）向东方教具公司（购货方）开具增值税发票，所列交易商品名称为机械与结构组合包（00093291）、自然能源包、气动技术包2、电子技术包、直流开关电源、六合一实验手册、四盒一手册，票面金额为7892元（其中机械与结构组合包含税单价约为1786元）。另据中教仪公司存档的《销售发货单》显示，2009年10月15日，中教仪公司曾将名为前述增值税发票所列全部货物连同增值税发票通过中铁快运一并发送给东方教具公司。2016年12月23日，费希尔技术公司委托诉讼代理人左某在公证员的监督下，至北京市大兴区庞魏路一处标注门头为“高等教育出版社物流中心”字样的处所内，对中教仪公司存于此处的财务凭证进行现场查验。经查，中教仪公司存档的《北京中教仪科技有限公司销售、进口账册单据清单》中，明确载有记账凭证日期为2009年10月22日，销售客户为东方教具公司，发票金额为7892元的交易记录。2017年1月21日，北京市长安公证处就上述公证过程出具（2016）京长安内经证字第40144号公证书。

六、涉案公证及相关情况

2014年8月27日，费希尔技术公司代理人华夏得普（北京）科技发展有限公司与东方教具公司签订《购销合同》，约定由前者向后者购买商品若干，交易总金额为20 384元。合同附件一“采购清单”中包含名称为“机构结构基础组合”的商品，对应技术参数一栏中载有如下内容“……利用360多个构件能够拼接：传动栏杆、转台、曲柄传动机构、汽车、带链条的齿轮传动机构、带转向装置的汽车、变速器、齿轮机构、锥齿轮传动、差速机构、车辆升降机、移动升降云梯、车床、刮雨器、四活结链、弓锯、工作台、人字梯、桥梁、高脚凳、起吊机等30个标准参考模型……”，对应单价为1512元，数量为2件。

2014年9月29日，费希尔技术公司代理人戎某在公证员及公证人员的监督下，至北京市西钓鱼台·嘉园1－B－107“顺丰速递 服务达标网点”，检查快递包裹两个（顺丰速运904541186079、005285754174）包装完好并签收。随后，共同至北京市海淀区北太平庄路18号城建大厦C座9层北京市国信公证处现场开拆，经公证人员查验，内含“创意组合模型——机构与机械原理组合”等及相应增值税发票。

经当庭勘验，涉案商品名为“创意组合模型——结构与机械原理组合”，外盒展示有拼装组合完毕后的桥梁模型图片，左上角标注有儿童图案及“6＋”“300＋”字样，右下角标注有“30 MODELS”，外盒表面并未注明生产厂商。打开盒盖，内含红色零件三袋，黄、黑零件各两袋及部分散件，《创意组合模型 结构与机械原理组合装配手册》（以下简称“装配手册”）一本，含有“Labox®”标识的合格证一枚。其中，装配手册为全彩，在首、尾页底端标注有雅讯科技公司的名称。其中第1~2页展示有已搭建完成的30种静态模型图，名称分别为栅栏、转台、曲柄传动机构1、曲柄传动机构2、汽车1号、汽车2号、汽车3号、带有链条的齿轮传动机构、带有转向装置的汽车、变速器、行星齿轮机构、锥齿轮传动机构、电动厨具、差速机构、车辆升降机、剪式升降台、车床、刮雨器、四活节链、弓锯、天平、带滑动称的天平、滑轮组、工作台、人字梯、梁式桥、带下托梁的桥、带上托梁的桥、高脚凳、起重机。第3~4页为材料清单，共展示有103幅拼装组件展示图（每一组件都有单独编号并标明数量）。第5页为一些特定组件的基本拼装方式配图及说明。第6~120页为30种静态模型的具体搭建步骤配图详解，每一步展示有所需搭建组件的样式及数量、组装的方位和顺序，以及该搭建步骤完成后的组件拼装状态。

含有“Labox®”标识的合格证背面标注如下内容：“产品名称：物理实验箱”“生产时间：2014年3月28日”。

东方教具公司陈述，该涉案商品系雅讯科技公司生产，其系“Labox”注册商标的专用权人。东方教具公司在销售过程中，因觉涉案商品没有标签不合适，故应客户要求放入该合格证，该合格证并非每一件涉案商品都有，合格证系东方教具公司制作。

2014年5月16日，费希尔技术公司委托代理人左某在公证员及公证人员的监督下，至位于天津市滨海国际会展中心举行的2014年春季全国高教仪器设备展示会（以下简称“天津展会”）会场内，对其中东方教具公司的参展展位进行了现场拍照。据拍摄照片显示，展位入口正上方门头标注有东方教具公司的企业名称，进入展厅，两侧展示海报及幕墙布景多处标注了“创意组合模型系列”的文字。2014年5月30日，天津市泰达公证处就上述公证过程出具（2014）津泰达证经字第2591号公证书。

2014年11月10日，费希尔技术公司委托代理人左某再次在公证员及公证人员的监督下至位于成都市世纪城国际展览中心举行的2014年秋季全国高教仪器设备展示会、2014年中国国际教育技术装备展览会（以下简称“成都展会”）会场，对其中东方教具公司的参展展位进行了现场拍照，同时取得宣传册一份及名片若干张。据拍摄照片显示，该现场展位的参展情形与（2014）津泰达证经字第2591号公证书基本相同，亦标注有“创意组合模型系列”的文字。现场获得“激扬智慧 创新科技”宣传册一份。该宣传册底端印制有东方教具公司及案外人慧鱼教育科技（上海）有限公司上下排列的企业名称。翻至扉页，载有如下介绍文字："创意组合模型是技术含量很高的工程技术类拼装套件，也是体现世界最先进教育理念的教学工具……主要部件采用优质尼龙制造，尺寸精确，不易磨损……可以保证反复拆装的同时不影响模型结合的精确度，构件……六面都可拼接……特殊构件和专用技术构件（气动、电子电气、传动件）完全按工业设计标准设计，来满足技术要求……创意组合模型套装和教育机器人套装的每个产品，都是从一个基本模型开始组装……是探索不同学科不同领域知识的产品，不仅可以应用于中小学各个年级的学科教学，还可以用于大学不同专业及课题的研究……"。目录页中展示全册分为三个部分，即"创意组合模型""教育机器人""工业仿真模型"，每部分项下含有诸如仿生组合、机械与结构组合、悬臂式起重机、PLC实验训练箱等子项。进入内页，载有大量组件拼装模型，其中展示有涉案商品的外包装盒（盒正面为搭建完成的"带上托梁的桥"等模型的照片）及"行星齿轮机构"的照片。2014年11月12日，四川省成都市蜀都公证处就上述公证过程出具（2014）川成蜀证字第10826号公证书。

2016年5月9日，案外人张某至沈阳市苏家屯区会展路9号的沈阳国际展览中心，对正在展出的第70届中国教育装备展示会（以下简称"沈阳展会"）E馆E2B006展位进行拍照。该展位上方门头标注有东方教具公司名称，进入展厅，相关展示内容与（2014）津泰达证经字第2591号公证书、（2014）川成蜀证字第10826号公证书所载基本相同。标题文字有"创意组合模型组合包系列"等表述。台上还摆放有部分拼装好的模型。2016年5月10日，辽宁省沈阳市恒信公证处就上述公证过程出具（2016）沈恒证民字第1073号公证书。

另，在2014年的广东省中小学教育装备新产品新技术推荐目录中，东方教具公司作为生产供应商提供的"机械机构基础组合"被列为推荐商品。

七、合理支出费用

2014年10月8日，费希尔技术公司与上海百悦律师事务所签订委托代理合同，约定由后者指派戎律师代理前者诉东方教具公司、雅讯科技公司涉嫌侵害权利商品版权及不正当竞争一案，一审诉讼阶段的代理费为60 000元。2015年2月25日，上海百悦律师事务所开具律师代理费发票60 000元。2015年1月27日，上海中版翻译有限公司出具笔译服务账单并开具发票，所列服务内容为英译中及德译中翻译，金额为5627元。制作（2014）津泰达证经字第2591号、（2014）川成蜀证字第10826号两份公证书共支出公证费8920元，委托代理人左某因制作上述公证支出的天津—上海、成都—上海往返机票合计支出5514元。制作（2016）沈恒证民字第1073号公证书支出公证费

5000元，因此支出（律师）咨询费7733.93元。

除（2016）沈恒证民字第1073号公证书、（律师）诉讼代理费、（律师）咨询费，购买涉案商品费外，费希尔技术公司主张的前述合理支出中，所对应之证据或费用发生因由均与（2016）沪0104民初第24423号案件（以下简称“第24423号案件”）存在共用交叉。案外人费希尔厂有限责任两合公司于第24423号案件中明确，该案中所主张的全部合理支出均系由其单独支付。费希尔技术公司亦于审理中表示，对第24423号案件涉及的合理支出于本案不再重复主张。

八、其他

东方教具公司、雅讯科技公司还共同提交若干种以组件拼装方式进行搭建的模型类商品，这些模型的配色多含有红、黄、黑三种配色。

2015年3月31日，费希尔技术公司曾以东方教具公司、雅讯科技公司为被告，依据与本案相同的事实向一审法院起诉［案号：（2015）徐民三（知）初字第519号］，并向一审法院缴纳财产保全申请费3020元，后因故向一审法院申请撤回起诉。2016年5月24日一审法院裁定予以准许。东方教具公司、雅讯科技公司对费希尔技术公司将前述财产保全申请费作为本案诉讼请求，依法由一审法院处断不持异议。

审理中，费希尔技术公司依据《最高人民法院关于适用〈中华人民共和国民事诉讼法〉的解释》（以下简称《民诉法解释》）向一审法院提出责令东方教具公司、雅讯科技公司提交2013年1月1日至2016年10月28日涉案商品销售账册、销售记录及项目中标的投标书的申请。一审法院据此申请，责令东方教具公司、雅讯科技公司提供涉案商品的账册及销售记录，但二者以不构成侵权为由拒绝提供。

一审法院认为，本案争议焦点在于：（1）费希尔技术公司主张依据著作权法保护的客体是否已构成作品；（2）若构成作品则其著作权权利的归属；（3）东方教具公司、雅讯科技公司的行为是否构成著作权侵权；（4）费希尔技术公司就权利商品外包装及拼装组件的红、黄、黑配色、零件编号和创意组合模型这一词汇是否享有竞争利益，以及东方教具公司、雅讯科技公司的行为是否构成不正当竞争；（5）若侵权构成，则东方教具公司、雅讯科技公司应当承担的法律责任。

一审法院认定事实：

一、费希尔技术公司主张的已搭建完成之30种静态模型展示图、102幅拼装组件展示图及组件拼装步骤图示构成作品

《中华人民共和国著作权法实施条例》（以下简称《著作权法实施条例》）

规定，《著作权法》所称作品，是指文学、艺术和科学领域内具有独创性并能以某种有形形式复制的智力成果。基于该定义，纳入《著作权法》保护范围的作品，需为一定可感知形式体现之客观表达，而并非一种基于抽象而非现实的设想或想象。本案中，费希尔技术公司主张按照说明书2012所载拼装步骤搭建而成的30种静态模型构成立体作品，一审法院注意到，费希尔技术公司生产并销售的权利商品，尚处于一种零散拼装组件的状态，而非已搭建完成的30种静态模型。拼装者拆封商品后，严格遵循说明书2012所载步骤，从单个组件到静态模型的搭建完成，方才是构建30种静态模型可感知表达的全过程，而这恰恰是费希尔技术公司所产权利商品实物所不具备的形态。简而言之，本案中费希尔技术公司主张构成立体作品应予保护的30种静态模型尚处于一种设想性的“腹稿”状态，还仅停留在“可搭建”的阶段，缺少“已搭建完成”这一关键的外在表达，属于典型的思想领域，不具备可感知性，无法作为作品受到著作权法保护。有鉴于此，费希尔技术公司有关应归属立体作品予以保护的主张缺乏法律依据，不予采纳。

著作权法领域内，只有富含艺术美感并具备独创性的智慧成果方可构成作品纳入其保护。但基于作品类型的现实多样，实践中对作品艺术美感的评判及独创性的衡量并不存在统一、恒定的适用标准，不同类型作品所需具备的美感及独创性尺度存在客观差异。一如本案，因费希尔技术公司主张构成图形作品的30种静态模型展示图样、102幅拼装组件展示图例及组件拼装步骤图示系主要服务于“引导、帮助拼装者完成搭建”这一使用功能，故评判其是否属于作品，应当着重考察这些图形中所包含的几何构图及各点、线、面构成要素是否具备独创性的选择与表达，是否体现出简洁、对称的艺术美感。一审法院注意到，费希尔技术公司所主张搭建完成的30种静态模型展示图样，每一幅图的整体构图细致、精巧，画面和谐、美观，具有一定的艺术美感，尤其是各个图形根据不同部位搭建组件的类别，选择了红、黄、黑（灰）三种主要色调予以分门别类地标注，体现出了绘制者对整齐划一、对称和谐之美的追求与努力。而其对展示角度的选取及对图形色彩搭配作出的特定安排，确已满足了图形作品之于法律保护所需具备的艺术美感及独创性要求，构成著作权法意义上的作品。至于费希尔技术公司主张的全部组件拼装步骤图示，除同样拥有30种静态模型展示图样具有的艺术美感及色彩搭配外，还在每一搭建单元的组件展示、拼装步骤标注示意等方面，体现出科学、严谨的取舍与选择，均已构成著作权法意义上的作品。此外，一审法院认为，费希尔技术公司主张的102幅拼装组件展示图例，虽然是对权利商品立体拼装组件的平面客观展示，表达空间有限，但费希尔技术公司对组件展示角度的选取，以及根据类别不同搭配以各异底色并逐一编号，已满足著作权法对于图形作品最低限度的独创性要求，故亦可认定其全部构成图形作品。

关于东方教具公司、雅讯科技公司认为费希尔技术公司主张前述著作权客体均系“为最大程度与实物及其建造方法相匹配并受其限制，表达有限无法构成作品”一节，一审法院认为，表达相对有限并非表达唯一，对于图形作品所需的独创性高度不宜参照美术作品等标准予以苛责，况且一审法院所列举前述作品具有之独创性内容，足以表明其已完全脱离了思想与表达相互混同的程度，东方教具公司、雅讯科技公司的相应抗辩主张有悖事实，不予采纳。

二、作品的著作权归属于费希尔技术公司，受《著作权法》保护

《著作权法》规定，如无相反证明，在作品上署名的公民、法人或者其他组织为作者。费希尔技术公司的名称不单在出具的权利商品实物内层包装盒上有所显现，其还在搭建完成之30种静态模型展示图样、102幅拼装组件展示图例及组件拼装步骤图示（以下统称“涉案图形作品”）的实物载体说明书2012的封底进行了标注，明确表明了涉案图形作品与自身的归属关系，可以认定为著作权法意义上的署名。据此，一审法院推定费希尔技术公司系涉案图形作品的著作权人。至于东方教具公司及雅讯科技公司提出费希尔技术公司出具的相关证据针对著作权归属存在矛盾，阿图尔－费希尔股份公司费希尔厂系涉案图形作品著作权人一节，一审法院认为，公证人E某查阅的公司变更登记资料，以及在其见证下由案外人费希尔厂有限责任两合公司两位负责人签署的声明已能够排除阿图尔－费希尔股份公司费希尔厂现为涉案图形作品著作权人的可能，更何况阿图尔－费希尔股份公司费希尔厂的署名仅仅是出现在一款用于宣传的产品目录而非涉案图形作品的载体之上，远不足以推翻前述推定的著作权归属结论，故一审法院对其相应抗辩意见不予采纳。

根据《著作权法》规定，外国人、无国籍人的作品根据其作者所属国或者经常居住地国同中国签订的协议或者共同参加的国际条约享有的著作权，受著作权法保护。费希尔技术公司系设立于德意志联邦共和国的企业，而该国与我国均系《伯尔尼公约》成员国，故费希尔技术公司对涉案图形作品享有的著作权受《著作权法》保护。

三、东方教具公司、雅讯科技公司的行为已构成对涉案图形作品著作权的侵害

（一）装配手册所载内容与涉案图形作品构成实质性相似

将装配手册与说明书2012进行比对，二者的30幅搭建完成后的静态模

型展示图样部分，除少数线条走向、模型展示角度微有差异外，内容一致。甚至除“带滑动秤锤的天平”这一名称外，装配手册中模型图样的名称及排列顺序亦与说明书2012相一致；拼装组件展示图例部分，侵权手册展示数量为103幅，说明书2012展示数量为102幅，除前者展示组件编号为32233、32263及36708的3幅图例后者没有，后者展示的组件编号为68535、135719的2幅图例前者没有外，剩余的100幅拼装组件展示图例从零件编号到配色样式完全一致；30种静态模型的组件拼装步骤图示部分，经与说明书2012对应部分比较，装配手册除因拼装组件原因作必要调整外，主要展示内容与说明书2012相同（与说明书2004的对应部分几乎完全相同），仅是部分步骤展示角度、配色及排版布局略有所变化。有鉴于此，一审法院认定，除3幅拼装组件展示图例外，装配手册系对说明书2012所载涉案图形作品的“精确复制”，二者构成实质性相同。至于东方教具公司、雅讯科技公司辩称不构成相同所援引的部分展示图例角度及配色之差异至为细微，不足以影响前述结论。

（二）涉案图形作品的发表

《著作权法》中的发表，是指将作品公之于公众，使其处于可为不特定人所知悉的事实状态。对于某一作品而言，其发表本身应为瞬时行为，有并只有一次且不受地域限制。即便作品在发表后历经过若干次修改，只要没有形成新的演绎作品，那么该作品发表时间仍应确定为修改前首次将作品公之于公众之时。

本案中，费希尔技术公司享有著作权的涉案图形作品是刊印于安装说明书中作为附件随附权利商品予以发行的，所具有的服务功能决定其完全可能为契合权利商品的改进而作出适时修改，比对说明书2012与说明书2004的内容差异即佐证了这一点。一审法院还认为，两版说明书中所体现的涉案图形作品差异细微，远没有达到修改演绎后形成新作品的程度，故仍为同一作品，应按照时间较早的涉案图形作品载体所载信息，确定其发表时间。根据前述艾某、哈某，尤其是L某的陈述可知，2004年至2006年，权利商品已经作为新产品历经了预售宣传、实际交付、参与展出等一系列事件，结合说明书本身所载的时间信息，一审法院推定，涉案图形作品的发表时间不晚于东方教具公司获得权利商品的时间，即不晚于2009年10月。

（三）东方教具公司、雅讯科技公司共同接触权利商品并实施侵权制造

本案中，涉案商品内既包含有注有雅讯科技公司名称的装配手册，亦包括东方教具公司放入的自身享有专用权之注册商标标识，在无反证的情况下，一审法院认定涉案商品由东方教具公司、雅讯科技公司共同制造。鉴于装配手册系作为该商品一部分的随货附件，故其上所载内容对应的法律责任亦归

由东方教具公司、雅讯科技公司共同承担。

至于接触一节，根据交易记录及相应凭据可知，东方教具公司已通过实际购买获得了涉案图形作品的复制件。考虑到东方教具公司购买权利商品的时点，李某2身兼东方教具公司股东与雅讯科技公司法定代表人而使得两公司具有的关联关系，结合获得权利商品后雅讯科技公司旋即更名，将名称中的所属行业类别由原实验室设备变为智能机器人，并更改经营范围，添加智能机器人领域内的技术开发、技术转让、技术咨询、技术服务，智能机器人生产、加工、销售等营业内容等一系列变化情况，故在雅讯科技公司未就上述事实作出合理说明的情况下，一审法院推定雅讯科技公司亦实际接触了涉案图形作品。同时，这一结论亦可通过标注有其名称的装配手册与说明书2012对应内容细节上的高度一致予以佐证。

《著作权法》规定，除另有规定，未经著作权人许可，复制、发行传播其作品的，均构成侵权。东方教具公司、雅讯科技公司未举证证明载于装配手册，与涉案图形作品构成实质性相同之图片的复制、发行曾获得费希尔技术公司许可，亦未证明存在其他法律规定的免责事由，故一审法院认定载有侵权图片的装配手册已侵害费希尔技术公司就涉案图形作品享有的复制权、发行权。另，鉴于安装手册上未标明费希尔技术公司的作者身份，客观上已然割裂费希尔技术公司作为作者与涉案图形作品之间的身份联系，故一审法院认定东方教具公司、雅讯科技公司的行为还侵害了费希尔技术公司就涉案图形作品享有的署名权。

四、东方教具公司、雅讯科技公司未构成不正当竞争

1993年《反不正当竞争法》中，制止仿冒类不正当竞争行为意欲保护的对象之一即为竞争主体在市场经营过程中使用商业标识产生的合法竞争权益。其中，对未注册商业标识的保护，需以竞争主体主动、稳定使用该商业标识并使之将所提供的商品（或服务）与自身绑定关联为前提，倘若使用样式多变，甚至根本没有主动使用，则相关竞争利益无从谈起。

本案中，费希尔技术公司或者其授权经销商，在实际销售或宣传、推广包括权利商品在内的全部拼装模型时，多对其冠以慧鱼创意组合模型甚至慧鱼模型等称谓，并无证据佐证曾经长期、稳定地单独使用创意组合模型来标注其商品。鉴于费希尔技术公司明显缺乏主动使用创意组合模型指示其所生产商品来源的意图，故一审法院认定其对创意组合模型这一称谓不享有竞争利益，费希尔技术公司主张创意组合模型构成知名商品特有名称且据此享有竞争权益的观点一审法院不予采纳。至于红、黄、黑的三色配色是否构成知名商品的特有包装装潢一节，一审审理过程中，费希尔技术公司始终未就知

名商品的具体范围予以明确，但无论其主张的知名商品为权利商品，还是包括权利商品在内所有由费希尔技术公司生产的全部拼装模型，据一审法院查明的事实可知，其拼装组件的配色并不恒定，红、黄、黑三色之外尚存在蓝、白、银等颜色，此种情况下，考虑到费希尔技术公司未能就红、黄、黑三色确已在其生产商品上发挥出特定指向之识别功能进行举证，故其相应主张一审法院不予采纳。另，费希尔技术公司还以东方教具公司、雅讯科技公司违背诚实信用的商业道德对拼装组件展示图例的编号主张保护。本案中，费希尔技术公司主张权益的拼装组件编号载于说明书 2012 中，而说明书 2012 则严密包裹于权利商品包装之内，非经拆封无法显现，据此一审法院判定，拼装组件编号因未能对外表彰，相关公众难以识别而不产生竞争权益。费希尔技术公司的相应主张一审法院不予支持。

五、东方教具公司、雅讯科技公司应承担的法律责任

（一）停止侵权

根据《中华人民共和国侵权责任法》规定，构成侵害著作权的，应当承担停止侵权的民事法律责任，故东方教具公司、雅讯科技公司应当停止实施侵害涉案图形作品著作权的行为，即东方教具公司、雅讯科技公司停止对涉案图形作品的复制、发行，停止对费希尔技术公司享有的涉案图形作品署名权之侵害。另，费希尔技术公司主张销毁东方教具公司、雅讯科技公司共同生产的涉案商品中的全部拼装组件一节，因费希尔技术公司于本案中并未就拼装组件主张权利，故一审法院对此不予支持；至于销毁侵权装配手册，因费希尔技术公司并未举证明确侵权装配手册的数量及存储地点，该项内容缺乏可执行性，故一审法院难以支持。

（二）经济损失赔偿

《著作权法》规定，侵犯著作权的，侵权人应当按照权利人的实际损失给予赔偿；实际损失难以计算的，可以按照侵权人的违法所得给予赔偿；权利人的实际损失或者侵权人的违法所得不能确定的，由人民法院根据侵权行为的情节，判决给予五十万元以下的赔偿。鉴于费希尔技术公司未能就东方教具公司、雅讯科技公司著作权侵权造成其实际损失或后者违法所得向一审法院提供直接证据予以证明，现其要求按照法定赔偿方式确定经济损失的赔偿金额，一审法院予以支持。一审法院适用法定赔偿首要考量的因素即为东方教具公司、雅讯科技公司的主观过错。本案中，参与制造涉案商品的雅讯科技公司与东方教具公司关联密切，东方教具公司 2009 年 10 月获得权利商品后，雅讯科技公司随即修改了企业名称及营业范围，加入了所谓智能机器人的相关内容，各种变化如此契合，实难以偶然塞责敷衍。更为明显的是，涉

案商品中的装配手册不但绘制内容与对应涉案图形作品几乎相同，甚至已搭建完成的30种静态模型展示图样的名称、排列顺序、拼装组件编号等微小细节亦基本与后者如出一辙。鉴于以上因素，一审法院有理由认为，东方教具公司、雅讯科技公司确切知晓费希尔技术公司享有涉案图形作品的著作权，通过接触获得后，稍作变化复制形成装配手册，继而随涉案商品一并发行投入市场，二者具有相当的主观恶意。同时，本案中，东方教具公司还通过对外零售、参与招投标等方式对包括涉案商品在内的创意组合模型进行销售，甚至还采取参加专业类展会等方式推广助力侵权销售，范围遍及全国而无明显地域限制。另，虽然费希尔技术公司在本案中主张适用法定赔偿，但鉴于其曾依据《民诉法解释》向一审法院提出申请，且一审法院据其申请，责令东方教具公司、雅讯科技公司提供涉案商品的账册及销售记录，而后者无正当理由拒绝提供，故一审法院认定东方教具公司、雅讯科技公司已构成举证妨碍，将依法参考费希尔技术公司的主张综合判定赔偿数额。除以上因素外，一审法院还综合考量涉案图形作品的类型及独创性程度，权利商品销售单价及知名程度、涉案图形作品之于权利商品的价值贡献，东方教具公司、雅讯科技公司生产、销售涉案商品的售价及其实际规模，侵权内容与涉案图形作品的近似程度等情节酌情判定。

（三）财产保全申请费及合理费用支出

因东方教具公司、雅讯科技公司已对费希尔技术公司于（2015）徐民三（知）初字第519号案件中支出的财产保全申请费可作为本案之诉讼请求，由一审法院依法处断不持异议，且该笔支出确与费希尔技术公司维权行为紧密关联，故一审法院予以支持。

鉴于费希尔技术公司已然明确表示就24423号案件涉及的合理支出于本案不再重复主张，故一审法院仅对（2016）沈恒证民字第1073号公证书、（律师）诉讼代理费、（律师）咨询费，购买涉案商品费进行评判。

关于侵权产品的购买费及（2016）沈恒证民字第1073号公证书制作费用，确属本案维权所需，一审法院予以支持；相关（律师）咨询费，一审法院根据维权实际所需酌情予以支持；相关（律师）诉讼代理费，一审法院则结合案件的繁简程度、代理人的实际工作量、委托代理合同约定情况，并根据相关律师服务收费政府指导价标准、实际判赔额与诉请赔偿额的比例予以酌定。

综上，依照《中华人民共和国侵权责任法》第二条、第十五条第一款第一项、第六项、第二款，《中华人民共和国著作权法》第二条第二款、第十条第一款第二项、第五项、第六项、第十一条第一款、第四款、第四十八条第一项、第四十九条，《中华人民共和国著作权实施条例》第二条、第四条第十二项，《最高人民法院关于审理著作权民事纠纷案件适用法律若干问题的解释》第二十五条第一款、第二款、第二十六条规定，一审法院判决：（1）上海东方教具有限公司、上海雅讯智能机器人科技有限公司于一审判决生效之日起，停止侵害费希尔技术有限公司（fischertechnik GmbH）享有的慧鱼创意组合模型之机械与结构组合包（货号 93291）中安装说明书所载涉案图形作品的著作权；（2）上海东方教具有限公司、上海雅讯智能机器人科技有限公司于一审判决生效之日起十日内，共同赔偿费希尔技术有限公司（fischertechnik GmbH）经济损失、财产保全申请费及合理支出合计 160 000 元；（3）驳回费希尔技术有限公司（fischertechnik GmbH）其他诉讼请求。

本院二审期间，各方当事人均未提供新证据。

本院经审理查明，一审认定事实属实，本院予以确认。

本院另查明：（1）权利商品“慧鱼创意组合模型之机械与结构组合包”中的拼装组件可按照说明书 2012 中的拼装示意图搭建成涉案 30 种立体造型，在以权利商品作为工具的机械创新设计比赛中，参赛者基于对零件的熟悉程度，按照自己的想法还可进行更多创意搭建。涉案商品组件也具备上述相同搭建功能。（2）（2016）沈恒证民字第 1073 号公证书记载，2016 年 5 月 9 日，沈阳国际展览中心第 70 届中国教育装备展示会现场 E 馆 E2B006 东方教具公司展位展示了变速器、起重机、剪式升降台立体造型，同时展示的还有大量其他立体造型。（3）权利商品附随一份售后服务卡记载：“若本包装中的某一零部件缺少或坏损，请在作出如下说明的情况下通过以下地址免费索取：寄送人、缺少的零部件的编号（参见安装说明书中的零部件明细表）、组件名称或产品号（参见折叠盒）、生产号”。（4）中国采购与招标网显示，2014 年 1 月 20 日，2013 年度“农村义务教育薄弱学校改造计划”小学科学实验箱采购项目 02 包（招标编号：JXHZ2013 - G624 - 02），中标供应商名称为东方教具公司，中标金额为 2 077 600 元。“龙岗政府在线”网站刊载的《华中师范大学龙岗附属中学实验室设备采购中标公告》记载，2014 年 2 月 28 日，华中师范大学龙岗附属中学实验室设备采购已完成评审，中标成交供应商为东方教具公司，东方教具公司的报价为 469.886 万元。中国政府采购网刊载的《四平市铁东区教育局教学设备采购项目（第一包实验室设备、第三包音乐、体育、美术器材）公开招标预中标公告》记载，2015 年 2 月 16 日，项目编号 0773 - 1541GNJL00054/1，预中标人为东方教具公司，预中标金额为 205.4738 万元。（5）费希尔技术公司主张模型作品的立体造型名称为：栅栏、转台、曲柄传动机构 1、曲柄传动机构 2、1 号汽车、2 号汽车、3 号汽车、带有链条的齿轮传动机构、带有转向装置的汽车、变速器、行星齿轮机构、锥齿轮传动机构、电动厨具、差速机构、车辆升降机、剪式升降台、车床、刮雨器、四活节链、弓锯、天平、带滑动秤锤的天平、滑轮组、工作台、人字梯、梁式桥、带下托梁的桥、带上托梁的桥、高脚凳、起重机。该30种立体造型的图样见权利商品安装说明书2012目录页。

本院认为，本案系涉外侵害著作权及不正当竞争纠纷。一审法院认定，记载在权利商品“机械与结构组合包”《安装说明书》中的102幅拼装组件图、30种组件拼装步骤图、30种静态立体造型图，构成图形作品。被控侵权的涉案商品“结构与机械原理组合”装配手册中记载的100幅拼装组件图、30种组件拼装步骤图、30幅搭建完成后的静态立体造型图，与相应的涉案图形作品构成实质性相同，两被上诉人复制、发行装配手册，侵害了费希尔技术公司享有的涉案图形作品的署名权、复制权、发行权。对此，上诉人不持异议，两被上诉人未提起上诉，本院予以确认。

综合二审期间双方的诉辩观点，本案的争议焦点在于：（1）涉案30种立体造型是否构成受《著作权法》保护的作品，若构成作品，两被上诉人是否侵害了费希尔技术公司对涉案30种立体造型享有的著作权；（2）两被上诉人制造、销售的“结构与机械原理组合”套装产品是否构成不正当竞争；（3）一审的判赔数额是否合理。

一、涉案30种立体造型是否构成受《著作权法》保护的作品，若构成作品，两被上诉人是否侵害了费希尔技术公司对涉案30种立体造型享有的著作权

（一）关于涉案30种立体造型是否构成模型作品

费希尔技术公司上诉称，涉案30种立体造型具有实物形态，应适用《伯尔尼公约》认定为立体作品，或根据《著作权法》认定为模型作品。两被上诉人辩称，涉案商品销售状态为散装组件，并未搭建成立体造型。即便存在实物立体造型，亦是将30个平面示意图作品从平面到立体进行了复制，不应单独认定为作品。

本院认为，《著作权法》第二条第二款规定：“外国人、无国籍人的作品根据其作者所属国或者经常居住地国同中国签订的协议或者共同参加的国际条约享有的著作权，受本法保护。”我国和上诉人所在的德国同为《伯尔尼公约》成员国，《著作权法》第三条第七项已明确规定保护模型作品，故本案无须适用《伯尔尼公约》的规定。《著作权法实施条例》第四条第十三项规定：“模型作品，是指为展示、试验或者观测等用途，根据物体的形状和结构，按照一定比例制成的立体作品。”从《著作权法》立法原意理解，构成模型作品

需具备三个条件：一是必须具有展示、试验或者观测等用途，如与地理、地形、建筑或科学有关的智力创作等；二是具有独创性，精确地按照一定比例对实物进行放大、缩小或按照原尺寸制成的立体造型仅是实物的复制品，模型作品应当是根据物体的形状和结构，按照一定比例制成，但在造型设计上必须具有独创性；三是能以有形形式固定的立体造型。就本案而言，首先，涉案栅栏、曲柄传动机构等30种立体造型系抽象于现实中的机械、工程结构，现实中存在与之相对应物体或者结构，但又不完全是复制实物，而能展示实物所蕴含的机械原理和物理结构。其次，设计者通过对现有机械及工程结构进行选取和提炼，抽象和简化，在创作过程中对立体结构进行了取舍、浓缩、抽象，展示科学和技术之美，在布局、结构安排、搭配组合等方面，体现了设计者的构思和安排，具有独创性。最后，运用组件，按照说明书步骤图能够搭建成与《安装说明书》所附图样一致的具有实物形态的30种立体造型，即能以有形形式固定。综上，涉案30种立体造型均符合《著作权法》规定的模型作品构成要件，并各自独立于图形作品构成模型作品，应受著作权法保护。两被上诉人认为，30种立体造型不具有独创性，在平面作品的基础上无权再主张立体作品著作权的观点，本院不予采纳。一审法院关于30种立体造型缺少已完成搭建的外在表达，不具备可感知性，无法作为作品受到著作权法保护的认定不当，本院予以纠正。

（二）关于两被上诉人制造、销售“结构与机械原理组合”套装产品是否侵害费希尔技术公司对涉案30种模型作品享有的著作权

上诉人认为，两被上诉人未经许可生产涉案商品并配套抄袭的产品手册销售，侵害了30件模型作品著作权。两被上诉人认为，30件立体造型即使构成作品，按图搭建者是使用者，其只是复制组件，并不复制30件立体造型，故也不构成侵害著作权。

本院认为，《著作权法》第十条规定，著作权包括复制权，即以印刷、复印……等方式将作品制作一份或者多份的权利。上诉人的权利商品以组件配以详细安装说明的方式对外销售，购买者以对价取得商品的同时，也取得了对30件模型作品进行装配复制的许可。该许可授权当然应由著作权人行使，或者经著作权人许可后行使。而两被上诉人未经作为著作权人的上诉人许可，以同样方式生产、销售涉案商品，实质上是行使了对30件模型作品的复制许可权。结合双方在庭审过程中的观点，本院认为：首先，装配手册与组件包一并提供，两者应作为一个整体，不应分割评判。其次，虽然涉案商品具备搭建涉案30种模型作品之外的用途和功能，但能搭建出涉案30种模型作品是涉案商品对外销售的卖点，体现了涉案商品的市场价值。在案证据表明涉

案商品单价较高，学校等教育培训机构是主要购买者，主要作为教具使用。两被上诉人通过购买权利商品并精确仿制成涉案商品，涉案商品的使用者初学时按照装配手册的指示进行搭建，是两被上诉人提供涉案商品时能预见到的，故其主观上具有侵害上诉人权利作品著作权的故意。最后，两被上诉人在装配手册中提供了将组件搭建成为涉案30种模型作品中任何一种模型的具体实施步骤，按照示意图无须发挥想象力，搭建形成的模型实物，系涉案模型作品的复制件。两被上诉人在对外提供涉案商品（包括装配手册、零件）的同时，一并向购买者提供了按照装配手册进行组装实施复制涉案模型作品的授权，商业性许可购买者复制权利作品。《著作权法》第四十八条第一项规定，未经著作权人许可复制其作品的，除本法另有规定外，应当根据情况承担停止侵害、赔偿损失等民事责任。著作权的本质是一种禁止他人未经许可实施某种行为的权利，是一种禁止权，著作权人的复制权不仅控制未经著作权人许可擅自复制作品的直接侵权行为，未经著作权人许可擅自商业性许可他人复制作品的行为也应包括在内。据此，两被上诉人在自身并不享有涉案模型作品复制权的情况下，商业性向购买者提供复制权利作品的授权，侵害了费希尔技术公司对涉案模型作品享有的复制权。至于费希尔技术公司主张的两被上诉人在涉案商品的设计、制造过程中可能搭建了立体造型，为了展会之需搭建并展示了涉案部分“结构与机械原理组合”立体造型（变速器、起重机、剪式升降台）构成侵权，鉴于该等行为均附属于两被上诉人生产、销售涉案商品的行为，应属一个整体，本院不再另行评价。两被上诉人应停止上述制造、销售涉案商品“创意组合模型——结构与机械原理组合”侵害上诉人著作权的行为，并承担其他相应民事责任。

二、两被上诉人制造、销售“结构与机械原理组合”套装产品是否构成不正当竞争

首先，费希尔技术公司主张“创意组合模型”构成知名商品的特有名称。本院认为，对于具有描述商品功能和用途的商品名称，需要有证据证明该名称通过权利人的使用已经获得了能够区别商品来源的第二含义，才有可能认定为知名商品的特有名称。本案中，“创意组合模型”由“创意”“组合”“模型”三个词组成。按照汉语词典的解释，“创意”指“创造出新意”，“组合”指“组织成整体”，“模型”是“照实物的形状和结构按比例制成的物体”。“创意组合模型”意指可以自由搭建的模型，直接表明了本商品的类型、用途，该名称本身不具备显著性。一审已查明，权利商品外包装正面含有“fischertechnik”标识，下端标注“慧鱼创意组合模型”字样。从2006年至2014年，权利商品的中国经销商对外销售不同型号商品的供货合同中，交易

商品多冠以“德国慧鱼创意组合模型”“慧鱼创意组合模型”“慧鱼训练模型”“慧鱼公司产品”等称谓。结合权利商品的销售方式、相关公众的认知因素进行判断，权利人主观上系将“慧鱼”作为识别商品来源的标识。客观上，“创意组合模型”未能克服本身所具有的描述商品功能的性质，达到使相关公众将“创意组合模型”与费希尔技术公司联系起来的标识效果。据此，费希尔技术公司主张“创意组合模型”的名称是知名商品的特有名称，与事实不符，本院不予支持。

其次，费希尔技术公司主张权利商品中的红、黄、黑三种颜色组件居多，是权利商品的主色调，构成知名商品的特有包装、装潢。本院认为，权利商品组件确以红、黄、黑色居多，但也有蓝、白、银色，且儿童玩具采用鲜艳颜色是惯常做法。故一审法院认为，红、黄、黑未在权利商品上发挥出特定指向之识别功能的认定，本院予以认同。

最后，费希尔技术公司主张两被上诉人将102件组件的编号全部照抄到两被上诉人的涉案商品，违反了《反不正当竞争法》第二条。两被上诉人认为，权利商品的组件编号由普通数字组成，用于标识产品说明书中的各个零件，对于消费者作出选择的影响微乎其微，不会使上诉人遭受实际损害，也不会损害上诉人的任何商业机会或对权利商品产生任何混淆。本院认为，反不正当竞争法原则条款应谨慎适用，知识产权法通过对有限的知识产权类型作出规定，诸如著作权、商标权、专利权，将不具备法定形式的成果留在公有领域，倘若反不正当竞争法再次从公有领域中过滤出来一部分商业成果给予保护，那么必须严格保护的标准。涉案编号不用于识别商品，编号仅出现在说明书、售后服务卡等显示物料清单的场合，费希尔技术公司并未因组件编号而获得额外的竞争利益。因此，费希尔技术公司请求保护组件编号，本院难以支持。

三、本案赔偿数额的确定

《著作权法》第四十九条规定，侵犯著作权或者与著作权有关的权利的，侵权人应当按照权利人的实际损失给予赔偿；实际损失难以计算的，可以按照侵权人的违法所得给予赔偿。赔偿数额还应当包括权利人为制止侵权行为所支付的合理开支。权利人的实际损失或者侵权人的违法所得不能确定的，由人民法院根据侵权行为的情节，判决给予50万元以下的赔偿。鉴于费希尔技术公司未能就东方教具公司、雅讯科技公司著作权侵权造成其实际损失或后者违法所得提供直接证据予以证明，本案应适用法定赔偿方式确定经济损失的赔偿金额。鉴于一审已经查明：（1）东方教具公司、雅讯科技公司确切知晓费希尔技术公司享有权利作品的著作权，通过接触获得权利作品后，精确复制了权利作品，具有相当的主观恶意；（2）东方教具公司通过对外零售、参与招投标、参加专业类展会等方式销售侵权产品，范围遍及全国而无明显地域限制；（3）经一审法院释明并责令，东方教具公司、雅讯科技公司拒不提供涉案商品账册及销售记录以查清侵权获利，构成举证妨碍。此外，本案还应综合考量权利作品的类型及独创性程度、权利商品销售单价及知名程度、权利作品之于权利商品的价值贡献、涉案侵权产品的售价及其实际销售规模、侵权内容与权利作品的近似程度等情节。费希尔技术公司在本案中的举证虽一定程度上证明了涉案商品的销售规模，但不足以证明东方教具公司、雅讯科技公司单就涉案商品的侵权获利超过了著作权法规定的法定赔偿数额的上限。综合考虑以上因素，本院以著作权侵权法定赔偿的上限确定为本案的损害赔偿金额。费希尔技术公司主张在本案中参照商标法规定的倍数确定赔偿额，缺乏法律依据，本院难以支持。

费希尔技术公司在一审中明确主张的维权开支包括（2016）沈恒证民字第1073号公证费5000元、（律师）诉讼代理费6万元、（律师）咨询费7733.93元、购买涉案商品费3024元以及保全申请费3020元，合计人民币78 777.93元。其中：公证费、购买涉案商品的费用、保全申请费均为本案维权而发生，本院予以支持；关于律师费，结合本案的疑难复杂程度、诉讼代理人为本案提供法律服务的工作时间、工作量，本院也予支持；关于咨询费，费希尔技术公司称系用于支付其代理人为公证取证而提供的咨询及差旅开支，本院酌情予以支持。

综上，一审判决东方教具公司、雅讯科技公司停止侵害涉案图形作品复制权、发行权、署名权，本院予以维持。涉案30种立体造型构成模型作品，东方教具公司、雅讯科技公司销售“结构与机械原理组合”产品侵害了费希尔技术公司对涉案30种模型作品享有的复制权，费希尔技术公司的这一上诉理由成立。一审法院对东方教具公司、雅讯科技公司不构成不正当竞争的认定并无不妥，本院予以维持。鉴于费希尔技术公司未提交证据证明涉案商品存在库存的具体情况，本院亦已判令两被上诉人停止生产、销售涉案商品侵害上诉人著作权的行为，故一审法院对其销毁涉案商品诉讼请求的处理，本院予以维持。依照《中华人民共和国著作权法》第二条第二款、第三条第七项，《中华人民共和国著作权法实施条例》第四条第十三项，《中华人民共和国民事诉讼法》第一百七十条第一款第一项、第二项规定，判决如下：

一、维持中华人民共和国上海市徐汇区人民法院（2016）沪0104民初24421号民事判决第一项；

二、撤销中华人民共和国上海市徐汇区人民法院（2016）沪0104民初

24421 号民事判决第二项、第三项；

三、被上诉人上海东方教具有限公司、被上诉人上海雅讯智能机器人科技有限公司于本判决生效之日起，停止侵害上诉人费希尔技术有限公司享有的涉案 30 种模型作品的著作权；

四、被上诉人上海东方教具有限公司、被上诉人上海雅讯智能机器人科技有限公司于本判决生效之日起十日内共同赔偿上诉人费希尔技术有限公司经济损失人民币 500 000 元、财产保全申请费及其他合理支出人民币75 000元；

五、驳回费希尔技术有限公司其余诉讼请求。

如果未按本判决指定的期间履行给付金钱义务，应当依照《中华人民共和国民事诉讼法》第二百五十三条之规定，加倍支付迟延履行期间的债务利息。

一审案件受理费人民币 13 800 元，由上诉人费希尔技术有限公司负担人民币 2932 元，由被上诉人上海东方教具有限公司、被上诉人上海雅讯智能机器人科技有限公司共同负担人民币 10 868 元。二审案件受理费人民币 12 200 元，由上诉人费希尔技术有限公司负担人民币 1918 元，被上诉人上海东方教具有限公司、被上诉人上海雅讯智能机器人科技有限公司共同负担人民币 10 282元。

本判决为终审判决。

审　判　长　　陈惠珍
审　判　员　　商建刚
审　判　员　　杨馥宇
二〇一九年九月十九日
法 官 助 理　　秦天宁
书　记　员

附：相关的法律条文

一、《中华人民共和国著作权法》

第二条 ……

外国人、无国籍人的作品根据其作者所属国或者经常居住地国同中国签订的协议或者共同参加的国际条约享有的著作权，受本法保护。

…………

第三条　本法所称的作品，包括以下列形式创作的文学、艺术和自然科学、社会科学、工程技术等作品：

…………

（七）工程设计图、产品设计图、地图、示意图等图形作品和模型作品；

…………

二、《中华人民共和国著作权法实施条例》

第四条　著作权法和本条例中下列作品的含义：

…………

（十三）模型作品，是指为展示、试验或者观测等用途，根据物体的形状和结构，按照一定比例制成的立体作品。

…………

三、《中华人民共和国民事诉讼法》

第一百七十条　第二审人民法院对上诉案件，经过审理，按照下列情形，分别处理：

（一）原判决、裁定认定事实清楚，适用法律正确的，以判决、裁定方式驳回上诉，维持原判决、裁定；

（二）原判决、裁定认定事实错误或者适用法律错误的，以判决、裁定方式依法改判、撤销或者变更；

…………

13. 上海包图网络科技有限公司与初某侵害作品署名权、信息网络传播权纠纷上诉案

上海知识产权法院
民事判决书

（2019）沪73民终312号

上诉人（原审被告）：上海包图网络科技有限公司。

法定代表人：宋某，该公司董事兼总经理。

委托诉讼代理人：唐某，上海市华诚律师事务所律师。

委托诉讼代理人：曾某，上海市华诚律师事务所律师。

被上诉人（原审原告）：初某。

委托诉讼代理人：李某，上海市海华永泰（南京）律师事务所律师。

委托诉讼代理人：严某，上海市海华永泰（南京）律师事务所律师。

上诉人上海包图网络科技有限公司（以下简称“包图公司”）因与被上诉人初某侵害作品署名权、信息网络传播权纠纷一案，不服上海市浦东新区人民法院（2019）沪0115民初17201号民事判决，向本院提起上诉。本院于2019年8月19日立案后，依法组成合议庭，于2019年10月8日公开开庭审理了本案。上诉人包图公司的委托诉讼代理人唐某、曾某，被上诉人初某的委托诉讼代理人李某到庭参加诉讼。本案现已审理终结。

上诉人包图公司上诉请求：撤销一审判决，将本案发回重审或驳回被上诉人的一审全部诉讼请求。事实和理由：（1）一审判决对本案侵权行为定性判断错误，被控侵权视频并非由上诉人上传，上诉人仅是作为网络服务提供者，不是直接侵权行为人。（2）一审判决对本案侵权责任判断错误，欠缺分析上诉人的主观状态。涉案作品的信息网络传播具有合法来源，上诉人作为网络服务提供者，已经尽到了应尽的防控侵权的审查义务，符合“避风港”抗辩的要求，没有侵权的主观故意，不应承担责任。（3）一审判决遗漏必要共同诉讼参与人，程序合法性欠缺。（4）上诉人的行为不构成署名权侵权或情节轻微，不应判决赔礼道歉。

被上诉人初某辩称：一审法院对于上诉人的侵权行为性质及应承担责任

的分析较为清晰。上诉人通过所谓的设计师上传作品，未做任何实质性审查就对外传播，且上诉人的行为持续时间长，并享有了作品的利益。

初某向一审法院提出诉讼请求：(1) 包图公司赔偿初某经济损失人民币(以下币种相同) 20 万元及为制止侵权所支付的律师费 5000 元、公证费2000 元、差旅费 1000 元；(2) 包图公司在包图网（www. ibaotu. com）首页显著位置连续一周登载致歉声明。

一审法院认定事实如下：初某在北京的各个地点通过延时摄影的方式拍摄大量照片后，通过选择、剪辑、配音等后期制作，将其制作成视频。2016 年 8 月 16 日，初某通过其在优酷视频的“初某走天下”账号在优酷视频上传上述视频，视频名称为“北京［Time］——大美帝都延时摄影”，时长 2 分 12 秒，该视频右下角标注了初某的个人网址和微信号。该账号在 2018 年 9 月 5 日的粉丝数为 56，共有 49 个视频，视频播放数为 20 万。

2018 年 4 月，初某将上述视频中 5 段共 10 秒的视频素材授权给案外人在北京车展的预热宣传视频影片中作一次性使用（可在 YouTube 网站和微信进行传播），授权费为 5000 元。

包图公司系包图网（www. ibaotu. com）的经营者。该网站的《包图网络服务使用协议》和《包图隐私政策》显示，该网站为注册用户提供图片、视频上传分享服务、搜索及下载服务等。其中使用协议第 4. 2 条“服务规范”规定，用户“可通过包图服务在包图上传、发布或传输相关内容，包括但不限于文字……视频……等信息或其他资料。但您需要对此内容承担相关的法律责任……除非有相反证据证明，包图将您视为您在包图上传、发布或传输的内容的版权拥有人……”

根据初某于 2018 年 9 月 5 日所作的证据保全公证：(1) 在包图网搜索“北京城市旅游风光风景延时摄影高清视频素材”，出现 4 个搜索结果，点击其中的第一个搜索结果后，出现的视频预览图右上角有包图公司网站的水印。预览图旁的视频信息显示，该视频的上传时间为 2017 年 7 月 19 日，公证当日的浏览数为 19578，收藏数为 401，下载数为 4789。(2) 该视频文件旁的声明内容显示“模版内容仅供参考，包图网是正版商业图库，所有原创作品（含预览图）均受著作权法保护。著作权及相关权利归本网站所有，未经许可任何人不得擅自使用，否则将依法要求承担高达人民币 50 万元的赔偿责任”。点击该视频旁的“了解商用授权”后，网页声称“正版素材海量下载”“商业使用零风险”“全站所有图片素材、视频……均可免费海量下载”“包图网对全站素材均拥有独家版权……”等。(3) 包图网上公示了“版权归属协议”和“版权声明”。其中，“版权归属协议”的模板约定，乙方受甲方（即包图公司）委托为甲方创作的所有作品，乙方仅享有署名权，甲方享有除署名权之外的所有权利；甲方为乙方开通上传后台。包图公司在“版权声明”中称，包图网上的作品均由签约设计师原创设计，确保了包图网上的作品具有原创性、新颖性及合法授权；包图网对签约设计师上传至包图网的原创作品及其他信息进行审查，最大限度上确保作品合法、合规、不侵权。

经播放包图网上的上述视频并与初某的前述视频进行比对，包图网上的视频内容比初某的视频少了12秒，且在右上角加了包图网的水印，其余内容完全相同。

根据包图公司提交的包图网后台信息，被控侵权视频由名为“高某”的设计师于2017年7月17日上传，已于2018年9月29日下架。包图公司曾于2017年8月6日通过案外人向该设计师的银行账户支付2440元。该视频需付费成为包图网的VIP用户后才可下载。

本案一审审理中，包图公司提交了包图网公示的VIP价格，其中全站VIP为每年199元（标准价594元），多媒体VIP为每年99元（海量下载）或39元（每天限制下载量10个）。

初某为本案诉讼支出公证费2440元。

一审法院另查明，2018年10月16日，初某在其“初某走天下”的微信公众号上发布《包图网，被侵权的摄影师喊你回家吃翔》一文，主要内容为：初某经朋友提醒，发现包图网将初某发布于优酷网的北京延时摄影视频裁掉右下角的logo后发布，并自称是自有版权作品供人付费下载；还发现包图网上有很多延时摄影视频是从别的视频网上抠下来后打上“自有版权”标签。同年10月19日，初某又在其微信公众号发布《设计师的噩梦——包图、我图、千图、摄图的幕后操纵者韩某》一文，主要内容为：在初某发送前述文章后，包图网开始投诉该文章涉嫌诽谤罪和侵犯名誉权；初某的文章发表后，有不少摄影师联系初某要求联合维权，还有在包图网购买过素材的朋友询问会不会被素材原作者起诉；该文章还描述了上述几个图片网站之间的关系。同年11月12日，包图公司委托律师事务所向初某发送律师函，称包图公司不存在任何侵犯初某权益的行为，初某发布的上述文章诋毁、损害了包图公司声誉，要求初某删除一切关于包图公司的负面陈述并公开澄清事实、赔礼道歉。

一审法院认为，《中华人民共和国著作权法》（以下简称《著作权法》）所称的作品，是指文学、艺术和科学领域具有独创性并能以某种有形形式复制的智力成果。根据《中华人民共和国著作权法实施条例》的规定，电影作品和以类似摄制电影的方法创作的作品，是指摄制在一定介质上，由一系列的有伴音或者无伴音的画面组成，并借助于适当的装置放映或者以其他方式传播的作品。初某主张权利的视频系初某将其采用延时摄影方式拍摄的大量照片，通过选择、剪辑、配乐等后期处理后形成的一段展现北京城市风光的视频，其表达具有独创性，属于受著作权法保护的作品。上述视频与电影、电视剧等相比，均由一系列的有伴音的画面组成，可借助电脑等装置放映，可通过互联网等方式传播。可见，二者的表现形式完全相同，但创作方法不同。著作权法对作品进行保护系基于其表现形式而非创作方法；同时，随着技术的发展，如今电影的创作方法也不再仅仅局限于“摄制”，如出现了大量以计算机为主要工具制作的动画电影。鉴于初某视频的表现方式与电影作品类似，一审法院认定其属于以类似摄制电影的方法创作的作品。

根据《最高人民法院关于审理著作权民事纠纷案件适用法律若干问题的解释》第七条的规定，当事人提供的涉及著作权的底稿、原件、合法出版物、著作权登记证书、认证机构出具的证明、取得权利的合同等，可以作为证据。在作品或者制品上署名的自然人、法人或者其他组织视为著作权、与著作权有关权益的权利人，但有相反证明的除外。本案中，初某提供了其在第三方平台发表涉案作品的信息，提交了制作该视频所使用的相应高清图片及制作形成的高清视频，并据此陈述了该延时摄影视频的创作过程，内容能够相互印证，共同证明初某是涉案作品的作者。在无相反证据的情况下，一审法院认定初某系涉案作品的作者，依法享有著作权。

初某提交的公证书显示，包图公司在其经营的包图网上向公众提供初某创作的涉案作品，该行为侵害了初某对涉案作品享有的信息网络传播权。包图公司在使用初某作品时未为初某署名，侵害了初某的署名权。包图公司辩称，其网站仅提供信息存储空间服务，侵权视频由其网站的注册用户上传，包图公司已尽到注意义务。一审法院经查，侵权视频所在的网页并未注明任何上传者信息，反而明确注明该视频的著作权归包图公司所有。根据以上事实，可以认定包图公司在其网站上向网络用户提供了该侵权视频。虽然根据包图公司提供的后台信息及其向相应设计师支付报酬的事实，并结合包图网公示的“版权归属协议”及“版权声明”，该侵权视频由经包图公司认证的设计师上传。但根据包图公司的陈述，设计师对其上传的素材仅享有署名权，其余著作权属于包图公司，包图公司在审查素材质量后向设计师支付相应报酬，该经营模式的本质是包图公司向设计师购买相应素材的著作权后，通过其网站向公众传播并从中获利。设计师向包图公司网站上传相应素材系根据其与包图公司的约定提交转让的标的物，包图公司实际上是以著作权人的身份在其网站上传播相应素材。可见，包图公司直接实施了向网络用户提供侵权视频的行为，而并非仅为设计师提供信息存储空间服务。鉴于此，包图公司是否尽到注意义务不影响对其责任的认定。因此，对包图公司的上述抗辩，一审法院不予采纳。

包图公司就其侵害初某署名权、信息网络传播权的行为，应承担相应民事责任。包图公司在其网站上传播初某作品时，不仅未为初某署名，还自称其享有该作品的著作权，故一审法院对初某要求包图公司在其网站上赔礼道歉的诉讼请求予以支持。关于赔偿数额，包图公司提出，根据其网站上多媒体素材的数量、VIP 的销售价格和侵权视频的下载量，其从侵权视频所获得的利润不到 50 元。一审法院认为，包图公司网站的 VIP 会员未必会下载包图公司网站上的全部素材，且包图公司网站上的素材内容越丰富，则能够吸引更多的用户，从而提高包图公司网站的流量和价值。因此，包图公司计算其侵权获利的方式缺乏依据。同时，包图公司在其网站上宣称其系侵权视频的著作权人，并宣传用户可对该视频进行商业使用，故下载该侵权视频的用户中至少会有一部分对侵权视频进行商业使用，从而可能挤占初某就其视频进行商用授权的市场份额，对初某造成损害。可见，包图公司的以上利润计算方式不仅缺乏依据，还与初某因包图公司侵权行为而遭受的损失明显不相匹配，一审法院不予采纳。鉴于初某因侵权行为而遭受的实际损失及包图公司的违法所得均不能确定，一审法院综合考虑初某作品的类型及独创性高度、包图公司宣称其系侵权视频的著作权人并提供收费下载、侵权视频的浏览、收藏及下载情况、包图公司网站的经营规模、侵权行为的持续时间及后果等情节综合确定。包图公司还应赔偿初某为制止侵权行为所支付的合理开支，初某为本案支出公证费 2440 元，但仅主张 2000 元，系对其权利的处分，一审法院予以支持。根据相应律师收费标准、本案案情、初某代理律师在案件中的工作量等因素，初某主张的律师费金额尚属合理，一审法院予以支持。对初某主张的差旅费，一审法院根据初某委托诉讼代理人参加庭审的实际情况酌情予以支持。

综上，一审法院依照《著作权法》第十条第一款第二项、第十二项、第四十八条第一项、第四十九条，《最高人民法院关于审理著作权民事纠纷案件适用法律若干问题的解释》第七条、第二十五条第一款、第二款和第二十六条规定，判决：（1）包图公司于判决生效之日起十日内赔偿初某经济损失 10 万元及为制止侵权行为所支付的合理开支 7400 元。（2）包图公司于判决生效之日起十日内在包图网（www. ibaotu. com）首页显著位置连续一周登载致歉声明（内容须经一审法院审核）；如逾期不履行，一审法院将在相关媒体上公布判决的主要内容，所需费用由包图公司负担。（3）驳回初某的其余诉讼请求。负有金钱给付义务的当事人未按判决指定的期间履行给付金钱义务，应当依照《中华人民共和国民事诉讼法》第二百五十三条之规定，加倍支付迟延履行期间的债务利息。一审案件受理费4420元，减半收取2210元，由初某负担534元，包图公司负担1676元。

本院经审理查明，一审法院认定的事实属实，本院予以确认。

包图公司围绕其上诉请求，在二审审理中向本院提交了下列证据：第一组证据，包图网《关于我们》《备案信息查询》《联网备案信息》《首页底部》；第二组证据，《网络文化经营许可证》《广播电视节目制作经营许可证》《出版物经营许可证》《出版物网络发行备案表》《网站信誉认证证书》《安全联盟企业信誉评级证书》；第三组证据，《登录网页》《包图网设计师规范》《签约流程》；第四组证据，《主页页面》、包图网《联系我们》；第五组证据，包图网《上传作品》页面、《设计师作品制作要求》《包图网作品审核流程》《百度识图》；第六组证据，《包图网后台数据》。第一组至第六组证据用以证明包图网是一个创意内容供给平台，不具有侵害他人知识产权的动机，依法有权引用合法来源抗辩；第七组证据，包图公司审核案外人高某自2017年在包图网上传作品的审核信息，用以证明高某是合格设计师，包图公司已经履行了合理审查义务。

初某对上述证据的质证意见如下：对第一组至第六组证据的真实性无异议，但认为与本案没有关联性。第七组证据所涉设计师高某，无法核实其身份。

本院对上述证据的质证意见如下：第一组至第六组证据反映了包图公司的相关资质及其与作品审核相关的规章制度、流程等，但并未涉及对涉案作品的审核情况，与本案不具有直接关联性，本院不予采纳。第七组证据所涉及审查的作品并不包含涉案作品，故该证据与本案不具有直接关联，本院不予采纳。

本院认为，根据当事人的诉辩意见，本案二审争议焦点是包图公司能否主张合法来源抗辩、包图公司是否对被控侵权行为具有主观过错，以及一审法院确定的民事责任承担是否合理。对此，本院评述如下：

一、关于上诉人主张合法来源抗辩的问题

本案中，上诉人主张其行为满足《著作权法》第五十三条有关合法来源抗辩的要件，不应承担相应的法律责任。本院认为，《著作权法》第五十三条规定，复制品的出版者、制作者不能证明其出版、制作有合法授权的，复制品的发行者或者电影作品或者以类似摄制电影的方法创作的作品、计算机软件、录音录像制品的复制品的出租者不能证明其发行、出租的复制品有合法来源的，应当承担法律责任。首先，根据上述条文的文义解释，主张合法来源抗辩的主体系作品发行者及出租者，上诉人作为涉案作品著作权的受让人，并不符合法条有关合法来源抗辩主体的规定。其次，能否将《著作权法》第五十三条所规定的合法来源抗辩主体扩张至著作权的受让人。上诉人主张应对上述法条进行扩张解释，其作为著作权的受让人亦可主张合法来源抗辩。本院认为，扩张解释的前提系存在法条漏洞，所谓法条漏洞一般是指法条的表述未满足立法者的计划而处于不圆满的状态。判断法条是否存在漏洞，需考察相关法律的立法目的。本院认为，就《著作权法》第五十三条的规定而言，其限定合法来源抗辩的主体包括复制品的发行者而不包括作品著作权的受让人，此系立法者有意的选择而非法条漏洞。理由如下：发行权是以出售或者赠与方式向公众提供作品原件或者复制件的权利，复制品的发行行为仅限于对作品有体复制件的销售。《著作权法》第五十三条所规定的“合法来源”并非指著作权权利具有合法来源，而是指有体复制件商品具有合法来源。如此解释的原因在于，一方面，对于复制品的销售者而言，其获利的主要方式是购进商品与出售商品间的差价，而非主要基于作品著作权所产生的价值，对于复制品的销售者施加著作权权属实质审查义务的负担会导致利益失衡，且复制品的销售者通常并无条件和能力对著作权的权属进行实质审查。因此，法律上要求复制品的发行者只要证明该有体复制件具有合法来源，即可免除相应的法律责任。但对于著作权的受让人或被许可人而言，其获利的主要方式系基于作品著作权所产生的价值，或者与作品著作权价值密切相关，其对受让作品著作权权属具有实质性的审查义务，在性质上不同于复制品发行者对于有体复制件合法来源的审查。另一方面，作品复制件上既承载着商品的物权，也承载着作品的著作权，为平衡物权所有人和著作权人间的利益，促进商品的市场流通，不应对复制品的销售者在著作权权属的审查上施加过高的注意义务，否则将会不适当地阻碍商品流通。综上，《著作权法》有关合法来源抗辩限定为复制品发行者，系与作品有体复制件的特点有关，将合法来源抗辩的主体扩张至作品著作权的受让人与立法目的相悖，故上诉人主张合法来源抗辩缺乏法律依据，本院不予采纳。

二、关于上诉人对被控侵权行为是否具有主观过错

《中华人民共和国侵权责任法》第六条规定，行为人因过错侵害他人民事权益，应当承担侵权责任。如前所述，上诉人虽不得依据《著作权法》有关合法来源抗辩的规定免除其法律责任，但侵害知识产权是否承担赔偿责任以及承担赔偿责任的程度，仍应考虑侵权人是否具有过错及过错程度。本案中，即使涉案作品确系案外人高某将其所谓著作权转让至包图公司，并不由此当

然说明上诉人不具有过错。本院认为，包图公司对于被控侵权行为的发生具有过错，主要理由如下：首先，包图公司在本案中虽陈述其对涉案作品的著作权进行了人工审查，且将作品在百度识图中进行了比对，但未提供相应的证据予以证明，包图公司亦未提供证据证明其要求案外人高某说明拍摄涉案作品的器材、时间及创作过程，上述情形足以说明上诉人对作品著作权权属并未尽到合理的审查义务。其次，涉案作品系以摄影的方式拍摄大量照片后，通过选择、剪辑、配音等后期制作，将其制作成视频。涉案作品拍摄时间较长，成本较高，上诉人作为专业经营图片、视频的网站，其就被控作品支付给案外人高某的费用显然低于市场价格，上诉人理应知晓该作品侵犯他人著作权可能性程度较高，但未进一步采取有效的审查措施。

三、一审法院确定的民事责任承担是否合理

关于损害赔偿数额的确定，本院认为，在上诉人因侵权获利及被上诉人损失均无法确定的情况下，一审法院综合考虑涉案作品的类型及独创性高度、上诉人宣称其系侵权视频的著作权人并提供收费下载、侵权视频的浏览、收藏及下载情况、上诉人网站的经营规模、侵权行为的持续时间及后果等情节等因素确定赔偿数额，所考虑因素已较为全面，所确定的赔偿数额亦较为合理，本院予以维持。

关于赔礼道歉民事责任的承担，本院认为，上诉人在传播被控作品时未为被上诉人署名，且自称其享有该作品的著作权，侵害了被上诉人的署名权。赔礼道歉民事责任的承担适用于侵害人身权的范畴，而署名权系著作权人的人身权。因此，在上诉人的行为侵害被上诉人人身权的情况下，一审法院判决其承担赔礼道歉的民事责任并无不当，本院予以维持。

综上所述，上诉人包图公司的上诉请求不能成立，应予驳回。一审法院认定事实清楚，适用法律基本正确，应予维持。依照《中华人民共和国民事诉讼法》第一百七十条第一款第一项规定，判决如下：

驳回上诉，维持原判。

二审案件受理费人民币 2448 元；由上诉人上海包图网络科技有限公司负担。

本判决为终审判决。

审 判 长　何　渊
审 判 员　吴盈喆
审 判 员　范静波

二〇一九年十二月十八日
法 官 助 理　　陈蕴智
法 官 助 理　　朱世悦
书 记 员　　周 颖

附：相关的法律条文

《中华人民共和国民事诉讼法》

第一百七十条　第二审人民法院对上诉案件，经过审理，按照下列情形，分别处理：

（一）原判决、裁定认定事实清楚，适用法律正确的，以判决、裁定方式驳回上诉，维持原判决、裁定；

…………

14. 陈某与北京奇虎科技有限公司等侵害作品信息网络传播权纠纷上诉案

上海知识产权法院
民事判决书

（2020）沪73民终30号

上诉人（原审原告）：陈某。

委托诉讼代理人：沈某，上海申浩律师事务所律师。

被上诉人（原审被告）：北京奇虎科技有限公司。

法定代表人：周某，该公司执行董事。

委托诉讼代理人：李某，女，公司工作人员。

上诉人陈某因与被上诉人北京奇虎科技有限公司（以下简称“奇虎公司”）、上海聚效广告有限公司（以下简称“聚效公司”）侵害作品信息网络传播权纠纷一案，不服上海市浦东新区人民法院（2018）沪0115民初61245号民事判决，向本院提起上诉。本院于2020年1月6日立案后，依法组成合议庭。经查，被上诉人聚效公司在本案立案前已注销登记，陈某申请撤回对聚效公司的起诉，奇虎公司对此表示同意，本院口头裁定予以准许，并记明笔录。本院于2020年5月14日对本案公开开庭进行了审理，上诉人陈某及其委托诉讼代理人沈某，被上诉人奇虎公司的委托诉讼代理人李某到庭参加诉讼。本案现已审理终结。

陈某上诉请求：撤销一审判决，发回重审或者依法改判支持陈某在一审中对奇虎公司的全部诉讼请求。事实和理由：（1）奇虎公司经营的360图片搜索服务在搜索结果中在涉案图片上加载广告，用户点击该图片只能跳转到广告页面，故奇虎公司并非单纯以缩略图形式显示搜索结果，而是进一步对搜索结果加以商业运用，该种使用方式影响了涉案图片的正常使用，不合理损害了上诉人对涉案图片的合法权益，应认定构成著作权侵权。（2）聚效公司在一审中提供的证据不能证明其对涉案图片采取了链接技术，聚效公司对涉案图片的使用构成作品提供行为，奇虎公司与聚效公司存在关键词定向广告合作关系，设置针对聚效公司侵权图片的链接，构成帮助侵权。

被上诉人奇虎公司辩称：（1）奇虎公司作为搜索引擎提供商，根据用户输入的搜索词在搜索结果中展示涉案图片缩略图，符合搜索引擎行业的通常作法，属于对涉案图片的合理使用；在部分缩略图上出现广告链接行为不涉及图片的存储与展示，不适用《中华人民共和国著作权法》（以下简称《著作权法》）调整。（2）奇虎公司与聚效公司仅系搜索与被搜索的关系，聚效网站上对涉案图片的使用是否构成侵权与奇虎公司无关，上诉人的帮助侵权指控不能成立。

陈某向一审法院起诉请求：（1）奇虎公司、聚效公司立即停止侵犯陈某作品信息网络传播权的行为；（2）奇虎公司、聚效公司连带赔偿陈某侵权损失300 000元；（3）奇虎公司、聚效公司连带赔偿陈某为制止侵权所支出的合理费用40 074元；（4）奇虎公司、聚效公司分别在其官方网站（www. 360. cn、www. mediav. com）首页显著位置持续30日刊登道歉声明。在一审案件审理过程中，陈某撤回第一项诉讼请求。

一审法院认定以下事实：

2017年，陈某拍摄了上海玉佛寺大雄宝殿整体平移顶升工程的系列照片，其中包括2017年9月17日拍摄的涉案摄影作品“玉佛寺觉醒大和尚杨枝甘露”。陈某将包括涉案图片在内的多幅图片上传至人民网图说中国论坛（chinapic. people. com. cn）。

奇虎公司是360搜索（域名：so. com）的主办单位，聚效公司是聚效网（域名：mediav. com）的主办单位。

一、奇虎公司、聚效公司涉嫌侵权的行为

陈某主张，奇虎公司、聚效公司使用涉案图片做广告，陈某通过公证对相关网页进行了证据保全。

上海市东方公证处出具的（2018）沪东证字第998号公证书载明，2018年1月22日，该公证处根据陈某的申请，对相关网页进行证据保全公证。（1）打开Google Chrome浏览器，在地址栏输入“www. so. com”，进入360搜索网站。在360图片搜索（image. so. com）的搜索框输入“上海玉佛寺大雄宝殿移动”进行搜索，搜索结果中出现大量与上海玉佛寺有关的图片，其中包括陈某拍摄的涉案图片。前六张图片有“广告”字样（前六张图片中无涉案图片），点击有“广告”字样的图片，网页直接跳转至广告所对应的第三方网站。（2）点击涉案图片的缩略图，在预览页面呈现较大的图片，图片右下角有“人民网图说中国”的标识。图片下方有文字广告链接。点击该图片，网页跳转至聚效网的购物导航页面（gouwu. mediav. com），网页左上角的图片为涉案图片，图片右侧有“直达链接”字样。（3）点击聚效网的涉案图片，网页又跳转至 gouwu. mediav. com 的其他购物导航页面。

上海市东方公证处出具的（2018）沪东证字第 6670 号公证书载明，2018 年 6 月 21 日，该公证处根据陈某的申请，对相关网页进行证据保全公证。（1）打开 Google Chrome 浏览器，在地址栏输入“www. so. com”，进入 360 搜索网站。（2）在 360 图片搜索（image. so. com）的搜索框输入“上海玉佛寺大雄宝殿”进行搜索，搜索结果中出现大量与上海玉佛寺有关的图片，前六张图片上有“广告”字样，其中包括涉案图片。

上海市东方公证处出具的（2018）沪东证字第 6671 号公证书载明，2018 年 6 月 21 日，该公证处根据陈某的申请，对相关网页进行证据保全公证。（1）打开 Google Chrome 浏览器，在地址栏输入“www. so. com”，进入 360 搜索网站。在 360 图片搜索（image. so. com）的搜索框输入“上海玉佛寺”进行搜索，搜索结果中出现大量与上海玉佛寺有关的图片，其中包括涉案图片。前六张图片有“广告”字样（前六张图片中无涉案图片）。（2）点击涉案图片的缩略图，在预览页面呈现较大的图片，图片右下角有“人民网图说中国”的标识，图片下方有文字广告链接。点击该图片，跳转至人民网图说论坛（chinapic. people. com. cn）中图片的原始网页。（3）在 360 图片搜索（image. so. com）的搜索框输入“上海玉佛寺大雄宝殿平移顶升”进行搜索，搜索结果中出现大量与上海玉佛寺有关的图片。搜索结果前六张图片上有“广告”字样，其中包括涉案图片。点击该图片，网页直接跳转至广告所对应的第三方网站。

上海市东方公证处出具的（2018）沪东证字第 4267 号公证书载明，2018 年 4 月 24 日，该公证处根据陈某的申请，对相关网页进行证据保全公证。（1）陈某使用该公证处提供的华为手机，连接公证处的无线网络，在手机上安装安卓应用“360 浏览器”。（2）在 360 浏览器的搜索栏输入“上海玉佛寺大雄宝殿移动”进行图片搜索，搜索结果中出现大量与上海玉佛寺有关的图片。搜索结果前四张图片上有“广告”字样，其中包括涉案图片。点击该图片，网页直接跳转至广告所对应的第三方网站。陈某为本次公证支出了公证费 1400 元。

上海市东方公证处出具的（2019）沪东证字第 908 号公证书载明，2019 年 1 月 21 日，该公证处根据陈某的申请，对相关网页进行证据保全公证。（1）打开 Google Chrome 浏览器，在地址栏输入“www. so. com”，进入 360 搜索网站。在 360 图片搜索（image. so. com）的搜索框输入“上海大雄宝殿移动”进行搜索，搜索结果中出现大量与上海玉佛寺有关的图片。搜索结果前六张图片上有“广告”字样，其中包括涉案图片。（2）点击该图片，网页直接跳转至广告所对应的第三方网站。陈某为本次公证支出公证费2674元。

上述公证还涉及陈某的其他摄影作品。

二、奇虎公司、聚效公司对涉案技术进行演示所做的公证

聚效公司主张，聚效网站上显示的涉案图片存储在人民网的服务器上，其仅设置了链接。聚效公司举证的北京市方圆公证处出具的（2019）京方圆内经证字第02367号公证书载明，2019年1月28日，聚效公司的委托代理人使用该公证处的连接互联网的电脑对相关网页进行证据保全公证。（1）打开Google Chrome浏览器，清除浏览数据。在360图片搜索的搜索框输入“上海玉佛寺大雄宝殿移动”进行搜索，点击搜索结果中的涉案图片的缩略图，预览页呈现较大的图片。点击该图片，进入gouwu. mediav. com的相关网页，网页左上角有涉案图片，图片右侧有“直达链接”字样。（2）点击gouwu. mediav. com网页上的涉案图片处，弹出菜单，点击菜单中的“检查”选项，在页面右侧弹出浏览器的开发者工具窗口，在网页源代码中查看涉案图片网址为人民网图说中国论坛的相关网址。（3）点击涉案图片右侧的“直达链接”，跳转至陈某于2017年9月17日在人民网图说中国论坛发布涉案图片的页面，查看涉案图片原图在人民网图说中国论坛的网络地址。经比对，该地址与开发者工具中显示的被诉侵权网页（即gouwu. mediav. com）上涉案图片的网络地址一致。聚效公司还通过此方式查看了陈某公证中涉及的其他图片的网络地址。

聚效公司主张，聚效网站显示涉案图片的窗口上有透明图层，用户在涉案图片上点击，实质是点击了透明的图层，网页跳转至透明图层对应的广告页面。图层广告与图片链接是两个独立的、不同的行为。聚效公司举证的北京市海诚公证处出具的（2019）京海诚内民证字第01553号公证书载明，2019年2月15日，奇虎公司的委托代理人使用该公证处的连接互联网的电脑对相关网页进行证据保全公证。（1）打开Google Chrome浏览器，清除浏览数据。在360图片搜索（image. so. com）的搜索框输入“上海玉佛寺大雄宝殿移动”进行搜索，点击搜索结果中的涉案图片的缩略图，预览页呈现较大的图片。点击该图片，进入gouwu. mediav. com的相关网页，网页左上角有涉案图片。（2）点击gouwu. mediav. com网页上的涉案图片，跳转至天猫网站（www. tmall. com）。（3）打开浏览器的开发者工具，在开发者工具窗口查看gouwu. mediav. com中被诉侵权网页的源代码。显示涉案图片的网页处包含透明图层广告代码和涉案图片原始地址。删除透明图层广告代码（包含www. tmall. com的一段代码）后，再次点击gouwu. mediav. com页面左上角的涉案图片，网页跳转至人民网图说中国论坛涉案图片的页面。（4）重新加载gouwu.

mediav. com 含有涉案图片的相关页面，删除网页源代码中涉案图片原始网址的代码（包含 chinapic. people. com. cn 的一段代码）后，gouwu. mediav. com 相关页面中原本显示涉案图片处成为空白窗口。点击该空白窗口，网页仍跳转至天猫网站。

奇虎公司主张，搜索引擎会根据用户输入的搜索关键词，在相关缩略图上展现广告链接。奇虎公司举证的北京市海诚公证处出具的（2019）京海诚内民证字第 00449 号公证书载明，2019 年 1 月 8 日，奇虎公司的委托代理人使用该公证处的连接互联网的电脑对相关网页进行证据保全公证。（1）打开谷歌浏览器，清除浏览数据。在 360 图片（image. so. com）的搜索框输入“旅游”进行搜索，搜索结果的前六张图片上有“广告”字样。点击有“广告”字样的图片，网页直接跳转至广告所对应的第三方网站。（2）在 360 图片的搜索框中先后输入“刘某”“傅某”“蔡某”“牛某”进行搜索，搜索结果的图片无“广告”字样，点击图片，显示该图片的预览图，网页右侧显示图片的原始网站。（3）在 360 图片的搜索框中先后输入“刘某旅游”“傅某旅游”“蔡某旅游”“牛某旅游”进行搜索，搜索结果的前六张图片上有广告字样。点击有“广告”字样的图片，网页直接跳转至广告所对应的第三方网站。

奇虎公司主张，360 图片搜索结果中部分图上有“广告”字样，但上述图片仍属于缩略图。奇虎公司举证的北京市海诚公证处出具的（2019）京海诚内民证字第 02348 号公证书载明，2019 年 3 月 8 日，奇虎公司的委托代理人使用该公证处的连接互联网的电脑对相关网页进行证据保全公证。（1）打开傲游 5 浏览器，清除浏览数据。访问 360 图片官网（image. so. com），进入浏览器切换内核功能页，选择 IE 8 内核。（2）在 360 图片的搜索框先后输入“雪娃娃”“雪娃娃萌宠”进行搜索，搜索结果的图片上均无广告字样。（3）在 360 图片的搜索框输入“纸胶带”进行搜索，搜索结果的前六张图片上有“广告”字样。点击有“广告”字样的图片，网页直接跳转至广告所对应的第三方网站。点击搜索结果的第七张图片（即搜索结果中无“广告”字样的第一张图片），页面呈现该图片较大的预览图，预览图两侧有翻页键“＜”“＞”，按“＜”键，可依次查看前面六张图片的预览图，网页右侧显示图片所在的网站，点击图片预览图，网页跳转至图片所在的原始网站。

奇虎公司主张，360 图片搜索结果中部分图上有“广告”字样，点击图片网页会直接跳转至广告所对应的第三方网站，是因缩略图上覆盖透明广告图层（浮层），缩略图与广告链接（浮层）是两个部分。奇虎公司举证的北京市海诚公证处出具的（2019）京海诚内民证字第 02349 号公证书载明，

2019年3月8日，奇虎公司的委托代理人使用该公证处的连接互联网的电脑对相关网页进行证据保全公证。（1）打开傲游5浏览器，清除浏览数据。访问360图片官网（image. so. com），进入浏览器切换内核功能页，选择IE 8内核。（2）在360图片的搜索框输入“萌宠雪娃娃胶带”进行搜索，搜索结果的前六张图片上有“广告”字样，其中第四张图片的主体是蚂蚁（以下称该图为蚂蚁图），图上有“广告”字样。点击该图片，页面跳转至广告所对应的淘宝网。（3）点击搜索结果的第七张图片（即搜索结果中无“广告”字样的第一张图片），预览页呈现较大的图片，图片两侧有翻页键“ < ”“ > ”，按“ < ”键，可查看前面六张图片的预览图；翻到搜索结果第四张图片（即蚂蚁图）的预览图，点击该预览图，跳转至该图片所在的堆糖网（www. duitang. com）的相关页面。（4）鼠标右键单击搜索结果中的第四张图片（即蚂蚁图），弹出的快捷菜单中选择“审查元素”查看网页源代码。删除网页源代码中透明图层广告代码后，搜索结果第四张图片上无“广告”字样，点击该图片，网页跳转至该图片所在的堆糖网的相关页面。删除网页源代码包含涉案蚂蚁图网址的部分代码，搜索结果第四张图片为空白（只有“广告”字样，无图片），点击该空白处，页面仍跳转至淘宝网。

一审法院认为，《中华人民共和国著作权法实施条例》第四条第十项规定，摄影作品，是指借助器械在感光材料或者其他介质上记录客观物体形象的艺术作品。《最高人民法院关于审理著作权民事纠纷案件适用法律若干问题的解释》第七条第一款规定，当事人提供的涉及著作权的底稿、原件、合法出版物、著作权登记证书、认证机构出具的证明、取得权利的合同等，可以作为认定权属的证据。陈某主张权利的涉案图片是摄影作品。根据陈某提交的涉案图片电子文档及在人民网图说中国论坛发布的信息，可以认为陈某是涉案图片的作者。

陈某诉称，奇虎公司、聚效公司使用其图片做广告，侵害了陈某作品的信息网络传播权。奇虎公司辩称，其提供搜索服务，360图片搜索中显示的图片系搜索引擎普遍使用的缩略图，提供缩略图不构成侵权。一审法院认为，《最高人民法院关于审理侵害信息网络传播权民事纠纷案件适用法律若干问题的规定》第五条规定：“网络服务提供者以提供网页快照、缩略图等方式实质替代其他网络服务提供者向公众提供相关作品的，人民法院应当认定其构成提供行为。前款规定的提供行为不影响相关作品的正常使用，且未不合理损害权利人对该作品的合法权益，网络服务提供者主张其未侵害信息网络传播权的，人民法院应予支持。”搜索服务提供商在提供图片搜索服务时，为了给网络用户更好的体验，会对搜索引擎抓取的图片进行压缩，形成缩略图存储在服务器上。当网络用户使用图片搜索服务时，搜索结果页面所呈现的小图片系缩略图。由于缩略图的大小和清晰度通常远低于原图，因此缩略图通常不能实质代替原图。搜索服务提供商为用户提供缩略图不会给原图的权利人造成损害，不会侵害原图权利人的信息网络传播权。360 图片搜索的搜索结果中出现陈某的涉案图片，系搜索引擎生成的缩略图。360 图片搜索能搜索到陈某涉案图片的原因系陈某将涉案图片上传至人民网图说中国论坛，而该网站并没有禁止 360 搜索引擎的爬虫从网站抓取信息。奇虎公司抓取涉案图片形成缩略图，并在搜索结果中呈现涉案图片的缩略图，并未侵害陈某对涉案图片享有的信息网络传播权。

聚效公司运营的网站的相关网页呈现了陈某的涉案图片，点击网页中的涉案图片，网页跳转至相关购物导航页面。根据奇虎公司、聚效公司举证的公证书所演示的技术，可以认定此情形系由于聚效公司在显示涉案图片的窗口上叠加了透明图层。当网页源代码中删除透明图层广告的代码后，网络用户点击图片，网页会跳转至图片原始网站所在页面。当网页源代码中删除图片原始地址的代码后，网页相关位置并未显示图片，只有透明图层，点击该空白处，网页仍跳转至相关广告页面。聚效网站能呈现涉案图片系因聚效公司设置了针对涉案图片的链接。《最高人民法院关于审理侵害信息网络传播权民事纠纷案件适用法律若干问题的规定》第三条规定："网络用户、网络服务提供者未经许可，通过信息网络提供权利人享有信息网络传播权的作品、表演、录音录像制品，除法律、行政法规另有规定外，人民法院应当认定其构成侵害信息网络传播权行为。通过上传到网络服务器、设置共享文件或者利用文件分享软件等方式，将作品、表演、录音录像制品置于信息网络中，使公众能够在个人选定的时间和地点以下载、浏览或者其他方式获得的，人民法院应当认定其实施了前款规定的提供行为。"聚效公司在其网站显示涉案图片系采取了链接技术，并非直接将陈某的图片上传至服务器。聚效公司未向用户提供涉案图片，未侵害陈某作品的信息网络传播权。

奇虎公司、聚效公司在向网络用户呈现部分图片时，采用了在显示图片的窗口叠加透明图层的技术。当网络用户在图片上点击时，并没有实现点击图片的效果，实际仅点击了图片上的透明图层，由此网页没有跳转至涉案图片原始网页，而是跳转至透明图层所引导的页面。此种情形不符合用户对搜索、链接服务的通常认识，但奇虎公司、聚效公司的行为并不构成著作权侵权。至于奇虎公司、聚效公司的行为是否违反了诚实信用原则，是否损害了图片权利人的利益，是否构成不正当竞争，因本案仅涉及著作权侵权，对此不进行评述。

据此，一审法院依照《中华人民共和国著作权法》第十条第一款第十二项、《最高人民法院关于审理侵害信息网络传播权民事纠纷案件适用法律若干问题的规定》第三条、第五条的规定，判决：驳回陈某的诉讼请求。

本院经审理查明，一审法院查明的事实属实，本院予以确认。

本院另查明，陈某一审提交的证据显示，其为本案支出了律师费 30 000 元、公证费 10 074 元。

本院二审期间，上诉人陈某提交了以下证据材料：（1）（2019）京 0491 民初 20329 号民事判决书、（2019）京 0491 民初 26976 号民事裁定书、（2018）京 0102 民初 47174 号民事裁定书，旨在证明奇虎公司与聚效公司在相关诉讼中的委托诉讼代理人相同，两家公司存在混同，应当连带承担侵权责任；（2）“杨炯纬”百度百科，旨在证明聚效公司法定代表人出任 360 集团副总裁，奇虎公司与聚效公司存在混同，应当连带承担侵权责任；（3）奇虎公司天眼查信息，旨在证明奇虎公司并购聚效广告平台，奇虎公司与聚效公司存在混同，应当连带承担侵权责任；（4）（2018）京方圆内经证字第 13448 号公证书，旨在证明奇虎公司与聚效公司联合推出关键词定向广告业务，存在深度信息共享与合作，应承担连带责任；（5）（2018）京 0491 民初 2086 号民事判决书，旨在证明聚效公司在关联案件中承认图片存储于其自身服务器上。

被上诉人奇虎公司质证认为：证据 1 关联性不认可，不能证明员工在同一时期代理了不同公司，且员工身份混同也不等同于公司存在混同；证据 2 真实性、关联性均不认可，360 集团区别于奇虎公司，法人在关联公司的任职不能证明公司存在混同；证据 3 关联性不认可，360 集团区别于奇虎公司，公司存在关联关系不能等同于公司存在混同；证据 4 三性均不认可，关键词广告区别于图片提供行为，不能证明奇虎公司参与了图片提供行为；证据 5 关联性不认可，系肖像权纠纷判决，与本案没有关联。

被上诉人奇虎公司提交了以下证据材料：（1）（2019）京 0491 民初 20547 号民事判决书，旨在证明奇虎公司与缩略图上所链接之广告商不存在合作关系；（2）（2019）京海诚内民证字第 11582 号公证书，旨在证明部分缩略图上有“广告”字样是因缩略图上覆盖了透明广告图层；（3）（2019）京 02 民终 6289 号民事判决书，旨在证明在 360 搜索结果缩略图中加载广告图层的行为具有偶然性，并非技术上的专门设置。

上诉人陈某质证认为：证据 1 三性均不认可；证据 2 形成于侵权公证后，不能证明奇虎公司的证明主张；证据 3 关联性不予认可。

根据双方当事人的举证和质证意见，本院认为：上诉人提供的证据 1～3，仅能证明奇虎公司与聚效公司存在关联关系，并不能证明两者在主体上存在混同，与本案缺乏关联性，本院对此不予采纳；上诉人提供的证据4系本案一审过程中的公证，与奇虎公司、聚效公司的经营模式相关，奇虎公司虽对其真实性不予认可，但并未提供相反证据予以证明，本院对此予以确认；上诉人提供的证据5系未生效判决，与本案亦缺乏关联性，本院对此不予采纳。被上诉人提供的证据1、3系另案判决，与本案缺乏关联性，本院对此不予采纳；上诉人提供证据2的目的，旨在证明的事项同其一审中提供的（2019）京海诚内民证字第02349号公证书，本院对此无须重复采纳。

根据前述经审查确认的证据，本院另查明：

2018年5月16日，北京市恒德律师事务所向北京市方圆公证处申请保全证据公证，使用公证处计算机，在聚效网点击聚效广告平台，进入360点睛实效平台，该页面介绍有超过90%市场渗透率，精确定位目标用户，通过关键词、地域、时间等多种定位方式定向目标用户，使推广更加有效；在聚效网点击聚效数据平台，进入360分析页面，页面介绍其优势包括推广分析，全面打通360点睛平台，实现转化与推广数据相结合，优化投放更简单；聚效广告平台页面介绍，“关键词定向广告”是聚效与奇虎360联合打造推出的一种全新的推广计划类型，依据网民在360搜索渠道的搜索行为，可在聚效广告平台通过指定关键词的方式对目标受众进行精准定向，并在聚效优质的合作媒体上对其进行多种形式的创意展示。

本院认为，本案二审争议主要在于：一是奇虎公司提供涉案图片缩略图并在缩略图上加载广告链接的行为是否构成著作权侵权；二是奇虎公司是否与聚效公司构成共同侵权。

关于争议焦点一，双方当事人均确认奇虎公司经营的360图片搜索在搜索结果中出现陈某的涉案图片，系搜索引擎生成的缩略图，该缩略图大小和清晰度低于原图，且缩略图保存于奇虎公司服务器中，双方当事人的分歧在于奇虎公司在提供涉案图片缩略图的同时在该缩略图上加载广告链接的行为是否构成著作权侵权。

对此，本院认为，首先，360图片搜索结果中出现的涉案图片，虽然大小和清晰度低于原图，但该图片本身已完整、清晰再现了原图的所有内容，应当认定为原图的复制件。鉴于该复制件保存在奇虎公司的服务器上，奇虎公司在360图片搜索结果中展示涉案图片，系将其存储的原图复制件通过信息网络方式向公众提供，使公众能够在个人选定的时间和地点以下载、浏览等方式获得，应当认定奇虎公司实施了涉案图片的提供行为。

其次，奇虎公司该使用行为是否构成合理使用。奇虎公司系搜索引擎服务提供商，在提供图片搜索服务时，为了使网络用户对于被搜索到的图片具有直观认识，通常会将被搜索到的图片进行一定比例的缩小即缩略图向网络用户进行展示，缩略图保存在其服务器，用户点击该缩略图可以进入被链接网站查看被搜索到的图片原图。即一般意义上，搜索引擎服务提供商提供缩略图的目的并非提供缩略图本身，而在于向用户提供搜索结果，缩略图本身即系指向原图的链接，系对于原图链接的更为直观的展现形式，故缩略图在此具有转换性使用的功能，提供缩略图行为旨在更好服务于搜索引擎功能的发挥，该种缩略图提供行为一般可以认定构成合理使用。

但在本案中，根据双方当事人提供的多份公证书，本院查明，在 360 图片搜索的搜索框中输入特定关键词进行搜索，搜索结果中出现了大量与该关键词有关的图片，搜索结果前六张图片上有“广告”字样，该广告字样亦系与前述特定关键词相关的商品或者服务链接，点击该图片，网页直接跳转至广告所对应的第三方网站，而无法进入该图片所对应的原图页面。即奇虎公司在 360 图片搜索页面，根据用户的关键词输入，同时进行了图片搜索和广告搜索，并在搜索结果展示页面，将前六张图片与相关的商品或者服务广告链接进行随机匹配。在此情况下，该些附有“广告”字样的图片，已不具有指向原图链接的功能，网络用户无法通过点击图片进入被链接网站查看被搜索到的图片原图，其功能主要在于与特定的商品或服务广告链接相匹配，提供相关的广告服务，网络用户点击该图片仅能直接跳转至广告所对应的第三方网站。

综上，奇虎公司在提供涉案图片缩略图的同时在该缩略图上加载广告链接的行为，对于涉案图片的使用已不具有指向原图链接的转换性使用的功能，亦非服务于其搜索引擎功能的目的，该种使用方式一定程度上也影响了原图权利人对于图片的使用，故奇虎公司关于在该缩略图上加载广告链接的行为构成合理使用的辩称意见，缺乏事实和法律依据，本院不予支持。

关于争议焦点二，上诉人主张聚效公司实施了作品提供行为，奇虎公司构成帮助侵权。对此，本院认为，根据《最高人民法院关于审理侵害信息网络传播权民事纠纷案件适用法律若干问题的规定》第六条，原告有初步证据证明网络服务提供者提供了相关作品、表演、录音录像制品，但网络服务提供者能够证明其仅提供网络服务，且无过错的，人民法院不应认定为构成侵权。根据上述规定，在权利人提供了初步证据的情况下，网络服务提供者主张其仅提供网络服务的应承担相应的举证责任。本案中，上诉人一审中提供的公证书可以证明聚效公司网站中存在涉案图片，已构成了初步证据，聚效公司对此提供了（2019）京方圆内经证字第 02367 号公证书、（2019）京海诚内民证字第01553号公证书以证明其仅提供网络服务。根据《最高人民法院关于适用〈中华人民共和国民事诉讼法〉的解释》第一百零八条的规定，对负有举证证明责任的当事人提供的证据，人民法院经审查并结合相关事实，确信待证事实的存在具有高度可能性的，应当认定该事实存在。本院注意到，首先，聚效公司提交的两份公证书公证时间均在一审审理过程中，晚于上诉人公证保全时间。其次，(2019)京方圆内经证字第02367号公证书显示，点击聚效网涉案图片右侧的“直达链接”，跳转至该图片的原始网页；而上诉人一审提供的(2018)沪东证字第998号公证书显示，点击其他图片的缩略图进入聚效网，点击聚效网该图片右侧的“直达链接”，并非跳转进入该图片的原始网页，而系跳转至聚效网其他广告页面。综上，可知聚效公司一审提交的公证事实与上诉人公证事实存在差异，故该两份公证书并未达到高度盖然性的证明标准，不足以证明聚效公司就涉案图片仅提供了网络服务。上诉人主张聚效公司实施了作品提供行为，可予支持。

关于奇虎公司是否构成帮助侵权，对此，本院认为，首先，上诉人一审提交的公证书显示，多次点击涉案图片缩略图，部分结果跳转至广告所对应的第三方网站，部分跳转至聚效网的购物导航页面，部分跳转至人民网图说论坛中图片的原始网页，可知奇虎公司提供的涉案图片缩略图并非固定指向聚效公司网站的链接。其次，虽然上诉人提供的二审公证书显示，聚效公司在其网站中宣称其与奇虎360联合打造推出“关键词定向广告”，但奇虎公司对此并不予认可，而在缺乏其他证据予以支持的情况下，上诉人提供的证据尚不足以证明奇虎公司与聚效公司存在关键词定向广告合作，亦不能证明本案被诉侵权行为系前述关键词定向广告合作项下内容。上诉人据此主张奇虎公司对于聚效公司使用涉案图片的行为具有共同过错，缺乏事实和法律依据，本院不予支持。

综上，被上诉人奇虎公司提供涉案图片缩略图并在缩略图上加载广告链接的行为，属于未经许可通过信息网络向公众传播上诉人陈某享有著作权的涉案图片，构成对陈某享有的信息网络传播权的侵犯，应当承担停止侵权、赔偿损失等民事责任。鉴于上诉人在一审中申请撤回停止侵权的诉请，本院予以准许。

关于赔偿数额的确定问题，根据《著作权法》第四十九条规定，侵犯著作权或者与著作权有关的权利的，侵权人应当按照权利人的实际损失给予赔偿；实际损失难以计算的，可以按照侵权人的违法所得给予赔偿。赔偿数额应当包括权利人为制止侵权行为所支付的合理开支。权利人的实际损失或者侵权人的违法所得不能确定的，由人民法院根据侵权行为的情节，判决给予

50 万元以下的赔偿。本案中，鉴于上诉人没有提交可以证明权利人实际损失或者侵权人违法所得的确切证据，本院综合考虑涉案作品的类别、侵权行为的使用方式、侵权行为人的主观过错和行为后果等因素，酌情确定被上诉人奇虎公司应承担的赔偿金额。关于合理费用，本院也注意到上诉人提交的公证涉及多幅图片的公证，本院综合考虑费用支出的合理性、必要性，酌情予以确定。

关于赔礼道歉的诉请，本院认为，赔礼道歉系针对人身权受侵犯而承担的民事责任方式，现上诉人主张被上诉人奇虎公司侵犯其作品信息网络传播权，即系主张对其著作财产权的侵犯，上诉人以此主张被上诉人奇虎公司承担赔礼道歉的民事责任，缺乏法律依据，本院对此不予支持。

综上所述，上诉人陈某的上诉请求部分成立，应予支持。依照《中华人民共和国著作权法》第十条第一款第十二项、第四十八条第一款第一项、第四十九条，《中华人民共和国民事诉讼法》第一百七十条第一款第二项之规定，判决如下：

一、撤销上海市浦东新区人民法院（2018）沪 0115 民初 61245 号民事判决；

二、被上诉人（原审被告）北京奇虎科技有限公司应于本判决生效之日起十日内赔偿上诉人（原审原告）陈某经济损失人民币 2000 元；

三、被上诉人（原审被告）北京奇虎科技有限公司应于本判决生效之日起十日内赔偿上诉人（原审原告）陈某合理费用人民币 25 000 元；

四、驳回上诉人（原审原告）陈某其余一审诉讼请求。

本案一审案件受理费人民币 6340 元，由陈某负担人民币 2918 元，北京奇虎科技有限公司负担人民币 3422 元；二审案件受理费人民币 6340 元，由上诉人（原审原告）陈某负担人民币 2918 元，被上诉人（原审被告）北京奇虎科技有限公司负担人民币 3422 元。

本判决为终审判决。

审　判　长　　何　渊
审　判　员　　杜灵燕
审　判　员　　陈瑶瑶
二〇二〇年六月二十九日
法官助理
书　记　员　　朱永华

附：相关的法律条文

一、《中华人民共和国著作权法》

第十条　著作权包括下列人身权和财产权：

…………

（十二）信息网络传播权，即以有线或者无线方式向公众提供作品，使公众可以在其个人选定的时间和地点获得作品的权利；

…………

第四十八条　有下列侵权行为的，应当根据情况，承担停止侵害、消除影响、赔礼道歉、赔偿损失等民事责任；同时损害公共利益的，可以由著作权行政管理部门责令停止侵权行为，没收违法所得，没收、销毁侵权复制品，并可处以罚款；情节严重的，著作权行政管理部门还可以没收主要用于制作侵权复制品的材料、工具、设备等；构成犯罪的，依法追究刑事责任：

（一）未经著作权人许可，复制、发行、表演、放映、广播、汇编、通过信息网络向公众传播其作品的，本法另有规定的除外；

…………

第四十九条　侵犯著作权或者与著作权有关的权利的，侵权人应当按照权利人的实际损失给予赔偿；实际损失难以计算的，可以按照侵权人的违法所得给予赔偿。赔偿数额还应当包括权利人为制止侵权行为所支付的合理开支。

权利人的实际损失或者侵权人的违法所得不能确定的，由人民法院根据侵权行为的情节，判决给予五十万元以下的赔偿。

二、《中华人民共和国民事诉讼法》

第一百七十条　第二审人民法院对上诉案件，经过审理，按照下列情形，分别处理：

（一）原判决、裁定认定事实清楚，适用法律正确的，以判决、裁定方式驳回上诉，维持原判决、裁定；

（二）原判决、裁定认定事实错误或者适用法律错误的，以判决、裁定方式依法改判、撤销或者变更；

…………

五、不正当竞争纠纷

15. 罗迈思陶瓷（上海）有限公司与上海荣联陶瓷销售有限公司等商业诋毁纠纷上诉案

上海知识产权法院
民事判决书

（2018）沪73民终325号

上诉人（原审被告）：罗迈思陶瓷（上海）有限公司。

法定代表人：黄某，该公司董事长。

委托诉讼代理人：周某，上海市中远蓝天律师事务所律师。

被上诉人（原审原告）：上海荣联陶瓷销售有限公司。

法定代表人：吕某，该公司执行董事。

被上诉人（原审原告）：上海荣联建筑陶瓷有限公司。

法定代表人：龚某，该公司执行董事。

上列两被上诉人的共同委托诉讼代理人：邢某，上海市一平律师事务所律师。

上列两被上诉人的共同委托诉讼代理人：冯某，上海市一平律师事务所律师。

上诉人罗迈思陶瓷（上海）有限公司（以下简称“罗迈思公司”）因与被上诉人上海荣联陶瓷销售有限公司（以下简称“荣联销售公司”）、上海荣联建筑陶瓷有限公司（以下简称“荣联建筑公司”）商业诋毁纠纷一案，不服上海市闵行区人民法院（2017）沪0112民初33238号民事判决，向本院提起上诉。本院立案后，依法组成合议庭，于2018年8月24日公开开庭进行了审理。上诉人罗迈思公司的委托诉讼代理人周某，被上诉人荣联销售公司、荣联建筑公司的共同委托诉讼代理人邢某到庭参加诉讼。本案现已审理终结。

上诉人罗迈思公司上诉请求：撤销一审判决，依法改判驳回两被上诉人的一审全部诉讼请求。事实和理由：（1）一审判决所依据的事实基础有误。①涉案节目并非上诉人制作，也未经上诉人审阅确认后播出，如引人误解，系节目制作单位误操作，不应由上诉人承担后果。②上诉人为罗马系列品牌商标的唯一继承人和所有人，一审判决以上诉人提供的《商标使用授权书》形成于域外，上诉人未能提交相应的公证认证手续为由对该证据不予认定，存在错误。（2）一审判决回避了两被上诉人将“罗马磁砖 新纪元”对应其注册商标“ROMAERA”进行使用是我国法律所禁止的事实，商品的商誉如不合法，则无法获得保护。①《中华人民共和国商标法》（以下简称《商标法》）明确规定，公众知晓的外国地名不得作为商标使用，两被上诉人使用的“罗马磁砖 新纪元”既无法与其注册商标“ROMAERA”相对应，更为《商标法》所禁止。上诉人在中国大陆地区宣传或销售其生产的产品时，也是规范使用其受让的在中国大陆地区核准注册的商标。②涉案节目中出现的两被上诉人的送货单、订单、名片中均含有“罗马磁砖”字样，两被上诉人的违法行为及恶意极为明显。两被上诉人销售的产品系违法产品，其商誉不受法律保护。（3）上诉人没有捏造、散布虚伪事实，不构成商业诋毁。上诉人联系节目组并参与涉案节目录制系为澄清出现质量问题的产品并非由上诉人生产。上诉人并未对两被上诉人的产品品质作任何评价，而是针对目前磁砖市场出现的傍名牌、欺蒙等普遍现象进行评述，并非针对两被上诉人。综上，上诉人请求本院支持其上诉请求，依法改判。

被上诉人荣联销售公司、荣联建筑公司共同辩称：（1）涉案节目是在上诉人的积极参与下制作完成的，没有上诉人的主动介入，就不可能产生该期节目。且根据法律规定，公众知晓的外国地名不得作为商标注册和使用，上诉人不可能对“罗马磁砖”商标享有权利，其所称系罗马系列品牌商标的唯一继承人和所有人并无依据。（2）两被上诉人是否存在违法行为与本案被诉侵权行为的认定并无关联，且事实上两被上诉人在实际经营过程中使用的是已获准注册的商标以及与该商标中文含义对应的中文标识，该使用方式并不违反《商标法》规定。（3）上诉人主观上意图打击对手，客观上虚构事实，积极实施诋毁行为，构成商业诋毁。①上诉人在涉案节目中的陈述并非“澄清事实”或者已远超“澄清事实”所需，其系借机打击竞争对手，取得市场竞争优势，借“澄清”之名，行“诋毁”之实。②涉案节目是在之前一期节目基础上制作的，两期节目中均显示了两被上诉人的单据、名片等，上诉人和相关公众明知涉案节目针对的是两被上诉人，上诉人关于“没有针对两被上诉人”的主张无法成立。③上诉人在明知“罗马”“ROMA”等标识不可能作为商标被注册，其也不可能通过长期使用对“罗马磁砖”产生任何商标权或其他合法权益的情形下，仍虚构其系“真正的罗马磁砖”等事实，同时作出两被上诉人“傍名牌”“欺蒙消费者”等言辞，对两被上诉人的商业信誉和商品声誉构成了诋毁，亦会对不明真相的消费者产生误导，系典型的不正当竞争行为。综上，两被上诉人请求驳回上诉人的上诉请求，维持原判。

荣联销售公司、荣联建筑公司向一审法院起诉请求：（1）罗迈思公司立即停止对荣联销售公司、荣联建筑公司的商业诋毁行为；（2）罗迈思公司在“上海东方电视台娱乐频道”“看看新闻网”及《新民晚报》发布声明，消除影响；（3）罗迈思公司赔偿荣联销售公司、荣联建筑公司经济损失人民币500 000元（以下币种相同）及合理费用27 000元。一审诉讼中，荣联销售公司、荣联建筑公司明确表示因罗迈思公司已停止涉案不正当竞争行为，故申请撤回了第一项诉讼请求，一审法院已予准许。

一审法院认定事实：

荣联销售公司成立于2007年9月19日，经营范围为销售陶瓷制品、建筑装潢材料。荣联建筑公司成立于2010年9月25日，经营范围为销售陶瓷制品、建筑装潢材料，委托生产加工陶瓷制品。罗迈思公司成立于2010年12月22日，经营范围为从事陶瓷制品、建材的批发等。

2011年1月7日，荣联建筑公司经核准注册了第7944115号“ROMAERA”商标，核定使用商品为瓷砖等，有效期限至2021年1月6日。

2011年7月28日，上海荣联陶瓷有限公司经核准注册了第8500279号“”商标，核定使用商品为瓷砖等，有效期限至2021年7月27日。

2017年1月20日，上海荣联企业发展有限公司经受让成为上述两商标的权利人。该公司于2017年2月6日与荣联销售公司、荣联建筑公司签订《商标使用许可合同》一份，将上述两商标以普通许可的方式许可荣联销售公司、荣联建筑公司使用。

根据上海市卢湾公证处出具的（2017）沪卢证经字第3459号公证书记载，2017年8月31日，登录“看看新闻网”播放“新娱乐”频道2017年8月25日播出的“嘎讪胡”节目第2651期。该期节目主要针对之前播出的节目中一消费者因购买荣联销售公司、荣联建筑公司生产、销售的瓷砖出现裂痕、裂纹等质量问题而进行的回访。该期节目前，罗迈思公司主动联系节目组，称自己是真正的罗马磁砖，并一同来到之前节目的采访现场，罗迈思公司经理在节目中陈述了“这应该是一个傍名牌的效应”“胡先生所购买的磁砖并非罗马磁砖，而是罗马磁砖新纪元”“消费者遭受这样子的一个损失，或者说被欺蒙了”“对于目前所谓一个傍名牌的……不仅仅是这一家所谓的新纪元”等内容，罗迈思公司法律顾问在节目中陈述了“和工商局那边配合进行打假，对侵犯商标权或者是涉及不正当竞争的行为和工商进行一个联合举报查处”等内容。上述二人陈述过程中，插播有抬头为荣联销售公司的销售单及载有荣联销售公司、荣联建筑公司名称的名片等镜头。

荣联建筑公司为办理保全证据公证，支出公证费2000元，为本案诉讼聘请律师，支出律师费25 000元。

一审法院另查明，罗马磁砖工业股份有限公司于2007年5月7日、2011年7月14日分别经核准注册了第996974号“榮聯羅馬 ROMAX”及第8427165号“ROMAX”商标，核定使用商品均为瓷砖、水泥等，经续展后有效期限分别至2027年5月6日及2021年7月13日。2015年8月7日，罗迈思公司经受让成为上述两商标的权利人。

一审法院认为，本案荣联销售公司、荣联建筑公司主张的被诉不正当竞争行为系针对2017年8月25日播出的电视节目中的相关内容，且荣联销售公司、荣联建筑公司于一审庭审中亦明确被诉不正当竞争行为已经停止，故本案应适用2017年修订前的《中华人民共和国反不正当竞争法》［以下简称《反不正当竞争法》（1993年12月1日施行）］。根据该法第十四条的规定，商业诋毁行为是指经营者以捏造、散布虚伪事实，损害竞争对手的商业信誉、商品声誉的行为。捏造、散布虚伪事实不仅包括虚假事实，引人误解的事实只要具有诋毁性效果，也属于商业诋毁。荣联销售公司、荣联建筑公司及罗迈思公司的经营范围均包括陶瓷制品的生产、销售等经营活动，从事经营活动的性质相同，具有直接的竞争关系。本案中，荣联销售公司、荣联建筑公司的客户因产品质量问题向电视媒体寻求帮助，罗迈思公司销售的瓷砖因品牌中带有“罗马”相近的“羅馬”文字，罗迈思公司在收看了之前节目后，亦通过相同渠道澄清其与“问题”产品的关系本无可厚非，但是，罗迈思公司工作人员及法律顾问在接受媒体采访时，使用了“傍名牌”“被欺蒙”“打假”等词汇，且电视节目播出过程中出现了载有荣联销售公司的送货单及载有荣联销售公司、荣联建筑公司名称的名片，容易使观众及相关消费者在电视节目所涉问题未查清的情况下即产生荣联销售公司、荣联建筑公司产品有质量问题或涉嫌对罗迈思公司构成商标侵权或不正当竞争的结论，并对荣联销售公司、荣联建筑公司的声誉及商品信誉产生不利的影响。因此，一审法院认定罗迈思公司上述行为构成对荣联销售公司、荣联建筑公司的商业诋毁。另，罗迈思公司人员陈述的“胡先生所购买的磁砖并非罗马磁砖，而是罗马磁砖新纪元”等内容，现各方当事人提交的证据均不足以证明其产品与“罗马磁砖”产生了一一对应的联系，罗迈思公司的上述陈述亦不足以对荣联销售公司、荣联建筑公司商誉或商品信誉产生不利影响，故对荣联销售公司、荣联建筑公司关于罗迈思公司上述陈述构成商业诋毁的主张，一审法院不予采信。

鉴于罗迈思公司的行为构成对荣联销售公司、荣联建筑公司的商业诋毁，荣联销售公司、荣联建筑公司要求罗迈思公司消除影响及赔偿损失的诉讼请求于法有据，一审法院予以支持。对于消除影响的形式，一审法院结合本案案情予以确定。对于荣联销售公司、荣联建筑公司主张的经济损失，鉴于其未能提供所受到的实际损失或罗迈思公司所获得利益的相关证据，一审法院综合被诉不正当竞争行为通过电视及网络传播，影响范围较大，但纵观整期涉案电视节目，罗迈思公司诋毁内容相对较少，情节较轻等因素，酌情确定经济损失的赔偿数额。荣联销售公司、荣联建筑公司主张的公证费确系本案诉讼所需，且其主张金额合理，一审法院予以支持。律师费亦属为本案诉讼所需，但荣联销售公司、荣联建筑公司主张金额过高，一审法院结合本案案情、律师工作量及相关收费标准酌情予以支持。因上述合理费用均由荣联建筑公司实际支出，故罗迈思公司应向该公司予以赔付。

综上所述，一审法院依照《反不正当竞争法》（1993 年 12 月 1 日施行）第十四条、第二十条规定，判决：一、罗迈思公司于判决生效之日起十日内在《新民晚报》刊登声明消除影响（内容需经一审法院审核，时间不少于七日）；二、罗迈思公司于判决生效之日起十日内赔偿荣联销售公司、荣联建筑公司经济损失 50 000 元；三、罗迈思公司于判决生效之日起十日内赔偿荣联建筑公司合理费用 10 000 元。如果未按判决指定的期间履行给付金钱的义务，应当依照《中华人民共和国民事诉讼法》第二百五十三条之规定，加倍支付迟延履行期间的债务利息。一审案件受理费 9070 元，由荣联销售公司、荣联建筑公司负担 7770 元，罗迈思公司负担 1300 元。

本院二审期间，当事人围绕上诉请求依法提交了证据。本院组织当事人进行了证据交换和质证。

上诉人向本院提交了如下证据：（1）《上海市工商行政管理局徐汇分局行政处罚决定书》（沪工商徐案处字〔2012〕第 040201210079 号）原件（一审中其仅提交复印件，以下简称《行政处罚决定书》），拟证明两被上诉人的磁砖产品曾因商标侵权及不正当竞争被处罚。（2）与涉案节目相关的之前一期节目的视频光盘，拟证明两被上诉人以“罗马磁砖”名义销售的磁砖因质量问题遭客户投诉，事实上两被上诉人并没有“罗马磁砖”商标使用权，由此上诉人的产品商誉受到了牵连损害。两被上诉人质证后对上述两份证据的真实性、合法性予以认可，但认为《行政处罚决定书》中所涉产品并非由两被上诉人生产、销售，与两被上诉人无关，与本案诉争的商业诋毁行为更无关联；与涉案节目相关的之前一期节目视频所涉两被上诉人与消费者的纠纷系因产品质量引起，并非因为两被上诉人销售“罗马磁砖”，且该质量纠纷已妥善解决，故对上述两份证据的关联性均不予认可。本院审查后对上述两份证据的真实性予以确认，但证据1《行政处罚决定书》所涉当事人并非本案两被上诉人，所涉磁砖产品上印有的公司字样亦非两被上诉人，上诉人亦未提供其他证据证明被行政处罚行为与两被上诉人有关，故对该证据本院不予采纳；证据2之前一期节目视频仅涉及两被上诉人的客户对所购买的磁砖产品质量提出投诉，并非针对当事人在本案中所涉的“罗马磁砖”争议，故对该证据本院亦不予采纳。

两被上诉人向本院提交了涉案节目中出现的两被上诉人客户胡先生（胡某）的书面说明，拟证明胡某仅是对所购买的磁砖质量提出异议，且该纠纷已经得到了妥善解决。上诉人质证后认为两被上诉人并未提供胡某的身份证明，且该书面说明的落款时间早于涉案节目播出时间，故对该证据的真实性不予认可。本院审查后认为，该证据属于证人证言，但证人未出庭作证，上诉人对该证据的真实性亦不认可，故本院对该证据不予采纳。

本院经审理查明，一审法院事实认定属实，本院予以确认。

本院认为，根据双方当事人在二审期间的诉辩意见，本案的主要争议焦点在于：（1）上诉人是否对两被上诉人实施了商业诋毁的不正当竞争行为；（2）如果上诉人的行为构成商业诋毁，一审法院判决上诉人承担的法律责任是否适当。

关于第一项争议焦点，本院认为，本案被诉不正当竞争行为发生于新修订的《反不正当竞争法》（2018年1月1日施行）之前，两被上诉人于一审庭审中明确被诉不正当竞争行为已经停止，故本案应适用1993年12月1日施行的《反不正当竞争法》。该法第十四条规定，经营者不得捏造、散布虚伪事实，损害竞争对手的商业信誉、商品声誉。虚伪事实包括了与实际情况不符、内容不真实的信息，也包括了容易引发不当联想的误导性信息。本案中，上诉人于一审中提交了《商标使用授权书》等证据，用以证明其经罗马磁砖工业股份有限公司授权，对在中国台湾地区注册的所谓罗马系列商标享有在中国大陆地区使用的权利，但该证据形成于域外，上诉人未能提交相应的公证认证手续，故一审法院对相关证据不予认定，并无不当。即使上诉人提交的上述证据能证明其所述，根据《商标法》的相关规定，公众知晓的外国地名不得作为商标使用，且上诉人在二审审理中称其在中国大陆地区宣传或销售其生产的产品时，使用的亦是其受让的在中国大陆地区核准注册的商标。因此，上诉人提交的现有证据并不能证明其在中国大陆地区对“罗马磁砖”享有商标权利或其与“罗马磁砖”之间建立了唯一的对应关系。涉案节目系上诉人针对之前一期节目中消费者投诉两被上诉人的产品而主动介入并参与制作完成，上诉人在节目中称“消费者遭受这样子的一个损失或者说被欺蒙了”“傍名牌”“和工商局那边配合进行打假”等，上述陈述直接指向两被上诉人及其生产、销售的产品，容易使观众或者消费者形成上诉人是“罗马磁砖”商标的合法享有者，两被上诉人存在傍上诉人名牌的商标侵权或不正当竞争行为的结论，影响了社会公众对两被上诉人产品的评价，损害了两被上诉人的商品声誉和商业信誉，故上诉人的上述行为构成对两被上诉人的商业诋毁。涉案节目中的相关陈述由上诉人的相关人员作出，上诉人应就此承担相应的法律责任，其关于涉案节目如引人误解，亦系节目制作单位误操作，不应由上诉人承担后果的上诉意见，本院不予采纳。此外，两被上诉人被许可使用的注册商标为“ROMAERA”，而其在实际使用过程中将该商标与“罗马磁砖新纪元”对应使用，虽其使用行为明显存在不规范之处，但鉴于本案涉及上诉人在涉案节目中的陈述是否构成对两被上诉人商业诋毁的认定，而两被上诉人在经营活动中是否依法使用其注册商标并不属于本案评判范围，故上诉人关于两被上诉人存在违法行为、其商誉不受法律保护的相关上诉意见，本院亦不予采纳。

关于第二项争议焦点，本院认为，首先，关于消除影响的法律责任。本案中，上诉人在上海“新娱乐”频道的电视节目中实施了商业诋毁行为，对两被上诉人的声誉造成了不良影响，故一审法院根据两被上诉人的诉讼请求，判决上诉人在上海地区的报刊《新民晚报》上刊登声明消除影响，并无不妥，本院予以维持。其次，关于赔偿损失的法律责任。《反不正当竞争法》（1993年12月1日施行）第二十条规定，经营者违反该法规定，给被侵害的经营者造成损害的，应当承担损害赔偿责任，被侵害的经营者的损失难以计算的，赔偿额为侵权人在侵权期间因侵权所获得的利润；并应当承担被侵害的经营者因调查该经营者侵害其合法权益的不正当竞争行为所支付的合理费用。本案中，一审法院在尚无证据证明两被上诉人因被侵权所受损失，亦无证据证明上诉人因侵权所获利润的情形下，综合被诉不正当竞争行为的影响范围及上诉人侵权行为的情节、后果等因素酌情确定赔偿损失的数额，同时考虑两被上诉人主张的公证费、本案律师工作量、相关律师收费标准等酌情确定合理费用，均无不当，本院亦予以维持。上诉人的相关上诉意见，本院不予采纳。

综上所述，上诉人罗迈思公司的上诉请求不能成立，应予驳回；一审判决认定事实清楚，适用法律正确，应予维持。依照《中华人民共和国民事诉讼法》第一百七十条第一款第一项规定，判决如下：

驳回上诉，维持原判。

二审案件受理费人民币1300元，由上诉人罗迈思陶瓷（上海）有限公司负担。

本判决为终审判决。

审　判　长　　陈亚娟
审　判　员　　钱光文
审　判　员　　吴盈喆
二〇一八年十月十日
法官助理　　谢　玲
书　记　员　　朱丽娜

法官判后语

本案当事人均为陶瓷行业的经营者，且已经营多年，各自为产品的生产和销售付出了艰辛努力。双方在本案中所涉争议虽体现为商业诋毁纠纷，但究其实质，还是双方针对其产品市场份额和消费者展开的竞争行为。在此过程中，罗迈思陶瓷（上海）有限公司的行为的确构成了商业诋毁的不正当竞争行为，其也因此需要承担相应的法律责任。但案件所反映的问题并非仅限于此。双方当事人均清楚，在中国大陆地区，公众知晓的外国地名，不得作为商标使用。因此，双方当事人在经营中均不应使用“罗马磁砖”这一标识在中国大陆地区对其生产的产品进行销售或者宣传，而应当规范使用其享有权利的注册商标，即罗迈思陶瓷（上海）有限公司不得将中国台湾地区的注册商标直接用于中国大陆地区的生产、销售等经营活动，上海荣联陶瓷销售有限公司、上海荣联建筑陶瓷有限公司亦不得将注册商标“ROMAERA”直接以“罗马磁砖 新纪元”对应使用，这是依法经营的要求，也是诚信竞争的前提。古语有云，君子之为言也，度可行于己，然后可责于人。本案当事人都应当秉持对法律的敬畏之心，遵守法律规定的竞争原则，诚信经营，赢得市场，这才是企业持久发展的诀窍与正途。

附：相关的法律条文

《中华人民共和国民事诉讼法》

第一百七十条　第二审人民法院对上诉案件，经过审理，按照下列情形，分别处理：

（一）原判决、裁定认定事实清楚，适用法律正确的，以判决、裁定方式驳回上诉，维持原判决、裁定；

…………

16. 北京爱奇艺科技有限公司与北京搜狗信息服务有限公司等不正当竞争纠纷上诉案

上海知识产权法院
民事判决书

（2018）沪 73 民终 420 号

上诉人（原审原告）：北京爱奇艺科技有限公司。

法定代表人：耿某，该公司副总裁。

委托诉讼代理人：骆某，上海大邦律师事务所律师。

委托诉讼代理人：游某，上海大邦律师事务所律师。

被上诉人（原审被告）：北京搜狗信息服务有限公司。

法定代表人：周某，该公司董事长。

委托诉讼代理人：田某，上海市方达（北京）律师事务所律师。

委托诉讼代理人：韩某，上海市方达（北京）律师事务所律师。

被上诉人（原审被告）：上海恩度网络科技有限公司。

法定代表人：陈某，该公司总经理。

原审第三人：福州米莱网络科技有限公司。

法定代表人：邹某，该公司执行董事。

上诉人北京爱奇艺科技有限公司（以下简称“爱奇艺公司”）因与被上诉人北京搜狗信息服务有限公司（以下简称“搜狗公司”）、上海恩度网络科技有限公司（以下简称“恩度公司”）、原审第三人福州米莱网络科技有限公司（以下简称“米莱公司”）不正当竞争纠纷一案，不服上海市杨浦区人民法院（2017）沪 0110 民初 12555 号民事判决，向本院提起上诉。本院于 2018 年 9 月 11 日立案后，依法组成合议庭，于 2018 年 10 月 31 日公开开庭审理了本案。上诉人爱奇艺公司的委托诉讼代理人骆某、游某，搜狗公司的委托诉讼代理人田某、韩某到庭参加诉讼。被上诉人恩度公司经本院传票传唤，无正当理由拒不到庭参加诉讼，本院依法缺席审理；原审第三人米莱公司经本院传票传唤，亦无正当理由拒不到庭参加诉讼，不影响案件的审理。本案现已审理终结。

上诉人爱奇艺公司上诉请求：撤销一审判决，依法改判支持上诉人一审中的诉讼请求。事实和理由：（1）一审法院认为“搜索候选”与“输入候选”功能“上下两层排列、文字大小不同”，且搜索候选标注了“放大镜”标识，不会造成消费者混淆，上述认定有误。首先，“上下两层排列、文字大小不同”在手机界面下无法起到区别作用，反而使用户以为是为了配合手机界面进行的分布排列方式；其次，“文字大小”虽然确实不同，但两者区别并不明显，在手机界面更是难以区分；最后，“放大镜”标识有“搜索”的含义，结合移动互联网的输入环境，确认键往往是“放大镜”的标识，故放大镜标识不仅不能使用户区分“搜索候选”与“输入候选”，反而更容易使得用户进行错误操作，跳转出原本访问的页面而进入“搜狗搜索”页面。（2）一审法院认为用户经过长期使用，可以区分搜索候选及输入候选的区别，因此不会导致混淆的认定有误。一审法院的这一认定恰恰认可了被控行为确实会导致用户混淆；即便用户最终可以“区分”，但在这一过程中存在多次“混淆”，这必然会给爱奇艺公司带来损失，并由此构成不正当竞争行为。（3）一审法院认为“搜索候选”提供了关闭功能具有正当性的认定有误。被控搜索候选功能默认开启、默认提供搜狗搜索引擎，而搜狗公司从未主动提示用户开启/关闭或更换搜索引擎，且相关设置操作过程复杂，故实际上大多数用户不会去改动这一设置。（4）一审法院认为“搜索候选”功能未直接跳转视频播放网页，故不构成不正当竞争的认定有误。“搜索候选”功能跳转的搜索引擎为“搜狗搜索”，默认提供的是其关联公司“搜狐视频”的播放页，实际最终达到了抢夺爱奇艺公司交易机会和潜在用户的效果。（5）一审法院认为“搜索候选”未针对爱奇艺公司 APP 进行默认开启，故不构成不正当竞争的认定有误。本案被控行为发生在网页浏览器内，“搜索候选”未在 APP 中开启，更彰显了搜狗公司的主观恶意。（6）一审法院认为“搜索候选”功能并非针对影视剧设置，搜索结果中视频并非必然排在第一，故不构成不正当竞争的认定有误。一审法院在判决中所举例的搜索词汇，恰恰可以证明推荐词汇必然系人工干预的结果。（7）一审法院认为“搜索候选”功能并非针对爱奇艺公司，且呈现了其他视频网站的搜索结果，故不构成不正当竞争的认定有误。首先，搜狗公司的行为针对的对象包括爱奇艺公司在内所有视频网站，故爱奇艺公司有权主张权益；其次，搜索候选结果均显示“搜狐视频”作为默认视频来源，虽亦可通过操作选择其他来源，但该操作在手机端并不便利，用户更改可能性不大。（8）一审法院认为“搜索候选”功能未对爱奇艺公司产生不利影响，且给予消费者选择权，故不构成不正当竞争的认定有误。首先，当用户通过网页浏览器访问爱奇艺网站时，正是爱奇艺公司利用自己的服务将用户吸引，转化“黏性”更高用户的绝佳机会，此时由于“搜索候选”功能的介入，用户转移访问竞争对手的网站，显然对爱奇艺公司造成损失。其次，就所谓的消费者“选择权”而言，结合用户的使用习惯，以及在不通知用户且默认开启的情况下，用户极大概率下不会去关闭或更改搜索引擎功能，这种选择权并不公允客观，不能作为不构成不正当性的理由。

被上诉人搜狗公司辩称：首先，本案涉及的搜狗输入法的“搜索候选”功能是搜索公司将其在搜索引擎和输入法技术优势相结合的一种，它的目的在于为用户提供更多服务，提升用户的体验。其次，搜狗输入法的“搜索候选”功能具有合理的产品和与之相配的功能设置。在考虑到用户的生活经验和认知水平，可以得出它在事实上不容易误导用户的结论。最后，涉案的“搜索候选”功能并没有妨碍爱奇艺网站的正常功能，也没有减损爱奇艺公司的利益。综上，被控行为不具有不正当性，请求法院维持一审判决。

被上诉人恩度公司、原审第三人米莱公司未参加诉讼，亦未提交书面答辩意见。

爱奇艺公司向一审法院提出诉讼请求：（1）搜狗公司立即停止以不正当竞争的方式向用户提供其运营的“搜狗拼音输入法”软件的“搜索候选”功能；（2）搜狗公司向爱奇艺公司赔偿经济损失人民币（以下币种相同）1 000 000元，恩度公司就上述金额中的100 000元承担连带责任；（3）搜狗公司、恩度公司共同赔偿爱奇艺公司为制止侵权行为所支出的合理开支134 000元。

一审法院认定事实：

一、爱奇艺公司及搜狗公司经营情况

爱奇艺公司成立于2007年3月27日，注册资本30 000 000元，经营范围包括：互联网信息服务业务；第二类互联网视听节目服务中的第三项、文艺、娱乐、科技、财经、体育、教育等专业类视听节目的制作、播出服务；电影、电视剧、动画片类视听节目的汇集、播出服务；利用信息网络经营音乐娱乐产品、从事网络文化产品的展览……演出剧（节）目、动漫产品、游戏产品；制作、发行动画片、专题片、电视综艺等。

爱奇艺公司系www. iqiyi. com网站的主办单位及经营者，拥有增值电信业务经营许可证及信息网络传播视听节目许可证（包括针对www. iqiyi. com的互联网视听节目服务以及iqiyi. com的移动互联网视听节目服务）。www. iqiyi. com网站显示，网络用户可购买黄金VIP会员，会员费为1个月19. 8元、1个季度58元、1年198元。

2014年4月1日，北京奇艺世纪科技有限公司与新丽时代影视文化有限公司签订《影视剧〈明妃传〉独家许可使用协议》，授权期限为自首播卫视播出之日起7年，费用为每集1 200 000元。2014年4月10日，北京奇艺世纪科技有限公司与山东影视传媒集团有限公司签订《影视剧〈琅琊榜〉独家许可使用协议》，授权期限为10年。2016年3月17日，北京奇艺世纪科技有限公司与霍尔果斯梦幻星生园传媒有限公司、飞狐信息技术（天津）有限公司签订电视剧《那片星空那片海》的信息网络传播权独占使用权采购协议，授权期限至该剧在平台上线使用满10年止。2016年6月20日，北京奇艺世纪科技有限公司与新丽电视文化投资有限公司签订《电视剧〈剃刀边缘〉独家许可使用协议》，授权期限至该剧在平台上线之日起10年。2016年4月2日，北京奇艺世纪科技有限公司与上海红圈影业有限公司签订《电视剧〈漂洋过海来看你〉独家许可使用协议》，授权期限至该剧在平台上线之日起5年，费用为每集1 800 000元。2017年8月，北京奇艺世纪科技有限公司出具声明书，确认其已将获得版权或授权的影片授权给爱奇艺公司在iqiyi. com网页及相关客户端、移动端等进行在线播放或提供下载。

搜狗公司成立于2005年12月28日，注册资本20 000 000元，经营范围包括：互联网信息服务业务（含发布网络广告）；利用互联网经营音乐美术娱乐产品、演出剧（节）目、动漫产品；技术开发、技术咨询、技术服务、技术转让；软件开发；基础软件服务等。一审审理中，搜狗公司确认搜狗输入法软件由其开发和运营，“搜索候选”功能于2015年10月左右上线，使用“搜索候选”功能需要由其提供在线技术支持。一审法院另查，www. sohu. com网站的主办单位为北京搜狐互联网信息服务有限公司，搜狗公司确认其与北京搜狐互联网信息服务有限公司为关联公司。

二、与爱奇艺公司主张的不正当竞争行为有关的事实

2017年4月14日，爱奇艺公司的委托代理人骆某来到上海市东方公证处申请保全证据公证。在公证人员潘某和公证人员高某的现场监督下，骆某使用公证处提供的ZTE中兴手机，打开浏览器进入“pinyin. sogou. com”，在该页面下载并安装“搜狗输入法（Android V8. 9）”的手机应用软件，并在安装完毕后启用该输入法。随后，重新打开浏览器，在地址栏输入并进入“iqiyi. com”，在该网站搜索栏使用搜狗输入法输入“piaoya”后，在字母键盘上方的位置出现输入候选框，从左至右依次显示“飘亚”“票”“飘”“漂”“嫖”“朴”等输入候选词，其中“飘亚”呈红色显示，在输入候选框上方显示搜索候选框，从左至右依次为放大镜标识、“漂洋过海来看你”“漂洋过海来看……”等搜索候选词，搜索候选词字体比输入候选词稍小。在搜索候选框上方显示为输入的拼音“piaoya”（见图1）。使用搜狗输入法输入“piaoyangguohailaikanni”后，输入候选框从左至右显示“漂洋过海来看你”“漂洋过海”等候选词，搜索候选框从左至右显示放大镜标识、“漂洋过海来看你”“漂洋过海来看……”。点击放大镜标识右侧的“漂洋过海来看你”字样，网页页面发生跳转，跳转后的网页显示为以“漂洋过海来看你”为关键词的搜狗搜索结果页面，搜索结果第一个为“漂洋过海来看你_全集在线观看_搜狗视频”，第二个为“漂洋过海来看你_分集剧情”。前述第一个搜索结果下方有“立即观看”按钮，其右侧显示视频来源为“搜狐”并有“▼”标识（见图2）。点击“立即观看”，网页页面再次跳转至“搜狐视频”网站，并播放电视剧《漂洋过海来看你》。

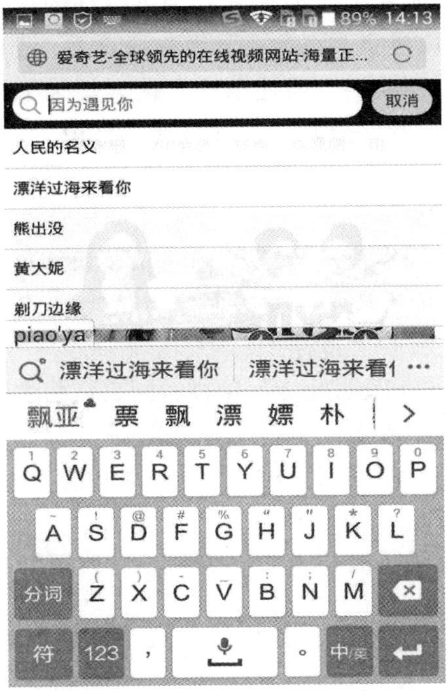

图1　搜狗输入法的显示情况

图2　跳转网页情况

回到“iqiyi. com”网站，在搜索栏输入“tidao”后，输入候选框从左至右依次显示“提到”“剃刀”“踢到”“提刀”等候选词，搜索候选框从左至右显示放大镜标识、“剃刀边缘”“剃刀边缘电视剧”。在搜索栏输入“tidao-bianyuan”后，输入候选框从左至右依次显示“剃刀边缘”“提到”“踢到”“剃刀”等候选词，搜索候选框从左至右显示放大镜标识、“剃刀边缘”“剃刀边缘电视剧”等候选词。点击放大镜标识右侧的“剃刀边缘”字样，网页页面跳转至以“剃刀边缘”为关键词的搜狗搜索结果页面，搜索结果第一个为“剃刀边缘_全集在线观看_搜狗视频”，第二个为“剃刀边缘_分集剧情”。前述第一个搜索结果下方有“立即观看”按钮，其右侧显示视频来源为“搜狐”并有“▼”标识。

回到“iqiyi. com”网站，在搜索栏输入“napian”后，输入候选框从左至右依次显示“那片”“纳片”“那篇”“哪篇”等候选词，搜索候选框从左至右显示放大镜标识、“那片星空那片海”“那片星空那片……”。在搜索栏输入“napianxingkongnapianhai”后，输入候选框从左至右显示“那片星空那片海”“那片星空那……”等候选词，搜索候选框从左至右显示放大镜标识、“那片星空那片海”“那片星空那片……”。点击放大镜标识右侧的“那片星空那片海”字样，网页页面跳转至以“那片星空那片海”为关键词的搜狗搜索结果页面，搜索结果第一个为“那片星空那片海_全集在线观看_搜狗视频”，第二个为“那片星空那片海_分集剧情”。前述第一个搜索结果下方有“立即观看”按钮，其右侧显示视频来源为“搜狐”并有“▼”标识。

回到“iqiyi. com”网站，在搜索栏输入“nvyi”后，输入候选框从左至右依次显示“女衣”“女一”“女医”“女”等候选词，搜索候选框从左至右显示放大镜标识、“女医明妃传”“女婴周岁长发及肩”。在搜索栏输入“nvyiminfeizhuan”后，输入候选框从左至右依次显示“女医明妃传”“女一”“女衣”等候选词，搜索候选框从左至右显示放大镜标识、“女医明妃传”“女医明妃传小说”。点击放大镜标识右侧的“女医明妃传”字样，网页页面跳转至以“女医明妃传”为关键词的搜狗搜索结果页面，搜索结果第一个为“女医明妃传_全集在线观看_搜狗视频”，第二个为“女医明妃传_分集剧情”。前述第一个搜索结果下方有“立即观看”按钮，其右侧显示视频来源为“搜狐”并有“▼”标识。点击该搜索结果页面底端的“首页”链接，跳转至搜狗搜索的首页。

回到“iqiyi. com”网站，在搜索栏输入“lang”后，输入候选框从左至右依次显示“狼”“”“朗”“浪”“郎”“啷”“琅”等候选词，搜索候选框从左至右显示放大镜标识、“琅琊榜”“狼与兄弟”“狼人杀”。在搜索栏输入“langyabang”后，输入候选框从左至右依次显示“狼牙棒”“狼牙榜”“琅琊榜”等候选词，搜索候选框从左至右显示放大镜标识、“琅琊榜”“琅琊榜电视剧”。点击放大镜标识右侧的“琅琊榜”字样，网页页面跳转至以“琅琊榜”为关键词的搜狗搜索结果页面，搜索结果第一个为“琅琊榜_全集在线观看_搜狗视频”，第二个为“琅琊榜_分集剧情”。前述第一个搜索结果下方有“立即观看”按钮，其右侧显示视频来源为“搜狐”并有“▼”标识。点击该搜索结果页面下方“首页”链接，跳转至搜狗搜索的首页。

回到“iqiyi. com”网站，在搜索栏内输入“漂洋过海来看你”并点击搜索按钮，搜索结果最上方显示“【电视剧】漂洋过海来看你（2017）”，下方有“立即播放”“下载”两个按钮，点击“立即播放”后在网站内播放电视剧《漂洋过海来看你》。随后，在搜索栏内分别输入“剃刀边缘”“那片星空那片海”“女医明妃传”“琅琊榜”，上述影视剧均可在网站内播放。

回到手机浏览器首页，在搜索栏中输入“n多市场”并点击搜索，在跳转页面的地址栏中输入并进入“www. nduoa. com”，该网页下方显示“公司名：上海恩度网络科技有限公司”。在网页右上方搜索栏中搜索“搜狗输入法”，显示该网站提供8.6版本的“搜狗输入法”的下载，下载次数为6624万次。

公证处人员对上述过程进行监督，并于2017年5月7日出具（2017）沪东证经字第8184号公证书。一审审理中，爱奇艺公司和搜狗公司均确认，点击公证中出现的上述“▼”标识，可以显示并选择播放该影视剧的其他视频来源。

2017年4月14日，爱奇艺公司的委托代理人骆某来到上海市东方公证处申请保全证据公证。在公证员潘某和公证人员高某的现场监督下，骆某使用公证处提供的ZTE中兴手机，打开浏览器进入百度搜索页面，输入“漂洋过海来看你”进行搜索，搜索结果第一个为该剧的播放链接，下方依次显示“爱奇艺”“搜狐”“乐视”“腾讯”“56我乐”等播放源；输入“剃刀边缘”进行搜索，搜索结果第一个为该剧在爱奇艺网站的播放链接；输入“那片星空那片海”进行搜索，搜索结果第一个为“那片星空那片海_百度百科”，第二个为该剧第一集的播放链接，下方依次显示“爱奇艺”“搜狐”“芒果TV”“56我乐”等播放源；输入“女医明妃传”进行搜索，搜索结果第一个为该剧的播放链接，下方依次显示“爱奇艺”“搜狐”“乐视”“腾讯”等播放源；输入“琅琊榜”进行搜索，搜索结果第一个为该剧第一部的播放链接，依次显示“爱奇艺”“搜狐”“乐视”“腾讯”等播放源，点击“立即播放”后，跳转至爱奇艺网站进行播放。公证处人员对上述过程进行监督，并于2017年5月7日出具（2017）沪东证经字第8185号公证书。

三、与搜狗公司答辩意见有关的事实

2007年1月25日，北京搜狗科技发展有限公司向国家知识产权局申请名称为“一种便捷的信息搜索方法、系统及一种输入法系统”的发明专利，并于2013年9月25日获授权公告，专利号为ZL200710000399.3。该发明专利主要涉及将输入法与搜索引擎相结合的技术，首先由输入法系统根据用户输入确定其所需的搜索关键词，其次输入法系统会根据搜索关键词生成搜索命令，并发送至搜索引擎，最后由搜索引擎返回搜索结果至输入法系统，并向用户呈现。

2017年7月12日，搜狗公司的委托代理人靳某来到北京市方圆公证处进行保全证据公证。在公证员王某与公证处工作人员张某1的监督下，搜狗公司的工作人员董某使用其小米手机，在经过清洁性检查后，下载安装了“搜狗输入法”“百度输入法”“触宝输入法”和“讯飞输入法”，分别使用上述输入法的“拼音九键”依次输入“beijingtianqi”“yuanmingy”“fanbingbing”“miyuezhuan”“youxi”“xiaohua”“huanglei”“beidaihe”“taobaowang”“chuzuche”“beijing”“shentong”“liepinwangzhaopin”“Yingerc”“babaocai”“aibingbisheng”，使用“拼音全键”依次输入“xilal”“fuyaobolicaodew”“jingjinjiwum”“xinlangw”“mabiday”“sunyi”“dongzij”。除输入“fuyaobolicaodew”“dongzij”时出现的输入候选词存在差异外，其余各输入法出现的输入候选词基本相同。公证处人员对上述过程进行监督，并出具（2017）京方圆内经证字第51179号公证书。

2017年8月18日，搜狗公司的委托代理人靳某来到北京市方圆公证处进行保全证据公证。在公证员王某与公证处工作人员张某1的监督下，搜狗公司的工作人员韩某使用其小米手机，在经过清洁性检查后进行了如下操作：连接公证处网络后，下载并安装了“搜狗输入法”和“uc浏览器”，并将“搜狗输入法”设置为默认输入法；打开“uc浏览器”，在搜索栏中使用搜狗输入法输入“zhishuj”，在字母键盘上方的位置出现输入候选框，从左至右依次显示“植树节”“指示剂”“指数”“直属”等候选词，在输入候选框上方显示搜索候选框，从左至右显示放大镜标识、“植树节是几月几日”“植树节”；输入“boluoben”，输入候选框从左至右依次显示“伯罗奔”“菠萝”“博罗”“波罗”等候选词，搜索候选框从左至右显示放大镜标识、“伯罗奔尼撒战争”“伯罗奔尼撒”；输入“cai”，输入候选框从左至右依次显示“才”“菜”“蔡”“彩”“猜”等候选词，搜索候选框从左至右显示放大镜标识、“彩票开奖查询”“彩票”“蔡乙嘉”；输入“chif”，输入候选框从左至右依次显示“吃饭”“赤峰”“吃法”“吃粉”等候选词，搜索候选框从左至右显示放大镜标识、“赤峰天气预报”“赤峰”等；输入“song”，输入候选框从左至右依次显示“送”“宋”“松”“颂”“怂”等候选词，搜索候选框从左至右显示放大镜标识、“宋茜”“宋仲基”“宋祖儿”等；点击放大镜标识，跳出的对话框显示“您已打开搜索候选功能”，点击该对话框中的对勾图标至消失状态，显示“您已关闭搜索候选功能”。点击“确定”后重新在搜索栏输入“zhishuj”，此时不会显示搜索候选框的内容；点击搜狗输入法键盘上方的图标，在页面中点击“搜索候选”，键盘上提示“搜索候选已开启”，此时输入“zhishuj”后会显示搜索候选框的内容。在上述位置再次点击“搜索候选”，键盘上提示“搜索候选已关闭”。点击搜狗输入法键盘上方的图标，在页面中点击“更多设置”后再点击进入“输入设置”，点击“搜索候选”右侧方框至出现对勾图标，显示“开启”，此时输入“zhishuj”后会显示搜索候选框的内容。在上述“输入设置”内点击“搜索引擎”，在跳出的提示框内点选“百度”字样。返回“uc 浏览器”页面，在搜索栏中分别输入“zhishuj”“boluoben”“cai”“chif”“song”，搜索候选框内显示的内容与之前相同，分别点击放大镜标识右侧的“植树节是几月几日”“伯罗奔尼撒战争”“彩票开奖查询”“赤峰天气预报”“宋茜”字样，跳转至以相应文字为关键词的百度搜索结果页面。公证处人员对上述过程进行监督，并出具（2017）京方圆内经证字第 60027 号公证书。

2016 年 8 月 9 日，北京市集佳律师事务所的委托代理人刘某来到北京市方正公证处进行保全证据公证。在公证员郭某、公证员于某的监督下，刘某通过浏览器分别进入搜狗搜索、优酷、搜房、58 同城、土豆网等网站，上述网站内的搜索栏中均有放大镜标识。公证处人员对上述过程进行监督，并出具（2016）京方正内民证字第 86814 号公证书。

2017 年 8 月 18 日，搜狗公司委托代理人靳某来到北京市方圆公证处进行保全证据公证。在公证员王某与公证处工作人员张某的监督下，搜狗公司的工作人员韩某使用其小米手机，在经过清洁性检查后进行了如下操作：在手机“应用市场”中下载并安装“搜狗输入法”和“爱奇艺”APP，并将“搜狗输入法”设置为默认输入法；打开“爱奇艺”APP，在搜索栏中使用搜狗输入法输入“langyabang”，在字母键盘上方的位置出现输入候选框，从左至右依次显示“狼牙棒”“琅琊榜”“狼牙”等候选词，在输入候选框上方显示搜索候选框，从左至右显示放大镜标识、“琅琊榜第一季”“琅琊榜第二季”，分别点击搜索候选框内的“琅琊榜第一季”及输入候选框内的“琅琊榜”，均在“爱奇艺”软件内部完成搜索；下载安装“uc 浏览器”，进入“www. iqiyi. com”网站，在搜索栏内输入“琅琊榜”并点击搜索按钮，在该网站内部完成搜索；点击搜索栏下拉菜单中的“琅琊榜”、搜索历史中的“琅琊榜”、热门搜索中的“爱情公寓”，均在网站内部完成搜索。在该网站搜索栏内输入“春风十里不如你”“饭局的诱惑”，并点击搜索按钮，搜索结果显示视频播放来源分别为优酷网和腾讯视频。公证处人员对上述过程进行监督，并出具（2017）京方圆内经证字第 60025 号公证书。

2017 年 8 月 18 日，搜狗公司的委托代理人靳某来到北京市方圆公证处进行保全证据公证。在公证员王某与公证处工作人员张某1的监督下，搜狗公司的工作人员韩某使用其小米手机，在经过清洁性检查后，下载并安装了“搜狗输入法”和“uc浏览器”，打开“uc浏览器”后，分别在优酷网、腾讯视频、乐视视频、搜狐视频、芒果tv网站内搜索栏处使用搜狗输入法输入“langyabang”，输入候选框从左至右均显示“狼牙棒”“琅琊榜”“狼牙”等候选词，搜索候选框均显示放大镜标识、“琅琊榜”“琅琊榜2”“琅琊榜演员表”。公证处人员对上述过程进行监督，并出具（2017）京方圆内经证字第60026号公证书。

2017年9月12日，搜狗公司的委托代理人靳某来到北京市方圆公证处申请保全证据公证。在公证员王某与公证处工作人员刘某的现场监督下，搜狗公司的工作人员韩某使用其小米手机，在经过清洁性检查后进行了如下操作：在手机“应用市场”下载并安装“搜狗输入法”和“uc浏览器”，并将搜狗输入法设置为默认输入法；打开“uc浏览器”进入“爱奇艺”网站，在搜索栏使用搜狗输入法输入“gong”后，在字母键盘上方的位置出现输入候选框，从左至右依次显示“宫”“工”“公”“龚”“攻”等候选词，在输入候选框上方显示搜索候选框，从左至右显示放大镜标识、“工商银行”“龚玥菲”“功夫瑜伽”。点击输入候选词“宫”并点击搜索按钮，在“爱奇艺”网站内部完成搜索，搜索结果第一、第二位为电视剧《宫》；在搜索栏输入“jujiao”后，输入候选框中从左至右依次显示“聚焦”“拒缴”“咀嚼”“句”等候选词，搜索候选框从左至右显示放大镜标识、“聚焦瓷都”“巨角幻兽”“聚焦三农”。点击输入候选词“聚焦”并点击搜索按钮，在“爱奇艺”网站内部完成搜索，搜索结果第一位为电影《聚焦》；在搜索栏输入“langyabang”后，输入候选框中从左至右依次显示“狼牙棒”“琅琊榜”“狼牙”“琅琊”等候选词，搜索候选框从左至右显示放大镜标识、“琅琊榜”“琅琊榜演员表”等，点击搜索候选词“琅琊榜”，跳转至以“琅琊榜”为关键词的搜狗搜索结果页面，搜索结果第一个为“读琅琊榜，到QQ阅读琅琊榜”；返回“爱奇艺”网站首页，在搜索栏输入“bailuyuan”后，输入候选框中从左至右依次显示“白鹿原”“白鹭园”“白露”等候选词，搜索候选框从左至右显示放大镜标识、“白鹿原”“白鹿原小说”等，点击搜索候选词“白鹿原”，跳转至以“白鹿原”为关键词的搜狗搜索结果页面，搜索结果第一个为“读白鹿原，到QQ阅读”；返回“爱奇艺”网站首页，在搜索栏输入“huakaiyue”后，输入候选框中从左至右依次显示“花开月”“花开”“划开”等候选词，搜索候选框从左至右显示放大镜标识、“花开月正圆电视剧”“花开月正圆”，点击搜索候选词“花开月正圆电视剧”，跳转至以“花开月正圆电视剧”为关键词的搜狗搜索结果页面，搜索结果第一个为“那年花开月正圆剧情介绍（1－75全集_电视猫）”。公证处人员对上述过程进行监督，并出具（2017）京方圆内经证字第62382号公证书。

2017年9月19日，上海市方达（北京）律师事务所的委托代理人韩某来到北京市方圆公证处进行保全证据公证。在公证员王某与公证处工作人员刘某的监督下，韩某使用其小米手机，在经过清洁性检查后进行了如下操作：在手机“应用市场”下载并安装了“搜狗输入法”和“uc浏览器”；打开“uc浏览器”在“搜狗搜索”“百度搜索”和“神马搜索”页面，使用手机自带的输入法分别输入“piaoya”“napian”“tidao”“lang”“nanian”“chunfeng”，出现相应搜索引擎的推荐候选词，其中“搜狗搜索”推荐候选词的第一位分别为“漂洋过海来看你”“那片星空那片海2”“剃刀边缘”“狼与兄弟”“那年花开月正圆小说”“春风十里不如你”。“百度搜索”推荐候选词的第一位分别为“漂洋过海来看你”“那片星空那片海”“剃刀边缘”“朗逸2017”“那年花开月正圆”“春风十里不如你”。“神马搜索”推荐候选词的第一位分别为“漂洋过海来看你”“那片星空那片海”“剃刀边缘”“狼与兄弟”“那年花开月正圆”“春风十里不如你”。将搜狗输入法设置为默认输入法，打开“uc浏览器”，进入“大众点评网”“淘宝网”“果壳网”“中国法院网”，在搜索栏使用搜狗输入法依次输入“piaoya”“lang”“nanian”“wang”，出现在首位的搜索候选词均为“漂洋过海来看你”“浪花一朵朵”“那年花开月正圆”“王者荣耀”。公证处人员对上述过程进行监督，并出具（2017）京方圆内经证字第63662号公证书。

四、搜狗输入法历史版本运行情况

2017年12月12日，搜狗公司的委托代理人孙某来到北京市方圆公证处申请保全证据公证。在公证员王某与公证处工作人员刘某的现场监督下，搜狗公司的工作人员董某使用其小米手机下载安装“UC浏览器”及搜狗输入法的8.6版本，进入“爱奇艺”网站，在搜索栏使用搜狗输入法输入“huohua”“shuzui”“yangguangxiaomeinv”“link”“jiaof”“hongse”“yingx”“weicheng”，显示的首位输入候选词分别为“火花”“赎罪”“阳光小美女”“林肯”“教父”“红色”“英雄”“围城”，显示的首位搜索候选词分别为“霍华德”“赎罪营漫画全集”“阳光小美女百度云”“林肯公园”“交锋”“红色警戒”“英雄联盟”“未成年”；点击首位输入候选词，再点击搜索按钮，在“爱奇艺”网站内部进行搜索，搜索结果显示以该输入候选词为名称的影视剧；点击首位搜索候选词，跳转至以该词为关键词的搜狗搜索结果页面，搜索结果第一个均非影视剧播放链接。随后，董某卸载了搜狗输入法的

8.6 版本并安装了搜狗输入法的 8.9 版本，重复上述操作，显示的结果相同。公证处人员对上述过程进行监督，并于 2017 年 12 月 29 日出具（2017）京方圆内经证字第 77126 号公证书。

2017 年 12 月 12 日，搜狗公司的委托代理人孙某来到北京市方圆公证处申请保全证据公证。在公证员王某与公证处工作人员刘某的现场监督下，搜狗公司的工作人员董某使用其小米手机，分别下载了搜狗输入法的 8.6 版本及 8.9 版本，重复了（2017）京方圆内经证字第 60027 号、第 62382 号、第 63662 号公证书中的操作，除显示的个别输入候选词、搜索候选词存在不同外（如输入“cai”，显示的第二个输入候选词为“蔡”；输入“chif”，显示的第一个搜索候选词为“赤凤传说漫画”；输入“gong”，搜索候选框从左至右显示放大镜标识、“工口漫画”“功守道”等；输入“jujiao”，显示的第一个搜索候选词为“聚焦城管校”），其余情形与上述公证书中显示的均相同。公证处人员对上述过程进行监督，并于 2017 年 12 月 29 日出具（2017）京方圆内经证字第 77127 号、第 77128 号公证书。

此外，搜狗公司为证明其搜狗输入法 8.2 版本的功能情况，提交了（2016）京方正内民证字第 68699 号公证书，该公证书显示：2016 年 6 月 7 日，在“UC 浏览器”和“360 浏览器”搜索栏中使用该输入法输入“zhishu”“boluoben”“leix”“qinai”“bai”，点击首位搜索候选词后，跳转至相应的搜狗搜索结果页面，用户可通过放大镜标识和“设置”来选择关闭或开启“搜索候选”功能。

五、恩度公司、米莱公司经营情况及与“N 多市场”平台有关的事实

恩度公司成立于 2010 年 6 月 10 日，注册资本 10 000 000 元，经营范围包括：网络科技领域内的技术开发、技术转让、技术咨询、技术服务；软件开发；利用自媒体发布广告等。

米莱公司成立于 2016 年 9 月 14 日，注册资本 1 000 000 元，经营范围包括：计算机网络技术、计算机软硬件的技术开发、技术咨询、技术服务、技术转让；软件开发；计算机系统集成；计算机软硬件、电子产品、家用家电的批发、代购代销等。

“N 多市场”后台显示，搜狗输入法软件由北京搜狗科技发展有限公司上传至其平台。用户在“N 多市场”进行注册时需要同意“开发者注册条款”，该条款载明“N 多平台”由恩度公司拥有并负责运营，开发者可通过该平台发布产品，但应保证产品内容无侵犯著作权、专利权、商标权、命名权、肖像权或其他第三人的权利等。

2016 年 10 月 19 日，恩度公司向米莱公司出具授权书，载明其为“N 多

市场”的所有权人及实际经营主体，因业务发展原因授权米莱公司运营“N多市场”、负责“N多市场”的日常运营，授权期限自2016年10月19日至2017年10月18日。登录“ICP/IP地址/域名信息备案管理系统”进行查询，显示www. nduoa. com、www. nduo. cn的主办单位为米莱公司，网站备案/许可证号为“闵ICP备16033874号-2”，审核时间为2017年3月7日。

六、其他与本案相关的事实

2017年3月，上海爱奇艺文化传媒有限公司广州分公司与广东省广告集团股份有限公司签订广告发布订单，广告投放周期为2017年3月19日至2017年4月22日，费用为808 420元。2017年4月，群邑（上海）广告有限公司就惠普科技（北京）有限公司的打印机产品向上海爱奇艺文化传媒有限公司发出广告订单，广告时间段为2017年4月10日至2017年4月28日，总下单金额为600 000元。2017年8月，上海爱奇艺文化传媒有限公司出具确认书，内容为：爱奇艺公司旗下iqiyi. com、爱奇艺移动端等各个视频播放平台的广告合同均由其代理对外签署，并发布在爱奇艺公司旗下各播放平台中，广告的最终收益归爱奇艺公司所有。

2017年4月11日，搜狗公司的委托代理人靳某来到北京市方圆公证处进行保全证据公证。在公证员王某与公证处工作人员张某2的监督下，靳某使用公证处计算机查看了网易手机网题为“搜狗输入法智慧版2.0发布：不止是输入法”、新华网题为“搜狗输入法智慧版2.0心有灵犀0触发”、比特网题为“那些年我们一起用过的搜狗输入法”、网易新闻题为“输入法+搜索搜狗开启输入法全新想象空间”等报道，上述报道对搜狗输入法、“心有灵犀”功能、“搜索候选”功能等进行了介绍。公证处人员对上述过程进行监督，并出具（2017）京方圆内经证字第30737号公证书。

一审法院另查明，爱奇艺公司为本案支出律师费130 000元、公证费4000元。

一审法院认为，本案的争议焦点为：（1）爱奇艺公司与搜狗公司之间是否存在竞争关系，能否适用《中华人民共和国反不正当竞争法》（以下简称《反不正当竞争法》）；（2）搜狗公司是否实施了不正当竞争行为；（3）恩度公司的行为是否构成不正当竞争；（4）若被控行为构成不正当竞争，应承担何种民事责任。

关于第一项争议焦点，一审法院认为本案可以适用《反不正当竞争法》。

《反不正当竞争法》的立法目的在于维护合法有序的市场竞争秩序，鼓励和保护公平竞争，制止不正当竞争行为，保护经营者和消费者的合法权益。《反不正当竞争法》对竞争关系并无明确规定，多指具有相同或类似经营内容的经营者之间存在的市场竞争关系。但随着社会经济的迅速发展，各类经济活动密切交织，即使不具有相同、类似经营内容的经营者，亦可能因其不当的经营内容、模式造成其他经营者在市场竞争中的损害，故如果将竞争关系的范围囿于相同、类似商品或者服务领域的竞争者，显然难以实现《反不正当竞争法》的立法目的。在互联网环境下，网络经营模式的多样性发展以及不同用户群体的需求交织，使得市场界限日趋模糊，业务领域存在交叉或关联的企业之间均有可能产生市场竞争，属于反不正当竞争法意义上的经营者。

本案中，爱奇艺公司是 www. iqiyi. com 网站的经营者，经营模式的核心在于吸引更多网络用户使用其平台观看视频，通过向广告主收取广告费用或由用户支付会员费实现盈利。搜狗公司是搜狗输入法的运营者。首先，两者均通过网络及计算机设备实现经营目的，经营中所使用的平台、服务的网络用户存在重叠，在最终利益方面有交叉的可能；其次，虽然爱奇艺公司与搜狗公司之间并无直接相同、类似的经营内容，但爱奇艺公司主张涉案“搜索候选”功能会将其消费者引导至同样提供视频播放服务的搜狗公司的关联公司，从而不当损害其利益，因此，搜狗公司在被诉的前述行为所及范围内，可能与爱奇艺公司存在市场利益的竞争交叉；最后，《反不正当竞争法》（2017 年修订）重在通过规制行为来调整竞争关系，而从其对不正当竞争行为的界定来看，并未要求具有严格的竞争关系，只要经营者违反诚实信用原则和公认的商业道德，实施的行为扰乱市场竞争秩序、损害其他经营者或者消费者的合法权益，就可以认定为不正当竞争行为。综上所述，本案可以适用《反不正当竞争法》。

关于第二项争议焦点，爱奇艺公司主张搜狗公司的搜狗输入法将“搜索候选”和“输入候选”以混淆的方式进行排列，没有明显的区分，“搜索候选”功能以不合理的联想方式推荐热门影视剧，诱导用户点击搜索候选词，从而将爱奇艺公司的流量、交易机会引导至搜狗公司的关联公司，违反了《反不正当竞争法》（2017 年修订）第二条和第十二条的规定，构成不正当竞争。对此，一审法院认为，首先，《反不正当竞争法》所指的不正当竞争行为是指经营者在生产经营活动中，扰乱市场竞争秩序，损害其他经营者或消费者的合法权益的行为。社会主义市场经济鼓励经营者进行市场竞争，市场竞争总会导致各经营者之间利益的此消彼长。经营者正当的市场竞争导致其他经营者利益受损，法律并不加以干预。只有扰乱市场秩序、违反法律和商业道德，可以为行为人带来竞争优势或者足以给其他经营者造成损害，才应受到《反不正当竞争法》的规制。其次，不能因为经营者利益受到损害，就推断其他经营者必然存在不正当竞争行为。不正当竞争行为存在与否，应从相关行为是否具有不当性、是否可以为行为人带来竞争优势或者足以造成其他经营者竞争上的不利益、损害消费者的权益、行为实施者是否具有获取不当利益的意图等方面综合认定。本案中，一审法院根据以下理由，认定搜狗公司未实施不正当竞争行为：

（一）搜狗公司在搜狗输入法中设置“搜索候选”功能不具有不当性

“搜索候选”功能不会让消费者产生混淆。一方面，根据当事人提交的公证书，在安卓手机网页环境下，使用搜狗输入法进行输入时，在输入键盘与输入栏之间，搜索候选框、输入候选框分上下两层排列，两者框内字体大小存在区别，搜索候选框内有放大镜标识，对于一般网络用户暨消费者而言，可以明显感知两者存在区别。在点击搜索候选词后，会存在明显的离开当前网页、跳转至其他网页页面的过程，网络用户可以明确知晓已经离开当前网页页面，并不会误认跳转后的页面仍为原先的网页页面。另一方面，计算机网络领域内应用程序多呈现用户体验性的特征，网络用户在使用一项应用程序时一般会首先有一个体验、熟悉该应用程序功能的过程。输入法作为长期、反复使用的应用程序，消费者在最初体验使用搜狗输入法的“搜索候选”功能后，可以清晰地区分“搜索候选”和“输入候选”的差别，在后续长期、反复使用时，基于其先期的体验和了解，并不会产生混淆。

“搜索候选”功能有适当的设置途径。根据搜狗公司提交的（2017）京方圆内经证字第60027号公证书，用户在使用搜狗输入法时，点击搜索候选词旁边的放大镜标识，即可出现关闭“搜索候选”功能的选项；也可通过点击输入法键盘上的图标，并点击“搜索候选”选项后，对“搜索候选”功能的开启或关闭，以及使用搜狗搜索还是百度搜索进行设置。虽然“搜索候选”功能是默认开启的，但在互联网新技术不断推出的情况下，默认开启让用户先体验，再决定是否关闭一项新的网络服务功能，可以降低研发企业的推广成本，也没有给用户带来额外的使用负担。在用户可以通过多种方式选择关闭或开启“搜索候选”功能以及选择“搜索候选”功能启用的搜索引擎的情况下，不能认为“搜索候选”存在强制跳转的功能。故一审法院认定“搜索候选”功能的设置方式具有适当性。

“搜索候选”功能的效果并非直接跳转进行视频播放，亦未对爱奇艺公司网站内容进行修改。根据双方当事人提交的公证书，网络用户在选择点击搜索候选词后，并未发生对爱奇艺公司网站内容修改的情况，也没有直接在手机界面内出现与爱奇艺公司有竞争关系的视频源播放画面。

“搜索候选”功能未超出适当的适用范围。搜狗公司提交的（2017）京方圆内经证字第60025号公证书显示，在使用爱奇艺APP的环境中，点击搜狗输入法中的搜索候选词，并不会发生在浏览器网页平台上使用该“搜索候选”功能所出现的网页跳转效果，而仍会在该APP内完成搜索，由此反映出搜狗输入法的“搜索候选”功能在其他经营者的应用程序内已注意进行了避让，不会实现跳转至搜索引擎页面的功能。

“搜索候选”功能并非专门针对影视剧相关内容而设置。其一，根据发明专利说明书中对涉案“搜索候选”功能的描述，其是根据用户输入内容确定搜索关键词，再生成搜索命令发送至搜索引擎，最后由搜索引擎返回搜索结果至输入法系统。可见该功能是将搜索关键词在搜索引擎中的推荐搜索内容向用户进行展现，搜索候选词的内容取决于搜索关键词与推荐搜索内容的热度与关联度，而并不对搜索内容的类型、所使用网站的性质等予以区分。本案中，从搜狗公司提交的（2017）京方圆内经证字第60027号公证书显示的情况看，在“uc浏览器”搜索栏中使用搜狗输入法输入“zhishuj”，搜索候选词有“植树节是几月几日”“植树节”；输入“boluoben”，搜索候选词有“伯罗奔尼撒战争”“伯罗奔尼撒”；输入“cai”，搜索候选词有“彩票开奖查询”“彩票”“蔡乙嘉”；输入“chif”，搜索候选词有“赤峰天气预报”“赤峰”等。所出现的搜索候选推荐词汇具有多样性，印证了“搜索候选”功能运行的逻辑与方式。其二，爱奇艺公司（2017）沪东证经字第8184号公证书取证页面显示，搜狗输入法的搜索候选推荐词亦出现如“狼人杀”“狼与兄弟”“女医明妃传小说”等非影视剧相关词汇。搜狗公司提交的（2017）京方圆内经证字第62382号公证书显示，在搜狗输入法输入栏中输入“gong”“jujiao”等拼音后，搜索候选词首先显示为“工商银行”“聚焦瓷都”等与影视剧无关的词汇，均可以反映搜索候选词并非仅与影视剧名称相关。其三，爱奇艺公司（2017）沪东证经字第8184号公证书显示，点击搜索候选的推荐词“琅琊榜”，跳转页面的搜索结果包括“琅琊榜_搜狗图片”，搜狗公司的（2017）京方圆内经证字第62382号公证书显示，点击搜索候选的推荐词“琅琊榜”，跳转页面的搜索结果包括“读琅琊榜，到QQ阅读琅琊榜”，可以看出在点击搜索候选的推荐词后，跳转页面中的搜索结果并非仅为影视剧视频的链接。

“搜索候选”功能的结果不存在针对爱奇艺公司的歧视性待遇。搜狗输入法并非专门针对爱奇艺公司的影视视频网站设置“搜索候选”功能，在“大众点评网”“淘宝网”等非视频网站使用该输入法时，同样存在“搜索候选”功能。爱奇艺公司（2017）沪东证经字第8184号公证书显示，在点击“搜索候选”中与影视剧相关的推荐词后，所跳转页面中搜索结果第一条的相关视频来源并非仅为搜狐视频，而是以“▼”标识的方式将其他视频来源包含在内，可以看出涉案“搜索候选”功能不存在对包括爱奇艺公司在内的影视剧视频播放源采取屏蔽等歧视性措施。虽然根据爱奇艺公司提交的公证书，显示通过搜索候选词而跳转进入的影视剧视频搜索结果，在有多个播放选择的情况下，第一视频来源往往是与搜狗公司具有关联关系的搜狐视频，但一方面，搜狗公司（2017）京方圆内经证字第62382号公证书显示，点击搜索候选词“花开月正圆电视剧”，显示的搜索结果第一条中的视频来源为电视猫，而非搜狐视频；另一方面，即使相关搜索结果中第一视频来源为搜狐视频，但此结果实际上是搜狗搜索引擎呈现的搜索结果，考虑到互联网环境下以搜索引擎方式进行搜索，必然有一个视频来源会排列第一，而基于搜狗公司与搜狐视频的运营主体之间存在的关联关系，在未对其他视频来源采取不当的屏蔽、断链等措施情况下，将搜狐视频列为搜索结果来源的第一位，尚未超出正常商业竞争的范围，也没有违反公认的商业道德。

（二）搜狗公司在搜狗输入法中设置“搜索候选”功能并未对爱奇艺公司及消费者产生不利影响

首先，“搜索候选”功能不足以减损爱奇艺公司的竞争利益。搜狗公司提交的（2017）京方圆内经证字第60025号公证书显示，在用户使用爱奇艺APP的环境下，点击搜狗输入法的搜索候选推荐词，并不会发生跳转出爱奇艺APP的情况，反映涉案“搜索候选”功能在APP环境下已经进行了避让，不会将与爱奇艺公司有固定黏性的爱奇艺APP端用户引导出爱奇艺公司的服务平台。爱奇艺公司在进行（2017）沪东证经字第8184号公证时，先进入www.iqiyi.com网站，并随后在该网站页面进行搜狗输入法“搜索候选”功能的操作，但通常情况下，网络用户如与爱奇艺公司的服务之间已经建立一定的黏性（如注册为会员等），在使用移动设备观看视频节目时，一般首选爱奇艺公司的APP，而在APP环境下，点击搜索候选词并不会发生跳转至搜索引擎的结果。即使用户在移动设备上登录爱奇艺公司网站并使用了搜狗输入法的“搜索候选”功能，其在发现网页跳转的情况下，仍可以选择返回原爱奇艺网站页面观看，或选择跳转页面相关搜索结果中的爱奇艺视频源进行观看，不存在误导、欺骗、强迫用户关闭爱奇艺公司提供的视频播放服务。因此并不能推断“搜索候选”功能必然弱化爱奇艺公司与其用户的黏性或减损其竞争利益。爱奇艺公司和搜狗公司均属于互联网企业，在互联网环境下，技术的形态和竞争的模式都有别于传统行业，为了保障互联网新技术和竞争模式的发展空间，司法应当秉持谦抑的态度。考虑到爱奇艺公司网站主要的市场在于提供网络视频点播服务，搜狗公司搜狗输入法的主要市场在于提供将各种符号输入计算机和移动设备的服务，因此，退一步来说，如果用户在爱奇艺公司网站输入相关视频名称后，使用“搜索候选”功能，最终选择搜狗搜索结果中的其他视频来源观看，考虑到此类用户与爱奇艺公司黏性关系不强，此种行为尚未严重到需要司法干预的程度。

其次，“搜索候选”功能的使用过程未排除消费者的选择权利。一方面，消费者在选择点击搜索候选推荐词后，跳转页面显示的搜索结果包含多个视频播放源，消费者可以自由选择通过何种播放源观看相关视频，也可以选择返回爱奇艺网站；另一方面，消费者每次使用“搜索候选”功能时均有自主选择权，不会受到前次使用的影响。也就是说，在前一次选择使用“搜索候选”功能后，并不会导致后续搜狗输入法每次启动、使用后会自动强制设置为将搜索候选推荐词作为输入结果的唯一展现或优先展现，也不会屏蔽输入候选词，或在点击输入候选词时亦发生跳转出原网页的效果，即涉案“搜索候选”功能不存在对消费者意愿的劫持。

关于第三项争议焦点，一审法院认为恩度公司的行为不构成不正当竞争。

首先，根据恩度公司向米莱公司出具的授权书，其已将涉案“N 多市场”的日常运营授权于米莱公司，且 www. nduoa. com、www. nduo. cn 网站 ICP 备案在米莱公司名下，其备案审核时间在爱奇艺公司进行本案公证之前，故恩度公司在爱奇艺公司公证取证之前，已经不是“N 多市场”的经营者。

其次，涉案“N 多市场”平台系提供软件上传、存储、下载的平台，其运营者的性质属于网络服务提供者。从客观上来看，通过开放软件平台上传的软件数量是海量的，如要求经营者对所有上传的软件逐一进行实质性审查，不仅增加了网络服务提供者的运营成本，也会影响其免费提供服务的积极性。此外，爱奇艺公司在本案中主张的不正当竞争行为并非针对搜狗输入法软件本身，而是针对该软件下的“搜索候选”功能，难以要求涉案“N 多市场”平台经营者对该功能是否构成不正当竞争进行审核，该平台经营者也不可能应知或明知该功能可能构成不正当竞争。故爱奇艺公司对恩度公司的主张，缺乏依据，一审法院不予支持。

因爱奇艺公司对搜狗公司、恩度公司实施不正当竞争行为的主张不成立，故对于其要求搜狗公司、恩度公司承担相应民事责任的诉讼请求，一审法院均不予支持。恩度公司经一审法院合法传唤，无正当理由未到庭，不影响本案的审理。

据此，一审法院依照《中华人民共和国反不正当竞争法》（2017 年修订）第二条、第十二条，《中华人民共和国民事诉讼法》第六十四条第一款、第一百四十四条规定，判决：驳回爱奇艺公司的诉讼请求。一审案件受理费 15 006 元，由爱奇艺公司负担。

本院经审理查明，一审法院认定事实属实，本院予以确认。

二审中，各方当事人均未提交新的证据。

根据当事人的诉辩意见，本案二审的争议焦点是被控行为是否构成不正当竞争。

本院认为，本案搜狗公司实施的被控行为并非《反不正当竞争法》明确规定的不正当竞争行为，其是否构成不正当竞争，需要判断爱奇艺公司的利益是否因搜狗公司的行为遭受了损失，以及搜狗公司的行为是否违反了商业道德。以下分别进行评述：

一、爱奇艺公司的利益是否因搜狗公司的行为遭受了损失

本案的被控行为表现为，当手机用户在浏览器环境下进入爱奇艺网站，在使用搜狗输入法输入拟搜索的视频名称时，用户点击了搜狗输入法提供的搜索候选词而跳转至搜狗搜索引擎，且搜索结果第一位中显示有搜狐视频的内容。本院认为，本案的被控行为发生在用户已经进入了爱奇艺网站，且已经启动了搜索行为之后，用户欲在爱奇艺网站上搜索或观看视频的目的是显而易见的，爱奇艺公司原本可以获得相应的交易机会或至少可以获得相应的搜索流量。搜狗输入法对于“搜索候选”内容与“输入候选”内容分上下两层排列、文字大小不同，并设置了“搜索候选”的关闭功能，这些措施虽在一定程度上有助于降低混淆的程度，但在缺少更明示的提示方式的情况下，尚不足以完全避免用户产生混淆。因此，被控行为的介入，可能导致部分交易机会或搜索流量从爱奇艺公司转移至搜狗公司或其关联公司，爱奇艺公司所遭受损失是客观的。至于这种损失程度是否应予司法干预，本院将在下文予以论述。

二、搜狗公司的行为是否违反了商业道德

市场竞争的主要表现为对交易机会的争夺，经营者对于某一交易机会的丧失是竞争的必然结果，利益受损并不意味着其当然应获得法律救济，只有被控行为违反了商业道德，该行为才具有可责性。反不正当竞争法意义上的商业道德，不能仅通过主观的道德判断来进行认定，也不能将其等同于个人品德或社会公德，而是要将该行为放置在《反不正当竞争法》促进市场经济健康发展，鼓励和保护公平竞争，保护经营者和消费者合法权益的立法目的下进行判断，防止脱离竞争法的目标进行泛道德化评判。关于搜狗公司的被控行为是否违反商业道德，本院将综合考虑以下因素进行评判：

（一）被控行为对爱奇艺公司经营的影响

爱奇艺公司在本案中所主张保护的并非法定权利，被控行为亦非《反不正当竞争法》所类型化的不正当竞争行为，当启动一般条款判断被控行为的

正当性时，需要考察爱奇艺公司利益受损的程度，尤其是要考虑被控行为是否已经实质性地影响了爱奇艺网站的正常运营，以防止对市场竞争的过度干预。如前所述，搜狗输入法中加载了“搜索候选”功能，可能导致爱奇艺网站的流量或交易机会减少，但同时也采取了降低混淆程度的措施，爱奇艺公司由此所遭受的损失是有限的。并且，搜狗公司未采取强制用户跳转网站，或者误导、强迫用户关闭爱奇艺网站的措施，也未采取措施导致爱奇艺公司的搜索功能不能正常运行，爱奇艺网站的正常运营并没有受到实质性的妨碍或破坏。因此，仅就爱奇艺公司遭受的损害程度而言，尚不足以达到需要通过《反不正当竞争法》进行救济的必要。

（二）被控行为对消费者权益保护的影响

从《反不正当竞争法》的立法目的可以看出，《反不正当竞争法》所要保护的法益具有多元性，除了要保障经营者的合法权益之外，还蕴含着通过规制不正当竞争行为保护消费者的合法权益。对于某一非类型化的竞争行为，衡量其是否正当应将消费者权益作为重要的考量因素之一。本案中，爱奇艺公司主张搜狗公司的行为导致用户产生混淆，损害消费者的利益。本院认为，本案被控行为不同于一般的仿冒行为，其对消费者利益的影响具有一定的复杂性。一方面，如前所述，被控行为未能完全避免用户产生混淆；另一方面，被控行为也会在一定程度上增加消费者的福利。当用户在点击“搜索候选”后，网页会跳转至搜狗搜索引擎，其提供了更多的搜索结果供用户选择，此时用户可自主选择返回爱奇艺网站或者继续停留在搜狗搜索引擎进行进一步的操作。并且，网络环境与实体环境相比，用户选择重新返回爱奇艺网站的成本是很小的，相对于为用户所增加的选择而言，整体上消费者的福利有所提高。

本院还需强调，《反不正当竞争法》是维护市场竞争秩序的法律，其所关注的消费者的合法权益，并非个体消费者的利益，而是一种消费者群体利益，即保障消费者整体上获得正确充分的信息，以及交易决定的自由。在维护市场竞争秩序的角度上，《反不正当竞争法》所保障的消费者合法权益最终体现为市场信息传递功能、市场选择功能不被扭曲和破坏。对于本案所涉及的网络用户而言，其目的是在网络观看相应的影视视频，用户实际所要作出的交易决定是在某一家视频网站观看视频。在此之前，用户基于对搜狗输入法提供“搜索候选”所产生的混淆，与用户最终所需作出的交易决定之间并无直接关系。需要注意的是，本案被控行为与一般仿冒行为所造成的混淆可能性之间存在一定的差异，一般的仿冒行为意图直接影响消费者的交易决定，破坏市场信息传递和选择功能，而本案中即使有部分消费者被误导点击搜狗输入法提供的“搜索候选”而进入搜狗搜索引擎，此时也已明确知晓该搜索结果与爱奇艺网站并无关联，其也可以自主选择返回爱奇艺网站，市场选择功能并没有被真正的破坏。

（三）被控行为对市场竞争秩序的影响

反不正当竞争法鼓励经营者通过技术创新、提高产品质量和服务的方式进行效能竞争，制止通过欺骗强制客户交易，或者通过妨碍他人正常经营而获取竞争优势的不正当竞争行为。本案中，搜狗输入法同时具备“搜索候选”和“输入候选”两种功能，是一种在技术上的创新，具有一定的正面市场效应。虽然在爱奇艺网站界面使用搜狗输入法，可能导致爱奇艺网站失去一定的流量；或者说搜狗输入法借助爱奇艺网站为自身带来一定流量，但这种看似介入爱奇艺网站产品的行为本身并不足以说明其具有不正当性。首先，随着互联网市场竞争的日趋激烈，以及信息技术和互联网技术的发展，互联网市场领域的各种产品或者服务关联性和依附性不断加深，经营者不可能固守已有的市场或技术领域，以各种方式进入竞争对手领域参与竞争是不可避免的。其次，鼓励市场竞争的重要目的是促进创新，创新往往并不来自于闭门造车式的自我修炼，其更多地来自于经营者技术或商业模式之间激烈的撞击。如果仅仅因为某种技术或商业模式介入竞争对手的经营而否定其正当性，无疑将会极大挫伤创新动力。如前所述，本案被控行为并未过度妨碍爱奇艺网站的正常运营，也未破坏正常的市场选择功能，尚未达到扰乱市场竞争秩序的程度。依据比例原则，被控竞争行为总体上仍然是一种效能竞争。

竞争是市场经济最基本的运行机制，也是市场活力的源泉。互联网产业之所以能够获得蓬勃发展，是由于来自相对充分和自由的市场竞争。践行《反不正当竞争法》的立法精神，不仅需要司法制止扰乱市场秩序的不正当竞争行为，也需要某种程度上的司法克制，赋予市场自由竞争的空间。这种自由竞争的空间，不仅为搜狗公司所需，也为爱奇艺公司及所有的市场竞争者所需。

综上所述，搜狗公司的被控行为不构成不正当竞争，爱奇艺公司的上诉请求不能成立，应予驳回；一审法院认定事实清楚，裁判结果并无不当，应予维持。依照《中华人民共和国民事诉讼法》第一百四十四条、第一百七十条第一款第一项、第一百七十四条，《最高人民法院关于适用〈中华人民共和国民事诉讼法〉的解释》第二百四十条规定，判决如下：

驳回上诉，维持原判。

二审案件受理费人民币 15 006 元，由上诉人北京爱奇艺科技有限公司负担。

本判决为终审判决。

审 判 长　钱光文
审 判 员　范静波
代理审判员　黄旻若
二〇一八年十二月十日
法官助理　陈蕴智
书 记 员　周 颖

附：相关的法律条文

一、《中华人民共和国民事诉讼法》

第一百四十四条　被告经传票传唤，无正当理由拒不到庭的，或者未经法庭许可中途退庭的，可以缺席判决。

第一百七十条　第二审人民法院对上诉案件，经过审理，按照下列情形，分别处理：

（一）原判决、裁定认定事实清楚，适用法律正确的，以判决、裁定方式驳回上诉，维持原判决、裁定；

…………

第一百七十四条　第二审人民法院审理上诉案件，除依照本章规定外，适用第一审普通程序。

二、《最高人民法院关于适用〈中华人民共和国民事诉讼法〉的解释》

第二百四十条　无独立请求权的第三人经人民法院传票传唤，无正当理由拒不到庭，或者未经法庭许可中途退庭的，不影响案件的审理。

17. 北京爱奇艺科技有限公司与杭州飞益信息科技有限公司等不正当竞争纠纷上诉案

上海知识产权法院
民事判决书

（2019）沪73民终4号

上诉人（原审原告）：北京爱奇艺科技有限公司。

法定代表人：耿某，该公司副总裁。

委托诉讼代理人：马某，北京市中伦（上海）律师事务所律师。

委托诉讼代理人：沈某，北京市中伦（上海）律师事务所律师。

上诉人（原审被告）：杭州飞益信息科技有限公司。

法定代表人：吕某，该公司执行董事兼总经理。

上诉人（原审被告）：吕某。

上诉人（原审被告）：胡某。

上列三上诉人的共同委托诉讼代理人：张某，上海邦信阳中建中汇（杭州）律师事务所律师。

上列三上诉人的共同委托诉讼代理人：林某，上海邦信阳中建中汇（杭州）律师事务所律师。

上诉人北京爱奇艺科技有限公司（以下简称“爱奇艺公司”）、杭州飞益信息科技有限公司（以下简称“飞益公司”）、吕某、胡某因不正当竞争纠纷一案，不服上海市徐汇区人民法院（2017）沪0104民初18960号民事判决，向本院提起上诉。本院于2019年1月2日立案后，依法组成合议庭，于2019年1月31日公开开庭进行了审理，上诉人爱奇艺公司的委托诉讼代理人马某、沈某，上诉人飞益公司、吕某、胡某的共同委托诉讼代理人张某、林某到庭参加诉讼，本案现已审理终结。

上诉人爱奇艺公司上诉请求：请求撤销上海市徐汇区人民法院（2017）沪0104民初18960号民事判决第三项，依法改判飞益公司、吕某、胡某连带向爱奇艺公司赔偿经济损失人民币500万元（以下币种相同）。事实和理由：一审法院判决飞益公司、吕某、胡某连带赔偿爱奇艺公司经济损失50万元，不足以弥补爱奇艺公司的损失，也与飞益公司、吕某、胡某的违法收益不相符合。(1) 在案证据证明飞益公司、吕某、胡某对于被爱奇艺公司甄别出的无效视频刷量访问数据，同样向委托人收取报酬。(2) 仅按照 2017 年 2 月 1 日至 6 月 1 日，飞益公司、吕某、胡某使用的 meijujia 字段的视频刷量次数已逾 9.5 亿次，视频刷量数平均每月约 2.375 亿次，故 2016 年 10 月至 2017 年 9 月 13 日侵权期间的刷量数 26.125 亿次，按每万次 15 元计，飞益公司、吕某、胡某的获利数为 3 918 750 元。即使按照 24.05% 的视频刷量成功率计，飞益公司、吕某、胡某的获利亦有 942 459 元。(3) 飞益公司、吕某、胡某的侵权成本不应从其违法收益中剔除。(4) 飞益公司、吕某、胡某经一审法院释明后，拒不提供违法收益、视频刷量总量等统计数据，理应对其作出不利的推定。(5) 判决数额的确定还应当充分考虑飞益公司、吕某、胡某的主观恶意，以及访问数据对爱奇艺公司所蕴含的巨大商业价值等综合因素。综上，爱奇艺公司请求本院判如所请。

飞益公司、胡某、吕某共同辩称：(1) 涉案视频刷单行为由飞益公司独自实施，吕某、胡某作为公司员工的履职行为，应由飞益公司承担，吕某、胡某在本案中不应承担任何责任。(2) 飞益公司所涉视频刷量行为并未损害爱奇艺公司的合法权益，也没有给爱奇艺公司造成损害，不构成对爱奇艺公司的不正当竞争行为。首先，飞益公司和爱奇艺公司的主要业务完全不同，两者之间并不具有竞争关系。其次，爱奇艺公司在本案中主张的视频刷量行为，不属于《中华人民共和国反不正当竞争法》(1993 年 12 月 1 日起施行，以下简称《反不正当竞争法》) 中明确列举的不正当竞争行为。最后，飞益公司的视频刷量行为改变的是视频的播放数据，对于平台经营者的爱奇艺公司并无任何影响。(3) 即使飞益公司的视频刷量行为构成对爱奇艺公司的不正当竞争，但鉴于爱奇艺公司未证明其损失以及飞益公司获利；飞益公司的视频刷量行为系视频营销方委托实施，相关责任应由视频营销方单独承担；因爱奇艺公司采用的技术屏蔽手段，大大降低了视频刷量的成功率，去除人工成本、运营成本等支出项后，飞益公司所获得的最终收入较低；以及视频刷量行为客观上大幅提升了爱奇艺公司的广告收入等因素，本案中，飞益公司亦无需承担赔偿责任。(4) 飞益公司的视频刷量行为并非公开进行，一般不会被第三方知悉，因此，飞益公司的行为没有降低爱奇艺公司的社会评价，且视频刷量行为亦不属于《反不正当竞争法》第五条、第九条、第十四条规定的不正当竞争行为，故本案中飞益公司不应承担消除影响的民事责任。

飞益公司、胡某、吕某并以其上述辩称意见为其事实和理由，提出如下上诉请求：依法撤销上海市徐汇区人民法院作出的（2017）沪 0104 民初

18960 号民事判决，改判驳回爱奇艺公司的全部一审诉讼请求。

爱奇艺公司辩称，一审法院判决飞益公司、胡某、吕某构成对爱奇艺公司的不正当竞争，查明事实清楚，适用法律正确，但一审法院的判决金额过低，爱奇艺公司坚持其上诉意见。

爱奇艺公司向一审法院起诉请求：（1）飞益公司、吕某、胡某立即停止不正当竞争行为、立即停止侵害爱奇艺公司合法权益、立即停止针对爱奇艺网站（iqiyi. com）视频内容的刷量行为；（2）飞益公司、吕某、胡某连带赔偿经济损失 500 万元；（3）在《法制日报》中缝以外版面刊登声明，消除影响（声明内容应经法院事先审核）。一审审理中，爱奇艺公司确认飞益公司、吕某、胡某已停止涉案不正当竞争行为，向一审法院申请撤回了上述第一项停止侵权的诉讼请求。

一审法院经审理查明：

一、爱奇艺公司、爱奇艺网站的基本情况

爱奇艺公司于 2007 年 3 月 27 日注册成立，注册资本 3000 万元，经营范围为第二类互联网视听节目服务中的第三项：文艺、娱乐、科技、财经、体育、教育等专业类视听节目的制作（不含采访）、播出服务；第四项：网络剧（片）的制作、播出服务；第五项：电影、电视剧、动画片类视听节目的汇集、播出服务；第六项：文艺、娱乐、科技、财经、体育、教育等专业类视听节目的汇集、播出服务（经营性互联网信息服务许可证有效期至 2018 年 10 月 23 日）；利用信息网络经营音乐娱乐产品、从事网络文化产品的展览、比赛活动艺术品、演出剧（节）目、动漫产品、游戏产品（含网络游戏虚拟货币发行）（文化经营许可证有效期至 2018 年 7 月 6 日）等。

爱奇艺公司主办的爱奇艺网站，首页网址为 www. iqiyi. com，主要提供视频播放服务、广告推广服务等。

国家新闻出版广电总局颁布的许可证号为 0110544 的信息网络传播视听节目许可证载明如下信息：开办单位为爱奇艺公司；有效期限为 2015 年 10 月 23 日至 2018 年 10 月 23 日；业务名称为互联网视听节目服务，网站域名为 www. iqiyi. com，传输网络为国际互联网；业务名称为移动互联网视听节目服务，业务方式为手机 wap 网站（iqiyi. com），传输网络为移动互联网。

二、爱奇艺网站的运营情况

爱奇艺公司获得著作权人的授权许可，在运营的爱奇艺网站中提供数量众多的视频作品，爱奇艺公司按照视频访问量向著作权人支付许可使用费是其获取授权许可的方式之一，此种模式往往约定著作权人不得恶意实施增加访问量的不正当竞争行为，并对有效点播进行了界定。普通用户观看爱奇艺网站提供的视频时，需观看贴片广告后方可观看视频内容。

《小林徽因》的出品方为福州菲影影业有限公司、福建伊视影业有限公司，上述两公司将《小林徽因》于2016年9月18日至2026年9月17日的独家信息网络传播权及转授权，授予北京嘎纳影业有限公司。北京嘎纳影业有限公司于2016年11月16日出具授权书，将《小林徽因》非独家的信息网络传播权、广告经营权及收益权授予爱奇艺公司，授权平台为爱奇艺公司及关联公司运营的网站（iqiyi. com、pps. tv、ppstream. com）及其下级各子域名与软硬件客户端平台、互联网电视集成播控平台及自有的互联网电视客户端等，分成单价为1.5元/有效付费点播量，授权期限为自上线之日起2年，付费期限为自上线之日起3个月。

《思美人》的出品方为北京青春你好文化传媒有限公司、北京完美影视传媒有限责任公司、湖南小伙伴影视文化发展有限公司、北京联合映像传媒有限公司、爱奇艺公司，除爱奇艺公司，其余出品方分别于2016年8月出具版权声明，确认仅享有署名权，著作权归属北京青春你好文化传媒有限公司。经北京青春你好文化传媒有限公司以及相关公司授权，爱奇艺公司通过支付固定剧集版权费的方式于2015年11月30日获得《思美人》自上线之日起10年的独家信息网络传播权。

《致命宿醉》的出品方为禾谷影业（深圳）有限公司、深圳鼎海文化创意产业发展有限公司、深圳市禾美文化传播有限公司、深圳市谷原文化传播有限公司，上述出品方于2017年1月出具授权书，确认深圳市禾美文化传播有限公司拥有独家信息网络传播权及转授权，授权期限为5年。深圳市禾美文化传播有限公司与爱奇艺公司于2017年3月签订视频合作协议，将《致命宿醉》独家全平台公开播映权及公开传播权、独家广告经营权和收益权、单独进行维权的权利，以及上述权利的转授权授予爱奇艺公司，约定分成单价为2元/有效付费点播量，授权期限为自上线之日起2年，付费期限为自上线之日起6个月；深圳市禾美文化传播有限公司保证在签署、履行该协议过程中不会从事包括但不限于通过刷流量等方式恶意增加点击量及分账收入的不正当竞争行为；所有对《致命宿醉》的有效付费点播均应来自对此真正感兴趣的用户，程序点击、非真实播放等播放方式均会导致无效点播产生，即使产生收益，爱奇艺公司有权拒绝予以分成，程序点击，指通过任何程序或脚本模拟用户的检索、点击，包括但不限于自动浏览、代理服务器IP点击、假IP点击、自动刷新等数据控制手段；非真实播放，指暂停、快进、拖拽进度条均无法实现真实播放。

三、飞益公司、吕某、胡某的基本情况

飞益公司于2014年12月30日注册成立，注册资本100万元，经营范围为手机软件开发、计算机信息技术服务，计算机软硬件、自动化控制系统的技术开发、技术服务等。吕某认缴出资51万元，担任执行董事、总经理，系法定代表人，胡某认缴出资49万元，担任监事。

2017年5月27日，ICP/IP地址/域名信息备案管理系统显示www. losery. com网站的主办单位系胡某，审核通过时间为2014年3月7日。

胡某申请注册了qchzx. cn、jxqfu. cn、dzhss. cn、styyc. cn、icfsw. cn、xv580. cn、Jl360. cn等域名。

四、爱奇艺公司指控的不正当竞争行为

（一）飞益公司、吕某、胡某运营网站与涉案纠纷有关的信息

通过迅雷软件下载http：//meijujia. cn/js/idodo. php获得idodo. php文件，下载http：//www. losery. com/zsfwap. php获得zsfwap. php文件。idodo. php文件包含如下7段信息：http：//jl360. cn/js/my. php？tt = http% 3A% 2F% 2Fm. iqiyi. com% 2Fw _ 19ru2487x1. html&vid = 208788、http：//qchzx. cn/js/my. php？tt = http% 3A% 2F% 2Fm. iqiyi. com% 2Fv _ 19rr7c45lg. html&vid = 209343、http：//jxqfu. cn/js/my. php？tt = http% 3A% 2F% 2Fm. iqiyi. com% 2Fv _19rr7ci7u0. html&vid = 209346、http：//dzhss. cn/js/my. php？tt = http% 3A% 2F% 2Fm. iqiyi. com% 2Fv_19rr7a2p28. html&vid = 209328、http：//styyc. cn/js/my. php？tt = http% 3A% 2F% 2Fm. iqiyi. com% 2Fv _ 19rr7ewq8k. html&vid = 210193、http：//icfsw. cn/js/my. php？tt = http% 3A% 2F% 2Fm. iqiyi. com% 2Fv _19rr7c2p1w. html&vid = 209344、http：//xv580. cn/js/my. php？tt = http% 3A% 2F% 2Fm. iqiyi. com% 2Fv_19rraz0vu4. html&vid = 207102。

进入www. losery. com网站，网站中显示有“飞益推广159××××6896”“最新公告：轻轻松松提升优酷、土豆、腾讯、爱奇艺、搜狐、乐视等主流视频播放平台，增加播放排名”“视频推广报价……优酷PC……5元/10000……优酷赞……5元/1000……优酷收藏……20元/1000……”“请联系我们 客服QQ：199188×××× 电话：159××××6896”等信息。进入www. losery. com/api网址，对接业务类型表格显示有“业务名称……业务单价……”“优酷移动端［带指数］……8元/10000”“优酷刷赞……1元/300”“爱奇艺……15元/10000”等信息。

一审中，各方当事人确认idodo. php文件系用于批量执行访问行为的文件，上述7段信息分别指向于爱奇艺网站的《想去三亚吗?》和《思美人》第1集、第7集、第8集、第10集、第15集、第42集等7部视频。飞益公司、

吕某、胡某确认199188××××的QQ号码系吕某申请注册，159××××6896的手机号码登记于胡某名下。

（二）爱奇艺公司的委托代理人与飞益公司、吕某、胡某及相关人员沟通通过技术手段增加视频点击量的信息

爱奇艺公司的委托代理人（昵称为小马哥）与号码为199188××××（昵称为老高兴）的QQ用户沟通，主要包含如下信息：2017年5月27日，“小马哥：想做个视频推广可以吧”“老高兴：可以的哦”……“小马哥：先刷个50w”“老高兴：可以的”……“老高兴：你拍一下，然后把视频链接给我，我让同事给你对接”……“老高兴：……这个拍37件，740元”。2017年6月2日，老高兴在沟通过程中发送网页截屏，显示2017年6月2日14时许，《二龙湖浩哥之今生是兄弟》的已刷值为500 548 101%。“小马哥：收到！我再观察几天，会否掉量”“老高兴：可能还会掉量，但是系统会自动补上去的，就是会再刷的，掉了就会一直刷的，系统会自动检测的”“小马哥：老板比较忙，理解的”“老高兴：我不是老板呢，我也是一个小兵”。

爱奇艺公司的委托代理人（QQ昵称为小马哥）与老高兴推荐的号码为83686××××（备注为同事介绍）的QQ用户沟通，该用户历史签名中显示2017年1月3日有“视频播放量刷优化点击率数据播放次数评论高效推广”信息。双方沟通主要包含如下信息：2017年5月27日，“同事介绍：您好，我是刷爱奇艺视频的，刷50万吗？你视频链接发我下，我给您安排刷，下单的话，你用这个链接下好了……拍37件，刚好740元，给您优惠10元”……“小马哥：http：//www. iqiyi. com/v19rrnztgm0. html？ list = 19rrkbuubm”“小马哥：我想在5月31日这天二龙湖浩哥刷50万，可以吧”……“小马哥：到时我怎么验货”“同事介绍：验货的话，你视频下面播放量会有显示的”“小马哥：我不知道你哪个点开始操作的啊”“同事介绍：那我刷好以后，给你截图吧”“小马哥：刷的前后都给我一个截屏吧”。同事介绍在上述沟通过程中发送了网页截屏，显示《二龙湖浩哥之今生是兄弟》当时播放量为6624万，同事介绍在上述沟通过程中发送的是淘宝网商品链接，淘宝网卖家真实姓名为吕某，爱奇艺公司的委托代理人通过支付宝支付了740元。2017年5月31日，“小马哥：进展如何”“同事介绍：昨天晚上12点开始跑的……现在刷了12万了”“小马哥：慢速，一天可以刷多少”“同事介绍：爱奇艺这个视频速度改不了，刷爱奇艺的方法特殊，跟别的不一样，速度不能调节”“小马哥：都是用各种域名IP访问咯，爱奇艺有反刷量系统，你们这个方法能过关吗”“同事介绍：这是技术上的问题，技术这么说的，具体的我也不知道，我们刷了这么久了，都没有客户反馈掉量”“小马哥：我看了下，刷爱奇艺你们报价

最高”“同事介绍：别人家都刷不了，而且刷的话他们不保证量，过两三天就会掉光……我们不会掉量，你刷完以后就会知道了，竞争这么激烈没两把刷子做不了这么久的”。同事介绍在沟通过程中分别发送网页截屏，显示2017年5月31日15时许，《二龙湖浩哥之今生是兄弟》的初始值为66 327 058，已刷值为12 124 125%，目标值为50万。2017年6月1日，已刷值为30 848 662%。

爱奇艺公司的委托代理人（昵称为美妙生活）与微信昵称为一页书（电话号码为159××××6896）的用户沟通，包含如下信息：2017年5月31日，“美妙生活：在？做刷量任务吗?”“一页书：你要做刷量吗？你加下客服qq，微信哈”“美妙生活：看来你是老大啊”“一页书：我是负责技术的，对接客户一般是客服处理的”。

爱奇艺公司的委托代理人（昵称为美妙生活）与一页书推荐的微信昵称为爱琴海的用户沟通，包含如下信息：2017年5月31日，“美妙生活：飞益推广客服?”“爱琴海：是的”“美妙生活：爱奇艺和腾讯可以刷吧”“爱琴海：可以”。6月1日，“美妙生活：爱奇艺报价多少啊”“爱琴海：卖15一万，量大可以少”“美妙生活：超级武神之龙行天下，刷十万”。当日美妙生活通过微信支付爱琴海150元，爱琴海在沟通过程中发送网页截屏，显示《超级武神之龙行天下》的初始值为3 178 236，已刷值为101 253 102%，目标值为10万，开始时间为2017年6月1日11时58分，结束时间为同日17时36分。

一审审理中，飞益公司、吕某、胡某称微信昵称为爱琴海的员工通过微信收取的款项转交给胡某，该款项以及吕某通过支付宝收取的款项均未汇入飞益公司账户，直接用于支付服务器、流量和员工工资，剩余部分作为股东分红。

（三）爱奇艺网站运营数据中与涉案纠纷相关的信息

登录爱奇艺公司的统一登录平台，在运营数据的剧集统计中搜索《小林徽因》2017年3月1日至同年5月31日的数据，显示视频播放趋势中的播放VV数据（指视频包含广告被打开的次数）出现较大波动，2017年3月28日至4月5日分别为9184、211 202、16 712、193 327、12 572、333、37 831、324、1553。

搜索《二龙湖浩哥之今生是兄弟》2017年3月1日至同年5月31日的数据，显示视频播放趋势中的播放VV数据出现较大波动，2017年5月23日至5月31日分别为18 541、17 919、18 008、19 200、20 603、24 678、25 273、25 299、97 217。

使用 Xshell 5 计算机软件登录 IP 地址为 10. 153. 104. 79 的服务器，登录界面显示爱奇艺公司的权利宣示内容。在服务器数据中查询 2017 年 2 月 1 日至同年 6 月 1 日，访问爱奇艺网站的前链地址包含“meijujia”字段的数据信息，查询结果包含访问者 IP 地址、访问时间、播放视频 ID、前链地址、访问工具、使用设备等，显示访问次数为 9. 5 亿余次。查询服务器数据中 2017 年 3 月 15 日至 4 月 20 日间，访问《小林徽因》的前链地址包含“meijujia”字段的数据信息，查询结果中前链地址包含“http：//meijujia. cn/js/idodo. php”等信息。查询服务器数据中 2017 年 5 月 31 日访问《二龙湖浩哥之今生是兄弟》的前链地址包含“meijujia”或“cn/js/my. php”字段的数据信息，显示有 299 370 条结果，查询结果中前链地址包含“http：//styyc. cn/js/my. php”或“http：//icfsw. cn/js/my. php”等信息。

一审审理中，爱奇艺公司确认 9. 5 亿余次的访问数据系原始数据，尚未剔除被甄别的虚假访问数据。

五、与案件有关的其他情况

一审审理中，爱奇艺公司确认飞益公司、吕某、胡某于 2017 年 9 月 13 日停止了通过技术手段增加爱奇艺网站视频访问量的行为，申请撤回停止侵权的诉讼请求，一审法院经审查于 2018 年 4 月 20 日裁定予以准许。

飞益公司、吕某、胡某称自 2016 年 10 月开始实施通过技术手段增加爱奇艺网站视频访问量的行为，委托方与其通过信息网络联系，未提供身份信息。爱奇艺公司称即使查实委托方系相关视频合作协议相对方，亦不向委托方主张违约之责。

一审法院认为，鉴于爱奇艺公司确认飞益公司、吕某、胡某通过技术手段增加爱奇艺网站视频访问量的行为已于 2017 年 9 月 13 日停止，则涉案纠纷应适用反不正当竞争法予以评判。

依据各方当事人的诉辩意见，本案存在如下争议焦点：（1）爱奇艺公司指控飞益公司、吕某、胡某通过技术手段增加爱奇艺网站视频访问量的行为是否构成不正当竞争；（2）若一审法院认定构成不正当竞争，飞益公司、吕某、胡某应承担的民事责任。

关于焦点一，《反不正当竞争法》第二条规定，经营者在市场交易中，应当遵循自愿、平等、公平、诚实信用的原则，遵守公认的商业道德。本法所称的不正当竞争，是指经营者违反本法规定，损害其他经营者的合法权益，扰乱社会经济秩序的行为。本法所称的经营者，是指从事商品经营或者营利性服务（以下所称商品包括服务）的法人、其他经济组织和个人。

飞益公司、吕某、胡某主张反不正当竞争法明确列举了各类不正当竞争行为，通过技术手段增加视频访问量的行为未在禁止之列，故不受该法规制。一审法院认为，爱奇艺公司指控的涉案行为确实不在反不正当竞争法列明的不正当竞争行为中，但是不正当竞争行为的现实情形纷繁多样，反不正当竞争法只对修法时显现的具有稳定性的不正当竞争行为作出了明确规定，而对于未显现的以及其他阶段性的非类型化不正当竞争行为，人民法院可以依据该法第二条予以认定。最高人民法院指导案例 45 号的裁判要点指出违反诚实信用原则和公认商业道德，妨碍其他经营者正当经营并损害其合法权益，可以依照《反不正当竞争法》第二条的原则性规定认定为不正当竞争，上述审判原则本案应予参照，故飞益公司、吕某、胡某上述辩称意见，一审法院不予采纳。

《反不正当竞争法》第二条作为原则性条款，受其规制的行为应当符合如下条件：(1) 属于经营者实施的市场竞争行为。(2) 违反市场经济竞争原则而具有不正当性。(3) 损害了其他经营者合法权益。

(一) 飞益公司、吕某、胡某作为经营者，通过技术手段增加视频点击量的涉案行为属于市场竞争行为

飞益公司、吕某、胡某主张吕某、胡某系履行职务，应由飞益公司对外承担相应法律责任，即使法院认定非履行职务，吕某、胡某亦非市场经营者，不属于反不正当竞争法调整的主体；爱奇艺公司运营视频网站，通过广告费、会员费获取收益，飞益公司通过技术手段增加视频访问量获取委托方的报酬，两者经营范围、营利模式均不相同，不具有竞争关系，亦不受反不正当竞争法规制。一审法院认为，首先，《中华人民共和国民法总则》第六十二条规定，法定代表人因执行职务造成他人损害的，由法人承担民事责任。《中华人民共和国侵权责任法》(以下简称《侵权责任法》) 第三十四条规定，用人单位的工作人员因执行工作任务造成他人损害的，由用人单位承担侵权责任。上述法律规定职务侵权行为人免责的前提是行为人系执行职务，为法人利益而为。根据一审法院查明的事实，飞益公司主要负责运营网站，宣传推广通过技术手段增加视频访问量的业务，吕某以个人名义开设淘宝店铺，虚设商品并通过个人支付宝收取交易款项，胡某申请注册域名以供实施涉案行为、提供技术支持、收取交易款项，并且吕某、胡某收取的交易款项均自行处置，未交由飞益公司支配，吕某、胡某上述行为与飞益公司利益具有独立性，并非为飞益公司利益实施的职务行为，而是分工合作，共同实施通过技术手段增加爱奇艺网站的访问数据，应认定吕某、胡某为市场经营者。其次，从《反不正当竞争法》第二条的文义来看，该法规范的是市场经营活动中的不正当竞争行为，关注竞争行为是否扰乱市场经济秩序获得不当利益以及是否损

害其他经营者的合法权益，并未限定于同业竞争关系，所以不论是自然人的吕某、胡某，还是经营范围、营利模式与爱奇艺公司不相同的飞益公司，只要在与爱奇艺公司相关的市场经营活动中获取竞争优势或破坏爱奇艺公司的竞争优势就应认定为实施了竞争行为，从而受反不正当竞争法规制。综上，飞益公司、吕某、胡某上述主张一审法院均不予采纳。

本案中，飞益公司、吕某、胡某接受委托人委托，使用技术手段增加爱奇艺公司经营的爱奇艺网站的多个视频访问量，干扰了爱奇艺网站的真实视频访问数据，其后果为：（1）飞益公司、吕某、胡某据此谋取交易机会，直接从委托方获得经济利益；（2）相关方根据与爱奇艺公司的视频合作协议，因飞益公司、吕某、胡某行为获取经济利益，相应地增加了爱奇艺公司不应支出的合作分成；（3）破坏了爱奇艺公司收集访问数据的真实性、完整性，从而影响到爱奇艺公司对访问数据进行系统分析后作出的经营决策以及关联方的合作策略；故一审法院认定飞益公司、吕某、胡某实施的涉案行为属于市场竞争行为。

（二）涉案行为违反市场经济竞争原则，具有不正当性

经营者在市场竞争中，总是追求利益最大化，其结果必然是优胜者获得交易机会而获益，失败者丧失机会而受损，优胜劣汰是市场竞争行为的应有之意，但若违反市场经济竞争原则而具有不正当性，则为反不正当竞争法所禁止，根据该法第二条所确定的市场经济竞争原则，需要审查涉案行为是否有违自愿、平等、公平、诚实信用的原则或公认的商业道德。

对于爱奇艺公司而言，运营爱奇艺网站获取的视频访问数据具有如下商业价值：其一，爱奇艺网站通过提供众多视频吸引相关公众，除支付定额许可使用费获取著作权人授权许可外，还采取按照视频访问量支付许可使用费的方式，视频访问数据是该种许可使用费的计算依据；其二，普通用户观看爱奇艺网站视频需要先观看贴片广告，视频访问数据是爱奇艺公司向广告投放者收取广告费的计算依据；其三，爱奇艺公司收集的访问数据信息，包含访问者 IP 地址、访问时间、播放视频 ID、前链地址、访问工具、使用设备等众多信息，统计分析上述信息可以知悉访问者的地域分布、观看视频的时间分布、相关视频的受欢迎程度等信息，是爱奇艺公司确定市场需求，决定视频采购、视频推介、服务器布局等经营活动决策的依据；其四，是影响爱奇艺网站视频排位的因素之一，进而可能影响消费者对爱奇艺公司商业信誉的判断。另，爱奇艺公司在与相关著作权人签订的视频合作协议中，界定了何为视频的有效点击，飞益公司、吕某、胡某亦确认爱奇艺公司采取了有效的技术手段甄别无效的视频访问数据，可见爱奇艺公司明确知悉视频访问数据

的商业价值，并积极采取了有效措施予以保护。

一审法院据此认定，访问数据对于视频网站经营者而言，既能直接影响经济收入，也能经过系统分析后作为运营决策的重要考量因素，蕴含着巨大的商业价值，能给视频网站经营者带来竞争优势，爱奇艺公司依托于视频访问数据获取的商业利益应受法律保护，其他经营者可以与视频网站经营者开展自由竞争，但不得对访问数据施加超出合理界限的干扰、破坏，这不仅是视频网站经营者，也是与之相关的诸如从事著作权交易、信息网络广告等业务的经营者所公认的商业道德。本案中，飞益公司、吕某、胡某明知爱奇艺公司采取技术手段防范无效的视频访问数据，应知晓视频访问数据对于爱奇艺公司存在重大的商业价值，仍然通过技术手段增加无效的爱奇艺网站视频点击量，以获取不当利益，并通过信息网络宣传推广该业务，持续地、大范围地干扰、破坏爱奇艺网站统计数据的真实性、完整性，主观恶意明显，其不尊重他人合法权益的肆意而为，显然与公认的商业道德相悖，故涉案行为违反市场经济竞争原则，具有不正当性。

（三）通过技术手段增加视频点击量的涉案行为损害了爱奇艺公司的合法权益

一审法院认为，视频访问数据对于爱奇艺公司具有的商业价值，相应地涉案行为也就造成了爱奇艺公司的损害结果。其一，爱奇艺公司根据访问数据支付著作权许可使用费，而基于甄别技术的有限性、滞后性，爱奇艺公司如未能甄别虚假访问数据，将支出不应承担的许可使用费。其二，爱奇艺公司通过系统分析视频访问数据来探知市场需求，进而作出经营活动决策，而基于不真实的访问数据，爱奇艺公司会作出错误的判断，导致竞争优势的丧失。其三，视频访问量是影响爱奇艺网站中视频排位的因素之一，面对海量的视频内容和有限的观赏时间，消费者一般会根据服务提供者设置的榜单推荐来选择视频，因虚假访问量而排位在先的视频由于并不能真实反映消费者以及市场的需求，因此被误导的消费者一旦发现视频排位与质量不相吻合时，将产生不良用户体验，从而怀疑爱奇艺网站的访问数据，进而不再信赖爱奇艺公司的商业信誉，最终选择其他服务提供商导致爱奇艺公司经济利益的再损失。

另外，涉案纠纷发生于信息网络视频服务行业中，信息网络的特点之一就是没有明显的区域边界，相应的消费者范围较广，而且爱奇艺公司作为国内知名的视频网站经营者，拥有庞大的消费者群体，反不正当竞争法的立法宗旨之一就是保护消费者的合法权益，故在判断涉案行为是否构成不正当竞争时，应一并考量涉案行为是否会误导消费者，损害消费者的合法权益。如前所述，若爱奇艺网站不能有效排除无效访问数据，采取技术手段获得较高访问量的视频即可能排位在先，会使消费者误认为该视频符合大众欣赏眼光、更值得观看，从而引起消费者的错误关注；而且爱奇艺公司基于错误访问数据统计分析后作出的服务器地域布局，可能影响消费者的观看体验。

综上所述，一审法院认为，飞益公司、吕某、胡某在市场竞争中，分工合作，共同实施通过技术手段干扰、破坏爱奇艺公司运营的爱奇艺网站的访问数据，违反公认的商业道德，损害爱奇艺公司以及消费者的合法权益，根据《反不正当竞争法》第二条规定，构成不正当竞争。

爱奇艺公司还主张涉案行为违反《网络交易监督管理办法》第十九条、《中华人民共和国网络安全法》第二十七条规定，一审法院认为，首先，《最高人民法院关于裁判文书引用法律、法规等规范性法律文件的规定》第四条规定，民事裁判文书应当引用法律、法律解释或者司法解释。对于应当适用的行政法规、地方性法规或者自治条例和单行条例，可以直接引用。而《网络交易监督管理办法》系行政规章，非法院审理涉案纠纷时应当引用的内容。其次，《中华人民共和国网络安全法》第二十七条主要规制危害网络安全的行为，并非制止依附于他人信息网络开展损害他人竞争优势的不正当竞争行为，亦不适用于涉案纠纷。故对爱奇艺公司主张的上述请求权基础，一审法院不予采纳。

关于焦点二，侵权责任法规定，侵害他人民事权益的，应当承担赔偿损失、消除影响等侵权责任。二人以上共同实施侵权行为，造成他人损害的，应当承担连带责任。

一审法院认为，吕某、胡某涉案行为并非为飞益公司利益履行职务，飞益公司、吕某、胡某具备共同的侵权故意，分工合作完成涉案侵权行为，应认定构成共同侵权，就此承担连带责任。

爱奇艺公司主张因涉案侵权行为造成的损失以及飞益公司、吕某、胡某因侵权行为所获的利润难以计算，要求按照法定赔偿标准获赔，一审法院予以准许，根据飞益公司、吕某、胡某的侵权时间、侵权规模、收费标准、干扰破坏爱奇艺网站访问数据的次数以及主观恶意程度等因素酌情判定赔偿金额为50万元。一审中，爱奇艺公司主张经济损失高达500万元的主要理由是干扰爱奇艺网站访问数据的次数畸高，并认为2017年2月1日至6月1日，飞益公司、吕某、胡某实施侵权行为中仅访问地址包含meijujia字段的刷量次数已达9.5亿余次，按照飞益公司、吕某、胡某每万次点击收费15元的标准，以及飞益公司、吕某、胡某自认的自2016年10月开始实施侵权行为的侵权时间进行计算，飞益公司、吕某、胡某违法所得不少于390余万元，考虑到飞益公司、吕某、胡某通过多个域名实施侵权行为，实际非法收益远超500万元。对此，一审法院认为，首先，爱奇艺公司提供的网络访问数据确实显示4个月间，访问地址包含meijujia字段的访问次数高达9.5亿余次，但是上述数据系原始数据，基于爱奇艺公司设置了甄别虚假访问数据的技术手段，大部分虚假的访问数据已被甄别予以剔除，对于无效访问数据，飞益公司、吕某、胡某既不能收取委托方的报酬，爱奇艺公司也无须支付著作权许可使用费，并且爱奇艺公司也确认爱奇艺网站中并非所有的视频均采取按照访问数据支付著作权许可使用费的计费方式，故不能简单地将某时期内原始访问数据和飞益公司、吕某、胡某的收费标准的乘积作为飞益公司、吕某、胡某的违法所得；其次，虽然飞益公司、吕某、胡某未能提供充分证据证明实际支出的成本金额，但实施涉案侵权行为确需支出购置设备、流量以及人力支出等成本，本院酌定赔偿金额时应予以考量，故爱奇艺公司主张经济损失高达500万元，一审法院不予支持。

爱奇艺公司主张在《法制日报》中缝以外版面刊登声明，消除影响，鉴于飞益公司、吕某、胡某的涉案侵权行为确实误导了相关公众，损害了爱奇艺公司的商业信誉，扰乱了正常的市场竞争秩序，理应消除相应影响，爱奇艺公司要求刊载声明，消除影响的方式尚属合理，一审法院予以支持。

综上，一审法院依照《反不正当竞争法》第二条、第二十条第一款，《侵权责任法》第八条、第十五条第一款第六项、第八项和第二款规定，判决：(1) 飞益公司、吕某、胡某于判决生效之日起10日内，连带赔偿爱奇艺公司经济损失50万元；(2) 飞益公司、吕某、胡某于判决生效之日起10日内，于《法制日报》中缝以外版面刊登声明，消除不正当竞争行为对爱奇艺公司造成的影响（声明内容须经一审法院审核，如不履行，一审法院将在相关媒体上公布判决的主要内容，费用由飞益公司、吕某、胡某连带负担）；(3) 驳回爱奇艺公司的其余诉讼请求。如果未按判决指定的期间履行给付金钱义务，应当依照《中华人民共和国民事诉讼法》第二百五十三条规定，加倍支付迟延履行期间的债务利息。案件受理费46 800元，由爱奇艺公司负担21 060元，飞益公司、吕某、胡某连带负担25 740元。

本院二审期间，各方当事人均没有提交新证据。

二审庭审中，爱奇艺公司向本院确认如下事实：(1) 爱奇艺公司在爱奇艺网站所播放的视频主要是自制视频及获得权利人许可播放的视频。其中，爱奇艺公司分别根据播放量多寡，通过广告收益分成、定额付费等方式向权利人支付许可使用费。(2) 爱奇艺公司在爱奇艺网站播放视频的主要营利方式是广告收入和收取会员费。其中广告收入通过计算点击视频的数量进行结算，涉案视频刷量行为同样会增加广告的展示量。

本案中，各方当事人的主要争议焦点在于：（1）涉案视频刷量行为是否属于不正当竞争行为及其法律适用。（2）飞益公司、吕某、胡某应否在本案中承担连带责任。（3）一审法院判决飞益公司、吕某、胡某赔偿爱奇艺公司经济损失50万元，并承担消除影响的民事责任，是否具有事实和法律的依据。

一、关于第一个争议焦点

本院认为，一方面，反不正当竞争法采取的是一般条款与列举性规定相结合的立法体例，一般条款具有指引和约束法官行使裁量权的实质性内涵和要素，一般条款的适用能够确保法律对于新发展和新需求的适应性，确保法律调整的灵活性和及时性，因此，一般条款是认定法律未列举行为的开放性依据，具有概括适用于未列举情形和保持开放性的功能。另一方面，反不正当竞争法作为规范市场竞争秩序的法律，更倾向于维护竞争自由和市场效率。而现代社会层出不穷的新技术和新商业模式，究竟是促进了自由竞争，提高了市场效率，还是带来了完全相反的结果，可能需要更为周密的分析和利益平衡。因此，对反不正当竞争法一般条款的适用，更应当秉持谦抑的司法态度，对竞争行为保持有限干预和司法克制理念，严格把握一般条款的适用条件，以避免不适当干预而阻碍市场的自由竞争。一般情况下，对反不正当竞争法一般条款的适用应当秉持以下原则：其一，适用反不正当竞争法一般条款调整的行为，既不是《反不正当竞争法》第二章列举的不正当竞争行为，而其他专门法也未对该种行为作出特别的规定。其二，以反不正当竞争法一般条款认定法律未列举的不正当竞争行为时，必须以反不正当竞争法一般条款规定的构成元素作为必要的约束和指引，进行综合衡量和判断，其考量要素包括：（1）是否违反了自愿、平等、公平、诚实信用原则和公认的商业道德而具有不正当性。（2）是否存在竞争性损害，特别是对于市场竞争机制是否构成损害。

就本案而言，首先，《反不正当竞争法》第二条规定，经营者在市场交易中，应当遵循自愿、平等、公平、诚实信用的原则，遵守公认的商业道德。本法所称的不正当竞争，是指经营者违反本法规定，损害其他经营者的合法权益，扰乱社会经济秩序的行为。本法所称的经营者，是指从事商品经营或者营利性服务（以下所称商品包括服务）的法人、其他经济组织和个人。上述法律规定表明，经营者的市场交易行为受反不正当竞争法所规制，经营者之间是否构成同业竞争关系，并非判断是否构成不正当竞争行为的法定要件，故涉案视频刷量行为作为一种市场交易行为，是否属于不正当竞争行为，仍应当根据反不正当竞争法的具体规定进行判断。本院对于飞益公司、吕某、胡某关于飞益公司和爱奇艺公司的主要业务完全不同，两者之间并不具有竞争关系，因此，飞益公司不构成对爱奇艺公司不正当竞争的上诉意见，不予采纳。

其次，如上文所言，涉案视频刷量行为应否适用《反不正当竞争法》第二条予以调整，首先应当判断涉案视频刷量行为是否属于《反不正当竞争法》第二章列举的不正当竞争行为，而其他专门法也未对该种行为作出特别的规定。对此，本院认为，《反不正当竞争法》第九条规定，经营者不得利用广告或者其他方法，对商品的质量、制作成分、性能、用途、生产者、有效期限、产地等作引人误解的虚假宣传。本案中，虚构视频点击量的行为，实质上提升了相关公众对虚构点击量视频的质量、播放数量、关注度等的虚假认知，起到了吸引消费者的目的，因此，虚构视频点击量仅是经营者进行虚假宣传的一项内容，故应当按照虚假宣传予以处理，因此，本院认为，虚构视频点击量的行为属于《反不正当竞争法》第九条所规制的“虚假宣传”的不正当竞争行为。

最后，本案中，飞益公司、吕某、胡某作为通过技术手段增加视频点击量的经营者，知道其通过技术手段增加的视频点击量既未实际播放亦无真实受众，属于虚构的视频点击量，而虚构视频点击量，会提升相关公众对虚构点击量视频的质量、播放数量、关注度等的虚假认知，从而产生引人误解的虚假宣传的后果，但飞益公司、吕某、胡某仍根据他人虚构视频点击量的要求，实施了通过技术手段增加视频点击量的涉案视频刷量行为，飞益公司、吕某、胡某的上述行为属于《侵权责任法》第九条规定的，帮助他人实施引人误解的虚假宣传的行为，应当与行为人承担连带责任。本院对于飞益公司、吕某、胡某关于涉案视频刷量行为系视频营销方委托实施，相关责任应由视频营销委托方单独承担的上诉意见，不予采纳。

综上，本院认为，虚构视频点击量属于《反不正当竞争法》第九条明确列举的虚假宣传行为，而根据《侵权责任法》第九条的规定，飞益公司、吕某、胡某的涉案视频刷量行为属于帮助他人实施引人误解的虚假宣传，故根据当时法律法规，完全可以对飞益公司、吕某、胡某涉案视频刷量行为予以处理，无须引用《反不正当竞争法》第二条另行评判，一审法院对于虚构视频点击量属于不正当竞争行为的认定本身并无不当，但在反不正当竞争法具体条款的适用上略有瑕疵，本院依法予以纠正。

二、关于第二个争议焦点

本院认为，根据一审法院查明的事实，飞益公司负责运营网站，宣传推广通过技术手段增加视频访问量的业务，吕某以个人名义开设淘宝店铺，虚设商品并通过个人支付宝收取交易款项，胡某申请注册域名以供实施涉案行为、提供技术支持、收取交易款项，并且吕某、胡某收取的交易款项均自行处置，未交由飞益公司支配。上述事实表明，飞益公司、吕某、胡某系分工合作，共同实施了涉案视频刷量行为，一审法院据此判决飞益公司、吕某、胡某在本案中承担连带责任，依法有据并无不当，本院依法予以维持。本院对于飞益公司、吕某、胡某关于涉案视频刷量行为由飞益公司实施，应由飞益公司承担民事责任，吕某、胡某只是履职行为，在本案中不应承担任何责任的上诉意见，不予采纳。

三、关于第三个争议焦点

本院认为，首先，就视频播放商业领域中相关的市场交易者而言，爱奇艺公司作为视频播放平台经营者，仅是市场交易者中的一个类别，该视频播放商业领域中相关市场交易者，还包括了视频内容投资者、制作者、交易商以及广告投放者等，而视频播放数据对于投资人投资视频拍摄；制作人选择制作视频内容、交易商选择交易的视频内容；广告商选择投放广告的视频等都具有一定程度的参考和指引作用，而视频刷量行为所给出的错误的视频播放数据，亦可能造成相关市场交易者的误判，从而对相关市场交易者的经营造成损害。因此，就本案视频刷量行为，对包括爱奇艺公司在内的视频播放商业领域的相关市场参与者，均造成了损害。况且，根据一审法院查明的事实，涉案视频刷量行为虚假地提高了视频播放数据，既致使爱奇艺公司支出了本不存在的播放费用，又提高了爱奇艺公司监测、管理等成本，故飞益公司、吕某、胡某实施的视频刷量行为已经造成爱奇艺公司的实际损害，本院对于飞益公司、吕某、胡某关于涉案视频刷量行为改变的是视频播放数据，对爱奇艺公司并无任何影响的上诉意见，不予采纳。本院认为，飞益公司、吕某、胡某应当就其涉案视频刷量行为对爱奇艺公司造成的损害承担相应的民事责任。

其次，对于一审法院判决飞益公司、吕某、胡某赔偿爱奇艺公司经济损失 50 万元是否合理的问题。本院认为，其一，如前所述，飞益公司、吕某、胡某的不正当竞争行为不但损害了爱奇艺公司的合法权益，还可能造成对市场其他参与者的损害，因此，飞益公司、吕某、胡某依据视频刷量行为的获利，不能均视为属于爱奇艺公司的损失。其二，本院注意到爱奇艺公司的获利方式包括了通过计算视频播放数量结算广告收入的情况，因此，涉案视频刷量行为确实有可能同时增加爱奇艺公司的广告收入。但是，一方面没有证据表明涉案视频刷量行为确实包括了通过计算视频播放数量结算广告收入的视频，另一方面，广告商一旦发现虚假的视频播放数据，显然会就此向爱奇艺公司提出异议，从而双方更可能按照实际播放数据进行结算。因此，在没有证据证明，涉案视频刷量行为确实增加爱奇艺公司收入的情况下，本院对于飞益公司、吕某、胡某关于视频刷量行为客观上大幅提升了爱奇艺公司的广告收入的上诉意见，不予采纳。其三，在本案中尚无充分的证据证明爱奇艺公司具体损失，以及飞益公司、吕某、胡某依据视频刷量行为的获利，并不均属于爱奇艺公司损失的情况下，本院认为，本案中可以基于以下因素，酌情确定飞益公司、吕某、胡某赔偿爱奇艺公司经济损失的数额，包括：(1) 飞益公司、吕某、胡某的侵权期间。根据本案中查明的事实，飞益公司、吕某、胡某自 2016 年 10 月至 2017 年 9 月 13 日，实施了涉案视频刷量行为。(2) 飞益公司、吕某、胡某的侵权规模。根据本案查明的事实，2017 年 2 月 1 日至同年 6 月 1 日期间，包含“meijujia”字段的数据信息访问爱奇艺网站的前链地址的访问次数为 9.5 亿余次。(3) 飞益公司、吕某、胡某的涉案视频刷量行为的收费标准。根据本案查明的事实，飞益公司、吕某、胡某的涉案视频刷量行为的收费标准为每万次 15 元。(4) 飞益公司、吕某、胡某的涉案视频刷量行为干扰破坏爱奇艺网站访问数据的实际情况。在本案审理中，爱奇艺公司确认 9.5 亿余次的访问数据系原始数据，尚未剔除已被甄别去除的虚假访问数据，且爱奇艺公司在其上诉状中认可的涉案视频刷量成功率约为 24.05%，而基于市场交易的一般常理，已被爱奇艺公司甄别去除的虚假访问数据，必然会对飞益公司、吕某、胡某的涉案视频刷量行为的收费产生一定程度的影响。(5) 飞益公司、吕某、胡某的主观恶意程度。飞益公司、吕某、胡某明知虚构视频点击量的行为，会提升相关公众对虚构点击量视频的质量、播放数量、关注度等的虚假认知，仍根据他人虚构视频点击量的要求，实施了涉案视频刷量行为，具有明显的主观过错。综合上述考量因素，一审法院酌情判决飞益公司、吕某、胡某赔偿爱奇艺公司经济损失 50 万元，尚属合理，本院依法予以维持，本院对于爱奇艺公司、飞益公司、吕某、胡某的相关上诉意见，均不予采纳。

最后，对于飞益公司、吕某、胡某关于其不应承担消除影响的民事责任的上诉意见。本院认为，涉案视频刷量行为虚假地提高了视频播放数据，而爱奇艺公司作为视频播放数据的统计者和发布者，必然会因为虚假的视频播放数据，而对其商誉造成损害，一审法院据此判决飞益公司、吕某、胡某在《法制日报》中缝以外版面刊登声明，消除涉案视频刷量行为对爱奇艺公司造成的影响，依法有据，并无不当，本院依法予以维持，本院对于飞益公司、吕某、胡某的相关上诉意见，不予采纳。

综上所述，本院认为，爱奇艺公司、飞益公司、吕某、胡某的上诉请求均不能成立，本院不予采纳。一审判决认定事实清楚，适用法律虽有不当，但处理结果正确，本院依法予以维持。依照《中华人民共和国反不正当竞争法》（1993年12月1日起施行）第九条第一款、《中华人民共和国侵权责任法》第九条第一款、《中华人民共和国民事诉讼法》第一百七十条第一款第一项、《最高人民法院关于适用〈中华人民共和国民事诉讼法〉的解释》第三百三十四条规定，判决如下：

驳回上诉，维持原判。

二审案件受理费人民币42 800元，由北京爱奇艺科技有限公司负担人民币19 260元，由杭州飞益信息科技有限公司、吕某、胡某共同负担人民币23 540元。

本判决为终审判决。

审　判　长　陈惠珍
审　判　员　何　渊
代理审判员　岳琦亩
二〇一九年六月二十八日
书　记　员　周　颖

附：相关的法律条文

一、《中华人民共和国反不正当竞争法》（1993年12月1日起施行）

第九条　经营者不得利用广告或者其他方法，对商品的质量、制作成分、性能、用途、生产者、有效期限、产地等作引人误解的虚假宣传。

…………

二、《中华人民共和国侵权责任法》

第九条　教唆、帮助他人实施侵权行为的，应当与行为人承担连带责任。

…………

三、《中华人民共和国民事诉讼法》

第一百七十条　第二审人民法院对上诉案件，经过审理，按照下列情形，分别处理：

（一）原判决、裁定认定事实清楚，适用法律正确的，以判决、裁定方式驳回上诉，维持原判决、裁定；

…………

四、《最高人民法院关于适用〈中华人民共和国民事诉讼法〉的解释》

第三百三十四条　原判决、裁定认定事实或者适用法律虽有瑕疵，但裁判结果正确的，第二审人民法院可以在判决、裁定中纠正瑕疵后，依照民事诉讼法第一百七十条第一款第一项规定予以维持。

Ⅰ. Disputes over Patent Right

1. Dispute between Shanghai Bluetech Co., Ltd. and Wal-mart East China Department Store Co., Ltd. and Other Defendant over Infringement of Invention Patent

Shanghai Intellectual Property Court
Civil Judgment

(2017)H73MC No. 753

Plaintiff: Shanghai Bluetech Co., Ltd.

Legal representative: Li, General Manager of Shanghai Bluetech Co., Ltd.

Agent ad litem: Wang, patent agent of Shanghai Foridom Lingyu Patent Agency Office (General Partnership).

Agent ad litem: Chen 1, lawyer of Shanghai BeautyValley Law Firm.

Defendant: Wal - mart East China Department Store Co., Ltd.

Legal representative: Chen 2, President of Wal - mart East China.

Agent ad litem: Chen 3, lawyer of Shanghai Tongqian Law Firm.

Agent ad litem: Wu, lawyer of Shanghai Tongqian Law Firm.

Defendant: LAICA Health Technology (Nanjing) Co., Ltd.

Legal representative: Lian, Chairman of LAICA.

Agent ad litem: Fang, patent agent from Intelight IP Law Firm (General Partnership).

Agent ad litem: Yang, lawyer of Jiangsu Yibang Law Firm.

The case of dispute over infringement upon patent for invention with Shanghai Bluetech Co., Ltd. (hereinafter referred to as "Bluetech") v. Wal - mart East China Department Store Co., Ltd. (hereinafter referred to as "Wal - mart East China") and

LAICA Health Technology (Nanjing) Co., Ltd. (hereinafter referred to as "LAICA") was handled by this Court under formal procedure after this case was accepted on December 26, 2017. The SIPC held a pretrial conference among the parties concerned, and tried the case in public. Wang and Chen 1, agents ad litem of the Plaintiff Bluetech, Chen 3, agent ad litem of the Defendant Wal-mart East China, and Fang and Yang, agents ad litem of the Defendant LAICA appeared before the court. The parties concerned failed to reach a settlement in the trial. This case has now been concluded.

The Plaintiff Bluetech requested this Court to: (1) order the Defendant Wal-mart East China to stop selling and offering to sell the products infringing upon the patent for invention entitled "Filter Element Separating Direct Drinking Kettle" of the Plaintiff Bluetech; (2) order the Defendant LAICA to stop importing, selling, offering to sell the products infringing upon the patent for invention titled "Filter Element Separating Direct Drinking Kettle" of the Plaintiff Bluetech; (3) order the Defendants Wal-mart East China and LAICA to jointly compensate the Plaintiff for financial losses of RMB 2 million (the following currency is also RMB; including attorney's fees of RMB 90 000, notarial fees of RMB 7000, payment for alleged infringing physical goods of RMB 448, and travel expenses of RMB 1500). Facts and grounds: The Plaintiff is engaged in technical development, technical consulting in the field of water treatment technology and resin industry technology, manufacturing and processing of water treatment equipment and mold. The Plaintiff has a patent titled "Filter Element Separating Direct Drinking Kettle" (patent No.: ZL201010208923.8), with the application date of June 24, 2010, and the authorization announcement date of December 19, 2012. As the Plaintiff discovered a product very similar to its patent on the market, it purchased a product named "LAICA Filter Kettle + 4 Cores" as an ordinary consumer on September 8, 2017. According to the invoice of such product, the seller thereof was the Defendant Wal-Mart East China; according to the outer packing of such product, the responsible entity in China of the manufacturer was the Defendant LAICA. On November 16, 2017, the Plaintiff purchased the alleged infringing products from the Defendant Wal-Mart East China in the presence of notarial personnel. After technical comparison, the Plaintiff found that the technical features of the above-mentioned products completely contained some of the essential technical features protected by the Plaintiff's patent claims, and thus fell into the protection scope of the Plaintiff's patent claims 1, 2, 3, 4, 7, and 8. The Plaintiff held that it enjoys the patent for invention of the "Filter Element Separating Direct Drinking Kettle", the Defendants Wal-Mart East China's sale and offer for sale, and the Defendant LAICA's import, sale and offer for sale of the alleged infringing products without its permission constituted an infringement. Therefore, the Plaintiff filed a lawsuit with this Court and made the above requests.

The Defendant Wal – Mart East China argued that: (1) The alleged infringing products were purchased from formal channels, and as a seller, it had legal sources, so no infringement is constituted. (2) The Plaintiff's patent has 9 claims, but the Plaintiff only claimed that some of the technical features are identical or equivalent, so the alleged infringing products are not infringing upon the Plaintiff's patent. (3) There is no legal basis for the Plaintiff to require the two defendants to assume joint liability, and there is no factual basis for the claim for financial losses. To sum up, the Defendant Wal – Mart East China requested this Court to dismiss all the claims of the Plaintiff.

The Defendant LAICA argued that: (1) The alleged infringing products imported and sold by it did not fall into the protection scope of the Plaintiff's patent and did not infringe the Plaintiff's patent for invention; meanwhile, the alleged infringing products adopted existing technology. (2) The claim for financial losses by the Plaintiff lacks factual and legal basis as it failed to prove the establishment of infringement. To sum up, the Defendant Wal – Mart East China requested this Court to dismiss all the claims of the Plaintiff.

As all parties concerned submitted evidence around their respective claims, this Court organized exchange and cross – examination of these evidence.

To support its claims, the Plaintiff Bluetech submitted the following evidence to this Court: (1) certificate of patent for invention; (2) patent claims, specification and figures; (3) receipt of the annual fee for the patent; (4) Notarial Deed [(2017) HXZJZ No. 18257] and its attachments (photo prints), and the alleged infringing water filter kettle purchased in the presence of notarial personnel; (5) official website of the Defendant LAICA: http://www. laicachina. com. cn and relevant pages of the "official corporate store": http://laicaitaly. taobao. com; (6) relevant contents of three books titled *Treatment of Drinking Water from Micro – polluted Water Source*, *Physical Water Treatment Process and Equipment*, *Drinking Water Purification Technology*, respectively; (7) invoice of attorney's fees, payment notice from Shanghai Rural Commercial Bank, invoice of notarial fees, invoice of the alleged infringing water filter kettle purchased. Upon cross – examination, the Defendants had no objection to the authenticity of the evidence provided by the Plaintiff, but refused to accept the relevance of some evidence, and put forward the following specific opinions: (1) the content posted on the Defendant LAICA's official website cannot prove that the product promoted is the alleged infringing product; (2) the three books provided by the Plaintiff was published after the application date of the patent in dispute, and thus cannot be taken as an evidence for proving common knowledge; (3) the Plaintiff did not provide any agency contract signed with attorney, so the invoice and payment voucher of attorney's fees cannot prove that such attorney's fees were paid for this case.

After examination, this Court confirms the authenticity of the evidence submitted by the Plaintiff since the Defendants have no objection to the same. As to the question about the relevance of evidence put forward by the Defendants, this Court held that for the official website of the Defendant LAICA, this Court would determine the facts related to this case after making a comprehensive judgment on the website content; for the evidence proving common knowledge, the Defendants' cross-examination opinions are established, so such evidence cannot be used as a reference for determining relevant expertise; for the relevance of attorney's fees, as the invoice and payment voucher provided by the Plaintiff were both issued in early November 2017, close to the time when the Plaintiff applied for notarizing the preservation of the evidence of on-site purchase and filed a lawsuit with this Court, so the invoice and payment voucher can be adopted as evidence for verdict.

In order to prove its argument, the Defendant Wal-Mart East China submitted to this court: (1) the *Official Letter* issued by the Defendant LAICA; (2) the *Supplier Agreement* signed by and between Wal-Mart (China) Investment Co., Ltd. (hereinafter referred to as Wal-Mart China) and the Defendant LAICA; (3) the special VAT invoice of Jiangsu with the name of goods showing "LAICA Water Filter Kettle + 4 Filter Elements" and "Six LAICA Filter Elements"; (4) delivery order. After cross-examination, the Plaintiff had no objection to the authenticity of the evidence submitted by the Defendant Wal-Mart East China, but held that the *Official Letter* was a unilateral commitment of the Defendant LAICA; there was no information about the alleged infringing products in the *Supplier Agreement*. The Defendant LAICA had no objection to the evidence submitted by the Defendant Wal-Mart East China. Upon examination, this Court held that since neither the Plaintiff nor the Defendant LAICA has objection to the authenticity of the above evidence, this Court will determine the relevant facts based on the relevance of the evidence to this case.

The Defendant LAICA filed a US patent No. US6405875 B1 to this Court with respect to its prior art defense. After cross-examination, the Plaintiff held that the US patent had nothing to do with this case, because any technology under such US patent is not adopted in the alleged in fringing product. The main differences thereof were as follows: (1) the alleged infringing product was equipped with a filter water storage cavity, but the US patent didn't disclose such technical feature; (2) the ultrafiltration membrane mechanism of the alleged infringing product adopts a coil structure, while the filtering mechanism of the US patent adopts a honeycomb structure. The Defendant Wal – Mart East China had no objection to the evidence submitted by the Defendant LAICA. Upon examination, this Court held that the difference raised by the Plaintiff can be established, and the US patent provided by the Defendant LAICA cannot prove that the alleged infringing product adopts prior art.

Based on the statement of the parties concerned and the above – mentioned evidence confirmed by examination, this Court ascertains the following facts:

Ⅰ. For the claims made by the Plaintiff Bluetech

The Plaintiff Bluetech is the patentee of the patent for invention titled "Filter Element Separating Direct Drinking Kettle" (patent No.: ZL201010208923. 8), with the application date of June 24, 2010, and the authorization announcement date of December 19, 2012. The Plaintiff has paid the annual fee for the patent on schedule. The patent has 9 claims, and the Plaintiff claimed claims 1 – 4, 7, and 8 in this case, with details as follows:

"1. The filter element separating direct drinking kettle comprising a kettle body and a macromolecular filter element for filtering macromolecular substances placed in the kettle body, and characterized in that there is a sterilization filter element for sterilization in the above kettle body, a water inlet above the above sterilization filter element, and a water outlet below the above sterilization filter element, the water outlet of the above macromolecular filter element is connected with the water inlet of the above sterilization filter element, and there is an ultrafiltration membrane mechanism between the water inlet and the water outlet of the above sterilization filter element, the above sterilization filter element, macromolecular filter element, and kettle body are detachably connected.

"The above macromolecular filter element comprises a macromolecular filter housing and macromolecular filtering materials placed in the above macromolecular filter housing, below the above macromolecular filter housing, there is a water outlet of the macromolecular filter element, and also a macromolecular filter water storage cavity, and the lowest point in the macromolecular filter water storage cavity is lower than the water outlet of the above macromolecular filter element.

"2. The filter element separating direct drinking kettle in Claim 1, characterized in that there is a filter element stand in the above kettle body, and the above macromolecular filter element is above the above filter element stand, The above macromolecular filter element, and the above filter element stand are detachably connected.

"The above sterilization filter element is below and detachably connected with the above filter element stand;

"The above filter element stand, the above macromolecular filter element and the above sterilization filter element formed a closed water pass, the water flowing out from the water outlet of the above macromolecular filter element flows into the water inlet of the above sterilization filter element through the above water pass.

"3. The filter element separating direct drinking kettle in Claim 2, characterized in that there is a waterproof gasket at the connection between the above sterilization filter element and the above filter element stand, and a waterproof gasket at the connection between the above macromolecular filter element and the above filter element stand.

"4. The filter element separating direct drinking kettle in Claim 1, characterized in that there is a slot at the bottom of the above macromolecular filter element, and a bayonet at the top of the above sterilization filter element. The above macromolecular filter element is fastened to the above sterilization filter element.

"7. The filter element separating direct drinking kettle in Claim 1, characterized in that the water outlet of the above macromolecular filter element is in the center of the bottom of the above macromolecular filter housing, and there is a macromolecular filter sieve on the water outlet of the above macromolecular filter element, around which is the above macromolecular filter water storage cavity.

"8. The filter element separating direct drinking kettle in Claim 7, characterized in that the outer contour of the above macromolecular filter water storage cavity forms a ring around the water outlet of the above macromolecular filter element."

Ⅱ. For the facts claimed by the Plaintiff Bluetech against the implementation of the alleged infringement by the Defendants Wal - Mart East China and LAICA

On November 16, 2017, the Plaintiff's agent ad litem Wei applied to Shanghai Xuhui Notary Public Office for notarizing the preservation of the evidence of on - site purchase, and Shanghai Xuhui Notary Public Office issued the Notarial Deed [(2017) HXZJZ No. 18257] for this purpose, which stated that on the date of application for notarization, Wei went to the shop with a signboard reading "Sam's Club" at No. 2110, West Gaoke Road, Pudong New Area, Shanghai and bought a "LAICA" water filter kettle (there are four filter elements, including three Bi -

fluxFilter and one GermStop filter in the product packaging) at a price of RMB 448 as a consumer. The invoice was affixed with the special seal for invoice of the Defendant Wal – Mart East China. The word "PREDATOR" was printed on the outer package of the water filter kettle, and the Chinese label attached to the outer package indicated such contents as "Product name: LAICA water filter kettle" and "Main material and components: a LAICA 5000SERIES – J51 type filter water kettle (SAN styrene acryl nitrile), three LAICA POM composite filter elements (PP polypropylene), and a LAICA DUF ultrafiltration filter element (PS polystyrene)" "Product features: dual filtration system, no boiling, rapid filtration" "Manufacturer: LAICA S. P. A" "Country of origin: Italy" "Address of production enterprise: No. 10, Labor Street, Barbarano – Vicettino, Vicenza, Italy" "Accountability unit in China: LAICA Health Technology (Nanjing) Co., Ltd." "Date of production: October 15, 2016". According to the *Instructions for Use and Quality Guarantee* obtained at the same time of purchasing the water filter kettle, "the system is equipped with: 1. Germ – Stop filter element (Figure 1), which can effectively solve the accidental pollution of municipal drinking water, and directly filter and block the substances larger than 0. 01μm** in the water...3. Bi – flux filter element (Figure 11), which can effectively reduce chlorine and its toxic derivatives, and other chemicals such as heavy metals, pesticides and herbicides." "The Biflux filter element contains activated carbon... The Bi – flux filter element contains silver ions for bacteriostasis.

The Defendant Wal – Mart East China stated during the trial of this case that it received the complaint of this case on January 2, 2018, and finally removed the products in dispute from the shelves on August 13, 2018 as its headquarters had obtained a commitment on non – infringement from the Defendant LAICA after verifying the fact with the Defendant LAICA, and had to evaluate whether to remove the products in dispute from the shelves based on existing materials. In this regard, the Plaintiff Bluetech stated that it would separately file an infringement claim against the Defendant Wal – Mart East China if the latter made any infringements after August 13, 2018.

During the trial, this Court organized all parties concerned to log on to the website http://www. laicachina. com. cn. At the bottom of the pages on such website, there are words "Copyright LAICA Health Technology (Nanjing) Co., Ltd.". Under the column of "Product Center", there are different series of water filter kettles displayed, among which the "PREDATOR direct drinking kettle" is displayed under the channels of "Free Single Noble" and "Happy Family", with an appearance basically the same as that of the water filter kettle purchased by the Plaintiff in the presence of notarial personnel. The platforms listed in the "online" channels under the column "sales outlets" on this website include "Tmall" "JD Self - operated" "JD. com" "Taobao" "Tmall Exclusive Store" "Tmall International Store" "CCTV. com" "Dangdang" "Suning. com" "Amazon" "finiu. com"; and the physical stores all over the country listed in the "Offline" channels totals 230, mainly including "Jshop" "Hualian" "Yunwo Import Supermarket" "Inzone" "Gingko Department Store" "Ito Yokado" "Sam's Club" "BetterLiving", etc., including the "Shanghai Sam's Club" in Shanghai.

Ⅲ. For the inspection of the alleged infringing product

During the trial, the 5000SERIES - J51 LAICA water filter kettle purchased by the Plaintiff and its two filter elements were disassembled. The upper Bi - flux filter element contains black and white mixed particulate matters. Both the Plaintiff and the two Defendants confirmed that the black ones thereof are activated carbon, and the white ones are ion exchange resin. The lower Germ - Stop filter element contains the filtering materials with coil structure. After checking the internal structure of the upper Bi - flux filter element, it is found that there is a filter sieve on the lower water outlet of such element, and a small filter water storage cavity around the water outlet, and the lowest point in the filter water storage cavity is lower than the water outlet of the above filter element. In addition, a blue flow - limiting cover is installed below the water outlet of the Bi - flux filter element, and there is a small hole at the center of the blue flow - limiting cover; the Bi - flux filter element, Germ - Stop filter element and the kettle body are detachably connected. The water outlet of the Bi - flux filter element is connected with the water inlet of the Germ - Stop filter element.

Ⅳ. For the source of purchase of the alleged infringing water filter bottle sold by the Defendant Wal - Mart East China

On May 31, 2017, Wal - mart China signed a *Supplier Agreement* with the Defendant LAICA (supplier), which provided the standard terms and conditions for the latter to supply the product of the former. The Defendant LAICA confirmed in its *Official Letter* to the Defendants Wal - Mart East China and Wal - Mart China on November 29, 2017 that: "the 5000 SERIES - J51 LAICA water filter kettle sold by your company... is directly supplied by us, which is conforming to quality standard and doesn't infringe upon the copyright, patent, trademark or other legal rights of any third party."

The special VAT invoice of Jiangsu issued by the Defendant LAICA on December 20, 2017 to Wal - Mart China showed that there were 168 sets of "LAICA WaterFilter Kettle + 4 Filter Elements", with a total amount of RMB 66 931.14, and a unit price excluding tax of RMB 340. 51. The delivery order dated on July 19, 2017 showed that the discounted price of 5000 SERIES - J51 "LAICA Water Filter Kettle + 4 Filter Elements" sent to the Defendant Wal - Mart East China is RMB 19 068. 70 (56 sets based on the unit price excluding tax recorded in the above invoice).

Ⅴ. For the damages and reasonable expenses claimed by the Plaintiff Bluetech

The Defendant LAICA confirmed in its written response to this Court that "its Italian supplier confirmed that 25 642 sets of products in dispute have exported to China. Therein, 1644 sets were transshipped to other countries via China. In addition, the sales volume in China was inconsistent with the export volume. Since the filing of the lawsuit by the Plaintiff, 3500 - 4000 sets of the products in dispute have been returned to the Italian supplier, and the quantity of returns is still increasing."

On November 3, 2017, the Plaintiff paid the attorney's fees of RMB 90 000 to Shanghai BeautyValley Law Firm.

On February 1, 2018, the invoice issued by Shanghai Xuhui Notary Public Office indicated an amount of RMB 7000.

The SIPC held that the Plaintiff Bluetech is the patentee of the patent for invention titled "Filter Element Separating Direct Drinking Kettle" (patent No.: ZL 201010208923. 8), so the patent rights legally enjoyed by it shall be protected by law. According to the defense opinions of all the parties concerned, the focus of the dispute in this case covers: (1) whether the alleged infringing product 5000 SERIES - J51 LAICA water filter kettle falls into the protection scope of the patent in this case; (2) whether the defense of legal source made by the Defendant Wal - Mart East China is established; (3) whether the Plaintiff Bluetech's claims are supported.

As for the first focus of dispute, this Court held that paragraph 1 of Article 59 of the *Patent Law of the People's Republic of China* (hereinafter referred to as *the Patent law*) provides that "the protection scope of the patent right for invention or utility model shall be determined by the terms of the claims. The description and the attached drawings can be used to interpret the claims." Article 7 of the *Interpretation of the Supreme People's Court on Several Issues concerning the Application of Law in the Trial of Patent Infringement Dispute Cases provides*, provides that "in determining whether the alleged infringing technical solution falls within the protection scope of the patent right, the people's court shall examine all the technical features recorded in the claims claimed by the patentee. If the alleged infringing technical solution contains technical features that are the same or equivalent to all the technical features recorded in the claims, the people's court shall determine the alleged infringing technical solution falls within the protection scope of the patent right; if, after comparison, the technical features of the alleged infringing technical solution are one or more less than those recorded in the claims, or one or more technical features of the alleged infringing technical solution are not the same or equivalent to those recorded in the claims, the people's court shall determine the alleged infringing technical solution does not fall within the protection scope of the patent right."

In this case, the Plaintiff made claims about claims 1 – 4, 7, and 8, in which claim 1 is an independent claim, and claims 2, 3, 4, 7, and 8 are all dependent claims. After comparing the technical features of the technical solution of the alleged infringing water filter kettle with those described in claim 1 claimed by the Plaintiff, it is found that the alleged infringing water filter kettle comprises a kettle body, Bi – flux filter elements and a Germ – Stop filter element placed in the kettle body. Bi – flux filter element is equipped with macromolecular filtering materials containing activated carbon and ion exchange resin that can filter large – volume particles and suspended solids. Below the Bi – flux filter element housing, there is a water outlet and a filter water storage cavity, and the lowest point in the filter water storage cavity is lower than the water outlet of the filter element; Germ – Stop filter element that can directly filter and block substances larger than 0.01 μm in the water contains filtering materials with coil structure, which belongs to the ultrafiltration membrane mechanism that uses porous materials for sterilization; the water outlet of Bi – flux filter element is connected with the water inlet of Germ – Stop filter element, and the above two filter elements are detachably connected with the kettle body. Therefore, the technical features of the alleged infringing technical solution are the same as all those described in the independent claims. Although the blue flow – limiting cover outside the Bi – flux filter element and below the water outlet is an added technical feature, the application of the principle of full coverage in the process of determining infringement is not affected. Therefore, the technical solution of the alleged infringing water filter kettle contains the same technical features as all those described in the independent claims of the patent in question.

After comparing the technical features of the technical solution of the alleged infringing water filter kettle with those described in claim 2, 3, 4, 7 and 8 claimed by the Plaintiff, it is found that the alleged infringing water filter kettle comprises a filter element stand placed in the kettle body. Bi – flux filter element is below such stand, while Germ – Stop filter element is above such stand. Both elements are detachably connected and formed a closed water pass with such stand. The water flowing out from the water outlet of the Bi – flux filter element flows into the water inlet of the Germ – Stop filter element through the above water pass. There are a waterproof gasket at the connection between the Germ – Stop filter element and the filter element stand, and an elastic ring edge for waterproofing and integrated with the filter element housing as a whole at the connection between the Bi – flux filter element and the filter element stand; the contour of the water filter storage cavity around the water outlet at the bottom of the Bi – flux filter element housing forms a ring around the water outlet of such filter element. Therefore, the technical features of the alleged infringing technical solution are the same as those described in claims 2, 3, 7 and 8. Although there are 2 water outlets in the center of the two sides of the bottom of the Bi – flux filter element housing, showing a difference from the technical feature described in claim 7 of the patent in dispute, namely the water outlet is in the center of the bottom of the macromolecular filter housing, the position deviation caused by the difference in the number of water outlets constitutes a feature that adopts basically the same method to achieve basically the same function and basically the same effect, and can be thought of by the ordinary person skilled in the art without creative efforts, and thus shall be identified as equivalent feature. After comparison, the technical solution of the alleged infringing water filter kettle contains the technical features same as or equivalent to all those described claims 2, 3, 7 and 8 of the patent in dispute. However, the technical features described in claim 4 is that there is a slot at the bottom of the above macromolecular filter element, and a bayonet at the top of the above sterilization filter element. The above macromolecular filter element is fastened to the above sterilization filter element. Since the upper and lower filter elements of the alleged infringing water filter kettle are not directly connected by fastening the slot of the upper filter element to the bayonet of the lower filter element, but are connected by respectively connecting with the filter element stand in the kettle body, so this technical feature of the technical solution of the alleged infringing water filter kettle is different from that described in claim 4 of the patent in dispute.

To sum up, the technical solution of the alleged infringing water filter kettle contains the technical features same as or equivalent to all those described claims 1 – 3, 7 and 8 of the patent in dispute, and falls into the protection scope of the claims 1 – 3, 7 and 8 of the patent in dispute.

As for the second focus of dispute, this Court held that Article 70 of the *Patent Law* provides that "any person who, for production and business purposes, uses, offers to sell or sells a patent infringing product, without knowing that it was made and sold without the authorization of the patentee, shall not be liable for compensation if he can prove that he obtains the product from a legitimate source." In this case, the evidence submitted by the Defendant Wal – Mart East China can prove that the alleged infringing water filter kettle was supplied by the Defendant LAICA. Before the Defendant Wal – Mart East China received the complaint of this case in January 2018, it could be determined that it didn't know the product it sold is a patent infringing product on the ground that the patent in dispute is a patent for invention, but the compliant received by it has indicated the basic information of the patent right in dispute, the basic status of the alleged infringing product, and the result of the infringement comparison. In such case, the Defendant Wal – Mart East China should promptly remove the alleged infringing products from the shelves. However, the Defendant Wal – Mart East China confessed that the actual removal date was August 13, 2018, which has exceeded the reasonable processing time. Therefore, it should be presumed that it has known the product sold by it was suspected of infringing upon others' patent right upon receipt of the compliant of this case, so the Defendant Wal – Mart East China cannot be exempted from the liability for compensation due to the sale of products in dispute from the response to this case to August 13, 2018.

As for the third focus of dispute, this Court held that Paragraph 1 of Article 11 of the *Patent Law* provides that "after the grant of the patent right for an invention or utility model, except where otherwise provided for in this Law, no entity or individual may, without the authorization of the patentee, exploit the patent, that is, make, use, offer to sell, sell or import the patented product, or use the patented process, and use, offer to sell, sell or import the product directly obtained by the patented process, for production or business purposes." In this case, the Defendant LAICA imported, sold and offered to sell the 5000SERIES – J51 LAICA water filter kettle whose technical features have fallen into the protection scope of the claims 1 – 3, 7 and 8 of the patent in dispute without the permission of the Plaintiff Bluetech. As the evidence provided by the Defendant LAICA cannot prove that what the accused technical solution uses is prior art, this Court determines that the actions of the Defendant LAICA constitute an infringement upon the Plaintiff's patent for invention, and the Defendant LAICA shall assume the civil liability of stopping the infringement and compensating for losses. The Defendant Wal – Mart East China sold the 5000SERIES – J51 LAICA water filter kettle purchased from the Defendant LAICA without the permission of the Plaintiff Bluetech, and confessed that such products were removed from the shelves on August 13, 2018, so its actions such as sale and offer for sale of such products constituted an infringement upon the patent right in dispute. As the Plaintiff stated that it would separately file an infringement claim against the Defendant Wal – Mart East China if the latter made any infringements after August 13,2018, that is, in this case, the infringement claim made by the Plaintiff against the Defendant Wal – Mart East China has ceased, so there is no need to judge the Defendant to stop the infringement. However, as mentioned above, the Defendant Wal – Mart East China shall be held liable for compensation for the infringement during the period from the receipt of the complaint of this case to the removal of the infringing goods from the shelves. In addition, given that the Defendant Wal – Mart East China is one of the physical stores listed on the Defendant LAICA's official website, the damage arising from its patent infringement is a result of the import and sales of the Defendant LAICA and the sales of the Defendant Wal – Mart East China. Therefore, this Court determines at its discretion the amount of compensation to be jointly assumed by the Defendant Wal – Mart East China in the amount of compensation to be assumed by the Defendant LAICA.

In terms of the determination of the amount of compensation, this Court held that Article 65 of the *Patent Law* provides that "the amount of compensation for patent right infringement shall be determined according to the patentee's actual losses caused by the infringement. If it is hard to determine the actual losses, the amount of compensation may be determined according to the benefits acquired by the infringer through the infringement. If it is hard to determine the losses of the patentee or the benefits acquired by the infringer, the amount of compensation may be determined according to the reasonably multiplied amount of the royalties of that patent. The amount of compensation shall include the reasonable expenses paid by the patentee for putting an end to the infringement. If the losses of the patentee, benefits of the infringer, or royalties of the patent are all hard to determine, the people's court may, on the basis of the factors such as the type of patent right, nature of the infringement, and seriousness of the case, determine the amount of compensation within the range from RMB 10 000 to RMB 1 000 000." Since it is difficult to determine the Plaintiff's actual losses or the Defendants' infringement benefits in this case, this Court determines the amount of compensation including reasonable expenses to be borne by the Defendants at its discretion by comprehensively considering the type of patent in dispute, the quantity of products imported and returned as confirmed by the Defendant LAICA, and the number of online platforms and offline stores listed on the official website of the Defendant LAICA, the quantity of products purchased as proved by the evidence submitted by the Defendant Wal – Mart East China, the workload and adoption of work of the Plaintiff's agent ad litem by this Court in this case, and the expenses incurred by notarization and taking evidence.

In summary, in accordance with Items 1 and 8 of Paragraph 1 and Paragraph 3 of Article 179 of the *General Provisions of the Civil Law of the People's Republic of China*, Paragraph 1 of Article 11, Paragraph 1 of Article 59, and Article 65 of the *Patent Law of the People's Republic of China*, and Article 7 of the *Interpretation of the Supreme People's Court on Several Issues concerning the Application of Law in the Trial of Patent Infringement Dispute Cases*, the Judgment is hereby made as follows:

Ⅰ. The Defendant LAICA Health Technology (Nanjing) Co., Ltd. shall immediately cease to infringe the patent for invention titled "Filter Element Separating Direct Drinking Kettle" (patent No.: ZL201010208923.8) which is held by the Plaintiff Shanghai Bluetech Co., Ltd. from the effective date of this Judgment.

Ⅱ. The Defendant LAICA Health Technology (Nanjing) Co., Ltd. shall compensate the Plaintiff Shanghai Bluetech Co., Ltd. for the financial loss and reasonable expenses totaling RMB 1 000 000 within ten days from the effective date of this Judgment, and the Defendant Wal - mart East China Department Store Co., Ltd. shall assume the joint and several liability for RMB 10 000 thereof.

Ⅲ. The remaining claims of the Plaintiff Shanghai Bluetech Co., Ltd. were dismissed.

If the Defendants LAICA Health Technology (Nanjing) Co., Ltd. and Wal - mart East China Department Store Co., Ltd. fail to fulfill their obligations of pecuniary payment within the period specified by this Judgment, they shall pay double interest on the debt for the belated payment in accordance with the provisions of Article 253 of the *Civil Procedure Law of the People's Republic of China*.

The acceptance fee of the case was to be RMB 22 800, RMB 5700 of which was to be borne by the Plaintiff Shanghai Bluetech Co., Ltd., RMB 16 929 by the Defendant LAICA Health Technology (Nanjing) Co., Ltd. and RMB 171 by the Defendant Wal - mart East China Department Store Co., Ltd.

Either party that refuses to accept this Judgment as final may, within 15 days after service of this Judgment, appeal to the Supreme People's Court by submitting an appeal petition to this Court together with a sufficient number of copies for each person of the opposing party.

Presiding Judge Chen Huizhen
Judge Liu Jing
People's Juror Cheng Xiaomin
August 6, 2019
Judge Assistant Zeng Xu
Clerk Zhu Lina

Annex: Relevant Laws

Ⅰ. *General Provisions of the Civil Law of the People's Republic of China*

Article 179 The main methods of bearing civil liability shall be:

(Ⅰ) Cession of infringements;

...

(Ⅷ) Compensation for losses;

...

The above methods of bearing civil liability prescribed herein may be applied exclusively or concurrently.

Ⅱ. *Patent Law of the People's Republic of China*

Article 11 After the grant of the patent right for an invention or utility model, except where otherwise provided for in this Law, no entity or individual may, without the authorization of the patentee, exploit the patent, that is, make, use, offer to sell, sell or import the patented product, or use the patented process, and use, offer to sell, sell or import the product directly obtained by the patented process, for production or business purposes.

...

Article 59 The protection scope of the patent right for invention or utility model shall be determined by the terms of the claims. The description and the attached drawings can be used to interpret the claims.

...

Article 65 The amount of compensation for patent right infringement shall be determined according to the patentee's actual losses caused by the infringement. If it is hard to determine the actual losses, the amount of compensation may be determined according to the benefits acquired by the infringer through the infringement. If it is hard to determine the losses of the patentee or the benefits acquired by the infringer, the amount of compensation may be determined according to the reasonably multiplied amount of the royalties of that patent. The amount of compensation shall include the reasonable expenses paid by the patentee for putting an end to the infringement.

If the losses of the patentee, benefits of the infringer, or royalties of the patent are all hard to determine, the people's court may, on the basis of the factors such as the type of patent right, nature of the infringement, and seriousness of the case, determine the amount of compensation within the range from RMB 10 000 to RMB 1 000 000.

Ⅲ. *Interpretation of the Supreme People's Court on Several Issues concerning the Application of Law in the Trial of Patent Infringement Dispute Cases*

Article 7 In determining whether the alleged infringing technical solution falls within the protection scope of the patent right, the people's court shall examine all the technical features recorded in the claims claimed by the patentee.

If the alleged infringing technical solution contains technical features that are the same or equivalent to all the technical features recorded in the claims, the people's court shall determine the alleged infringing technical solution falls within the protection scope of the patent right; if, after comparison, the alleged infringing technical solution lacks one or more technical features recorded in the claims, or one or more technical features of the alleged infringing technical solution are not the same or equivalent to those recorded in the claims, the people's court shall determine the alleged infringing technical solution does not fall within the protection scope of the patent right.

2. Dispute between Wu and Zhejiang Quanji Household Co., Ltd. and Other Defendant over Infringement of Design Patent

Shanghai Intellectual Property Court
Civil Judgment

(2018) H73MC No. 890

Plaintiff: Wu.

Agent ad litem: Li, lawyer of Hiways (Nanjing) Law Firm.

Defendant: Zhejiang Quanji Household Co., Ltd.

Legal representative: Chen 1, Executive Director of Quanji.

Defendant: Dark Horse Technology (Shanghai) Co., Ltd.

Legal representative: Chen 2, Executive Director of Dark Horse.

Agent ad litem jointly entrusted by the two defendants above: Hu, a patent agent from Guangzhou K&D Intellectual Property Agency Co., Ltd.

After accepting the dispute over infringement upon design patent right with the Plaintiff Wu v. Zhejiang Quanji Household Co., Ltd. (hereinafter referred to as "Quanji") and Dark Horse Technology (Shanghai) Co., Ltd. (hereinafter referred to as "Dark Horse") on September 30, 2018, the SIPC formed a collegial bench in accordance with the law, and heard the case in public on January 16, 2019. Li, agent ad litem of the Plaintiff Wu, and Hu, agent ad litem jointly entrusted by the two Defendants Quanji and Dark Horse appeared before the court. This case has now been concluded.

The Plaintiff Wu requested the SIPC to: (1) order the two defendants to immediately stop infringing upon the Plaintiff's design patent right (No. ZL201630100421.1), including ceasing to produce, sell or offer to sell the alleged infringing products infringing upon the patent right in dispute; (2) order the two defendants to jointly compensate the Plaintiff for financial losses of RMB 80 000 (the following currency is also RMB) and reasonable expenses (including attorney's fees of RMB 5000, notarial fees of RMB 1000, and payment for alleged infringing products of RMB 79), a total of RMB 86 079; (3) order the two defendants to bear the legal cost of this case. Facts and grounds: The Plaintiff is the patentee of the design patent of the"cup(cute cat vacuum cup)"in dispute(application date is March 30,2016, the authorization announcement date is August 31, 2016, and the patent No. is ZL201630100421.1). The patent is currently valid. After the patent was granted, the Plaintiff produced and sold the patented products through its affiliates. After launched, the patented products were popular with the younger generation of consumers, witnessed continuously growing sales and brought great commercial value to the Plaintiff. Later, the Plaintiff discovered that the"yellow kitten vacuum cup" sold on the Jingdong e-commerce platform store and Tmall e-commerce platform store operated by the two defendants was similar to the patent design in dispute. The Plaintiff held that the two defendants manufactured and sold products that infringed on its patent right in dispute without license, and thus caused great financial losses to the Plaintiff, so it filed a lawsuit against them.

The two defendants argued that: (1) the alleged infringing product is not identical or similar to the patent in dispute, and it does not fall into the protection scope of the patent right in dispute; (2) the alleged infringing product uses a prior design and does not constitute patent infringement.

As all parties concerned submitted evidence around their respective claims, the SIPC organized exchange and cross-examination of these evidence.

The Plaintiff submitted the following evidence to the SIPC:

(1) Design patent certificate, design patent right evaluation report, printed copy of the web page for query of patent payment information, and patent fee receipt, to prove that the Plaintiff is the patentee of the patent in dispute, and the patent right is valid, and the protection scope of the patent right in dispute;

(2) Printed copy of the sales page of the patented product on the X&W Home Furnishing Flagship Store on Tmall.com, and printed copy of the web page for the operator information of the Flagship Store, to prove that the Plaintiff has made commercial use of the patent in dispute;

(3) Notarial Deed((2018) NZZJNZ No. 4256) and notarized purchase of the physical product, to prove that the cups produced and sold by the two defendants fall within the protection scope of the patent right in dispute, and constitute an infringement upon the patent right of the Plaintiff;

(4) The notarial fee invoice, to prove that the Plaintiff paid notarial fees of RMB 1000 for protecting rights.

The two defendants had no objection to the authenticity and legality of the aforementioned evidence, but didn't accept that the Plaintiff proved the two defendants' conduct constituted infringement with these evidence.

The two defendants submitted the following evidence to the SIPC:

(1) The design patent with the application number of CN201230509233. 6, to prove that the patent belongs to the prior design compared with the patent in dispute, the alleged infringing product adopts the prior design, and the design features of the patent in dispute are different from those of the prior design;

(2) The design patents with the application numbers of CN201430484262. 0, CN201530021304. 1 and CN201530408600. 7, to prove that the patent in dispute is different from the prior design in the arc design of the cup body and lid;

(3) The evaluation report on the design patent right with the patent number of ZL201730184666. 1 is the patent right evaluation report on the design patent applied by the design for the alleged infringing product, to prove that the China National Intellectual Property Administration holds that the patent in dispute is not identical or similar to the alleged infringing product.

The Plaintiff had no objection to the authenticity and legality of the aforementioned evidence, but has objection to the relevance, holding that Evidence 1 cannot prove that the alleged infringing product adopts the prior design, and Evidence 1, 2, 3 cannot prove that the alleged infringing product is not similar to the patent in dispute.

The SIPC confirms that all parties have no objection to the authenticity and legality of the evidence submitted by each other. However, the Evidence 3 submitted by the two defendants is the patent right evaluation report on the design patent applied by the design for the alleged infringing product, which records that based on the design features of the patent, 10 related prior design documents are retrieved from products in the identical or similar category with the patent, including 1 Class X document [the prior design document that alone causes the design patent not to comply with the provisions of Paragraph 1 and/or Paragraph 2 of Article 23 of the *Patent Law of the People's Republic of China* (hereinafer referred to as *the Patent Law*)], and 9 Class A documents (background documents, namely the documents reflecting part of the design features of the design or relevant prior design documents), and the design patent in dispute claimed by the Plaintiff in this case is one of the above Class A documents; the report also records that there is no obvious difference between the patent and the aforementioned Class X prior design document, doesn't compare the patent with the patent claimed by the Plaintiff in this case, and cannot prove that the China National Intellectual Property Administration holds that the patent in dispute is not identical or similar to the alleged infringing product, so it lacks relevance to this case, and is not adopted by the SIPC. Other evidence confirmed by the SIPC is adopted by the SIPC.

Based on the aforementioned evidence confirmed upon review and the statements of the parties, the SIPC has determined the following facts:

The Plaintiff Wu is the patentee of the design patent of the "cup (cute cat vacuum cup)" (application date is March 30, 2016, the authorization announcement date is August 31, 2016, and the patent No. is ZL201630100421.1). The patent is currently Valid. The picture of the patent design shows that the cup is composed of a cup body and a cup lid, and the height ratio of the cup body to cup lid is about 2 : 1. The whole is approximately cylindrical, the upper part is slightly narrower and the lower part is slightly wider; the whole cup lid is approximately hemispherical, with a pair of triangular ears on the upper side, three pieces of bilateral whiskers on the front, and an outwardly curved cat tail on the back, which is set on the cup lid through a long oval connecting block; there is a circle of dividing line near the bottom of the cup body, with an arc-shaped closure at the bottom. The brief description of the patent records that the purpose is to hold hot and cold water and beverages, and the main point of the design is the shape, which can be best shown in the 3D view. Different from the six-sided view and similar to the side view, the 3D view can clearly show the design of ears, whiskers and tail on the lid. On January 6, 2017, the China National Intellectual Property Administration issued an *Evaluation Report on the Design Patent Right* on the patent in dispute at the request of the Plaintiff, and concluded that no defects that did not meet the requirements for granting patent right were found in all designs.

On April 19, 2018, the Plaintiff applied to the Jiangsu Nanjing Zhongshan Notary Public Office for notarization of evidence preservation, and its agent ad litem used the computer at the notary public office on the current day to enter the "FACE Quanji Franchised Store" on JD.com, showing the online store operator is the Defendant Quanji, and displaying the sales information of the product "Face vacuum cup, portable cup for females, 316 stainless steel cup for students, creative cup for children, mini cute teacup, yellow kitten pattern", with the price of RMB 69, colors and patterns including brown bear, white bunny, yellow kitten, black bunny, black kitten, black puppy, pink bunny, and yellow puppy, and pictures of the alleged infringing product available; "Face Jisi Franchised Store" on YHD.com, with the operator of Shanghai Jisi Industrial Co., Ltd. and the legal representative of Chen 2, displaying the sales information of the product "Face vacuum cup, a cup suitable for use in Summer, portable creative cup for females, 316 stainless steel cup for students, creative cup for children, mini cute teacup, yellow kitten pattern", with the price of RMB 79, colors and patterns same as the aforesaid ones displayed on JD. com, and pictures of the alleged infringing product also same as those available on JD. com; "Face Flagship Store" on Tmall. com, with the operator of the Defendant Dark Horse and the legal representative of Chen 2, displaying the sales information of the product "Face vacuum cup, portable cup for female students, 316 stainless steel cup for children, fashionable and creative teacup", with the price of RMB 79, colors and patterns same as the aforesaid ones, monthly sales of 606 pieces, 12 739 comments received accumulatively, total sales of 33 036 pieces, and pictures of the alleged infringing product also same as the aforesaid ones. On such Tmall store, the agent ad litem of the Plaintiff purchased such cup, and had the receipt of such cup notarized on April 23, 2018.

During the court hearing, the aforementioned alleged infringing product of which the purchase had been notarized was unpacked before court, and the logo pasted on the outer packaging box showed the supervisor is Dark Horse and the manufacturer is Quanji. This product is a cup, which is composed of a cup body and a cup lid. The cup body is cylindrical as a whole; the cup lid is shaped like a cat's face, and is approximately hemispherical as a whole, of which the upper part has a pair of triangular ears, and the front is designed with two eyes, three pieces of bilateral whiskers, a nose, and a mouth.

After comparing the alleged infringing product with the patent design in dispute (see attached pictures), the main similarities between them are: (1) They are both composed of a cup body and a cup lid, and the height ratio of the cup body to cup lid is about 2 : 1; (2) the cup body is cylindrical as a whole, with an arc – shaped closure at the bottom; (3) the cup lid is shaped like a cat, and is approximately hemispherical as a whole, of which the upper part has a pair of triangular ears, and the front is designed with whiskers. The main differences between them are: (1) compared with the patent in dispute, the front of the cup lid of the alleged infringing product has added eyes, nose, and mouth designs, and the back lacks a tail design; (2) the three pieces of whiskers on the front of the cup lid of the alleged infringing product are widely spaced, close to the edges on both sides of the front, shorter in length, and relatively lower in position, while the three pieces of whiskers of the patent design in dispute are narrower in spacing, relatively centered, and longer in length; (3) the front of the cat's ears of the alleged infringing product is in a concave shape, while that of the patent design in dispute has a smooth surface with no dents; (4) the curvature of their cup lids is different; the curvature of the cup lid of the alleged infringing product is relatively round, and the curvature of the patent design in dispute is relatively smooth; (5) the overall radius of the cup body of the alleged infringing product is the same, and there is no dividing line set on the cup body. The upper part of the cup body of the patent design in dispute is slightly narrower and the lower part is slightly wider; and there is a circle of dividing line near the bottom of the cup body.

It was also found that the design patent of "kettle lid (cat head)" with the application number of CN201230509233. 6, application date of October 24, 2012, and the authorization announcement date of May 1, 2013, shows in the use status reference diagram that the cup is composed of a cup body and a cup lid, and the height ratio of the cup body to cup lid is about 3 : 1; the lower part of the cup lid is cylindrical, the upper part is hemispherical, the top has a pair of triangular ears, and the front is designed with two eyes, two pieces of bilateral whiskers, a nose, and a mouth.

The design patent of "roly – poly vacuum cup" with the application number of CN201430484262. 0, application date of November 28, 2014, and the authorization announcement date of April 29, 2015, The picture of the patent design shows that the cup is composed of a cup body and a cup lid, and the height ratio of the cup body to cup lid is about 3 : 1; the cup body is approximately cylindrical, the upper part is slightly narrower and the lower part is slightly wider, there is a circle of dividing line near the bottom of the cup body, and the bottom is designed in the shape of an arc; the cup lid is approximately hemispherical, with a pair of semi – circular ears on the upper part.

The design patent of "cup (5733)" with the application number of CN201530021304. 1, application date of January 23, 2015, and the authorization announcement date of July 1, 2015, shows in the picture that the cup is composed of a cup body and a cup lid, and the height ratio of the cup body to cup lid is about 3 : 1; the cup body is approximately cylindrical, near the top and bottom of which there is a circle of dividing line near, with an arc – shaped closure at the bottom; the cup lid is approximately arc – shaped, with a pair of arc – shaped ears on the upper part.

The design patent of "vacuum cup (kiwi fruit)" with the application number of CN201530408600. 7, application date of October 21, 2015, and the authorization announcement date of March 2, 2016, shows in the picture that the cup is composed of a cup body and a cup lid, and the height ratio of the cup body to cup lid is about 3 : 1; the cup body is cylindrical, and the cup lid is approximately hemispherical.

After comparing the design patent of the "kettle lid (cat head)" with the application number of CN201230509233.6 with the alleged infringing product (see attached pictures), the main similarities between them are: (1) they are both composed of a cup body and a cup lid; the cup body is cylindrical; (2) the cup lid is shaped like a cat face, of which the upper part is approximately hemispherical, the top has a pair of triangular ears, and the front is designed with whiskers, eyes, a nose and a mouth. The main differences between them are: (1) the height ratio of the cup body to the cup lid is different. The height ratio of the cup body to the cup lid of the patent design is about 3 : 1, while that of the alleged infringing product is about 2 : 1; (2) the bottom of the cup body is different in design. The bottom of the patent design does not have an arc – shaped closure design, while the bottom of the cup body of the alleged infringing product has an arc – shaped closure; (3) there are differences in the shape of the cup lid. The cup lid of the patent design has a hemispherical upper part and a cylindrical lower part, while the alleged infringing product is approximately hemispherical as a whole; (4) there are certain differences in the design of the ears, eyes, nose, mouth, and whiskers on the cup lid; (5) the pattern of the cup body is different. The cup body of the patent design is designed with a colorful pattern, while that of the alleged infringing product is not designed with a pattern.

It was also found that X&W Home Furnishing Flagship Store on Tmall.com sells the product of "cute vacuum cup suitable for females, creative, fashionable and portable mini cup for students, Korean, pure and fresh style of cute cup" at a discount price of RMB 29.80, with the monthly sales of 204 pieces, and 1710 comments received accumulatively. The aforementioned product claimed by the Plaintiff is its patented product, and the Plaintiff is the shareholder of the store operator Zhongshan X&W Daily Necessities Co., Ltd., with a shareholding ratio of 70%.

The Plaintiff paid notarial fees of RMB 1000 for this case and a cost of RMB 79 for the purchase of the alleged infringing product.

The SIPC held that the Plaintiff Wu is the patentee of the design patent of "cup (cute cat vacuum cup)" (No. ZL201630100421.1) in dispute; currently, the patent is still valid, and shall not be implemented by any entity or individual without the license of the patentee, namely no entity or individual shall manufacture, offer to sell, sell, or import his/her patented product for production and operation purposes, otherwise it shall be deemed to have infringed upon the design patent right and shall bear corresponding civil liabilities in accordance with the law.

According to the defense opinions of all the parties concerned, the focus of the dispute in this case covers: (1) whether the alleged infringing product falls into the protection scope of the Plaintiff's design patent in dispute; (2) whether the defense of prior design made by the two defendants is established; (3) what civil liability the two defendants should bear in case of an infringement.

I. Whether the alleged infringing product falls into the protection scope of the Plaintiff's design patent in dispute

In accordance with Articles 8 and 11 paragraph 3 of the *Interpretation of the Supreme People's court on Several Issues concerning the Application of Law in the Trial of Patent Infringement Dispute Cases*, if the design identical or similar to the granted design is adopted for products of the same or similar category as the design patent product, the people's court shall determine that the alleged infringing design falls into the protection scope of the design patent. If there is no difference in overall visual effects between the alleged infringing design and the granted design, the people's court shall determine that the two are the same; if there is no substantial difference in the overall visual effects, the people's court shall determine that the two are similar. In this case, the alleged infringing product and the Plaintiff's patented product are both cups, which are the same type of product. There are certain differences in the overall visual effects between the two, and the designs are not the same. The main dispute lies in whether the alleged infringing design and the granted design constitute similarities, that is, whether there is a substantial difference in the overall visual effects between the two.

In accordance with Articles 10 and 11 of the *Interpretation of the Supreme People's court on Several Issues concerning the Application of Law in the Trial of Patent Infringement Dispute Cases*, the comprehensive judgment of design similarity should be based on the knowledge level and cognitive ability of general consumers of the design patent product, the design characteristics of the granted design and the alleged infringing design, and the overall visual effect of the design; compared with other parts, the parts that are easily directly observed during normal use of the product, and the design features of the granted design that are different from the prior design are generally more influential on the overall visual effect of the design than other design features of the granted design.

In this case, the SIPC noted that according to the prior designs provided by the two defendants, there are many cylindrical cup designs, including a cup body and a cup lid. The overall radius of the cup body is the same, or the upper part is slightly narrower and the lower part is slightly wider, the cup lid is approximately hemispherical or arc - shaped, so the design feature of the granted design that is different from the prior design should mainly lie in the specific design of the cup lid, which is represented by the cute cat shape composed of ears, whiskers, and tail. This distinctive design feature also corresponds to the patent name "cute cat vacuum cup" in dispute. In addition, the brief description of the patent in dispute records that the 3D picture is the picture that can best show the main points of the design. From the 3D picture, the ears, whiskers and tail design on the cup lid can be clearly seen, which further confirms that the cup lid design is a design feature of the patent in dispute that is different from the prior design.

After comparing the alleged infringing product with the patent in dispute, the main similarities between the two are that they are composed of a cup body and a cup lid. The height ratio of the cup body and the cup lid is equal. The cup body is approximately cylindrical, and the front of the cup lid is in the shape of a cat face, and the whole is approximately hemispherical. Among them, the cylindrical cup body and the hemispherical cup lid design are the usual designs in the prior designs, which have a weak influence on the overall visual effect of the design, and there are also certain differences in the specific design of the cup body and the cup lid, for example, the curvature of the cup lid is different, and the overall shape of the cup body is slightly different. The curvature of the cup lid of the alleged infringing design is relatively round, the overall radius of the cup body is the same, there is no dividing line set on the cup body, while the curvature of the cup lid of the granted design is relatively smooth, the cup body is relatively smooth, of which the upper part is slightly narrower and the lower part is slightly wider, with a circle of dividing line near the bottom of the cup body. The above differences have a certain impact on the overall visual effect.

Regarding the cat shape design of the cup lid, the difference between the two is more significant. The patent design in dispute is composed of ears, whiskers, and tail. The whiskers are located in the center of the front of the cup lid, which is a significant design feature and expresses the cat's facial features in an abstract design. However, the three pieces of whiskers of the alleged infringing product are wider in spacing, close to the edges on both sides of the front, shorter in length and lower in position, which are not located in a prominent position on the front, and are quite different from the design of the whiskers of the patent in dispute; in the middle of the three pieces of whiskers, that is, the center position on the front of the cup lid, the design of eyes, nose and mouth is added. Although the eyes, nose, and mouth design are additional design elements compared to the patent in dispute, the additional design elements have weaken the visual effect of the whiskers to a certain extent, resulting in a more obvious visual difference between the two whisker designs; the additional design elements are the prominent design features on the front of the cup lid, which, together with the whiskers, constitutes the cat face design. The overall design of the face is a part that is easily directly observed during normal use of the product, and has a greater impact on the overall visual effect of the cup. In addition, the cat tail design is one of the important design features that distinguish the patent design in dispute from the prior design. According to the use habit of the vacuum cup, the lid is a part of the cup that is touched by general consumers during the normal use, so the design of each part of the lid, including the tail design, is directly observed during normal use, but the tail design is not reflected in the alleged infringing product.

In summary, in terms of the distinctive design features of the patent in dispute, there are significant differences between the alleged infringing product and the patent in dispute, and these differences are also ones in parts that are easily directly observed by general consumers when using the product normally and have a great influence on the overall visual effect. Based on the differences in the design of other parts of the two, it can be determined that the overall visual effect's of the alleged infringing product and the patent design in dispute are substantially different, and do not constitute a similar design, and the alleged infringing product does not fall into the protection scope of the Plaintiff's design patent right in dispute.

Ⅱ. Whether the defense of prior design made by the two defendants is established

In accordance with Article 62 of the *Patent Law*, if the alleged infringer has evidence to prove that the design implemented belongs to the prior design, it does not constitute an infringement upon the patent right. In accordance with Article 14 paragraph 2 of the *Interpretation of the Supreme People's court on Several Issues concerning the Application of Law in the Trial of Patent Infringement Dispute Cases*, if the alleged infringing design is the same as or not substantially different from a prior design, the people's court shall determine that the design implemented by the alleged infringer belongs to the prior design provided for in Article 62 of *the Patent Law*.

In this case, the two defendants defended the prior design based on the design patent of "kettle lid (cat head)" with the application number of CN201230509233. 6. The authorization announcement date of this patent is May 1, 2013, which is earlier than the application date of the patent in this case, so it belongs to the prior design relative to the patent in dispute. After comparing the prior design with the alleged infringing product, there is a significant difference in the design of the cat face on the cup lid. Although the design of eyes, nose, mouth, whiskers and ears is included, there are some differences in the specific design, which are located in a prominent position on the front of the cup lid and are parts that are easily directly observed during normal use of the product, having a greater impact on the overall visual effect. In addition, there are also certain differences in the overall shape of the two cup bodies, specifically in the height ratio of the cup body to the cup lid, whether the bottom of the cup body has an arc – shaped closure, the overall arc – shaped design of the cup lid, and the cup body pattern design. In summary, it cannot be determined that the alleged infringing product is the same or has no substantial difference with the prior design, and the defense of prior design made by the two defendants cannot be established.

In view of the fact that the alleged infringing product does not fall into the protection scope of the Plaintiff's design patent right, the Plaintiff's allegation of infringement cannot be established, so it is unnecessary for the SIPC to make a judgment on the infringement type of the two defendants and the infringement liability that they should bear, or make further judgment on the third focus of the dispute.

Now therefore, in accordance with Paragraph 2 of Article 59, and Article 62 of the *Patent Law of the People's Republic of China*, and Articles 8, 10, and 11 and Paragraph 2 of Article 14 of the *Interpretation of the Supreme People's court on Several Issues concerning the Application of Law in the Trial of Patent Infringement Dispute Cases*, the Judgment is hereby made as follows:

The Plaintiff Wu's claims were dismissed.

The acceptance fee of this case was to be RMB 1951, which was to be borne by the Plaintiff Wu.

Either party that refuses to accept this Judgment as final may, within 15 days after service of this Judgment, appeal to the Shanghai High People's court by submitting an appeal petition to the SIPC together with a sufficient number of copies for each person of the opposing party.

Presiding Judge Li Shulan
Judge Chen Yaoyao
People's Juror Tang Hongbo
March 29, 2019
Judge Assistant Chen Bing
Clerk Shen Xiaoling

Annex: Relevant Laws

Ⅰ. *Patent Law of the People's Republic of China*

Article 59...

For the design patent right, the scope of protection shall be confined to the design of the product as shown in the drawings or pictures.

Article 62 In the dispute over patent infringement, if the alleged infringer has evidence to prove that the technology or design implemented belongs to the existing technology or design, it does not constitute an infringement upon the patent right.

Ⅱ. *Interpretation of the Supreme People's court on Several Issues concerning the Application of Law in the Trial of Patent Infringement Dispute Cases*

Article 8 Where a product of the same or similar classification with the product incorporating the design uses a design identical or similar to the patented design, the courts shall determine that the design alleged for infringement falls within the scope of protection of patent right for the design as prescribed in Paragraph 2, Article 59 of the *Patent Law*.

Article 10 The courts, in judging whether designs are identical or similar, shall base on the knowledge level and understanding of the general consumers of the products incorporating the designs.

Article 11 The courts, in judging whether designs are identical or similar, shall consider in a comprehensive manner according to the overall visual effect of the designs on the basis of the design features of the patented design and the design alleged for infringement, and shall not take into consideration the design features determined mainly by the technical functions and those features such as materials and internal structures of a product which have no influence on the overall visual effect.

The overall visual effect of a design is generally more susceptible to influence in cases of the following:

(1) The portion of a product which is easily exposed to direct observation during normal use of the product, relative to other portions of the product;

(2) The design features of the patented design as distinguished from the prior design, relative to other design features of the patented design.

If there is no difference in overall visual effects between the alleged infringing design and the granted design, the people's court shall determine that the two are the same; if there is no substantial difference in the overall visual effects, the people's court shall determine that the two are similar.

Article 14...

If the alleged infringing design is the same as or not substantially different from a prior design, the people's court shall determine that the design implemented by the alleged infringer belongs to the prior design provided for in Article 62 of the *Patent Law*.

Attached Pictures

Plaintiff's patent

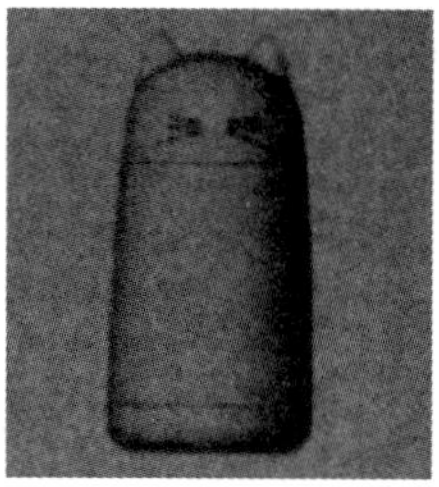

front view

cubic chart

Alleged infringing product

front view

cubic chart

Prior design

front view

Ⅱ. Disputes over Computer Software

3. Dispute between Shanghai Shuorui Electronic Technology Co., Ltd. and Qingyang People's Hospital over Computer Software Development Contract

Shanghai Intellectual Property Court
Civil Judgment

(2017) H73MC No. 102

Plaintiff: Shanghai Shuorui Electronic Technology Co., Ltd.

Legal representative: Zhang 1, Executive Director of Shuorui.

Agent ad litem: Wei, employee of Shuorui.

Agent ad litem: Hou, lawyer of Shanghai Topdown Law Firm.

Defendant: Qingyang People's Hospital.

Legal representative: Zhang 2, President of Qingyang Hospital.

Agent ad litem: Guo, Vice President of Qingyang Hospital.

Agent ad litem: Gou, lawyer of Gansu Longqing Law Firm.

The case of dispute over the computer software development contract between the Plaintiff Shanghai Shuorui Electronic Technology Co., Ltd. (hereinafter referred to as "Shuorui") and the Defendant Qingyang People's Hospital (hereinafter referred to as "Qingyang Hospital") was handled by the SIPC under formal procedure. On September 18, 2018, the SIPC held a public hearing on this case. Zhang 1, legal representative of the Plaintiff Shuorui, Wei and Hou, agents ad litem of the Plaintiff Shuorui, Guo and Gou, agents ad litem of the Defendant Qingyang Hospital appeared in court. During the trial, the mediation presided over by the SIPC failed. This case has now been closed.

The Plaintiff Shuorui requested the SIPC to: (1) order the Defendant to pay the technical development service fee of RMB 9 305 120 to the Plaintiff (the following currency is also RMB), including initial technology development fee of RMB 3 786 000, secondary supplementary development fee of RMB 1 392 000, and maintenance fee of RMB 4 127 120; (2) order the Defendant to pay the cost of hardware and consumables of RMB 2 521 150 incurred due to the research and development needs to the Plaintiff (including cost of servers running online in the hospital of RMB 393 000, system integration cabling cost of RMB 207 960, cost of hardware for data backup and emergency backup of RMB 720 120, cost of hardware for R&D equipment of RMB 393 070, material cost of inquiry cards (magnetic cards) of RMB 800 000, barebone interface debugging controller cost of RMB 7000). Facts and grounds: Established on June 23, 2010, the Plaintiff is an enterprise engaged in technical development and service in the field of electronic technology. Wei has provided the Defendant with software maintenance services on behalf of Shanghai Shuohui Trading Co., Ltd. (hereinafter referred to as "Shuohui Trading") since 1998 before the establishment of the Plaintiff. After the establishment of Shanghai Shuohui Electronic Technology Co., Ltd. (hereinafter referred to as "Shuohui Electronic") whose legal representative is Wei in 2005, Shuohui Electronic started to provide the Defendant with software maintenance services. After the Plaintiff was established, the Defendant entrusted the Plaintiff to develop a set of hospital management system of the latest version that could meet its needs and to provide maintenance services therefor. Based on the needs of software technology development, the Plaintiff immediately asked the Defendant to sign a written technology development contract, but the Defendant said that as a public institution, it has to complete a bidding process before signing contract, and hoped that the Plaintiff would develop the system first. Therefore, both parties reached an oral agreement with respect to the development and maintenance management of the hospital management system, and agreed that the development fee thereof would be calculated at the market price, and a written contract would be signed after the completion of the bidding process. The Plaintiff specially established a project team for this purpose, purchased special equipment, and put manpower and material resources into software development. After the software was launched on August 8, 2010, the Plaintiff expanded the system content continuously, completed all development work by the end of 2010, and registered the copyright of such computer software, obtaining the *Computer Software Copyright Registration Certificate* and the *Software Product Registration Certificate* with respect to the software titled "Shuorui T&T Hospital Management Software V7.0". After the Plaintiff fulfilled the above agreed obligations, the Defendant failed to keep its promise. The Plaintiff tried to retroactively sign a written technology development contract with the Defendant repeatedly by participating in bidding, but the Defendant either kept putting off doing so, or deliberately set up obstacles to refuse to perform its obligations. During the above period, the Plaintiff repeatedly asked the Defendant to pay such fees as software development service fee, cost of hardware and consumables incurred in the development, but the Defendant kept putting off the payment. In 2014, the Defendant clearly informed the Plaintiff that it had selected another company as the supplier of its hospital management system through bidding and requested the termination of all cooperative relationships between the Plaintiff and the Defendant. In addition, Shuohui Trading, Shuohui Electronic and the Plaintiff successively provided the Defendant with software maintenance services to ensure the proper running of the system, creating huge financial value for the Defendant. However, the Defendant has been in arrears in its payment of maintenance fee until now. After the establishment of Shuohui Electronic, Shuohui Trading transferred the relevant creditor's rights to Shuohui Electronic in 2006, and the latter transferred all the relevant creditor's rights to the Plaintiff after the establishment of the Plaintiff. To sum up, the Plaintiff held that the Plaintiff and the Defendant have formed a de facto contractual relationship with respect to the software development through an oral agreement. The Plaintiff, as the developer, has fulfilled the contractual obligations as agreed, but the Defendant refused to pay the software development fee and was in default on the software maintenance fee and cost of hardware and consumables, therefore, the Plaintiff filed a lawsuit to the SIPC, requesting the SIPC to support its above claims.

The Defendant Qingyang Hospital argued that: (1) The software in dispute was officially launched on April 25, 1999 and was developed by "Xi'an Jiaotong University Ruisen Group Kanglong Company". The contract amount agreed by the parties was RMB 129 000, of which the software fee was RMB 30 000. Wei was a software developer of Kanglong company, specifically responsible for providing software maintenance services for the Defendant. Later, Wei established Shuohui Trading, and the software in dispute was forced to be maintained by Shuohui Trading. Therefore, in 2001 and 2004, Wei signed a contract with the Defendant in the name of Shuohui Trading. In 2009, the Defendant signed a contract with Shuohui Electronic, and provided a fixed office for maintenance staff. After establishment, the Plaintiff continued to maintain the software in dispute for the Defendant. Therefore, there was only a software maintenance relationship between the Plaintiff and the Defendant, instead of a contractual relationship with respect to the software development, and the software maintenance relationship between the two parties was terminated after the Defendant issued a notice on termination of maintenance in 2014. (2) Due to the needs of the Defendant's business development and the situation, the Defendant's superior department organized the Defendant to carry out bidding activities for network service procurement. As the company successively represented by Wei wanted to participate in the bidding, the Defendant issued relevant certificate for Wei at Wei's request. In 2014, after bidding, Venture Software Co., Ltd. was confirmed by the Defendant to develop new system for the Defendant. Therefore, the Defendant sent two notices to the Plaintiff to inform the Plaintiff that it should get ready to terminate the original system service and complete the procedures for handover; but the Plaintiff was unwilling to withdraw. The dispute between the Plaintiff and the Defendant was mainly caused by the Plaintiff's failure to win the bid in the bidding activities, and the Plaintiff's purchase and installation of equipment worth RMB 500 000 – 600 000 for the Defendant without authorization. After repeated discussions and negations, the two parties failed to reach an agreement. The office occupied by the Plaintiff had not yet been returned, and the historical data of the system had not yet been transferred. (3) After putting the accounts in order by the financial department of the Defendant, the Defendant owed the Plaintiff the maintenance fee incurred from August 4, 2014 to November 4, 2014 of RMB 65 000, and expenses related to the development of the "Medical Insurance Interface Software for Inpatients Covered by the New Rural Cooperative Medical Care System and Medical Insurance for Urban Workers" of RMB 9000 (including maintenance fee of RMB 6000 and deposit for interface of RMB 3000), totaling RMB 74 000, which the Defendant is willing to pay to the Plaintiff; as for the maintenance fee claimed by the Plaintiff before 2010, the parties didn't reach any agreement thereon, and the limitation of action has expired. In summary, the Defendant hopes that the SIPC will ascertain the facts and dismiss the Plaintiff's claims in accordance with the law.

During the trial of this case, as all parties concerned submitted evidence around their respective claims, the SIPC organized exchange and cross – examination of these evidence. This Court ascertains the following facts based on the relevant evidence adopted and representations of the parties concerned:

Ⅰ. Facts such as basic information of the relevant enterprises in dispute

Shuohui Trading was established on June 16, 1999, with a registered capital of RMB 500 000, the legal representative of Zhang 3, the shareholders of Zhang 3 and Zhao, and the business scope covering office supplies, computer accessories, communication equipment, etc. Currently, this company has been revoked, but not canceled.

Shuohui Electronic was established on December 6, 2005, with a registered capital of RMB 1 000 000, the legal representative of Wei, the shareholders of Wei and Zhang 1, and the business scope covering technical development, transfer, consultation and services of the computer system, and sales of computer hardware and software, and electronic products. Currently, this company has been revoked, but not canceled.

The Plaintiff was established on June 23, 2010, with a registered capital of RMB 5 000 000, the legal representative of Zhang 1, the shareholders of Zhang 1 and Wei at the establishment, changed to Zhang 1 on November 16, 2017, and the business scope covering technical development, transfer, consultation and services in the field of electronics technology, and sales of computers, software and auxiliary equipment, and electronic products.

On May 10, 2011, Shanghai Municipal Commission of Economy and Information issued the *Software Product Registration Certificate*, which indicated that: Upon examination, Shuorui T&T Hospital Management Software V7.0 complies with the relevant provisions of the *Several Policies for Encouraging the Development of Software Industry and Integrated Circuit Industry* and the *Administrative Measures for Software Products*, and thus is approved to be registered. Therefore, this certificate is hereby issued. The applicant is the Plaintiff, the certificate No. is Hu DGY - 2011 - 0418, and the validity period is five years.

On August 23, 2011, the National Copyright Administration issued the *Computer Software Copyright Registration Certificate* (RZDZ No. 0278404), which indicated that: The software name is Shuorui T&T Hospital Management Software V7.0 (abbreviation: T&THE_Software), the copyright owner is the Plaintiff, the development completion date is January 1, 2011, the first publication date is January 30, 2011, the right acquisition method is original acquisition, the scope of rights is all rights, and the registration No. is 2011SR014730.

II. Software contract signed by and between relevant enterprises in dispute and the Defendant and its performance

On February 4, 2000, Xi'an Kanglong Electronics Co., Ltd. (hereinafter referred to as Kanglong) issued a unified invoice for other service industries, with the title of "Qingyang People's Hospital", which showed that the "project" is software development, and the invoice amount is RMB 26 200. On February 22, 2000, Kanglong issued three general commercial retail invoices, with the purchaser respectively being "Qingyang People's Hospital", the "product name and specification" respectively of

UPS 500W and other hardware and network components, and the total amount of RMB 133 800.

On June 6, 2001, Shuohui Trading issued a unified commercial invoice, with the purchaser being "Qingyang People's Hospital", the "product name and specification" of NEC servers, tape drives, and 20 - user NT operating systems, and the amount of RMB 50 000. On January 10, 2002, the goods recorded in the invoice were put into storage upon inspection. The handwritten note on the front of the invoice showed that the "Qingyang People's Hospital" paid corresponding amount on January 11, 2002.

On September 1, 2001, Shuohui Trading issued a unified commercial invoice, with the purchaser being "Qingyang People's Hospital", the "product name and specification" of computers and accessories, and the amount of RMB 26 050. On September 18, 2001, "Qingyang People's Hospital" paid the above fund through electronic remittance to the personal account of Wei, and indicated "payment for materials" in the column of "purpose of remittance" on the electronic remittance voucher.

On December 28, 2001, Qingyang People's Hospital (Party A) and Shuohui Trading (Party B) entered into the *Computer Application Software Contract of Qingyang People's Hospital in Gansu*, the main content of which covered that: Based on the status quo of the Hospital, in order to improve the security and confidentiality of the system, the parties, after negotiation, agree to fully upgrade the original network system, and to add a ward doctor's advice entry module, and in this regard, Party B will assist Party A in establishing and building the network, developing, installing and debugging the application software. (1) Application system design ... based on the status quo, the following modules will be upgraded: ①outpatient charging system; ②hospitalization settlement system; ③ward doctor's advice entry system; ④drug management system; ⑤patient inquiry system; ⑥pharmacy management system; ⑦statistical analysis of economic income. (2) Network system design...it is required to use WINDOWS NT 2000 network system, DELPHI programming, SERVER2000 database. (3) Agreement ①The total amount of this contract is RMB 35 000, and Party A will make down payment of RMB 20 000 to Party B after the signing of this contract; ②after Party B completes the installation and debugging of the software, and Party A accepts such software upon inspection, Party A shall pay Party B RMB 12 000, and pay off the remaining RMB 3000 at the end of the year, after which the software system will enter the maintenance period; ③Party A shall provide hardware system servers, network operating systems, client systems and some materials; ... ⑧Party B shall design a hospital information management system software for Party A based on the materials provided by Party A;...⑫Party B is responsible for providing Party A with one - year technical services free of charge, including 24h (telephone tracking) services per day, regular network maintenance ... On January 3, 2002, Shuohui Trading issued a unified commercial invoice, with the purchaser of "Qingyang People's Hospital", the "product name and specification" of software charge, and the amount of RMB 35 000. The handwritten note on the front of the invoice showed that the "RMB 20 000 shall be paid first, and the remaining will be paid by installments after the completion and inspection". On January 15, 2002, "Qingyang People's Hospital" paid RMB 20 000 through electronic remittance to Shuohui Trading.

On May 31, 2004, the Defendant (Party A) and Shuohui Trading (Party B) entered into the *Computer Software Contract of Qingyang People's Hospital*, the main content of which covered that: due to Party A's business development, it is required to carry out computer management over the general affairs, equipment, and TCM pharmacies, therefore, the parties reach the following agreement: (1) Software system ①General materials management system; ② Medical device management system; ③ TCM pharmacy review and dispensing management system. The software system is RMB 6000, the down payment is RMB 3000, and the remaining RMB 3000 will be paid one month later. (2) Hardware system ①Workstation Tsinghua Tongfang 128ram 40Hard 2.8CPU 17"crt 4 units, price including tax: RMB 4300 × 4 = RMB 17 200; ②Receipt printer RMB 3200 × 3 = RMB 9600; ③ Cabling project RMB 500. Payment for hardware shall be made in a lump sum, totaling RMB 33 300. On June 2, 2004, the Defendant made the down payment for computer of RMB 20 000 to Wei. On December 11, 2004, Shuohui Trading issued two unified commercial invoices, with the purchaser respectively being the Defendant, the "product name and specification" on an invoice thereof of software charge, and the amount of RMB 6500; the "product name and specification" on another invoice thereof of hardware system agreed in the above contract and LQ300 printer, and the amount of RMB 29 050.

On October 18, 2005 and April 10, 2006, the Defendant issued two cheques for transfer of Bank of China with the payee of Wei, the amount of RMB 30 000 and RMB 7000 respectively, and the purpose of software charges.

On April 20, 2006, the Defendant (Party A) and Shuohui Electronic (Party B) entered into the *Emergency Center Network System Contract of Qingyang People's Hospital*, the main content of which covered: Party A's emergency center has now been fully completed after about one - year infrastructure construction, and some departments have been put into use. The implementation of a computer network management system closely related thereto has become a top priority. The use of computer system has brought many benefits to the Hospital, and the economic and social benefits of computer systems have been obvious to all, which can be seen from the huge changes in the Hospital in the past two years. "Shanghai Shuohui" has undertaken the network system of the Hospital for many years, and the cooperation between the parties has been very successful. With the development of the Hospital, it is inevitable to upgrade the original system, and to deepen and expend the application. For this purpose, at the request of the Hospital's leaders with innovative thinking, to better serve the patients, Shanghai Shuohui will continue to be the supplier of the emergency center network engineering and software. The network planning is as follows: "(Ⅰ) Design of the application system: The new version of the software shall be greatly improved compared to the original one 1. Adopting card swiping technology, dual - track 26 - channel card swiping technology to realize all - in - one card... 2. Adopting routing technology... 3. Network computing technology... 4. Automatic printing of the list... 5. Dual - screen technology...Party A requires to add the following systems: (1) network attendance system; (2) outpatient charging system for healthcare card holders; (3) hospitalization settlement system for healthcare card holders, which shall be newly developed with a great deal of workload, and completed within two months after the signing of the contract. The software charges agreed upon by the parties is RMB 50 000. (Ⅱ) Network system design: The network system of the Hospital is based on the scale of a regional computer network ... The specific requirements on the hardware system are as follows: 1. enterprise - level network server; 2. workstation; 3. integrated inquiry attendance machine; 4. printer; 5. dual - screen synchronous monitor; 6. switch; 7. router; 8. network accessories; 9. dialer; 10. card reader; 11. magnetic card changed to dual - channel 26 - track (a cost of RMB 1.00 increased); 12. cabinet; the hardware system is billed at the market price, with a warranty period of one year; totaling RMB 158 180. (Ⅲ) Agreement between the parties 1. Party A provides the hardware system, server network operating system and client operating system; ... 6. The parties agree that the software charge of this system is RMB 50 000, and Party A will make down payment of RMB 30 000 to Party B after the signing of this contract, pay Party B RMB 15 000 within one month after the completion of the software training and the normal operation by Party A, and the remaining RMB 5000 within half a year, after which the software system will enter the maintenance period; as for the hardware, the payment will be made in a lump sum on delivery; 7. the payment for the hardware system is RMB 158 180, of which RMB 70 000 shall be paid in advance, and the remaining RMB 88 180 shall be paid in a lump sum on delivery..." On January 17, 2007, Shuohui Electronic issued a unified commercial invoice, with the purchaser being the Defendant, the "product name and specification" of software charge, and the amount of RMB 50 000; on January 18, 2007, Shuohui Electronic issued two unified commercial invoices, with the purchaser respectively being the Defendant, the "product name and specification" respectively being hardware(1) of the computer network system(see the contract for details), and hardware(2) of the computer network system(see the contract for details), and the amount respectively of RMB 90 000, and RMB 68 180, totaling RMB 158 180. The handwritten note on the front of the invoice showed that the Defendant paid corresponding amount on January 19, 2007.

On June 17, 2006 and January 17, 2007, the Defendant and Shuohui Electronic successively entered into relevant contracts with respect to the development and maintenance of the "digital security monitoring system", with a total contract amount of RMB 58 179. On January 17, 2007, Shuohui Electronic issued a unified commercial invoice, with the purchaser being the Defendant, the "product name and specification" of digital security monitoring system(see the contract for details), and the amount of RMB 58 179. The handwritten note on the front of the invoice showed that the Defendant paid corresponding amount on January 19, 2007.

On March 25, 2009, the Defendant(Party A) and Shuohui Electronic(Party B) entered into the *Agreement on Medical Insurance Interface Software for Inpatients Covered by the New Rural Cooperative Medical Care System and Medical Insurance for Urban Workers of Qingyang People's Hospital*, the main content of which covers: "(Ⅰ) Technical specifications & requirements A Requirements for new rural cooperative medical care system 1. the drug files exported from the center can be dynamically updated in real time in designated HIS; 2. the software system can generate text files according to the fields specified in the HIS interface specification form...(Ⅱ) Description of software functions 1. cost standard code conversion, to be completed by the medical insurance office; 2. drug information code conversion, to be completed by the medical insurance office; 3. establishing information database for inpatients with medical insurance (entering or supplementing medical insurance information), to be completed by the admission office; 4. expenses audit, to be completed by the medical insurance office; 5. extracting intranet data, to be completed by the data center; 6. data format review; 7. uploading of data; 8. establishing insured expense item database; 9. establishing insured drug code database; 10. personal account of discharged and hospitalized inpatients with medical insurance; 11. security protection (install a firewall on the medical insurance server); 12. install Server2005 database; 13. PHP data inquiry (web). ... (Ⅳ) Agreement between the parties... 4. Party B shall complete the interface documents within two months after the signing of this contract, and be responsible for the safety management of the entire system; ... 6. The parties agree that the system cost is RMB 60 000, and Party A will make down payment of RMB 20 000 to Party B after the signing of this contract, pay Party B RMB 20 000 within one month after the completion of the software training and the normal operation by Party A, and the remaining RMB 20 000 within half a year after the system enters the maintenance period; as for the hardware, the payment will be made in a lump sum on delivery..." On April 17, 2009, the Defendant issued a cheque for transfer of China Construction Bank with the payee of Wei, the amount of RMB 20 000, and the purpose of software charges. On August 21, 2009, Shuohui Electronic issued a unified commercial invoice, with the purchaser being the Defendant, the "product name and specification" of software charge (medical insurance interface), and the amount of RMB 60 000; on September 17, 2009, relevant personnel of the Defendant had handwritten a note on the front of the invoice, reading "RMB 20 000 has been paid, and the remaining is on account". On the same day, the Defendant issued a cheque for transfer of China Construction Bank with the payee of Wei, the amount of RMB 20 000, and the purpose of payment for materials. On March 11, 2010, the Defendant issued a cheque for transfer of China Construction Bank with the payee of Wei, the amount of RMB 20 000, and the purpose of payment for materials. The fund thereof was the balance being the above contract paid by the Defendant. Later, Shuohui Electronic developed the "Medical Insurance Security and Anti - virus Server System" for the Defendant, with a total price of RMB 88 300. On August 5, 2010, Shuohui Electronic issued a unified commercial invoice, with the purchaser being the Defendant, the "product name and specification" of medical insurance system for New Rural Cooperative Medical Care System (see the list for details), and the amount of RMB 88 300. On February 28, 2011, the Defendant issued a cheque for transfer of China Construction Bank with the payee of Wei, the amount of RMB 150 060, and the purpose of payment for materials, including the above payables of RMB 88 300.

On August 21, 2012, the Defendant (Party A) and the Plaintiff (Party B) entered into the *Contract on Medical Insurance Interface Software for Urban Workers of Qingyang People's Hospital*, in which the parties agreed that Party B shall complete the interface documents within two months after the signing of this contract; the cost is RMB 30 000, and Party A will make down payment of RMB 20 000 to Party B after the signing of this contract, pay Party B RMB 7000 within three months after the completion of the software training and the normal operation by Party A, and the remaining RMB 3000 within half a year after the system enters the maintenance period; as for the hardware, the payment will be made in a lump sum on delivery. On September 6, 2012, the Plaintiff issued a unified commercial invoice, with the purchaser being the Defendant, the "product name and specification" of urban medical insurance interface (hospitalization), and the amount of RMB 30 000; on September 20, 2012, relevant personnel of the Defendant had handwritten a note on the front of the invoice, reading "RMB 27 000 has been paid, and the remaining is on account". On September 25, 2012, the Defendant issued a cheque for transfer of China Construction Bank with the payee being Wei, the amount of RMB 27 000, and the purpose of purchase of software.

The Plaintiff claimed that the software it developed for the Defendant included the following modules: "(I) Software modules initially developed 1. Inpatient building (including 25 modules such as an outpatient charging system, a nurse's workstation system, a doctor's medical record system, a new rural cooperative medical care system data interface, and an urban workers medical insurance data interface); 2. outpatient building (including 7 modules such as the outpatient charging system on the first floor, the outpatient charging system on the third floor, the functional testing billing system); 3. emergency building (including 11 modules such as the outpatient charging system, the outpatient billing management system, the hospitalization settlement system); 4. physical and Mental Rehabilitation Building (including 14 modules such as the outpatient charging system, the outpatient billing management system, and the hospitalization settlement system); 5. administrative building (including 8 modules such as a drug management system, a physical drug review system, and an electronic drug ledger system); 6. infectious disease building (including 7 modules such as the outpatient charging system, the outpatient billing management system, the hospitalization settlement system); 7. inpatient department II building (including 14 modules such as the hospitalization settlement system, the doctor's medical record system, a patient inquiry system, a background maintenance system). (II) Software modules complementally developed 1. Interface modules (including 20 modules such as the data interface with the Anti – Corruption Bureau, the data interface with prescription statistics software, and the data interface with Qingyang Audit Bureau); 2. convenient pharmacies (including 8 modules such as the outpatient charging system, a pharmaceutical accounting management system, and a pharmacy audit system); 3. Internet architecture; 4. App for smart mobile phones;

5. remote dialing (including 3 modules such as a drug delivery system, a remote dialing maintenance system, and an accounting interface); 6. charge – lost system (including 6 modules such as a laboratory instrument control interface, a radiological equipment control interface, and a B – scan ultrasonography control interface); 7. President Zhang 2 (including 3 modules such as a drug quantity management system, a president inquiry system, and a historical data backup)."

According to the *List of Software Modules* submitted by the Defendant, the Defendant confirmed that the software modules used at that time included: (1) outpatient (emergency) department charging systems; (2) inpatient hospitalization, discharging, and settlement systems; (3) resident nurse's workstation systems; (4) resident physician's electronic medical record systems; (5) functional testing billing systems; (6) multimedia inquiry systems; (7) Background maintenance systems; (8) logistic material management systems; (9) equipment management systems; (10) drug management systems (including TCM and Western medicine pharmacies and drug warehouses); (11) inquiry systems; (12) new rural cooperative medical care system data interfaces, medical insurance data interfaces.

Ⅲ. Relevant information about the hardware in dispute

(Ⅰ) Relevant information about the inquiry cards (magnetic cards)

The Plaintiff claimed that from 2003 to 2013, it provided the Defendant with a total of 349 000 inquiry cards (magnetic cards). However, the Defendant only paid for 189 000 inquiry cards, and refused to pay for the remaining 160 000 cards (including the 120 000 cards provided from 2012 to 2013 and the 40 000 cards that the Defendant denied receipt). Such cards shall be priced at RMB 6.00/piece, so the total amount thereof is RMB 960 000. In this case, RMB 800 000 was claimed. The Defendant stated that it had received a total of 309 000 inquiry cards (magnetic cards), and paid all expenses thereof. For the 40 000 inquiry cards (magnetic cards) over which the parties have disputes, the Plaintiff stated that 20 000 cards thereof were delivered to the Defendant on September 10, 2010, and submitted a receipt issued by Li, an employee of the Defendant working in the computer room. The receipt indicated that: "Today, I received 20 000 magnetic cards from Wei". For the remaining 20 000 cards, the Plaintiff stated that they were still in the computer room of the Defendant, and the Plaintiff had entered these cards in the Defendant's system, but not delivered to the Defendant.

According to the *Usage of Inquiry Cards from* 2003 *to Today* submitted by the Defendant and the invoices, the equipment acceptance lists (or an instrument warehouse – in list, a acceptance warehouse – in list) and the payment vouchers provided by the Plaintiff and the Defendant, (1) Shuohui Trading provided the Defendant with a total of 25 000 inquiry cards (magnetic cards) from 2003 to 2005, the unit price indicated on the invoice for the inquiry cards (magnetic cards) issued by Shuohui Trading was RMB 5.00, that recorded on the equipment acceptance list of the Defendant was RMB 5.00, and the Defendant did pay relevant expenses based on the unit price of RMB 5.00. (2) In 2006, Shuohui Electronic provided the Defendant with 10 000 inquiry cards (magnetic cards), the unit price indicated on the invoice for the inquiry cards (magnetic cards) issued by Shuohui Electronic was RMB 6.00, that recorded on the equipment acceptance list of the Defendant was RMB 6.00, but the Defendant paid relevant expenses based on the unit price of RMB 5.00, and relevant personnel of the Defendant had handwritten a note on the front of the invoice, reading "each magnetic card is priced at RMB 5.00, and ... is paid actually". (3) From 2007 to 2011, Shuohui Trading provided the Defendant with a total of 154 000 inquiry cards (magnetic cards), the unit price indicated on the invoice for the inquiry cards (magnetic cards) issued by Shuohui Trading was RMB 5.50, but that on the invoice issued on January 18, 2007 and January 28, 2010 was respectively RMB 6.00 and RMB 4.50; the unit price recorded on the instrument warehouse - in lists and acceptance warehouse - in lists of the Dependent was consistent with that on the invoices, and the Dependent did pay relevant expenses based on the unit price on the invoices. (4) From 2012 to 2013, the Plaintiff provided the Defendant with a total of 120 000 inquiry cards (magnetic cards), the unit price indicated on the invoice for the inquiry cards (magnetic cards) issued by the Plaintiff was RMB 1.00, that recorded on the acceptance warehouse - in list was RMB 1.00, and the Defendant did pay relevant expenses based on the unit price of RMB 1.00.

(Ⅱ) Information about the hardware currently in the possession of the Defendant as confirmed by the Defendant, and information about the hardware provided to the Defendant as claimed by the Plaintiff

According to the *Hardware Information* issued by the Defendant on April 6, 2016, upon checking relevant equipment by the personnel on the afternoon of April 6, 2016, the following equipment was verified: "(Ⅰ) Servers (1) IBM 3850, M2 Intel (R), Xeon (R), cpu E7310, 1.6GHz (dual - core), memory 8GB, hard drive 4* 146.8G, operating system: windows server 2003 Note: a 16TB storage device equipped; (2) IBM 3850, X5 Intel (R), Xeon (R), cpu E7 - 4807, 1.87GHz, memory 64GB, hard drive 4* 900G, operating system: windows server2003. (Ⅱ) Switches (1) Huawei S2300: 2 sets; (2) H3C S1224R: 9 sets; (3) H3C S5000: 1 set; (4) Dell 2748: 1 set; (5) H3C S5500: 1 set; (6) H3C S5024P - E1: 2 sets.

(Ⅲ) Optical modules Currently, there were 12 optical modules. (Ⅳ) Other equipment (1) 1 black large cabinet with KVM; 1 black small cabinet; (2) 1 UPS (15 storage batteries) (not used); which was moved from the third floor of the emergency building to the machine room of the network center on January 22, 2014, but had not been used; (3) 4 photoelectric conversion equipment, which were respectively connected to the physical and mental rehabilitation building and the general affairs building; (4) 8 IBM server hard drives, 6 hard drives replaced had not been returned to the network center." Notes: There are two sets of optical fibers and switching equipment in the physical and mental rehabilitation building and the general affairs building, one of which was laid and purchased by the Defendant after normal invitation for bids; the other set was laid by Wei (the purchase procedures of the optical fibers laid and the switching equipment are unknown); the optical fibers and switching equipment currently used in the physical and mental rehabilitation building and the general affairs building were all provided by Wei, while the optical fibers laid by the Defendant and corresponding switching equipment were not used. Notes: Cabling in the physical and mental rehabilitation building (1) Optical fiber: 500 meters; (2) 5 small cabinets; (3) fused fiber cabling. Cabling in the general affairs building (1) Optical fiber: 500 meters; (2) fused fiber fee. Cabling in the emergency building (1) Optical fiber: 1 000 meters; (2) fused fiber cabling. Spare optical fiber in the inpatient department: 200 meters. Usage of equipment in inpatient department II: a PC from Tsinghua Tongfang.

The Plaintiff claimed that the hardware provided for the Defendant included the following parts: (1) two servers running online in the Hospital; (2) hospital system integration and cabling; (3) supplemental maintenance system (including data backup systems, emergency backup server systems, Dell desktop computers, printers, etc.); (4) R&D equipment; (5) barebone systems (industrial interface 232 control machines).

The Defendant confirmed in the above – mentioned *Hardware Information* that the hardware currently in the possession of the Defendant was mostly consistent with the hardware involved in the "servers running online in the Hospital" in Part 1, and the "hospital system integration and cabling" in Part 2 as claimed by the Plaintiff, with only individual difference.

As for the Dell desktop computers and printers claimed by the Plaintiff in Part 3, the Defendant (Party A) and the Plaintiff (Party B) had entered into the *Purchase Contract of Shanghai Shuorui Electronic Technology Co., Ltd.* on October 8, 2012, in which the parties agreed that Party A should order desktop computers (22 sets) and printers(3 sets)from Party B. The amount of desktop computers was RMB 82 500, while that of printers was RMB 8400,totaling RMB 90 900. On December 3,2012, the Plaintiff issued a unified commercial invoice, with the purchaser being the Defendant,the"product name and specification" of PCs(Dell) and printers, and the amount respectively of RMB 82 500 and RMB 8400, totaling RMB 90 900; on February 1,2013, the Defendant warehoused the above purchased equipment. On May 13,2014,the Defendant applied to the Procurement Office of Qingyang People's Government for completing the examination and approval procedures on the grounds that "there are too many inpatients in the neurology department of our hospital, resulting in a serious phenomenon of adding extra beds. After moving to the newly built physical and mental rehabilitation building in October 2012, there is not much time left for installing the network system. In order not to affect the normal treatment of patients, the original software supplier Shanghai Shuorui Electronic Technology Co., Ltd. is approved by the Hospital to provide 22 Dell desktop computers and 3 printers at the supply price determined in the original government bidding of the Hospital, namely RMB 3750/computer, and RMB 2800/printer". Later, the Procurement Center of Qingyang People's Government replied that "the procurement entity is advised to apply the supply price set forth in 2012 municipal agreement", and affixed the seal of the Procurement Center. On July 18,2014, relevant personnel of the Defendant had handwritten a note on the front of the above invoice, reading "agree to pay, and pay arrears first". According to the *Approval Form for Payment of Equipment and Materials Purchase Contract* signed by relevant personnel of the Defendant on July 30,2014 as submitted by the Defendant, the supplier was Wei, the name of goods was maintenance fee and printers, etc., and the payment amount was RMB 100 900, which included the payment of RMB 90 900 for the foregoing 22 Dell desktop computers and 3 printers. On October 28,2014, the Defendant paid RMB 94 756 to the Plaintiff by wire transfer (the Defendant claimed that RMB 6144 previously overpaid for materials was deducted from the payable of RMB 100 900).

Ⅳ. Payment of maintenance fee in dispute and relevant information

In this case, the Plaintiff claimed that the maintenance fee payable by the Defendant was RMB 4 127 120 in total, which specifically included the followings: (1) the maintenance fee payable by the Defendant from August 4,1998 to November 4,2016 was RMB 260 000/year, totaling RMB 4 745 000, therein, RMB 650 000 was paid (that was, the maintenance fee of RMB 260 000 from August 4,2010 to August 4,2011, the maintenance fee of RMB 260 000 from August 4,2012 to August 4, 2013, and the maintenance fee of RMB 130 000 from August 4,2013 to February 4,

2014), there was still RMB 4 095 000 unpaid; (2) the maintenance fee of the rural cooperative medical insurance system was RMB 32 120, which was not paid.

According to the evidence such as invoices for maintenance fee and payment vouchers submitted by the Plaintiff and the Defendant, the payment status of the maintenance fee is as follows:

(Ⅰ) As for the maintenance fee of the information management system

(1) On December 31, 2011, the Plaintiff issued three unified commercial invoices, with the purchaser respectively being the Defendant, the "product name and specification" respectively of maintenance fee (August 4, 2009 – August 4, 2010), and the total amount of RMB 260 000; relevant personnel of the Defendant had handwritten a note on the front of an invoice with the amount of RMB 80 000, reading "loan of RMB 200 000 deducted, balance paid", and a note on the reverse of the same invoice, reading "due to failure to reach an agreement on the maintenance contract, President Duan, and President Zhang agree to pay maintenance fee of RMB 260 000".

(2) On December 29, 2011, the Plaintiff issued three unified commercial invoices, with the purchaser respectively being the Defendant, the "product name and specification" respectively of maintenance fee (August 4, 2010 – August 4, 2011), and the total amount of RMB 260 000; Relevant personnel of the Defendant had handwritten a note on the reverse of the invoice, reading "due to failure to reach an agreement on certain clauses of the contract, President Duan instructs to make payment as agreed". On March 8, 2012, the Defendant issued a cheque for transfer of China Construction Bank with the payee of Wei, the amount of RMB 260 000, and the purpose of network maintenance fee.

(3) On December 27, 2012, the Plaintiff issued three unified commercial invoices, with the purchaser respectively being the Defendant, the "product name and specification" respectively of maintenance fee (August 4, 2012 – December 4, 2012), maintenance fee (December 4, 2012 – April 4, 2013), and maintenance fee (April 4, 2013 – August 4, 2013), and the amount respectively of RMB 86 667, totaling RMB 260 001. On February 4, 2013, May 29, 2013 and December 4, 2013, the Defendant respectively issued a cheque for transfer of China Construction Bank with the payee of Wei, the amount of RMB 86 667, and the purpose on the cheque dated May 29, 2013 of maintenance fee, while on the remaining cheques respectively of payment for materials.

(4) On August 13, 2013, the Plaintiff issued a unified commercial invoice, with the purchaser being the Defendant, the "product name and specification" of

maintenance fee (August 4, 2013 – November 4, 2013), and the amount of RMB 65 000. On September 2,2013, the Defendant issued a cheque for transfer of China Construction Bank with the payee being Wei, the amount of RMB 65 000, and the purpose of maintenance fee.

(5) On January 27,2014, the Plaintiff issued a unified commercial invoice, with the purchaser being the Defendant, the "product name and specification" of software maintenance fee(November 4, 2013 – February 4, 2014), and the amount of RMB 65 000. On February 12,2014, the Plaintiff issued a unified commercial invoice, with the purchaser being the Defendant, the "product name and specification" of software maintenance fee(February 4,2014 – May 4,2014), and the amount of RMB 65 000. On July 8, 2014, the Plaintiff issued three unified commercial invoices, with the purchaser respectively being the Defendant, the "product name and specification" respectively of maintenance fee (August 4, 2011 – August 4, 2012), and the total amount of RMB 260 000. On July 18, 2014, relevant personnel of the Defendant respectively had handwritten a note on the front of the above invoices, reading "agree to pay, and pay arrears first". On October 13, 2014, the Plaintiff issued a unified commercial invoice, with the purchaser being the Defendant, the "product name and specification" of maintenance fee(May 4,2014 – August 4,2014), and the amount of RMB 65 000. On December 9,2014, the Defendant paid RMB 65 000 to the Plaintiff by wire transfer.

(Ⅱ) As for the maintenance fee of the rural cooperative medical insurance system

(1) On December 24,2011, the Plaintiff issued a unified commercial invoice, with the purchaser being the Defendant, the "product name and specification" of maintenance fee of medical insurance systems (2010), and maintenance fee of medical insurance systems (2011), and the amount respectively of RMB 12 000, totaling RMB 24 000. On January 19, 2012, the Defendant issued a cheque for transfer of China Construction Bank with the payee being Wei, the amount of RMB 24000, and the purpose of payment for materials.

(2) On May 23,2013, the Plaintiff issued a unified commercial invoice, with the purchaser being the Defendant, the "product name and specification" of maintenance fee of medical insurance systems (2012), and maintenance fee of medical insurance systems (2013), and the amount respectively of RMB 12 000, totaling RMB 24 000. On June 4, 2014, relevant personnel of the Defendant had handwritten a note on the front of the above invoice, reading "the maintenance fee of the first half year of 2013 paid, totaling RMB 18 000". On June 4, 2014, the

Defendant issued a cheque for transfer of China Construction Bank with the payee being Wei, the amount of RMB 18 000, and the purpose of payment for materials.

(3) On May 13, 2015, the Plaintiff issued a unified commercial invoice, with the purchaser being the Defendant, the "product name and specification" of maintenance fee of new rural cooperative medical care system data interfaces (15 months), and maintenance fee of urban workers medical insurance data interface (13 months), and the amount respectively of RMB 15 000, and RMB 8125, totaling RMB 23 125.

V. Information about the loans provided by the Defendant forWei in this case

(1) On June 23, 2006, the Defendant issued a cheque for transfer of Bank of China with the payee being wei, the amount of RMB 100 000, and the purpose of network engineering funds. On June 26, 2006, Wei issued an IOU to the Defendant, with the loan amount of RMB 100 000, and the cause of payment for engineering funds, on which there was a handwritten note, reading "agree to prepay RMB 100 000 for the computer engineering, and to deduct the same at the settlement of relevant accounts". On August 18, 2006, Wei issued an IOU to the Defendant, with the loan amount of RMB 100 000, and the cause of advance payment for computer system. On October 18, 2006, the Defendant issued a cheque for transfer of China Construction Bank with the payee being Wei, the amount of RMB 100 000, and the purpose of payment for materials. During the trial of this case, the Plaintiff, the Defendant and Wei had unanimously confirmed that they all have paid off the above loan of RMB 200 000.

(2) On February 9, 2010, Wei issued an IOU to the Defendant, with the loan amount of RMB 50 000, and the cause of borrowing the maintenance fee of 2009. On the same day, the Defendant issued a cheque for transfer of China Construction Bank with the payee being Wei, the amount of RMB 50 000, and the purpose of payment for materials. On January 25, 2011, Wei issued an IOU to the Defendant, with the loan amount of RMB 30 000, and the cause of borrowing the maintenance fee from August 4, 2009 to August 4, 2010. On November 29, 2011, Wei issued an IOU to the Defendant, with the loan amount of RMB 100 000, and the cause of annual software system maintenance fee (2011). The next day, the Defendant issued a cheque for transfer of China Construction Bank with the payee being Wei, the amount of RMB 100 000, and the purpose of payment for materials. On May 5, 2012, Wei issued an IOU to the Defendant, with the loan amount of RMB 200 000, and the cause of payment for computer hardware. On May 7, 2012, the Defendant issued a cheque for transfer of China Construction Bank with the payee being Wei, the amount of RMB 200 000, and the purpose of network maintenance. On October 27, 2014, the

Defendant issued a receipt with the customer name of Wei, the item of recovered loan, and the amount of RMB 380 000. During the trial of this case, the Defendant indicated that the above loans for Wei amounted to RMB 380 000, which had been fully offset by the maintenance fee and other expenses payable by the Defendant. The Plaintiff and Wei had no objection to the amount of the above loans, and expressed their willingness to offset these loans in settling the expenses between the Plaintiff and the Defendant in this case; however, as the cause for the loan of RMB 200 000 was payment for computer hardware, such loan should be offset by the cost of hardware claimed by the Plaintiff in this case, instead of the maintenance fee.

Ⅵ. Other facts

(Ⅰ) Information about the bidding activities for software and hardware carried out by the Defendant repeatedly

From 2008 to 2014, the Defendant carried out several bidding activities for the procurement of the software and hardware of the hospital information management system, in which the Plaintiff submitted tenders either in his own name or jointly with other companies, but all these bidding activities held by the Defendant before 2014 failed to be completed. During this period, the Defendant issued the following certificates to the Plaintiff:

(1) On April 29, 2011, the Defendant issued a *User Certificate*, stating that: "The information system currently used by our hospital is a software product (T&T V7.0) developed by Shanghai Shuorui (hui) Electronic Technology Co., Ltd., which runs smoothly. Wei and Zhang 1 have been responsible for the maintenance work thereof, who have carried out a great deal of on - site work according to the requirements of our hospital to ensure that the system runs smoothly. The technical platform of the system is delphi6/7/8/2005 – Sql server 2000/2008 under windows environment. Our hospital is now a Grade Ⅲ Level A hospital in Gansu Province, and Shuorui (hui) has set up a software maintenance office in our hospital."

(2) On March 8, 2012, the Defendant issued a *Certificate*, stating that: "Upon research at relevant conference, our hospital agreed that Shanghai Shuorui Electronic Technology Co., Ltd. (formerly Shanghai Shuohui Electronic Technology Co., Ltd.) can participate in the bidding activities jointly with other companies (as a consortium), and the qualification thereof shall be subject to that of the company with the highest qualification in the consortium, and the qualifications of these companies shall complementary to each other. Shanghai Shuorui Electronic Technology Co., Ltd. (formerly Shanghai Shuohui Electronic Technology Co., Ltd.) has been a supplier of the network software and hardware system of the People's Hospital since

1999, whose technical person has faithfully completed the maintenance tasks to ensure the system runs smoothly and normally for 14 years, during which, the system has been repeatedly upgraded from foxpro to DELPHI6_SQLSERVER6. 5_windows 2000, and then to the current delphi7_SQLSERVER 2000_windows 2003. The hospital is now a Grade Ⅲ Level A hospital in China.

(3) On November 27, 2013, the Defendant issued a *Certificate of Employment*, stating that: Shanghai Shuorui (hui) Electronic Technology Co., Ltd. is a supplier of the network application software system of the emergency building, outpatient department, inpatient building, inpatient department Ⅱ, infectious disease building and neurology department logistics office building of our hospital, providing prescription statistics software with interfaces, and government departments such as the supervision department, auditing department, and drug regulatory department with data services that meet relevant requirements. It has been responsible for the upgrade and daily maintenance of our hospital's network system software, and always works with carefulness and responsible attitude. It has faithfully completed various tasks assigned by our hospital, successfully dealt with emergency incidents many times, and ensured the smooth and normal running of the network and application software systems without any failures and illegal operations. The maintenance fee was determined to be RMB 260 000/year by the parties after negotiation in 2011, and the maintenance fee for 2012 and 2013 have been paid. We support Shanghai Shuorui participates in the information construction of our hospital in a manner of scientific and reasonable way of truly solving practical problems with its years of on – site work experience and technical advantages, and our support is fair, just, legal, and complies with market principles. Shuorui must continue to ensure the safe, normal operation and routine maintenance of the existing network."

According to the *Announcement on Winner of the Bidding for the Government Procurement Project of the Information System of Qingyang People's Hospital* issued by www. bidcenter. com. cn on May 9, 2014: "Gansu Bidding Center is entrusted by Qingyang People's Hospital to purchase the Government Procurement Project of the Information System of Qingyang People's Hospital by way of public bidding. As the bid evaluation committee has determined the bidding result on May 7, 2014, it is hereby announced the bidding result as follows: ...2. Bidding result: Package No. 1 HIS, 1 set; Package No. 2 PACS, 1 set. 3. Date of results determined: May 7, 2014... 5. Name of bid winner and wining amount: Package No. 1 is canceled as there are less than three valid bidders. Package No. 2 Bid winner: Beijing Crealife Technology Development Co., Ltd. Winning amount: RMB 958 000 ..." According to the

Announcement on the Transaction of the Government Procurement Project of the Information System of Qingyang People's Hospital issued by www. bidcenter. com. cn on June 10,2014:"Gansu Bidding Center is entrusted by Qingyang People's Hospital to purchase the Government Procurement Project of the Information System of Qingyang People's Hospital by way of competitive negotiation. As the negotiation group has determined the bidding result on June 6,2014,it is hereby announced the transaction result as follows:...2. Transaction result:HIS 3. Transaction date:June 6,2014...5. Name of transaction entity and transaction amount:Transaction entity: Veature Software Co.,Ltd. Transaction amount:RMB 3 670 000..."During the trial of this case, the Plaintiff stated that the initial technology development fee of RMB 3 786 000 claimed by it was calculated with reference to the software price (RMB 4 628 000 in total) determined in the above announcement.

On October 21, 2014, the Plaintiff issued a bidding challenge letter to the Defendant,reading:"As a software supplier working in the hospital for 16 years,we did not get any information about this bidding from the hospital. On October 17, 2014,we learned from other companies that the bid winner selected by the hospital was different from the result of public bidding. We checked the relevant information online... We hereby raise the following questions to you in accordance with the law: 1. The hospital has been insisting on holding open and fair public bidding nationwide for many years,why does it suddenly change its nature to competitive negotiation? ... 3. Why does the competitive negotiation exclude the qualification of the original software supplier of the hospital? 4. The total price we proposed to the hospital for competitive negotiation through normal channels in accordance with the law at the office meeting held in the meeting room on the fifth floor of the emergency building before the bidding in April was RMB 2. 49 million. There are participants and meeting minutes available for reference, and we have also mentioned an agency contract of a large domestic company for the complete system of a hospital with a total price of about RMB 2 million as a basis... 7. After the release of the announcement on the first bidding, we legally purchased the biding document, and the bidding company informed us by telephone to participate in the bid opening on time one or two days before the bid opening. After purchasing the bidding document,we found that we were excluded from participating in the bidding as we didn't meet the higher requirements for qualification, therefore, we submitted a pre - bid written query. Later,we were notified at noon one day to put forward the same to the hospital at the office meeting, so we explained our reasonable demands, proposed to solve the problem through competitive negotiation, and provided a total price of RMB 2. 49

million for the software system in line with all the conditions set forth in the bidding document. We requested a warrant, which was signed by the parties. At that time, relevant leaders also asked relevant person to record our speeches properly and asked us to maintain the network and to ensure the normal running of the system free for charge in the presence of all the leaders and personnel in the administrative departments of the hospital ... The hospital insisted that the government had promulgated relevant regulations, and the health bureau, the finance bureau, and the supervision bureau supported the holding of public bidding across the country. Why did the hospital change public bidding to competitive negotiation? The total price finally determined was RMB 4.628 million, more than RMB 2 million higher than our offer for competitive negotiation. Why didn't the tenderee notify us to participate in the competition...?"

On October 21, 2014, the Defendant issued a *Notice* to the Plaintiff, reading: "The HIS of the new information system project of Qingyang People's Hospital is expected to be put into test run at the end of October 2014. Our hospital has notified your company in April 2014 to prepare for the termination of network services. In order to ensure the normal medical treatment order, this written notice is hereby issued, hope your company will properly deal with the aftermath." On October 30, 2014, the Defendant issued another *Notice* to the Plaintiff, reading: "The HIS of the new information system project of Qingyang People's Hospital has been put into operation. Our hospital hereby officially informs your company to deal with the following issues left over from the original HIS system. 1. Data sorting and archiving (all data since the running of your company's software in our hospital); 2. dealing with the inconsistency provided by the charging management department between the background statement of account and the bills submitted by toll collector; 3. dealing with all drugs and medical materials that have not been submitted successfully by the pharmacy and medical material counters; 4. dealing with the queuing of drugs in the pharmacy department; Notes: We have submitted the above issues 2, 3, and 4 to your company in accordance with the *Registration Form for System Maintenance of Qingyang People's Hospital*. Our hospital will organize relevant personnel to confirm the data handover work seven working days after your company receives this notice."

(Ⅱ) Information about the meetings on the disputes between the Plaintiff and the Defendant

On May 10, 2014, the Plaintiff and the Defendant held a meeting on related matters. According to the meeting minutes submitted by the Defendant, the legal representative Zhang 1, Wei, and lawyer Ji on behalf of the Plaintiff, and Hang,

Wang, Guo, Zhou, and lawyer Gou on behalf of the Defendant attended the meeting. The following conversations occurred in this meeting: "Ji (Ji, the same below): 1. In terms of the hardware, your hospital has been using the hardware, but has not paid for it; 2. maintenance fee; 3. software royalty. We have quoted our price before, but your hospital didn't say whether to accept it or not and your standard. As for the hardware, it is mainly to confirm whether it is used in your hospital, if it is used, relevant payment can be made. As for the server, we have provided the quotation for Series X 3850 and 1286. Zhang (Zhang 1, the same below): Shortly before the end of last year, we were still on the third floor of the emergency building. At that time, there was an emergency in your hospital, so we used our server to complete an emergency backup for your hospital. Later, your hospital asked us to move all the servers from the emergency building to the computer room. Those servers were all ours at that time. We asked your hospital to prepare a list, but your hospital didn't, and has been using the servers. Wang (Wang, the same below): Is the equipment in the computer room? Zhou (Zhou, the same below): Yes, the equipment has been moved over there. Wang: Have you made an offer for the two servers? Zhang: Yes, we have made an offer. Ji: RMB 225 000 for one sever, and RMB 168 000 for another, totaling RMB 393 000. Wang: Is there any other hardware? Zhang: We have installed the switches and completed the network cabling of the physical and mental rehabilitation building when the auditing department installed the prescription statistics software ... Wang: How was the cabling of the physical and mental rehabilitation building arranged at that time? Zhang: Your hospital carried out a bidding activity at that time, and a company won the bid. So we washed our hands of the cabling. Later, as the system cannot access the Internet, your hospital notified us to do the same, and we did, but didn't discuss the price. Wang: Which leader told you to do that? Zhang: President Duan, he called us at a meeting. Wang: Tell me your price for cabling now. Ji: RMB 163 960... Wei (Wei, the same below): 1. I was responsible for DELL switch, the entire security system and backup. I divided the network into several routes, one for the inpatient department, one for the outpatient building, and one for the physical and mental rehabilitation building, so that no other route will be affected if any problem occurs to one route, but now all routes will be affected as long as there is a problem. 2. There is a mirrored switch for prescription statistics software, which is one layer higher than general switches. The others are ordinary switches. There are 8 switches, 22 computers, and 2 printers in the physical and mental rehabilitation building. The fused fibers and cables thereof were laid by me. The logistics building was also laid with fused fibers and cables. In addition, there was a fiber laid in the emergency building, and other modules and accessories. Besides, there was a UPS equipped in the emergency building due to frequent power failures." The price of servers with operating system and database, and technical services were calculated together. Your hospital used 4 300G hard drives, worth RMB 5500 in an old 3850 server. The price thereof was subject to that provided by the equipment department of your hospital. But there is no backup in the system now... Ji: So the cost of hardware is RMB 185 960, RMB 225 000 is deducted, and RMB 168000 is added... Hang (Hang, the same below): How many systems used by the hospital are provided by your company? Zhang: One, HIS system... Zhang: The key is that the maintenance fee has not been paid even now, and we have to determine whether to continue the maintenance work. Now, your hospital asks us to provide maintenance services, but refuses to pay for it, this makes us difficult... Gou (Gou, the same below): What is the total subject amount? Zhang: The maintenance fee was divided into three sections from 1999 to 2008, RMB 50 000/year from 1999 to 2001, RMB 100 000/year from 2001 to 2003, RMB 150 000/year from 2003 to 2009, and RMB 260 000/year from 2009 to the present... Wang: We have reached an agreement that no maintenance fee will be charged if there is magnetic card fee, right? The maintenance fee will be charged only if the magnetic card fee is reduced to RMB 1.00. Ji: No agreement is signed. Gou: So the annual increase in maintenance fee cannot be ratified by the hospital retroactively... Zhang: Now, we come clean with you, how to solve it. Wang: As for the hardware, if it is confirmed that it is used in the hospital, the hospital will pay for it; as for the maintenance fee, since the leadership team has changed several batches, it is impossible for us to call the leaders back to explain, but we retained the meeting minutes, and their successors admitted such minutes. There is a meeting minute about the maintenance fee, which indicates that after the card fee is reduced to RMB 1.00, the maintenance fee will be charged at RMB 260 000/year based on the actual days of incurring it... the previous maintenance fee is covered by the card fee... is there any software royalty? ... If yes, when will it be calculated, what is the calculation basis? What is the source? What is the basis? These are the core issues... Zhang: We are running out of money, can you pay us some money on Monday so as to tackle our matter of extreme urgency? Wang: We will report it, and hold a meeting to discuss it, but the network must run normally. Zhang: The 6 – month maintenance fee cannot be talked about together with and be offset by the loan of RMB 380 000. The latter includes the cost of hardware of RMB 200 000, and the maintenance fee of RMB 180 000. Before this, there was still a maintenance fee totaling RMB 260 000. Now, your hospital owes us a maintenance fee of about RMB 400 000. Zhou: The maintenance fee we owe you was incurred in the 6 months from December 4, 2013 to present, the reason why we didn't pay it is because it was controversial...... Zhang: We are now in a pressing need, can you pay for the 22 computers in Monday? Wang: As a public institution, our equipment must be purchased by the government, you have to complete relevant procedures. Guo (Guo, the same below): We are coordinating this matter for you, it can be resolved. But not on Monday, you have to complete all relevant procedures."

On July 7, 2014, the Plaintiff and the Defendant held a meeting on the cost of hardware. According to the meeting minutes submitted by the Defendant, Han attended this meeting on behalf of the Defendant, and the remaining attendees of this meeting were the same with those of previous meeting. The following conversations occurred in this meeting: "Hang: Now, let's check the information about the hardware. 7 big items in the machine room of the network center... It would be better to ask the network center to say! Han (Han, the same below): 2 IBM 3850M2 servers, memory: 8GB; operating system: Windows Server 2003; master server, operating system 2003, IBM3850X5; 7 switches in the computer room, including 2 H3C S1224, 2 Huawei S2300, 1 DEL 2478, 2 H3C S5000 (with 3 modules); 11 optical modules, none of them have been used; large cabinet for KVM, which is in use; 1 UPS, which has not been used; 4 photoelectric conversion equipment, which are in use; 7 S3Cs in the physical and mental rehabilitation building and the general affairs building; Tsinghua Tongfang servers in the emergency center, which are in use. Hang: I consulted the price department, the prices you offer are quite different. Han: There is no record about fused fiber fee, and network cable. Hard drives of servers, optical fiber box, and optical fiber... Wei: 16TB network storage, database, 8 hard drives... Wei: Except for optical fiber, fused fiber fee, and USB flash disk you missed, the other quantity in your record is consistent with that in our record. As for the network cabling in the physical and mental rehabilitation building, other company won the bid, with an amount of about RMB 50 000. I did not win the bid. President Zhu and Section Chief Zhang called me to do cabling. It's been a long time since the cabling, I cannot remember the price. Ji: There is no problem in quantity, the price is RMB 570 000, and the hospital's offer is less than RMB 300 000... Wei: I checked the list, we offered about RMB 31 000 for 2 Huawei 2300, and one module thereof is worth more than RMB 7000. The price of 2 DEL 500 switches is RMB 8 000/set, there is a price difference as no DEL switch will be sold at RMB 5000. In addition, the price of photoelectric conversion equipment is about RMB 900/set. Hope you can provide us a higher price, we have to go. Ji: At first, we intend to add RMB

600 000, but now we cut the price by RMB 80 000, which means we will add RMB 520 000... Wang: 10% price fluctuation is required in the bidding. We are not bidding now. If there is a great price difference, the hospital can neither enter relevant expenses in its account, nor complete relevant procedures with the finance bureau. Guo: Lawyer Ji, please ask them if they can further decrease the price difference. Hang:... Lawyer Ji, could you discuss with Wei again, after all, he bought something for the hospital without the hospital's consent, although the hospital had tacitly consent to the same and recognized Wei's work. Ask Wei to figure out the hardware and accessories, and the accurate price. How much can he reduce the price? For the hospital, the price fluctuation cannot exceed 10% based on the price determined by the hospital. Ji: We disagree with adjusting the price hardware, could you consider adjusting the maintenance fee? Maybe, this will make you feel better. Hang: I think the price he quoted is higher than that obtained by the hospital during its visit to the finance bureau. Ji: How will you pay for maintenance? Zhou: According to the meeting minutes, the maintenance fee will be paid after the card fee reduces to RMB 1.00, namely from 2011." The next day, the above – mentioned personnel held another meeting, and Zhang 4 attended this meeting on behalf of the Defendant. The following conversations occurred in this meeting: "Hang: ... 1. Yesterday, Wei checked the hardware configuration, and said that 4 hard drives and 1 optical module need to be added so that the quantity of hardware indicated by the parties is exactly the same, and the network center will be held liable for any inconsistency thereof in the future; 2. maintenance fee; 3. hope that Shanghai Shuorui will state clearly its stand before the new network is put into use. Qingyang People's Hospital has increased the price it offered yesterday by about RMB 70 000, including 4 hard drives and 1 optical module proposed by Wei. Wei: This price is too low and needs to be adjusted upwards. There are 8 16TB hard drives, each one is RMB 9600... Hang: Increase the price of the hard drives by RMB 20 000, now, the estimated price is RMB 440 000... Wang: Do you still keep these articles? Later, you have to return them to the hospital. Zhang: Yes, definitely. No problem. How about RMB 480 000, that is to say, further increase RMB 10 000... Ji: We are talking about service fees, but your hospital keeps mentioning magnetic cards, which have nothing to do with the servers... Wei: I refuse to offset the maintenance fee with the magnetic card fee... Hang: We basically get the maintenance fee clear. Since the hospital has reached a certain scale in 2009, the maintenance fee has been put on the agenda. We will pay maintenance fee from August 2011 at the price of RMB 260 000/year. Before 2009, we are still a small hospital. Ji: We quoted a price of

RMB 50 000/year before 2009, RMB 100 000/year from 2001 to 2003, RMB 150 000/year from 2003 to 2008, and RMB 260 000/year after 2009 for your hospital. How about the cost of hardware? Hang: As for the hardware, we need to communicate with the finance department. I have already called President Zhang. As for the maintenance fee, I think it is necessary to hold a team meeting and determine a base. Currently, there is a great price difference between us... Wei: We will fully cooperate with your arrangement...In terms of the maintenance fee, we hope that your hospital can increase your budget. Ji: The cost of hardware given by your hospital is RMB 466 400, we propose to increase by RMB 10 000; it will be difficult to reach an agreement on the maintenance fee in the future if there is a great price difference; as for the software fee, we hope your hospital can put forward a solution. Hang: Thank you very much, lawyer Ji, this is the end of this round of conversation. We will talk about it at the team meeting tomorrow."

(Ⅲ) Transfer of creditor's rights among the relevant enterprises involved in this case

On August 7, 2006, Shuohui Trading (Party A) and Shuohui Electronic entered into an *Agreement*, in which the parties agreed that: "In order to facilitate Party B's provision of system development and maintenance services for Qingyang People's Hospital in the future, Party A hereby decides to transfer all the rights and obligations incurred in its cooperation with Qingyang People's Hospital to Party B from the date of signing this Agreement. The foregoing rights include, but are not limited to, all the rights such as creditor's rights, property rights, and intellectual property rights."

On June 23, 2010, Shuohui Electronic (Party A) and the Plaintiff entered into an *Agreement*, in which the parties agreed that: "Whereas: 1. Party A is an entity being responsible for the development and maintenance of the hospital information management system software of Qingyang People's Hospital in Gansu Province; 2. Qingyang People's Hospital has decided to entrust Party B to take charge of the development and maintenance of its hospital information management system software. In order to facilitate Party B's provision of system development and maintenance services in the future, Party A hereby decides to transfer all the rights and obligations incurred in its cooperation with Qingyang People's Hospital to Party B. Now, therefore, the parties hereby reach the following agreement: Party A will transfer all the rights and obligations incurred in its cooperation with Qingyang People's Hospital to Party B from the date of signing this Agreement. The foregoing rights include, but are not limited to, all the rights such as creditor's rights, property rights, and intellectual property rights."

(Ⅳ) During the trial of this case, the Defendant stated that: 1. Before 2008, it was a Grade Ⅱ Level A hospital with a total of 200 -300 beds; after 2008, it moved into a new inpatient building and expanded its scale. In April 2011, it was promoted to a Grade Ⅲ LevelA hospital, with its number of beds reaching 1 700 in 2017. 2. The Defendant has an inpatient building, an outpatient building, an emergency building, and a physical and mental rehabilitation building, but has no separate administrative building. The pharmacy department is located on a floor in the physical and mental rehabilitation building. In addition, it has a specialized infectious disease department, and an inpatient ward in the emergency building (namely impatient department Ⅱ).

This Court held that according to the defense opinions of both parties, the focus of the dispute in this case covers: (1) whether there is a contractual relationship with respect to the software development between the Plaintiff and the Defendant; (2) whether the Plaintiff's claim for software development fee, maintenance fee, cost of hardware and consumables against the Defendant could be supported.

In terms of the first focus of the dispute, the Plaintiff held that thc Defendant entrusted the Plaintiff to develop the hospital information management system, but stated that it has to complete a bidding process before signing contract, so the parties agreed that the Plaintiff would develop relevant software first, and a written contract would be signed after the completion of the bidding process. Later, the Plaintiff completed the development at the end of 2010, and the Defendant did put the same into use. Therefore, there is a contractual relationship with respect to the software development between the Plaintiff and the Defendant. The Defendant held that the software it used was developed by "Xi'an Jiaotong University Ruisen Group Kanglong Company" and officially launched on April 25, 1999. There is only software maintaining relationship between the Plaintiff and the Defendant, instead of any contractual relationship with respect to the software development. The SIPC held that Article 36 of the *Contract Law of the People's Republic of China* provides that where a contract is to be concluded by a writing as required by the applicable laws or administrative regulations or as agreed by the parties, if the parties thereto fail to conclude the contract in writing, but one party has performed its main obligation thereunder and the other party accepted the performance, the contract is formed. In this case, first of all, according to the *Software Product Registration Certificate*, and the *Computer Software Copyright Registration Certificate* submitted by the Plaintiff, the Plaintiff is the copyright owner of "Shuorui T&T Hospital Management Software V7.0". Second, the *User Certificate* issued by the Defendant to the Plaintiff on April

29,2011 indicated that "the information system currently used by our hospital is a software product (T&T V7.0) developed by Shanghai Shuorui (hui) Electronic Technology Co.,Ltd., which runs smoothly ...". The *Certificate* issued by the Defendant to the Plaintiff on March 8, 2012 indicated that "Shanghai Shuorui Electronic Technology Co.,Ltd. (formerly Shanghai Shuohui Electronic Technology Co.,Ltd.) has been a supplier of the network software and hardware system of the People's Hospital since 1999, and the system has been repeatedly upgraded...". The *Certificate of Employment* issued by the Defendant to the Plaintiff on November 27, 2013 indicated that "Shanghai Shuorui (hui) Electronic Technology Co.,Ltd. is a supplier of the network application software system of the emergency building, outpatient department, inpatient building, inpatient department Ⅱ, infectious disease building and neurology department logistics office building of our hospital, providing prescription statistics software with interfaces, and government departments such as supervision department, auditing department, and drug regulatory department with data services that meet relevant requirements. It has been responsible for the upgrade and daily maintenance of our hospital's network system software ...". It can be determined from the content stated in the above certificates that the information management system software developed by the Plaintiff for the Defendant was put into use by the Defendant indeed, and the Defendant clearly stated in the certificate that it agreed to the Plaintiff's participation in the bid for the information management system software. Third, the software modules used by the Defendant at that time as confirmed by the Defendant in the *List of Software Modules* submitted by the Defendant are partially the same with those developed by the Plaintiff, and the Defendant confirmed in court that it had an inpatient building, an outpatient building, an emergency building, and a physical and mental rehabilitation building, and the above buildings and relevant departments match with those using relevant software as claimed by the Plaintiff. To sum up, although the parties in this case did not enter into a contract in writing, the Plaintiff has fulfilled the software development obligations and delivered the software to the Defendant, and the Defendant did put it into use. Therefore, the SIPC determined that the contractual relationship with respect to the software development between the parties was established in accordance with the law and was legally binding upon the parties. The SIPC challenged the Defendant's relevant arguments.

In terms of the second focus of the dispute, the SIPC held that Shuohui Trading and Shuohui Electronic entered into an *Agreement* on August 7, 2006, whereby Shuohui Trading transferred its creditor's rights to Shuohui Electronic; and Shuohui

Electronic and the Plaintiff entered into an *Agreement* on June 23, 2010, whereby Shuohui Electronic transferred its creditor's rights to the Plaintiff. The Plaintiff stated that it had verbally informed the Defendant of the transfer of the above – mentioned creditor's rights. Although the Defendant denied, it can be seen from the relevant evidence submitted by the parties that the Defendant was aware of the transfer of the creditor's rights. Even if the Defendant has not received the Plaintiff's oral notice, the claims lodged by the Plaintiff against the Defendant by filing lawsuit can be deemed as a notice on the transfer of the creditor's rights, and such notice will take effect on the Defendant upon the delivery of the litigation materials related to this case to the Defendant. Therefore, the relevant creditors' rights previously enjoyed by Shuohui Trading and Shuohui Electronic in the Defendant belonged to the Plaintiff, and the Plaintiff has the right to make claims against the Defendant.

In this case, the Plaintiff required the Defendant to pay software development fee (including initial technology development fee, secondary supplementary development fee), cost of hardware and consumables [including inquiry cards (magnetic cards) and other hardware], and maintenance fee. The SIPC will analyze and judge whether the various fees claimed by the Plaintiff can be supported based on the facts ascertained in this case and the evidence of record.

(Ⅰ) As for the software development fee

As stated in the first focus of the dispute by the SIPC, the contractual relationship with respect to the software development between the parties was established. The Plaintiff has fulfilled the software development obligations and delivered the software to the Defendant, and the Defendant did put it into use. Therefore, the Defendant shall pay corresponding software development fee. The Plaintiff claimed that the software development fee totaled RMB 5 178 000 (including the initial technology development fee of RMB 3 786 000 and the secondary supplementary development fee of RMB 1 392 000); therein, the initial technology development fee was calculated by the Plaintiff based on the software price determined in the relevant software bid winner announcement and transaction announcement released by the Defendant in 2014 (RMB 3 670 000 for HIS and RMB 958 000 for PACS, totaling RMB 4 628 000). The SIPC held that, first of all, the Plaintiff did not submit any evidence to prove that both the Plaintiff and the Defendant had reached an agreement on the software development fee claimed by the Plaintiff through negotiation, and the existing evidence submitted by the Plaintiff could not prove the amount of the software development fee claimed by the Plaintiff. Second, the legal representative of the Plaintiff, Zhang 1, clearly stated that the

Defendant only used one system of the Plaintiff, namely HIS, at the meeting held by the parties on May 10, 2014 for the purpose of discussing the matters in dispute. Third, the Plaintiff stated in the bidding challenge letter sent to the Defendant on October 21, 2014, "we explained our reasonable demands, proposed to solve the problem through competitive negotiation, and provided a total price of RMB 2.49 million for the software system in line with all the conditions set forth in the bidding document...We have also mentioned an agency contract of a large domestic company for the complete system of a hospital with a total price of about RMB 2 million as a basis". Therefore, based on the facts of the software development carried out by the Plaintiff, the offer of the Plaintiff in its bidding challenge letter, and the transaction amount of the HIS as determined in the Defendant's relevant software transaction announcement in 2014, the SIPC determined at its own discretion that the software development fee was RMB 2 250 000. This Court supported part of the Plaintiff's claims for software development fee.

(Ⅱ) As for the cost of hardware and consumables [including inquiry cards (magnetic cards) and other hardware]

The Plaintiff claimed that the cost of hardware and consumables totaled RMB 2 521 150 (including cost of servers running online in the hospital of RMB 393 000, system integration cabling cost of RMB 207 960, cost of hardware for data backup and emergency backup of RMB 720 120, cost of hardware for R&D equipment of RMB 393 070, material cost of inquiry cards (magnetic cards) of RMB 800 000, barebone interface debugging controller cost of RMB 7 000). (1) As for the cost of inquiry cards (magnetic cards) The Plaintiff claimed that it provided the Defendant with a total of 349 000 inquiry cards (magnetic cards) from 2003 to 2013. However, the Defendant only paid for 189 000 thereof. The Defendant acknowledged that it had received a total of 309 000 inquiry cards (magnetic cards), and paid all expenses thereof. For the 40 000 inquiry cards (magnetic cards) over which the parties have disputes, the Plaintiff submitted a receipt for 20 000 cards thereof issued by Li, an employee of the Defendant working in the computer room on September 10, 2010, so the SIPC determined that the Plaintiff had provided these 20 000 cards to the Defendant; as for the other 20 000 cards, the Plaintiff confirmed that it had not delivered them to the Defendant, so the SIPC did not recognize their delivery. As for the unit price of the inquiry cards (magnetic cards) and related expenses, the evidence of record suggested that the unit price of the 120 000 inquiry cards (magnetic cards) from 2012 to 2013, for which the Plaintiff claimed that the Defendant did not pay, in the invoice issued by the Plaintiff was RMB 1.00, and the

Defendant had paid the entire cost at the unit price of RMB 1.00. The Defendant clearly stated at that time that "after the card fee is reduced to RMB 1.00, the maintenance fee will be charged at RMB 260 000/year", although the Plaintiff did not accept such claim, the invoice constituted the settlement voucher for these inquiry cards (magnetic cards) between the parties. In addition, what the Defendant say can be mutually confirmed with the invoice issued by the Plaintiff and other relevant evidence submitted by the Defendant, therefore, this court adopted the Defendant's opinion and dismissed the Plaintiff's claim for the cost of the 120 000 inquiry cards (magnetic cards). As for the 20 000 inquiry cards (magnetic cards) for which Li, an employee of the Defendant working in the computer room, signed on September 10, 2010, the SIPC has ascertained that the unit price of the inquiry card (magnetic card) in the same period was RMB 5.5, so the Defendant should pay for the 20 000 inquiry cards (magnetic cards) at the price of RMB 5.5/card. (2) As for other hardware cost, first, except for the Dell desktop computers and printers for which the parties had entered into a contract with a clear agreement on the amount (which has been paid by the Defendant to the Plaintiff on October 28, 2014), the existing evidence submitted by the Plaintiff cannot prove the amount of the remaining hardware cost claimed by it. Second, the hardware currently in the possession of the Defendant as confirmed by the Defendant is mostly consistent with that determined by the parties at the meeting held for the purpose of discussing the matters in dispute. The price originally proposed by the Plaintiff was RMB 570 000. After negotiation, the Plaintiff quoted a price of RMB 470 000, while the price finally accepted by the Defendant was RMB 460 000 +. Third, it can be seen from the negotiation process at the above - mentioned meeting that the quotation at that time should include all the hardware (except for Dell desktop computers and printers) provided to the Defendant as claimed by the Plaintiff, and the hardware of the R&D equipment claimed by the Plaintiff in this case should be purchased by the Plaintiff as a software developer at its own expenses. Therefore, based on the hardware proved to be delivered to the Defendant by existing evidence, the negotiation between the parties at the meeting held for the purpose of discussing the matters in dispute and relevant offers, the SIPC determined at its own discretion that the hardware cost was RMB 500 000, and supported part of the Plaintiff's claims for hardware cost.

(Ⅲ) As for the maintenance fee

The Plaintiff and the Defendant have no dispute over the software maintenance relationship between them, but have a dispute over the payment of the maintenance fee before 2010 and after November 4, 2014, and the outstanding amount in the payable maintenance fee.

1. As for the maintenance fee of the information management system. (1) According to the evidence of record such as the invoices of and the payment vouchers for the maintenance fee, the Defendant had handwritten a note on the reverse of the invoice issued on December 31, 2011 for the maintenance fee from August 4, 2009 to August 4, 2010, reading "due to failure to reach an agreement on the maintenance contract, President Duan, and President Zhang agree to pay maintenance fee of RMB 260 000, and a note on the front of the same invoice, reading "loan of RMB 200 000 deducted, balance paid"; for the maintenance fee from August 4, 2010 to August 4, 2014, the Plaintiff issued the invoice according to the standard of RMB 260 000/year, and the Defendant paid the Plaintiff the maintenance fee from August 4, 2010 to August 4, 2011, from August 4, 2012 to August 2013, from August 4, 2013 to November 4, 2013, and from May 4, 2014 to August 4, 2014 based on the above standard, totaling RMB 650 000, and offset the maintenance fee from August 4, 2011 to August 4, 2012, and from November 4, 2013 to May 4, 2014 based on the same standard, totaling RMB 390 000, with the loan of RMB 380 000 provided by the Defendant to Wei, and paid the shortage thereof, therefore, it can be determined that the Plaintiff and the Defendant unanimously confirmed that the Defendant paid the maintenance fees to the Plaintiff at the standard of RMB 260 000/year from August 4, 2009 to August 4, 2014. As for the maintenance fee that the Defendant had offset with Wei's loan from the Defendant, the Plaintiff and Wei held that only the maintenance fee borrowed by Wei from the Defendant can be used to offset the maintenance fee, while the hardware cost borrowed by him cannot, therefore, the SIPC will clarify this issue in the final handling opinions. (2) As for the maintenance fee from August 4, 1998 to August 4, 2009 claimed by the Plaintiff, the existing evidence submitted by the Plaintiff cannot prove that it and the Defendant have reached an agreement on the payment and the payment standard of the maintenance fee during the above period. Based on the Defendant's opinion adopted by the SIPC in determining the unit price of the inquiry cards (magnetic cards) that "after the card fee is reduced to RMB 1.00, the maintenance fee will be charged at RMB 260 000/year", and the statement "now, your hospital owes us a maintenance fee of about RMB 400 000" made by the Plaintiff at the meeting held for the purpose of discussing the matters in dispute, the SIPC dismissed the Plaintiff's claim for the maintenance fee during the above period. (3) As for the maintenance fee from August 4, 2014 to November 4, 2016 claimed by the Plaintiff, the Defendant clearly expressed its willingness to pay the maintenance fee of RMB 65 000 from August 4,

2014 to November 4, 2014 to the Plaintiff, so the SIPC supported such maintenance fee claimed by the Plaintiff; as for the maintenance fee from November 4, 2014 to November 4, 2016 claimed by the Plaintiff, the Defendant had notified the Plaintiff in April 2014 to prepare for the termination of network services, and notified the Plaintiff twice in October of the same year to properly deal with the aftermath. In addition, the Defendant's new information system was also put into operation in October of the same year. It is the Plaintiff's assistance obligation to deal with the issues left over from the original system for the Defendant during this period after the termination of the software maintenance relationship between the parties, therefore, the SIPC dismissed the Plaintiff's claim for the maintenance fee during the above period.

2. As for the maintenance fee of the rural cooperative medical insurance system The Plaintiff claimed that the outstanding maintenance fee was RMB 32 120. According to the evidence of record such as the invoices of and the payment vouchers for the maintenance fee, the Defendant has paid the maintenance fee from 2010 to the first half year of 2013 to the Plaintiff in accordance with the standard of RMB 12 000/year, totaling RMB 42 000, and clearly expressed its willingness to pay the maintenance fee for the second half year of 2013 of RMB 6000 and the interface deposit of RMB 3000; the remaining maintenance fee should be calculated in accordance with the above standard until the Defendant notified the Plaintiff to terminate the software maintenance in October 2014. Therefore, the Defendant should pay the Plaintiff a total of RMB 19 000 for such service.

In summary, the Defendant should pay the Plaintiff the software development fee of RMB 2 250 000, the cost hardware and consumables of RMB 610 000 [including the cost of the inquiry cards (magnetic cards) of RMB 110 000], and the maintenance fee of RMB 464 000 (including RMB 380 000 offset by the Defendant with Wei's loan). In this case, the Plaintiff, the Defendant, and Wei all agreed to offset Wei's loan of RMB 380 000 from the Defendant in the settlement of the expenses, but held different opinions on whether such loan should be fully used to offset the maintenance fee or to respectively offset both the maintenance fee and the hardware cost in accordance with the loan purpose. However, as both the maintenance fee and the hardware cost payable by the Defendant to the Plaintiff as determined by the SIPC exceed the amount in the loan for the corresponding purpose, there is no difference between the separate offset and the combined offset, so the SIPC determined that after offsetting the loan, the Defendant should pay the Plaintiff the software development fee of RMB 2 250 000, the cost of hardware and consumables, and the maintenance fee of RMB 694 000. In addition, the SIPC has to point out that after the Defendant has paid the Plaintiff all the payables in full, the Plaintiff should transfer the relevant data related to the software in dispute and return the office currently used by it to the Defendant.

In summary, in accordance with Articles 8, 36, 60, 80, 100 and 109 of the *Contract Law of the People's Republic of China*, Article 64(1) of the *Civil Procedure Law of the People's Republic of China*, and Article 90 of the *Interpretation of the Supreme People's Court on the Application of the Civil Procedure Law of the People's Republic of China*, the Judgment is hereby made as follows:

Ⅰ. The Defendant Qingyang People's Hospital shall pay the software development fee of RMB 2 250 000 to the Plaintiff Shanghai Shuorui Electronic Technology Co., Ltd. within ten days from the effective date of this Judgment;

Ⅱ. The Defendant Qingyang People's Hospital shall pay the cost of hardware and consumable fees and maintenance fee totaling RMB 694 000 to the Plaintiff Shanghai Shuorui Electronic Technology Co., Ltd. within ten days from the effective date of this Judgment;

Ⅲ. The remaining claims of the Plaintiff Shanghai Shuorui Electronic Technology Co., Ltd. were dismissed.

If the Defendant Qingyang People's Hospital fails to fulfill their obligations of pecuniary payment within the period specified by this Judgment, it shall pay double interest on the debt for the belated payment in accordance with the provisions of Article 253 of the *Civil Procedure Law of the People's Republic of China*.

The acceptance fee of the case was to be RMB 92 757, RMB 69 666 of which was to be borne by the Plaintiff Shanghai Shuorui Electronic Technology Co., Ltd., and RMB 23 091 by the Defendant Qingyang People's Hospital.

Either party that refuses to accept this Judgment as final may, within 15 days after service of this Judgment, appeal to the Shanghai High People's Court by submitting an appeal petition to the SIPC together with a sufficient number of copies for each person of the opposing party.

Presiding Judge Wu Yingzhe
Judge Liu Jing
People's Juror Wu Huili
December 21, 2018
Judge Assistant Xie Ling
Clerk Zhu Lina

Annex: Relevant Laws

Ⅰ. *Contract Law of the People's Republic of China*

Article 8 A lawfully formed contract shall be legally binding on the parties thereto. The parties shall perform their respective obligations in accordance with the contract, and no party shall unilaterally modify or rescind the contract.

A lawfully formed contract is protected by law.

Article 36 Where a contract is to be concluded by a writing as required by the applicable laws or administrative regulations or as agreed by the parties, if the parties thereto fail to conclude the contract in writing, but one party has performed its main obligation thereunder and the other party accepted the performance, the contract is formed.

Article 60 The parties shall fully perform their respective obligations in accordance with the contract.

The parties shall abide by the principle of good faith, and perform obligations such as notification, assistance and confidentiality, etc. in accordance with the nature and purpose of the contract and the transaction practice.

Article 80 Where the right holder assigns its rights, it shall notify the obligor. Such assignment will have no effect on the obligor without notice thereof.

A notice on assignment of rights given by the right holder shall not be revoked, unless such revocation is consented to by the assignee.

Article 100 Where the parties have obligations towards each other, even if the type and nature of such obligations are different, the obligations can be offset upon consensus between the parties after consultation.

Article 109 If a party fails to pay the price or remuneration, the other party may require the payment thereof.

Ⅱ. *Civil Procedure Law of the People's Republic of China*

Article 64 The parties have the duty to provide evidence in support of their claims.

…

Ⅲ. *Interpretation of the Supreme People's Court on the Application of the Civil Procedure Law of the People's Republic of China*

Article 90 The parties shall provide evidence to prove the facts based on which they make a claim or contradict the claim of the other party, unless otherwise provided by law.

Where any party fails to provide evidence or provides insufficient evidence to prove the facts claimed by it before a judgment is made, the party with the burden of proof shall bear adverse consequences.

4. Dispute between DASSAULT SYSTEMES and Shanghai Zhidou Electric Vehicle Technology Co., Ltd. over Infringement of Computer Software Copyright

The People's Republic of China
Shanghai Intellectual Property Court
Civil Judgment

(2018) H73MC No. 81

Plaintiff: DASSAULT SYSTEMES.

Representative: Zha, General Manager and Director of DASSAULT SYSTEMES.

Agent ad litem: Yuan, lawyer of Shanghai Lingyun Yongran Law Firm.

Agent ad litem: Lu, lawyer of Shanghai Lingyun Yongran Law Firm.

Defendant: Shanghai Zhidou Electric Vehicle Technology Co., Ltd.

Legal representative: Lin, Executive Director of Shanghai Zhidou Electric Vehicle Technology Co., Ltd.

Agent ad litem: Yang, male, employee of Shanghai Zhidou Electric Vehicle Technology Co., Ltd.

Agent ad litem: Chen, lawyer of Guangdong South – Freedom Law Firm.

After filing the case of the Plaintiff DASSAULT SYSTEMES v. the Defendant Shanghai Zhidou Electric Vehicle Technology Co., Ltd. computer software copyright infringement dispute on January 15, 2018, the SIPC tried this case based on the ordinary procedure as required by law. On March 12 and April 3, 2018, the SIPC organized two pre – trial conferences between both parties. On April 13, 2018, the SIPC held a public hearing on this case. Yuan and Lu, agents ad litem of the Plaintiff DASSAULT SYSTEMES appeared in court. The Defendant Shanghai Zhidou Electric Vehicle Technology Co., Ltd. was subpoenaed by the SIPC, but refused to appear in court without justifiable reasons, so the SIPC tried this case in accordance with the law in the absence of the Defendant. This case has now been concluded.

The Plaintiff DASSAULT SYSTEMES requested the SIPC to: (1) order the Defendant to immediately stop infringing upon the Plaintiff's copyright; (2) order the Defendant to compensate the Plaintiff for the financial loss of RMB 18 452 210 (the following currencies are RMB); (3) order the Defendant to bear the attorney's fees of RMB 150 000 paid by the Plaintiff for this case. Facts and grounds: The Plaintiff is a world leading provider of product lifecycle management software. With its substantial investment, it has developed various versions of CATIA series computer software including the software in dispute CATIA V5 R20, and enjoys the software copyright in accordance with the law. The above software was first published in France and legally registered with the U. S. Copyright Office. Both France and China are member states of the *Berne Convention for the Protection of Literary and Artistic Works*. In accordance with the principles established by the Convention and the relevant Chinese laws, the copyright of the Plaintiff with respect to the above - mentioned software is protected by Chinese laws. In order to guarantee the rights and interests of legitimate users and provide technical support for them, the Plaintiff set up a user database to store users' registration information and purchase records. Established in February 2015, the Defendant is an innovative modern enterprise dedicated to the research and development and manufacturing of a new generation of clean vehicles for mankind - urban micro - travel pure electric vehicles. The Plaintiff discovered that the Defendant illegally copied, installed, and commercially used the CATIA software that the Plaintiff had the copyright on relevant computers at its business premises at No. 118 Zhangpu Road, Anting Town, Jiading District, Shanghai, without the authorization of the Plaintiff. Therefore, the Plaintiff entrusted an attorney - at - law to send an *Attorney Demand Letter* to the Defendant in August 2016, hoping to communicate on the matter, but failed. In February 2017, the Plaintiff filed a complaint with the Shanghai Cultural Market Administrative Law Enforcement Corps (hereinafter referred to as the "Cultural Law Enforcement Corps") against the Defendant's above - mentioned infringement. On February 22, 2017, the Cultural Law Enforcement Corps conducted an on - site inspection of the Defendant's computer at the above - mentioned business premises and found the CATIA software in dispute was installed on 8 computers, which was all infringing software that was not authorized by the Plaintiff. After that, the Defendant signed a reconciliation agreement with the Plaintiff through negotiation, and the Plaintiff authorized its sales agent Shanghai Yunhua Electronic Tech. Co., Ltd. (hereinafter referred to as "Yunhua") to sign a software sales contract with the Defendant, but the Defendant failed to perform the contract. For this reason, the Plaintiff applied to the Shanghai Intellectual Property Court for evidence preservation before litigation. On December 13, 2017, the court carried out evidence preservation on the relevant information of the CATIA software on the computer at the above - mentioned business premises of the Defendant. After counting, there were a total of 73 computers at the Defendant's business premises. The court randomly checked 15 of them and made it clear that it would estimate the installation of CATIA software on all computers at the business premises based on the proportion of CATIA software installed on the randomly – checked computers. The results of the spot check were that the CATIA software in dispute was installed on all of the 15 computers, which was all infringing software that was not authorized by the Plaintiff. The Plaintiff held that the Defendant's above actions violated the Plaintiff's right to reproduce the software in dispute. The market price of the software in dispute was RMB 252 770 per set. According to the clear estimation method at the time of evidence preservation by the court, it could be considered that all 73 computers at the Defendant's business premises were equipped with the software in dispute, thereby causing financial losses of RMB 18 452 210 to the Plaintiff. If the court did not approve the calculation method of the above financial losses, in view of the Defendant's great subjective malice and serious infringement, the court shall apply punitive damages to the Defendant, which shall be determined at an amount one to three times the amount of the Plaintiff's losses determined by the court. In summary, the Plaintiff requested the court to support its claims above.

The Defendant Shanghai Zhidou Electric Vehicle Technology Co., Ltd. argued at a pre – trial conference that: (1) The Defendant was once a department subordinate to the former Shandong Xindayang Electric Vehicle Co., Ltd. (hereinafter referred to as "Shandong Xindayang"), and was established independently in Shanghai in 2015 for a relatively short period. (2) Shandong Xindayang purchased 8 sets of CATIA V5 software from the Plaintiff on July 31, 2015, and it is agreed in the purchase contract that the software licensed is the CATIA Hybrid Design Config HD2, but the sales agent Shanghai Zhima Information Technology Co., Ltd. (hereinafter referred to as "Zhima") of the Plaintiff that signed the purchase contract with Shandong Xindayang at that time stated that all modules of the CATIA V5 software could be used and gave Shandong Xindayang 8 registration numbers. After the Defendant was established, the computers equipped with the 8 sets of software were moved to the Defendant's current business premises, and such 8 sets of software were those found by the Cultural Law Enforcement Corps during the on – site law enforcement in February 2017. (3) After the Cultural Law Enforcement Corps carried out on – site law enforcement, the Defendant reached a reconciliation agreement with the Plaintiff and also signed a software sales contract with Yunhua, indicating that the Defendant has been working hard for the legalization of the software; the reason why the Defendant failed to fulfill the contract was its poor internal management rather than its unwillingness to make payment. After being involved in the lawsuit, the Defendant communicated with the Plaintiff in a timely manner, requesting to continue to perform the software sales contract and pay the contract funds, but the Plaintiff did not agree. (4) The 8 sets of software were purchased by Shandong Xindayang from the Plaintiff at a price totaling RMB 1.5 million, with the unit price less than RMB 200 000; although it is agreed in the software sales contract signed by and between the Defendant and Yunhua that the purchase price of 5 sets of software in dispute totals RMB 1 400 000, it included a service fee of RMB 161 400, and the unit price of the software itself was RMB 207 036. Because the contract was signed during the administrative law enforcement process, the unit price of the software contained punitive factors and was higher than the normal sales price, and the longer the software was published, the cheaper the price was; also, the Plaintiff also confirmed in the Cultural Law Enforcement Corps that the unit price of the software in dispute is RMB 81 755, the Plaintiff's claim of the unit price of the software in dispute of RMB 252 770 per set was obviously too high and lacked basis. (5) The Defendant had purchased social insurance for more than 100 employees, but many of them were sent to other places to work; only 30 – 50 engineers worked stably at the Defendant's business premises, and there were not many logistic personnel, so not all of the 73 computers were actually installed with the software in dispute. Therefore, the Defendant did not agree to the Plaintiff's calculation method of its financial losses, and the Plaintiff had no evidence to prove how much loss the Defendant's infringement caused to the Plaintiff. Moreover, the Defendant did not have the subjective malice of the infringement, so punitive damages should not be applied.

During the trial of this case, as both parties submitted evidence around their respective claims, the SIPC organized exchange and cross – examination of these evidence. Among them, the Notarial Deed [(2015) HDZZ No. 491] (notarized content is the Software Registration Certificate numbered TX 7 – 484 – 915 and its translation) submitted by the Plaintiff, recruitment information published by the Defendant on relevant websites, Notarial Deed [(2015) HDZJZ No. 8700 – 8725] (notarized content is the *Purchase and Sale Contract* and Shanghai Special VAT Invoice for the purchase of the software in dispute by the outsider), the attorney's fee invoice, the *List of Property Seized and Detained*, *Computer Inventory Form*, *Spot Check on Computer Software*, *Evidence Preservation Records* made and photographs taken by the SIPC during the evidence preservation before litigation, the *Reconciliation Agreement* signed by the Plaintiff and the Defendant and the *CATIA Software Sales*

Contract signed by the Defendant and Yunhua, the *Administrative Penalty Decision* (No. 2320170066), *On – site Inspection Records*, *Computer Software Information On – site Inspection Registration Form*, *Investigation and Inquiry Records* and on – site inspection photos obtained from the Cultural Law Enforcement Corps by the Plaintiff with the investigation order from the SIPC, the *Reconciliation Agreement* signed by the Plaintiff and the Defendant as well as the *CATIA Software Sales Contract* signed by the Defendant and Yunhua, the *Administrative Penalty Decision* (No. 2320170066) issued by the Cultural Law Enforcement Corps (such evidence submitted by the Defendant is the same as that submitted by the Plaintiff), and the *CATIA Software Sales Contract* signed by Shandong Xindayang and Zhima submitted by the Defendant are the evidence to which both parties had no objection, of which the authenticity was confirmed and adopted by the SIPC as appropriate based on its relevance to this case. In addition to the above evidence, the Plaintiff also submitted to the SIPC the *Attorney Demand Letter* and the courier receipt, and the list of CATIA Hybrid Design Config (HD2) modules sent to the Defendant by the lawyer entrusted by it in August 2016. Upon cross – examination, the Defendant didn't recognize the authenticity of such two copies of evidence, and held that it hadn't received the *Attorney Demand Letter*; the software involved in the *CATIA Software Sales Contract* signed by the Defendant and Yunhua did not specify the specific modules and could not correspond with the list of modules submitted by the Plaintiff, and it was impossible to determine whether there was a difference between them. After reviewing such two copies of evidence, the SIPC found that although the Plaintiff submitted the *Attorney Demand Letter* and the courier receipt, it did not submit evidence that the Defendant received the courier receipt, and now the Defendant denied receipt of the courier receipt, so the SIPC didn't adopt such evidence. Although the list of modules was made by the Plaintiff itself, it was basically consistent with the modules in the HD2 agreed in the *CATIA Software Sales Contract* signed by Shandong Xindayang and Zhima submitted by the Defendant. Therefore, the SIPC adopted such evidence.

Based on the representations of both parties, evidential materials of subjects and evidence adopted upon review, the SIPC found the facts as follows:

Ⅰ. Information related to the Plaintiff and the software in dispute

The Plaintiff is a company registered in France, having its business scope included software, digital content and/or computer equipment, especially establishment of 3D design solutions and modeling, and design, development and sales of life cycle or 3D nature and life products for the general public.

The registration certificate for CATIA V5 R20 software issued by the U. S.

Copyright Office specifies that the registration number is TX 7 – 484 – 915, effective date of registration is November 14, 2011, the completion time of works is 2009, the first publication date is February 19, 2010, the country of first publication is France, and both the author and the copyright applicant are the Plaintiff.

Ⅱ. Company profile and the alleged infringement of the Defendant and other facts

Established on February 13, 2015, the Defendant is engaged in the technological development, technological transfer, technological consultation and technological service in the field of electric vehicle technology, new energy vehicle technology and auto parts technology, and product design.

According to the recruitment information posted on www.liepin.com, the positions recruited by the Defendant include suspension structure engineers, charging system engineers, and others, all of which require familiarity with or proficiency in using CATIA software in "qualifications" of the "position description".

On February 10, 2017, the Plaintiff filed a complaint with the Cultural Law Enforcement Corps, claiming that the Defendant copied, installed and used the CATIA software on the computers at its business premises without the Plaintiff's permission, and requested it to order the Defendant to stop the infringement and to investigate and affix the liability for infringement of the Defendant. On February 22, 2017, the Cultural Law Enforcement Corps conducted an on – site inspection at the business premises of the Plaintiff at No. 118 Zhangpu Road, Anting Town, Jiading District, Shanghai, and found that there were 8 working computers at the business premises that had copied and installed CATIA software (1 set of software installed on each computer); in addition, the Cultural Law Enforcement Corps prepared *On – site Inspection Records* and *Computer Software Information On – site Inspection Registration Form* for the inspection situation, and took photos of the inspection site, related computers and software information. The photos taken showed that the background wall of the front desk at the business premises is marked with the words "Geely · Zhidou Technology Integration Center Shanghai Branch". During the investigation of the case, the Cultural Law Enforcement Corps investigated and questioned Ge, the agent ad litem of the Defendant, and Lu, the agent ad litem of the Plaintiff. The *Computer Software Information On – site Inspection Registration Form* prepared by the Cultural Law Enforcement Corps specified 8 computers and relevant software information installed on the computers, including software name and version, host information, software license information (target ID), and others, and that the name and version of the software installed on the 8 computers above was CATIA V5.

On July 4, 2017, the Plaintiff signed a *Reconciliation Agreement* with the Defendant, in which: (1) The Defendant undertakes not to illegally reproduce, authorize to reproduce or use, in whole or in part, any of the Plaintiff's software in and to which the Plaintiff has ownership and/or intellectual property rights, without the Plaintiff's prior express written permission. (2) The Defendant undertakes to sign a software purchase contract with the Plaintiff's authorized sales agent within 5 working days from the date of signing this Agreement, to purchase not less than 5 sets of CATIA software (HD2) with a total contract price (including VAT) not less than RMB 1 400 000. (3) The Defendant undertakes to continue to pay attention to the legitimate use of the software, establish and improve the software assets verification and management rules, and ensure the legitimate use of the Plaintiff's software. The Defendant warrants that it will use and manage the software in strict compliance with the Plaintiff's Software License Agreement. (4) The Plaintiff and the Defendant have reached an consensus that both parties have reached an agreed solution regarding the Defendant's use of CATIA software prior to execution of this Agreement, whereby the Plaintiff will no longer apply to the relevant government department for settlement and make a ruling on this matter, and agree and actively assist the Defendant to submit this Agreement to the relevant government department so that the relevant government department can conclude the case.

On July 14, 2017, the Defendant (Party A) and Yunhua (Party B) signed a *CATIA Software Sales Contract*, in which it is agreed that: (1) The list and the final price of goods sold by Party B to Party A is: For the module of CATIA V5 HD2 PLC, the quantity is 5 sets, and the unit price (excluding tax) is RMB 207 036; for CATIA V5 HD2 ALC, the quantity is 5 sets, and the unit price (excluding tax) is RMB 32 280; the total price subtotals (excluding tax) RMB 1 196 581, and the total RMB price (including 17% VAT) is RMB 1 400 000. (2) Party A shall pay Party B full contract funds totaling RMB 1 400 000 within 5 working days upon execution of the contract; after Party A makes the full payment to Party B, Party B must deliver a 17% VAT invoice indicating an equal amount. (3) Party B completes all deliveries within 30 working days after receiving the advance payment, including delivery of LIC and media CD. After the contract was signed, the Defendant failed to pay the contract funds to Yunhua as agreed, and thus Yunhua did not deliver the software to the Defendant.

On August 21, 2017, the Cultural Law Enforcement Corps issued the *Administrative Penalty Decision* (No. 2320170066), which specified: Upon investigation, it was found that the party (the Defendant in this case) copied, installed and used 8 sets of CATIA software on the working computers in the Technology Integration Center at No. 118 Zhangpu Road, Jiading District, Shanghai in the second half of 2016, and hadn't stopped using the same at the date of inspection. The copyright owner verified that the reproduction of the 8 sets of software had not been authorized by it. The party used the software for viewing technical drawings and other related businesses, which was only a link of the production and business activities, so the business volume and illegal gains couldn't be verified. After the incident, the party signed the *CATIA Software Sales Contract* with Yunhua, the software seller of the copyright owner, purchased the CATIA software at a price of RMB 1 400 000, and obtained the rights to reproduce, install and use the software. Based on the previous purchase contract of the party as a reference and the joint confirmation of the party and the copyright owner, the unit price of the software is RMB 81 755, and the total value of the infringing software is RMB 654 040. The Cultural Law Enforcement Corps held that the party's actions violated the provisions of Item 4 of Paragraph 1 of Article 8 of the *Regulation on Computers Software Protection*, constituted an act of reproducing the software without the permission of the software copyright owner, harming the public interests of the society, and thus the party shall bear the legal liability for infringement upon the copyright owner's copyright. After the incident, the party was able to actively make rectification, uninstall the infringing software, reach a reconciliation with the copyright owner, purchase the genuine software, and obtain legal authorization, thereby alleviating the harmful consequences and effects of illegal acts, which was subject to the terms of reduced punishment set forth in Item 1 of Paragraph 1 of Article 27 of the *Law of the People's Republic of China on Administrative Penalty*, so the Cultural Law Enforcement Corps decided to order the party to stop the infringement and to reduce and make the following administrative punishments in accordance with the law: impose a fine of RMB 65 404.

Based on the Plaintiff's application for evidence preservation before litigation, the SIPC made a civil ruling [(2017) H73ZB No. 16], and on December 13, 2017, carried out evidence preservation for information related to the CATIA software on the Defendant's computers at its business premises at No. 118 Zhangpu Road, Jiading District, Shanghai. After counting, there were a total of 73 computers at the Defendant's business premises. The SIPC explicitly informed that 15 of the computers would be randomly checked for the installation of CATIA software in a proportion of 20%, and it would estimate the installation of CATIA software on all computers at the business premises based on the proportion of CATIA software installed on the randomly - checked computers, to which the Defendant raised no objection. The result of the evidence preservation was: The CATIA software in question was installed on the 15 computers randomly checked, and the target ID of 1 computer was the same as that of the aforementioned computer that used the infringing software as seized by the Cultural Law Enforcement Corps.

Ⅲ. Sales contract signed by the Plaintiff's authorized sales agent and others

On October 24, 2013, Shanghai Bluesea Industrial Development Co., Ltd. (hereinafter referred to as "Bluesea"), the sales agent authorized by the Plaintiff, signed a *Purchase and Sales Contract* with Shanghai Sivax Inc. (hereinafter referred to as "Sivax"), in which it is agreed that Sivax purchased a set of CATIA V5 HD2 software from Bluesea at a unit price of RMB 252 770. On December 13, 2013, Bluesea issued a total of 25 pieces of Special Invoice of VAT in Shanghai to Sivax, indicating a total amount of RMB 252 770, with the "name of goods or taxable labor services" being CATIA V5 HD2 PLC + ALC.

On July 31, 2015, Shandong Xindayang (Party A) and Zhima (Party B) signed a *CATIA Software Sales Contract*, stipulating that Party B would sell 8 sets of the Plaintiff's CATIA HD2 software to Party A at a price (including tax of 17%) totaling RMB 1 500 000, with the training service fee (including tax of 6%) of RMB 255 000. The CATIA HD2 contained 11 software modules such as KE1 (CATIA – Knowledge Expert 1), RT1 (CATIA – Real Time Rendering 1), and ASD (CATIA – Assembly Design 2). The license period of the software is long – term.

Ⅳ. Reasonable expenses claimed by the Plaintiff

On December 25, 2015, Shanghai Lingyun Yongran Law Firm issued a piece of General Invoice of VAT in Shanghai with the number of No. 09705769 to the Plaintiff, with the "name of goods or taxable labor services and services" being the attorney's fee, and the price and tax totaling RMB 150 000.

The SIPC held that the Plaintiff in this case is an enterprise registered in France, making the legal relationship of this case a foreign – related civil relationship in accordance with Item 1, Article 1 of the *Interpretations of the Supreme People's Court on Several Issues Concerning Application of the Law of the People's Republic of China on Choice of Law for Foreign – Related Civil Relationships (I)*. This case is an infringement lawsuit filed by the Plaintiff on the grounds that the Defendant infringed upon the copyright of its computer software. Article 50 of the *Law of the People's Republic of China on Choice of Law for Foreign – related Civil Relationships* provides that the liability for infringement upon intellectual property rights shall be governed by laws of the place where protection is claimed, and the parties may also choose to apply laws of the place where the court is located by agreement after occurrence of the infringement. The place where protection is claimed and the place where the court is located are both the People's Republic of China, so the laws of the People's Republic of China apply to this case.

Paragraph 2 *of Article* 2 *of the Copyright Law of the People's Republic of China* (hereinafter referred to as "*Copyright Law*") provides that any work of a foreigner or stateless person which enjoys copyright under an agreement concluded between the country to which the author belongs or in which the author permanently resides and China, or under an international treaty to which both countries are parties, shall be protected by this Law. *Paragraph* 3 *of Article* 5 *of the Regulation on Computers Software Protection* (hereinafter referred to as "*Regulations on Software Protection*") provides that software copyright enjoyed by foreigners or stateless persons under an agreement concluded between China and the country to which they belong to or in which they have their habitual residences, or, under an international treaty acceded to by China, is protected in accordance with these Regulations. The Plaintiff is an enterprise registered in France. Both China and France are member states of the *Berne Convention for the Protection of Literary and Artistic Works*, of which Article 5 – 1 provides that, Authors shall enjoy, in respect of works for which they are protected under this Convention, in countries of the Union other than the country of origin, the rights which their respective laws do now or may hereafter grant to their nationals, as well as the rights specifically granted by this Convention. The software registration certificate and other evidence submitted by the Plaintiff can prove that it is the copyright owner of the software in dispute, so the copyright of the software in dispute available to the Plaintiff shall be protected by Chinese laws in accordance with the provisions of the aforementioned international treaties.

Item 5 of Paragraph 1 of Article 10 of the *Copyright Law* provides that the right of reproduction is the right to produce one or more copies of the works by means of printing, reproducing, rubbing, sound recording, video recording, duplicating, or re – shooting, etc. Item 4 of Paragraph 1 of Article 8 of the *Regulations on Software Protection* provides that the right of reproduction is the right to produce one or more copies of the software; Article 24 provides that without the permission of the software copyright owner, anyone who reproduces the software of the copyright owner shall bear civil liabilities such as stopping the infringement and compensating for losses, depending on the circumstances. In this case, the Defendant installed the software in dispute on the computer at its business premises without the permission of the Plaintiff, infringing upon the Plaintiff's right to reproduce the software in dispute, and thus shall bear civil liability for stopping the infringement and compensating for losses in accordance with the law.

According to the defense opinions of both parties, the focus of the dispute in this case covers: (1) quantity of infringing software installed by the Defendant; (2) whether the Defendant's infringement is subjectively malicious; (3) whether there is a factual and legal basis for the amount of compensation for loss claimed by the Plaintiff.

For the first dispute, the SIPC held that first, there were 73 computers at the Defendant's business premises. The SIPC preserved evidence of the installation of CATIA software on the computers through spot check, and clearly informed the Defendant that the proportion of spot check and estimation of the installation of CATIA software on the 73 computers was based on the proportion of CATIA software installed on the randomly - checked computers, to which the Defendant raised no objection. The preservation result was that 100% of the randomly - checked 15 computers were installed with the software in dispute. Therefore, according to the above estimation rules, it could be determined that all 73 computers were installed with the software in dispute. Second, although the Defendant argued that not all of the 73 computers were actually installed with the software in dispute, it failed to prove it with evidence to the contrary. Since the business premises was its Technology Integration Center, and the Defendant admitted that there were 30 - 50 engineers working at its business premises stably and failed to prove the situation about its so - called logistic personnel and the personnel assigned to other places to work, so the SIPC did not accept such argument. Third, the Defendant argued that it had been a department subordinate to the former Shandong Xindayang, and 8 of the software in dispute were legally used by Shandong Xindayang with the Plaintiff's authorization, but the Defendant failed to prove with evidence the so - called relationship with Shandong Xindayang, and the sales contract between Shandong Xindayang and the Plaintiff's authorized sales agent did not provide that its software purchased by Shandong Xindayang Company could be licensed to a third party other than the company. Therefore, the SIPC challenged such argument. In summary, the SIPC adopted the Plaintiff's claim that the Defendant installed 73 sets of infringing software.

For the second dispute, the SIPC held that after the Defendant was found to have used infringing software by the Cultural Law Enforcement Corps, on the one hand, it signed a *Reconciliation Agreement* with the Plaintiff and signed a sales contract with the Plaintiff's authorized sales agent, but failed to pay the contract funds as agreed. On the other hand, after the Cultural Law Enforcement Corps mitigated the punishment on the Defendant due to the Defendant's reconciliation with the Plaintiff, the Defendant further expanded the scale of infringement instead of stopping the infringement without obtaining a legal license to use the software. It can be seen that the subjective malice of the defendant's infringement is obvious, and thus the SIPC refused to accept the Defendant's argument that its infringement was not subjectively malicious, and that its failure to perform the contract as agreed was caused by its improper internal management.

For the third dispute, the Plaintiff claimed that its financial loss caused by the Defendant's infringement should be calculated based on the market price of the software in dispute of RMB 252 770/set multiplied by the quantity of infringing software installed by the defendant, that is 73 sets, and requested the SIPC to apply punitive damages to the Defendant in view of the Defendant's great subjective malice and serious infringement if the SIPC didn't accept the aforesaid calculation method for financial loss. The Defendant held that the unit price of the software in dispute claimed by the Plaintiff was too high, the Plaintiff did not provide evidence to prove its financial losses, and the Defendant did not have any subjective malice in infringement, so punitive damages should not be applied. The SIPC held that in this case, although the Plaintiff presented a sales contract signed by its authorized sales agent and Sivax in October 2013 to prove that the market price of the software in dispute was RMB 252 770/set, and it was also agreed in the sales contract signed by the Defendant and the Plaintiff's authorized sales agent in July 2017 that the total price of 5 sets of the software was RMB 1 400 000, the relevant sales contract presented by the Defendant could prove that the total price of 8 sets of the software purchased by Shandong Xindayang in July 2015 was RMB 1 500 000, while the unit price of the software determined by the Cultural Law Enforcement Corps in 2017 when it imposed an administrative penalty was only RMB 81 755. Therefore, the existing evidence showed that there was a significant difference in the sales price of the software in dispute, and it was impossible to determine whether the software covered by the aforementioned sales contracts contained the same modules. Therefore, the sales contract submitted by the Plaintiff couldn't be directly used as the basis for determining the amount of compensation, so the SIPC rejected the Plaintiff's claim that the amount of compensation for losses should be calculated at the unit sales price of RMB 252 770/set.

Article 49 of the *Copyright Law* provides that in case of infringement upon copyright or copyright - related rights, the infringer shall make compensation based on the actual loss of the right owner; if it is difficult to calculate the actual loss, compensation may be made based on the infringer's illegal gains. The amount of compensation shall include the reasonable expenses paid by the patentee for putting an end to the infringement. If the actual loss of the right owner or the illegal gains of the infringer cannot be determined, the people's court shall, based on the circumstances of the infringement, award a compensation of less than RMB 500 000. In this case, although it is difficult to determine both the Plaintiff's actual losses and the Defendant's illegal gains, the existing evidence provided by the Plaintiff can prove that the losses incurred to the Plaintiff due to infringement have exceeded the statutory maximum compensation of RMB 500 000 provided by the *Copyright Law*. Therefore, based on the evidence in the entire case, and taking the software sales price agreed in the sales contract submitted by both parties as a reference, the SIPC determines the amount of compensation reasonably above the statutory maximum compensation upon full consideration of the following factors. (1) Quantity of infringing software installed by the Defendant is 73 sets; (2) the Defendant's infringement period; (3) although the Defendant signed a sales contract with the Plaintiff's authorized sales agent after being seized by the Cultural Law Enforcement Corps for using the infringing software, it failed to actually perform such contract or stop the infringement, but further expanded the scale of infringement, constituting an obvious subjective malice in the infringement. Regarding the attorney's fees claimed by the Plaintiff, the SIPC provided full support in accordance with the relevant attorney's fee charging standards, and based on the complexity of this case and the workload of the Plaintiff's lawyer in this case.

In summary, in accordance with Article 50 of the *Law of the People's Republic of China on Choice of Law for Foreign – Related Civil Relationships*, Paragraph 2 of Article 2, Item 5 of Paragraph 1 of Article 10, Item 1 of Article 48, and Paragraph 1 of Article 49 of the *Copyright Law of the People's Republic of China*, Article 144 of *the Civil Procedure Law of the People's Republic of China*, Paragraph 3 of Article 5, Item 4 of Paragraph 1 of Article 8, Item 1 of Paragraph 1 and Article 24, and Article 25 of the *Regulation on Computers Software Protection*, Item 1 of Article 1 of the *Interpretations of the Supreme People's Court on Several Issues Concerning Application of the Law of the People's Republic of China on Choice of Law for Foreign – Related Civil Relationships (I)*, Article 7, Paragraph 2 of Article 25, and Article 26 of the *Interpretation of the Supreme People's Court Concerning the Application of Laws in the Trial of Civil Cases of Dispute over Copyright*, the Judgment is hereby made as follows:

Ⅰ. The Defendant Shanghai Zhidou Electric Vehicle Technology Co., Ltd. shall immediately stop infringing upon the copyright of the CATIA V5 R20 computer software of the Plaintiff DASSAULT SYSTEMES as of the effective date of this Judgment;

Ⅱ. The Defendant Shanghai Zhidou Electric Vehicle Technology Co., Ltd. shall compensate the Plaintiff DASSAULT SYSTEMES for financial loss and attorney's fees totaling RMB 9 million within ten days as of the effective date of this Judgment;

Ⅲ. The remaining claims of the Plaintiff DASSAULT SYSTEMES were dismissed.

If the Defendant Shanghai Zhidou Electric Vehicle Technology Co., Ltd. fails to fulfill its obligation of pecuniary payment within the period specified by this Judgment, it shall pay double interest on the debt for the belated payment in accordance with the provisions of Article 253 of the *Civil Procedure Law of the People's Republic of China*.

The acceptance fee of the case was to be RMB 133 413, RMB 34 433 of which was to be borne by the Plaintiff DASSAULT SYSTEMES and RMB 98 980 by the Defendant Shanghai Zhidou Electric Vehicle Technology Co., Ltd.

Either party that refuses to accept this Judgment as final may, within 30 or 15 days after service of this Judgment for the Plaintiff DASSAULT SYSTEMES or the Defendant Shanghai Zhidou Electric Vehicle Technology Co., Ltd., respectively, appeal to the Shanghai High People's Court by submitting an appeal petition to the SIPC together with a sufficient number of copies for each person of the opposing party.

Presiding Judge	Qian Guangwen
Judge	Wu Yingzhe
People's Juror	Huang Tianhua
	May 31, 2018
Judge Assistant	Xie Ling
Clerk	Zhu Lina

Annex: Relevant Laws

Ⅰ. *Law of the People's Republic of China on Choice of Law for Foreign – Related Civil Relationships*

Article 50 The liability for infringement upon intellectual property rights shall be governed by laws of the place where protection is claimed, and the parties may also choose to apply laws of the place where the court is located by agreement after occurrence of the infringement.

Ⅱ. *Copyright Law of the People's Republic of China*

Article 2 ...

Any work of a foreigner or stateless person which enjoys copyright under an agreement concluded between the country to which the author belongs or in which the author permanently resides and China, or under an international treaty to which both countries are parties, shall be protected by this Law.

...

Article 10 Copyright shall include the following personal rights and property rights:

...

(5) The right of reproduction, that is, the right to produce one or more copies of the works by means of printing, copying, rubbing, sound recording, video recording, duplicating, or re – shooting, etc. ;

...

Article 48 Anyone who commits any of the following acts of infringement shall bear civil liability for such remedies as ceasing the infringing act, eliminating the effects of the act, making a public apology or paying compensation for damages, depending on the circumstances; where he/she damages public interests at the same time, the copyright administration department may order him/her to cease the infringing act, may confiscate his/her illegal gains, confiscate and destroy the reproductions of infringement, and impose a fine on him/her; if the case isserious, the copyright administration department may also confiscate the materials, instruments and equipment, etc. mainly used to make the reproductions of infringement; where his/her act has constituted a crime, he/she shall be investigated for criminal liabilities in accordance with the law:

(1) Without the permission from the copyright owner, reproducing, distributing, performing, projecting, broadcasting, compiling, disseminating to the public through information network his/her works, except where otherwise provided in this Law;

...

Article 49 In case of infringement upon copyright or copyright – related rights, the infringer shall make compensation based on the actual loss of the right owner; if it is difficult to calculate the actual loss, compensation may be made based on the infringer's illegal gains. The amount of compensation shall include the reasonable expenses paid by the patentee for putting an end to the infringement.

...

Ⅲ. *Civil Procedure Law of the People's Republic of China*

Article 144 If a defendant, having been served with a summons, refuses to appear in court without justified reasons, or if he withdraws during a court session without the permission of the court, the court may make a judgment by default.

Ⅳ. *Regulation on Computers Software Protection*

Article 5...

Any software of a foreigner or stateless person which enjoys copyright under an agreement concluded between the country to which the developer belongs or in which the developer permanently resides and China, or under an international treaty to which China is a party, shall be protected by this Regulation.

Article 8 A software copyright owner shall enjoy the following rights:

...

(4) The right of reproduction, that is, the right to produce one or more copiesof the software;

...

Article 24 Unless otherwise provided for in the *Copyright Law of the People's Republic of China*, this Regulation or other laws or administrative regulations, without the permission of the software copyright owner, anyone who commits any of the following acts of infringement shall bear civil liability for such remedies as ceasing the infringing act, eliminating the effects of the act, making a public apology or paying compensation for damages, depending on the circumstances; where he/she damages public interests at the same time, the copyright administration department may order him/her to cease the infringing act, may confiscate his/her illegal gains, confiscate and destroy the reproductions of infringement, and impose a fine on him/her; if the case is serious, the copyright administration department may also confiscate the materials, instruments and equipment, etc. mainly used to make the reproductions of infringement; where his/her act has violated the Criminal Law, he/she shall be investigated for criminal liabilities in accordance with the provisions of the Criminal Law regarding the crimes of infringing upon copyrights and selling infringing reproductions:

(1) Reproducing or partially reproducing the software of the copyright owner;

...

Article 25 Amount of the compensation for infringement upon the software copyright shall be determined in accordance with Article 49 of the *Copyright Law of the People's Republic of China*.

Ⅴ. *Interpretations of the Supreme People's Court on Several Issues Concerning Application of the Law of the People's Republic of China on Choice of Law for Foreign – Related Civil Relationships (I)*

Article 1 Where a civil relationship falls under any of the following circumstances, the people's court may determine it as foreign – related civil relationship:

(1) Where either party or both parties are foreign citizens, foreign legal persons or other organizations or stateless persons;

...

Ⅵ. *Interpretation of the Supreme People's Court Concerning the Application of Laws in the Trial of Civil Cases of Dispute over Copyright*

Article 7 The manuscripts, original scripts, lawful publications, copyright registration certificates, attestations issued by authentication institutions, contracts for acquiring rights, etc. as submitted by the parties concerned may be adopted as evidence.

The natural persons, legal persons or other organizations which appear on a work or production as authors shall be deemed as the holder of copyright or copyright – related rights and interests unless there is evidence that proves the opposite.

Article 25...

While determining the amount of compensation, the people's court shall take full consideration the type of works, reasonable royalty, nature and consequence of infringement, etc.

...

Article 26 The reasonable expenses paid for the suppression of an infringing act as provided for in Paragraph 1 of Article 48 of the Copyright Law (Paragraph 1 of Article 49 of the current *Copyright Law*) shall include the reasonable expenses incurred by the right owner or its entrusted agent to investigate and collect evidence for the infringing act.

The people's court may, on the basis of the litigant's claims and the details of a case, include the attorney's fee which meets the requirements of the relevant departments of the State in the compensation.

5. Dispute between Shanghai Puyuan Culture Communication Co.,Ltd. and Beijing BeeFly Science & Technology Co.,Ltd. over Computer Software Development Contract

Shanghai Intellectual Property Court Civil Judgment

(2018)H73MC No. 472

Plaintiff(Counterclaim Defendant): Shanghai Puyuan Culture Communication Co.,Ltd.

Legal representative: Yin, Executive Director of Puyuan.

Agent ad litem: Wang, lawyer of Shanxi Zhengyuan Law Firm.

Defendant(Counterclaim Plaintiff): Beijing BeeFly Science & Technology Co., Ltd.

Legal representative: Lin, Executive Director and manager of Beijing BeeFly Science & Technology Co.,Ltd.

Agent ad litem: Hu, male, employee of BeeFly.

Agent ad litem: Zhang, lawyer of Jingsh(Shanghai) Law Firm.

The case of dispute over the computer software development contract between the Plaintiff Shanghai Puyuan Culture Communication Co.,Ltd. (hereinafter referred to as "Puyuan") and the Defendant Beijing BeeFly Science & Technology Co.,Ltd. (hereinafter referred to as "BeeFly") was handled by the SIPC under formal procedure. During the trial, the SIPC accepted the counterclaim filed by the Defendant BeeFly, and tried the same together with the original claim in accordance with the law. On October 15, 2018, January 17 and 18, 2019, the SIPC organized a pre-trial conference between both parties and a demonstration of the development results in dispute. On April 23, 2019, the SIPC held a public hearing on this case. Yin, legal representative of the Plaintiff(Counterclaim Defendant) Puyuan, Wang, agent ad litem of the Plaintiff(Counterclaim Defendant) Puyuan, Zhang, agent ad litem of the Defendant(Counterclaim Plaintiff) BeeFly appeared in court. During the trial, the mediation presided over by the SIPC failed. This case has now been concluded.

The Plaintiff(Counterclaim Defendant) Puyuan brought an original claim to the SIPC, requesting the SIPC to: (1) order BeeFly to make the balance payment of RMB 275 000 of the software development contract (the following currencies are RMB); (2) order BeeFly to pay liquidated damages for overdue payment (0.1% of the total contract amount of RMB 550 000 on a daily basis, calculated from May 31, 2017 to the date of actual full payment); (3) order the BeeFly to bear the legal cost of this case. Facts and grounds: On April 25, 2017, Puyuan and BeeFly signed a *Software Development Contract* (contract involved in this case), where it was agreed that BeeFly entrusts Puyuan to develop the "Mifeng Zhuanzhuan App" project. Upon execution of the contract involved in this case, Puyuan received a down payment of RMB 275 000 from BeeFly on April 27, 2017. According to the contract, the project was implemented in two phases. Puyuan started the project once receiving the down payment, but actually, in order to cooperate with BeeFly in its work, Puyuan had started the project on April 7, 2017 without receiving the down payment, and submitted the QR code for downloading the beta version of the APP to the BeeFly on April 30, 2017. Although Puyuan completed the development of the first phase of the project, it had not deployed the project to the official server and ensured the normal installation and use of the Android version of APP until May 9, 2017 since BeeFly had been unable to provide the project server deployment environment, relevant certificates, and official documents necessary for launching the APP, and had the iOS version of the APP only available on pgyer.com due to BeeFly's failure to provide relevant certificate. During the implementation of the second phase of the project, BeeFly repeatedly changed and increased demand, which greatly increased Puyuan's project development costs and delayed the overall project progress. On June 19, 2017, Puyuan proposed to arrange project testing to BeeFly, and received a confirmation reply from BeeFly. From then on to July 14, 2017, BeeFly put forward test modification opinions many times, and Puyuan actively cooperated in and completed the modification in time. On July 12, 2017, Puyuan submitted the project acceptance report to BeeFly and then urged BeeFly to accept the project many times, but BeeFly refused to accept the project on various grounds. On July 24, 2017, BeeFly suspended the server connection, resulting in failure to log in to the APP and to open the background. Puyuan held that BeeFly was slack in fulfilling its obligation of acceptance of the development results, and failed to make the balance payment as agreed, which constituted a breach of contract, and thus should make the balance payment to Puyuan and pay liquidated damages for overdue payment as agreed in Item 3 of Article 8 of the contract involved in this case. In summary, Puyuan requested the SIPC to support its claims above.

The Defendant (Counterclaim Plaintiff) BeeFly argued that: (1) Prior to the execution of the contract involved in this case, both parties had made a verbal communication and Puyuan had actually started the development of the project. Therefore, it was agreed in the contract involved in this case signed afterwards that the development is divided into two phases, with the first phase commencing from April 10, 2017 and ending on April 30, 2017, and the second phase commencing from May 1, 2017 and ending on May 31, 2017. However, until August 3, 2017 when BeeFly issued a notice of rescission of the contract to Puyuan, Puyuan had not submitted conforming development results. (2) During the performance of the contract, BeeFly did not change or increase demand as claimed by Puyuan, but only detailed and adjusted the original demand to the extent specified in the contract involved in this case, and canceled the development of partial functions. (3) Puyuan did submit the software to BeeFly on May 30, 2017, but the software was tested as a semi-finished product with many bugs and incomplete functions and thus could not be promoted for use. Such submission was not the delivery agreed upon in the contract, but just a communication between both parties in the software development process. Since then, both parties had been communicating about the problems in the software. BeeFly had also tested it and given feedback on modifications many times. However, the software still couldn't meet the demand and achieve the contract purpose, and thus was not launched in the end, so BeeFly didn't violate the contract due to being slack in fulfilling the obligation of acceptance as alleged by Puyuan. (4) According to the contract involved in this case, BeeFly shall make the balance payment within 3 working days after the project passes the acceptance. Now therefore, BeeFly didn't need to make such payment since the payment conditions hadn't been met, let alone breach of contract. If the court determined that BeeFly had breached the contract, BeeFly shall bear liquidated damages in accordance with Item 2 of Article 8 of the contract involved in this case instead of Item 3 of Article 8 thereof, and the liquidated damages agreed in Item 3 of Article 8 were too high and should be adjusted to 20% of the total contract amount. In summary, BeeFly disagrees to all Puyuan's claims in the original claim.

The Defendant (Counterclaim Plaintiff) BeeFly filed a counterclaim to the SIPC, requesting the SIPC to: (1) confirm the rescission of the contract involved in this case between both parties on August 4, 2017; (2) order Puyuan to refund the contract payment of RMB 275 000 paid by BeeFly; (3) order Puyuan to pay BeeFly liquidated damages (0.1% of the total contract amount of RMB 550 000 on a daily basis, calculated from August 4, 2017 to the date of judgment); (4) order Puyuan to bear the legal cost of this case. Facts and grounds: In early April 2017, BeeFly entrusted Puyuan to develop the "Mifeng Zhuanzhuan App" project, and signed the contract involved in this case on April 25, 2017. Upon execution of the contract, BeeFly paid 50% of the total contract amount to Puyuan as a down payment, namely RMB 275 000, but Puyuan did not perform the development obligations as agreed in the contract, the development results had major defects and serious quality problems, and failed to complete the project development and deliver the development results to BeeFly prior to May 31 of the same year, which had been more than 15 days overdue, so BeeFly issued a notice of rescission of the contract to Puyuan on August 3 of the same year in accordance with the contract to request the rescission of the contract involved in this case, and the notice was served to Puyuan on the next day. BeeFly held that Puyuan's actions had constituted a serious breach of contract and resulted in the failure to achieve the purpose of the contract, so it should return the contract payment that has been made by BeeFly and bear the liability for breach of contract. In summary, BeeFly requested the SIPC to support its claims in the counterclaim above.

Against the counterclaim, the Plaintiff (Counterclaim Defendant) Puyuan argued that: (1) Both parties did not clarify the project demands when signing the contract involved in this case, BeeFly continuously changed its demands during the performance of the contract and was still changing its demands until July 2017. Therefore, Puyuan didn't violate the contract due to overdue performance of the contract obligations. (2) After Puyuan submitted the development results, BeeFly had been adding, deleting, and changing demands, causing Puyuan to make continuous modifications, so it was not the software submitted by Puyuan that had quality problems. (3) If the court determined that Puyuan had breached the contract, the liquidated damages agreed in Item 3 of Article 8 were too high and should be adjusted to 20% of the total contract amount. In summary, Puyuan disagrees to all BeeFly's claims in the counterclaim. During the trial of this case, Puyuan stated that it agreed to rescind the contract involved in this case in view of the impossibility of continued performance thereof, but the liability for and the consequence of the rescission of the contract should be determined by the court.

During the trial of this case, as all parties concerned submitted evidence around their respective claims, the SIPC organized exchange and cross – examination of these evidence.

Puyuan submitted the following evidence:

(1) Contract involved in this case, to prove the contractual relationship between both parties as well as the project development content, development period, amount, payment terms, and liability for breach of contract as agreed in the contract.

(2) Receipt of domestic payment business collection, to prove that Puyuan received a down payment of RMB 275 000 from BeeFly on April 27, 2017, and started the project upon receipt of the down payment as agreed in the contract.

(3) QQ chat records, WeChat chat records, emails sent, and project test bug reports between the relevant personnel of both parties during the performance of the contract involved in this case, to prove the communication between both parties during the performance of the contract, that Puyuan delivered the development results, and BeeFly repeatedly changed and increased demands and was slack in fulfilling its acceptance obligations.

(4) Transcripts of two evidence exchanges in the case ((2017) Hu 0106 Min Chu No. 33361), to prove that Puyuan filed a lawsuit to the Shanghai Jing'an District People's Court (hereinafter referred to as "Jing'an Court") over the dispute involved in this case, and the Jing'an Court organized both parties to exchange evidence twice; afterwards, since the dispute should fall under the jurisdiction of the SIPC, Puyuan withdrew the lawsuit from Jing'an Court and filed a lawsuit to the SIPC. BeeFly confirmed the authenticity of evidence 3 in the evidence exchange organized by Jing'an Court.

(5) List of cases sorted out by Puyuan itself, to prove the functional realization of the software in dispute. BeeFly issued the following cross – examination opinions on the evidence submitted by Puyuan: Recognized the authenticity, legitimacy and relevance of evidence 1, 2, and 4; recognized the authenticity of evidence 3 rather than the purpose of its proof. Such evidence could not prove that the BeeFly had breached the contract; recognized the authenticity of evidence 5, but there are 12 canceled demands as recorded in the remarks column of such evidence. Therefore, the workload of Puyuan was not increased, but reduced, which would not affect the completion time of the software; in addition, the development results completed by Puyuan only contained general functions, without details, and still had many bugs, so they couldn't be put on the market.

BeeFly submitted the following evidence:

(1) Contract involved in this case (consistent with evidence 1 submitted by Puyuan), to prove the contractual relationship and the contractual rights and obligations between both parties.

(2) Payment receipt, to prove that BeeFly paid the down payment of RMB

275 000 to Puyuan.

(3) QQ chat records, WeChat chat records, emails sent, and project test bug reports between both parties during the performance of the contract involved in this case, to prove that Puyuan seriously delayed its development work, and the development results had major defects and serious quality problems.

(4) *Notice of Rescission of Contract* as well as the courier receipt and receipt record, to prove that BeeFly sent a notice to Puyuan on August 3, 2017 to request the rescission of the contract due to Puyuan's breach of contract, and the notice was served to Puyuan on the next day.

Puyuan issued the following cross – examination opinions on the evidence submitted by BeeFly: Had no objection to the authenticity of evidence 1 to 4, but didn't recognize the purpose of proof of evidence 3. The bugs in the test bug report could be modified, and had been fixed by Puyuan as at July 18, 2017. The software in dispute was a user – defined product, which had been modified after it was found to have problems during the test, and should have no quality problem after BeeFly confirmed that there was no problem; Evidence 4 was indeed received, but BeeFly issued the *Notice of Rescission of Contract* after Puyuan sent the Dunning Letter to it.

The evidence submitted by Puyuan and BeeFly is certified by the SIPC as follows: Both Puyuan and BeeFly recognized the authenticity of the evidence submitted by the other party, so the SIPC confirmed the authenticity of the aforementioned evidence, and adopted the same as appropriate based on the matters to be proved by the above – mentioned evidence and the degree of its relevance to this case.

This Court ascertained the following facts based on the evidence confirmed and adopted representations of the parties concerned:

Ⅰ. Communication between both parties prior to the execution of the contract involved in this case and execution of the contract involved in this case

On April 11, 2017, Yin, legal representative of Puyuan, sent a message in the WeChat group of the "Mifeng Zhuanzhuan Project Group" that "we need to make communications about the following matters: 1. for the two tables mentioned yesterday, you need to provide the database structure: user information database, vehicle information database; 2. the first, second and third level interface requirements and business logic should be clarified; 3. whether the UI style of Zhuanzhuan needs to be consistent with that of BeeFly, if needed to be consistent, you need to provide the design draft of the BeeFly APP so that we can save time and reduce the inconsistency between the design style." "3. Maintain a consistent style", replied Liu from BeeFly. On April 20, 2017, Yin sent a message in the WeChat group "last night, I installed the first version with partial functions we developed, and we are trying to compile and make a package of another version (partial function) this Sunday and will then share it with you." "received" "I will urge relevant personnel to provide the design draft of the Beefly APP" "In terms of demand, 1. add a purchase button; 2. provide a picture for the same vehicle model, and different pictures for different models", replied Liu. Yin replied "OK, we will update the demand", and mentioned Cui from BeeFly, saying "you need to provide some information": 1. APP guide page, 3 subjects; 2. several agreements: Registration, purchase; 3. product pictures...".

On April 24, 2017, Yin sent a message in the WeChat group of "Zhuanzhuan Research and Development", "whether the applications for WeChat Pay and Alipay are both approved or not now?" Liu from BeeFly replied "the application for WeChat Pay hasn't been approved yet", "1 – 5 working days, it doesn't seem to work although they promise to hasten it".

On April 25, 2017, BeeFly (Party A) and Puyuan (Party B) signed a contract involved in this case with respect to the development of the "Mifeng Zhuanzhuan APP" project. The main contents of the contract related to this case coverd: "I. Project overview 1. Project name: "Mifeng Zhuanzhuan APP" project, called system project for short. 2. System development version: Android version, iOS version, and management service client. 3. Project content: System prototype design, UI and user experience design, database design, program development and after – sale service. 4. Appendix 1: *Details of Development Expenses of Mifeng Zhuanzhuan APP*. II. System construction project schedule: After this Contract is signed and comes into force, and upon receipt of the project deposit from Party A, this project will officially start. This project is developed in two phases, with the schedule as follows: The first phase (from April 10 to April 30): 1. APP demand communication and prototype design and confirmation; 2. APP UI style design; 3. APP startup guide screen switching function; 4. Cellular: homepage, search, information, sign – in, scan, coupons, purchase vehicles, promotion information; 5. discovery: homepage, sign – in, user ranking, invitation, game points, help center, risk control interpretation, security assurance, contact us; 6. Mine: homepage, total assets, order management, account management, login, registration, retrieve password. The second phase (from May 1 to May 31): 1. points details; 2. points mall; 3. after the coupons are shared, the information of users who have received the coupons will be displayed on the H5 sharing page; 4. coupons, BeeFly is required to provide an interface for self –

recharging or recharging in full for a designated user; 5. purchase vehicles, produce electronic agreement in PDF; 6. develop a user group channel, for which a column section planning scheme is required; 7. display the details of the user ranking in the form of a chart based on the time frame and city; 8. background management function development; 9. optimize the functions that have been developed in the first phase. Notes: Party A has the right to put forward comments or suggestions for modification of the system production. However, the time for modification or feedback is not included in the above agreed time. If the provision of information or the confirmation of work in each phase is delayed due to reasons attributable to Party A, the completion time of the remaining work in the later period will be delayed accordingly. Ⅲ. Party A's rights and obligations 1. Party A shall appoint a specific project leader to cooperate with Party B in demand survey, data sorting and provision, organization and coordination, etc. 2. The project leader of Party A has the right to understand the development progress and project quality during the entire project development process, and participate in system testing and acceptance. 3. Party A shall provide complete, true, and legal data required for system construction, and ensure that the provided pictures are clear... 4. Party A shall explain to Party B the specific requirements for system page design and system function development, review and give feedback on Party B's project documents during the system construction process, and make written confirmation of important project documents. 5. In order to ensure the performance of Party B's system page design and system function development capabilities, and to ensure the stable and safe performance of Party A's system after it is put into operation, Party A shall not overturn the confirmed homepage and column pages ... 4. Party B's rights and obligations 1. Party B shall complete the system page design and system function development, and follow the following quality management standards: 1) system page design: beautiful and the webpage file size is appropriate, try to optimize the webpage code to ensure the system access speed; 2) system function development: ensure the access speed and stability of the system under the premise of a reasonably configured server and client, and ensure the scalability of the system database structure; 3) system frame structure: Party B shall make and design the system page in accordance with the system framework diagram agreed in the contract, and consider the humanization of the column placement during the design process to facilitate users to browse more information under the column; 4) performance and architecture of the system: Party B shall warrant that generally, there is no upper limit for system concurrency, the number of concurrency in the first phase shall be not less than 2000 channels, and the system is stably used on mainstream mobile phones on the market. 2. Party B shall appoint a specific project leader to be responsible for demand survey and organization and coordination of Party B's technical force to complete the content provided in the contract. 3. Party B shall complete the project content within the time limit specified in the contract and provide the required technical resources. 4. According to the progress and needs of the project, Party B may adjust the work plan and notify Party A of the adjusted plan. ...5. Contract amount and payment terms: The total contract amount is RMB 550 000, including tax. 1. Down payment: Within 3 working days upon execution of the contract, Party A shall pay Party B down payment, representing 50% of the total contract amount (i. e. RMB 275 000). Upon receipt of the down payment, Party B shall start the prototype design and interface design of the entire system. 2. Payment upon acceptance: Within 3 working days after the project passes Party A's acceptance, Party A shall pay Party B the balance payment of the project, representing 50% of the total contract amount (i. e. RMB 275 000), and Party B shall arrange the deployment and launch of the system, and provide the system source code in the form of CD or by online download within 1 working day upon receipt of the balance payment. Remarks: If the payment in each phase is delayed due to Party A, Party B has the right to stop working until Party A has made the payment in current phase to Party B. ...Ⅵ. After – sales maintenance 1. After the system is officially released and integrated with the domain name, Party B shall provide Party A with one – year free warranty service. 2. During the warranty period, Party B shall provide free consulting services for the system development functions specified in the contract between both parties. For details, please refer to the *List of Free Services During the Warranty Period*, and provide 24 – hour telephone response services. After receiving the maintenance opinions confirmed by Party A, Party B shall make a response and communication in a timely manner and complete the modification within the time limit confirmed by both parties. 3. Party B shall provide Party A with free technical support services for the constructed system at any time, including technical consulting services in the forms of specially – assigned persons, letters and telephones, for such problems as wrong words in the original system page and errors in the database module; application error, failure to access to the system, and failure to normally operate database module. 4. When it is confirmed that an error in the operating database or system page of this system is a problem in Party B's program development, Party B shall unconditionally update the source code. ...Ⅶ. Protection of intellectual property rights 1. Prior to the acceptance of the project, the copyright, design right, and use right of the system frame structure, system page design and other content (except for the materials provided by Party A) shall be vested in Party B, and shall not be used, reproduced or delivered to a third party for use by Party A without the permission of Party B. 2. After the project is accepted and Party A has paid off the payables, Party A shall be officially fully entitled to the system copyright, design right, and use right. ... Ⅷ. Breach of contract and dispute settlement...2. If Party A fails to make the project progress payment in accordance with Article 5 of this Contract, it shall pay Party B an interest calculated at the bank loan interest rate over the same period on the delayed payment. 3. If either party fails to fulfill its obligations provided in the Contract on time, it shall bear the liability for breach of contract to the other party, and shall pay liquidated damages representing 0.1% of the total contract amount for each day overdue. In case of more than 15 days overdue, Party A shall be entitled to rescind the Contract, and Party B shall refund all the expenses paid by Party A in addition to the payment of liquidated damages. ... Ⅸ. Appendix The appendix to the Contract, as an integral part of this Contract, bears the same legal force with this Contract; in case of any conflict between the appendix and the main body of the Contract, the latter shall prevail."

Appendix 1 to the Contract, *Details of Development Expenses of Mifeng Zhuanzhuan APP*, namely *Quotation for Development of Puyuan Project*, specified the project development items, module and function description, man - day, man - day unit price, total price, etc. Among them, the "basic project" includes items such as demand survey (4 man - days, man - day unit price of RMB 2800, total price of RMB 11 200), and system design (3 man - days, man - day unit price of RMB 2500, total price of RMB 7500); "UI interface design" includes the main style interface design (2 man - days, man - day unit price of RMB 2000, total price of RMB 4000), and all interface design (11 man - days, man - day unit price of RMB 1800, total price of RMB 19 800); "front - end interface production" includes front - end slicing and annotation (5 man - days, man - day unit price of RMB 2500, total price of RMB 12 500); "Background system development" includes general background management system (61 man - days, man - day unit price of RMB 2500, total price of RMB 152 500); "APP front - end development (iOS + Android)" includes APP startup guide page (10 man - days, man - day unit price of RMB 2500, total price of RMB 25 000), cellular channel development (19 man - days, man - day unit price of RMB 2500, total price of RMB 47 500), discovery channel development (15 man - days, man - day unit price of RMB 2500, total price of RMB 37 500), user group channel development (15 man - days, man - day unit price of RMB 2500, total price of RMB

37 500), mine channel development (10 man - days, man - day unit price of RMB 2500, total price of RMB 25 000); "background management client and APP communication interface" includes APP start guide page (3 man - days, man - day unit price of RMB 2500, total price of RMB 7500), cellular channel development (15 man - days, man - day unit price RMB 2500, total price RMB 37 500), discovery channel development (20 man - days, man - day unit price of RMB 2500, total price of RMB 50 000), user group channel development (20 man - days, man - day unit price of RMB 2500, total price of RMB 50 000), mine channel development (15 man - days, man - day unit price of RMB 2500, total price of RMB 37 500); "background management client and BeeFly APP communication interface connection development" includes coupon sharing and recharging interface connection (8 man - days, man - day unit price of RMB 2500, total price of RMB 20 000), vehicle purchase and launch information synchronization interface connection (5 man - days, man - day unit price of RMB 2500, total price of RMB 20 000), vehicle travel data synchronization interface connection (7 man - days, man - day unit price of RMB 2500, total price of RMB 17 500). The total project cost (including tax) is RMB 600 000, and the discounted price is RMB 550 000.

During the trial of this case, both parties unanimously confirmed: (1) the "deposit" set forth in Article 2 of the contract involved in this case and the down payment set forth in Article 5 are the same payment, which is the down payment; (2) no detailed demand specification has been developed for project development before and when the contract involved in this case is signed.

Ⅱ. Performance of the contract involved in this case

(Ⅰ) On April 27, 2017, BeeFly paid the down payment of RMB 275 000 agreed in the contract involved in this case to Puyuan.

(Ⅱ) During the performance of the contract involved in this case, the QQ chat records, WeChat chat records, and emails between relevant personnel of both parties

On April 27, 2017, Wu from Puyuan sent a message in the WeChat group of "Zhuanzhuan Research and Development", reading "I have repeatedly emphasized that a project needs to be built with the account that is used to release APP, in which way we can get the APP id, and I told you 2 weeks ago, but no one cares about it" "It is April 27 today, and it is still undetermined which account will be used to release the APP." "You directly use the iOS2 account" and "Personal development number..." replied Liu from BeeFly. On the current day, Yin, legal representative of Puyuan, mentioned Cui and Liu from BeeFly in the WeChat group of "Mifeng Zhuanzhuan Project Group", saying that "Provide a server bearing the H5 page, resolve a second - level domain name and then give me the server remote login information" "When can this server be provided?", and additionally mentioned Cui, saying that "When can the subject text of the pictures on the APP guide page be provided?", and asked him/her to provide relevant documents for APP development (including: (1) game points; (2) help center; (3) risk control interpretation; (4) security assurance; (5) contact us in the discovery channel. In the cellular channel, (1) first put 4 pictures of subject activities in "Mifeng Caimi", and provide texts and contents corresponding to each subject activity; (2) registration agreement; (3) purchase agreement; (4) verification code address cannot be obtained; (5) address cannot be unlocked). On May 11 of the same year, Cui sent the 4 copies of the subject texts required for the above - mentioned guide page to Yin. On May 17 of the same year, Cui sent an e - mail to Yin, attaching six documents including "security assurance" and "risk control interpretation" mentioned above that need to be provided by BeeFly.

On April 28, 2017, Yin from Puyuan sent the completed APP guide page and startup page in the WeChat group of the "Mifeng Zhuanzhuan Project Group", and Liu from BeeFly confirmed it. On May 1 of the same year, Yin sent the Android version of the APP that can be installed by scanning the QR code in the WeChat group, and sent the message reading "the installation package for the Android version has just been updated and is basically ok after my test". Liu replied "ok". On the current day, Yin sent a message in the WeChat group of "Zhuanzhuan Research and Development", reading "Just received @ Liu's latest demand, i. e. blocking the online purchase function, and we are making the modification" "Purchase is available on the current version" "The online purchase function will not be available on the version we update later". On the next day, Yin sent a message in the WeChat group of the "Mifeng Zhuanzhuan Project Group", reading "From today, we will develop: 1. travel data detail function; 2. cash withdrawal function; 3. background management function: for adding, deleting, modifying and searching users and orders, and then block the purchase function on the APP." From May 1 to May 2, Yin also sent a design draft of the account balance, cash withdrawal process, and vehicle travel details in the WeChat group, which was confirmed by Liu.

On May 7, 2017, regarding the development of the "points mall management" function in the background management system, Liu sent a message in the WeChat group of the "Mifeng Zhuanzhuan Project Group", reading "We will start sorting out this function after June" "Now we are focusing on the two main platforms and promotion". Yin asked "Is @ Cui or @ Zhang responsible for the planning of the columns such as user group, points mall, and points mechanism?" "I want to start doing this next week". Liu replied "Zhang" that "We need to have an in – depth discussion about these two functions as we still haven't determined the planning thereof." On May 10 of the same year, Yin sent a message in the WeChat group "@ Liu @ Zhang, please clarify the follow – up demands as soon as possible so that we can deploy the development", Zhang Ping replied that "OK, I'm going to visit you tomorrow afternoon". On June 2 of the same year, Hu from BeeFly confirmed that the "user group" column "is not required for development for the time being" "the points column is only required to display: how many points the user has now "Points mall is not required for development now".

On May 9, 2017, Chen from Puyuan sent a message in the WeChat group of "Zhuanzhuan Research and Development" about the environment configuration of the server required for APP operation, reading "mysql and redis must be configured first", and Yu from BeeFly replied "The following is application server + redis, redis has been installed", Chen asked "Is the redis cluster installed?" Yu replied "only installed, cluster not configured", Chen asked "What about the database?" Yu replied "data is also installed, and the cluster needs to be configured."

On May 10, 2017, Yin from Puyuan sent a message in the WeChat group of "Zhuanzhuan Research and Development", reading "Should we confirm HTTPS with you? I asked @ Yu the day before yesterday, but he said that he was on a business trip in Beijing and let me ask you", Liu from BeeFly replied "Confirmed" and "We should have bought the service?" Chen from Puyuan asked "Can you issue the certificate to me?" Yu from BeeFly replied "I will check if it is bought with Alibaba Cloud", Liu replied "I remember that I have bought it together", Yu replied "I just checked it, and the order is still pending", Liu replied "Well". On June 21 of the same year, Wu from Puyuan asked "Have you applied for the enterprise certificate?" in the "Mifeng Chezhu APP Technology Communication Group". Hu from BeeFly replied "We have already filed the application, but that for the iOS version hasn't been approved" "We will check it later".

On May 24, 2017, Yin from Puyuan sent a message in the WeChat group of "Zhuanzhuan Research and Development" on the development of the "order management" function in the background management system, reading "The vehicle data provided by BeeFly, and the purchase data provided by @ Hu have been recorded into the background." "At the same time, the background user management, order entry management, and cash withdrawal management are ready for official use after the actual operation test last night." Hu from BeeFly replied "OK, thanks".

On May 25, 2017, Hu from BeeFly sent a message in the WeChat group of "Zhuanzhuan Research and Development", reading "The rules for copywriting in APP are as follows: ..." "The help center can be similar to Kuqi Bike", sent documents such as "Risk control interpretation", "Security assurance", "Text of 4 activities on the homepage" and said that "Currently, there is still a lack of: User agreement when logging in (I will discuss this with others). There is also a lack of the help center content." On June 6 of the same year, Yin from Puyuan sent a message to Hu, reading "The functions including help center in the background system are ready, and you can enter the content." On the next day, Hu sent a message to Yin, reading "When there is a popular article, the user enters from the first picture; when there is no popular article, and the foreground display classification is set, the user enters from the second picture; when there is no popular article, and no foreground display classification is set, the user enters from the third picture" "The page remains unchanged, that is, two judgments are added to reduce the number of levels when the user enters the page". Yin replied "Cot it, this is mainly the work on the interface, and the APP judges which page to enter according to the parameters passed by the interface".

On May 25, 2017, Hu from BeeFly sent a message to Yin from Puyuan, reading "Could you please ask your technical personnel to send the code first so that our development personnel can familiarize themselves with it in advance, and you can answer our questions directly in our next on – site communication." On May 26 of the same year, Hu asked Yin "Can you send me the code today?" Yin replied, "I will try. I have been communicating and coordinating with other leaders of our company as the source code is generally sent after the project is accepted and payment is made in full, but currently this project has not been accepted and payment has not been made." Hu replied "I think you can trust our company and Mr. Liu." On the next day, Yin sent the source code of the Android version to Hu. On May 31, June 1, and June 2 of the same year, Yin sent the source code of the iOS version, API, and management background respectively to Yu from BeeFly.

On June 1, 2017, Yin from Puyuan sent an email with the subject of "summary of the follow – up work of Mifeng Chezhu APP Project" to Hu from BeeFly, with the content covering "Ⅰ. The remaining functions of the Mifeng Chezhu APP project: 1. Those that have been developed and tested: Article module management function, which will be updated before next Wednesday; 2. Undeveloped functions: points mall function, of which all code is expected to be completed on June 10, and will be released on June 15; background management function: 1) statistical statement function: we have received the demand form, and will complete the development of such function on June 6; 2) background regional management, user review and order entry function (an added function, of which the workload will be offset by that of the user group channel canceled upon communication); I will tell you the deadline of completion of such function once receiving your demand details; 3. the overall optimization of the APP; you can also make comments, and I will complete the overall optimization of the APP in line with all the processes by the end of this month. Ⅱ. Project handover: 1. iOS and Android interfaces: Source code has been provided; 2. background: Source code has not been provided. I will complete and give you the article management function and points mall function next week; 3. other items: I will give you a plan based on your demands." On the current day, Hu replied through WeChat, "It might be a little late", and Yin replied "Okay, I will discuss it internally tonight and give you a reply." On the next day, Hu sent an email to Yin with the subject of "points mall background management demands of Mifeng Chezhu", with the content covering "We have sorted out some demands, please see the attachment for details! If you have any questions, please feel free to contact me!" The attachment of this email is "Determined Demands_6. 2. docx".

On June 6, 2017, Hu from BeeFly sent a message to Yin from Puyuan regarding the development of the "statistical statement" function in the background management system, reading "I thought about it: Several roles are fixed and cannot be changed at will. In this way, when creating a new user, the operation director can only select the roles: Operation manager and order entry clerk, and other roles are not allowed to be selected." On June 14 of the same year, Yin asked Hu, "We recommend not to make statistics of the details of the two parts in the frame since in normal operation, there will be tens of thousands of pieces of the detailed data in these two parts each week, and thus there is no sense checking these data" "What do you think about showing the total amount for comparing with that in the last week". On the next day, Hu replied "It would be better to obtain the income details from the travel and inquiry, in this way can we avoid checking data in other systems in the future" "Can it be completed this week", and Yin replied "The code was finished last night, and some modifications have also been completed... This morning I will supervise the update and let you know after completing the test", Hu replied "OK".

On June 12, 2017, Hu from BeeFly sent a message to Yin from Puyuan regarding the development of the "vehicle purchase order entry" function in the background management system, reading "I have confirmed the questions left over from yesterday:

1. vehicle from which area the order entry clerk can enter; 2. reflect the application page, without adding the inquiry condition of "location" for the time being." Yin replied "That is to say, remain the current function", Hu replied "Just confirmed with Mr. Liu; in fact, an area under the jurisdiction of an order entry clerk is added, by which the order entry clerk can select vehicles based on the area under his/her jurisdiction when adding an order." On June 20 of the same year, Yin sent a message to Hu regarding the development of the "coupon management" function in the background management system, reading "Currently, the development of the APP function has been completed, but in mid – May, Mr. Liu requested the suspension of the development of the coupon management function, so we left it aside. Would you please confirm this demand internally? Whether this function is still required?" On June 22 of the same year, Hu replied "We have confirmed to suspend the development of the coupon management function".

On June 19, 2017, Yin from Puyuan sent a message to Hu from BeeFly, reading "The background system has been tested tonight, including review, data permission, and others, so you can arrange the test tomorrow. By the way, could you arrange the acceptance of the entire project this week? You can give us a feedback on the problems found upon test, so that we can make modification and improvement in a timely manner and you can complete the acceptance on Friday." Hu replied, "I have arranged personnel to test, but I need a complete demand function specification of this platform" "Otherwise it will be inconvenient for testers to test", and Yin replied "OK, I will prepare the demand document." On the current day, Hu sent a message in the "Mifeng Chezhu APP Technology Communication Group", reading "... We are now in the handover and acceptance, and I suggest that you'd better arrange for personnel to explain the document to us after we receive the document tonight." Yin replied, "How about that we hold an evening voice conference?" "We will arrange for personnel to explain the function in their own charge". On the current day, Puyuan sent the API and deployment documents to BeeFly and explained them according to the requirements of BeeFly. From then on to July 12 of the same year, BeeFly sent project test reports to Puyuan many times, and Puyuan also made modifications against the problems raised by BeeFly and submitted many updated versions. During this period, Puyuan respectively sent the demand document, outline design document and detailed design document to BeeFly on June 23, June 28 and June 29 of the same year. BeeFly raised more than 30 problems in the test report finally sent to Puyuan on July 12, and clarified the expected results of the 30 problems therein: (1) Problem abstract – the classification of the help center is inconsistent with that then discussed; expected result – add the following switch control: whether to display the classification and hotspots on the homepage. (2) Problem abstract – problem of the system message list; expected result – can the message be sent to all or some people? Check what the function of the "submit" button is in the message? (3) Problem abstract – vehicle owner management on PC terminal does not support fuzzy search of mobile phone numbers; expected result – Since order management supports fuzzy search of mobile phone numbers, it should be OK with the vehicle owner management. (4) Problem abstract – the "recommend to homepage" and "status" functions of article management are duplicated; expected result – simplify the function first: hide the status setup on the page, and retain the setup of recommended to homepage; is there "approved" in the viewing status of the promotion article? (5) Problem abstract – it is inconvenient to use the city management; expected result – the city directory tree should be able to fold and unfold; cities where the vehicles have been launched can be inquired; what do + and × mean? (6) Problem abstract – where is the "return" operation after entering the "member list" under the administrator list? Expected result – After entering the "member list" under the administrator list, it is required to add a "return" operation. (7) Problem abstract – is it a little complicated and confusing to set the levels of both role and user? Expected result – delete the level in the role management and retain the "level" in the administrator list; whether our needs can be met by deleting the affiliation between level and role, and keeping other logic consistent with the existing one. (8) Problem abstract – operation authority of role management: only the administrator can do this; expected result – the column of operation authority of role management is suggested to be included in role management. (9) Problem abstract – the data entered in the added function of the vehicle owner management shows that the ID number already exists; expected result – normal retrieval. (10) Problem abstract – the option of selecting vehicle owner in the new order under the order management does not support fuzzy search of the mobile phone/ID numbers; expected result – support fuzzy search of mobile phone number or ID number. (11) Problem abstract – theoretical income and actual income statistics of summarized items in statistical analysis; expected result – does the data on these two pages have the same meaning? If so, the data is inconsistent; if not, we hope that the computational formula can be given. (12) Problem abstract – the APP has a display of free points for purchasing vehicles, but there is no such option in the background points setting; expected result – since the points are already displayed on the mobile APP, they should be set in the background system. In addition, we hope that every vehicle purchased has corresponding points instead of a fixed point for all vehicles purchased. (13) Problem abstract - the data display of the vehicle list is out - of - order; expected result - search by vehicle number, terminal number and status is available on this page, so the data on this page can be sorted according to the launch time. (14) Problem abstract - APP data is inconsistent with background data; expected result - keep the data consistent. (15) Problem abstract - there is no purchase time display in the vehicle management view; expected result - add a display column for purchase time. (16) Problem abstract - the status of the payment management is inconsistent with the result in the view; expected result - keep the status consistent. (17) Problem abstract - under the same level tree, when an order entry clerk adds a new order, the manager can review, but the director receives no data; expected result - complete coverage of authority. (18) Problem abstract - no characters on the application page of the cash withdrawal management; expected result - add complete characters. (19) Problem abstract - the administrator has no order review authority; expected result - add complete administrator authority. (20) Problem abstract - the time search box on the cash withdrawal application list page is less than one week; expected result - one week is confirmed when the demand is confirmed. (21) Problem abstract - the order amount is RMB 6000 per vehicle, without adjustment function; expected result - add adjustment function or temporarily modify it to 0.01 to facilitate testing. (22) Problem abstract - there is no delete function in the order list under the order management; expected result - add delete function so that the user himself/herself or higher - level personnel can delete invalid orders. (23) Problem abstract - there is no delete function in the vehicle owner list; expected result - add delete function. (24) Problem abstract - the prompt text sorted in the modified item of "homepage - honey collection" under "article content" is inappropriate; expected result - set the upper limit of the number in the text box or modify the text prompt to "please enter 5 digits". (25) Problem abstract - the prompt text sorted in the modified item of "discovery - promotion article management" under "article content" is inappropriate; expected result - set the upper limit of the number in the text box or modify the text prompt to "please enter 5 digits". (26) Problem abstract - the sorting prompt of "homepage - honey collection" under "article content" is wrong; expected result - set the upper limit of the number in the text box or modify the text prompt to "please enter 5 digits". (27) Problem abstract - the sorting prompt of "discovery - promotion article management" is wrong; expected result - set the upper limit of the number in the text box or modify the text prompt to "please enter 5 digits". (28) Problem abstract - the text box is not aligned after clicking the "system message list" in the system message management; expected result – align the text box. (29) Problem abstract – the search function button style of the "system message list" in the system message management is inconsistent with the previous one; expected result – modify the style to ensure that it is the same as the previous one. (30) Problem abstract – the delete function of "category" on the left in the "city list" cannot be enabled; expected result – is the delete function necessary here? If yes, please improve the function; if no, please delete this option. After Puyuan received the test report, Yin sent a message to Hu, reading "We've talked about problem 7 many times before. If the relationship between role and level is deleted, then the operation director and operation manager can select all roles when adding sub – accounts, which will mess up the menu authority." "For problem 8, can it be construed as that the column of "role management" can only be managed by the administrator, and none of the others have the authority?" "Except for the problems just mentioned, others are being modified." Hu replied "A level is required to be selected when adding a user, and another level is required to be selected when adding a role, it's weird" "In this regard, we can both think about whether there is a better solution" "For problem 8, I suggest that the operation authority also be included in the role management" "For problem 7, there is a workaround, such two special roles in role management as operation manager and order entry clerk cannot be deleted or edited, but their authority can be changed..."

On July 12, 2017, Yin from Puyuan sent the "Acceptance Report of Mifeng Chezhu Project. docx" to Hu from BeeFly, and Hu successfully received the same. On the current day, Hu replied Yin, "I have asked the leader for instructions on the acceptance, but haven't got a reply", Yin replied "Ask again" and "Hope to get a response this week", Hu replied "Yeah, I will follow up on this matter" "I also hope to end it as soon as possible". On July 14 of the same year, Yin asked Hu "How is the signing of the acceptance report going?" Hu replied "Mr. Liu is not in Hefei these days" and "has not replied to me yet". On July 17 of the same year, Yin asked Hu "What's your planning for the acceptance?" "Can it end this week?" Hu replied "Wait for Mr. Liu to come back". On July 21 of the same year, Yin asked Hu again "Isn't there a problem with the project?" Hu replied "I haven't seen Mr. Liu for a long time" "I can't keep calling him for this."

On July 21, 2017, Yin from Puyuan sent a WeChat message to Liu from BeeFly, reading "It has been almost two or three weeks since the completion of the project testing and modification. Could you please talk with Hu and complete the acceptance?" Liu replied "I will tell him; I am not responsible for this project now, and BeeFly team is under the unified management of Beijing company. "Yin replied "Can you help deal with the contract acceptance and the final payment, thank you." Liu replied "Now I am not responsible for this project, and Cui has resigned. I will contact Beijing company and ask Hu to deal with it. "Yin replied "OK, hope you can help end this project as soon as possible, thank you." Liu replied "It's been too long". On the current day, Yin sent a message to Hu from BeeFly, "I have got in touch with Mr. Liu, and he said he would talk with you". Hu replied "Yeah, I got his message, too" "This project will be temporarily managed by Beijing company", Yin asked "Then who is responsible for the acceptance of this project?" Hu replied "I don't know yet, and all I know is that Beijing is taking over this project now", Yin asked "Has this project been canceled or is someone advancing it now?" Hu replied "What I know is that leaders in Beijing are not satisfied with this project" and "it should have been launched long ago". On the next day, Yin sent a WeChat message to Yu from BeeFly, reading "Is Liu still involved in this project? Are there any employee in Hefei company now? Who is responsible for closing this project?", and Yu replied "He is not involved" "the company can't go so far as to owe you money, but is unsatisfied with the development of Zhuanzhuan". On the current day, Yin also sent a WeChat message to Cui from BeeFly, reading "You and the people I contacted are not responsible for this project, and the communication is not smooth now, so I try to contact you and ask for information", Cui replied "The project I participated in will not be canceled, but is not in the charge of the Hefei company now. It is Hu who is communicating with you about your project now" "There is no problem with the project, and the payment will not be affected as long as Mr. Liu is still in the company. "On July 25 of the same year, Yin sent a WeChat message to Liu, reading "Is the BeeFly project being taken over by Beijing company? I find that all servers are disconnected today and I think they must want to cancel the project. I hope you can help me inquire about what's going on, thank you. "Liu replied "I will call you later". On the next day, Yin sent a message to Hu, reading "What happened?" Hu replied "Mr. Liu should have talked with you", Yin replied "Mr. Liu said that your Beijing company decides to cancel this project without payment for the balance, and will develop the APP independently, right?" Hu replied "Yes" "The colleague in Beijing you contacted yesterday will make the final decision. "Yin asked "Are you still in charge of this project? Is there any new responsible person?" Hu replied "No, I am not. Since I was once responsible for this project, and I have been communicating with you during this process, so I will update the news to you. "Yin asked "Are all of the employees in Hefei dismissed?" Hu replied "No" "We still need personnel for the development" "According to the contract, you have indeed delayed the delivery of the project", Yin replied "You changed your demands in late May", Hu replied "But we also reduced the demands", Yin replied "1. A few modules are reduced; 2. for some functions, the demands have been repeatedly changed, for example, the cash withdrawal rules were changed about 3 times, and were not finalized until June; 3. the function of the background business management module has been added, and we have been developing such function throughout June."

(Ⅲ) On August 3, 2017, BeeFly sent a *Notice of Rescission of Contract* to Puyuan, notifying that Puyuan shall rescind the contract involved in this case signed by both parties as of the date of service of the notice, and BeeFly retains the right to require Puyuan to bear the liquidated damages and refund all expenses paid by BeeFly, on the grounds that Puyuan fails to perform the development obligations as agreed in the contract, the development has major design defects and other quality problems, and is severely delayed and the overdue period is far beyond 15 days, and thus BeeFly has the right to rescind the contract in accordance with Item 3 of Article 8 of the contract involved in this case. The notice was served to Puyuan on the next day.

Ⅲ. Other facts

(Ⅰ) During the trial of this case, the SIPC organized both parties to demonstrate in court the development results of Puyuan. In view of the fact that the original server where the source code is deployed by BeeFly has been closed, both parties have unanimously confirmed that Puyuan will redeploy relevant source code to its server for demonstration, and use the source code of the iOS version of the APP on July 4, 2017, that of the Android version of the APP on July 9, 2017, and that of the background source code on July 11, 2017 at the request of BeeFly during the demonstration, but since the above source codes have been modified later, part of the interfaces that need to be invoked during the demonstration has been closed, and the database cannot be updated, the demonstration in court cannot fully show the completion of the development results (see the Schedule for the main information of the demonstration).

(Ⅱ) Puyuan filed a lawsuit to the Jing' an Court on August 22, 2017 with respect to the dispute involved in this case, and the Jing' an Court organized both parties to exchange evidence twice. Since the dispute between both parties was a dispute over computer software development contract under the jurisdiction of the SIPC, Puyuan applied for withdrawal of the lawsuit to the Jing' an Court and then filed a lawsuit to the SIPC.

This Court held that the contract involved in this case signed by Puyuan and BeeFly is the expression of both parties' true intentions, is established in accordance with the law, legally effective, and legally binding on both parties. The parties shall fully perform their respective obligations in accordance with the contract. According to the defense opinions of both parties, the focus of the dispute in this case covers: (1) whether both parties breached the contract as claimed by the other party during the performance of the contract; (2) liability for the rescission of the contract involved in this case and the handling upon rescission of the contract.

In terms of the first focus of the dispute, Puyuan held that BeeFly was slack in fulfilling its obligation of acceptance of the development results, and failed to make the balance payment as agreed. While BeeFly held that it didn't breach the contract as alleged by Puyuan, instead Puyuan breached the contract due to delayed performance of contract obligations and failure to cause the deliverables to conform to the contract.

This Court held that: First, the contract involved in this case provided that the project development was performed in the first and second phases, which should be completed on April 30 and May 31, 2017, respectively. The work in the second phase included the optimization of the details of the functions developed in the first phase. Meantime, the contract involved in this case provided that BeeFly shall be entitled to put forward modification opinions or suggestions on the system production, but the time for modification or feedback is not included in the above agreed time; if the provision of information or the confirmation of work in each phase is delayed due to reasons attributable to BeeFly, the completion time of the remaining work in the later period will be delayed accordingly. According to the facts ascertained in this case, Puyuan sent the Android version of the APP to BeeFly on May 1, 2017, sent the source codes of the Android version, iOS version, API and management background to BeeFly on May 27, May 31, June 1 and June 2 of the same year, respectively, and required BeeFly to test and accept the entire project after completing the development in the second phase on June 19, 2017. However, during the performance of the contract involved in this case, BeeFly delayed in providing relevant documents for APP development, failed to provide the server deployment environment in time, failed to confirm the development demands in time, etc., and changed, added or canceled some functions after May 31, 2017. Therefore, according to the contract involved in this case, the completion time of Puyuan's development should be extended accordingly. The time that Puyuan requires BeeFly to test and accept the entire project after the completion of the development in the second phase falls within a reasonable range of the extension of the completion time of the development. Afterwards, the time for BeeFly to conduct tests, give feedback on test opinions and that for Puyuan to make modifications against the problems raised by BeeFly shall not be included in the agreed completion time of the development according to the contract involved in this case. Therefore, BeeFly's claim that Puyuan breached the contract due to delay in fulfilling its contractual obligations couldn't be established, and was dismissed by the SIPC. Second, although the contract involved in this case provided that within 3 working days after the project passed the acceptance, BeeFly shall make the balance payment of the project to Puyuan, it did not provide the project acceptance time and the consequence of the BeeFly's failure to perform the acceptance obligation, so the fulfillment of acceptance obligations by BeeFly was directly related to the collection of the balance payment of the project by Puyuan. The documented evidence shows that from June 19 to July 12, 2017, BeeFly sent project test reports to Puyuan many times on the development results submitted by Puyuan for test, and Puyuan also made modifications against the problems raised by BeeFly and submitted many updated versions. In terms of the problems raised in the last test report sent by BeeFly to Puyuan on July 12, except for some problems on which both parties agreed to continue to negotiate and determine the solution, Puyuan stated that it had already arranged modifications against other problems on the current day, and sent the "Acceptance Report of Mifeng Chezhu Project. docx" to BeeFly for project acceptance. However, BeeFly did not fulfill the project acceptance obligations, and disconnected the project server on July 25, 2017, making it clear by its own behavior that it would no longer perform the acceptance obligations. Therefore, Puyuan's claim that BeeFly breached the contract due to being slack in performing the acceptance obligations of the development results was established, and its breach of contract also hindered Puyuan's achievement of the conditions for collecting the balance payment of the project. Third, as mentioned above, the problems raised in the last test report sent by BeeFly to Puyuan on July 12, 2017 also included those requiring both parties to determine a solution through further negotiation, the remaining problems and the problems that arise during the demonstration of the development results in court also included those that need to be modified upon further clarification and optimization based on functional demands rather than simple modifications, and the above problems do not substantially affect the normal operation of the software. If BeeFly fulfills its obligation of acceptance of development results, it can still raise questions and make comments on Puyuan's modified development results during the acceptance process; moreover, according to the contract involved in this case, Puyuan will provide one – year free warranty service for BeeFly within the scope of the "after – sale maintenance" as agreed as of the date of official release of the system; problems raised by BeeFly also fall within the scope of "after – sale maintenance" agreed in the contract and can be resolved during this period. Therefore, the SIPC dismissed the claim of BeeFly that the development results delivered by Puyuan did not conform to the contract.

In terms of the second focus of the dispute, the SIPC held that as mentioned in the first focus of the dispute, the BeeFly's claim against Puyuan's breach of contract and grounds for requesting rescission of the contract were not established, so the SIPC didn't support its claim requesting the confirmation of the rescission of the contract involved in this case on August 4, 2018 in the counterclaim. It was reasonable that during the trial of this case, Puyuan stated that it agreed to the rescission of the contract involved in this case in view of the impossibility of continuing the performance thereof, but the liability for and the consequence of the rescission of the contract should be determined by the court, so the SIPC made a judgment that the contract involved in this case was to be rescinded as of the date of judgment on this case.

Article 97 of the *Contract Law of the People's Republic of China* (hereinafter referred to as "*Contract Law*") provides for that after the rescission of a contract, for those clauses not yet performed, the performance shall cease; for those already performed, the party concerned may, in accordance with the situation of performance and the nature of the contract, demand their restoration to the original status or take other remedial measures, and have the right to claim compensation. In this case, the contract involved in this case was rescinded due to reasons attributable to BeeFly, while BeeFly's breach of the contract due to being slack in performing the acceptance obligations of the development results also hindered Puyuan's achievement of the conditions for collecting the balance payment of the project, so Puyuan did not lose the right to collect the balance payment of the project. Meantime, the SIPC took into account that although BeeFly has added functions such as background regional management, user review and order entry during the contract performance, it has canceled the development of functions such as the "user group" channel, points mall, and coupons, and there are still problems needing to be modified in the results developed by Puyuan. In addition, if BeeFly fulfills the project acceptance obligations as agreed, Puyuan needs to further modify and improve the problems that BeeFly may raise during the acceptance process; after receiving the balance payment of the project, Puyuan needs to deploy the launch of the system and provide free warranty service for BeeFly within one year according to the contract involved in this case. Puyuan has not fulfilled the above – mentioned obligations at present, and does not need to do the same after the SIPC sentenced the rescission of the contract involved in this case. Therefore, based on the above circumstances, the SIPC supported Puyuan's claim against BeeFly for the payment of the balance payment of the project as appropriate, that is, BeeFly shall pay Puyuan contract amount of RMB 200 000 additionally. It should be pointed out that although Puyuan provided BeeFly with the source code and related documents of the development results during the performance of the contract involved in this case, Puyuan made several modifications afterwards, so after BeeFly paid the full payables, Puyuan shall provide the source code and related documents of the final modified development results for BeeFly.

Article 107 of the *Contract Law* provides for that either party that fails to perform its obligations under the contract or fails to perform them as contracted shall bear the liability for breach of contract by continuing to perform the obligations, taking remedial measures, or compensating for losses. Article 114, paragraphs 1 and 2 provides for that the parties may provide that in case of breach of contract by either party, a certain amount of penalty shall be paid to the other party according to the seriousness of the breach, and may also provide the method for calculating the sum of compensation for losses caused by the breach of contract. If the provided penalty for breach of contract is excessively higher than the loss caused by the breach, the party concerned may apply to a people's court or an arbitration institution for an appropriate reduction. In this case, Puyuan required BeeFly to pay liquidated damages in accordance with Item 3 of Article 8 of the contract involved in this case, while BeeFly argued that if it breached the contract, it should also bear the liability for breach of contract according to Item 2 of Article 8 of the contract involved in this case. In this regard, the SIPC held that Article 8 of the contract involved in this case sets forth the "breach of contract and dispute settlement", in which Item 3 defines the liability for breach of contract of either party that fails to fulfill its obligations provided in the contract on time; although BeeFly's "failure to make the project progress payment in accordance with Article 5 of the contract" is also one of the breaches of the contract caused by BeeFly's "failure to complete the obligations provided in the contract on time", the liability for breach of contract to be assumed therein is specifically set forth in Item 2, so BeeFly shall bear the liability for breach of contract in accordance with Item 2 of Article 8 of the contract involved in this case, making the relevant defense of BeeFly established and supported by the SIPC. Puyuan claimed that BeeFly should be liable for breach of contract from May 31,

2017, when, however, the contract involved in this case was still being performed normally, and Puyuan had not completed the development in the second phase. Therefore, the SIPC took August 22, 2017, the date on which Puyuan filed a lawsuit to Jing'an Court, as the starting date for calculating the liability for breach of contract of BeeFly, that is, BeeFly shall pay Puyuan an interest calculated at the bank loan interest rate of the People's Bank of China over the same period from August 22, 2017 to the date of the actual payment, based on the deferred payment amount of RMB 200 000.

BeeFly's claim in the counterclaim requesting Puyuan to refund the contract payment and payment of liquidated damages, as mentioned above, and BeeFly's claim that Puyuan breached the contract were not established, instead BeeFly breached the contract, and the contract involved in this case was also rescinded for the reason of BeeFly, so the above claim of BeeFly in the counterclaim lacked factual and legal basis and was thus dismissed by the SIPC.

In summary, in accordance with Article 8, Paragraph 1 of Article 60, Articles 97, 107 and 109, and Paragraph 1 of Article 114 of the *Contract Law of the People's Republic of China*, Paragraph 1 of Article 64 of the *Civil Procedure Law of the People's Republic of China*, and Article 90 of the *Interpretation of the Supreme People's Court on the Application of the Civil Procedure Law of the People's Republic of China*, the Judgment is hereby made as follows:

Ⅰ. The *Software Development Contract* signed by and between the Plaintiff (Counterclaim Defendant) Shanghai Puyuan Culture Communication Co., Ltd. and the Defendant (Counterclaim Plaintiff) Beijing BeeFly Science & Technology Co., Ltd. on April 25, 2017 was rescinded on September 26, 2019;

Ⅱ. The Defendant (Counterclaim Plaintiff) Beijing BeeFly Science & Technology Co., Ltd. shall pay the Plaintiff (Counterclaim Defendant) Shanghai Puyuan Culture Communication Co., Ltd. contract amount of RMB 200 000 within ten days from the effective date of this Judgment;

Ⅲ. The Defendant (Counterclaim Plaintiff) Beijing BeeFly Science & Technology Co., Ltd. shall pay the Plaintiff (Counterclaim Defendant) Shanghai Puyuan Culture Communication Co., Ltd. an interest calculated at the bank loan interest rate of the People's Bank of China over the same period from August 22, 2017 to the date of the actual payment, based on RMB 200 000.

Ⅳ. The remaining claims of the Plaintiff (Counterclaim Defendant) Shanghai Puyuan Culture Communication Co., Ltd. in the original claim were dismissed;

Ⅴ. The claims of the Defendant (Counterclaim Plaintiff) Beijing BeeFly

Science & Technology Co., Ltd. in the counterclaim were dismissed.

If the Defendant (Counterclaim Plaintiff) Beijing BeeFly Science & Technology Co., Ltd. fails to fulfill its obligation of pecuniary payment within the period specified by this Judgment, it shall pay double interest on the debt for the belated payment in accordance with the provisions of Article 253 of the *Civil Procedure Law of the People's Republic of China*.

The acceptance fee of the original claim was to be RMB 5425, RMB 1480 of which was to be borne by the Plaintiff (Counterclaim Defendant) Shanghai Puyuan Culture Communication Co., Ltd., and RMB 3945 by the Defendant (Counterclaim Plaintiff) Beijing BeeFly Science & Technology Co., Ltd.; the acceptance case of the counterclaim was to be RMB 2972, which was to be borne by the Defendant (Counterclaim Plaintiff) Beijing BeeFly Science & Technology Co., Ltd.

Either party that refuses to accept this Judgment as final may, within 15 days after service of this Judgment, appeal to the Supreme People's Court by submitting an appeal petition to the SIPC together with a sufficient number of copies for each person of the opposing party.

Presiding Judge	Wu Yingzhe
Judge	Liu Jing
People's Juror	Wu Huili
	September 26, 2019
Judge Assistant	Xie Ling
Technical Investigator	Wang Chuanji
Clerk	Zhu Lina

Attached Table

Item	Serial No.	Problems arising during demonstration	Notes
Android version of APP	1	Homepage – the cumulative and today's income in my garage is both 0, and cannot be clicked	Puyuan stated that the data couldn't be displayed because the data interface had been closed
	2	User ranking – after logging in to the APP with "Hu", Hu (Zhengzhou City) ranked fifth in the user ranking, but his/her ranking was not displayed after switching the location to Wuhu City, and then back to Zhengzhou City	
	3	Help center – no question classification on the APP, but available on the management background system	Puyuan stated that this problem was modified on July 12, 2017
	4	Personal center – click to enter the setting function under personal information to modify the address. After clicking OK, the modified address is not displayed	
	5	APP crashes during operation	Puyuan stated that it may be caused by system level and hardware incompatibility
	6	Personal information – when a new image is selected to replace the user's avatar, the avatar display area will first display the bee avatar, and then redirect to the correct avatar	
	7	After clicking the dynamic ad space (banner picture) at the top of the page, "honey collection" irrelevant to the title will be displayed before the target title appears	
	8	Payment management – the paid order (order (s) completed, failed) rather than accurate data is displayed in payment record, and the latter will be displayed after clicking enter	

续表

Item	Serial No.	Problems arising during demonstration	Notes
Background management system	1	Vehicle owner management - click add in the vehicle owner list, and enter the mobile phone number and ID number randomly, the page prompts: the mobile phone number and ID number already exist, but the vehicle owner information can still be successfully added	
	2	Vehicle owner management - when there is a mobile phone number starting with "138" in the vehicle owner list, no data is displayed after entering "138" in the mobile phone number query box	Puyuan stated that this demand was increased in the later period and had been modified on July 12, 2017
	3	Vehicle owner management - the province and city where the vehicle owner resides are "Anhui" and "Hefei" in the vehicle owner list, which, however, are blank on the page of "modify vehicle owner", and only appear after modification	
	4	Order management - in the order list, the page does not respond after clicking pay on the payment page	Puyuan stated that the problem is caused by the expiration of the relevant certificates related to payment
	5	Order list - it will prompt failure after clicking "submit" when modifying an order	
	6	Help center - when changing the serial number of a certain help record to "1" in the background management system, there is no change on the APP	
	7	A record added in the "honey collection management list" will not be displayed on the APP, and the page will be redirected to "promotion article management list" and "help classification" will be displayed in the left navigation bar when clicking "back" in the background	

续表

Item	Serial No.	Problems arising during demonstration	Notes
Background management system	8	After deleting 2 from the 11 records in the "promotion article management list" in the background, there are still 11 records displayed on the APP; the APP lacks the refresh function and can display 9 records after the user logs in again	Puyuan stated that the BeeFly didn't require the real – time synchronization of the background and front – end data in its demands
	9	Vehicle list – "to be purchased" and "reserved" buttons are shown in the vehicle list, but "purchased" and "to be purchased" buttons are shown in the search list, resulting in an inconsistency	Puyuan stated that "reserved" and "purchased" are different concepts
	10	Vehicle list – the table is incomplete, and the lower part of the last two columns at the bottom right corner has no borders	
	11	System information list – the second column heading is "object sent", and the content shows "time sent"; the search bar shows "ending time of sending"	
	12	Statistical analysis – click page number "2" on the page of the statistics of profit gained by vehicle owner "based on vehicle owner", the page can't redirect to page 2	
	13	Statistical analysis – when querying the vehicle owner named "Yu Rong" on the page of the statistics of profit gained by vehicle "based on vehicle", no data will appear, but data is available while searching "Yu Rongshui"	BeeFly stated that the query methods are not unified for text data, for example, some are fuzzy query, and some are precise query. Puyuan stated that it was developed based on the demands of BeeFly
	14	Enter the key words "Yu Rongshui" "2015 – 01 – 01", and "2019 – 01 – 17" in the "statistics of profit gained vehicle", the search results show 72 pieces of data, but enter the same key words on the page of statistical analysis – "based on vehicle", there are 100 vehicles displayed	BeeFly stated that the vehicle data displayed on different pages is different. Puyuan stated that profit may not be gained even if the user has a vehicle, and that the relevant data are the previous data pushed by BeeFly

续表

Item	Serial No.	Problems arising during demonstration	Notes
Background management system	15	In the "revenue statistics table", the number of vehicle owners is 34, while that searched on the page of statistical analysis – "based on vehicle owner" is 22	BeeFly stated that the vehicle owner data displayed on different pages is different. Puyuan stated that all relevant data are historical data
	16	Basic management – in the city list, the list of cities redirected to after checking "target city" and clicking "submit" is still that before screening, rather than that after screening	
	17	After modifying the information in the background, the corresponding information on the iOS version of the APP can be pulled down to refresh, but cannot on the Android version of the APP	
	18	System management – in the role management, the required fields marked with "*" can be submitted normally without input	Puyuan stated that this problem was modified on July 12, 2017
iOS version of APP	1	Homepage – "today's income" is displayed as RMB 2.4, but as RMB 0 under the same user on the Android version of the APP	Puyuan stated that the data is from the original database of BeeFly
	2	A blank page appears when clicking on all the advertising spaces (banner pictures) on the homepage	Puyuan stated that the reason for this problem is that the time is tight, and the address of the advertising space is directly fixed
	3	After entering the "scan" page and clicking the "turn on the flashlight" button below, the flashlight icon presents the state of turning on, but the text is still "turn on the flashlight", which should be "turn off the flashlight"	Puyuan stated that this function is represented by a state diagram rather than text
	4	System message – there are message content, time and name in the list, but no message content is showed after clicking viewing details	

续表

Item	Serial No.	Problems arising during demonstration	Notes
iOS version of APP	5	Help center – the details page of help is blank; the help center is not classified	
	6	Contact us – click franchise hotline, a prompt of "abnormal network" will be popped up	Puyuan stated that because the iOS version of the APP is demonstrated using a virtual machine, it cannot make phone calls
	7	Account management – after the address and email address are modified, a message is displayed indicating that the modification is successful, but the information before modification is displayed when entering the page again. After modifying the phone number and ID number again, the address and email address showed are still those modified last time, but the ID number and mobile phone number remain unchanged	
	8	Recommend to homepage – after being canceled in the background management system, the function still exists on the APP	
	9	After deleting some articles from the help center in the background, it is found that the content published at the advertising space at the top of the front – end page is still that before deletion, and the page does not have the function of pull down to refresh; users need to log out and log in again for refreshing	Puyuan stated that it was developed based on the demands of BeeFly

Annex: Relevant Laws

Ⅰ. *Contract Law of the People's Republic of China*

Article 8 A lawfully formed contract shall be legally binding on the parties thereto. The parties shall perform their respective obligations in accordance with the contract, and no party shall unilaterally modify or rescind the contract.

A lawfully formed contract is protected by law.

Article 60 The parties shall fully perform their respective obligations in accordance with the contract.

...

Article 97 After the rescission of a contract, for those clauses not yet performed, the performance shall cease; for those already performed, the party concerned may, in accordance with the situation of performance and the nature of the contract, demand their restoration to the original status or take other remedial measures, and have the right to claim compensation.

Article 107 Either party that fails to perform its obligations under the contract or fails to perform them as contracted shall bear the liability for breach of contract by continuing to perform the obligations, taking remedial measures, or compensating for losses.

Article 109 If a party fails to pay the price or remuneration, the other party may require the payment thereof.

Article 114 The parties may provide that in case of breach of contract by either party, a certain amount of penalty shall be paid to the other party according to the seriousness of the breach, and may also provide the method for calculating the sum of compensation for losses caused by the breach of contract.

...

Ⅱ. *Civil Procedure Law of the People's Republic of China*

Article 64 The parties have the duty to provide evidence in support of their claims.

...

Ⅲ. *Interpretation of the Supreme People's Court on the Application of the Civil Procedure Law of the People's Republic of China*

Article 90 The parties shall provide evidence to prove the facts based on which they makes a claim or contradicts the claim of the other party, unless otherwise provided by law.

Where any party fails to provide evidence or provides insufficient evidence to prove the facts claimed by it before a judgment is made, the party with the burden of proof shall bear adverse consequences.

6. Dispute between iKang. com Health Technology (Beijing) Co., Ltd. and Shanghai Meidong Software Development Co., Ltd. and Other Defendants over Infringement of Computer Software Copyright[1]

Shanghai Intellectual Property Court Civil Judgment

(2018) H73MC No. 535

Plaintiff: iKang. com Health Technology (Beijing) Co., Ltd.

Legal representative: Zhang 1, Manager of iKang.

Agent ad litem: Jin, lawyer of Shanghai Runyi Law Firm.

Agent ad litem: Xi, lawyer of Shanghai Runyi Law Firm.

Defendant: Shanghai Meidong Software Development Co., Ltd.

Legal representative: Yu, Chairman of Meidong.

Agent ad litem: Guo, lawyer of Hiways Law Firm.

Agent ad litem: Qi, lawyer of Hiways Law Firm.

Defendant: Wang 1.

Agent ad litem: Guo, lawyer of Hiways Law Firm.

Agent ad litem: Bao, lawyer of Hiways Law Firm.

Defendant: Meinian Onehealth Healthcare (Group) Co., Ltd.

Legal representative: Yu, Chairman of Meinian.

Agent ad litem: Guo, lawyer of Hiways Law Firm.

Agent ad litem: Qi, lawyer of Hiways Law Firm.

Defendant: Shanghai Shengjia Hospital Co., Ltd.

Legal representative: Zhang 2, Executive Manager of Shengjia.

Agent ad litem: Bao, lawyer of Hiways Law Firm.

The case of dispute over infringement upon computer software copyright between the Plaintiff iKang. com Health Technology (Beijing) Co., Ltd. (hereinafter referred to as "iKang") and the Defendants Shanghai Meidong Software Development Co., Ltd. (hereinafter referred to as "Meidong"), Wang 1, Meinian Onehealth Healthcare

[1] The list of evidence, i. e. Appendixes, in the case does not affect the understanding of the case, so it is not included in this book. If need to check it, please refer to China Judgements Online.

(Group) Co., Ltd. (hereinafter referred to as "Meinian"), and Shanghai Shengjia Hospital Co., Ltd. (hereinafter referred to as "Shengjia"). iKang filed a lawsuit to this Court on May 5, 2016 for the dispute over infringement upon computer software copyright with the case number of (2016) H73MC No. 339 – 342 (the cases 339 – 342). During the trial of the cases 339 – 342, this Court, at the request of iKang and Wang 1, entrusted Beijing Guochuang Dingcheng Judicial Appraisal Office (formerly Beijing Guochuang Dingcheng Intellectual Property Judicial Appraisal Center, hereinafter referred to as Guochuang Appraisal) to conduct technical appraisal on the technical issues related to this case on March 30, 2017. Afterwards, as the works involved in the cases 339 – 342 were related to each other, although there were difference, and the parties concerned as well as the relationship among them were the same, all parties concerned unanimously agreed to hear the cases 339 – 342 in the case ((2016) H73MC No. 340) (the case 340) through negotiation, and under the premise that the facts stated, evidence submitted and cross – examination opinions raised by all parties concerned in the cases ((2016) H73MC No. 339, 341, and 342) were taken as the facts stated, evidence submitted and cross – examination opinions raised in the case 340, iKang withdrew the cases ((2016) H73MC No. 339, 341, and 342), and raised the claims, facts and grounds therein in the case 340. On April 22, 2018, Guochuang Appraisal issued the Judicial Appraisal Opinion of Guochuang Judicial Appraisal Center ([2017] ZJZ No. 031 (the appraisal report 31)). Later, as Wang 1 indicated that it was required to carry out a supplementary appraisal on the technical issues in dispute, and the trial period of the case 340 was too long, under the premise that all parties concerned unanimously agreed to hear the case 340 in this case through negotiation, and to take the facts stated, evidence submitted and cross – examination opinions raised by all parties concerned in the cases 340 as the facts stated, evidence submitted and cross – examination opinions raised in this case, submitted evidence, and published cross – examination opinions, iKang withdrew the case 340, and filed this case to this Court, which was handled by this Court under formal procedure after this case was accepted on June 11, 2018.

On July 31, 2018, Wang 1 submitted an application for supplementary appraisal to this Court. On August 1, 2018, this Court entrusted Guochuang Appraisal to additionally appraise the technical issues related to this case. On March 1, 2019, Guochuang Appraisal issued the *Judicial Appraisal Opinion of Guochuang Judicial Appraisal Center* ([2018] ZJZ No. 077) (hereinafter referred to as "the appraisal report 77"). On May 13, 2019, Wang 1 issued the *Questions about the Judicial Appraisal Opinion* ([2018] *ZJZ No.* 077) *for Explanation by the Appraisal Institutions* to this Court. In response, Guochuang Appraisal issued a *Response Letter* on May 18, 2019. On May 22, 2019 and July 30, 2019, this Court respectively held a public hearing on this case. Jin and Xi, agents ad litem of the Plaintiff iKang, Qi and Guo, agents ad litem jointly entrusted by the Defendants Meidong and Meinian, and the Defendant Wang 1, and his agents ad litem Bao and Guo appeared in the court. On August 7, 2019, this Court sent the *Technical Consultation Letter* to Guochuang Appraisal to inquire about related technical issues. On November 6, 2019, Guochuang Appraisal issued the *Reply to Technical Consultation* to this Court. Afterwards, the parties concerned issued written cross – examination opinions to this Court on the above *Technical Consultation Letter* and the *Reply to Technical Consultation* of Guochuang Appraisal. This case has now been concluded.

The Plaintiff iKang requested this Court to: (1) order the Defendant Meidong to cease to use, develop, maintain, sell and license the use of the 63 source code files (hereinafter referred to as "the infringing source code files") and corresponding programs in the "Physical Examination Information Management System" (which integrates such programs as "Meidong Group Physical Examination Report Platform Software" "Meidong Enterprise Physical Examination Appointment Platform Software" "Meidong Comprehensive Information Management Software" and "Enterprise Online Appointment System" and database files called), and to delete the existing infringing source code files and corresponding programs (for the names of the 63 infringing source code files, please refer to Appendix 2 *Table of 63 Infringing Source Code Files* for details). (2) Order the Defendant Wang 1 to cease to use, develop and maintain the infringing source code files and corresponding programs, and to delete the existing infringing source code files and corresponding programs. (3) Order the Defendant Meinian to cease to use the infringing source code files and corresponding programs in its business places (for the list thereof, please refer to Appendix 1 *List of Business Places of Meinian*), and to delete the existing infringing source code files and corresponding programs. (4) Order the Defendant Shengjia to cease to use the infringing source code files and corresponding programs, and to delete the existing infringing source code files and corresponding programs. (5) Order the Defendants Meidong, Wang 1, and Meinian to jointly publish an explanation on the *Legal Daily* and *Health News* to indicate the fact of their infringement upon the Plaintiff's software copyright to the public, to eliminate the adverse effects on the Plaintiff, and to apologize. (6) Order the Defendants Meidong, Wang 1 and Meinian to jointly compensate the Plaintiff for its financial losses of RMB 50 million, including reasonable expenses (the following currencies are RMB).

Facts and grounds: The Plaintiff iKang is a leading enterprise in the physical examination industry in China, with good reputation in the industry. iKang's physical examination system software includes: iKang Guobin Physical Examination Center LIS Inspection System (hereinafter referred to as "iKang LIS system"), iKang Guobin Physical Examination Center Automatic Queuing System (hereinafter referred to as "iKang PEIS system"), iKang Guobin Physical Examination Center Information System (hereinafter referred to as "iKang PIS system"), and iKang Guobin Comprehensive Customer Service System (hereinafter referred to as "iKang MIS system", the above four software collectively referred to as "copyrighted software"), and iKang is the copyright owner of the above copyrighted software. Wang 1 is a former employee of iKang, who served as the head of the physical examination software group of the technical department, being responsible for leading the technical team to carry out the development and application of the copyrighted software during his tenure. In February 2014, Wang 1 resigned from iKang and took up the position of the deputy general manager of Meidong, a wholly - owned subsidiary of Meinian, actually being responsible for establishing technical team and leading such technical team to develop physical examination system software highly similar with the copyrighted software for Meinian and Meidong. After the development, Meidong completed the procedures for the registration of the copyright of related software (namely, Meidong group physical examination report platform software with the registration number of 2015SR071011 (hereinafter referred to as "Meidong group physical examination platform"), Meidong enterprise physical examination appointment platform software with the registration number of 2015SR071006 (hereinafter referred to as "Meidong appointment platform"), Meidong comprehensive information management software with the registration number of 2015SR071000 (hereinafter referred to as "Meidong comprehensive management"), and the enterprise online appointment system with the registration number of 2013SR054186 (hereinafter referred to as "Meidong online appointment"), the above four software collectively referred to as "Meidong's copyrighted software" in evidence 16 submitted by the Plaintiff), However, iKang found that the above Meidong's copyrighted software was not developed by Wang 1, Meidong, and Meinian independently, but was plagiarized from the software of the Plaintiff. The Defendants committed the following infringements: (1) Meidong and Wang 1 jointly committed the following infringements without the permission of iKang: ① Meidong and Wang 1 developed the alleged infringing software by substantially modifying the copyrighted software. ②Meidong and Wang 1 jointly authorized Shengjia to use the alleged infringing software. ③Meidong and Wang 1 promoted and demonstrated the alleged infringing software to the potential purchaser in the name of Meidong. ④ Meidong and Wang 1 authorized Meinian and its affiliates to use the alleged infringing software. (2) Meinian used the alleged infringing software in its affiliates after obtaining the joint authorization from Meidong and Wang 1. (3) Shengjia used the alleged infringing software after obtaining the joint authorization from Meidong and Wang 1.

iKang held that: (1) The above joint use, development, maintenance, sale, and licensing of the alleged infringing software by Meidong and Wang 1 infringed upon iKang's right to claim authorship of, modify, reproduce and distribute the copyrighted software. Meidong and Wang 1 should jointly assume the civil liabilities of stopping the infringement, apologizing, and compensating for losses. (2) The above use of the alleged infringing software by Meinian in its affiliates, and Meidong and Wang 1 jointly infringed upon iKang's right to reproduce and distribute the copyrighted software. Meinian, Meidong and Wang 1 should jointly assume the civil liabilities of stopping the infringement, apologizing, and compensating for losses. (3) The above use of the alleged infringing software by Shengjia, and Meidong and Wang 1 jointly infringed upon iKang's right to reproduce the copyrighted software. Shengjia should assume the civil liability of stopping the infringement. (4) As the sole shareholder of Meidong, Meinian should assume joint and several liabilities for the debts of Meidong in accordance with Article 63 of the *Company Law of the People's Republic of China* (the *Company Law*).

During the trial, iKang further clarified that: (1) The alleged infringing software claimed by iKang in this case refers to the physical examination information management system containing 63 infringing source code files (see Appendix 2 for details), namely Meidong's copyrighted software, which is the same as the software (the 3412 notarized software) shown in the Plaintiff's evidence 12, namely the notarial deed ((2016) HDZJZ No. 3412) (hereinafter referred to as "the notarial deed 3412"). (2) In this case, iKang only claimed the infringement of the 63 source code files, excluding the other source code files in the alleged infringing software.

The Defendant Wang 1 argued that: (1) The 63 alleged infringing source code files only involved iKang LIS system, iKang PEIS system, and iKang PIS system, for which iKang claimed copyright, but had nothing to do with iKang MIS system. iKang PIS system was developed by Li, a former employee of iKang, and subsequently maintained and optimized by Wang. iKang LIS system and iKang PEIS system were developed by Wang 1 during his working period in iKang. Therefore, Wang 1 held that the copyright owner of iKang PIS system is Li, instead of iKang. Wang 1 agreed that iKang is the copyright owner of iKang LIS system and iKang PEIS system. (2) Meidong's copyrighted software is not the same with the 3412 notarized software. The former was developed by Meidong, and Wang 1 had participated in the development of Meidong's copyrighted software after joining in Meidong. The 3412 notarized software is the K6 software developed by Wang 1 in his personal time, which has nothing to do with Meidong and Meinian. (3) The K6 software didn't plagiarize iKang LIS system, iKang PEIS system and iKang PIS system, but was developed by Wang 1 based on his experience in the development of physical examination software. Wang 1 started to write code in 2014, and completed the development thereof in early 2015, and carried out Alpha test. The K6 software and the copyrighted software are the same only in programming language, and different and dissimilar in any other aspects. In addition, iKang only claimed the 63 source code files in this case, so its claims should not be extended to the source code files of the K6 software other than the 63 source code files. (4) In this case, the alleged infringing software used by Shengjia, which was preserved by this Court (hereinafter referred to as "the preserved software"), was the uncompleted test version of the K6 software developed by Wang 1, having nothing to do with Meidong. Wang 1 had delivered the above preserved software to an outsider Lei for testing. After that, Lei provided Shengjia with the preserved software for use, and Wang 1 never charged any fees for the preserved software. Except for Shengjia, Wang 1 had not authorized others to use the K6 software, and had never sold the K6 software to others. The 3412 notarized software, preserved software and K6 software submitted by Wang 1 during the trial are the different versions of the same software. (5) Wang 1 resigned from iKang in December 2013, instead of February 2014 claimed by iKang. In summary, Wang 1 should not assume any civil liability in this case.

Meidong and Meinian jointly argued that: (1) Meidong and Meinian agreed with Wang 1's opinions on the copyright owner of the copyrighted software. (2) The software developed, used, licensed to be used by others, sold, and maintained by Meidong is Meidong's copyrighted software, instead of the 3412 notarized software. Meidong's copyrighted software is not the same with the 3412 notarized software. The 3412 notarized software is the K6 software developed by Wang 1 independently, and Meidong had never developed, used, or licensed others to use, sell, or maintain the K6 software. (3) The development, use, licensing, sale, and maintenance of Meidong's copyrighted software are all implemented by Meidong, and it is Meidong who authorized Meidong's affiliates to use Meidong's copyrighted software, instead of Meinian. Meinian had never used Meidong's copyrighted software in its affiliates.

(4) Meidong has prepared clear accounts and Meidong's property is independent of the property of its shareholder Meinian. Therefore, Meidong shall not assume joint and several liabilities for the debts of Meidong in accordance with Article 63 of the *Company Law*. In summary, Meinian and Meidong shall not assume any liability in this case.

The Defendant Shengjia argued that: (1) Shengjia didn't know whether iKang is the copyright owner of the copyrighted software. (2) The preserved software used by Shengjia is the K6 software developed by Wang 1, which is a different version of the 3412 notarized software, and a different software from Meidong's copyrighted software. The preserved software was provided by Wang 1 for Lei who sold the preserved software to Shengjia, and Shengjia made payment to Lei. Apart from installing the preserved software for Shengjia, Lei had not provided maintenance services for the preserved software.

To support its claims, iKang provided the following evidence in this case: (1) Computer Software Copyright Registration Certificate (RZDZ No. 0311603). (2) Computer Software Copyright Registration Certificate (RZDZ No. 0311594). (3) Computer Software Copyright Registration Certificate (RZDZ No. BJ12759). (4) Computer Software Copyright Registration Certificate (RZDZ No. BJ12760). (5) Laborcontract. (6) Confidentiality agreement. (7) Letter of intent to renew the labor contract. (8) Confirmation of intent to renew the contract. (9) Notarial deed ((2016) HDZJZ No. 2869) (hereinafter referred to as "the notarial deed 2869") and its appendices. (10) Notarial deed ((2016) HDZJZ No. 3815) (hereinafter referred to as "the notarial deed 3815") and its appendices and written records. (11) Notarial deed ((2016) HDZJZ No. 3467) (hereinafter referred to as "the notarial deed 3467") and its appendices. (12) Notarial deed 3412 and its appendices. (13) Notarial deed ((2016) HDZJZ No. 5488) (hereinafter referred to as "the notarial deed 5488") and its appendices and written records. (14) Demonstration video of the operation of the infringed software. (15) Comparison diagram of the software of both parties. (16) Copyright registration information of the alleged infringing software of Meidong. (17) Electronic version of evidence 1 – 16. (18) An email titled "Financial data uploading function list". (19) An email titled "Document work arrangement". (20) An email titled "Promotion of Zhao, Wang 1, and Zhu". (21) An email titled "Work handover". (22) An email titled "Wang 1 from the technical department resigned". (23) *System Licensing Service Agreement* and *Technical Consulting Service Agreement* signed by and between iKang and Shanghai iKang Guobin Yep Medical Center Co., Ltd., and corresponding invoices. (24) *System Licensing Service Agreement* and *Technical Consulting Service Agreement* signed by and between iKang and Shanghai iKang Guobin Jianzhiwei Medical Center Co., Ltd., and corresponding invoices. (25) *System Licensing Service Agreement* and *Technical Consulting Service Agreement* signed by and between iKang and Shanghai iKang Guobin Waizhitan Medical Center Co., Ltd., and corresponding invoices. (26) *System Licensing Service Agreement* and *Technical Consulting Service Agreement* signed by and between iKang and Shanghai Wangzu Guobin Medical Center Co., Ltd., and corresponding invoices. (27) *System Licensing Service Agreement* and *Technical Consulting Service Agreement* signed by and between iKang and Shanghai iKang Guobin Zhonghuan Yep Medical Center Co., Ltd., and corresponding invoices. (28) Meinian's official website pages. (29) Statement of technology licensing fees and consulting service fees of iKang. (30) *System Licensing Service Agreement* and *Technical Consulting Service Agreement* signed by and between iKang and Guangzhou iKang Guobin Health Physical Examination Co., Ltd. (Guangzhou iKang), and corresponding invoices. (31) *System Licensing Service Agreement* and *Technical Consulting Service Agreement* signed by and between iKang and Nanjing Jiankangyuan Medical Center Co., Ltd., and corresponding invoices. (32) *System Licensing Service Agreement* and *Technical Consulting Service Agreement* signed by and between iKang and Shanghai iKang Guobin Lanshizi Medical Center Co., Ltd., and corresponding invoices. (33) *Technical Consulting Service Agreement* signed by and between iKang and Shanghai iKang Guobin Mingmen Medical Center Co., Ltd., and corresponding invoices. (34) *Technical Consulting Service Agreement* signed by and between iKang and Shanghai iKang Guobin Renren Medical Center Co., Ltd., and corresponding invoices. (35) *System Licensing Service Agreement* signed by and between iKang and Bejing Bayley & Jackson Medical Center Co., Ltd., and corresponding invoices. (36) *System Licensing Service Agreement* signed by and between iKang and Bejing iKang Guobin Jianwai Medical Center Co., Ltd., and corresponding invoices. (37) *System Licensing Service Agreement* signed by and between iKang and Bejing iKang Guobin Yayun Medical Center Co., Ltd., and corresponding invoices. (38) *System Licensing Service Agreement* and *Technical Consulting Service Agreement* signed by and between iKang and Beijing iKang Guobin Medical Center Co., Ltd., and corresponding invoices. (39) *Special Audit Report for High - tech Enterprises* issued by Beijing Hexing Certified Public Accountants Co., Ltd. on October 24, 2008 (corporate R&D expenses in 2007). (40) *Special Audit Report for High - tech Enterprises* issued by Beijing Hexing Certified Public Accountants Co., Ltd. on October 24, 2008 (details of the income from high - tech products in 2007). (41) Appraisal report on the final settlement of enterprise income tax. (42) Enterprise credit information publicity report of Meidong. (43) Enterprise credit information publicity report of Meinian. (44) *Letter on Reporting the Application from Shanghai Guobin Healthcare Holding Co., Ltd. for Establishing Guangzhou Guobin Physical Examination Center.* (45) *Certificate* issued by Guangzhou Organization Code Management Center. (46) *Organization Information Query Results* issued by Guangzhou Organization Code Management Center. (47) Industrial and commercial materials of iKang. (48) Industrial and commercial materials of Guangzhou iKang. (49) Industrial and commercial materials of ikang Guobin Health Physical Examination Management Group Co., Ltd. (hereinafter referred to as "iKang Management"). (50) *Payment History*. (51) Notarial deed ((2019) HZJZJZ No. 3800) (hereinafter referred to as "the notarial deed 3800"). (52) Notarial deed ((2007) HYZNMZ No. 644) (hereinafter referred to as "the notarial deed 644"). (53) Notarial deed ((2019) HZJZJZ No. 3797) (hereinafter referred to as "the notarial deed 3797"). (54) Notarial deed ((2019) HZJZJZ No. 3798) (hereinafter referred to as "the notarial deed 3798"). (55) Notarial deed ((2019) HZJZJZ No. 3799) (hereinafter referred to as "the notarial deed 3799"). (56) Correspondence with affiliates. (57) Three situation explanations (respectively issued by iKang, Guangzhou iKang, iKang Healthcare Group Inc. (hereinafter referred to as "iKang Guobin Group")). (58) Industrial and commercial materials of ikang Guobin Group. (59) Screenshots of the interface of AutoCodeFactory software. (60) Installation package of AutoCodeFactory software. (61) Source code and object code of the copyrighted software (confidential evidence).

The Defendant Meidong submitted the following evidence to this Court: (1) Computer Software Copyright Registration Certificate No. 2015SR071000. (2) Situation explanation of Meinian. (3) Computer Software Copyright Registration Certificate No. 2011SR095902. (4) Software license contract between Meidong and the physical examination stores under the group to which Meinian belongs. (5) Invoices for the payment of license fees by the physical examination stores under Meinian. (6) Notarial deed 5488 of the Plaintiff. (7) Labor contract of Wang 1. (8) Announcement on trade resumption of Meinian Onehealth Healthcare Holdings Co., Ltd. (hereinafter referred to as "Meinian Holdings"), parent company of Meinian. (9) Civil ruling ((2016) H73MC No. 340). (10) News report on the press conference held by iKang. (11) Stock price of Meinian Holdings after the trade resumption. Confidential evidence 1. Screenshots and analysis of the functions of Meidong's copyrighted software. Confidential evidence 2. Source code of Meidong's copyrighted software. Confidential evidence 3. Object codes of Meidong's copyrighted software. Confidential evidence 4. 2014 – 2017 Financial Audit Report of Meidong.

The Defendant Wang 1 submitted the following evidence to this Court: (1) Computer Software Copyright Registration Certificate No. 2010SR039091. (2) Computer Software Copyright Registration Certificate No. 2009SR06849. (3) Enterprise registration information of Shenzhen Topsky Jianxin Technology Co., Ltd., and Shenzhen Topsky Technology Development Co., Ltd. (hereinafter referred to as "Topsky"). (4) Development history of Topsky. (5) Construction plan for the information management system of the physical examination center. (6) User manual of Xinglin Shenzhi physical examination system. (7) Physical examination information management system. (8) Wang 1's explanation on iKang's evidence 15. (9) Evidence submitted by Wang 1 for appraisal, including source codes of the K6 software, appraisal CD, and CD containing supplementary appraisal materials (confidential evidence) provided by Wang 1. (10) Excerpts of Guangzhou iKang's information publicized by government departments in the National Enterprise Credit Information Publicity System. (11) *Social Insurance Premium Payment History*. (12) *Civil Mediation Paper* ((2007) WZCZ No. 109) issued by Wuhan Intermediate People's Court issued on April 1, 2008.

The Defendant Meinian submitted the following evidence to this Court: (1) Computer Software (hereinafter referred to as "Meinian software") Copyright Registration Certificate (RZDZ No. 2011SR095902). (2) Notarial deed ((2016) HXZJZ No. 11106) (later being as confidential evidence 1). (3) Screenshots of comparison between Meinian software and the copyrighted software, and virtual physical examination report. (4) Situation explanation, ID card and labor contract of Zhang 3, internal files of Meinian, its predecessor and affiliates. (5) Situation explanation, ID card and labor contract of Yang, who is responsible for the upgrade, maintenance and update of Meinian software. (6) Situation explanation, ID card and labor contract of Shen, who is responsible for the upgrade, maintenance and update of Meinian software. (7) Situation explanation, ID card and labor contract of Meinian's employees being responsible for physical examination. (8) Notarial deed 5488. (9) Labor contract of Wang 1. (10) Announcement on trade resumption of Meinian Holdings. (11) Civil ruling ((2016) H73MC No. 340). (12) News report on the press conference held by iKang. (13) Stock price of Meinian Holdings after the trade resumption. Confidential evidence 1. Notarial deed ((2016) HZJZJZ No. 11106) (hereinafter referred to as "the notarial deed 11106"). Confidential evidence

2. Notarial deed ((2016) HZJZJZ No. 11105) (hereinafter referred to as "the notarial deed 11105"). Confidential evidence 3. 2014 – 2017 Financial Audit Report of Meidong.

The Defendant Shengjia submitted the following evidence to this Court: (1) Situation explanation of Shengjia. (2) Transfer voucher.

This Court organized all parties to exchange evidence, and all parties issued the following cross – examination opinions: "I. As for iKang's evidence. (Ⅰ) Meidong and Meinian held that: 1. They had no objection to the formal authenticity of iKang's evidence 1 – 4, 9 – 13, 16, 23 – 24, pages 197, 201 – 203 of evidence 25, evidence 26 – 52, and evidence 58 and 61, but had objection to the relevance and purpose of proof of such evidence. 2. They had no objection to the formal authenticity of iKang's evidence 53 – 56, but had objection to the content authenticity, relevance and purpose of proof of such evidence. 3. As the electronic version of its evidence 1 – 16, iKang's evidence 17 and the situation explanation of iKang in evidence 57 couldn't be taken as evidence. 4. Although iKang had produced the originals of the situation explanations of Guangzhou iKang and iKang Guobin Group in its evidence 14, 15, and 57, and evidence 59 and 60, they had objection to the authenticity of such evidence. 5. iKang didn't submit the originals of its evidence 5 – 8, 18 – 22, pages 198 – 200 of evidence 25, and evidence 45, so they had objection to the authenticity and purpose of proof of such evidence. (Ⅱ) Wang 1 stated that he had no objection to the authenticity of iKang's evidence 5 – 8 and 14, and agreed to the cross – examination opinions of Meidong and Meinian on the remaining evidence. (Ⅲ) Shengjia agreed to the cross – examination opinions of Meidong, Meinian, and Wang 1. Ⅱ. As for the evidence provided by Meidong, Meinian, Wang 1 and Shengjia. (Ⅰ) iKang held that: 1. It had no objection to the authenticity and legality of Meidong's evidence 1, 3 – 5, 8, 10, and 11, and confidential evidence 4, Meinian's evidence 1 – 5, page 357 of evidence 6, evidence 7, 10, 12 and 13, and confidential evidence 3, Wang 1's evidence 1 – 3, 9 – 12, and Shengjia's evidence 1 and 2, but had objection to the relevance and purpose of proof of such evidence. 2. It had no objection to the authenticity, legality and relevance of Meidong's evidence 6, 7 and 9, and Meinian's evidence 8, 9 and 11, but had objection to purpose of proof of such evidence. 3. Although Meidong submitted the originals of its evidence 2, and confidential evidence 1 – 3, and Meinian submitted the originals of its confidential evidence 1 and 2, it had objection to the authenticity, legality, relevance and purpose of proof of such evidence. 4. Wang 1's evidence 8 indicated his cross – examination opinion on relevant evidence, which couldn't be taken as evidence. 5. As the originals of Wang 1's evidence 4 – 6 are inconsistent with their copies, iKang had objection to the authenticity of such evidence. 6. As Wang 1 didn't submit the original of his evidence 7, and Meinian didn't submit the originals of the remaining pages other than page 357 of its evidence 6, iKang had objection to the authenticity of such evidence. (Ⅱ) Meidong, Meinian, Wang 1 and Shengjia had no objection to the evidence submitted by each other. "

This Court held that, (1) As all parties had no objection to the authenticity of iKang's evidence 1 – 4, 9 – 13, 16, 23 – 24, pages 197 and 201 – 203 of evidence 25, and evidence 26 – 44, 46 – 52, 58 and 61, Meidong's evidence 1, 3 – 11, and confidential evidence 4, Meinian's evidence 1 – 5, page 357 of evidence 6, evidence 7 – 13, and confidential evidence 3, Wang 1's evidence 1 – 3, 9 – 12, and Shengjia's evidence 1 and 2, this Court confirmed the authenticity of such evidence. (2) As iKang had produced the originals of its evidence 14, 53 – 56, 59 and 60, Meidong had produced the originals of its confidential evidence 1 – 3, and Meinian had produced the originals of its confidential evidence 1 and 2, and although the relevant parties had objection to such evidence, they didn't provide any evidence on the contrary, so this Court confirmed the authenticity of such evidence; iKang had submitted the situation explanation respectively signed by the responsible person of Guangzhou iKang and iKang Guobin Group in its evidence 57, which met the formality condition of evidence, therefore, this Court confirmed the authenticity of the situation explanations issued by Guangzhou iKang and iKang Guobin Group in evidence 57. (3) Although iKang didn't submit the originals of its evidence 5 – 8 and 45, its evidence 5 – 8 reflected the labor relationship between iKang and Wang 1, and Wang 1 had no objection to such evidence, so this Court confirmed the authenticity of evidence 5 – 8; as the content reflected in evidence 45 could be corroborated with iKang's evidence 44 and 46, so this Court confirmed the authenticity of evidence 45, and challenged the relevant cross – examination opinions of Meidong, and Meinian. (4) iKang's evidence 17 is the electronic version of its evidence 1 – 16, which belongs to the copy of evidence, and the comparison diagram of the software of both parties in iKang's evidence 15, the situation explanation in iKang's evidence 57, the situation explanation in Meidong's evidence 2, and Wang 1's explanation on iKang's evidence 15 in Wang 1's evidence 8 belong to statement made by the parties rather than evidence. (5) iKang could not submit the original emails under the Internet environment for its evidence 18 – 22, iKang could not submit the originals of pages 198 – 200 of its evidence 25, Wang 1 could not submit the original of its evidence 7, and Meinian could not submit the originals of the remaining pages other than page

357 of its evidence 6, and the originals of Wang 1's evidence 4 – 6 are inconsistent with their copies, therefore, this Court could not confirmed the authenticity of such evidence, and challenged the same. (6) This Court will adopt the above evidence whose authenticity was confirmed by this Court at its discretion based on such factors as the facts reflected in the evidence, the purpose of proof of the parties, the degree of relevance between the evidence and this case, and the probative force.

After trial, this Court ascertained that:

Ⅰ. Facts related to the ownership of the copyrighted software

(Ⅰ) Basic information of iKang Guobin Group, iKang Management, iKang, and Guangzhou iKang

iKang Guobin Group was established on September 6, 2004, its legal representative is Zhang 1 and supervisor Ge.

iKang Management was established on September 13, 2004, its shareholder is iKang Guobin Group, legal representative Liu, and supervisor Ge.

iKang was established on February 27, 2004, its shareholder is iKang Management, legal representative Zhang 1 and supervisor Ge.

According to the evidence of record regarding the information of Guangzhou iKang: (1) On November 26, 2004, Guangzhou Dongshan District Health Bureau sent the *Letter on Reporting the Application from Shanghai Guobin Healthcare Holding Co., Ltd. for Establishing Guangzhou Guobin Physical Examination Center* (Dong Wei Han [2004] No. 19) to Guangzhou Health Bureau, stating that: "On November 9, 2004, we received the application materials submitted by Shanghai Guobin Healthcare Holding Co., Ltd. for establishing Guangzhou Guobin Physical Examination Center in our jurisdiction. After preliminary examination, we found that the materials submitted thereby are basically true, and the establishment of medical institutions meets the requirements of our health planning, so it is agreed to report such application materials to the health administrative department at the higher level." The attachments indicated in the letter are the application and application materials for establishing medical institution. On June 6, 2012, Guangzhou Organization Code Management Center issued a *Certificate*, "stating that after verification, Guangzhou iKang Guobin Health Physical Examination Co., Ltd. (code: 775661138) was found in our organization code database. Its original name was Guangzhou Guobin Physical Examination Center, which was changed for the first time in August 2009 to Guangzhou iKang Guobin Physical Examination Center, and for the second time in November 2010 to Guangzhou iKang Guobin Health Physical Examination Co., Ltd., which has been used ever since." On March 15, 2019,

Guangzhou Organization Code Management Center issued the *Organization Information Query Results*, "stating that after verification, the registration materials of Guangzhou iKang Guobin Health Physical Examination Co., Ltd. (Organization code: 775661138) were found in our organization code database. This entity had gone through the procedures for changing the entity name on the organization code certificate, and according to the registration information, the entity name was changed from "Guangzhou iKang Guobin Physical Examination Center" to 'Guangzhou iKang Guobin Health Physical Examination Co., Ltd.' (namely, the current name)."

(2) According to the enterprise credit information publicity report of Guangzhou iKang, Guangzhou iKang's shareholders include iKang Management and iKang Guobin Group. Guangzhou iKang's legal representative is Wang 2, and supervisor Ge. Guangzhou iKang was established on October 28, 2010.

(Ⅱ) Facts related to the copyrighted software

On August 21, 2008, the National Copyright Administration (hereinafter referred to as "the NCA") issued the Computer Software Copyright Registration Certificate (RZDZ No. BJ12759), which indicated that: the software name is iKang Guobin Physical Examination Center Information System V1.0 (iKang PIS system), the copyright owner is iKang, the first publication date is June 20, 2008, the right acquisition method is original acquisition, the scope of rights is all rights, and the registration number is 2008SRBJ2453. On the same day, the NCA issued the Computer Software Copyright Registration Certificate (RZDZ No. BJ12760), which indicated that: the software name is iKang Guobin Comprehensive Customer Service System V1.0 (iKang MIS system), the copyright owner is iKang, the first publication date is June 20, 2008, the right acquisition method is original acquisition, the scope of rights is all rights, and the registration number is 2008SRBJ2454.

On July 14, 2011, the NCA issued the Computer Software Copyright Registration Certificate (RZDZ No. 0311603), which indicated that: the software name is iKang Guobin Physical Examination Center LIS Inspection System V1.0 (iKang LIS system), the copyright owner is iKang, both the development completion date and the first publication date are May 4, 2010, the right acquisition method is original acquisition, the scope of rights is all rights, and the registration number is 2011SR047929. On the same day, the NCA issued the Computer Software Copyright Registration Certificate (RZDZ No. 0311594), which indicated that: the software name is iKang Guobin Physical Examination Center Automatic Queuing System V1.2 (iKang PEIS system), the copyright owner is iKang, both the development completion date and the first publication date are July 20, 2010, the right acquisition method is original acquisition, the scope of rights is all rights, and the registration number is 2011SR047920.

According to the evidence 50 – 57 submitted by the Plaintiff: (1) The payment history of endowment, unemployment, work injury, and maternity insurance of Li (personal number: 101 × × × × ×; ID card No.: 51132 × × × × × ×) is as follows: from September 2005 to January 2008, the name of the payer is Guangzhou Labor Service Employment Department for Foreign Enterprises. From February 2008 to April 2011, the name of the payer is Guangzhou iKang. From January 2012 to January 2013, the name of the payer is Guangzhou Youyi Human Resources Service Co., Ltd. (2) According to the notarial deed 644, on August 20, 2007, Li (male, born on September 28, 1981, ID card No.: 51131 × × × × ×), as an agent of Guangzhou Guobin Physical Examination Center, conducted a simulated physical examination with Liang in Guangzhou Guobin Physical Examination Center located at 3F, Annex Building of Guangfa Gongyuan, No. 496, East Huanshi Road, Dongshan District, Guangzhou, and videotaped the process. (3) The notarial deeds 3797 and 3798 indicated the contents of relevant emails from September 20, 2007 to July 1, 2009, according to which, ①From September 20, 2007 to July 1, 2009, Li communicated with relevant personnel about work and other matters through emails, and "iKang Guobin Group Southern China" "...iKang Guobin Southern China iKang. com Health Technology (Beijing) Co., Ltd. Guangdong Branch..." "iKang Guobin Group" were indicated at the end of the emails. ②On November 23, 2007, Pan sent an email entitled "Li, technical engineer from Southern China, will come to Beijing", reading: To the Administrative Department, Li, technical engineer from Southern China, will come to Beijing to debug the physical examination software for one month. Relevant expenses, including round – trip air tickets, accommodation and daily travel subsidies, will be reimbursed by the headquarters. ③On February 20, 2009, Zhang sent an email entitled "Re: Welcome Li and Wang 1" to Li, Wang 1 and Wei, reading: Li and Wang 1, welcome to join the Technical Department of the headquarters. Hi, Li and Wang 1. First of all, thank you for your excellent performance in Guangzhou branch. I'd like to extend a warm welcome to you on behalf of all the colleagues in the headquarters! Joyce 1 will complete the procedures for internal transfer for both of you after returning from Shenzhen to Guangzhou. Please bring the signed confirmation to the Human Resources Department of the headquarters. I will ask the colleagues in the Administrative Department to help you find and provide you with some housing resources. In case of any questions about the details, please contact Wei, director of the Administrative Department, directly. Wei, please provide assistance, thank you! They will arrive in Beijing on March 9, hope you can provide them with some housing resources to choose from. Jessica 2 and Wang 3, please properly arrange the personnel reception matters. Li and Wang 1, welcome again. (4) According to the notarial deed 3799, an agent of iKang used the computer of the notary public office to log in to Tencent QQ to control the computer of the chat object "Xue", queried and printed the financial data related to Li, and videotaped the screens. The financial data obtained in the above query showed that under the subject number of 1401A02000, Li applied for a loan of RMB 10 870 from iKang, with the abstract of reimbursement of the system development fee for Li. Under the subject number of 1011010000, RMB 10 870 was released from cash on hand, with the abstract of reimbursement of the system development fee for Li. In addition, according to the correspondence with affiliates in evidence 56 of iKang, Guangzhou iKang informed iKang that: On June 30, 2008, Li was rewarded with RMB 10 870 for software development. (5) According to the *Situation Explanation* submitted by Guangzhou iKang to this Court on May 27, 2019, Guangzhou iKang was established on November 26, 2004, and its original name was "Guangzhou Guobin Physical Examination Center", which was changed to "Guangzhou iKang Guobin Physical Examination Center" in August 2009, and to "Guangzhou iKang Guobin Health Physical Examination Co., Ltd." in November 2010. As "Guangzhou Guobin Physical Examination Center" is a medical institution at establishment, which cannot pay social insurance premium for employees, Guangzhou iKang entrusted a third-party human resources company "Guangzhou Labor Service Employment Department for Foreign Enterprises" to pay the same for relevant employees. Li joined Guangzhou iKang (known as "Guangzhou Guobin Physical Examination Center" at that time) in September 2005, and resigned in April 2011. He held a position in the Technical Department, being mainly responsible for leading the technical team to carry out the research and development of the PIS system. After the technical team successfully developed the PIS system, Guangzhou iKang paid Li, head of the technical team, a bounty. In view of Li's outstanding performance as a technician, Li was transferred to iKang Guobin Group to take charge of the subsequent maintenance and update of the PIS system.

In addition, both Guangzhou iKang and iKang are the subsidiaries of iKang Guobin Group, in accordance with the unified instructions and arrangements of iKang Guobin Group, after Guangzhou iKang completed the research and development of the PIS system, iKang would go through the procedures for the copyright registration of the PIS system. Guangzhou iKang acknowledged that, iKang reserves the copyright of the PIS system. To sum up, Guangzhou iKang held that the PIS system developed by Li during his working period in Guangzhou iKang is a work created in the course of employment, so the company should enjoy the computer software copyright of the PIS system. In accordance with the unified arrangements of iKang Guobin Group, after Guangzhou iKang completed the research and development of the PIS system, iKang would go through the procedures for the copyright registration of the PIS system, and the computer software copyright should belong to iKang. On the same day, iKang Guobin Group submitted a *Situation Explanation* with the same content with the above *Situation Explanation* submitted by Guangzhou iKang.

Ⅱ. As for Meidong's copyrighted software, and Meinian software

(Ⅰ) Facts related to Meidong's copyrighted software

According to the evidence, Meidong is the copyright owner of the following Meidong's copyrighted software, including: (1) Meidong group physical examination report platform software with the registration date of April 29, 2015, and the registration number of 2015SR071011 (Meidong group physical examination platform). (2) Meidong enterprise physical examination appointment platform software with the registration date of April 29, 2015, and the registration No. of 2015SR071006 (Meidong appointment platform). (3) Meidong comprehensive information management software with the registration date of April 29, 2015, and the registration number of 2015SR071000 (Meidong comprehensive management). (4) Enterprise online appointment system with the registration date of June 3, 2013, and the registration number of 2013SR054186 (Meidong online appointment).

During the trial, Meidong said that Meidong's copyrighted software was that indicated in the confidential evidence 1 – 3 submitted by Meidong to this Court. iKang confirmed that the software indicated in the confidential evidence 1 – 3 submitted by Meidong has nothing to do with the alleged infringing software in this case.

(Ⅱ) Facts related to Meinian software

On December 15, 2011, the NCA issued the Computer Software Registration Certificate (RZDZ No. 0369576), which indicated that: the software name is the integrated traditional Chinese and western medicine medical testing and physical examination chain management software (medical testing and physical examination chain management software for short) V1.0 (Meinian software), the copyright owner is Meinian, the development completion date is August 30, 2011 and the first publication date is September 1, 2011, the right acquisition method is original acquisition, the scope of rights is all rights, and the registration number is 2011SR095902.

On December 1,2016,Shanghai Xuhui Notary Public Office issued the notarial deed 11106,which recorded the process of turning on a computer,opening,logging in to and using "Meinian Onehealth traditional Chinese and western medicine health management system V2.0", and taking screenshots, photos, and kinephoto by Meinian's agent in consulting room 319, Shanghai Meinian Outpatient Department, No. 251, Xiaomuqiao Road, Shanghai. On December 1, 2016, Shanghai Xuhui Notary Public Office issued the notarial deed 11105, which recorded the process of copying the contents in the folder of "source code" in a laptop of Meinian to the USB flash drive provided by the notary public office, and then imprinting CD by Meinian's agent at 10F, No. 251, Xiaomuqiao Road, Shanghai.

During the trial, Meinian stated that the source code files in the above 11105 notarized CD are the source code files of Meinian software, and the "Meinian Onehealth traditional Chinese and western medicine health management system V2.0" shown in the above notarial deed 11106 is Meinian software. iKang confirmed that the source code files in the notarial deed 11105 and the software shown in the notarial deed 11106 have nothing to do with the alleged infringing software in this case.

Ⅲ. Facts related to Wang 1

On May 7,2009,iKang and Wang 1 entered into a *Labor Contract*, in which the parties agreed that Wang 1 would serve as a development engineer of iKang from May 7,2009 to March 26,2011. On February 25,2011, iKang issued a *Letter of Consent to Renew the Labor Contract* to Wang 1, stating that the labor contract between iKang and Wang 1 will expire on March 26,2011. Now iKang intends to renew a three - year labor contract with Wang 1 upon the expiration of current labor contract. iKang requested Wang 1 to fill in the *Employee Intent Form* within one day after receiving the letter of intent, and to submit it to the Human Resources Department. Otherwise, Wang 1 should be deemed to have refused to renew the labor contract. On the same day, Wang 1 signed the *Employee Intent Form*, and agreed to renew the labor contract.

On December 12,2013, Wang 1 and Meidong entered into a labor contract and joined Meidong.

During the trial, Wang 1 stated that he was engaged in the development of software including iKang PIS system, iKang LIS system, and iKang PEIS system at iKang. Therein, iKang PIS system was redeveloped, while iKang LIS system and iKang PEIS system was independently developed. In November 2013, Wang 1 sent an email to resign and completed the procedures for resignation in the same month.

Since November 12, 2013, Wang 1 had no longer work in iKang.

Ⅳ. Notarized facts related to the alleged infringing software

The notarial deeds 2869, 3185, 3412, 3467, and 5488 issued by Shanghai Oriental Notary Public Office on March 4, 9, 10, 13 and April 15, 2016 indicated the following facts:

(Ⅰ) On the afternoon of March 1, 2016, Yan, an agent of Blackpeak (Shanghai) Business Consulting Co., Ltd., and a notary arrived at the "Zizhu High – tech Industrial Development Park" located at the intersection of South Lianhua Road and Dongchuan Road in Shanghai. Yan obtained a business card in an office with the words "Meinian Onehealth" at the entrance on the 2nd floor of "Building 6", which reads "Wang 1, Deputy General Manager, Shanghai Meidong Software Development Co., Ltd., Address: 2F, Building 6, No. 555, Dongchuan Road, Shanghai ... Mobile: 180 × × × ×2555, Email: wangxx@ × × × ×. cn".

(Ⅱ) On March 4, 2016, Yan used the phone of Shanghai Oriental Notary Public Office to dial the number "0180 × × × ×2555" (the mobile shown on Wang 1's business card obtained from the notarial deed 2869), communicated with Wang 1 by the phone, and recorded the conversation. The content of the conversion is as follows (therein, Yan is Yan, Wang is Wang 1): ... Yan: Hello, I'm from Beihanmo. I reported the content of the last communication to my boss after I got back. My boss also prefers a supplier with famous brand and mature products. He asked me some questions. I want to confirm with you on the phone. Is it convenient for you now? Wang: Yes, shoot. Yan: Is this physical examination software system independently developed by Meidong Software? Wang: Yes. Yan: Do you have the intellectual property rights? Wang: Yes. Yan: That is to say, you have the independent intellectual property rights of this set of systems and software, right? Wang: Yes. Yan: Okay, I see, is any authorization required for the use of such system? Wang: Yes. By the way, in addition to the initial software royalty, we also charge maintenance fee on an annually basis. Yan: Last time you said that you will charge maintenance fee against franchisees, and direct – sale stores are not required to pay the same, right? Wang: Yes, all the stores other than direct – sale stores should pay maintenance fee. Yan: In addition to using this set of software system yourself, which medical institutions have you sold it to? Wang: We mainly use it ourselves. Yan: You have hardly sold this software? Wang: We plan to sell it this year. Yan: You already have interested customers, right? We'd like to learn about some successful cases. If you mainly use this software yourself, how about the coverage of its application to physical examinations per year across the country? Are all stores nationwide covered?

How many stores are there across the country? Wang: Our system is only available in some stores across the country, and will be available to all stores nationwide next year or the year after next. Yan: How many chain stores are using this software now? Wang: Actually, all of them are using it, more than 100, nearly 200 stores. Yan: One or two hundred, right? Wang: All of them are using this software, but not all functions are available. Yan: All of them are using this system, but only some functions are available. Wang: Some functions are not available, it will take certain amount of time to replace all of them. Yan: That means the technology for chain stores is relatively mature, right? Wang: Yes. No problem at all. Yan: I see. Last time, we only took your business card. If we have technical problems, or questions about cooperation process in the future, should we mainly communicate with you or with Chen? Wang: In the early stage, you can communicate with me. If you decide to cooperate with us, Chen will follow up. Yan: I see. So can we ask you questions about technology in the early stage? Such as those about software. Wang: Certainly. Yan: Oh? You have a technical background? Wang: Yes, I'm engaged in the technical industry. Yan: So this software is mainly researched and developed by you? Wang: Yes. Yan: Impressive. Wang: The software platform is mainly built by me. Yan: You are also the core developer of this software, right? Wang: I mainly lead the team and work with them. I am also a programmer, and engaged in research and development. Yan: I see, last time, you said you can use QQ to demonstrate the software for us remotely next week, right? We are available next Wednesday. Wang: No problem. Yan: Probably at 1:00 or 2:00 pm next Wednesday, the specific time will be confirmed on the phone later. Wang: Wait, let me check my schedule next Wednesday. I will arrange for Chen to demonstrate for you. Yan: Ok, you said last time that you would arrange for Chen to demonstrate this software. Are you going on a business trip next week? Wang: I might go to Beijing. Next Wednesday happens to be the 9th day. I should be working in Beijing. Yan: OK, I see, never mind. I will call you at noon on Wednesday to confirm the time, probably 1:00 or 2:00 pm, okay? In the early stage, please ask Chen to make preparations first. This time, the senior management of our medical examination center will participate in the demonstration, please demonstrate the software as comprehensive and detailed as possible, so that we can communicate immediately in case of any doubt. Then, I think you can focus on the advantages or features of the software in demonstration, so that we can make a comparison as we have also watched other demos. This is what I think. Last, I want to ask if you have sent your company's promotional brochure we mentioned last time to my mailbox. Wang: I asked them to prepare for this. I also have to prepare the functions of the system. Actually, the brochure was ready yesterday and I haven't sent it to you. I'll send it to you in a while. Yan: Now the truth is that our VPN is unstable, so I am using a domestic mailbox in China. I will tell you another mailbox. Would it be convenient for you to take a note? Li × × × × ×@163. com. Wang: Okay, Li × × × × ×@163. com, right? Yan: Yes. The company's brochure usually includes a PPT version and an electronic document, right? Wang: Yes. Yan: If it is Chen who will make demonstration, please give me his QQ account, as I am afraid that there will be any problems with SMS. Wang: No problem. Our PPT is massive in contents, with more than 100 pages. We have sorted out our previous materials in the past two days, including the introduction of software functions, which makes it relatively massive in contents. Yan: It's all right, it would be better to make the content comprehensive. Our company will make a copy of it. Please send me the QQ account together. I rarely use QQ, so I will use my colleague's QQ account, which I don't know now, you can send me one first, and I will send you a friend invite on QQ when I get the QQ account, is that OK? Wang: OK. Yan: You can call me after sending the brochure and QQ account. I don't know if I can receive the SMS, okay? Wang: OK. Yan: That's it. Thank you, let's keep in touch. Wang: OK. Yan: Bye."

(Ⅲ) The content of an email sent from wang × ×@ × × × ×. cn to Li × × × × ×@163. com with the title of "Introduction to the physical examination software system of Meidong Software 2016 – 03" (the notarized email 3467) is as follows: "Hi, Manager Yang! Please check the attachment. Password...Chen QQ6808 × × × ×", the email is inscribed by Wang 1, Deputy General Manager of Meinian Onehealth (Meidong Software) (180 × × × × 2555). This email contains an attachment titled "Physical examination software of Meidong Software", the home page of which reads: "Introduction to the functions of the physical examination system of Meidong Software 2015 – 12 – 24. Confidential, don't transmit without authorization".

(Ⅳ) On March 9, 2016 (Wednesday), under the guidance of Yan, the notary downloaded the QQ software, and used it to connect with the QQ account 6808 × × × ×. During the connection, the QQ account 6808 × × × × shared its computer screen, and demonstrated the use of the 3412 notarized software, whose name displayed during the demonstration was "physical examination information management system". The interface of the 3412 notarized software demonstrated in the notary certificate 3412 is basically the same as the corresponding interface in the aforementioned notarized email 3467. During the trial, Meidong confirmed that Chen is one of its employees who joined it together with Wang 1, and was also a former employee of iKang.

(V) On April 15, 2016, Yan used the phone of Shanghai Oriental Notary Public Office to dial the number "137 × × × × 1567", communicated with Zhao by the phone and recorded the conversation. The content of the conversion is as follows (therein, Yan is Yan, Zhao is Zhao from Shengjia): ... (Yan said that he had been to Shengjia and was received by Zhao) ... Yan: We discussed it after I came back as I had been on a business trip before, and we all thought it was pretty good. First, the decoration environment is better. Your upstairs is newly decorated, and the equipment on the basement 1 is more advanced. Second, compared with other large – scale physical examination institutions, your price does have some advantages. I have talked to you last time, so I know it well. Third, the entire physical examination process is orderly, so we are more inclined to cooperate with you in June and July. Last time, I heard that the software used by Shengjia Physical Examination Center is the same as that used by a large – scale physical examination center named Meinian Onehealth, right? Zhao: Yes, the physical examination system used by it is the same as ours. Yan: Did you purchase this software from Meinian Onehealth? Zhao: No, we specifically entrusted others to develop it for us, they have personnel specializing in software development. Yan: Oh, how can your software be the same as other's software? Will it involve some...? Zhao: Listen to me. Here is the deal. Actually, there is no conflict between the software developed and the physical examination. Since we do the physical examination, the most important thing is to know our true physical condition, other than the software. Yan: That's right. Zhao: The quality of software is related to order, right? This is the situation, you saw it at that time... (Zhao introduced the specific content and advantages of Shengjia's physical examination to Yan) ... Yan: Well, that is to say, for example ... Why did I ask you about this? On the one hand, I think you are great in specific arrangement process and order, on the other hand, we are also engaged in warehousing system development. I heard that you are using Meinian Onehealth's system, I know that they have a company that specializes in developing software named Meidong Software. I don't know if your physical examination software was purchased from Meidong Software, or you developed it yourself? Zhao: This is what's going on, we found the developers through the introduction of our friends, and they had been specialized in IT research and development, so we asked them to develop a system for us through our friends. Yan: That is to say, you found the insiders of Meidong Software, right? Zhao: Oh, no, no, no, not Meidong Software. Yan: Oh, it's Meinian, Meinian Onehealth. Zhao: It's not Meinian either. There are many markets for software development. Yan: It's like they developed it for you privately, not in the name of a company. Zhao: Yes, a private help. They have a system, and we think such system is great after using. We are all friends. There is no commercial interest. For example, we have a team that specializes in software design. It's not like that. Yan: So you don't have to buy anything. It's your friends who directly provided you with the system for later use. Zhao: They want to put this software into the market in the future after it has been proven in our company. At that time, potential customers can visit us to see how our software is. Our company is equivalent to a pilot entity. Yan: So you are neither cooperating with Meinian Onehealth, nor cooperating with Meidong Software, right? Zhao: Yes, we have nothing to do with them... (Zhao and Yan said goodbye to each other after communicating about the precautions for physical examination)...

V. Technical appraisal and technical consultation in this case

(I) As for the appraisal report 31

During the trial, iKang claimed that both the 3412 notarized software and the preserved software are the alleged infringing software, and held that the source code of the K6 software in evidence 9 submitted by Wang 1 is partially related to the alleged infringing software. Afterwards, at the request of iKang and Wang 1, this Court entrusted Guochuang Appraisal to appraise the following technical issues on March 30, 2017: (1) whether the program interface displayed after the source code of the K6 software provided by Wang 1 compiles the target program is consistent with that shown in the notarial deed 3412; (2) whether the target program compiled by the source code of the K6 software provided by Wang 1 is consistent with that of the preserved software; (3) whether the source code of the K6 software provided by Wang 1 is consistent with that of iKang's copyrighted software; (4) whether the program interface displayed after the source code of iKang's copyrighted software compiles the target program is consistent with that shown in the notarial deed 3412; (5) whether the target program compiled by the source code of iKang's copyrighted software is consistent with that of the preserved software; (6) whether the naming method of the module, variable, and database in the source code of the K6 software provided by Wang 1 is consistent with that claimed by Wang 1; (7) comparing the source code of the K6 software provided by Wang 1 with the open source code provided by Wang 1 (subject to the content involved in the appraisal material 3, namely Wang 1's CD containing supplementary appraisal materials); (8) whether the naming method of the tables and fields in the source code database of the K6 software provided by Wang 1 is consistent with that claimed by Wang 1; (9) comparing the content of entries involving medical diagnostic information in the source code database of the K6 software provided by Wang 1 with the relevant medical documents provided by Wang 1; (10) comparing the content and structure of the database involving disease description, medical diagnosis, and health advice in iKang's copyrighted software with the corresponding parts of the source code of the K6 software provided by Wang 1 and the preserved software.

On April 22, 2018, Guochuang Appraisal issued the appraisal report 31 to this Court. The content therein related to the final dispute of the parties includes: For the entrusted item 1: There are 249 screenshots of the program interfaces displayed after the source code of the K6 software provided by Wang 1 compiles the target program, while there are 44 program interfaces shown in the notarial deed 3412, including 32 identical program interfaces, 6 similar ones, 6 having no corresponding functional interfaces in the K6 software of Wang 1. For the entrusted item 2: There are 159 target program files compiled by the source code of the K6 software provided by Wang 1, while there are 51 target program files in the preserved software, including 27 substantially identical files. For the entrusted item 3: The appraisal report 31 indicated that according to the appraisal materials provided by the client, iKang LIS system, iKang PEIS system and iKang PIS system provided by iKang. com and the K6 physical examination software provided by Wang 1 are all developed with Visual Basic language, and there are 27 types of source code files developed with Visual Basic language. After analysis,. frm,. bas,. ctl, and . cls are source code files written by software developers. Therefore, the appraisal team compared these files in the above four formats. There are 882 source code files in iKang LIS system, 1954 source code files in iKang PEIS system, 4094 source code files in iKang PIS system, and 2792 source code files in K6 physical examination software of Wang 1. The comparison results of the source code of iKang LIS system, iKang PEIS system, and iKang PIS system with that of K6 physical examination software of Wang 1 are listed in the *Comparison of the Source Code of iKang LIS System with That of K6 Software* (see Appendix 9 for details), the *Comparison of the Source Code of iKang PEIS System with That of K6 Software* (see Appendix 10 for details), and the *Comparison of the Source Code of iKang PIS System with That of K6 Software* (see Appendix 11 for details). For the entrusted item 4: There are 286 program interfaces displayed after the source code provided by iKang compiles the target program, while there are 44 program interfaces shown in the notarial deed 3412. After making comparison based on the functional interfaces in the notarial deed 3412, no corresponding interface that met the comparison requirements was found between the parties. For the entrusted item 5: There is no comparison between the object files complied by iKang LIS system, iKang PEIS system, and iKang PIS system and the target program of the preserved software. For the entrusted item 6: There is no related module name, but are 2314 variable names in the source code of the K6 software provided by Wang 1, including 2102 variable names consistent with the naming method claimed by Wang 1, and 212 variable names inconsistent with such naming method; the naming of the 4 databases, namely master, k6PisCar, PisCarTest, and k6PeisDB in the source code of the K6 software provided by Wang 1 conforms to the database naming rules claimed by Wang 1. For the entrusted item 8: There are 478 tables in the source code of the K6 software provided by Wang 1, all of which conform to the naming method claimed by Wang 1; there are 185 fields in the database in the source code provided by Wang 1, all of which conform to the naming method claimed by Wang 1.

(Ⅱ) As for the appraisal report 77

On July 31, 2018, Wang 1 submitted an application for supplementary appraisal to this Court. On August 1, 2018, this Court entrusted Guochuang Appraisal to additionally appraise the following technical issues: (1) conducting function verification with respect to the 63 source code files (that is, the 63 infringing source code files claimed by iKang in this case) confirmed in Tables 5, 6 and 7 (the Annexes 9 – 11 above) of the appraisal report 31, and listing the corresponding functions of the 63 source code files in the K6 software provided by Wang 1. (2) Verifying whether the 31 source code files listed in the Annex 1 31 *Uncompiled Source Code Files* to the *Supplementary Appraisal Application* of Wang 1 have been compiled into the target program files of the source code of the K6 software provided by Wang 1, and into the target program files of the preserved software. (3) Verifying the relationship between the 7 files listed in Annex 3 (7 *Source Files Compatible with Pirated Tool Software of iKang*) to the *Supplementary Appraisal Application* of Wang 1 and the function of automatically generating chart of ActiveReport2.0 control. (4) Verifying whether the code listed in Annex 4 (*Description of Formatting Code*) to the *Supplementary Appraisal Application* of Wang 1 is included in the 63 source code files, and the proportion of these lines of code in the identical lines of code of the same comparison file. (5) Explaining the meaning, function, role, general expression and usage of the code listed in Annex 4 to the *Supplementary Appraisal Application* of Wang 1 in such programming language.

On March 1, 2019, Guochuang Appraisal issued the appraisal report 77 to this Court. The content therein related to the final dispute of the parties includes: For the entrusted item 1: Among the 63 source code files of the K6 software confirmed in the appraisal report 31,52 files have functions consistent with those claimed by Wang 1, and 11 files have functions basically consistent with those claimed by Wang 1 (see Appendix 3 *Function Verification of 63 Source Code Files*: Table 1 *Function Verification Results of the Source Code Files of K6 Software Corresponding to Those of iKang LIS System*, Table 2 *Function Verification Results of the Source Code Files of K6 Software Corresponding to Those of iKang PEIS System*, Table 3 *Function Verification Results of the Source Code Files of K6 Software Corresponding to Those of iKang PIS System* for details). For the entrusted item 2: The *31* source code files (see Appendix 4 *31 Uncompiled Source Code Files of K6 Software* for details) listed in the Annex 1 *31 Uncompiled Source Code Files* to the *Supplementary Appraisal Application* of Wang 1 have not been compiled into the target program files of the source code of the K6 software provided by Wang 1; the files bizNSTool, CMD _ CustomerTest, and clsCompareImageMap in the above Appendix 4*31 Uncompiled Source Code Files of K6 Software* are corresponding to the source code files of the K6 software of Wang 1 corresponding to the serial numbers of 10, 14 and 30 in the Appendix 4 *31 Uncompiled Source Code Files of K6 Software*, and are founded to be used in the target program files of the preserved software. For the entrusted item 3: The 7 files (see Appendix 5 *Seven Files Cooperating with ActiveReport* 2.0 *Control* for details) listed in Annex 3 (7 *Source Files Compatible with Pirated Tool Software of iKang*) to the *Supplementary Appraisal Application* of Wang 1 are cooperated with ActiveReport2.0 control in realizing the function of automatically generating chart. For the entrusted item 4: The VB language formatting code listed in the *Supplementary Appraisal Application – Description of Formatting Code* of Wang 1 is included in the *63* source code files, and the proportion therein is shown in Table 4 (see Appendix 12 *Statistical Results of VB Language Formatting Code in the 63 Source Code Files* for details). For the entrusted item 5: The function of the code listed in the *Supplementary Appraisal Application – Description of Formatting Code* of Wang 1 in such programming language is consistent with that claimed by Wang 1 (for the specific functions of the relevant formatting code, please refer to Appendix 6 *Specific Function Description of Formatting Code*).

(Ⅲ) As for the *Questions about the Judicial Appraisal Opinion* ([2018] *ZJZ No.* 077) *for Explanation by the Appraisal Institutions* issued by Wang 1 and the *Response Letter* of Guangchuang Appraisal

On May 13, 2019, Wang 1 issued the *Questions about the Judicial Appraisal Opinion* ([2018] *ZJZ No.* 077) *for Explanation by the Appraisal Institutions* to this Court, stating that, as iKang only claimed 63 infringing source code files in this case (the 63 source code files specified in Appendices 9, 10 and 11), he requested Guochuang Appraisal to further clarify the relevant content: (1) Wang 1 excerpted the totally identical lines of code recorded in Appendices 9, 10, and 11 line by line, and explained the content that belongs to general expression and personal "programming habits" of the technical personnel, and requested the appraisal agency to further confirm the above content. (2) There are a total of six source code files in iKang LIS system (files corresponding to the serial numbers of 3, 4, 8, 10, 12, and 13 in Appendix 12), all of which have the function of opening the serial port, and closing the serial port and exception handler. Whether the code corresponding to these functions is the same in the above files? Is it the programmer's personal universal serial port code? Can it be used in the coding involving device connection in other non – physical examination software? (3) In the *Debugging Tool Code in iKang PEIS System* (files corresponding to the serial numbers of 49, 50, 51, 52, 53, 27, 34, 47, and 48 in Appendix 12), whether the source code files corresponding to the serial numbers of 49, 50, 51, 52, and 53 in Appendix 12 are the debugging tool code used by programmers in programming to determine whether the software architecture is consistent, instead of the business code? Whether the source code file corresponding to the serial number of 27 in Appendix 12 is the debugging tool code of the queuing system used in development, instead of the business code? Whether the source code files corresponding to the serial numbers of 34, 47 and 48 in Appendix 12 are the code automatically generated by the IDE plug – in made by Wang 1. (4) Whether the source code files in the *Pure Definition Code Files in iKang LIS System, iKang PEIS System and iKang PIS System* (files corresponding to the serial numbers of 13, 31, and 55 in Appendix 12) are the pure definition code files. (5) Whether a source code file of the K6 software is repeatedly compared with the files in three iKang systems in the *Repeated Comparison of a Source Code File of K6 Software in Different Systems* (files corresponding to the serial numbers of 1, 46, 60, 61, 37, and 56 in Appendix 12).

On May 18, 2019, Guochuang Appraisal issued the *Response Letter*, stating that for the question 1 to be clarified: The totally identical lines of code in Appendices 9, 10, and 11 excerpted by Wang 1 are indeed common expressions inherent in the VB language (fixed expressions cannot be modified. See Appendix 7 *Common Expressions Inherent in the VB Language in Appendix* 9, 10 *and* 11 for details). Such code is related to the VB language syntax, which can be used with the business logic written by the developer to realize a certain function of the software, and belongs to the general expression inherent in the VB language. However, the appraisal agency cannot judge whether the relevant totally identical lines of code belong to the personal "programming habits" of the technical personnel. For the question 2 to be clarified: The five flies corresponding to the serial numbers of 3, 4, 8, 10, 12, and 13 in Appendix 12 in the *Six Source Code Files with the Same Functions in iKang LIS System* all have the functions of opening the serial port, and closing the serial port and exception handler, and the code corresponding to these functions is the same. Therefore, it can be determined that such code is used in the communication between the K6 software and the related equipment, but cannot be determined that such code is the personal universal serial port code of the programmer. The file corresponding to the serial number of 13 in Appendix 12 contains few function definitions. Based on the existing appraisal materials, the appraisal agency cannot determine whether such code can be used in the coding involving device connection in other non - physical examination software? For the question 3 to be clarified: The source code files corresponding to the serial numbers of 49, 50, 51, 52, and 53 in Appendix 12 in the *Debugging Tool Code in iKang PEIS System* are the tool code for software installation, startup and plug - in processing, etc. The source code file corresponding to the serial number of 27 in Appendix 12 is the tool code for the testing of the queuing system. Based on the existing appraisal materials, it cannot be determined that whether the source code files corresponding to the serial numbers of 34, 47 and 48 in Appendix 12 is the code automatically generated by the IDE plug - in made by Wang 1. For the question 4 to be clarified: The source code files corresponding to the serial numbers of 13, 31, and 55 of the parties in Appendix 12 in the *Pure Definition Code Files in iKang LIS System, iKang PEIS System and iKang PIS System* contain a few function definitions, and the source code file corresponding to the serial number of 55 of the parties in Appendix 12 is the pure definition code file. For the question 5 to be clarified: In the *Repeated Comparison of a Source Code File of K6 Software in Different Systems*, the source code files of the K6 software corresponding to the serial numbers of 1 and 46 in Appendix 12 are the same, the source code files of the K6 software corresponding to the serial numbers of 60 and 61 in Appendix 12 are the same, and the source code files of the K6 software corresponding to the serial numbers of 37 and 56 in Appendix 12 are the same.

(Ⅳ) As for the *Technical Consultation Letter* and the *Reply to Technical Consultation* of Guochuang Appraisal

Since the parties have disputes over the copyright owner of iKang PISsystem, and the source code files to which the name of Li is affixed were found in iKang PIS system, this Court asked all parties to count up, verify and confirm the authorship of

Li in iKang PIS system. After counting up, verification and confirmation by the parties, there are two different ways of affixing the name of Li in iKang PIS system. The first one is affixing the name of Li in the form of "Author: Li", and indicating "CodeBy: AutoCodeFactory" (see Example 1 in the Appendix 8 *Li's Authorship in iKang PIS System* for details), and second one is only affixing the name of Li in the form of "Author: Li" (see Example 2 in the Appendix 8 *Li's Authorship in iKang PIS System* for details). For the statistical results of the above two different ways of affixing the name of Li in the form of "Author: Li" in different versions of iKang PIS system, please refer to Tables 1 – 3 of Appendix 8 *Li's Authorship in iKang PIS System.* In addition, no name is affixed in any form to the 9 source code files of iKang PIS system in dispute.

In response to the above authorship, iKang held that the name affixed in the form of "Author: Li" with "CodeBy: AutoCodeFactory" indicated was automatically generated by the AutoCodeFactory software during the use of such software. To prove this, iKang submitted evidence 60, namely the installation package of AutoCodeFactory software, to this Court. In order to ascertain the facts, this Court sent the *Technical Consultation Letter* to Guochuang Appraisal on August 2, 2019 to inquire about the following technical issues: (1) Function and role of AutoCodeFactory software and its relationship with iKang PIS system involved in the appraisal report 31 and appraisal report 77 issued by Guochuang Appraisal. (2) After using AutoCodeFactory software, will the name of the copyright owner be affixed and how to affix the same.

On November 6, 2019, Guochuang Appraisal issued the *Reply to Technical Consultation* to this Court, stating that for the question (1): The function of AutoCodeFactory software covers: connecting the designated relational databases such as sqlserver, oracle, access, so as to obtain the tables, views, stored procedure information therein, and generating corresponding code with a fixed format based on the tables, views, stored procedures and routine operations (database connection, data table creation, etc.) in the database. (2) After using AutoCodeFactory software, the name of the copyright owner will be affixed and corresponding way of affixing the same will be generated (the *Reply* has listed the name of the copyright owner affixed and the way of affixing the same after using the AutoCodeFactory software, which are basically the same as those in Example 1 in the Appendix 8 *Li's Authorship in iKang PIS System*). 3. In the corresponding PIS code files in Table 7 of the appraisal report 31 (Appendix 11) and Table 4 of the appraisal report 77 (Appendix 12), there is no code with a name affixed identical to or similar with the name affixed to the code generated by AutoCodeFactory. However, in other files of iKang PIS system, there is code with a name affixed identical to or similar with the name affixed to the code generated by AutoCodeFactory. Based on the existing evidence, it cannot be determined that these code files are indeed generated by the AutoCodeFactory tool.

Ⅵ. Other relevant facts

Li is the copyright owner of the software named Automated Physical Examination Management System V1.0 (hereinafter referred to as "Li's software"), whose first publication date is September 8, 2007, registration date is August 4, 2010, and registration number is 2010SR039091.

Topsky is the copyright owner of the software named Topsky Xinglin Qixian Physical Examination Center Management Software V6.0 (hereinafter referred to as "Topsky software"), whose first publication date is October 18, 2007, registration date is February 20, 2009, and registration number is 2009SR06849.

During the trial, Wang 1 made the following statement on the copyright ownership of iKang PIS system: Wang 1 was recruited as a programmer and joined Guangzhou iKang in March 2008, since when he worked for Li, being responsible for the development of iKang PIS system. In March 2009, Wang 1 and Li were transferred to the headquarters in Beijing simultaneously, and continued to be responsible for the development of iKang PIS system, iKang LIS system and iKang PEIS system, excluding the development of iKang MIS system. At the beginning of 2010, Li resigned from the headquarters of iKang in Beijing. To the best knowledge of Wang, the copyright of iKang PIS system should belong to Li, but Wang 1 had never heard of any litigation between them. After being notified of this case, Wang 1 had phoned Li to verify the copyright ownership of iKang PIS system, but Li said that he withheld his comment.

According to iKang's evidence 23 – 27 and 30 – 38, iKang authorized Shanghai iKang Guobin Yep Medical Center Co., Ltd. and others to use the copyrighted software.

After the trial, iKang submitted an *Explanation on Reasonable Expenses* to this Court, stating that iKang had paid notarial fees of RMB 33 500 and attorney's fees of RMB 100 000 for this case.

This Court held that the main focus of the dispute between the parties in this case covers: (1) Whether iKang is the copyright owner of iKang PIS system. (2) Whether each defendant has committed the alleged infringement claimed by the Plaintiff. (3) If the infringement of each defendant is established, what legal liabilities should they assume?

As for the first focus of the dispute

iKang claimed that it is the copyright owner of iKang PIS system.

Meidong, Wang 1 and Meinian held that Li is the copyright owner of iKang PIS system.

This Court held that Paragraph 4 of Article 11 of the *Copyright Law of the People's Republic of China* (the *Copyright Law*) provides that, the citizen, legal person or other organizations whose name is affixed to a work shall, in the absence of proof to the contrary, be deemed to be the author of the work. Article 7 of the *Interpretation of the Supreme People's Court Concerning the Application of Laws in the Trial of Civil Cases of Dispute over Copyright* provides that, the manuscripts, original scripts, lawful publications, copyright registration certificates, attestations issued by authentication institutions, contracts for acquiring rights, etc. as submitted by the parties concerned may be adopted as evidence. The natural persons, legal persons or other organizations which appear on a work or production as authors shall be deemed as the holder of copyright or copyright – related rights and interests unless there is evidence that proves the opposite.

Ⅰ. iKang is the copyright owner of iKang MIS system, iKang LIS system and iKang PEIS system

iKang submitted the computer software copyright registration certificates of iKang MIS system, iKang LIS system and iKang PEIS system involved in this case, which respectively indicated that iKang is the copyright owner of iKang MIS system, iKang LIS system and iKang PEIS system, to which all the defendants had no objection, therefore, this Court confirmed that iKang is the copyright owner of iKang MIS system, iKang LIS system and iKang PEIS system.

Ⅱ. iKang is the copyright owner of iKang PIS system.

The focus of the dispute over the copyright ownership of the works involved in this case mainly lies in that whether iKang is the copyright owner of iKang PIS system involved in this case. In this regard, iKang submitted the computer software registration certificate (RZDZ No. BJ12759), which clearly indicated that it is the copyright owner of iKang PIS system, so as to prove that iKang is the copyright owner of iKang PIS system involved in this case. Wang 1 had objection to this and submitted evidence 1 – 3, and the source code files to which the name of Li is affixed in the form of "Author: Li" in iKang PIS system, as a "proof to the contrary" that denies iKang is the copyright owner of iKang PIS system involved in this case. Therefore, according to the foregoing provisions, the key to the focus of the dispute lies in whether the above - mentioned evidence of Wang 1 is sufficient to constitute a "proof to the contrary" that denies iKang is the copyright owner of iKang PIS system involved in this case.

In this regard, this Court held that, first, in order to support his claim that iKang PIS system was completed by Li by reference to Topsky software, Wang 1 submitted the copyright registration information of Topsky software and the enterprise registration information of Topsky to this Court, but didn't submit the programs and files of Topsky software, so the evidence of record can only reflect the relationship between Topsky and Topsky software, but cannot prove iKang PIS system was completed by Li by reference to Topsky software, therefore, the evidence 2 and 3 of Wang 1 didn't constitute a "proof to the contrary" that denies iKang is the copyright owner of iKang PIS system involved in this case, and this Court didn't recognize the purpose of proof and the probative force of the evidence 2 and 3 of Wang 1.

Second, Wang 1's claim that Li is the copyright owner of iKang PIS system is mainly based on the source code files to which the name of Li is affixed in iKang PIS system and the evidence 1 of Wang 1, which reflected that Li is the copyright owner of the Li's software. In this regard, this Court held that the above - mentioned evidence is insufficient to constitute a "proof to the contrary" that denies iKang is the copyright owner of iKang PIS system involved in this case under the following grounds: First, Wang 1 didn't submit the programs and relevant files of Li's software, therefore, the relationship between Li's software and iKang PIS software cannot be determined based on existing evidence. Second, Article 16 of the Copyright Law provides that "a work created by a citizen in the fulfillment of tasks assigned to him by a legal person or other organizations shall be deemed to be a work created in the course of employment... In the following cases, the author of a work created in the course of employment shall enjoy the right of authorship, while the legal person or other organization shall enjoy other rights included in the copyright and may reward the author: (Ⅰ) drawings of engineering designs and product designs, maps, computer software and other works created in the course of employment mainly with the material and technical resources of the legal person or other organization and under its responsibility"。 In this case, (1) Judging from the facts reflected in the evidence 50 - 57 of iKang, Li had participated in the notarization of simulated physical examination as an agent of Guangzhou iKang in August 2007. However, from September 20, 2007 to July 1, 2009, in the emails that Li communicated with his colleagues about related work matters, he indicated "iKang Guobin Group Southern China" "... iKang Guobin Southern China iKang. com Health Technology (Beijing)

Co., Ltd. Guangdong Branch ..." "iKang Guobin Group", which reflected that Li worked in Guangzhou iKang and iKang Guobin Group during the above period. In addition, from September 2005 to January 2008, it was Guangzhou Labor Service Employment Department for Foreign Enterprises who paid social insurance premium including endowment insurance premium for Li. Such payment history and the above actual working condition of Li can prove iKang's claim that from September 2005 to January 2008, Guangzhou iKang entrusted Guangzhou Labor Service Employment Department for Foreign Enterprises to pay social insurance premium for Li. From February 2008 to April 2011, it was Guangzhou iKang who paid social insurance premium including endowment insurance premium for Li. Therefore, the evidence of record can prove that from September 2005 to April 2011, it was Guangzhou iKang who actually paid social insurance premium including endowment insurance premium for Li. The facts in this section can be corroborated with such evidence as the certificates of Guangzhou iKang and iKang Guobin Group, the notarial deed 3979, the notarial deed 3798, and the industrial and commercial registration materials of iKang Guobin Group and Guangzhou iKang, and thus can prove that since September 2005, Li had worked in Guangzhou iKang, and was transferred to iKang Guobin Group in March 2009 and resigned in April 2011. (2) The foregoing facts such as Li's work experience, the copyright registration certificate of iKang PIS system, and the statistical results of the ways of affixing the name of Li in the form of "Author: Li" in different versions of iKang PIS system are corroborated with each other, and thus can prove that Li completed the compilation of the source code files of iKang PIS system with his name affixed during his working period in Guangzhou iKang from September 2005 to June 2008. However, iKang PIS software was not released until June 20, 2008. Therefore, it's obvious that Li didn't complete the compilation of iKang PIS system before joining in Guangzhou iKang. (3) Wang 1's claim that he joined Guangzhou iKang in March 2008, since when he worked for Li, being responsible for the development of iKang PIS system. The statement that in March 2009, Wang 1 and Li were transferred to the headquarters in Beijing simultaneously, and continued to be responsible for the development of iKang PIS system, and such facts as there are source code files to which the name of Li is affixed in different versions of iKang PIS system can prove that the development, subsequent maintenance and update of iKang PIS system were the work tasks assigned by Guangzhou iKang and iKang Guobin Group, which were not carried out by Li based on his personal will. However, according to Guangzhou iKang's situation explanation on the transfer of the copyright of iKang PIS system to iKang after the completion of the same, and such facts as iKang authorized Shanghai iKang Guobin Yep Medical Center Co., Ltd. and others to use the copyrighted software, iKang shall assume the corresponding civil liabilities for the development and use of iKang PIS system. Therefore, based on the evidence of record, this Court held that iKang PIS system is a work developed and completed by Li and Wang 1 for the purpose of fulfilling the tasks assigned by Guangzhou iKang in the course of employment. (4) This Court has noticed that in the source code files of iKang PIS system, there are some source code files dated before Li joined Guangzhou iKang (before September 2005). In this regard, this Court held that, first, the facts in this section only indicate that there were some source code files that have been formed before Li joined Guangzhou iKang in iKang PIS system, which cannot prove that the development of iKang PIS system had been completed before Li joined Guangzhou iKang. Second, the source code files dated after Li joined Guangzhou iKang in iKang PIS system can prove that iKang PIS system was finally completed on the basis of modifying and expanding the source code files that had been formed before Li joined Guangzhou iKang. The above modification and expansion of the source code files that had been formed before Li joined Guangzhou iKang not only are sufficient to make iKang PIS system a new computer software work, but also can prove iKang PIS system is a work created in the course of employment. Third, based on the facts ascertained by this Court, Li had clearly told Wang 1 that he withheld his comment on the ownership of the copyright of iKang PIS system. In summary, this Court held that the evidence 1 of Wang 1, and the source code files to which the name of Li is affixed in the form of "Author: Li" in iKang PIS system are insufficient to constitute a "proof to the contrary" that denies iKang is the copyright owner of iKang PIS system involved in this case.

To sum up, this Court held that the evidence of Wang 1 in this case is insufficient to constitute a "proof to the contrary" that denies iKang is the copyright owner of iKang PIS system involved in this case, therefore, based on the evidence of record, this Court confirmed that iKang is the copyright owner of iKang PIS system, and all the legal rights of iKang in and to iKang IPS system, iKang MIS system, iKang LIS system and iKang PEIS system are protected by the *Copyright Law*.

As for the second focus of the dispute

Ⅰ. Whether Meidong's copyrighted software belongs to the alleged infringing software, and whether each defendant should assume civilliability for infringement with respect to Meidong's copyrighted software

iKang claimed that Meidong's copyrighted software (including Meidong group physical examination platform, Meidong appointment platform, Meidong comprehensive management, Meidong online appointment) is the alleged infringing software. Meidong argued that Meidong's copyrighted software is not the same with the 3412 notarized software, and not the alleged infringing software.

This Court held that Article 90 of the *Interpretation of the Supreme People's Court on the Application of the Civil Procedure Law of the People's Republic of China* provides that the parties shall provide evidence to prove the facts based on which they make a claim or contradicts the claim of the other party, unless otherwise provided by law. Where any party fails to provide evidence or provides insufficient evidence to prove the facts claimed by it before a judgment is made, the party with the burden of proof shall bear adverse consequences. In this case, in order to support its argument, Meidong submitted confidential evidence 1 – 3 to this Court to prove that Meidong's copyrighted software is not the same with the 3412 notarized software. iKang had no objection to the irrelevance of the software involved in the confidential evidence 1 – 3 submitted by Meidong to the alleged infringing software in this case, and to support its claims, iKang only submitted the query result of the computer software copyright registration information of Meidong's copyrighted software, but didn't submit or apply to this Court for inquiring about the source code retained by Meidong's copyrighted software at registration. Therefore, as Meidong had submitted the source and target programs of Meidong's copyrighted software, this Court held that iKang has not provided evidence to prove its claim that Meidong's copyrighted software is the alleged infringing software. Therefore, this Court refused to accept iKang's claim that Meidong's copyrighted software is the alleged infringing software, and dismissed the relevant claims made by iKang based on such claim.

Ⅱ. Whether the K6 software belongs to the alleged infringing software

(Ⅰ) The 3412 notarized software, the preserved software and the K6 software

iKang claimed that both the 3412 notarized software and the preserved software are the alleged infringing software, and held that the source code of the K6 software in evidence 9 submitted by Wang 1 is partially related to the alleged infringing software. Wang 1 held that the 3412 notarized software, the preserved software and the K6 software are the different versions of the same software, and the K6 software and the copyrighted software are the same only in programming language, and different and dissimilar in any other aspects.

This Court held that Wang 1's claim that the 3412 notarized software, the preserved software and the K6 software are the different versions of the same software is corroborated with the conclusions made in the appraisal report 31 that there are 32 screenshots and 6 similar ones of the program interfaces displayed after the source code of the K6 software compiles the target program that are identical with the program interfaces shown in the notarial deed 3412, and there are 27 target program files compiled by the source code of the K6 software that are substantially identical to the target program files in the preserved software; therefore, this Court confirmed that the 3412 notarized software, the preserved software and the K6 software are different versions of the same software.

(Ⅱ) Whether each defendant has committed the alleged infringement claimed by the Plaintiff with respect to the K6 software

1. Whether the Defendant Meidong has developed, used, maintained, sold and licensed the use of the K6 software

During the trial of this case, Meidong insisted that it had never developed, used, or licensed the use of, sold or maintained the K6 software, and it was Wang 1 who personally developed, used, or licensed the use of, sold or maintained the K6 software.

In this regard, this Court held that, based on the facts ascertained by this Court, first, Wang 1 had negotiated with others about the sale of the 3412 notarized software at the business place of Meidong as the deputy general manager of Meidong. Second, in the process of communicating with customers about the 3412 notarized software, Wang 1 made it clear that the 3412 notarized software was independently developed by Meidong, in and to which Meidong has independent intellectual property rights. Wang 1 was responsible for the platform construction of the 3412 notarized software, and "mainly led the team and worked with the team members". Third, Chen, an employee of Meidong, demonstrated the 3412 notarized software for customers on working days. Fourth, before demonstrating the 3412 notarized software, an instruction email sent to the customer clearly stated "Introduction to the functions of the physical examination system of Meidong Software 2015 - 12 - 24. Confidential, don't transmit without authorization". Fifth, the 3412 notarized software and the K6 software are different versions of the same software. Based on the foregoing facts, the Court held that the above facts are corroborated with each other and are sufficient to prove that the K6 software was developed and demonstrated to customers by Meidong. Although both Meidong and Wang 1 stated that the development and demonstration of the K6 software was personally carried out by Wang 1, neither of them provided evidence to prove this. Moreover, if the K6 software was indeed privately developed by Wang 1 and had nothing to do with Meidong, among the facts ascertained above, the open negotiation with customers about and demonstration of the K6 software, which has a competitive relationship with Meidong, for customers by Wang 1 and Chen at the business place of Meidong are obviously contrary to daily life experience, therefore, this Court refused to accept Meidong's relevant argument. Besides, although both Shengjia and Wang 1 stated in this case that the preserved software was provided by Wang 1 to Lei, and sold by Lei to Shengjia. However, on the one hand, Shengjia and Wang 1 failed to provide any evidence to support their arguments. On the other hand, the K6 software was developed by Meidong, the copyright of which should have belonged to Meidong. As the deputy general manager of Meidong, even if Wang 1 expressed his intention to license others to use the K6 software, it should be deemed as Wang 1's official conduct. Therefore, based on the above factors, the actual use of the preserved software by Shengjia, and the fact that the preserved software and the K6 software are different versions of the same software, this Court held that Meidong had licensed Shengjia to use the K6 software, and refused to accept the relevant arguments of Meidong, Wang 1 and Shengjia. In summary, this Court held that the K6 software was developed, demonstrated, and licensed by Meidong.

2. Whether the Defendant Meinian has used the K6 software in its affiliates

Meinian held that it had never used the K6 software in its affiliates.

This Court held that Article 108 of the *Interpretation of the Supreme People's Court on the Application of the Civil Procedure Law of the People's Republic of China* provides that with regard to the evidence provided by the party concerned with the burden of proof, where a people's court believes that the existence of a fact to be proved is highly probable upon examination and in combination with the relevant facts, it shall affirm the existence of the said fact. With regard to the evidence provided by a party concerned to contradict the facts claimed by the other party concerned with the burden of proof, where a people's court believes that a fact to be provided is unclear upon examination and in combination with the relevant facts, it shall affirm that the said fact does not exist. Where any law has any other provision on standards of proof for facts to be proved, such provision shall prevail.

In this case, iKang claimed that Meinian had used the K6 software in its business places, such claim was mainly based on Wang 1's statement in the notarial deed 3185 that "We mainly use it ourselves... We plan to sell it this year... Our system is only available in some stores across the country... and will be available to all stores nationwide next year or the year after next...".

In this regard, this Court held that, first, this Court noticed that in the notarial deed 5488, Zhao from Shengjia stated that "...a private help. They have a system, and we think such system is great after using. We are all friends. There is no commercial interest... They want to put this software into the market in the future after it has been proven in our company. At that time, potential customers can visit us to see how our software is...", and such statement is corroborated with Wang 1's statement in the notarial deed 3185 that"...We plan to sell it this year...", reflecting the fact that the K6 software was in the testing stage before the actual sale at the time of this case. Second, the evidence of record shows that Meinian has Meinian software, while Meidong has Meidong's copyrighted software. Neither is related to the K6 software, but both are physical examination software. Therefore, it is clear that iKang has the burden of proof to prove what the affiliates of Meinian actually use is the K6 software, instead of Meinian and Meidong. Third, in accordance with the basic principle of "burden of proof borne by claimant" in the *Civil Procedure Law* as mentioned above, iKang is obliged to provide evidence to prove that there are affiliates of Meinian that actually use the K6 software. Judging from the more than 140 affiliates of Meinian listed in the appendices of the complaint of iKang, it is not difficult for iKang to obtain evidence for the actual use of the K6 software by affiliates of Meinian. However, iKang didn't provide direct evidence to prove that there are affiliates of Meinian that actually use the K6 software in this case. Finally, this Court noticed that although Wang 1 stated in the notarial deed 3185 that"we mainly use it ourselves", he did not mention which stores have actually used the 3412 notarized software, and just said"...will be available to all stores nationwide next year or the year after next". Considering the objective circumstance where Wang 1 was recommending the 3412 notarized software to customers, and the fact that the K6 software was in the testing stage before the actual sale at that time, there is indeed the possibility that Wang 1 exaggerated the actual use of the 3412 notarized software in this case. In summary, this Court held that in this case, it is hard to come to the conclusion that Meinian did use the K6 software in its affiliates based on the relevant statements made by Wang 1 in the notarial deed 3185. Besides, the evidence provided by iKang has not confirmed that its claim that Meinian used the K6 software in its affiliates is highly probable. Therefore, this Court didn't recognize the relevant claims of iKang, and dismissed the claims made by iKang based on its claim that Meinian used the K6 software in its affiliates.

3. As Wang 1 had no objection to the fact that he did participate in the development and demonstration of the K6 software. this Court confirmed the fact that Wang 1 participated in the development and demonstration of the K6 software.

4. As Shengjia had no objection to the fact that it did use the preserved

software, and the preserved software and the K6 software are different versions of the same software, this Court confirmed the fact that Shengjia did use the K6 software.

In summary, this Court held that Meidong has developed, used, and licensed Shengjia to use the K6 software. Wang 1 participated in the development and use of the K6 software. and Shengjia did use the K6 software.

(Ⅲ) Whether the K6 software belongs to the infringing software

1. Judgment criteria for computer software infringement

This Court held that, first, Article 2 of the *Regulation for the Implementation of the Copyright Law* provides that the term "works" as referred to in the *Copyright Law* means intellectual creations with originality in the literary, artistic or scientific domain, insofar as they can be reproduced in a tangible form. The above definition of work shows that what the *Copyright Law* protects is original expressions, rather than ideas, processes, operation approaches, or mathematical concepts. Similarly, where a certain expression is unique or extremely limited, such limited expression is not protected by the *Copyright Law* based on the principle of protecting original expression of the *Copyright Law*. As a work defined by the *Copyright Law*, computer software should be protected by the *Copyright Law* due to its original expression.

Second, Article 47 of the *Copyright Law* provides that "anyone who commits any of the following acts of infringement shall bear civil liability for such remedies as ceasing the infringing act, eliminating the effects of the act, making a public apology or paying compensation for damages, depending on the circumstances...; (5) plagiarizing a work created by others..." Article 48 provides that "anyone who commits any of the following acts of infringement shall, depending on the circumstances, bear civil liabilities such as ceasing the infringement, eliminating the bad effects of the act, making an apology or paying compensation for damages; where public rights and interests are impaired, the administrative department for copyright may order the person to discontinue the infringement, confiscate his unlawful gains, confiscate or destroy the copies produced through infringement, and may also impose a fine; where the circumstances are serious, the said department may, in addition, confiscate the material, tools and instruments mainly used to produce copies through infringement; and where a crime is constituted, criminal liabilities shall be investigated in accordance with law: (1) reproducing, distributing, performing, presenting, broadcasting, compiling a work or making it available to the public through information network, without permission of the copyright owner, except where otherwise provided for in this Law; ..." In accordance with the above provisions, an act of plagiarizing or reproducing the software work of others constitutes an infringement upon the copyright owner's right to reproduce the software work. However, in the cases involving computer software infringement, there is considerable controversy in the industry over the application of the above provisions under the circumstance where the alleged infringing software contains the same part as the copyrighted software.

This Court held that to apply the above provisions in the cases involving computer software infringement, the following factors should be considered mainly and comprehensively: (1) The degree of subjective fault of the accused infringer. If the accused infringer slightly modifies the content of others' software or creates a small amount of content in the accused infringing software on the premise of subjectively reproducing the software work of others only for causing the accused infringing software to be used normally and making profitable, the provisions of Item 1 of Article 48 of the *Copyright Law* shall apply. If the accused infringer reproduces or plagiarizes a small amount of content of the copyrighted software in the alleged infringing software on the premise of subjectively creating a software by himself, the provisions of Item 5 of Article 47 of the *Copyright Law* shall apply. Since the software used by others is the target program, if the copyright owner of the software does not publish its source code, it is difficult for others to realize an expression totally identical to the source code of the copyrighted software even through measures such as decompilation. Therefore, the access to the source code of the copyrighted software, all or part of the same and similar original expression between the source code of the copyrighted software and that of the alleged infringing software, and the proportion of the above all or part of the same original expression are obviously the important basis for judging the infringement of the alleged infringing software and the application of laws. (2) Degree of the alleged infringement upon the originality of the copyrighted work. As mentioned above, as a work defined by the *Copyright Law*, computer software should be protected by the *Copyright Law* due to its original expression, however, the original expression includes not only the original expression of the part independently created by the author in the work, but also the original expression of the selection and combination of the content made by the author in the work. The copyright infringement act under Item 1 of Article 48 of the *Copyright Law* includes both the infringement upon the original expression of all the part independently created in the copyrighted work, and the infringement upon the original expression of the selection and combination of all the content made by the author in the copyrighted work. The copyright infringement act under Item 5 of Article 47 of the *Copyright Law* mainly refers to the infringement upon the original expression of the part independently created by the author in the copyrighted work, or the infringement upon the original expression of the selection and combination of part of the content made by the author in the copyrighted work. (3) For the application of the provisions of Item 5 of Article 47 of the *Copyright Law*, full consideration should be given to whether the selection and combination of part of the content made by the author in the work meets the requirements on the originality of the work. As mentioned above, where a certain expression is unique or extremely limited, such limited expression is not protected by the *Copyright Law* based on the principle of protecting original expression of the *Copyright Law*. Therefore, generally speaking, under the premise of using the same programming language, compiling the same functional software, and independently making creation, the same software developer may use different expressions, but based on the above principles, it is still necessary to fully determine whether the selection and combination of part of the content made by the author in the work is a limited expression according to the characteristics of computer software programming, so as to reserve necessary creative space for the independent creation of software works.

According to the characteristics of computer software programming, the limited expressions that should be excluded include: (1) The limited expressions formed by the fixed grammar of the same programming language. When programming similar functions, the expressions formed by different technical personnel based on the fixed grammar of the same programming language are basically the same or vary slightly, and thus should be excluded from the infringing content of the alleged infringing software. (2) Function naming, function definition, variable assignment, variable definition by the same programmer. The same technical personnel, based on his programming habits, will adopt basically the same or slightly different expressions for the definition of the above matters even in different software programming, and thus such expressions should be excluded from the infringing content of the alleged infringing software. (3) Third – party open source code, third – party prior software source code and their combinations without originality. Where the selection and combination of third – party open source code, third – party prior software source code, and combinations thereof in the copyrighted software are not original, they should be excluded from the infringing content of the alleged infringing software. (4) Fixed grammar of the same programming language, and/or function naming, function definition, variable assignment, variable definition by the same programmer, and/or simple combination of third – party open source code and third – party prior software source code. Where the above combinations are not original, they should be excluded from the infringing content of the alleged infringing software.

Based on the above opinions, this Court held that when judging computer software infringement, the basic principle of "access + same or substantially similar – reasonable reasons or legal (other) sources" should be adopted on the basis of determining the application of specific legal terms.

2. Judgment on whether the K6 software belongs to the infringing software

(1) Application of law

Based on the facts ascertained by this Court, a total of 882 source code files of iKang LIS system were compared in the appraisal report 31, and Guochuang Appraisal held that 20 source code files thereof may be associated with the 2792 source code files of the K6 software. There are 1 954 source code files in iKang PEIS system, and Guochuang Appraisal held that 34 source code files thereof may be associated with the 2792 source code files of the K6 software. There are 4094 source code files in iKang PIS system, and Guochuang Appraisal held that 9 source code files thereof may be associated with the 2792 source code files of the K6 software. Based on the above facts, this Court held that most of the source code files of the K6 software are different from those of iKang LIS system, iKang PEIS system, and iKang PIS system, and only 63 thereof are associated with the latter, which falls under the circumstance where the accused infringer reproduces or plagiarizes a small amount of content of the copyrighted software on the premise of subjectively creating a software by himself. Therefore, this Court held that the provisions of Item 5 of Article 47 of the *Copyright Law* apply to this case.

(2) Whether the K6 software belongs to the infringing software

As mentioned above, in this case, when judging whether the K6 software belongs to the infringing software, the basic principle of "access + same or substantially similar – reasonable reasons or legal (other) sources" should be adopted on the basis of determining the application of Item 5 of Article 47 of the *Copyright Law*. In this case, first, based on the facts ascertained by this Court, Wang 1 had worked in Guangzhou iKang and iKang Guobin Group in his early years, participated in the development of iKang LIS system, iKang PEIS system, and iKang PIS system, and accessed to and mastered the source code files of iKang LIS system, iKang PEIS system, and iKang PIS system.

Second, both the appraisal report 31 and the appraisal report 77 of Guochuang Appraisal indicate that 63 source code files of iKang LIS system, iKang PEIS system, and iKang PIS system contain lines of code identical or substantially identical to those in the corresponding source code files of the K6 software, so the above –

mentioned source code files of the K6 software are suspected of infringement.

Finally, this Court reviewed the 63 source code files of iKang LIS system, iKang PEIS system, and iKang PIS system and the corresponding source code files of the K6 software one by one:

①This Court examined whether the identical lines of code after removing the VB language formatting code constitute a limited expression based on the aforementioned principle, and held that first, the identical lines of code in the files corresponding to the serial numbers of 8, 10, 12 and 22 in Appendix 12 *Statistical Results of VB Language Formatting Code in the 63 Source Code Files* are written for realizing general functions such as plug - in stop, plug - in start, menu operation, and error handling based on the fixed grammar of the programming language. The expressions formed by different technical personnel in programming such functions with the same editing language are likely to be basically the same or slightly different. Therefore, the four files corresponding to the serial numbers of 8, 10, 12 and 22 in Appendix 12 *Statistical Results of VB Language Formatting Code in the 63 Source Code Files* should be excluded from the alleged infringing content of the K6 software. Second, the identical lines of code in the files corresponding to the serial numbers of 16, 18, 31 and 57 in Appendix 12 *Statistical Results of VB Language Formatting Code in the 63 Source Code Files* after removing the VB language formatting code belong to the function naming, function definition, variable assignment, variable definition made by the technical personnel. As Wang 1 participated in the programming of the K6 software, and the appraisal report 31 indicates that among the 2 314 variable names in the source code of the K6 software provided by Wang 1, 2 102 variable names are consistent with the naming method claimed by Wang 1; in addition, the naming of 4 databases in the source code of the K6 software, and the naming of 478 tables and 185 fields in such databases conform to the naming method claimed by Wang 1. Besides, the evidence of record can prove that Wang 1 had participated in the development and programming of iKang LIS system, iKang PEIS system and iKang PIS system. Considering the same technical personnel, based on his programming habits, is likely to adopt basically the same expressions for the definition of the above matters even in different software programming, the 4 files corresponding to the serial numbers of 16, 18, 31 and 57 in Appendix 12 *Statistical Results of VB Language Formatting Code in the 63 Source Code Files* should be excluded from the alleged infringing content of the K6 software.

Third, among the identical lines of code in the files corresponding to the serial numbers of 3, 4, 13, 24, 28, 44, 45, 55 and 63 in Appendix 12 *Statistical Results of*

VB Language Formatting Code in the 63 *Source Code Files* after removing the VB language formatting code, there are few consecutively identical lines of code, and most of them are the naming, assignment and definition of functions and variables and simple combination made by technical personnel Wang 1 based on the fixed grammar of the programming language, which have low originality, therefore, the 9 files corresponding to the serial numbers of 3, 4, 13, 24, 28, 44, 45, 55 and 63 in Appendix 12 *Statistical Results of VB Language Formatting Code in the* 63 *Source Code Files* should be excluded from the alleged infringing content of the K6 software. Fourth, among the identical lines of code in the 46 files corresponding to the serial numbers of 1, 2, 5 – 7, 9, 11, 14, 15, 17, 19 – 21, 23, 25 – 27, 29, 30, 32 – 43, 46 – 54, 56 and 58 – 62 in Appendix 12 *Statistical Results of VB Language Formatting Code in the* 63 *Source Code Files* after removing the VB language formatting code, there are many consecutively identical lines of code, and such lines of code have strong logical relationships and other characteristics, and none of them belong to the naming, assignment and definition of functions and variables made by the same technical personnel, nor belong to the simple combination of the naming, assignment and definition of functions and variables, fixed grammar of the same programming language, third – party open source code, and third – party prior software source code made by the same technical personnel. Therefore, the 46 files corresponding to the serial numbers of 1, 2, 5 – 7, 9, 11, 14, 15, 17, 19 – 21, 23, 25 – 27, 29, 30, 32 – 43, 47 – 54, 56 and 58 – 62 in Appendix 12 *Statistical Results of VB Language Formatting Code in the 63 Source Code Files* should not be excluded from the alleged infringing content of the K6 software. This Court refused to accept Wang 1's argument that these 46 files should be excluded from the alleged infringing content of the K6 software.

②As for Wang 1's argument that there are 31 source code files (see Appendix 4 *Thirty – one Uncompiled Source Code Files of K6 Software* for details) in the source code of the K6 software of Wang 1 that have not been compiled into the target program files of the K6 software provided by Wang 1, nor into the preserved software, therefore, they didn't belong to infringing files; in addition, there are 7 files (see Appendix 5 *Seven Files Cooperating with ActiveReport* 2. 0 *Control* for details) in the source code of the K6 software that are independent functions written for cooperating with ActiveReport 2. 0 control, and can be used in any software requiring ActiveReport 2. 0 control to generate charts, therefore, they didn't belong to the infringing files. This Court held that, first, the source code files of the K6 software of Wang 1 corresponding to the serial numbers of 22, 28, 45, 57 and 63 in Appendix 12

Statistical Results of VB Language Formatting Code in the 63 *Source Code Files* have been excluded from the alleged infringing content of the K6 software in the above analysis made by this Court, therefore, no repeated consideration is required to be made by this Court. Second, under normal circumstances, whether the source program will be compiled into the target program essentially depends on whether the author opens the corresponding function module written in the source program in the target program. In other words, the author can determine the open function modules in the target program by adding open or closed comments in the source code corresponding to the source program. The fact indicated in the appraisal report 77 that the files bizNSTool, CMD _ CustomerTest, clsCompareImageMap in the above Appendix 4 *Thirty – one Uncompiled Source Code Files of* K6 *Software* (corresponding to the source code files of the K6 software of Wang 1 corresponding to the serial numbers of 11, 15 and 46 in Appendix 12 *Statistical Results of VB Language Formatting Code in the* 63 *Source Code Files*) are founded to be used in the target program files of the preserved software is sufficient to corroborate the above view of this Court. Third, Article 2 of the *Regulation on Computers Software Protection* provides that for the purposes of this Regulation, the term "computer software" refers to computer programs and relevant documents. Item 1 of Article 3 provides that "computer program" refers to a coded instruction sequence which may be executed by devices with information processing capabilities such as computers, or a symbolic instruction sequence or symbolic statement sequence which may be automatically converted into a coded instruction sequence for the purpose of obtaining certain expected results. The source program and object program of a computer program shall be deemed as the same work. The above law only provides that the source program can be automatically converted into a coded instruction sequence (target program), but doesn't provide that all contents in the source program must be compiled by the target program, and only those can be used in this software belong to the source code files, therefore, the source code files written into the source program, no matter whether they are compiled into the target program, or can be used in other software, shall be a part of the computer software work. In summary, this Court refused to accept Wang 1's argument that neither the source code files not compiled into the target program files nor the source code files that can be used in other software belong to infringing files.

③Wang 1's argument that there are repetitive files in the source code files of the K6 software corresponding to the 63 source code files of iKang LIS system, iKang PEIS system, and iKang PIS system, which cannot be calculated repeatedly. This

Court held that according to the *Response Letter* issued by Guochuang Appraisal on May 18,2019, the source code files of the K6 software corresponding to the serial numbers of 1 and 46 in Appendix 12 *Statistical Results of VB Language Formatting Code in the* 63 *Source Code Files* are the same, the source code files of the K6 software corresponding to the serial numbers of 60 and 61 are the same, and the source code files of the K6 software corresponding to the serial numbers of 37 and 56 are the same. Since the number of identical lines of code in the source code files of the K6 software is the same as the total lines of the source code files corresponding to the serial numbers of 46,61 and 37, but is different from the total lines of the source code files corresponding to the serial numbers of 1,60 and 56, this Court recognized Wang 1's argument, and held that the corresponding source code files of the K6 software plagiarized the source code files corresponding to the serial numbers of 46, 61 and 37 in iKang LIS system, iKang PEIS system and iKang PIS system. This Court no longer included the 3 source code files corresponding to the serial numbers of 1,60, and 56 in iKang LIS system, iKang PEIS system and iKang PIS system in the scope of infringement comparison with the alleged infringing content.

Based on the facts in this section and the above analysis made by this Court, this Court held that a total of 43 source code files in the K6 software used the original expressions in the corresponding source code files in the Plaintiff 's iKang LIS system, iKang PEIS system and iKang PIS system.

To sum up, this Court held that 43 source code files in the K6 software used the original expressions in the corresponding source code files in the Plaintiff's iKang LIS system, iKang PEIS system and iKang PIS system, therefore, the K6 software has infringed upon the copyright of iKang LIS system, iKang PEIS system and iKang PIS system.

As for the third focus of the dispute

Item 5 of Article 47 of the *Copyright Law* provides that anyone who plagiarizes a work created by another person shall bear civil liability for such remedies as ceasing the infringing act, eliminating the effects of the act, making a public apology or paying compensation for damages, depending on the circumstances. In this case, the K6 software is an infringing software that infringes upon the copyright of iKang LIS system, iKang PEIS system, and iKang PIS system, including a total of 43 source code files using the original expression in the corresponding source code files in iKang LIS system, iKang PEIS system, and iKang PIS system. Wang 1 accessed to the source codes of iKang LIS system, iKang PEIS system, and iKang PIS system, and actually participated in the development and display of the K6 software, which belonged to an infringement of reproducing the infringing source code files, using the K6 software containing the infringing source code files, and licensing Meidong to reproduce the infringing source code files. Meidong developed, displayed, and licensed Shengjia to use the K6 software, which belonged to an infringement of reproducing the infringing source code files, using the K6 software containing the infringing source code files, and licensing Shengjia to use the same. Shengjia actually used the K6 software, which belonged to an infringement of commercially using the K6 software containing the infringing source code files. Based on the above facts, this Court held that Wang 1 and Meidong jointly infringed upon the rights of reproduction, modification and authorship in the copyright of iKang LIS system, iKang PEIS system, and iKang PIS system enjoyed by iKang. Shengjia infringed upon the right of reproduction in the copyright of iKang LIS system, iKang PEIS system, and iKang PIS system enjoyed by iKang. Based on Meidong's claims in this case, Wang 1 and Meidong should assume the civil liabilities of stopping the infringement, apologizing, and compensating for losses. Shengjia should assume the civil liability of stopping the infringement.

In terms of stopping the infringement, this Court held that based on the different infringements carried out by Wang 1, Meidong, and Shengjia in this case, Wang 1 should delete the 43 infringing source code files in the K6 software and no longer license Meidong to reproduce the 43 infringing source code files, and stop using the K6 software containing 43 infringing source code files. Meidong should delete 43 infringing source code files in the K6 software and no longer reproduce the 43 infringing source code files, stop using the K6 software containing 43 infringing source code files and no longer license Shengjia to use the K6 software containing 43 infringing source code files. Shengjia should stop using the K6 software containing the 43 infringing source code files.

In terms of apologizing, this Court held that, considering that this case involves a small number of infringing source code files, which account for a very low proportion in the copyrighted software, the infringement is minor and the damage caused to the right holder is limited, so Wang 1 and Meidong should apologize to iKang in written form.

In terms of compensating for losses, this Court held that "Article 49 of the *Copyright Law* provides for that in case of infringement upon copyright or copyright - related rights, the infringer shall make compensation based on the actual loss of the right owner; if it is difficult to calculate the actual loss, compensation may be made based on the infringer's illegal gains. The amount of compensation shall include the reasonable expenses paid by the patentee for putting an end to the infringement. If the actual loss of the right owner or the illegal gains of the infringer cannot be determined, the people's court shall, based on the circumstances of the infringement, award a compensation of less than RMB 500 000." In this case, given that there is no evidence proving that iKang has suffered losses due to infringement by Wang 1 and Meidong, and that the infringement by Wang 1 and Meidong has gained profits, this Court comprehensively considered the factors that the works involved in this case are computer software; the infringement involved in this case belongs to plagiarism of others' works, and the degree of subjective fault of Wang 1 and Meidong is low; the number of source code files actually plagiarized from others is small, accounting for a very low proportion of the entire software files, and the infringement is relatively minor; when the alleged infringement occurs, the K6 software containing 43 infringing source code files is still in the testing stage before the actual sale, and there is no evidence proving that the K6 software containing 43 infringing source code files has been massively licensed to others to use and sell at a profit, and thus determined that Wang 1 and Meidong shall compensate iKang for financial losses of RMB 50 000. As for the reasonable expenses paid by iKang for stopping the infringement involved in this case, this Court held that, this Court noticed that iKang did not provide evidence for this Court for the reasonable expenses incurred by the infringement involved in this case, but clearly stated that the financial losses it claimed included reasonable expenses and issued the *Explanation on Reasonable Expenses* to this Court, and it did hire lawyers to participate in the entire proceedings, and paid reasonable expenses, including attorney's fees, incurred to stop the infringement involved in this case. Therefore, based on the actual trial situation of this case, this Court determined as appropriate that Wang 1 and Meidong should compensate iKang for the reasonable expenses of RMB 100 000 paid for this case.

In summary, in accordance with Item 8 of Article 3, Items 2, 3 and 5 of Paragraph 1 of Article 10, Item 1 of Paragraph 2 of Article 16, Item 5 of Article 47, and Article 49 of the *Copyright Law of the People's Republic of China*, Article 2, Item 1 of Article 3, and Item 1 of Article 24 of the *Regulation on Computers Software Protection*, Articles 7 and 21 of the *Interpretation of the Supreme People's Court Concerning the Application of Laws in the Trial of Civil Cases of Dispute over Copyright*, the Judgment is hereby made as follows:

Ⅰ. The Defendants Shanghai Meidong Software Development Co., Ltd., Wang 1 and Shanghai Shengjia Hospital Co., Ltd. shall stop infringing upon the copyright enjoyed by the Plaintiff iKang. com Health Technology (Beijing) Co., Ltd. in such computer software as iKang Guobin Physical Examination Center LIS Inspection

System, iKang Guobin Physical Examination Center Automatic Queuing System and iKang Guobin Physical Examination Center Information System;

Ⅱ. The Defendants Shanghai Meidong Software Development Co., Ltd. and Wang 1 shall issue an apology statement in writing within ten days from the effective date of this Judgment for infringing upon the copyright enjoyed by the Plaintiff iKang. com Health Technology (Beijing) Co., Ltd. in such computer software as iKang Guobin Physical Examination Center LIS Inspection System, iKang Guobin Physical Examination Center Automatic Queuing System and iKang Guobin Physical Examination Center Information System (the content thereof shall be reviewed by this Court);

Ⅲ. The Defendants Shanghai Meidong Software Development Co., Ltd. and Wang 1 shall compensate the Plaintiff iKang. com Health Technology (Beijing) Co., Ltd. for the financial loss of RMB 50 000 within ten days from the effective date of this Judgment.

Ⅳ. The Defendants Shanghai Meidong Software Development Co., Ltd. and Wang 1 shall compensate the Plaintiff iKang. com Health Technology (Beijing) Co., Ltd. for the reasonable expenses of RMB 100 000 incurred in stopping the infringement involved in this case within ten days from the effective date of this Judgment.

Ⅴ. The remaining claims of the Plaintiff iKang. com Health Technology (Beijing) Co., Ltd. were dismissed.

If the Defendants Shanghai Meidong Software Development Co., Ltd. and Wang 1 fail to fulfill its obligation of pecuniary payment within the period specified by this Judgment, it shall pay double interest on the debt for the belated payment in accordance with the provisions of Article 253 of the *Civil Procedure Law of the People's Republic of China*.

The acceptance fee of this case was to be RMB 291 800, of which RMB 145 462 was to be borne by the Plaintiff iKang. com Health Technology (Beijing) Co., Ltd., and RMB 146 338 was to be borne by the Defendants Shanghai Meidong Software Development Co., Ltd. and Wang 1 jointly. The cost of application for evidence preservation was to be RMB 30, which was to be borne by the Defendants Shanghai Meidong Software Development Co., Ltd. and Wang 1 jointly. The appraisal fee of this case was to be RMB 600 500, of which RMB 240 000 was to be borne by the Plaintiff iKang. com Health Technology (Beijing) Co., Ltd., and RMB 360 500 was to be borne by the Defendants Shanghai Meidong Software Development Co., Ltd. and Wang 1 jointly.

Either party that refuses to accept this Judgment as final may, within 15days after service of this Judgment, appeal to the Supreme People's Court by submitting an appeal petition to this Court together with a sufficient number of copies for each person of the opposing party.

Presiding Judge He Yuan
Judge Fan Jingbo
People's Juror Wu Huili
December 27, 2019
Judge Assistant Zhu Shiyue
Clerk Zhou Ying

Annex: Relevant Laws

Ⅰ. *Copyright Law of the People's Republic of China*

Article 3 For the purpose of this Law, the term "works" includes works of literature, art, natural science, social science, engineering technology and the like which are expressed in the following forms:

...

(8) Computer software;

...

Article 10 Copyright shall include the following personal rights and property rights:

...

(2) The right of authorship, that is, the right to claim authorship and to have the author's name mentioned in connection with the work;

(3) The right of alteration, that is, the right to alter or authorize others to alter one's work;

...

(5) The right of reproduction, that is, the right to produce one or more copies of the works by means of printing, copying, rubbing, sound recording, video recording, duplicating, or re – shooting, etc. ;

...

Article 16 ···

In the following cases, the author of a work created in the course of employment shall enjoy the right of authorship, while the legal person or other organization shall enjoy other rights included in the copyright and may reward the author:

(1) drawings of engineering designs and product designs, maps, computer software and other works created in the course of employment mainly with the material and technical resources of the legal person or other organizationand under its responsibility;

...

Article 47 Anyone who commits any of the following acts of infringement shall bear civil liability for such remedies as ceasing the infringing act, eliminating the effects of the act, making a public apology or paying compensation for damages, depending on the circumstances:

...

(5) plagiarizing a work created by others;

...

Article 49 In case of infringement upon copyright or copyright – related rights, the infringer shall make compensation based on the actual loss of the right owner; if it is difficult to calculate the actual loss, compensation may be made based on the infringer's illegal gains. The amount of compensation shall include the reasonable expenses paid by the patentee for putting an end to the infringement.

If the actual loss of the right owner or the illegal gains of the infringer cannot be determined, the people's court shall, based on the circumstances of the infringement, award a compensation of less than RMB 500 000.

Ⅱ. *Regulation on Computers Software Protection*

Article 2 For the purposes of this Regulation, the term "computer software" (hereinafter referred to as "software") refers to computer programs and relevant documents.

Article 3 For the purposes of this Regulation, the following definitions apply:

(1) "computer program" refers to a coded instruction sequence which may be executed by devices with information processing capabilities such as computers, or a symbolic instruction sequence or symbolic statement sequence which may be automatically converted into a coded instruction sequence for the purpose of obtaining certain expected results; the source program and object program of a computer program shall be deemed as the same work;

...

Article 24 Unless otherwise provided for in the *Copyright Law of the People's Republic of China*, this Regulation or other laws or administrative regulations, without the permission of the software copyright owner, anyone who commits any of the following acts of infringement shall bear civil liability for such remedies as ceasing the infringing act, eliminating the effects of the act, making a public apology or paying compensation for damages, depending on the circumstances; where he/she damages public interests at the same time, the copyright administration department may order him/her to cease the infringing act, may confiscate his/her illegal gains, confiscate and destroy the reproductions of infringement, and impose a fine on him/her; if the case is serious, the copyright administration department may also confiscate the materials, instruments and equipment, etc. mainly used to make the reproductions of infringement; where his/her act has violated the *Criminal Law*, he/she shall be investigated for criminal liabilities in accordance with the provisions of the Criminal Law regarding the crimes of infringing upon copyrights and selling infringing reproductions:

(1) Reproducing or partially reproducing the software of the copyright owner;

...

Ⅲ. *Interpretation of the Supreme People's Court Concerning the Application of Laws in the Trial of Civil Cases of Dispute over Copyright*

Article 7 The manuscripts, original scripts, lawful publications, copyright registration certificates, attestations issued by authentication institutions, contracts for acquiring rights, etc. as submitted by the parties concerned may be adopted as evidence.

The natural persons, legal persons or other organizations which appear on a work or production as authors shall be deemed as the holder of copyright or copyright – related rights and interests unless there is evidence that proves the opposite.

Article 21 A computer software user shall assume civil liabilities for using the computer software without permission or commercially beyond the licensing scope in accordance with Article 47(1) of the Copyright Law, and Article 24(1) of the *Regulation on Computers Software Protection*.

7. Dispute between Pierre Leong Adjusters (Shanghai) Co., Ltd. and Jinchenhui (Beijing) Technology Development Center over Computer Software Development Contract

Shanghai Intellectual Property Court Civil Judgment

(2018) H73MC No. 863

Plaintiff: Pierre Leong Adjusters (Shanghai) Co., Ltd.

Legal representative: Liang, Chairman of Pierre Leong Adjusters (Shanghai) Co., Ltd.

Agent ad litem: Li, lawyer of Shanghai Albright Law Offices.

Agent ad litem: Xue 1, lawyer of Shanghai Albright Law Offices.

Defendant: Jinchenhui (Beijing) Technology Development Center.

Legal representative: Xue 2, General Manager of Jinchenhui (Beijing) Technology Development Center.

Agent ad litem: Lang, lawyer of Shanghai Guonian Law Firm.

After accepting the case of dispute over computer software development contract between Pierre Leong Adjusters (Shanghai) Co., Ltd. and Jinchenhui (Beijing) Technology Development Center on September 19, 2018, the SIPC formed a collegial bench in accordance with the law, and heard this case in public on December 20, 2018. Li and Xue 1, agents ad litem of the Plaintiff, and Lang, agent ad litem of the Defendant appeared in court. This case has now been concluded.

The Plaintiff requested the SIPC to: (1) order the rescission of the *Software Development Contract*; (2) order the Defendant to return the software development fee of RMB 371 000 to the Plaintiff; (3) order the Defendant to pay liquidated damages of RMB 103 880 (which is calculated at 2% of the software development fee per month from August 2017 to September 2018). Facts and grounds: In 2016, the Plaintiff entrusted the Defendant to develop a software named Chakanbao, and the parties signed the *Software Development Contract*. Later, the Plaintiff paid the Defendant the development fee as agreed in full, but the Defendant failed to deliver the source code, installable programs and related documents of the software, as well as the background management system, to develop and deliver the portal website, and to perform the one – year maintenance obligation towards the Plaintiff as agreed, resulting in the Plaintiff's failure to realize the purpose contemplated in the contract. Therefore, the Plaintiff filed this lawsuit.

The Defendant argued that: (1) the Defendant has fulfilled all obligations under the software development contract, without any default, so there is no reason for rescinding the contract in this case; (2) even if the contract can be rescinded, the Plaintiff's right to rescind has terminated, and the court is requested to dismiss the Plaintiff's claims.

As all parties concerned submitted evidence around their respective claims, the SIPC organized exchange and cross – examination of these evidence.

To support its claims, the Plaintiff submitted the following evidence: (1) *Software Development Contract*, to prove that the Plaintiff has entrusted the Defendant to develop a software named Chakanbao, and the Defendant should submit the source code to the Plaintiff and perform the maintenance obligations; (2) payment voucher, to prove that the Plaintiff has paid the software development fee as agreed; (3) enterprise credit information publicity report of the Defendant, to prove that Xue 3 and Xu are the shareholders of the Defendant and Xue 3 serves as the supervisor of the Defendant; (4) screenshot of the WeChat official account, to prove that Chakanbao has been changed to Gongubao, which is an upgraded version of Zhakanbao; (5) screenshots of WeChat chat history, to prove that the Defendant's actual controller Xue 3 has changed the password of the background management system of Chakanbao from time to time and refused to provide the Plaintiff with the password, resulting in the unavailability of Chakanbao and Gonggubao for the Plaintiff as of June 23, 2017 at the latest, and the Plaintiff's failure to obtain the software source code; (6) *Equity and Assets Transfer Framework Agreement*, to prove that the *Software Development Contract* was signed based on the framework agreement. The Plaintiff intended to obtain the copyright of Chakanbao and its upgraded version, and agreed to the use of Chakanbao system by an outsider, Insurance Survey Unite Adjusters (Beijing) Co., Ltd. (hereinafter referred to as "ISUA") provided that the Plaintiff has the right to control Chakanbao background management system and can use Chakanbao system; (7) Civil Judgments ((2017) J0106MC No. 30338; (2018) J02MZ No. 3339), to prove that Xue 3 has controlled the Defendant and ISUA, and consequently controlled Chakanbao system, maliciously precluding the Plaintiff from controlling and using Chakanbao system, therefore, the Defendant should be identified to constitute a default.

The Defendant had no objection to the authenticity of the above evidence, but held that: (1) Evidence 1 *Software Development Contract* was signed before evidence 6 *Equity and Assets Transfer Framework Agreement*, so there is no relation between evidence 1 and evidence 6; (2) Evidence 2 and 4 can prove that the software APP in dispute has been put into use, and the Defendant has fulfilled the obligations under the software development contract; (3) the wechat chat history in evidence 5 is incomplete, but can prove that Chakanbao has been delivered to ISUA for use. Xue 3 refused to provide the password on behalf of ISUA and provided the reason, namely the Plaintiff was not the user of Chakanbao, and thus had no right to know the background password of the software; (4) Evidence 7 is about the dispute over the license between ISUA and Xue 3, which has nothing to do with the Defendant in this case.

To support its claims, the Defendant submitted the following evidence: (1) Judgment((2017) J0106MC No. 30337), to prove that Chakanbao has been launched as agreed and the Defendant has fulfilled the contract involved in this case. Xue 3 refused to inform the password of the background management system on behalf of ISUA, instead of the Defendant; (2) correspondence between the Plaintiff and an outsider Handing United Intellectual Property Agency Co., Ltd., to prove that the Defendant had fulfilled the obligation to deliver the source code; (3) screenshots of WeChat chat history, to prove that Chakanbao has been delivered to ISUA for use, and the refusal of Xue 3, as the principal officer of ISUA, to inform the Plaintiff that the password of the background management system has nothing to do with the Defendant; (4) "Huochebang" project appraisal service agreement and OFO project appraisal cooperation agreement, to prove that ISUA should not disclose other company's commercial information without the consent of such other companies, and thus cannot provide the Plaintiff with the password of the background management system; (5) screenshot of the WeChat official account, to prove that Chakanbao has been launched for trial service on May 3, 2016; (6) query information about the website domain name, website record and website screenshots of ISUA, to prove that the development of the portal website involved in this case has been completed and the website has been launched for use; (7) statement of ISUA on the completion and delivery of ISUA, to prove that the Defendant has delivered the software and corresponding documents under the contract as agreed.

After cross – examination of the above evidence, the Plaintiff: had no objection to evidence 1 and 3, but held that they cannot prove the Defendant's purpose of proof, namely Xue 3 controlled ISUA on its own and refused to inform the password of the background management system on behalf of the Defendant, and did not fulfill the maintenance obligations; had no objection to evidence 2, but held that it cannot prove the Defendant's purpose of proof, namely the Defendant only delivered part of the software source codes; cannot confirmed the authenticity of evidence 4, and held that the agreement was signed by and between ISUA and a third party, which has nothing to do with the delivery of the background management authority under the *software development contract* involved in the case; had no objection to evidence 5, but held that it is not related to this case as the time thereof is earlier than the signing date of the contract involved in this case; had objection to the relevancy, legality and authenticity of the query information about the website domain name, and website screenshots in evidence 6, and had no objection to the authenticity of the query information about the website record, but held that all of them cannot prove that the portal website involved in this case has been developed and delivered to the Plaintiff; had objection to the relevancy, legality and authenticity of evidence 7, and held that the name and delivery time of the software in dispute are inconsistent with those in the software development contract, so evidence 7 was forged by the Defendant unilaterally.

Based on the evidence and cross - examination opinions of both parties, the SIPC held that: The Defendant had no objection to the authenticity of the 7 copies of evidence submitted by the Plaintiff, and the SIPC determined their authenticity; The Plaintiff had no objection to the authenticity of the evidence 1, 2, 3, and 5 submitted by the Defendant, and this court determined their authenticity; evidence 4 submitted by the Defendant was the original. Although the Plaintiff had objection to the authenticity of such evidence, it did not provide any evidence to prove that. Therefore, the SIPC determined the authenticity evidence 4; the three copies of materials in evidence 6 submitted by the Defendant could be mutually corroborated, and be corroborated with the fact investigated in court, so the SIPC determined its authenticity; evidence 7 submitted by the Defendant was the original, and could be corroborated with evidence 5, so the SIPC determined its authenticity. The probative force of the aforementioned evidence whose authenticity has been determined by the SIPC will be discussed in the part of the judgment grounds.

Based on the evidence adopted and the statements made by the parties, the SIPC ascertained the following facts:

The Plaintiff (Party A) and the Defendant (Party B) entered into the *Software Development Contract*, which provided that: "I. Project name: Chakanbao System. II. Project implementation content: 1. Project APP development 2. Background management system development 3. Portal website development 4. One – year maintenance period. III. Rights and obligations of Party A: 1. Party A is responsible for providing business requirements. 2. Party A is responsible for providing the software and hardware equipment, communication lines, system security facilities and other environments that are required for the operation of the software. If Party B is required to provide the aforementioned equipment and facilities, a separate contract shall be concluded... 8. The ownership of the system belongs to Party A. IV. Rights and obligations of Party B: ... 7. Party B shall keep Party A's business secrets confidential, and shall not disclose relevant materials by taking advantage of business so as not to cause any losses to Party A; at the time of delivering the software for use, the software products submitted to Party A shall include the carrier (CD or disk) containing the software codes and the corresponding documents. The software carrier shall include the source codes, installable program files and the following documents: *User Requirements Specification*, *System Outline Design Specification*, *System Detailed Design Specification*, *Test Report*, *User Manual*, and *Data Dictionary*. 9. The products provided by Party B to Party A shall not be encrypted, and shall be free from any restriction on the number of installations and the quantity of terminals on which the products are installed... V. Development period: The development and trial operation of the software shall start from the signing date of this contract, and be completed before April 20, 2016, and the software shall be officially launched on July 15, 2016. Party B shall strictly implement the requirements of the schedule plan. In case of any delay in the total project duration due to Party B, Party B shall assume the corresponding responsibilities and losses caused thereby... VII. Project cost: 1. The development cost is RMB 371 000 (including the value – added tax calculated at the tax rate of 6%, the development cost excluding tax is RMB 350 000 only). 2. Maintenance fee: One – year maintenance fee free; the maintenance period starts from the date when the software passes the final acceptance. VIII. Project acceptance: 1. After the system meets the acceptance conditions, Party B shall submit an acceptance application. Acceptance criteria: This project will be accepted on site, and the acceptance criteria therefor shall be that the system has the functions provided by the relevant appendix and complies with the requirements of Party A; the final acceptance shall be deemed to have been completed upon the official launch of the system, which shall not be later than May 31, 2016, and Party A shall issue a final acceptance report to Party B. IX. Payment terms: 1. Down payment: Within one week after signing this contract, Party A shall pay Party B 60% of the development cost; payment upon acceptance: Within one week after passing the acceptance, Party A shall pay Party B 30% of the development cost; 3. final payment: Within one week after expiration of the maintenance period, Party A shall pay Party B 10% of the development cost... X. Liability for breach of contract:... 5. If Party B delays the delivery of the software without any proper reason, an overdue fine will be charged one month later from the due date of delivery, and an additional fine will be charged at 2% of the project cost on a monthly basis...XV. Transfer/ change/modification/addition of contractual rights and obligations:...2. Both parties may terminate this contract in case of any failure of the other party to fulfill its obligations hereunder upon one – month prior written notice. XVI. Technical achievements and intellectual property rights: 1. After the normal completion of this contract, the ownership and intellectual property rights in and to the software, source programs, data files, documents, records and work logs actually produced by Party B for performing this contract, and other materials related to this contract shall belong to Party B. "

On July 15, 2016, the Plaintiff paid the Defendant Chakanbao's service fee of RMB 371 000.

On May 3, 2016, the WeChat official account of Chakanbao published an article, stating that the system was under trial operation. On March 13, 2017, this WeChat official account published an article, stating that Chakanbao was officially changed to Gonggubao, please search Gonggubao in the search box for WeChat official accounts, and follow it.

According to the chat history in the WeChat group of Wang 1 (an employee of the Plaintiff), P (legal representative of the Plaintiff), and Xue 3: On May 2, 2017, Xue 3 sent a message in the WeChat group, reading "Hi, you two, April has passed. Currently, the system is in a blank period, which is very dangerous. In addition, the property owner shall confirm and implement maintenance this week." P replied "Xue 3, I don't know why it is like this. Has the original maintenance been determined to be extended for one year? This issue was made clear at the last meeting." "At the discussion in Shenzhen, we had reached a consensus on building IT in Shenzhen in order to facilitate subsequent maintenance." On May 5, 2017, Wang 1 sent a message in the WeChat group, reading "Wang 2 can send the maintenance agreement to me this Saturday. I will arrive in Beijing next Monday." On May 6, 2017, Xue 3 sent a message in the WeChat group, reading "Send the agreement to me immediately after you receive it, I will send it to the maintenance party as they want to check". On May 11, 2017, Wang 1 sent a message in the WeChat group, reading "as for the maintenance agreement, Wang in Shanghai has arranged to draft a tripartite agreement. I will notify you immediately after the completion."

On June 1, 2017, Wang 1 sent a message in the WeChat group, reading "@ Xue 3 Don't forget to send me the administrator password." Xue 3 replied "pie × × × × × × × × ×" "I will change this password from time to time, you can log in." Wang 1 replied "received, thank you." On June 23, 2017 and July 2, 2017, Wang 1 respectively sent a message in the WeChat group, reading "@ Xue 3 Send me the latest administrator password" "@ Xue 3 Could you please send me the latest administrator password? Thank you." Xue 3 replied on July 2, 2017 that "What do you want it for? There is a great deal of customer information in it, and we are not allowed to disclose such information." "All customer information of DiDi, OFO, eleme, Wanda, Huochebang, Haier, Midea, etc. is stored in the system, which is absolutely confidential!" Wang 1 replied that "I am asking for the administrator password on behalf of Pierre Leong, instead of myself. Things will become easier if we only need to take into account the confidentiality. If I disclose any confidential information, Pierre Leong can investigate and affix my liability therefor in accordance with the confidentiality agreement between us." Xue 3 replied that "Pierre Leong also has no right to own such password" "I'm sorry".

On June 10, 2017, Shao from Handing United Intellectual Property Agency Co., Ltd. sent an e - mail to Wang, an employee of the Plaintiff with the subject of "Pierre Leong Gonggubao 2 software registration application - first communication - June 10, 2017", in which the Plaintiff was informed that there are many problems in the materials related to the software copyright registration application previously sent by the Plaintiff, including that Party A's name is inconsistent in the software development contract, the subject matter of the development contract is inconsistent with the two software applied for registration (Gonggubao insurance appraisal software and Gonggubao insurance appraisal management system), the ownership of the software under the development contract doesn't belong to the Plaintiff, and only the source code of one software was submitted. On March 25, 2018, Shao sent the aforementioned email to Xue 3, stating that this email was sent to Wang, who was in charge of the matter before, and Xue 3 was asked to learn about previous situation through such email.

It was also found that the owner, registration date and expiration date of the domain name baokanlian.com are respectively ISUA, December 26, 2015, and December 26, 2019. According to the ICP filing information, the domain name of ISUA's enterprise portal website is baokanlian.com, ISUA's principal officer is Xue 3, the filing number is Jing ICP No. 16008575, the sponsor is ISUA, and the approval date of the record is February 24,2016.

The screenshot of ISUA's website submitted by the Defendant showed that the menu bar on the website contains such columns as homepage, about us, appraisal knowledge, news, corporate culture, recruitment, contact us, business system and email, under which the corresponding content is displayed.

After logging in to the Alibaba Cloud account 2864xxxxx@ qq. com in court, it was found that the mailbox is Xue 3's personal mailbox, and the real name registered for the entity owner of this account is ISUA. After logging in to the website named "Insurance Survey Unite Adjusters (Beijing) Co., Ltd." through the IP address found, it was found that the web page structure is basically the same as that shown in the screenshot submitted by the Defendant, and the server where the website is located was created on January 26, 2016. After logging in to the management background with the super administrator's account, modifying and saving the article titled risk management under the system menu - content management - content release, it was found that corresponding content modified is reflected in the aforementioned website.

On April 1, 2016, ISUA issued a certificate of completion and delivery to the Defendant, indicating that the software Gonggubao (formerly known as Chakanbao) and the portal website developed by your company had been delivered for use, including the software product Gonggubao (formerly known as Chakanbao) and the portal website, and the software and portal website development projects have passed the acceptance.

During the trial, both parties confirmed that the development of the portal website under the contract involved in this case refers to the website of ISUA, and that the APP involved in this case has been operated on the website of ISUA upon the competition of development. After that, the Plaintiff did not require the software to be used on other platforms.

The OFO project appraisal cooperation agreement signed by and between ISUA and Ping An Property & Casualty Insurance Company of China, Ltd. Beijing Branch contains a confidentiality clause, which provided that in order to complete the matters entrusted hereunder, the parties shall provide each other with necessary information and documents that the other party cannot obtain from public channels, and such documents constitute all the trade secrets or confidential business information of the provider; both parties hereby acknowledge and promise that both of them have the obligation to keep the above information and documents confidential. Neither party shall use or allow others to use the information and documents provided by the other party in commercial activities, unless such use is necessary for the performance of this contract, and neither party shall disclose such information and documents to a third party without the prior written consent of the other party. The Huochebang project appraisal service agreement signed by and between ISUA and Huatai Property & Casualty Insurance Co., Ltd. also provided that ISUA shall keep the relevant materials and information involving the trade secrets of the insurance related parties strictly confidential, and shall not disclose the same to any third party without the permission of such related parties, otherwise, it shall assume the legal responsibility and financial loss caused thereby.

It was also found that the Defendant was established in March 2004, and its shareholders are Xue 3 and Xu, and its main personnel include the supervisor Xue 3 and the manager Xue 2.

On July 4, 2016, the Plaintiff (Party A) and Xue 3 (Party B) entered into the *Equity and Assets Transfer Framework Agreement*. Party B held 70% of equities in ISUA and was also the copyright owner of Chakanbao system. The parties reached an agreement on the transfer of relevant equity and assets as follows: (Equity transfer) Party B shall transfer the 66% of equities legally held by it in ISUA to Party A at a consideration of RMB 650 000. After Party A obtains the equities of ISUA, Party B shall cooperate with Party A in changing the name and legal representative of ISUA as agreed (Liang will serve as the chairman and legal representative, and Xue 3 will serve as the general manager). (Assets transfer) Party B shall transfer the copyright personally and legally owned by it in the software named Chakanbao (including its subsequent improvements) to Party A at a transfer price of RMB 350 000, and Party A will, as the copyright owner, apply to relevant departments for registration of the ownership of the relevant intellectual property rights. After Party A obtains the intellectual property rights of the software named Chakanbao, it will authorize ISUA to use Chakanbao for commercial operation, and the specific royalty shall be separately determined by the parties through negotiation. Party A can use Chakanbao on its own, but shall not carry out any business the same as that of ISUA. The equity transfer between the parties shall be premised on that Chakanbao system is transferred to and successfully registered under the name of Party A, and Party B shall cooperate with Party A in carrying out and completing the relevant ownership registration. (Others) Party A will take the two installments of paid – in registered capital, totaling RMB 4 million, as Party A's paid – in capital to ensure the company's early operations. (Payment mode and time) Party A shall pay the transfer price of RMB 350 000 to the bank account designated by the system developer within three working days from the signing date of the official assets transfer agreement as agreed

(total price of the system including the final payment shall be paid by Party B to the system developer). Party A shall pay RMB 1 million within three working days from the signing date of the official assets transfer agreement, RMB 1 million before August 15, 2016, and RMB 2 million in the fifth month after the launch of Chakanbao system (which is expected to be July 15, 2016) to the account of ISUA. (Warranty clause) Party B warrants that it is the copyright owner of Chakanbao system and its subsequent improvements, and the transfer made by it is not interfered by any third party; the relationship between Party B and the developer of Chakanbao will not affect Party A's ownership and use of the subsequent improvements made to Chakanbao; and the trademarks and patents of Chakanbao system extended from the copyright of Chakanbao belong to Party A.

In 2017, ISUA sued Xu and Xue 3 for a dispute over the return of licenses, and the Defendant Xue 3 and a third party Xu for a dispute over equity transfer. In the dispute over the return of licenses, the first-instance judgment determined that on July 15, 2016, ISUA held a shareholders' meeting, at which it was resolved that the Plaintiff, Xu and Xue 3 would form a new shareholders' meeting, and the Plaintiff, as a legal person shareholder, should appoint a person to take charge of all the internal affairs management work such as administrative affairs and financial affairs; Xue 3 should be responsible for the overall operation and management of the company, including but not limited to business and internal affairs, and the management of other projects such as specific financial affairs should adopt the mode of authority division, with the specific authority to be set separately. Later, in September 2016, ISUA completed the procedures for the registration of alteration of industrial and commercial information, after which the legal representative of ISUA was changed to the legal representative of the Plaintiff, and Xue 3 served as a supervisor. Later, ISUA claimed that Xu and Xue 3 had not delivered the official seal, the personal seal of legal representative, the financial seal, and the original and copy of business license to it. The first-instance judgment dated December 25, 2017 determined that Xu and Xue 3 should return the aforementioned seal and license to ISUA. On May 29, 2018, the second-instance judgment dismissed the appeal and upheld the original judgment.

On December 14, 2017, the SIPC accepted the case((2017) H73MC No. 749) of dispute over the computer software development contract between the Plaintiff v. the Defendant. The Plaintiff alleged that it had signed a *software development contract* with the Defendant, but the Defendant failed to hand the background management authority, user name and password of Chakanbao over to the Plaintiff, resulting in the

Plaintiff's inability to use Chakanbao normally, therefore, the Plaintiff requested the SIPC to: Order the Defendant to hand the background management authority, user name and password of Chakanbao over to the Plaintiff, to pay the Plaintiff liquidated damages of RMB 103 880, and to compensate the Plaintiff for attorney's fees and travel expenses of RMB 80 000. On September 4, 2018, the Plaintiff applied for changing the above claims to: Order the Defendant to hand the website address, account number, and password of the background management system of Chakanbao over to the Plaintiff. On September 6, 2018, the Plaintiff applied for changing the above claims to: Order the rescission of the *Software Development Contract*, order the Defendant to return the software development fee of RMB 371 000 to the Plaintiff, and to pay the Plaintiff liquidated damages of RMB 103 880; in addition, in the part of the facts and grounds, the Defendant's failure to hand over the source code to the Plaintiff was added. Later, the Plaintiff applied for withdrawing the lawsuit, and the SIPC made a ruling to approve the withdrawal on September 12, 2018.

This Court held that this case involved a dispute over the software development contract, and the *Software Development Contract* signed by the parties was an expression of the parties' real intention, which should be legal and effective, and both parties should fully perform their obligations in accordance with the contract.

According to the defense opinions of both parties, the focus of the dispute in this case mainly covers: Whether the Defendant has fulfilled the obligations under the contract involved in the case; if not, whether the civil liability claimed by the Plaintiff against the Defendant can be supported. The contractual obligations not fulfilled by the Defendant as claimed by the Plaintiff included the followings: first, the Defendant failed to developed and deliver the portal website; second, the Defendant failed to deliver the complete software source codes, installable program files and related documents; third, the Defendant failed to deliver the background management system; fourth, the Defendant failed to perform the one – year maintenance obligation. In this regard, the SIPC determined that:

Ⅰ. Whether the Defendant has fulfilled the obligation to develop and deliver the portal website

According to the contract, the Defendant should develop a portal website and deliver it to the Plaintiff. In this case, both parties confirmed that the portal website development under the contract refers to the portal website development of ISUA. As for the question whether the portal website was developed and delivered, the evidence provided by the Defendant showed that ISUA held the domain name baokanlian. com, the registration date and expiration date of such domain name were respectively

December 26,2015, and December 26,2019; the website ICP filing for the domain name had been completed on February 24,2016, and the sponsor of the website was ISUA. The screenshot of the ISUA website submitted by the Defendant was consistent with the website information seen after we logged in to the website in court, and the website information can be released through the background management system, which can prove that the website had been launched and could be used in synchronization with the background management system. As the Plaintiff confirmed that the background management system under the contract had been developed and put into use, the Defendant claimed based on the aforementioned evidence that the portal website had been developed and put into use, which was supported by the SIPC.

Ⅱ. Whether the Defendant has fulfilled the obligation to deliver the source code and related installable programs and documents

Paragraph 7, Article 4 of the contract involved in this case provided for that, at the time of delivering the software for use, the software products submitted by Party B to Party A shall include the carrier (CD or disk) containing the software codes and the corresponding documents. The software carrier shall include the source code, installable program files and the following documents: *User Requirements Specification*, *System Outline Design Specification*, *System Detailed Design Specification*, *Test Report*, *User Manual*, *and Data Dictionary*. According to the foregoing contract terms, the Defendant shall deliver the source codes, installable programs and related documents of the software to the Plaintiff.

In this case, first of all, the evidence of record showed that the Defendant had completed the development of the APP, background management system and portal website under the contract, and ISUA had used the aforementioned development results. Although the Plaintiff claimed that the Defendant had not fulfilled the aforementioned delivery obligation, it did not provide any evidence to support such claim, and the Defendant submitted the email concerning the plaintiff's application for registration of the software's copyright, proving that it had fulfilled the aforementioned delivery obligation towards the Plaintiff. Moreover, Wang 1, an employee of the Plaintiff, also stated during the trial that he had received part of the source codes delivered by the Defendant. In summary, it can be determined that the Defendant has completed the software development of the system involved in this case and has delivered the development results to the Plaintiff. In such case, there is no evidence proving that the Plaintiff had claimed against the Defendant that the deliverables were incomplete after receiving the same from the Defendant, especially after the Plaintiff received an email from the intellectual property agency informing that there were problems in the materials for software copyright registration application in its application for software copyright registration. In addition, the Plaintiff had fully paid the software development fee, and there was no evidence showing that the Plaintiff had claimed the delivery of source codes and corresponding documents against the Defendant before this case; especially in the case((2017) H73MC No. 749) filed by the Plaintiff to the SIPC in December 2017, the Plaintiff only claimed that the Defendant had not handed the background management authority, user name and password of Chakanbao over to the plaintiff, resulting in the Plaintiff's inability to use Chakanbao normally, while the delivery of the source codes and corresponding documents were not mentioned. In such case, the Plaintiff's claim about the Defendant's failure to fully fulfill the delivery obligation lacked factual basis, which was not supported by the SIPC.

Ⅲ. Whether the Defendant has fulfilled the obligation to deliver the background management system

In this case, both parties confirmed that the software in dispute was used by ISUA on its platform after the completion of the development. When the software in dispute was installed on the server of ISUA, and was operated in the background management system, it was required to set a super administrator password, such password is the one that the Plaintiff claimed that the Defendant refused to deliver, resulting in the Plaintiff's failure to obtain the ownership and control right of the background management system. In this regard, the SIPC held that, according to the contract, the Defendant should develop a background management system and deliver the development results to the Plaintiff, that is, the deliverables should be the specific source codes, installable programs and corresponding documents of the software. According to the aforementioned determination on the second contractual obligation, the Defendant has fulfilled the obligation to deliver the source codes, installable programs and corresponding documents. When the background management system software is installed and operated on different servers, it is required to set the corresponding administrator password for the background management system, and there is no connection among the administrator passwords generated during the operation of each server. If the software developer assists in the operation of the software developed by it, it shall inform the user of the administrator password set during the operation as an affiliated obligation. However, in this case, both parties confirmed that the software in dispute was first used by ISUA after the completion of the development, that is, the software user was changed from the client to an outsider, the background management system involved in this case was the system used by the outsider ISUA, and the software user was ISUA, instead of the Plaintiff. ISUA has normally used the background management system involved in this case and did not claim the password delivery against the Defendant. In such case, the Plaintiff was not the software user, so its claim for the password of the outsider ISUA was not supported by the SIPC.

Ⅳ. Whether the Defendant has fulfilled the maintenance obligation

According to Paragraph 2, Article 7 of the contract, the Defendant shall provide one – year maintenance service free of charge from the date when the software passes the final acceptance, that is, the Defendant has a one – year maintenance obligation. As for the starting date of the maintenance period, the Plaintiff held that it should be calculated from July 15, 2016 when Chakanbao was launched, while the Defendant held that it should be calculated from April 2016 when the software in dispute was launched. In this regard, the SIPC held that, first, the contract provided that the maintenance period starts from the date when the software passes the final acceptance; however, the project acceptance clause in Article 8 provided that the final acceptance shall be deemed to have been completed upon the official launch of the system, which shall not be later than May 31, 2016. Second, the parties have a disagreement on the launch date of the software, but an article dated May 3, 2016 on the WeChat official account of Chakanbao stated that the system was under trial operation. The Plaintiff acknowledged this fact, and there is no evidence showing that the software has undergone a technical upgrade. Third, according to the chat history among Wang 1, P, and Xue 3, on May 2, 2017, Xue 3 sent a message, reading "April has passed. Currently, the system is in a blank period, which is very dangerous. Please implement maintenance this week", which could be deemed as a notice on the expiration of maintenance period, later an employee of the Plaintiff said that the maintenance agreement was under preparation, but didn't raise any objection to the expiration of the maintenance period. In summary, it can be determined that the date when the software passes the final acceptance, namely, the starting date of the Defendant's maintenance period, was earlier than May 31, 2016. According to the evidence of record, the Plaintiff had made the final payment after the maintenance period in advance. As at July 2017, the Plaintiff was still urging for the administrator password of the system, and there was no evidence showing that the Defendant had not fulfilled the maintenance obligation. Now, the one – year maintenance period had expired, so the Plaintiff's claim in this case that the Defendant had not fulfilled the one – year maintenance obligation lacked factual basis, which was not supported by the SIPC.

As the Plaintiff's claim that the Defendant had not fulfilled the four contractual obligations was not established, that is, the Plaintiff failed to prove that the Defendant had breached the contract, so the Plaintiff's claim for rescission of the contract and the Defendant's assumption of civil liabilities lacked corresponding facts and legal basis. In view of the above, in accordance with Paragraph 1 of Article 64 of the *Civil Procedure Law of the People's Republic of China*, and Article 90 of the *Interpretation of the Supreme People's Court on the Application of the Civil Procedure Law of the People's Republic of China*, the Judgment is hereby made as follows:

All claims of the Plaintiff Pierre Leong Adjusters (Shanghai) Co., Ltd. were dismissed.

The acceptance fee of this case was to be RMB 8423, which was to be borne by the Plaintiff Pierre Leong Adjusters (Shanghai) Co., Ltd.

Either party that refuses to accept this Judgment as final may, within 15 days after service of this Judgment, appeal to the Supreme People's Court by submitting an appeal petition tothe SIPC together with a sufficient number of copies for each person of the opposing party.

Presiding Judge Ling Song
Judge Chen Yaoyao
People's Juror Zhang Yanpei
March 18, 2019
Judge Assistant Meng Xiaofei
Clerk Tang Jingqian

Annex: Relevant Laws

Ⅰ. *Civil Procedure Law of the People's Republic of China*

Article 64 The parties have the duty to provide evidence in support of their claims.

…

Ⅱ. *Interpretation of the Supreme People's Court on the Application of the Civil Procedure Law of the People's Republic of China*

Article 90 The parties shall provide evidence to prove the facts based on which they makes a claim or contradicts the claim of the other party, unless otherwised provided by law.

Where any party fails to provide evidence or provides insufficient evidence to prove the facts claimed by it before a judgment is made, the party with the burden of proof shall bear adverse consequences.

Ⅲ. Disputes over Trademark Right

8. Appeal of Golden Nemans (Shanghai) Foods Co., Limited Against Neuromins Nutrition Technology (Beijing) Co., Ltd. and Other Appellees for the Dispute over Trademark Infringement

Shanghai Intellectual Property Court
Civil Judgment

(2018) H73MZ No. 408

Appellant (Plaintiff of first instance): Golden Nemans (Shanghai) Foods Co., Limited.

Legal representative: Cui, Executive Director of Golden Nemans.

Agent ad litem: Ma, lawyer of Beijing Zhong Lun Law Firm Shanghai Office.

Agent ad litem: Qian, lawyer of Beijing Zhong Lun Law Firm Shanghai Office.

Appellee (Defendant of first instance): Neuromins Nutrition Technology (Beijing) Co., Ltd.

Legal representative: Yan, Executive Director and President of Neuromins.

Appellee (Defendant of first instance): Wuhan Omega Biotechnology Co., Ltd.

Legal representative: Cai, Executive Director and President of Omega.

Appellee (Defendant of first instance): A&Z Biotechnology (Zhongshan) Co., Ltd.

Legal representative: Xu, Chairman of A&Z Biotechnology.

Agent ad litem jointly entrusted by the above three Appellees: Yu, lawyer of at Dentons Shanghai Office.

Agent ad litem jointly entrusted by the above three Appellees: Zhang, lawyer of at Dentons Shanghai Office.

The Appellant, Golden Nemans (Shanghai) Foods Co., Limited (hereinafter referred to as "Golden Nemans"), held objection to the civil judgment ((2017) H0115MC No. 40538) made by the Primary People's Court of Pudong New Area of Shanghai Municipality concerning the case of dispute over trademark infringement against the Appellees, Neuromins Nutrition Technology (Beijing) Co., Ltd. (hereinafter referred to as "Neuromins"), Wuhan Omega Biotechnology Co., Ltd. (hereinafter referred to as "Omega") and A&Z Biotechnology (Zhongshan) Co., Ltd. (hereinafter referred to as "A&Z Biotechnology"), and lodged an appeal to the SIPC. After accepting the case on September 5, 2018, the SIPC organized a collegial bench in accordance with the law and heard the case in public. Ma and Qian, agents ad litem of the Appellant, Golden Nemans, and Yu and Zhang, agents ad litem of the Appellees, Neuromins, Omega, and A&Z Biotechnology, attended the proceedings in court. Now, the case has been closed.

The Appellant, Golden Nemans, requested in the appeal that the judgment of the court of first instance be revoked and amended to support all of its claims in the first instance under law. Facts and reasons: (1) The court of first instance failed to identify DHA algal oil as an edible extract of aquatic plants, which was inappropriate. ①The court of first instance only pointed out that it was controversial as to whether DHA algal oil was an edible extract of aquatic plants, but it did not comprehensively weigh the evidence of the parties so as to arrive at a conclusion concerning the basic facts of the case, evading the focus of dispute. ②Based on the evidence presented by all parties and according to the rules for evidence presentation, the court of first instance should adopt the Appellant's opinion that DHA algal oil was an edible extract of aquatic plants. (2) The court of first distance did not identify "DHA algal oil gel candy" and "Edible extract of aquatic plants" as the same or similar products, which was incorrect. ①The essence of "DHA algal oil gel candy" was a commodity of "DHA algal oil" instead of "candy". By analyzing the specific commodity form in the link of circulation, product composition, functions, and target consumers of "DHA algal oil gel candy", as well as the connotations of "candy" commodities, the essence of the suspected infringing commodities was "DHA algal oil". ②"DHA algal oil gel candy" and "Edible extract of aquatic plants" were of the same commodity, or at least similar commodities. They were not in the relationship of raw materials and finished products in the sense of the Trademark Law. (3) The court of first instance omitted to determine whether "DHA algal oil gel candy" and "edible fat and oil, fish powder fit for human consumption, milk beverages (the main ingredient is milk), milk powder, food glue, and food protein" were the same or similar products, which was inappropriate. (4) The court of first instance used the authentication certificate issued by the Institute of Hydrobiology, Chinese Academy of Sciences as the grounds for finding facts in the case, which was a mistake.

The three Appellees argued that: (1) The Appellant claimed that "DHA algal oil gel candy" and "edible extract of aquatic plants" were the same or similar commodities, which was obviously wrong. Although the main ingredient of DHA algal oil gel candy was DHA algal oil and such candies were sometimes referred to with its functional ingredient, DHA, in the sales promotion, consumers and sellers were clearly aware that they were a type of dietary supplements with specific functions. What should be compared were the finished products rather than the raw materials. In the specific comparisons, DHA algal oil gel candies belonged to Category No. 0502, "dietary supplements fit for human consumption". In terms of functions, consumers, and producers, no further processing was required and the products could be sold directly. However, "edible extract of aquatic plants" was a kind of raw material, which was turned into finished products through the production and reprocessing of raw material manufacturers. Therefore, the two kinds of products were not identical or similar to each other. (2) The Appellant claimed that "DHA algal oil gel candy" was a commodity similar to those on which the No. 7815375 trademark, "纽曼思" (Nemans), was certified to be used, which was incorrect. The No. 7815375 trademark, "纽曼思" (Nemans), was certified to be used on commodities under Category No. 29. But DHA algal oil gel candies were dietary supplements fit for human consumption. From the perspectives of functions, consumers, and producers, they were neither identical nor similar products. (3) The "纽曼斯" (Neuromins) logo used by the Appellees was not similar to the Appellant's No. 7815357 "纽曼思" (Nemans) trademark. In addition, the Appellant had not used the registered trademark on products including fish powder fit for human consumption, snacks mainly containing fruit and vegetable, milk beverages (the main ingredient is milk), milk powder, milk products, or milk tea (the main ingredient is milk).

Golden Nemans filed an action to the court of first instance, requesting that: (1) Neuromins should immediately stop infringing on Golden Nemans' exclusive right to use its registered trademarks, in other words, it should stop using the "纽曼斯" (Neuromins) logo on its official websites (domain names were www. niumansi. com and www. neuromins. cn), its Weibo official account named "纽曼斯" (Neuromins) (weibo. com/niumansi) and its WeChat official account named "Neuromins (纽曼斯)" (ID was Neuromins), and it should also immediately stop selling Neuromins (纽曼斯) DHA algal oil gel candies. (2) Omega and A&Z Biotechnology should immediately stop infringing on Golden Neman's exclusive right to use its registered trademarks, namely they should immediately stop the production and sales of Neuromins(纽曼斯)DHA algal oil gel candies, and lose no time to stop marking the product package with the words "纽曼斯" (Neuromins). (3) Neuromins should compensate Golden Nemans RMB 1 million (currency is the same below) for its economic losses, including reasonable expenses, namely, RMB 6000 of notarial fees, RMB 80 000 of attorney's fees and RMB 1016 for purchasing products), and Omega and A&Z Biotechnology should bear joint and several liability. (4) Golden Nemans should publish a statement on its official website, Weibo official account and WeChat official account for 72 consecutive hours to eliminate the negative impacts (the content, font, font size and color of the statement should be reviewed by the court in advance).

The facts found by the court of first instance:

Ⅰ. About the trademarks for which Golden Nemans claimed rights and their use

Golden Nemans was established in December 2010, with business scope covering the wholesale of lactobacillus beverages, dairy products, and food, etc., commission agency (except auction), import and export, and so on.

In March 2011, NEMANS HOLDINGS LIMITED was approved to register "纽曼思" (Nemans) as the No. 7815357 trademark, which was certified to be used on Category No. 29, including edible extracts of aquatic plants, fish powder fit for human consumption, milk beverages (the main ingredient is milk), milk tea (the main ingredient is milk), milk powder, edible fats and oils, food glue, food protein, snacks mainly containing fruit and vegetable, and milk products, valid from March 7, 2011 to March 6, 2021. In April 2011, the company was approved to register "纽曼斯" (Nemans) as the No. 7310618 trademark, which was certified to be used on edible extracts of aquatic plants under Category No. 29, valid from April 21, 2011 to April 20, 2021. When the above - mentioned trademarks were registered, *the Table for Differentiating Similar Goods and Services* (Ninth Edition) was in use and the code for edible extract of aquatic plants on which the trademark was certified to be used was 290002. In the newly released *Table for Differentiating Similar Goods and Services* (Eleventh Edition), the commodity code of 290002 has been changed for edible algal extract. And it was indicated that the commodity can be cross - searched with Spirulina (non - medical nutritional supplement), whose code was 3005 in the ninth and earlier editions.

On May 2, 2017, NEMANS HOLDINGS LIMITED signed a trademark licensing letter with Golden Nemans, agreeing to authorize to Golden Nemans the exclusive right to use more than ten trademarks including the above – mentioned registered No. 7815357 and No. 7310618 trademarks in China within the validity period thereof. The license fees would be negotiated separately. At the same time, Golden Nemans was also empowered to protect rights over such trademarks.

The products currently sold by Golden Nemans are called Nemans (纽曼思) DHA algal oil soft capsules, for children and adults separately. The main ingredient is DHA algal oil. For earlier products, Golden Nemans used the trademark "纽曼斯" (Nemans) and the products were named "Nemans (纽曼斯) algal oil capsules". In 2013, the trademark on its products was gradually changed into "纽曼思" (Nemans). In March and May 2015, the above – mentioned products of Golden Nemans were approved to be dietary supplements. Golden Nemans' products have won awards such as the "Most Popular Products" "Golden Wheat Award" and "Consumer's Favorite Dietary Supplement Brand", ranking among the top ten DHA algal oil brands on the website many times.

On May 4, 2017, when one logging on JD. com to search for "Nemans (纽曼思)" products, the search results showed the official flagship store of Nemans (纽曼思), whose leading brands were Gold Nemans and Nemans (纽曼思). The commodities were mainly Nemans (纽曼思) DHA algal oil soft capsules (for adults and children separately), and probiotic powder, etc., with the price ranging from more than RMB 100 to more than RMB 400. With a click to open the introduction of the algal oil soft capsules, it indicated that the products' original name was Nemans (纽曼斯), and the raw material, DHA, was directly extracted from marine unicellular algae. The above – mentioned commodities were divided into two types: foreign original imports and domestic sub – packaged products. And the "纽曼思" (Nemans) trademark was put on the outer packages of both of the two kinds of products with Golden Nemans being indicated as the distributor. The domestically packaged products were also marked with the mark of dietary supplement. There were also JD's self – operated sales channels for the above – mentioned products.

On May 27, 2017, in the official flagship store of Nemans (纽曼思) at Tmall, it was shown that Gold Nemans also sold products there basically the same as those in its flagship store on JD. com. Most of the trade name labels contained the words, "Nemans (纽曼思) algal oil DHA", and some of them were also marked with the words Nemans (纽曼思) (formerly Nemans (纽曼斯)).

Ⅱ. The trademark infringing behavior of Neuromins, Omega and A&Z Biotechnology accused of by Golden Nemans

The operator of the website with the domain name www. niumansi. com, registered and filed with the Ministry of Industry and Information Technology of the People's Republic of China, was Neuromins, and the website name was the official website of Neuromins, which was approved on January 5,2017. On May 4,2017, when logging on the website, one could see the main content was for introducing and promoting Neuromins' products under the"纽曼斯"(Neuromins) brand, all of which were marked with the logo of"纽曼斯"(Neuromins). It was also mentioned that the DHA in its Neuromins(纽曼斯) DHA algal oil gel candies came from the patented high – purity plant – based DHA algal oil from Martek Company, USA. In addition, walnut oil was included as a raw material of the candies. The official purchase channels advertised on the website included JD. com, Tmall and Suning. com. On the same day, in searching for the Weibo account named Neuromins(纽曼斯), it was shown that the account was certified to Neuromins, with the profile of being the Weibo account official of Neuromins(纽曼斯) DHA. The commodities promoted in the Weibo account was also Neuromins (纽曼斯) DHA algal oil gel candies of Neuromins. On the same day, it was shown that the operating entity behind the WeChat official account named Neuromins(纽曼斯) was also Neuromins, and the time of certification was April 28,2017. In the introduction of functions, the account was called"the only official public account of Neuromins(纽曼斯) DHA, serving tens of millions of mothers whole – heartedly!". After following the official account, it pushed links for the aforementioned official website of Neuromins(纽曼斯) with the domain name www. niumansi. com and the self – operated flagship store of Neuromins (纽曼斯) on JD. com.

On May 4, 2017, when one logging on JD. com to search for "纽曼斯" (Neuromins) products, in addition to the"纽曼思"(Nemans) series of products of Golden Nemans, the research results also showed Neuromins(纽曼斯) DHA algal oil gel candies (for pregnant women and children separately) from Neuromins, Omega and A&Z Biotechnology, with the unit prices of RMB 488 and RMB 528 respectively. With a click to open the page for product introduction of the foregoing commodities, it was shown that the seller was the official flagship store of Neuromins(纽曼斯) operated by JD. com. According to the product introduction, the raw material of the commodity was"patented high – purity plant – based DHA algal oil originated from pure algae" and the brand was Neuromins(纽曼斯). On the website, it was also introduced that the domain name of the official website of Neuromins China was www. niumansi. com and that the WeChat official account of the brand was called Neuromins(纽曼斯). It was indicated in the product comments that some consumers had confusion and misunderstandings about the brands of"纽曼斯"(Neuromins) and "纽曼思"(Nemans). Subsequently, the agent ad litem of Golden Nemans ordered a box of DHA algal oil gel candies of Neuromins, Omega, and A&Z Biotechnology for pregnant women and children respectively, with a total price of RMB 1016. The"美商纽曼斯"(US – based Neuromins) and"Neuromins"logos were printed on the outer packaging boxes and product bottles of the purchased commodities from Neuromins, Omega, and A&Z Biotechnology. However, when using the logo of"美商纽曼斯"(US – based Neuromins), Neuromins, Omega, and A&Z Biotechnology put the font of "美商"(US – based) significantly smaller than that of"纽曼斯"(Neuromins), and their font colors were also different. The color of"美商"(US – based) was close to the background color and it was less obvious compared with"纽曼斯"(Neuromins), making it easy for it to be ignored by consumers. The trade name of the commodities of Neuromins, Omega, and A&Z Biotechnology were DHA algal oil gel candies, which were produced with a food production license number, and it was specified that the operator in China was Neuromins, and the producer was A&Z Biotechnology under the entrustment of Omega. On the packaging box and product bottle, it was also marked that"the raw material is patented high – purity plant – based DHA algal oil originated from pure algae", that "the product purely comes from plants and has passed KOSHER and HALAL certification, making it a good choice for a vegetarian diet" and that "Life's DHA algal oil under DSM is used as a raw material of the Neuromins(纽曼斯) products" and so on. As of November 27, 2017, the"纽曼斯"(Neuromins) logo was still used in the product introduction of the official flagship store of Neuromins(纽曼斯) operated by JD. com.

Neuromins and Omega promoted their DHA algal oil gel candies through the media, where their commodities were referred to by "Neuromins" and "纽曼斯". Their products won the"Award for the Most Promising Product of the Year" at the Cherry Awards.

After August 2017, Neuromins, Omega, and A&Z Biotechnology changed their commodity packaging, and their trade names were changed into"纽曼斯乐孕"(Neuromins Happy Pregnancy) and"纽曼斯贝儿"(Neuromins Belle) DHA algal oil gel candies. In February 2018, the logos used in the promotion of commodities on the official website of Neuromins(纽曼斯) with the domain name of www. niumansi. com and in the official flagship store of Neuromins(纽曼斯) operated by JD. com was changed into"纽曼斯乐孕"(Neuromins Happy Pregnancy) and"纽曼斯贝儿"

(Neuromins Belle).

In the trial of first instance, with the request of the court of first instance for assistance in investigation, Beijing Jingdong 360 Degree E – Commerce Co., Ltd. (hereinafter referred to as "Jingdong 360") issued a letter of reply, stating that according to its statistics: From March 1 to December 22, 2017, 873 boxes of Neuromins DHA algal oil gel candies of US – based Neuromins(美商纽曼斯) for pregnant women supplied by Omega were sold and there was no inventory for the time being. The unit supply price was RMB 345, and the normal unit sales price was RMB 528 while the lowest unit price for promotion was RMB 238. A total of 683 boxes of DHA algal oil gel candies for children were sold, with 96 boxes left in the inventory. The unit supply price was RMB 320, the normal unit sales price was RMB 488 while the lowest unit price for promotion was RMB 188. From August 23 to December 22, 2017, 3 399 boxes of Neuromins DHA algal oil gel candies of Neuromins Happy Pregnancy(纽曼斯乐孕) for pregnant women supplied by Omega were sold and there were 1 559 boxes left in the inventory. The unit supply price was RMB 345, and the normal unit sales price was RMB 528 while the lowest unit price for promotion was RMB 238. A total of 1 087 boxes of Neuromins DHA algal oil gel candies of Neuromins Belle(纽曼斯贝儿) for children were sold with 127 boxes left in the inventory. The unit supply price was RMB 320, the normal unit selling price was RMB 488 while the lowest unit price for promotion was RMB 188.

The court of first instance also found that Omega had been approved for the registration of the No. 10784959 Trademark, "Neuromins", which was certified to be used on commodities under Category No. 30, sugars, algae (condiments), etc., with the period of validity ranging from June 28, 2013 to June 27, 2023. Later, the trademark was transferred to Neuromins. Neuromins had also registered the No. 19130594 Trademark, "美商纽曼斯" (US – based Neuromins), which was certified to be used on commodities under Category No. 30, sugars, candies, etc., with the period of validity extending from March 28, 2017 to March 27, 2027.

Ⅲ. Other facts

According to Baidu Baike (Baidu Encyclopedia): DHA is a kind of polyunsaturated fatty acid that is very important to the human body. DHA algal oil is extracted from marine microalgae, which is a type of autotrophic plant that is widely distributed on land and in sea, rich in nutrients, with a high level of photosynthetic utilization. Microalgae groups whose shapes can only be distinguished under a microscope are called microalgae, so microalgae is not a taxonomic name. According to a full – time general high school biology textbook, in the plant kingdom, there are largely multicellular organisms that cannot move freely while in the protista, there are largely multicellular or unicellular organisms that move on flagella, cilia or pseudopodia. In the second edition of the book, *Aquatic Biology*, which was published by China Agriculture Press in February 2014, it is stated that algae (except for cyanobacteria) are ancient low – level plants in various forms, including single cell algae and group algae, etc. Among them, the unicellular species are mostly planktonic, and they are small or microalgae.

On February 9, 2018, the Institute of Hydrobiology, Chinese Academy of Sciences issued an authentication certificate of algae species, stating that it was identified that the microalgae liquid culture samples submitted by Omega for inspection (manufactured by DSM Nutritional Products at Kingstree, South Carolina, the USA) was composed of Schizochytrium, which belonged to Genus Schizochytrium, Family Thraustochytriaceae, Order Thraustochytriales, Class Labyrinthulomycetes, Heterokontophyta, Protista, Domain Eukarya, containing rich DHA. The sample was a single – celled organism. It was stated in the enterprise standard of Omega for DHA algal oil gel candies that the raw material, DHA algal oil, came from Schizochytrium (or Ulkenia amoeboida or Cryptodinium cohlii), and it was produced through fermentation, separation, purification and other processes.

In March 2010, the National Health and Family Planning Commission of P. R. C. approved DHA algal oil as a new resource food. In the announcement, it was clearly stated that its source was from Schizochytrium, Ulkenia amoeboidaor and Cryptodinium cohlii, and the production of DHA was carried out through fermentation, separation, purification and other processes using Schizochytrium (Or Ulkenia amoeboida or Cryptodinium cohlii) as the raw material. It was provided in the national food safety standard of China concerning the food additive, docosahexaenoic acid (DHA) oil (fermentation method) that the standard was applicable to ocosahexaenoic acid oil obtained from the biological fermentation of Schizochytrium, Ukenneria amoeboida or Cryptodinium cohlii strains. It was stated in the national food industry standard of China for DHA algal oil that the standard was applicable to the production of a kind of edible oil rich in DHA produced through biological fermentation, separation, purification and other processes using algae such as Schizochytrium, Ulkenia amoeboida or Cryptodinium cohlii. And the strains used in producing DHA algal oil should comply with the standard and relevant regulations of China.

According to the introduction of Nemans(纽曼斯) on Baidu Baike, Nemans(纽曼思) DHA (formerly known as Nemans (纽曼斯) DHA) was a high – end DHA product using US Martek's patented algal oil DHA as its raw material and it was distributed by Golden Nemans. It was a nutritional supplement extracted from marine single – celled algae that could promote the development of brain cells and retina.

The US – based Martek is in a leading position in the technology of extracting DHA from algae, and it produces Neuromins series of DHA products. Golden Nemans, Neuromins, Omega, and A&Z Biotechnology claimed in their respective product promotions that their DHA raw materials came from Martek. In the book, *Doctor Sears: The Pregnancy Book*, the author recommended that pregnant women take omega – 3 supplements derived from algal oil, such as Neuromins produced by Martek.

There were a large number of posts analyzing and commenting on the differences between the products of Golden Nemans and the products of Martek on mother and infant websites and forums. On JD. com, among comments on commodities of Golden Nemans and those of Neuromins, Omega, and A&Z Biotechnology, there were those revealing that consumers were confused about them. There were also consumers' comments about confusion concerning the commodities of the above sources and those of Martek as well as about their differences.

For this case, Golden Nemans engaged lawyers, and Beijing Zhong Lun Law Firm Shanghai Office issued an invoice of attorney's fees of RMB 80 000 to Golden Nemans, which also paid notarial fees of RMB 6000 for the action.

The court of first instance held that NEMANS HOLDINGS LIMITED registered the No. 7815357 Trademark, "纽曼思" (Nemans) and the No. 7310618 Trademark, "纽曼斯" (Nemans), making it have the exclusive right to use the registered trademarks. Authorized by NEMANS HOLDINGS LIMITED, Golden Nemans exclusively enjoyed the licensed right to use the above – mentioned trademarks, and could claim rights in accordance with the law for acts of others infringing on the licensed right to use such registered trademarks.

In the case, on the outer packages and product bottles of DHA algal oil gel candies operated by Neuromins and produced by A&Z Biotechnology under the entrustment of Omega, the "纽曼斯" (Neuromins) logo was used. On Neuromins's website, Weibo official account, WeChat official account and online flagship store, the "纽曼斯" (Neuromins) logo was also used for public promotions. According to Paragraph 1 of Article 57 of the *Trademark Law of the People's Republic of China* (hereinafter referred to as the "*Trademark Law*"), the use of an identical trademark on the same kind of commodities on which the registered trademark is certified to be used without the permission of the trademark registrant shall be identified as an act of infringement on the exclusive right to use the registered trademark. The second paragraph of the article provides that, without the permission of the trademark registrant, the use of a similar trademark on the same kind of commodities on which the registered trademark is certified to be used, or the use of an identical or similar trademark to the registered trademark on a kind of commodities similar to those on which the registered trademark is certified to be used, which may easily cause confusion, are also deemed as acts of infringement on the exclusive right to use the registered trademark. Golden Nemans claimed that the commodities manufactured and sold by Neuromins, Omega, and A&Z Biotechnology were the same kind of ones as those on which its registered trademarks were granted to be used, edible extracts of aquatic plants, and that the three companies' behavior of using an identical and similar trademark to those registered by Golden Nemans on such commodities was an act of trademark infringement. As a result, the key points to judge whether there was an act of trademark infringement were whether the logo used by Neuromins, Omega, and A&Z Biotechnology on their commodities was identical or similar to the trademarks registered by Golden Nemans and whether such commodities were identical or similar to those on which the registered trademarks of Golden Nemans were certified to be used.

Regarding whether the trademarks were identical and similar, the court of first instance held that the "纽曼斯" (Neuromins) logo used by Neuromins, Omega, and A&Z Biotechnology on their commodities was exactly the same as the Chinese characters of No. 7310618 Trademark, "纽曼斯" (Nemans), so they were identical trademarks. It is provided in Paragraph 2 of Article 9 of the *Interpretation of the Supreme People's Court on Several Issues Concerning the Application of Law in the Trial of Cases of Civil Disputes over Trademark* (hereinafter referred to as the "*Judicial Interpretation on Trademark Cases*") that a similar trademark mentioned in Paragraph 1 of Article 52 of the *Trademark Law* means where the suspected infringing trademark is compared with the plaintiff's registered trademark, the font, pronunciation or meaning of the words or the composition or coloring of the graphics are similar, or the overall structure of its combined main elements is similar, or where its three – dimensional shape and combination of colors are similar, thereby easily leading the relevant public to mistake the source of the commodities or believe that their source has a certain connection to commodities for which the plaintiff's registered trademark is used. Compared with the No. 7815357 Trademark, "纽曼思" (Nemans), the "纽曼斯" (Neuromins) logo used by Neuromins, Omega, and A&Z Biotechnology was also a contrived word. The first two Chinese characters of the logo were the same as those of the registered trademark while the last one was different. However, the pronunciation was the same. Therefore, when the marks had no clear meaning, the relevant public could not distinguish them by meaning. In addition, most of the characters were the same and the pronunciation of the Chinese characters of the two was exactly the same. Consequently, the logo used by Neuromins, Omega, and A&Z Biotechnology could easily cause the relevant public to have misunderstanding concerning the source of the commodities. In this light, the two marks were similar to each other. Neuromins, Omega, and A&Z Biotechnology argued that the "纽曼斯" (Neuromins) logo they used was a legitimate use of the trade name of Neuromins. The court of first instance held that according to the provisions of Paragraph 1 of Article 1 of the *Judicial Interpretation on Trademark Cases*, the use of words identical or similar to those of another's registered trademark as the trade name of an enterprise for prominent use on identical or similar commodities on which the registered trademark is certified to be used, which can easily lead to misunderstandings on the part of the relevant public, is an act of causing other damages to the exclusive right of the other party to use the registered trademark as provided in Paragraph 5 of Article 52 of the *Trademark Law*. Neuromins, Omega, and A&Z Biotechnology used the logo of "纽曼斯" (Neuromins) separately on the commodities involved in the case without listing Neuromins's full company name in a standard way. Therefore, even if it was the use of the trade name of Neuromins, it was still a prominent use of the trademark, namely, using the "纽曼斯" (Neuromins) logo as a trademark. Therefore, such defense was rejected by the court of first instance. Neuromins, Omega, and A&Z Biotechnology also argued that on their products, the "美商纽曼斯" (US - based Neuromins) trademark registered by Neuromins was used. The court of first instance held that when Neuromins, Omega, and A&Z Biotechnology used the "美商纽曼斯" (US - based Neuromins) mark on the product packaging boxes and bottles, the font of "美商" (US - based) was significantly smaller than that of "纽曼斯" (Neuromins), and the two were also different in font colors. The font color of "美商" (US - based) was similar to the background color, making it less prominent than "纽曼斯" (Neuromins). Visually, it was easy for the relevant public to ignore the two Chinese characters of "美商" (US - based). Therefore, Neuromins, Omega, and A&Z Biotechnology did not use the "美商纽曼斯" (US - based Neuromins) trademark in a standard way. Instead, they prominently used the "纽曼斯" (Neuromins) logo. Therefore, such defense of Neuromins, Omega, and A&Z Biotechnology was also rejected by the court of first instance.

Regarding whether the commodities were identical or similar, the court of first instance held that the suspected infringing commodities were DHA algal oil gel candies. And the two registered trademarks for which Golden Nemans claimed rights were both certified to be used on commodities both including edible extracts of aquatic plants. According to Paragraph 1 of Article 11 of the *Judicial Interpretation on Trademark Cases*, similar goods as specified in Paragraph 1 of Article 52 of the *Trademark Law* refer to products that are the same in terms of function, purpose, producer, sales channel, targeted consumers, etc., or products generally considered by the relevant public as having a special connection to each other, making it easy for the relevant public to get confused about them. It is also provided in Article 12 of the *Judicial Interpretation on Trademark Cases* that a people's court shall, in accordance with the provisions of Paragraph 1 of Article 52 of the *Trademark Law*, make a comprehensive judgment based on the general knowledge of the relevant public on the commodities or services in question when determining whether the commodities or services are similar or not. The *International Classification of Goods and Services for the Purposes of the Registration of Marks and the Classification Table for Similar Goods and Services* can be used for reference in judging whether commodities or services are similar to each other. The court of first instance held that, first of all, there was controversy over whether DHA algal oil, one of the raw materials of the suspected infringing commodities, was extracted from aquatic plants or from non – plants. There were different definitions in the textbooks submitted by the parties as to whether algae was a kind of plant. According to the authentication certificate issued by the Institute of Hydrobiology, Chinese Academy of Sciences on the microalgae liquid culture samples sent by Omega, algae was a kind of single – celled organism. Meanwhile, when promoting the raw materials of their products, Golden Nemans, and Neuromins, Omega, and A&Z Biotechnology sometimes identified algae as a kind of plant and sometimes as a kind of single – celled organism. Sometimes, their claims were even contrary to their own opinions held in the case. In their publicity activities, Golden Nemans claimed that its raw material came from single – celled algae while Neuromins, Omega, and A&Z Biotechnology claimed that their raw material was plant – based algal oil. Apart from that, in the eleventh edition of *the Classification Table for Similar Goods and Services*, the No. 290002 commodity under Category No. 29 in the ninth edition of the same book was changed from edible extracts of aquatic plants into edible extracts of algae, which indirectly proved that it might not be accurate to define algae as a kind of aquatic plant. What's more, the leading grounds for distinguishing different types of commodities should not be raw materials but the specific forms of the commodities in circulation. The suspected infringing commodities were DHA algal oil gel candies. The specific form and category of the commodities in circulation was candy, which was a kind of food, and DHA algal oil was only one of its main raw materials. Therefore, based on the judgment from the specific form and category of the suspected infringing commodities, they belonged to Category No. 30, candies, in the *Classification Table for Similar Goods and Services*, which was significantly different from Category No. 29, edible extracts of aquatic plants. In terms of the specific form of commodities, edible extracts of aquatic plants could not be consumed by the consumers directly, so they were generally circulated as raw materials of commodities instead of products for terminal consumers. Even if based on the judgments from their functions and purposes, the suspected infringing commodities belonged to Category No. 5, dietary supplements (for supplementing normal diets or for the purpose of keeping healthy). In the note of Category No. 5 in the *Classification Table for Similar Goods and Services*, non - medical, non - veterinary meal replacements, nutritious foods and beverages (Category No. 29, etc.) were not included in the category. In the note of Category No. 29, dietary supplements were not included in the category. Therefore, only one of the raw materials of the suspected infringing goods was DHA algal oil. And the specific form of the commodities in circulation was not the same as those of Category No. 29. The category of a commodity could not be confused with that of another commodity, which is a main raw material of the former to determine whether two kinds of commodities were the same or not. Besides, based on the usages, producers, sales channels, and targeted consumers of the suspected infringing commodities and edible extracts of aquatic plants, as raw materials for commodities, edible extracts of aquatic plants were produced by raw material producers and sold to commodity processors while the suspected infringing commodities were finished products after processing and they were directly sold to the consumers. In this light, the two were completely different in terms of usages, producers, sales channels and targeted consumers. In addition, walnut oil was added to the suspected infringing goods, which had functions different from those of edible extracts of aquatic plants. Finally, since the suspected infringing commodities were a kind of goods while edible extracts of aquatic plants were raw materials, they were completely different in terms of sales channels and consumer bases, thus having different relevant public groups, who generally would not consider them to have a special connection and be confused about them. In summary, it was controversial whether DHA algal oil, one of the main raw materials of the suspected infringing goods, was extracted from edible aquatic plants. The specific form of the suspected infringing commodities in circulation was also significantly different from that of edible aquatic plant extracts and they were of different product categories. At the same time, the two kinds of commodities were not the same in terms of functions, usages, producers, sales channels, and targeted consumers, etc. The relevant public generally would not think that there was a specific connection between the two or be confused about them. Therefore, they were not identical or similar.

To sum up, in view of the fact that the DHA algal oil gel candies produced and sold by Neuromins, Omega, and A&Z Biotechnology were not identical or similar to edible extracts of aquatic plants within the scope of commodities on which the registered trademarks for which Golden Nemans claimed rights were granted to be used. As a result, the behavior of Neuromins, Omega, and A&Z Biotechnology was not an act of trademark infringement. Consequently, all of the claims of Golden Nemans were to be rejected. According to Paragraphs 1 and 2 of Article 57 of the *Trademark Law*, Article 9, Article 10, Paragraph 1 of Article 11 and Article 12 of the *Judicial Interpretation on Trademark Cases*, the court of first instance ruled that all litigation claims of Golden Nemans were dismissed. The fees for accepting the case in the first instance was RMB 13 800, which was to be borne by Golden Nemans.

After trialing, the SIPC found that the facts ascertained by the court of first instance were true and, such fact - findings were thus confirmed by the court.

The SIPC also found that it was stated in the response letter issued by Jingdong 360 that: The settlement price was the supply price minus 20% thereof and the promotional expenses. If the promotion price was lower than the supply price, then the settlement price was the actual sales price minus 20% and then the promotional expenses.

In the second instance, the Appellant, Golden Nemans, submitted the following evidence: (1) The biology volume of *Encyclopedia of Chinese Agriculture*, which was used to prove that it was a mainstream viewpoint in the industry that algae and fungi were lower plants. (2) The second edition of *Botany* (a "Twelfth Five - Year Plan" textbook of the Ministry of Agriculture for General Higher Education), which was used to prove that algae and fungi were lower plants, also known as embryo - free plants. (3) The classification page of JD. com including "candies", to prove that candies were classified under the catalog: "Food & Beverages > Snacks > Candy and Chocolate". (4) *National Food Safety Standard of China*, which was used to prove that the main raw material of the suspected infringing goods was DHA algal oil, which did not fall into the category of candies as defined in the National Food Safety

Standard. (5) The official website of DSM and the webpage of the official overseas flagship store of DSM on JD. com, which were used to prove that the DHA algal oil supplier of both parties, DSM, directly sold DHA algal oil capsules to the consumers, and that DHA algal oil did not circulate in the market in the form of raw material. (6) The product classification webpage of JD. com, which was used to prove that in the product classification of JD. com, DHA algal oil and milk powder were both under the category of mother and baby food, and they were similar products. (7) The product classification webpage of Tmall, which was used to prove that in the product classification of Tmall, DHA algal oil directly belonged to the category of milk powder, which were similar products to each other. (8) The product classification webpage of yhd. com, which was used to prove that in the product classification of yhd. com, DHA algal oil and milk powder belonged to the category of mother and baby food, and they were similar products to each other. (9) A printout of the webpage with the domain name "www. niumansi. com", which was used to prove that the Appellees used the word "纽曼斯" (Neuromins) prominently on the website. (10) Neuromins's Sina Weibo and WeChat official account pages, which were used to prove that the Appellees continued to use the logo of "纽曼斯" (Neuromins) after the judgment of first instance was made. (11) The webpage of an Appellee's own official flagship store on JD. com, which was used to prove that the Appellee still prominently used the "纽曼斯" (Neuromins) logo on the website.

The cross - examination opinions of Neuromins, Omega, and A&Z Biotechnology on the above - mentioned evidence were as follows: They had no objection to the authenticity of evidence No. 1 and 2. However, for academic controversies over the division of the plant kingdom, different opinions were shown in different textbooks or documents and there was no difference among them as to which was more persuasive. Such evidence could not prove that the opinions claimed by the Appellant was a general viewpoint in the industry. They confirmed the authenticity of evidence No. 3 ~ 5, but the suspected infringing commodities were DHA algal oil gel candies, which belonged to Category No. 5, "dietary supplements fit for human consumption", in the *Classification Table for Similar Goods and Services*. They acknowledged the authenticity of evidence No. 6 ~ 8, but the commodity classifications on these websites were not equivalent to commodity classifications in the sense of the *Trademark Law*. Regarding evidence No. 9 ~ 11, the Appellees confirmed that in order to reduce trademark infringement disputes, the product introductions on the websites were changed during the trial of first instance. However, after the judgment of the court of first instance was announced that the

Appellees should not bear the infringement liability, some logos used on the websites were restored to be"纽曼斯"(Neuromins).

The SIPC's certification opinions on the evidence submitted by Golden Nemans in the second instance were as follows: Regarding evidence No. 1 and 2 about whether algae was considered as a plant in the scientific community, the parties had submitted a certain amount of documentary evidence in the first instance. The views in the books involved in evidence No. 1 and 2 were the same as those submitted by the Appellant in the first instance, and there was no need to adopt them again in the second instance. Regarding evidence No. 3 and 4, since the Appellees no longer claimed that the suspected infringing goods belonged to the category of"candies" in the case, the evidence had nothing to do with the case and was not accepted. Regarding evidence No. 5, the commodities involved in this set of evidence were not the products accused of infringement in the case, so the SIPC would not accept it. Regarding evidence No. 6 ~ 8, this set of evidence was related to the classification of the suspected infringing goods by the relevant e – commerce platforms in the circulation field, so it was related to the case to some extent. So, it was accepted by the SIPC. Regarding evidence No. 9 ~ 11, this set of evidence was related to whether the three Appellees had completely ceased the suspected infringement behaviors, which was related to the case to some extent, so it was accepted by the SIPC.

In the second instance, the three Appellees submitted the following evidence: the webpage of DHA soft capsules sold at the official DSM overseas flagship store on JD. com, which was used to prove that DHA algal oil was the raw material of DHA algal oil gel candies.

The Appellant's cross – examination opinions on the above evidence were as follows: The relevant pages of the website showed the publicity phrases"Wisdom of an Expert in Algal oil" and"You need a bottle of DHA algal oil for adults", indicating that the product was essentially DHA algal oil and not capsule. In addition, on the relevant webpages, there were slogans of"100% vegetarian source" and"60 pieces purely coming from natural plants", indicating that DSM also believed that DHA algal oil came from plants.

The certification opinions of the SIPC on the evidence submitted by the three Appellees in the second instance were as follows: the commodities involved in the evidence were not the suspected infringement goods in the case, so the court did not accept the evidence.

Based on the certification opinions on the evidence submitted by the litigants to the case and their statements in the second instance, it was also found in the second instance that:

On JD. com and yhd. com, under the category of maternal and child products, milk powder and nutritional supplements were included. DHA products were under the category of nutritional supplements; on Tmall, DHA products were under the category of milk powder.

After the judgment of first instance was announced, Neuromins continued to use the"纽曼斯"(Neuromins) logo on its website(www. niumansi. com), Sina Weibo, WeChat official account, and JD's self – operated official flagship store.

The SIPC holds that based on the opinions and defenses of the parties in the second instance, the focuses of dispute in the second instance of the case are as follows. Firstly, are the suspected infringing commodities identical or similar to those on which the registered trademarks were granted to be used? Secondly, if the suspected behavior of the three Appellees constitute an act of trademark infringement, how should the infringement liability be determined? Comments concerning the two focuses of dispute are made separately below.

Ⅰ. Are the suspected infringing commodities identical or similar to those on which the registered trademarks were granted to be used?

The Appellant held that the suspected infringing commodities and those in the category of"edible extracts of aquatic plants"on which the registered trademarks were certified to be used were the same kind of goods. Even if they were not the same kind of commodities, they were similar ones. The suspected infringing commodities were similar to those in the category of"edible fats, fish powder fit for human consumption, milk beverages(the main ingredient is milk), milk powder food glue, and food protein", on which the registered trademarks were certified to be used. The three Appellees held that the suspected infringing commodities belonged to the category of dietary supplements fit for human consumption in the *Classification Table for Similar Goods and Services*, and that the DHA algal oil capsules were finished products. The capsules and edible extracts of aquatic plants was of a relationship between finished products and raw materials. Consequently, it was impossible for them to be similar commodities.

Pursuant to the provisions of Articles 11 and 12 of the *Judicial Interpretation on Trademark Cases*, similar commodities refer to products that are similar in terms of functions, usages, producers, sales channels, and targeted consumers, etc., or products that the relevant public generally believe to have specific connections with each other, or products that the relevant public tend to be confused about. To determine whether some commodities or services are similar, a comprehensive judgment should be made based on the relevant public's general knowledge of the commodities or services. The *International Classification of Goods and Services for the Purposes of the Registration of Marks* and the *Classification Table for Similar Goods and Services* can be used for reference in judging similar commodities or services. Regarding whether the suspected infringing commodities are identical or similar to those under the category on which the registered trademarks were certified to be used, the SIPC considered the following factors comprehensively:

The first one is whether the algae involved in the suspected infringing commodities was an aquatic plant. In the case, it was indicated in the respective documents provided by the parties that there were different opinions in the scientific community about whether the algae in question was a plant. The SIPC holds that when judging whether two commodities are similar, the relevant public's general perception of the products or services should be taken as the main grounds instead of academic viewpoints in the corresponding scientific field. DHA algal oil gel candies, the products involved in the case, are a kind of mass consumer products. Based on the knowledge reserves of ordinary consumers, they are usually not aware that there are other biological classifications besides plants and animals. It is more common that the relevant public view the algae as an aquatic plant.

The second factor was about determining whether raw materials and finished products could constitute similar commodities. Finished products and raw materials were generally in the upstream and downstream of commodity circulation respectively. But judgments should be made in accordance with relevant provisions of the judicial interpretations from the perspective of functions, purposes, producers, sales channels, targeted consumers or the general perception of the relevant public rather than taking it for granted that finished products and raw materials could not constitute similar commodities. In the case, the suspected infringing commodities were DHA algal oil gel candies, and algal oil was the main raw material. In the design of the commodity name, the raw material, algal oil, was included into the product name. On the outer packaging and in the advertising and publicity materials of the products, the expression of "patented high – purity plant – based DHA algal oil derived from pure algae" was adopted. In the circulation of products, the suspected infringing commodities were generally classified under the maternal and infant goods. The main purpose of consumers buying DHA algal oil gel candies was to ingest the algal oil in the products. Putting the products in capsules was to make them more convenient for the consumers to ingest the algal oil. Therefore, based on the general perception of the relevant public, there was no essential difference between DHA algal oil gel candies and algal oil and the two were similar commodities. In summary, since the relevant public generally perceive algae as a kind of aquatic plant and DHA algal oil gel candies constitute products similar to algal oil, the suspected infringing commodities, DHA algal oil gel candies, are also products similar to "edible extracts of aquatic plants", on which the registered trademarks involved in the case were certified to be used.

Regarding whether the suspected infringing logo was similar to the registered trademarks involved in the case, the SIPC agrees with the relevant decisions of the court of first instance. The SIPC holds that the three Appellees use trademarks that are identical or similar to the registered trademarks involved in the case on products that are similar to those on which the registered trademarks were granted to be used, which could easily give rise to confusion in the market and the Appellees' behavior constitutes an act of trademark infringement.

Ⅱ. The tort liability to be borne by the three Appellees

In the case, on the outer package and product bottle of DHA algal oil gel candies operated by Neuromins and produced by A&Z Biotechnology under the entrustment of Omega, the "纽曼斯" (Neuromins) logo was used. Neuromins also used the "纽曼斯" (Neuromins) logo on its website, Sina Weibo, WeChat official account and online flagship stores when advertising the aforementioned commodities. The above behaviors constitute an act of trademark infringement. The three Appellees shall bear the corresponding civil liability of ceasing the act of infringement, eliminating negative impacts and compensating for the Appellant's losses according to their act of infringement.

Regarding the scope of impact elimination, the SIPC holds that the scope of impact elimination should be limited to the scope of the impacts of the three Appellees' infringement behaviors. In the case, the Appellee, Neuromins, has committed infringement on its website, Sina Weibo, and WeChat official account. The Appellant claimed that Neuromins should publish a statement on its website, Sina Weibo, and WeChat official account to eliminate the impacts. The scope is reasonable and appropriate, so such claims are supported by the SIPC.

Regarding the amount of damages, the Appellant holds that according to the expense deduction standard stated in the letter of response issued by Jingdong 360 to the court, and based on the profit rate of the suspected infringing commodities admitted by the Appellees, the Appellees have obtained an amount of profits of over RMB 630 000 through this sales channel. What's more, the Appellees had expanded their sales channels to include Tmall. Based on the duration of infringement and sales channels, it can be calculated that the profits gained by them have exceeded RMB 1 million.

The three Appellees holds that if calculated according to the normal sales price listed in the above letter of response, the gross profits of the commodities are approximately 30%. However, because there were often promotional activities on JD. com, in fact, the lowest selling price should be adopted in the calculations. But the lowest selling price was lower than the supply price. What's more, promotion expenses must be deducted from the final settlement price. In this light, far from making profits, the Appellees have suffered economic losses from their business operations on JD. com.

The SIPC holds that in the Appellant's method of calculation concerning the profits gained by the Appellees, the lowest promotional price and the deduction of promotional expenses were not taken into consideration. In addition, the inventory was used as the basis for profit calculation, which was unreasonable. In the letter of response issued by Jingdong 360 to the court, the proportion of the suspected infringing commodities sold at normal prices to those sold at the lowest promotional price was not indicated. There was no evidence in the case showing the proportion of the suspected infringing commodities at the lowest promotional price. However, based on daily life experience, there was for sure some period of promotion in the duration of the infringement behavior. But this period was usually relatively short. Therefore, in the calculation of profits, the circumstance that some products were sold at the lowest promotional price should be taken into consideration. In addition, products in the inventory were unsold and should not be included in the calculation of profits gained by the Appellees. In summary, based on the product sales volume and prices stated in the letter of response from Jingdong 360, the calculation method concerning the settlement price, the proportion of products sold at the normal sales price to those sold at actual prices, the SIPC determines that the profits gained by the three Appellees are RMB 400 000 accordingly. The Appellant also claimed that the three Appellees conducted infringement behaviors on other websites. But it failed to prove such claim by submitting corresponding evidence. Therefore, the claim is not supported by the SIPC.

In the case, the Appellant claimed that the Appellees should compensate it RMB 80 000 for the attorney's fees, RMB 6000 for the notarial fees, and RMB 1016 for product purchase expenses. The SIPC holds that the aforesaid expenses have indeed been incurred in the protection of rights in the case, and the amount is reasonable. Therefore, the claim is supported by the court.

To sum up, the facts found by thecourt of first instance were basically clear but its application of law was inaccurate. As a result, its judgment was inappropriate. The SIPC amends the original judgment under law. In accordance with Item 2, Paragraph 1, Article 170 of the *Civil Procedure Law of the People's Republic of China*, the following judgment is made as follows:

Ⅰ. The Civil Judgment((2017) H0115MC No. 40538) made by the Primary People's Court of Pudong New Area of Shanghai Municipality is hereby revoked.

Ⅱ. Neuromins Nutrition Technology (Beijing) Co., Ltd., Wuhan Omega Biotechnology Co., Ltd., and A&Z Biotechnology (Zhongshan) Co., Ltd. shall immediately stop infringing on the exclusive rights of Golden Nemans (Shanghai) Foods Co., Ltd. to use the No. 7310618 registered trademark, "纽曼斯" (Nemans) and the No. 7815357 trademark, "纽曼思" (Nemans).

Ⅲ. Neuromins Nutrition Technology (Beijing) Co., Ltd. should publish a statement on its website (www. niumansi. com), Sina Weibo (weibo. com/niumansi), and WeChat official account (WeChat account: Neuromins) within ten days from the effective date of this judgment to eliminate the impacts. (The content of the published statement needs to be reviewed by the SIPC in advance. If it fails to do so within the time limit, the SIPC will publish the main content of the judgment of the case in the relevant media agencies, and the costs will be borne by Neuromins Nutrition Technology (Beijing) Co., Ltd.)

Ⅳ. Neuromins Nutrition Technology (Beijing) Co., Ltd., Wuhan Omega Biotechnology Co., Ltd., and A&Z Biotechnology (Zhongshan) Co., Ltd. shall jointly compensate Golden Nemans (Shanghai) Foods Co., Ltd. RMB 400 000 within ten days from the effective date of the judgment for its economic losses.

Ⅴ. Neuromins Nutrition Technology (Beijing) Co., Ltd., Wuhan Omega Biotechnology Co., Ltd., and A&Z Biotechnology (Zhongshan) Co., Ltd. shall jointly compensate Golden Nemans (Shanghai) Foods Co., Ltd. RMB 87 016 within ten days from the effective date of the judgment for its reasonable expenses.

Ⅵ. The other claims of Golden Nemans (Shanghai) Foods Co., Ltd. in the first instance are dismissed.

If the obligation to pay money is not fulfilled within the period specified in the judgment, the interest on the debt during the period of delayed performance shall be doubled in accordance with Article 253 of the *Civil Procedure Law of the People's Republic of China*.

For the fees for accepting the case in the first instance, RMB 13 800, the Appellant, Golden Nemans (Shanghai) Foods Co., Ltd., should bear RMB 3540; and the Appellees, Neuromins Nutrition Technology (Beijing) Co., Ltd., Wuhan Omega Biotechnology Co., Ltd., and A&Z Biotechnology (Zhongshan) Co., Ltd. should jointly bear RMB 10 260. For the fees for accepting the case in the second instance, RMB 13 800, the Appellant, Golden Nemans (Shanghai) Food Co., Ltd. should bear RMB 3540; and the Appellees, Neuromins Nutrition Technology (Beijing) Co., Ltd., Wuhan Omega Biotechnology Co., Ltd., and A&Z Biotechnology (Zhongshan) Co., Ltd. should jointly bear RMB 10 260.

This ruling is final.

Presiding Judge	He Yuan
Judge	Fan Jingbo
Acting Judge	Tang Yi
	June 6, 2019
Judge Assistant	Chen Yunzhi
Clerk	Zhou Ying

Annex: Relevant Laws

Civil Procedure Law of the People's Republic of China

Article 170 The people's court of second instance shall, after hearing the appealed case, handle it independently according to the following circumstances:

...

(2) Where the facts – finding in the original judgment or ruling is inaccurate or the application of law is inappropriate, the judgment or ruling shall be amended, revoked or modified in accordance with the law;

...

9. Appeal of Beijing Baris Baguette Enterprise Management Co., Ltd. Against Shanghai Hantao Information Consulting Co., Ltd. for the Dispute over Trademark Infringement Involving Third Party

Shanghai Intellectual Property Court Civil Judgment

(2019) H73MZ No. 5

Appellant (Plaintiff of first instance): Beijing Baris Baguette Enterprise Management Co., Ltd.

Legal representative: Zheng, General Manager of Baris Baguette.

Agent ad litem: Yang, lawyer of Beijing Yingke Law Firm Shanghai Office.

Appellee (Defendant of first instance): Shanghai Hantao Information Consulting Co., Ltd.

Legal representative: Mu, Executive Director of Hantao.

Agent ad litem: Xue, male, a staff member of Hantao.

Third party of first instance: Beijing SPC Food Co., Ltd.

Legal representative: Cao, Chairman of Beijing SPC.

Agent ad litem: Li, lawyer of Beijing Dentons Law Offices, LLP.

The Appellant, Beijing Baris Baguette Enterprise Management Co., Ltd., (hereinafter referred to as "Baris Baguette"), appealed to the SIPC because it held objection to the civil judgment ((2018) H0115MC No. 28204) made by the Primary People's Court of Pudong New Area of Shanghai Municipality concerning the case of dispute over trademark infringement with the Appellee, Shanghai Hantao Information Consulting Co., Ltd. (hereinafter referred to as "Hantao"), and the third party of first instance, Beijing SPC Food Co., Ltd. (hereinafter referred to as "Beijing SPC"). After the SIPC accepted the case on January 2, 2019, a collegial bench was formed in accordance with the law, and the case was heard in public on March 14 of the same year. Yang, agent ad litem of the Appellant, Baris Baguette, Xue, agent ad litem of the Appellee, Hantao, and Li, agent ad litem of the third party of first instance, Beijing SPC, attended the proceedings in court. Now, the case has been closed.

The Appellant, Baris Baguette, requested in the appeal that the judgment of the court of first instance be revoked and then amended to support all of the claims of the Appellant in the first instance. Facts and reasons: Firstly, merely based on the fact that Hantao did not upload store information of"巴黎贝甜"(PARIS BAGUETTE), the court of first instance concluded that Hantao did not use the trademark of"巴黎贝甜"(PARIS BAGUETTE) and did not conduct an act of direct infringement. Such determination was not correct. Hantao, which was in cooperation with Beijing SPC based on agreement, provided group - buying and takeaway services for Beijing SPC and made profits from such activities. Thus, it could be seen that although Hantao functioned as a platform, it did not merely manage or display information but was an actual user of information. Secondly, the court of first instance determined that Beijing SPC did not use"巴黎贝甜"(PARIS BAGUETTE) on services under the category similar to that on which the trademark of Baris Baguette involved in the case has been granted to be used. Such determination was also not correct. Beijing SPC used"巴黎贝甜"(PARIS BAGUETTE) on the platform of Hantao for promotion and display so as to attract the attention of consumers, hence bringing in offline consumption. Such behaviors have constituted online advertising activities, similar to the service category on which the trademark of Baris Baguette was granted to be used. Thirdly, the court of first instance held that"巴黎贝甜"(PARIS BAGUETTE) was a trademark of certain influence, but there was no sufficient evidence to prove the above conclusion. Although Beijing SPC presented some awards, they were not awards won in the name of the trademark brand. In the meantime, the evidence provided by Beijing SPC was about the English trademark of"PARIS BAGUETTE" rather than about the Chinese mark of"巴黎贝甜"(PARIS BAGUETTE). As a result, the evidence could not prove that"巴黎贝甜"(PARIS BAGUETTE) has been extensively promoted in the China and built up influence here, constituting a prior use consequently. Fourthly, the court of first instance held that"巴黎贝甜"(PARIS BAGUETTE) was not a trademark that could not be registered or used, which went against the facts. Beijing SPC has applied for the registration of"巴黎贝甜"(PARIS BAGUETTE) as a trademark many times but the applications were all rejected or not accepted because the existence of"巴黎"(Paris) in the trademark violated the provisions of Items 7 and 8, Paragraph 1 of Article 10 and Paragraph 2 of Article 10 of the *Trademark Law of the People's Republic of China* (hereinafter referred to as the "*Trademark Law*"). However, the court of first instance ex parte held that"巴黎贝甜"(PARIS BAGUETTE) was distinctive as a whole, which was not convincing. The determination of the court of first instance as to whether "巴黎贝甜(PARIS BAGUETTE)" could be used as a trademark also went beyond the scope of the case and had nothing to do with the case of infringement.

The Appellee, Hantao, argued in its defense: Firstly, www. dianping. com run by Hantao provides information display services. Store information involved in the case was uploaded by Beijing SPC and Hantao was not a user of the trademark involved in the case. Secondly, it was shown from the evidence provided by Beijing SPC that it was in prior use of "巴黎贝甜" (PARIS BAGUETTE) and the brand has been highly recognized in the relevant industry. In the minds of the consumers, the brand of "巴黎贝甜" (PARIS BAGUETTE) was interrelated to Beijing SPC. Therefore, Beijing SPC's use of "巴黎贝甜" (PARIS BAGUETTE) should not be regarded as an act of infringement on the trademark of Baris Baguette. Thirdly, since Baris Baguette did not actually use the trademark involved in the case, it was impossible for the conducts of Hantao to cause any economic losses to Baris Baguette or to have any negative impacts on the latter. In addition, Baris Baguette's behavior of registering and promoting the trademark concerned was subjectively a malicious act taking advantage of the fame of "巴黎贝甜" (PARIS BAGUETTE) belonging to Beijing SPC.

The third party of first instance, Beijing SPC, made the following statements: Firstly, the application for trademark registration should be based on the principle of good faith and there should be no damage to the rights of others. All of the trademarks of Baris Baguette were registered before the original shareholders transferred all their equities to Zheng, the current legal representative of the company. Baris Baguette and its original shareholders are a team that conducted malicious trademark squatting. The company was not established for legal business activities but for gaining illegal benefits. In addition, ever since entering China in 2004, Beijing SPC had actually made investments up to over USD 100 million in China, making a huge contribution to China's baking industry and taxation. In contrast, the real registered capital of Baris Baguette was RMB 0 and its registered location was inconsistent with its actual location. Based on the above facts, it could be ascertained that Baris Baguette had a typical act of malicious trademark squatting. Apart from that, since the entrance of "巴黎贝甜" (PARIS BAGUETTE) into Shanghai in 2004, extensive promotion and publicity has been carried out for the brand, and relevant public including consumers and other participants in the baking industry have associated "巴黎贝甜" (PARIS BAGUETTE) with Beijing SPC. It was exactly because of this that Baris Baguette conducted malicious trademark squatting. When determining whether the use of a trademark was an act of infringement, the "confusion principle" should be applied. Beijing SPC has in reality provided baking and other products for consumers in China for as long as 15 years since 2004 and has built a remarkable reputation. On the contrary, Baris Baguette had never actually made use of the trademark involved. Consequently, the conduct involved in the case would not cause confusion concerning the source of commodities for the consumers in the public community.

Baris Baguette made the following requests to the court of first instance. (1) Hantao should immediately stop the act of infringement. In other words, it should immediately stop using the words, "巴黎贝甜" (PARIS BAGUETTE), on the website that it operates. (2) Hantao should publish a statement in *China Industry and Commerce News* to eliminate the relevant negative impacts. (3) Hantao should compensate Baris Baguette RMB 10 000 for its economic losses and RMB 11 020 for reasonable expenses to stop the infringing behavior, including attorney's fees of RMB 10 000 and notarial fees of RMB 1020.

The facts found by the court of first instance:

Ⅰ. Relevant information on the registered trademarks of Baris Baguette

Baris Baguette was established on January 9, 2015, and its business scope covers enterprise management, and catering and hotel management, etc. After the company was established, it did not actually carry out relevant business activities. The original shareholders of the company were outsiders of the case, Jin and Shenyang Shenshi Gelin Trade Co., Ltd. (hereinafter referred to as "Shenshi Gelin"). Jin was originally the legal representative of Baris Baguette. Shenshi Gelin was established on May 11, 2011 and Jin was its shareholder and legal representative. On May 19, 2017, Jin and Shenshi Gelin exited from Baris Baguette and Zheng became the sole shareholder and legal representative of Baris Baguette.

Baris Baguette applied for the registration of the No. 15987618 trademark "芭黎贝甜" (BARIS BAGUETTE), on December 22, 2014, and the application was approved on February 21, 2016. The trademark was certified to be used on services under Category No. 35, advertising, and sales promotion for others, etc. The application for the registration of the No. 18105404 trademark "BARIS BAGUETTE 芭黎贝甜" was made on October 20, 2015 and the application was granted on November 28, 2016. The trademark was certified to be used on services under Category No. 40, milling and processing, fruit squeezing, food smoking, and flour processing, etc. On September 13, 2017, the No. 14898063 trademark "芭黎贝甜 BARIS BAGUETTE" was transferred to Baris Baguette. Registration for the trademark was applied by Shenshi Gelin on July 24, 2014 and it was approved on October 28, 2015. The trademark was certified to be used on services under Category No. 43, cooking equipment leasing. The above –

mentioned trademarks are all valid currently. Baris Baguette has not actually use the above – mentioned registered trademarks.

Ⅱ. About Beijing SPC and its affiliates running "巴黎贝甜" (PARIS BAGUETTE) bakeries

Beijing SPC was established in August 2005, with its business scope covering the production and processing of Chinese and Western pastries, decorative cakes, and frozen dough; supply of advertising gifts, beverages and drinks under the company's brands; catering services (provided only by branches), etc. It runs "巴黎贝甜" (PARIS BAGUETTE) bakeries in Beijing. Beijing SPC and outsiders of the case, including Shanghai SPC Food Co., Ltd. (hereinafter referred to as "Shanghai SPC"), and Nanjing SPC Catering Management Co., Ltd. (hereinafter referred to as "Nanjing SPC") were wholly – owned subsidiaries established by another outsider of the case, SPC Investment Co., Ltd. Among them, Shanghai SPC was established on November 4, 2003 and it operates "巴黎贝甜" (PARIS BAGUETTE) bakeries in Shanghai as well as the official website of 巴黎贝甜 (PARIS BAGUETTE), Pbchina. cn.

The promotion and publicity activities carried out by Beijing SPC and its affiliates for the brand "巴黎贝甜" (PARIS BAGUETTE) are as follows: (1) Product placements in films and television dramas and shooting and broadcasting of brand promotional videos. In the product placements in the films, *If You Are the One* (2008), *My Youth Who Call The Shots* (2010), and *Mr. And Mrs. Single* (2011), and the TV drama, *Husband and Wife* (2012), "PARIS BAGUETTE" and graphics and "巴黎贝甜" (PARIS BAGUETTE) were used on the shop signboards. In July 2012, a promotional video of "巴黎贝甜 (PARIS BAGUETTE)" was shot and publicized. In September 2013, a promotional video of the famous stores in Koreatown (Hongquan Road) was played on Shanghai Si TV. In January 2016, "BIGBANG&PB" pop – up shop promotional video was shot and played. "巴黎贝甜" (PARIS BAGUETTE) appeared in all of the above promotional videos. In addition, a product placement was also made in the Korean TV drama, *A Thousand Days' Promise* (2011). (2) Promotion through newspapers and magazines. From January 2011 to July 2014, advertisements were published for "巴黎贝甜 (PARIS BAGUETTE)" in various newspapers and magazines for a total of 83 times. The advertising media agencies included *Betty's kitchen*, *Baking in China*, Food & Wine and other gourmet magazines, *ViVi*, *Rayli*, *Lady*, *Tourism Geographies* and *New Movie Fans* and other types of magazines, as well as newspapers such as *New Business Daily* and *Dalian Evening News*. The contents of such advertisements included the promotion of newly opened stores of "巴黎贝甜 (PARIS BAGUETTE)" all over

China, introductions to the products and so on. In addition, the desserts launched for the Chinese Valentine's Day were also advertised on *Beijing Evening News* on August 22, 2017. (3) Promotion through online media. From February 2011 to October 2017, a large number of reports about "巴黎贝甜 (PARIS BAGUETTE)" appeared on multiple channels of NetEase, Sina. com. cn, Sohu. com and various major websites including Rayli. com. cn, MarieClairecn. com, Chinese. joins. com, and so on. Among them, more than 20 reports had come out before May, 2014. The report on Rayli. com. cn in September 2012 was titled "The 100th PARIS BAGUETTE Store in China Is Open", and the report of NetEase Travel Channel in August 2014 was titled "Gianna Jun's Show of Secret Recipe to Health and Beauty along with PARIS BAGUETTE."

The brand "巴黎贝甜 (PARIS BAGUETTE)" and its operators have successively won the following honors. (1) In May and August 2006, products of the brand were recognized by the China Society of Commodity Science as "high standard and quality" key products for promotion among Chinese high – quality products. (2) In 2008, "巴黎贝甜" (PARIS BAGUETTE) was awarded "Gold Medal Outstanding Bakery" by the All – China Bakery Association under the All – China Federation of Industry and Commerce. (3) In September 2008, as a catering supplier of Beijing Olympics, Beijing SPC was awarded the certificate of honor by the Organizing Committee of the 29th Olympic Games, and was later named as an "Entity with Harmonious Labor Relations in Beijing" in April 2009. (4) In 2008 and May 2012, the "Food Series of PARIS BAGUETTE Brand" of Beijing SPC and in May 2012, the "PARIS BAGUETTE Food Series" of Shanghai SPC were rated as "AAA Brand in Quality, Service, and Reputation" by China Medium and Light Products Quality Assurance Center respectively. (5) In March 2010, "PARIS BAGUETTE" of Beijing SPC was recognized as an "Outstanding Bakery in China" by the China National Food Industry Association, and "PARIS BAGUETTE" of Shanghai SPC was rated as a "Star Bakery in China for 2009" by the All – China Bakery Association under the All – China Federation of Industry and Commerce. (6) PARIS BAGUETTE stores of Beijing SPC at the Oriental Plaza and the Place and PARIS BAGUETTE stores of Shanghai SPC at Gubei and the Super Brand Mall were rated as "Five – Star Bakeries" by the China Association of Bakery & Confectionery Industry and the All – China Bakery Rating Committee on October 2010, November 2016, October 2010 and October 2013 respectively. (7) In July 2012, Shanghai SPC's BAGUETTE garlic baguette was rated as "2012 Shanghai Famous and Premium Food" by the Shanghai Food Association and the Bakery Committee of Shanghai Food Association.

(8)"PARIS BAGUETTE Bakeries" were listed among the "Top Ten Bakeries in China" by the China Association of Bakery & Confectionery Industry and the All - China Bakery Rating Committee three times in October 2010, October 2013 and November 2016 respectively. (9) In January 2014, Nanjing SPC was rated as an advanced organization by the Xuanwu District Statistics Bureau of Nanjing. In March 2014, it was appraised as a demonstrative organization for creating rest assured consumption in Jiangsu Province. (10) In October 2016, PARIS BAGUETTE was awarded the China Business Award by the Embassy of the Republic of Korea in China.

The China Association of Bakery & Confectionery Industry issued a certificate in April 2018, stating that the "巴黎贝甜" (PARIS BAGUETTE) brand of SPC Food Co., Ltd. entered China in 2004, with branches successively founded in large - and medium - sized cities such as Shanghai and Beijing. The company serves as a standing director of the China Association of Bakery & Confectionery Industry. In June of the same year, the All - China Bakery Association under the All - China Federation of Industry and Commerce also issued a certificate to certify that SPC Food Co., Ltd. joined the association in 2005 and that the "巴黎贝甜" (PARIS BAGUETTE) brand ranked among the top among the Chinese peers.

Ⅲ. About "巴黎贝甜" (PARIS BAGUETTE) bakeries on Dianping. com

Hantao is the operator of Dianping. com, a social life sharing website. Registered users can upload corresponding business information and post comments on the website. At the same time, Dianping. com also provides business promotion services such as keyword promotion, group buying, and reservation services for cooperative merchants.

According to the notarization made by Baris Baguette on October 10, 2017, when searching for "芭黎贝甜" (BARIS BAGUETTE) on the Beijing site of Dianping. com, a large number of search suggestions related to "巴黎贝甜" (PARIS BAGUETTE) appeared. When clicking "巴黎贝甜" (PARIS BAGUETTE), four pages of search results appeared and they were about "巴黎贝甜" (PARIS BAGUETTE) shop information in different locations of Beijing. In the information of some of the shops, the symbol "巴黎贝甜" (PARIS BAGUETTE) and graphics is also used. Information about group buying and/or takeaway services was also displayed for some shops. When clicking and entering two of the shops displayed, there were relevant license information of the business entity. Among them, the license holding entity of "巴黎贝甜(凯德 MALL 望京店)" (PARIS BAGUETTE (CapitaMall Wangjing Store)) was Guangshun Wangjing Store of Beijing SPC Food Co., Ltd. while that of "巴黎贝甜(凯德 MALL 望京店)" (PARIS BAGUETTE (CapitaMall

Wangjing Store))was Donuts(Beijing)Food Co., Ltd.

During the first instance trial, Hantao submitted creation information about the shops mentioned in the above notarial deed and the registered information of the creators stored in its back - end system. Beijing SPC claimed that the"巴黎贝甜"(PARIS BAGUETTE)bakery stores in Beijing were either direct - sale stores under its branches or franchise stores authorized by it. Information of the shops on Dianping. com was uploaded by the company. Among them,"巴黎贝甜(凯德MALL望京店)"(PARIS BAGUETTE(CapitaMall Wangjing Store)) was a direct - sale store while"巴黎贝甜(凯德 MALL 望京店)"(PARIS BAGUETTE(CapitaMall Wangjing Store))was a franchise store.

Ⅳ. Other facts

According to the notarization made by Beijing SPC on November 17, 2017, on 48590. maizhi. com, it was indicated in the company profile, "This site is mainly engaged in trademark transfer, providing comprehensive and timely trademark transaction services...Contact: Jin..." In the"Trademark Supermarket"channel of the website, there were a large number of trademarks to be transferred, including the three registered trademarks of Baris Baguette, which were involved in the case. The contact for all the three trademarks was Jin and the price was RMB 30 000 each. According to the search results on the website of the Trademark Office of China National Intellectual Property Administration(sbj. cnipa. gov. cn), Jin has applied for the registration of 639 trademarks, Baris Baguette 39 trademarks, and Shenshi Gelin 195 trademarks. On the website"pbchina. cn", there was an introduction on 巴黎贝甜(PARIS BAGUETTE)'s entry into China, the awards that it has won, and the history of its founding of relevant companies in China. According to the introduction, No. 1 巴黎贝甜(PARIS BAGUETTE)store in Shanghai was founded in 2004 and its first store in Beijing was open in 2005.

According to the notarization made by Beijing SPC on November 28, 2017, on the websites, "pariscroissant. cn" and "baguette. com. cn", logos including"巴黎贝甜"(BARIS BAGUETTE)and"PARIS BAGUETTE Baking Technology"were used extensively in the franchise promotion for the brand"PARIS BAGUETTE" in the baking industry. Based on the notarization made by SPC Investment Co., Ltd. on March 1, 2018, the above - mentioned franchise promotion information is still available on the above two websites. Based on inquiry on the website, "whois. chinaz. com", the registrant of"baguette. com. cn"is Jin and that of"pariscroissant. cn" is Beijing Chiminghui Education Consulting Co., Ltd. The shareholders of the company are Jin and Shenshi Gelin, and Jin acts as its legal representative. During the trial of first instance, it was no longer possible to log in the above two websites.

According to the notarial deed obtained by SPC Investment Co., Ltd. on March 2, 2018, in the introduction of the WeChat official account, "巴黎贝甜"(PARISBAGUETTE), operated by Baris Baguette: "The China BU of Baris Baguette is dedicated to providing the most delicious sweet food in the world. We welcome cooperation with peers who have an interest in us. Hotline for franchise in China: 400 - 0082 - 086. www. baguette. com. cn, coming from South Korea and serving China". It was shown from the registration details of the official account that the account was certified to use "巴黎贝甜"(PARIS BAGUETTE) and "巴黎贝甜 PARISBAGUETTE" on December 20, 2016.

The court of first instance held that the exclusive right to use a trademark, which was enjoyed by the trademark registrant, was protected by law. Using a trademark that is similar to a registered trademark on the same kind of services or using a trademark that is similar to a registered trademark on similar services, which may easily lead to confusion, without the permission of the trademark registrant, was an act of infringement on the exclusive right to use the registered trademark. According to the opinions of all parties, the focuses of dispute in the case were whether the store information involved in the case on Dianping. com was uploaded by Hantao and whether Hantao's behavior constituted an act of infringement.

Ⅰ. Whether the store information involved in the case on Dianping. com was uploaded by Hantao?

Baris Baguette held that the above - mentioned business information was uploaded by Hantao on the grounds that Dianping. com was operated by Hantao. Hantao argued that the above - mentioned information was released by the registered user concerned. Beijing SPC stated that the above - mentioned information was posted by itself. The court of first instance held that according to the service model of Dianping. com, it mainly provided storage space services for local life information, consumer comments and other information. It also provided transaction services such as group purchases, reservations, and takeaways for cooperative merchants. Any registered user could access the website and upload store information. In this case, the "巴黎贝甜"(PARIS BAGUETTE) store information displayed on Dianping. com corresponded to the specific offline stores. In the information of the two stores that Baris Baguette clicked to visit for notarization, the operators' license information was also displayed. Hantao submitted information about the registration information of the creators of the above - mentioned stores and their creation time. Beijing SPC stated that the above - mentioned information was uploaded by itself and that the corresponding offline stores were a direct – sales store run by it and a franchise store authorized by it. After checking, it was shown that the store information in Baris Baguette's notarial deed, especially information about the two stores that it clicked to visit, was consistent with the statement made by Beijing SPC. On that grounds, according to the general business model of Dianping. com, the existing evidence in the case and the statements of Hantao and Beijing SPC, it could be proven that the "巴黎贝甜" (PARIS BAGUETTE) store information on Dianping. com was not uploaded by Hantao. Hantao did not directly use the "巴黎贝甜" (PARIS BAGUETTE) trademark.

Baris Baguette also argued that even if the "巴黎贝甜" (PARIS BAGUETTE) store information was uploaded by Beijing SPC, Hantao provided services such as group purchases for Beijing SPC. Consequently, it held that Hantao and Beijing SPC jointly used the "巴黎贝甜" (PARIS BAGUETTE) logo. The court of first instance held that as the operator of the "巴黎贝甜" (PARIS BAGUETTE) brand in Beijing and the party uploading "巴黎贝甜" (PARIS BAGUETTE) store information on Dianping. com, Beijing SPC was an entity directly using the trademark. Failing to submit evidence to prove that Hantao and Beijing SPC jointly made use of the logo, Baris Baguette held that Hantao and Beijing SPC jointly used the logo merely based on the fact that Hantao provided group purchases and other services for cooperative merchants on Dianping. com, meaning that it believed that Hantao and all of its cooperative merchants on Dianping. com jointly provided corresponding commodities or services, which obviously lacked grounds and went against the common sense. Admittedly, in view that Hantao provided room for Beijing SPC to show information about "巴黎贝甜" (PARIS BAGUETTE) bakeries run by the latter and offered the latter group purchase services and so on, when Beijing SPC conducted an act of infringement through Dianping. com and Hantao has some subjective faults in this regard, it was still possible for Hantao to be held liable.

Ⅱ. Whether the behavior of Hantao constituted an act of infringement?

Baris Baguette asserted that Hantao had two types of trademark infringement behaviors, namely, direct infringement through its use of the "巴黎贝甜" (PARIS BAGUETTE) trademark on Dianping. com and assisting infringement through its provision of network services for operators of "巴黎贝甜" (PARIS BAGUETTE) bakeries.

Was the act of direct infringement claimed by Baris Baguette tenable? As mentioned above, the entity using "巴黎贝甜" (PARIS BAGUETTE) on Dianping. com as a trademark was not Hantao. As a result, the claim of Baris

Baguette was not justifiable. In fact, even if as claimed by Baris Baguette, Hantao's behavior of providing services including group purchase and takeaway on Dianping. com was an act of advertising and business promotion, the trademark that it used in the process of offering services for differentiating the source of its services would be "Dianping. com" or other logos of Hantao instead of "巴黎贝甜" (PARIS BAGUETTE) or the names of other shops on its website. Consequently, Baris Baguette's claim that Hantao's behavior was an act of direct infringement was not tenable and was not supported by the court of first instance.

Was assistance ininfringement claimed by Baris Baguette justifiable? Baris Baguette held that Hantao's behavior of providing food ordering and other services for shops on its website was an act of assistance in trademark infringement of the shop operators. The existing evidence proved that the shops that Baris Baguette accused of trademark infringement were run or franchised by Beijing SPC. Whether the claim of Baris Baguette was tenable depended on whether Beijing SPC's use of the words "巴黎贝甜" (PARIS BAGUETTE) in the names of the shops infringed on Baris Baguette's rights to the registered trademark involved in the case. Pursuant to Article 11 of the *Interpretation of the Supreme People's Court of P. R. C. on Several Issues Concerning the Application of Laws in Trial of Cases of Civil Disputes over Trademark*, similar services refer to services that are the same in terms of purpose, content, methods, and objects, or those that are generally believed by the relevant public as having special interrelations or that can easily cause confusion on the part of the relevant public. Pursuant to Article 12 of the *Interpretation*, in determining whether commodities or services are similar to one another, the relevant public's understanding of the commodities or services shall be taken into account for comprehensive judgment. The *International Classification of Goods and Services for the Purposes of the Registration of Marks* and the *Classification Table for Similar Goods and Services* could be used for reference to make judgment over similar commodities and services. Services provided by bakeries operated by Beijing SPC belonged to Category No. 43, catering services, in the *Classification Table for Similar Goods and Services.* There was obviously no interrelation between the category and Category NO. 35, advertisement and promotional services for others, on which the No. 15987618 trademark, "芭黎贝甜" (BARIS BAGUETTE), which belonged to Baris Baguette, was certified to be used. Services in the two categories were not identical or similar to each other. Baris Baguette's No. 18105404 trademark "BARIS BAGUETTE 芭黎贝甜" was certified to be used on services in Category No. 40, milling and flour processing services. Although Categories No. 43 and No. 40 both involved food processing, in bakeries, food was made and then sold directly. The two categories were different in terms of service purpose, content, methods, and objects, so they were not identical or similar services. Baris Baguette's No. 14898063 trademark "芭黎贝甜 BARIS BAGUETTE" was certified to be used on services in Category No. 43, specifically, for cooking equipment leasing services. Compared with services provided by bakeries, there were differences in terms of service purpose, content, methods and objects. In this light, Beijing SPC did not use the "巴黎贝甜" (PARIS BAGUETTE) mark on services similar to those on which the trademarks of Baris Baguette were certified to be used and Beijing SPC did not infringe on Baris Baguette's exclusive right to use the registered trademarks involved in the case. Therefore, Baris Baguette's claim that Hantao's behavior constituted assistance in infringement was not supported by the court of first instance.

The court of first instance noted that before the earliest application date of the three registered trademarks of Baris Baguette, Beijing SPC and its related companies had started using the logo of "巴黎贝甜" (PARIS BAGUETTE) for their bakeries. Based on the existing evidence, the earliest application date of the three registered trademarks of Baris Baguette involved in the case was July 24, 2014. Before that date, Beijing SPC and its related companies had opened a large number of "巴黎贝甜" (PARIS BAGUETTE) bakeries in various cities across China. The number had reached 100 by September 2012. Although it was difficult to ascertain the earliest time when Beijing SPC and its related companies started using the "巴黎贝甜" (PARIS BAGUETTE) mark based on the existing evidence, from 2006 onward, a lot of honors in the industry were won in the name of "巴黎贝甜" (PARIS BAGUETTE) and the logo was used in promotion and publicity activities extensively. Specifically, the promotional activities carried out and honors won before July 2014 are as follows: (1) From 2008 to 2013, the product placements of "巴黎贝甜" (PARIS BAGUETTE) bakeries were made in four films/television dramas including *If You Are the One*, and two promotional videos containing "巴黎贝甜" (PARIS BAGUETTE) were shot and played. (2) From January 2011 to July 2014, the brand put advertisements in various local or national newspapers and magazines in China for 83 times. (3) From February 2011 to May 2014, the brand was reported by various major websites for over 20 times. (4) From 2006 to March 2014, the "巴黎贝甜" (PARIS BAGUETTE) brand, its store operators and products received a large number of honors. The brand of "巴黎贝甜" (PARIS BAGUETTE) was clearly mentioned in the honor certificates eleven times and the honors involved included "Outstanding Bakery in China" "Star Bakery in China" "Top Ten Bakeries in China" "Gold Medal Outstanding Bakery" "Five – Star Bakery" "AAA Brand in Quality, Service, and Reputation" and so on awarded by national – level authoritative associations of the food industry or the baking industry such as the China National Food Industry Association, the China Medium and Light Products Quality Assurance Center, the All – China Bakery Association under the All – China Federation of Industry and Commerce, the China Association of Bakery & Confectionery Industry, and the All – China Bakery Rating Committee. In addition to the brand of "巴黎贝甜" (PARIS BAGUETTE) winning various honors, many shops run by Beijing SPC started winning honors from 2008 onward on their own merits. Based on the above facts, it could be ascertained that before the earliest application date for registration of the trademarks of Baris Baguette involved in the case, Beijing SPC and its related companies had extensively used the "巴黎贝甜" (PARIS BAGUETTE) mark in their operation of bakeries, promoting the brand extensively in various ways and obtaining various honors in the industry. For other operators, consumers and other relevant public in the baking industry, a stable connection has been established between the "巴黎贝甜" (PARIS BAGUETTE) logo and Beijing SPC and its related companies. Based on the provisions of Paragraph 3 of Article 59 of the *Trademark Law*, before a registrant applies for trademark registration, if others have used an identical or similar trademark of certain influence on the same or similar products for which the trademark to be registered, the registrant has no right to forbid such users from continuing to use the trademark in the original scope of use. But the registrant can require the users to add proper marks for distinction. In the case, Beijing SPC and its related companies used trademarks of certain influence on services that were neither identical nor similar to services on which the registered trademarks of Baris Baguette were certified to be used. Thus, Baris Baguette had no right to forbid Beijing SPC and its related companies from continuing to use the trademarks.

In addition, judging from how Baris Baguette obtained and exercised the exclusive right to use the registered trademarks involved in the case, its action of filing the lawsuit here was hardly justifiable. In the logos in the three registered trademarks of Baris Baguette involved in the case, the four Chinese characters, "芭黎贝甜" (BARIS BAGUETTE), only had one character different from "巴黎贝甜" (PARIS BAGUETTE), which was used by Beijing SPC and its related companies and which has built up certain influence. The corresponding Chinese characters of the two combinations had completely identical pronunciation. "BARIS BAGUETTE" only had one letter different from "PARIS BAGUETTE", which was used by Beijing SPC and its related companies. With the long – term use and promotion by Beijing SPC and its related companies, the logo of "巴黎贝甜" (PARIS BAGUETTE) has become highly distinctive, enjoying a high reputation in the baking industry. Based on the common sense, without any contact or knowledge, it was unlikely for Baris Baguette and Shenshi Gelin to register the trademarks involved in the case by coincidence. The three trademarks of Baris Baguette in question were not used actually after registration. However, Jin, original shareholder and legal representative of Baris Baguette, and companies controlled by him, conducted franchise promotion of bakeries with the brand of "巴黎贝甜" (PARIS BAGUETTE) on their registered websites. Baris Baguette even had "巴黎贝甜" (PARIS BAGUETTE) certified as the official name for its WeChat official account. It could be seen from this that Baris Baguette paid much attention to the baking industry and knew about the "巴黎贝甜" (PARIS BAGUETTE) brand of Beijing SPC to some extent. Baris Baguette and Shenshi Gelin made slight changes to the "巴黎贝甜 PARIS BAGUETTE" logo of Beijing SPC and applied for registration of the three trademarks involved in the case. Based on the above facts, considering the fact that Baris Baguette has not been engaged in any actual business activities since its establishment, the fact that Baris Baguette, Jin and Shenshi Gelin applied for the registration of a large number of trademarks, and the fact that Jin has been transferring a large number of trademarks on the Internet including the three registered trademarks in question, Baris Baguette's action of filing a lawsuit of infringement in the case based on Beijing SPC's use of "巴黎贝甜" (PARIS BAGUETTE) for services different from those on which the three registered trademarks were certified to be used was suspected of an act of abuse of rights.

Baris Baguette also claimed that the mark of "巴黎贝甜" (PARIS BAGUETTE) used by Beijing SPC could not be used as a trademark as provided in Paragraph 2 of Article 10 of the *Trademark Law*. The court of first instance held that pursuant to the above provision, geographical names of administrative divisions above the county level or foreign geographical names known to the public might not be used as trademarks, except that the geographical names had other meanings or were used as part of collective marks or certification marks. Registered trademarks containing geographical names should continue to be valid. Meanwhile, in accordance with Article 4 of the *Opinions of the Supreme People's Court of P. R. C. on Several Issues Concerning the Trial of Administrative Cases Involving the Authorization and Determination of Trademark Rights*, for trademarks composed of geographical names and other elements, if with the addition of other elements endowed the trademarks with distinctive characteristics, and hence such trademarks no longer had the implication of geographical names or the geographical names no longer constituted their main connotations, it would be inappropriate to identify them as trademarks that could not be registered for containing geographical names of administrative divisions above the county level or foreign geographical names known to the public. In the case, the mark of "巴黎贝甜" (PARIS BAGUETTE) used by Beijing SPC was constituted by the name of the French city, "巴黎" (Paris), and the word "贝甜" (Baguette) created thereby. For catering services, the mark as a whole had distinctive features, and it has become highly distinctive, enjoying a high reputation with the extensive use and promotion by Beijing SPC and its related companies. The major connotation of the mark was not to express the place of "Paris". As a result, it should not be deemed as a trademark that could not be registered and used. The court of first instance did not adopt the foregoing claims of Baris Baguette. As for the fact that a company related to Beijing SPC had applied for the registration of the "巴黎贝甜" (PARIS BAGUETTE) trademark but was rejected, it would not affect the judgment of the case.

To sum up, the claims of Baris Baguette were not tenable and were not supported by the court of first instance. According to Provisions of Item 2 of Article 57 of the *Trademark Law* and Paragraph 2 of Article 11 and Article 12 of the *Interpretation of the Supreme People's Court on Several Issues Concerning the Application of Law in the Trial of Cases of Civil Disputes over Trademark*, it was ruled as follows: The claims of Baris Baguette were dismissed. The fees for accepting the case in the first instance was RMB 325.50, which should be borne by Baris Baguette.

After trial, the SIPC found that in the notarization made by Baris Baguette on October 10, 2017, the shop of which the license holder was Donuts (Beijing) Food Co., Ltd. and which was claimed by Beijing SPC as a franchise store was "巴黎贝甜(望京秀梦店)" (PARIS BAGUETTE (Wangjing Mengxiu Store)) instead of "巴黎贝甜(凯德 MALL 望京店)" (PARIS BAGUETTE (CapitaMall Wangjing Store)). Apart from making the rectification, other facts found by the court of first instance were true and were thus confirmed by the SIPC.

In the second instance, Baris Baguette submitted the following evidence. The first set of evidence was the statement of grounds for trademark opposition, which was used to prove that Beijing SPC admitted that the trademark "PARIS BAGUETTE" (巴黎贝甜 in Chinese) was a combination of a French geographical name, Paris, and the name of the authentic French bread, BAGUETTE. The second set of evidence included the screenshots of website translation for "PARIS BAGUETTE" and the translation of "BAGUETTE" by Baidu entry to prove that "PARIS BAGUETTE" was translated into "巴黎面包" (Paris bread) and "巴黎长棍面包" (PARIS BAGUETTE). BAGUETTE generally refers to a long, narrow French loaf, which was a common term in the industry and lacked distinctiveness. The third set of evidence contained the trademark rejection notice and the webpage screenshot of the invalid status of the "巴黎贝甜" (PARIS BAGUETTE) trademark, which were used to prove that the Trademark Review and Adjudication Board of the State Administration for Industry and Commerce (hereinafter referred to as the "TRAB") had rejected the trademark registration application for "巴黎贝甜" (PARIS BAGUETTE) on the grounds that "PARIS was the name of a famous foreign city and BAGUETTE referred to a kind of bread and they should not be contained in a trademark". The fourth set of evidence involved screenshots of the official website of PARIS BAGUETTE and its Weibo official account, and cashier receipts, which were used to prove that the background image of the Weibo page was a bakery scene in Paris, France, and that the name and brand of the stores included "Paris" and "bakeries" in French, implying to consumers that there was a special relationship between the brand and Paris of France. Also, "PARIS BAGUETTE" was used as corresponding to "巴黎贝甜", but the sales entity was not identified in the cashier receipts. The fifth set of evidence included translated documents of "Korean media reports", reports on websites such as Xinhuanet. com, NetEase, Toutiao. com, Sohu. com, Zhihu. com, and People. com about the application for intangible cultural heritage concerning Baguette. As recorded in the inquiry information of the website of the Trademark Office, "巴黎春天" (Paris Spring) and other trademarks were rejected or invalid, which was used to prove that Beijing SPC deliberately used "巴黎贝甜" and "PARIS BAGUETTE", causing confusion and misunderstanding to consumer concerning the origin of the brand, making them mistakenly believe that the brand was related to Paris, France. Furthermore, all applications for the registration of trademarks related to "Paris" were rejected or deemed invalid by the TRAB.

Hantao held that none of the above evidence was related to the case and did not recognize the connection between the evidence and the case.

Beijing SPC cross – examined the above – mentioned evidence as follows. The first set of evidence was about the English trademark and had nothing to do with the case. The second set of evidence were screenshots of the Baidu website, which had nothing to do with the case. So, it did recognize the relevance and the purpose of proof. The third set of evidence could not indicate that after applications for the registration of relevant trademarks were rejected, Beijing SPC could not make a successful application again. Meanwhile, the evidence was also not relevant to whether Beijing SPC's use of the"巴黎贝甜"(PARIS BAGUETTE) mark constituted an act of infringement. From the fourth set of evidence it could be seen that without being franchised, Baris Baguette committed fraud. It registered a WeChat official account, where the trademark of"芭黎贝甜"(BARIS BAGUETTE) appeared in advertisements, but "巴黎贝甜" was used in the profile photo. The fifth set of evidence had no relevance to the case.

The SIPC's opinions on the above evidence were as follows. The appellant in the case claimed that the"巴黎贝甜"(PARIS BAGUETTE) logo used by Hantao on its website infringed on the Appellant's exclusive right to use its registered trademarks. But the above evidence submitted by the Appellant in the second instance was mainly about the connection between the French words "PARIS BAGUETTE" and the Chinese characters"巴黎贝甜", the application for the registration of the trademark of"巴黎贝甜"(PARIS BAGUETTE) and Beijing SPC's suspected action of providing false information in business promotion. All of such evidence had no relevance to the determination of trademark infringement in the case and the SIPC did not adopt the above evidence.

Beijing SPC submitted the following evidence: (1) The civil judgment ((2018) J0101MC No. 5391) made by the Primary People's Court of Heping District of Tianjin Municipality, was used to prove that the court also held the brand of"巴黎贝甜"(PARIS BAGUETTE) enjoyed a high reputation in China and the use of the brand would not cause confusion on the part of the relevant public. However, no business reputation has been accumulated for the registered trademarks of Baris Baguette involved in the case. (2) The award on the request for invalidation of the No. 6306376 trademark"PARIS BAGUETTE"was used to prove that the TRAB held that although the trademark "PARIS BAGUETTE" could be translated as "French bread", the brand had a certain degree of distinctiveness as a whole. In addition, the trademark has been registered and in use for many years and a stable market structure has been formed through its promotion and use.

The cross – examination opinions of Baris Baguette on the above – mentioned evidence were as follows: (1) The trademark involved in the above civil judgment was different from the trademarks involved in the case, and the said judgment had not yet come into force and could not be used for reference. (2) The content and category of the trademark involved in the above judgment was inconsistent with the trademarks involved in the case. Meanwhile, the judgment had not yet taken effect and could not be used for reference.

Hantao recognized the authenticity, legality, relevance and content of the above – mentioned evidence.

The SIPC's opinions on the authentication of the above evidence are as follows: the legal documents involved in the two sets of evidence have not become effective, so neither of them was adopted.

The SIPC holds that, as provided in Article 7 of the *General Provisions of the Civil Law*, when civil entities are engaged in civil activities, the principle of good faith shall be followed and the said entities shall adhere to honesty and abide by their promises. Article 13 of the *Civil Procedure Law* also provides that in civil actions, the principle of good faith shall be followed. Pursuant to the above provisions, the principle of good faith is a basic principle that civil entities should follow when being engaged in civil activities and participating in civil actions. The prerequisite for a right holder to seek legal relief through civil actions is that it is legitimate for it to obtain its substantial rights and exercise its litigation rights, and the principle of good faith must not be violated. Regarding whether the behavior of Baris Baguette is legitimate in this case, the following comments are given:

Ⅰ. Was it legitimate for Baris Baguette to obtain the registered trademarks involved in this case?

Pursuant to Article 7 of the *Trademark Law*: "In the application for registration or use of a trademark, the principle of good faith shall be followed." The provision concretely manifests the application of the principle of good faith in the field of the *Trademark Law*. The principle of good faith requires civil entities to be credible in market economic activities, to abide by their promises, to be honest and not to deceive others, pursuing interests without harming the interests of others or the interests of the society.

The SIPC holds that: First of all, Baris Baguette applied for the registration of the trademarks involved in this case with no intention of using them in operation. After registering the three trademarks involved in the case, Baris Baguette has not actually used them in business activities. In addition, Baris Baguette confirmed in the trial that it had not actually been engaged in any business activities since it was established in January 2015. Obviously, as a company that has been founded for four years without any business activities, it was impossible for it to have an intention to use the registered and transferred trademarks in business activities. Apart from that, Baris Baguette has engaged in behaviors of hoarding trademarks. Baris Baguette has applied for a total of 39 trademarks including those involved in the case. Its original legal representative and shareholder, Jin, and its original shareholder, Shenshi Gelin, applied for 639 and 195 trademarks respectively. Such a large number of trademarks applied obviously exceed their actual demands for use. What's more, Jin transferred a large number of trademarks on Internet including the three trademarks involved in the case. Therefore, Baris Baguette obviously has committed an act of making profits by hoarding trademarks.

As for whether Baris Baguette's behavior of applying for registration of the trademarks involved in this case and obtaining the exclusive right to use them is legitimate, the SIPC has arrived at the following conclusions. Although the *Trademark Law* does not provides that the registration of trademarks have to be applied for actual use, but it is still required that there shall be an actual intention to use trademarks for which applications for registration are made. Pursuant to Paragraph 1 of Article 4 of the *Trademark Law*, "Any natural person, legal person, or other organization needing to acquire the right to exclusively use a trademark on the commodities or services thereof in the course of business operation shall apply to the Trademark Office for trademark registration." Under the provision, natural persons, legal persons or other organizations shall apply for trademark registration out of needs in production and business activities. The basic function of a trademark is to identify the source of goods or services. If a trademark is applied for registration not for needs in production or business activities, it is obviously impossible to realize for the basic function of the trademark, and this also deviates from the original legislative intention of the *Trademark Law* to protect the exclusive right to use trademarks. In the case, Baris Baguette's behavior of applying for the registration of the trademarks involved in the case is not because of its intention to use the trademarks. Its behavior of hoarding trademarks and obtaining benefits from such act not only goes against the legislative purpose of the *Trademark Law* but also is harmful. On the one hand, such behavior will disrupt the normal order of trademark registration, unjustifiably taking possession of limited trademark resources, bringing obstacles to other market entities with justifiable needs for trademark registration and increasing their costs in trademark registration. On the other hand, such behavior may give rise to a large number of legal disputes concerning relevant registered trademarks, wasting the precious administrative and judicial resources. As a result, Baris Baguette's behavior of applying for registration of the trademarks involved in the case and obtaining the exclusive right to use them is unjustified and goes against the principle of honesty and good faith.

Ⅱ. Was it justifiable for Baris Baguette to exercise its right of taking civil actions?

Alitigant should carry out litigation activities in accordance with the principle of good faith, exercising its litigation rights granted by the law in a spirit of goodwill and in a lawful manner, instead of abusing them. Any behavior that violates the principle of law and that is aimed at harming the legitimate rights and interests of others in a malicious way is an abuse of rights, and the corresponding claims should not be supported. In the case, Beijing SPC started using the "巴黎贝甜" (PARIS BAGUETTE) mark extensively in its business activities at least as early as 2006. Evidence in the case is sufficient to prove that before the Appellant, Baris Baguette, and an outsider of the case applied for registration of the trademarks involved in the case, Beijing SPC has been using the logo of "巴黎贝甜" (PARIS BAGUETTE), which was of a certain degree of influence in the industry. As a result, it has the right to continue to use the trademark in the original scope. Under this circumstance, Baris Baguette still applied for registration of a large number of trademarks including the registered trademarks involved in the case and claimed rights in the case. This behavior is unjustifiable and goes against the principle of good faith in civil litigation.

In summary, the Appellant, Baris Baguette, applied the registration of the trademarks involved in this case, obtained the exclusive right to use the said trademarks and sought relief through civil litigation, which all go against the principle of good faith that civil entities shall follow when being engaged in civil activities and taking part in civil litigation. There is no ground for protecting its rights. As for whether the category of commodities or services on which the registered trademarks of the Appellant are granted to be used is similar to the category that the accused marks of the Appellee are actually used on, whether the deraignment of Beijing SPC for its prior use is justified and whether the behavior of Hantao was an act of trademark infringement, the court of first instance has given comments in detail, which are recognized and supported by the SIPC. So, the matters will not be discussed further. The facts found by the court of first instance are basically clear and its civil judgment is appropriate and should be supported. Pursuant to provisions of Item 1, Paragraph 1 of Article 170 of the *Civil Procedure Law of the People's Republic of China*, the following judgment is made:

The appeal is dismissed and the original judgment is affirmed.

The fees for accepting the case of RMB 325.50 in the second instance shall be borne by the Appellant, Beijing Baris Baguette Enterprise Management Co., Ltd.

This ruling is final.

Presiding Judge Qian Wenguang
Judge Fan Jingbo
Acting Judge Huang Minruo
April 25, 2019
Judge Assistant Chen Yunzhi
Clerk Zhou Ying

Annex: Relevant Laws

Civil Procedure Law of the People's Republic of China

Article 170 The people's court of second instance shall, after hearing a case of appeal, deal with the case separately according to the following circumstances:

(1) If the original judgment or ruling finds the facts clearly and apply laws correctly, the appeal shall be dismissed by way of judgment or ruling and the original judgment or ruling shall be affirmed;

...

10. Appeal of Shanghai Only Photo Enterprise Development Co., Ltd. Against Anting Town New Only Photo Wedding Photography Studio of Jiading District, Shanghai for the Dispute over Trademark Infringement and Unfair Competition

Shanghai Intellectual Property Court
Civil Judgment

(2019) H73MZ No. 324

Appellant (Plaintiff of first instance): Shanghai Only Photo Enterprise Development Co., Ltd.

Legal representative: He, Chairman of Shanhai Only Photo Enterprise Development Co., Ltd.

Agent ad litem: Zhang, lawyer of Shanghai Jinwei Law Firm.

Appellee (Defendant of first instance): Anting Town New Only Photo Wedding Photography Studio of Jiading District, Shanghai.

Operator: Huang.

Agent ad litem: Tian, lawyer of Yew & Jade Law Firm.

Agent ad litem: Yu, lawyer of Yew & Jade Law Firm.

The Appellant, Shanghai Only Photo Enterprise Development Co., Ltd. (hereinafter referred to as "Only Photo"), appealed to the SIPC because it held objection to the civil judgment ((2018) H0107MC No. 19839) made by the Primary People's Court of Putuo District of Shanghai Municipality concerning its case of dispute over trademark infringement and unfair competition with the Appellee, Anting Town New Only Photo Wedding Photography Studio of Jiading District, Shanghai (hereinafter referred to as the "New Only Photo Studio"). After filing the case on August 26, 2019, the SIPC organized a collegial bench in accordance with the law and heard the case in public on October 30, 2019. Zhang, agent ad litem of the Appellant, Only Photo, and Yu, agent ad litem of the Appellee, the New Only Photo Studio, attended the proceedings in court. With the approval of President of the SIPC, the trial period of the case has been extended for three months. Now, the case has been closed.

Only Photo requested in the appeal as follows: (1) It requested to revoke the civil judgment((2018) H0107MC No. 19839) in accordance with the law. (2) The judgment should be amended in accordance with the law to support the first - instance claims of Only Photo. (3) The New Only Photo Studio should be ordered to bear the costs of the first and second instances of the case. Facts and reasons: (1) With regard to facts: ①In the judgment of first instance, it was recorded that "An *Reservation Form* of September 29, 2019 was randomly selected in court, and the phone number of the corresponding customer, Xu, was dialed. The respondent said that he had indeed taken wedding photos but it was too long ago for him to remember the specific date." However, during the trial of first instance, in order to verify the authenticity of the *Reservation Form*, the tribunal randomly selected three phone numbers to make phone calls and only one respondent had a similar statement. And it could not be determined whether the respondent was a customer of New Only Photo Studio or not through the statement. The records of the court of first instance were thus biased, not consistent with the facts. ②In the first instance, Only Photo only found a photo of its legal representative, He, and an outsider of the case. There was no so - called "photograph of the person who received the franchisee authorization certificate and He" in the first - instance judgment. In addition, the New Only Photo Studio failed to point out which photos were of He himself. (2) Regarding the identification of similar trademarks: ① In the trademark involved in the case, "wedding photography" was a common term, "v" was a single English letter, and "唯一视觉" (Only Photo) was the core words that played a major role in identifying the trademark. From the perspective of the cognitive habits of ordinary consumers, it is easy for them to remember words of brand inimitable symbol. In terms of naming habits, it is also easy to refer to the trademark as "唯一视觉" (Only Photo). The court of first instance ignored the fact that "唯一视觉" (Only Photo) was the main part of the trademark involved. ②Although Only Photo has not strictly used the exact trademark in business operation, the long - term use of the four Chinese characters "唯一视觉" (Only Photo) had already made the trademark involved in the case well - known and valuable. The court of first instance ignored the fact that Only Photo spent a lot of money on brand promotion on Baidu, Weibo, etc., neglecting the fact that the trademark involved in the case has already had a considerable influence in the market. ③The court of first instance confirmed that the use of "唯一视觉" (Only Photo) by the New Only Photo Studio was because it was a franchisee, which was inconsistent with the conclusion that the mark was not similar to the trademark involved in this case, "唯一视觉" (Only Photo). (3) Regarding unfair competition, the time when Only Photo was established and the time when it registered the trademark were not the key factors determining whether there was an act of unfair competition on the part of the New Only Photo Studio, but the key lies in the its behavior constituting confusion. In the first instance, Only Photo provided sufficient evidence to prove that the trademark involved in the case was highly reputable after the company carried out a large number of brand promotion activities. In addition, the behavior of the New Only Photo Studio itself also demonstrated its subjective intention to take advantage of the trademark. Therefore, the use of "惟一视觉" (Only Photo) in the name of the New Only Photo Studio had caused confusion among the relevant public, and the studio should bear corresponding liability. Based on the above grounds, Only Photo requested support for its claims in accordance with the law.

The New Only Photo Studio argued that it was operated by a self - employed business owner and that it started to use "新唯一视觉" (New Only Photo) as its store signboard in 2012, which was earlier than Only Photo's use of similar words in its trademark. Consequently, it had rights to continue to use the logo. When attending an exhibition in 2016, the New Only Photo Studio signed an exclusive general agency contract with Only Photo and paid corresponding fees, which made it have the right to continue using the registered trademark within the agreed scope. Only Photo did not use the trademark involved in the case, and pursuant to Article 64 of the *Trademark Law of the People's Republic of China* (hereinafter referred to as the "*Trademark Law*"), Only Photo had no right to claim compensation and its requests in the appeal had no factual or legal grounds, nor did the New Only Photo Studio commit any act of infringement. The court of first instance found the facts clearly and applied the law correctly in its judgment. So, the New Only Photo Studio requested that the original judgment be upheld and all the claims of Only Photo be rejected.

Only Photo filed an action to the court of first instance, requesting that: (1) The New Only Photo Studio should be ordered to stop infringing on Only Photo's exclusive rights to use its trademark and to immediately destroy product promotion materials, store signboards and other materials with the Chinese characters "唯一视觉" (Only Photo). (2) The New Only Photo Studio should be ordered to publish a statement in locations other than the vertical space in *Xinmin Evening News* to eliminate the impact of the infringement behavior. (3) The New Only Photo Studio should be ordered to compensate Only Photo for economic losses of RMB 200 000, including reasonable costs such as the notarial fees of RMB 1000 and attorney's fees of RMB

4000(the currency is all RMB below). (4)The New Only Photo Studio should be ordered to stop using the Chinese characters"惟一视觉"(Only Photo)in its trade name. (5)The legal fare should be borne by the New Only Photo Studio.

The court of first instance ascertained the following facts:

Ⅰ. The trademark rights and use of Only Photo

Only Photo was registered and established on October 30,2015,and its business scope covers photography services,brand management,etc.

The application for the registration of the trademark involved – the registered trademark(No. 12554127),"V 唯一视觉婚纱摄影"(V Only Photo Wedding Photography),was submitted on May 9,2013 by an outsider to the case,Pandora. On March 21,2016,the application for registration was approved,with the period of validity extending to March 20,2026. It was certified to be used on the service category of No. 41,covering photography,etc.,and its registration number was 12554127. On October 30,2016,Only Photo and Pandora signed the *Contract on the Transfer of Registered Trademark*,transferring the No. 12554127 registered trademark to the former. On April 13,2017,the *Trademark Transfer Certificate* was filed and issued by the Trademark Office. Pursuant to Article 4 of the *Contract on the Transfer of Registered Trademark* between Only Photo and Pandora,Party A(Pandora)would transfer the rights to protect the trademark involved in the contract against infringement behaviors that had appeared before the transfer contract took effect along with the right to obtain corresponding gains through the act of right protection to Party B(Only Photo).

From its establishment to the transfer of the registered trademark,"V 唯一视觉婚纱摄影"(V Only Photo Wedding Photography),Only Photo used"唯一视觉"(Only Photo)as its store signboard and trademark sign and did not use the same logo as the registered trademark,"V 唯一视觉婚纱摄影"(V Only Photo Wedding Photography),on its store signboard or in its brochures.

Ⅱ. The history and logo use of the New Only Photo Studio

The New Only Photo Studio,operated by a self – employed business owner,Huang,was established on March 11,2014.

Huang,operator of the New Only Photo Studio,held a large number of originals of the *Reservation Form* for photography services every year starting from 2012. The upper part of the *Reservation Form* was:the letter"V"with decorative patterns and graphics,the"新唯一视觉"(New Only Photo)logo and the words,"International Wedding Photography". Within the *Reservation Form*,there were detailed information including customers' names,their contact information,package names and package content, photo shooting instructions, reservation deposits, etc. During the trial of first instance, the court randomly selected the *Reservation Form* for September 29, 2012 (which was misstated in the first – instance document as September 29, 2019, and was corrected by the SIPC) and called the cell phone of the customer, Xu, who had taken photos in the store. The respondent admitted that he had taken wedding photos but indicated that he was unable to remember the specific date as a long time had passed since then.

Huang, operator of New Only Photo Studio, demonstrated his WeChat Moments on his cell phone in court, showing that after registering the New Only Photo Studio in 2014, it could be seen from the photos posted on his WeChat Moments that the "V" letter with decorative patterns and the "新唯一视觉" (New Only Photo) logo were used in his store signboard. The mark was consistent with that used on the *Reservation Form* mentioned above.

In February 2016, Huang, operator of New Only Photo Studio, participated in the Shanghai Wedding Photography Equipment Exhibition and followed the franchiser's WeChat Moments at the No. A11 booth of "唯一视觉" (Only Photo) booth in Hall W4. Huang saw the *Exclusive Authorization Cooperation Agreement* between Shanghai Youni Enterprise Development Co., Ltd. (hereinafter referred to as "Youni") and Only Photo. Being convinced that Youni was the exclusive agent of Only Photo for offline travel photography in China, Huang signed an *Exclusive City Franchise Agency Contract* with Youni in the name of New Only Photo Studio on the spot of the exhibition to become the sole agent of the travel photography products of Only Visual in Anting Town, Jiading District. Later, Huang and many franchisees were invited to participate in the VIP Ceremony of Only Photo Travel Photography held on February 24, at No. 258 Changjiang Road, Baoshan District, Shanghai, and the Special Training Camp for Travel Photography Trends on March 9. The New Only Photo Studio was awarded at the site the *Certificate of Authorization* stamped with the seal, "Shanghai Only Photo Enterprise Development Co., Ltd." and obtained a brochure containing the award – winning photos of Only Photo. He, legal representative of Only Photo, participated in the above event, where a large number of photos of him were taken, including the photo of him and those being awarded the franchise authorization certificates. After becoming a franchisee, the New Only Photo Studio switched its store signboard to those containing the words "唯一视觉" (Only Photo).

The video taken by Only Photo at the registered location of the New Only Photo Studio and the nearby reception store of the New Only Photo Studio at Exit No. 3 of Anting Station of Metro Line No. 11 in August 2017 showed that the New Only Photo

Studio used the words, "Only Photo, Taking Photos Across the World as You Like", "Only Photo One – Stop Services for Wedding Dresses and Ceremonies" and "Only Photo, Your Expert in Wedding Photos" on its store signboard. The words, "Only Photo, Taking Photos Across the World as You Like", were adopted by its reception shop at the metro station.

Only Photo also provided the notarization certificate ((2017) HDZJZ No. 25411), proving that on August 28, 2017, the New Only Photo Studio used the characters"新唯一视觉婚纱摄影" (New Only Photo Wedding Photography) on http://d. nuomi. com/, the characters "(安亭)新唯一视觉摄影" ((Anting) New Only Photo Photography) on www. pztuan. com and the characters "新唯一视觉" (New Only Photo) on www. dianping. com for store promotion.

The court of first instance also found in the inquiry of business information that Youni did not exist currently.

The court of first instance held that the requests of Only Photo were mainly centered on the four Chinese characters meaning"唯一视觉" (Only Photo), claiming that the New Only Photo Studio should not use the same four characters in the sense of trademark. However, it was confirmed by a series of evidence that there were reasonable reasons for the four Chinese characters meaning "唯一视觉" (Only Photo) to be included in the store signboard of the New Only Photo Studio on the part of its operator, Huang, who has been operating the studio since 2012. Only Photo claimed that"唯一视觉" (Only Photo) had been used as its commercial logo ever since its predecessor, "Only Photo Photography Studio", was founded in 2005. But it failed to provide any proof to verify the above statement after the explanation of the court of first instance. After 2016, the New Only Photo Studio's behavior of using shop signboards containing the four Chinese characters"唯一视觉" (Only Photo) was because of Huang obtaining the franchise authorization after attending the exhibition and franchising activities. A large number of original documents and some copies of evidence related to other franchisees, which were presented by the New Only Photo Studio, could sufficiently confirm that the legal representative of Only Photo participated in the above – mentioned commercial activities. Although Only Photo denied relevance between itself and the exhibition or the franchising activities, the authenticity of the official seal of Only Photo and the authenticity of the signature of the legal representative on the contract with Youni, it did not provide any evidence to refute it in order to prove that such pictures of its legal representative were not taken in these activities. The legal representative of Only Photo also failed to appear in court to accept investigation and cross – examination at the request of the court of first instance. The site of the franchise ceremony and training activities which many franchisees participated in was of the same domicile of Only Photo. And the agent ad litem of Only Photo stated in the hearing that more than a year before the trial, Only Photo had found that "Youni" had illegally attracted investments in the name of the sole agent of Only Photo. But Only Photo had never taken proper measures to deal with the situation, which was contrary to common logic.

With regard to the first three requests of Only Photo, it claimed that New Only Photo Studio infringed on its trademark. Pursuant to relevant laws, the exclusive right to use a registered trademark is protected by law, and the use of a trademark identical or similar to a registered trademark on the same kind of commodities without the permission of the trademark registrant is an act of infringement on the exclusive right to use the registered trademark. The exclusive right to use a registered trademark is only limited to the trademark approved for registration and the commodities on which the trademark is granted to be used. In the case, Only Photo accused the New Only Photo Studio of using a trademark similar to the registered trademark of Only Photo on the same kind of commodities and services, which constituted an act of infringement. Therefore, the case involves a comparison of the two parties' similar trademarks. The registered No. 12554127 trademark, for which Only Photo claimed protection, was "V 唯一视觉婚纱摄影" (V Only Photo Wedding Photography), constituted by an English letter "V" and eight Chinese characters. There was artistic design for the letter "V" and it was in larger size than the Chinese characters, "唯一视觉婚纱摄影" (Only Photo Wedding Photography). The eight Chinese characters were in the same size and the four characters, "唯一视觉" (Only Photo), were not highlighted. When Only Photo put the trademark on its store signboards and official website, the trademark was not used in accordance with the approved and registered trademark style specifications. The four Chinese characters, "婚纱摄影" (Wedding Photography) was not used, and "唯一视觉" (Only Photo) was used along with the circled letter "V" with "唯一视觉" (Only Photo) in bigger size than the letter "V", and there was no artistic design for the letter "V". Since only those trademarks that were approved of registration were protected by the *Trademark Law* and further applications for registration were required for changes in the trademarks, when making comparisons of the two parties' trademarks in accordance with the law, the trademark actually adopted by Only Photo could not be used for reference. The store signboard of the New Only Photo Studio contained the four Chinese characters, "唯一视觉" (Only Photo), without any letter. Comparing the registered trademark of Only Photo and the mark adopted by the New Only Photo Studio, it was found that although the two both contained "Only Photo", they were largely different. There was no letter "V" or the characters "婚纱摄影" (Wedding Photography) in the trademark used by the New Only Photo Studio and the two trademarks were not similar to each other. The New Only Photo Studio thus did not infringe on Only Photo's exclusive right to use its registered trademark and consequently, the court of first instance did not support Only Photo's requests for the New Only Photo Studio to stop using "唯一视觉" (Only Photo), to publish a statement in this regard and to compensate for Only Photo's losses.

The fourth request of Only Photo was for the court to assert that the New Only Photo Studio had an act of unfair competition and to require it to stop using the Chinese characters, "惟一视觉", which also means "Only Photo" in its trade name. Since the establishment of the New Only Photo Studio was earlier than the establishment of Only Photo and earlier than the time when Only Photo received the registered trademark transferred from a third party, and since the New Only Photo Studio adopted a Chinese character "惟" different from the one "唯" adopted by Only Photo, both of which mean "Only" in English, the New Only Photo Studio enjoys its business name right. The request of Only Photo was not legally grounded and the reasons were untenable. Consequently, the request was not supported by the court of first instance.

Based on the above grounds, in accordance with the provisions of Articles 24, 56 and 57 of the *Trademark Law*, the court of first instance ruled that it did not support any of the claims of Only Photo, and that the first – instance case acceptance fees, RMB 4300, would be borne by Only Photo.

During the second instance of the SIPC, Only Photo submitted the following new evidence to prove its claims:

Evidence 1: No. 6002883 trademark registration certificate and trademark transfer certificate;

Evidence 2: No. 24002230 trademark registration certificate and the preliminary trademark examination and approval announcement;

Evidence 3: No. 24005270 trademark registration certificate and the preliminary trademark examination and approval announcement.

The above evidence proves that Only Photo has updated its signs in the use of the trademark involved in the case because of business development. These signs are interrelated under the same line.

The New Only Photo Studio issued the following cross – examination opinions on the evidence submitted by Only Photo: It held no objection to the authenticity of the above – mentioned evidence, but they had nothing to do with the case.

The SIPC held that the evidence submitted by Only Photo in the second instance was not new proof. And in the case, the registered trademark claimed for protection was the No. 12554127 trademark and the evidence submitted in the second instance was irrelevant to the case. Consequently, the SIPC did not adopt the above – mentioned evidence.

The New Only Photo Studio did not submit new evidence.

After trial, the SIPC found that the facts ascertained by the court of first instance were true and the SIPC hereby affirmed the facts.

It was also found that in the annex to the *Exclusive City Franchise Agency Contract* signed by Youni (Party A) and Huang of the New Only Photo Studio (Party B) that the method of cooperation was as follows: Party B was the sole city agency for the travel photography products of Only Photo. There was only one such agency in each city and it was exclusive regional franchisee. Party B could use the title "唯一视觉" (Only Photo) as a right of the exclusively authorized agency in the city where Party B promoted global travel photography products. An example of the format of the title was "Shenzhen Mrs. King, Agency of Only Photo Global Travel Photography". Liability for disputes arising from failure to follow the above format shall be borne by Party B. Note: In cities like Shanghai, Hangzhou, Qingdao, Lijiang, Sanya, Dali, Bali, and Phuket, where studios were directly managed by the headquarters, no promotion activity under titles including "唯一视觉" (Only Photo) was allowed.

Only Photo paid RMB 1000 as notarial fees for the notarization certificate ((2017) HDZJZ No. 25411) involved in the case and RMB 4000 as attorney's fees for the case.

The SIPC holds that the focuses of dispute between the parties in the case were as follows: (1) Whether the alleged act of the New Only Photo Studio constituted an act of trademark infringement and unfair competition; (2) If it was an act of infringement, and how civil liability should be borne.

Regarding the first focus of dispute, the SIPC holds that the use of a trademark that was identical or similar to a registered trademark on the same service without the permission of the trademark registrant would easily cause the relevant public to be confused about the source of services and the act would constitutes infringement on the exclusive right to use the registered trademark. The registered No. 12554127 trademark, "V 唯一视觉婚纱摄影" (V Only Photo Wedding Photography), which Only Photo claimed for protection, is composed of an English letter, "V" and Chinese characters "唯一视觉婚纱摄影" (Only Photo Wedding Photography), of which

"Wedding Photography" refers to the service category. Therefore, "V 唯一视觉" (V Only Photo) is a distinctive part identifying the registered trademark. The "新唯一视觉" (New Only Photo) and "唯一视觉" (Only Photo) logos used by the New Only Photo Studio are identical or basically identical to the main part of the registered trademark, "V 唯一视觉" (V Only Photo), in terms of the text, pronunciation, and meaning of the Chinese characters. And the logos are all used in photography services, which would easily confuse the relevant public concerning the source of services. Therefore, they were similar trademarks. The New Only Photo Studio claims that it enjoys prior rights to the logo, "新唯一视觉" (New Only Photo). In this regard, the SIPC holds that pursuant to Paragraph 3, Article 59 of the *Trademark Law*, if others has used trademarks identical or similar to a registered trademark on the same kind of products or similar products before the trademark registrant started using the trademark and if the said trademark has had a certain degree of influence, the trademark registrant had no right to forbid the said party from continuing to use the said trademark in the original business scope. But the registrant could ask the other party to add appropriate marks for distinction. Pursuant to the above provisions, the condition for the defense of the New Only Photo Studio for its prior use of the its trademark is that it has used the logo, "新唯一视觉" (New Only Photo), prior to the date of May 9, 2013, when the application for registration of the No. 12554127 registered trademark, "V 唯一视觉婚纱摄影" (V Only Photo Wedding Photography), was filed, and such logo also had a certain degree of influence at that time. Although the *Reservation Form* and WeChat photos provided by the New Only Photo Studio could form an evidence chain to prove that it was highly possible that the logo has been in use prior to the above – mentioned date, the studio failed to present evidence to prove that the logo "新唯一视觉" (New Only Photo) has accumulated a certain degree of influence when the application for the registration of No. 12554127 trademark was filed. Consequently, the studio's defense for prior use is not established on reasonable grounds. The New Only Photo Studio also claims that its use of the "唯一视觉" (Only Photo) logo has been legally authorized by Youni, which was in turn authorized by Only Photo. In addition, Only Photo was also aware of authorizations made by Youni. Therefore, the studio's use of the "唯一视觉" (Only Photo) logo was legally grounded. The SIPC holds that although it was stated in the *Exclusive City Franchise Agency Agreement* and its annexes signed by the operator of the New Only Photo Studio and Youni, which were provided by the studio, that the New Only Photo Studio could put the characters of "唯一视觉" (Only Photo) in its logo as the right of an authorized exclusive city agency for promoting the global travel photography products, and there was a specified example for the format of the logo, which was "Shenzhen Mrs. King, Agency of Only Photo Global Travel Photography". It was also agreed upon that the liability for disputes arising from failure to follow the above format in the use of the said words were to be borne by the New Only Photo Studio. In addition, the contract specified that the agency should not use the "唯一视觉" (Only Photo) brand for any sort of promotion in cities such as Shanghai, Hangzhou, Qingdao, Lijiang, Sanya, Dali, Bali, and Phuket where the studios were under the direct management of the headquarters. The evidence presented in the trial of the case could prove that the New Only Photo Studio has not used the characters of "唯一视觉" (Only Photo) in its logo in accordance with the above – mentioned agreement. Apart from that, it used the characters "唯一视觉" (Only Photo) for publicity in its store and reception store at the metro station, etc. To sum up, in photography services, the New Only Photo Studio used the "唯一视觉" (Only Photo) and "新唯一视觉" (New Only Photo) logos, which were similar to the No. 12554127 trademark registered by Only Photo in the category of photography services, which could easily cause the relevant public to confuse about the source of services provided by the studio. In addition, the New Only Photo Studio's defenses for its prior use and lawful source are not established, so the New Only Photo Studio's use of the characters of "唯一视觉" (Only Photo) and "新唯一视觉" (New Only Photo) for its shop signboards, reception shops at the metro station and internet promotion constituted an act of trademark infringement. As a result, the SIPC supported the above relevant requests of Only Photo in the appeal. The court of first instance's application of laws in this regard was inaccurate and the SIPC makes corrections hereby.

Regarding whether the use of "新惟一视觉" (New Only Photo) as its trade name by the New Only Photo Studio constitutes an act of unfair competition, the SIPC agrees with the view of the court of first instance. But what requires further noting is that on March 21, 2016, the No. 12554127 trademark of Only Photo was granted to be registered, which was later than the date of March 11, 2014 when the New Only Photo Studio was founded. Therefore, the SIPC does not support Only Photo's claim that the New Only Photo Studio's use of the Chinese characters "惟一视觉" (Only Photo) on its store signboard constitutes an act of unfair competition.

With regard to the second focus of dispute, as mentioned above, the use of "唯一视觉" (Only Photo) and "新唯一视觉" (New Only Photo) by the New Only Photo Studio constitutes an act of trademark infringement. Therefore, it shall bear the civil liability of stopping the infringement and thus shall not use the Chinese characters

"唯一视觉"(Only Photo) and "新唯一视觉"(New Only Photo) on its store signboards or in relevant promotion materials. Since Only Photo failed to provide evidence to prove that the New Only Photo Studio had product promotion materials including the Chinese characters "唯一视觉"(Only Photo) and "新唯一视觉"(New Only Photo), the SIPC does not support its claim that the New Only Photo Studio should destroy relevant materials.

Regarding the compensation for losses, since there was no evidence in the case to prove the losses suffered by Only Photo due to the infringement, the amount of gains obtained by the New Only Photo Studio or the amount of licensing fees for the registered trademark involved in the case, when reasonably determining the amount of compensation, the SIPC takes into consideration factors such as the duration and seriousness of the infringement behavior, subjective intention, and the popularity of the registered trademark involved in the case, and the fact that the New Only Photo Studio started using the logo of "新唯一视觉"(New Only Photo) in 2012 and that it has signed an agreement with Youni. As for the notarial fees of RMB 1000 and attorney's fees of RMB 4000 for which Only Photo claimed compensation, they were reasonable expenses for stopping the infringement behavior and the New Only Photo Studio should make the compensation. As for the No. 12554127 trademark that Only Photo has not used since its establishment, the New Only Photo Studio believes that no liability should be borne even though there is an act of infringement pursuant to Article 64 of the *Trademark Law*. The SIPC holds that, although after Only Photo was established, it used "唯一视觉"(Only Photo) as its store signboard and trademark logo instead of the same logo as the registered trademark, "V 唯一视觉婚纱摄影"(V Only Photo Wedding Photography), such registered trademark distinctively features the Chinese characters "唯一视觉"(Only Photo). "Wedding Photography" only refers to the category of services provided. Since in the use of the trademark, Only Photo has not changed the distinctive feature of the No. 12554127 registered trademark, the act is regarded as a behavior of using the No. 12554127 registered trademark. Consequently, the SIPC does not adopt the above - mentioned opinions of the New Only Photo Studio.

Although the New Only Photo Studio used the logos, "唯一视觉"(Only Photo) and "新唯一视觉"(New Only Photo), which were similar to the registered trademark of Only Photo without the latter's permission, Only Photo fails to provide evidence to prove that such act has exerted negative impacts on its business reputation. In addition, making compensation is sufficient to make up for the economic losses of Only Photo. As a result, the SIPC does not support its claim that the New Only Photo Studio should publish a statement on *Xinmin Evening News* to eliminate the negative impacts.

In summary, only some of the requests of the Appellant, Only Photo, in the appeal are justifiable. Pursuant to Items 1 and 6, Paragraph 1 and Paragraph 2 of Article 15 of the *Tort Law of the People's Republic of China*, Item 2 of Article 57 and Paragraph 1 and 3 of Article 63 of the *Trademark Law of the People's Republic of China*, Article 9 and 10, Item 1 and 2 of Article 16, and Article 17 of the *Interpretation of the Supreme People's Court of People's Republic of China on Several Issues Concerning the Application of Law in Trial of Cases of Civil Disputes over Trademark*, and Item 2, Paragraph 1 of Article 170 of the *Civil Procedure Law of the People's Republic of China*, the SIPC rules as follows:

Ⅰ. The civil judgment (2018) H0107MC No. 19839 made by the Primary People's Court of Putuo District of Shanghai Municipality is revoked;

Ⅱ. The Appellee, Anting Town New Only Photo Wedding Photo Studio of Jiading District, Shanghai, shall immediately stop infringing on the exclusive right of the Appellant, Shanghai Only Photo Enterprise Development Co., Ltd., to use the No. 12554127 registered trademark;

Ⅲ. The Appellee, Anting Town New Only Photo Wedding Photo Studio of Jiading District, Shanghai, shall compensate the Appellant, Shanghai Only Photo Enterprise Development Co., Ltd., for its economic losses of RMB 15 000 within ten days from the date the judgment takes effect;

Ⅳ. The Appellee, Anting Town New Only Photo Wedding Photo Studio of Jiading District, Shanghai, shall compensate the Appellant, Shanghai Only Photo Enterprise Development Co., Ltd., RMB 5000 for reasonable expenses within ten days from the date the judgment comes into effect;

Ⅴ. The other claims of the Appellant, Shanghai Only Photo Enterprise Development Co., Ltd., in the first instance are dismissed.

If the obligation to pay money is not fulfilled within the period specified in the judgment, the interest on the debt during the period of delayed performance shall be doubled in accordance with the provisions of Article 253 of the *Civil Procedure Law of the People's Republic of China*.

For the fees for accepting the case in the first instance, RMB 4300, and those in the second instance, RMB 4300, the Appellant, Shanghai Only Photo Enterprise Development Co., Ltd., is to bear RMB 3870 and the Appellee, Anting Town New Only Photo Wedding Photo Studio of Jiading District, Shanghai, is to bear RMB 4730.

This ruling is final.

Presiding Judge	Yang Wei
Judge	Wu Yingzhe
Judge	Shao Xun
	December 20,2019
Judge Assistant	Yang Jie
Clerk	Zhu Lina

Annex: Relevant Laws

Ⅰ. *Tort Law of the People's Republic of China*

Article 15 The main methods of assuming tort liability shall include:

(1) cessation of infringement;

...

(6) compensation for losses;

...

The above methods of assuming the tort liability may be adopted individually or jointly.

Ⅱ. *Trademark Law of the People's Republic of China*

Article 57 Any of the following acts shall constitute a behavior of infringement on the exclusive right to use a registered trademark:

...

(2) Using a trademark that is similar to a registered trademark on the same kind of commodities or using a trademark that is identical or similar to a registered trademark on similar commodities, which may easily lead to confusion, without the permission of the trademark registrant;

...

Article 63 The amount of compensation for infringement on the exclusive right to use a trademark shall be determined based on the actual losses suffered by the right holder due to the infringement; if the actual losses are difficult to determine, the amount of compensation may be determined based on the gains obtained by the infringer from the infringement; if it is difficult to determine the right holder's losses or the gains obtained by the infringer, the amount of compensation can be determined appropriately with reference to the multiple of the trademark licensing fees. For malicious infringement on the exclusive right to use a trademark, if the circumstances are serious, the amount of compensation may be determined as more than the doubled amount determined through the above methods but not more than five times the amount. The amount of compensation shall cover the reasonable expenses paid by the right holder to stop the infringement.

...

If it is difficult to determine the actual losses suffered by theright holder due to the infringement, the benefits obtained by the infringer from the infringement, and the licensing fee for the registered trademark, the people's court shall award compensation of less than RMB 5 million based on the circumstances of the infringement.

...

Ⅲ. *Interpretation of the Supreme People's Court of P. R. C. on Several Issues Concerning the Application of Law in Trial of Cases of Civil Disputes over Trademark*

Article 9 "An identical trademark" as defined in Item 1 of Article 52 of the *Trademark Law* is a trademark accused of infringement that has no visual difference basically compared with the registered trademark of the plaintiff.

"A similar trademark" as defined in Item 1 of Article 52 of the *Trademark Law* is a trademark accused of infringement that is similar to the plaintiff's registered trademark in terms of shape, pronunciation and meaning of the words, or the composition and color of the graphics, or the overall structure after the combination of all factors, or the three – dimensional shapes and color combination. Such similarities may easily cause the relevant public to misidentify the source of the commodities or to mistakenly believe that there is a special connection between the source of the commodities and those on which the registered trademark of the plaintiff is used.

Article 10 The people's court shall, based on Item 1 of Article 52 of the *Trademark Law*, determine whether the two trademarks are identical or similar to each other in accordance with the following principles:

(1) The general attention of the relevant public is the standard;

(2) Both the comparison of the trademarks in whole and the comparison of the main parts of the trademarks must be carried out separately when the objects for comparison are in a state of isolation;

(3) To judge whether the trademarks are similar, the distinctiveness and popularity of the registered trademark for which protection is requested shall be considered.

Article 16 Where it is difficult to determine the benefits obtained by the infringerfrom the infringement or the losses suffered by the infringee due to the infringement, the people's court may apply Paragraph 2 of Article 56 of the *Trademark Law* at the request of the litigant or based on its power in determining the amount of compensation.

When determining the amount of compensation, the people's court shall comprehensively consider factors such as nature, duration, and consequences of the infringement behavior, the reputation of the trademark, the amount of trademark licensing fees, the trademark licensing type, time, and scope, and reasonable expenses for stopping the infringement behavior.

...

Article 17 The reasonable expenses for stopping the infringement behavior as provided in Paragraph 1 of Article 56 of the *Trademark Law* include reasonable expenses on the part of the right holder or the agent ad litem for investigation and evidence collection concerning the infringement.

The people's court may, based on the litigant' requests and the specific circumstances of the case, include the attorney's fees that meet the provisions of the relevant departments of the state into the scope of compensation.

...

4. *Civil Procedure Law of the People's Republic of China*

Article 170 The people's court of second instance shall, after hearing a case of appeal, deal with the case separately according to the following circumstances:

...

(2) If the facts found in the original judgment or ruling are inaccurate or if the application of the law is incorrect, the said judgment or ruling shall be amended, revoked or modified in accordance with the law;

...

11. Appeal of Chongqing Chiji Technology Co.,Ltd. Against Shanghai Natural Beauty Bio-Technology Limited for the Dispute over Trademark Infringement

Shanghai Intellectual Property Court
Civil Judgment

(2020) H73MZ No. 278

Appellant (Defendant of first instance): Chongqing Chiji Technology Co., Ltd.

Legal representative: Tang, General Manager of Chiji Technology.

Agent ad litem: Yang, lawyerof Sichuan Dongxuan Law Firm.

Appellee (Plaintiff of first instance): Shanghai Natural Beauty Bio – Technology Limited.

Legal representative: Liao, Chairman of Natural Beauty.

Agent ad litem: Huang, lawyer of Shanghai Hua Rong Law Firm.

The Appellant, Chongqing Chiji Technology Co., Ltd. (hereinafter referred to as "Chiji Technology"), which was dissatisfied with the civil judgment ((2019) H0110MC No. 20093) made by the Primary People's Court of Yangpu District of Shanghai Municipality concerning its dispute over trademark infringement with the Appellee, Shanghai Natural Beauty Bio – Technology Limited (hereinafter referred to as "Natural Beauty"), lodged an appeal to the SIPC. After filing the case on May 20, 2020, the SIPC organized a collegial bench in accordance with the law, and heard the case in public on June 19, 2020. Yang, agent ad litem of the Appellant, Chiji Technology, and Huang, agent ad litem of the Appellee, Natural Beauty, attended the proceedings in court. Now, the case has been closed.

The Appellant, Chiji Technology, requested in the appeal to revoke the judgment of first instance and amend the judgment to dismiss all claims of the Appellee in the first instance. Facts and reasons: (1) The Appellant's reprinted article containing the trademark "Natural Beauty" was for the objective description and introduction of the Appellee's natural beauty salon project instead of using the trademark in the sense of the *Trademark Law of the People's Republic of China* (hereinafter referred as the "*Trademark Law*"). The act did not break through or change the original identification scope and source of the trademark involved in this case. It was a reasonable use of the trademark involved, so it should not be identified as an act of trademark infringement. (2) The trademarks of the Appellant and the Appellee were neither the same nor similar, nor were the services provided the same or similar. Considering the general attention from the relevant public, the content of the article reprinted by the Appellant would not cause Internet users to confuse the Appellant with the Appellee, nor would it cause a misunderstanding that the two were related. The Appellant's behavior did not fall into the circumstance of trademark infringement defined in Item 2, Article 57 of the *Trademark Law*. (3) The behavior of the Appellant was not an act of infringement and the court of first instance ruling that the Appellant should be held liable for compensation was mistakenly applying the law. Even if it was an act of infringement, the amount of compensation determined by the court of first instance was too high.

The Appellee, Natural Beauty, argued that the facts ascertained in the first - instance judgment were clear and the application of law was correct. In the Appellant's article published on its website, the Appellee's trademark was indeed used and the Appellee's popularity was taken advantage of to attract traffic. What's more, the phone number of the Appellant was provided on the website and the Appellant attracted clients who had the intention of becoming franchisees, which directly or indirectly encroached the interests of the Appellee. Therefore, the Appellee requested the court of second instance to reject the Appellant's claims in the appeal and uphold the original judgment.

Natural Beauty brought a lawsuit to the court of first instance, claiming that the network, www. 1616n. com, operated by Chiji Technology used a logo similar to the trademark involved in the case to which Natural Beauty enjoyed rights, which infringed on Natural Beauty's exclusive right to use the registered trademark. For this reason, it requested to order Chiji Technology to compensate Natural Beauty for economic losses of RMB 260 000 and reasonable expenses of RMB 40 000.

The court of first instance found the following facts:

On May 7, 1998, an outsider to the case, Natural Beauty Cosmetics Limited, was approved of by the Trademark Office of the State Administration for Industry and Commerce (hereinafter referred to as the "Trademark Office") to register the No. 1173841 trademark , which was certified to use on the service category of No. 42: beauty, makeup, skin care, massage, weight loss and beauty consulting and advising. The permit was valid until May 6, 2008, and after renewal of registration, it was valid until May 6, 2028. On January 7, 1999, the name of the registrant was changed into Natural Beauty Cosmetics Company Limited, and on June 1, 2009, the name of the registrant was changed into Natural Beauty Bio – Technology Company Limited. On June 13, 2011, the trademark involved in the case was transferred to Natural Beauty China Holding Limited.

On December 14, 2008, Natural Beauty China Holding Limited, an outsider to the case, was approved of by the Trademark Office to register the No. 4637124 trademark [redacted], which was certified to use on the service category of No. 44: health care, aromatherapy, nursing home, diet and nutrition guidance, steam bathing, beauty salon, massage, pet breeding, gardening, optical shop. The permit was valid until December 13, 2018. After renewal of registration, its validity was extended to December 13, 2028.

The outsider, Natural Beauty Cosmetics Limited, applied to the Trademark Office for registration of the No. 4532624 trademark 自然美. On September 21, 2008, the trademark was approved by the Trademark Office and certified to use on the service category of No. 44: massage, health care, aromatherapy, diet and nutrition guidance, nursing homes, public bathing service, steam bathing, beauty salon, barber shop, manicure, tattoo, veterinary aids, gardening, sanitary equipment leasing and optical shop. The permit was valid until September 20, 2018. After renewal of registration, the validity was extended to September 20, 2028. On June 1, 2009, the name of the registrant was changed into Natural Beauty Bio – Technology Company Limited, and on June 13, 2011, the trademark involved in the case was transferred to Natural Beauty China Holding Limited.

On September 1, 2016, an outsider of the case, Natural Beauty China Holding Limited (the principal) and Shanghai Natural Beauty Cosmetics Co., Ltd. (the trustee) signed a letter of authorization, entrusting Shanghai Natural Beauty Cosmetics Co., Ltd. to act as the legal agency of the principal and to represent the principal in handling matters related to the use of its registered trademarks in China and protection of its trademark rights. The principal authorized Shanghai Natural Beauty Cosmetics Co., Ltd. to use the principal's trademarks that had been registered with the Trademark Office, those that were in the process of registration and those that would be registered in the future. The principal also authorized Shanghai Natural Beauty Cosmetics Co., Ltd. to re – authorize the above – mentioned trademarks to its distributors, chain dealers and franchisees. Regarding the protection of trademark rights, the principal authorized Shanghai Natural Beauty Cosmetics Co., Ltd. to have the following rights: When a registered trademark of the principal was infringed on within the territory of the People's Republic of China, the trustee, Shanghai Natural Beauty Cosmetics Co., Ltd., had the right to independently take legal actions of trademark rights protection in the name of itself against the infringement behavior of a third party, including but not limited to any legally – abiding and effective legal actions as well as civil litigation and non – litigation legal actions. The trustee also had the right to independently bear and accept all the consequences of legal actions of trademark rights protection...

On June 30, 2018, Shanghai Natural Beauty Cosmetics Co., Ltd. changed its name into Shanghai Natural Beauty Bio – Technology Limited.

The Trademark Review and Adjudication Board of the State Administration for Industry and Commerce issued the reply (SBCZ 〔2008〕No. 91) on the approval of the trademark "NATURAL BEAUTY" as a well – known trademark on March 5, 2008, identifying the registered trademark "NATURAL BEAUTY" under the category of No. 42, beauty services, in the International Classification of Goods and Services, as a well – known trademark...

Chiji Technology is the operator of the network www. 1616n. com. Established on December 1, 2016, Chiji Technology's business scope covers computer software development, network information consulting, web design, network technology development, design, production and agency, release of domestic and foreign advertisements and sales of computer accessories.

On July 16, 2019, an agent of Natural Beauty applied to the Changning Notary Public Office of Shanghai for evidence preservation. The agent of Natural Beauty used the computer of the office to log onto the browser and entered https:// www. 1616n. com in the address bar of the browser. After entering the website, the agent entered "Natural Beauty Salon" in the search bar of the website and clicked "search". Then, Natural Beauty Salon was shown on the page along with the information: Intending to be a franchisee: 678 people, Applying for becoming a franchisee: 311 people, RMB 100 000 ~ 200 000, Consultation phone number: 400 – 136 – 9996, Shanghai Natural Beauty Cosmetics Co., Ltd., Brand of franchiser: Natural Beauty Salon, Updated on: May 3, 2019, Company name: Shanghai Natural Beauty Cosmetics Co., Ltd., File code: 201707102617. The words "Natural Beauty Salon" appeared many times in the franchise project, and "Natural Beauty and relevant logos" appeared in the pictures introducing the franchise project. On July 22, 2019, Changning District Notary Public Office of Shanghai issued a Notary Certificate ((2019) HCZJZ No. 2840). Natural Beauty claimed that the prominent use of "Natural Beauty Salon" on page 10, 11, and 13 (indicated at the bottom) of the certificate and the logo of in the upper right corner of the picture on page 14 had infringed upon the three trademarks involved in the case. Natural Beauty paid RMB 1000 as the notarial fees for this certificate.

In 2019, an outsider of the case, Shanghai Natural Beauty Sanlian Cosmetics Co., Ltd. (Party A) and another outsider, Shanghai Fuwang Information Technology Co., Ltd. (Party B), signed awww. jiameng. com VIP membership contract (2019). Party B would provide one – year comprehensive advertising services for Party A's natural beauty project and Party A would pay Party B RMB 128 800. Shanghai Natural Beauty Sanlian Cosmetics Co., Ltd. was a wholly – owned subsidiary of Natural Beauty.

Natural Beauty paid RMB 39 000 as attorney's fees for this case.

During the trial, the court dialed 4001369996. After the phone was put through, the person on the other end claimed to be a staff member of www. 1616n. com and if the caller needed to become a franchisee of Natural Beauty Salon, there would be follow – up personnel contacting with the caller.

The court of first instance held that, in accordance with Article 57 of the *Trademark Law*, the use of a trademark identical or similar to a registered trademark on the same type of products, or the use of an identical or a similar trademark on a similar type of products without the permission of the trademark registrant, which is likely to cause confusion, shall be deemed as an act of infringement on the exclusive right to use the said registered trademark. Regarding the aforementioned trademark infringement, the trademark registrant or an interested party may file a lawsuit to the competent people's court. The interested party includes the licensee of the registered trademark through a license contract. As the use right holder licensed by the trademark owner, Natural Beauty had the right to file a lawsuit in its own name against the alleged infringement upon the trademark right with the explicit authorization of the trademark owner.

In this case, Chiji Technology prominently used "Natural Beauty Salon" as the title of the franchise project on the website it operates without the consent of Natural Beauty. It also used in the introduction pictures in the relevant article, which was an act of using the mark for identification in the sense of trademark. Chiji Technology's argument that it was a descriptive and reasonable use of the mark was not accepted by the court of first instance.

According to the project information on Chiji Technology's website, "Natural

Beauty Salon" belongs to the beauty industry, which is similar to the commodity or service category that the trademarks of Natural Beauty have been granted to be used on. On the web page of the project, "Natural Beauty Salon", "Natural Beauty Brand" and "Natural Beauty", which are the same as the Chinese characters of the three trademarks involved in this case, appeared many times. They are trademarks similar to the three trademarks involved in the case. In the picture on page 10 (indicated at the bottom) of the notary certificate, the logo in the upper right corner is the same as the Chinese characters in the three trademarks involved in the case and it constitutes a similar trademark of the three trademarks involved in the case. Chiji Technology uses the trademarks involved in the case on the website under its operation without the permission of Natural Beauty, which could easily cause the relevant public to get confused about the source of the commodities or services. Based on the call at 4001369996 on the spot of the court, the court of first instance could deduct that Chiji Technology directly put the article involved in the case on the website that it operates and that Chiji Technology has no evidence to prove that the article has been reprinted from elsewhere. So, Chiji Technology should bear liability for its infringement behavior.

Regarding the liability that Chiji Technology shall bear, the court of first instance held that Chiji Technology's trademark infringement acts involved in the case will cause confusion or misunderstandings among the relevant public. Now, Natural Beauty requires Chiji Technology to bear civil liability for damages, the court of first instance supports such claim. With regard to the amount of compensation, since Natural Beauty fails to provide evidence to prove its actual losses caused by Chiji Technology's infringement, nor does it prove the benefits obtained by Chiji through the act of infringement, the court of first instance determines the amount of compensation considering factors such as the popularity of the trademarks of Natural Beauty involved and the nature and consequences of the infringement in the case. The notarial fees paid by Natural Beauty for the case are reasonable expenses for safeguarding its legitimate rights and interests, and the request for such fees is supported by the court of first instance. Regarding attorney's fees, the court of first instance support the reasonable amount in accordance with regulations of relevant departments on the attorney's fees, taking into consideration factors such as the difficulty of the case, and the workload of lawyers. During the court hearing, Natural Beauty changes its petition, which is not contrary to the law, and the court of first instance approves such change.

Based on the above grounds, the court of first instance made the following judgment in accordance with Paragraph 2 of Article 13 of the *Civil Procedure Law of the People's Republic of China*, Item 2 of Article 57, and Paragraph 1 and 3 of Article 63 of the *Trademark Law*, Article 4, Paragraph 2 of Article 9, Paragraph 2 of Article 10 and Article 17, and Paragraph 1 of Article 21 of the *Interpretation of the Supreme People's Court of P. R. C. on Several Issues Concerning the Application of Law in Trial of Cases of Civil Disputes over Trademark*: Chiji Technology shall compensate Natural Beauty for economic losses of RMB 45 000 and reasonable expenses of RMB 5000 for stopping the act of infringement within 15 days from the date this judgment takes effect.

After trial, the SIPC found that the facts ascertained by the court of first instance were true and the SIPC confirmed such facts.

During the second instance of the SIPC, the Appellant, Chiji Technology, submitted the following evidential materials: (1) News reports on the news portal of Sohu (news. sohu. com) and www. zgcjnews. com, screenshots of information on the official website of Natural Beauty, and documents disclosed by Natural Beauty Bio – technology Limited proves that Eastern Group is an associated company of Natural Beauty and that "Eastern Natural Beauty" in the article involved refers to the former Natural Beauty. The graphic logo of "NATURAL BEAUTY" is still used by the Appellee. On the official website of the Appellee, the franchise information of the Natural Beauty Salon is also published and the relevant content is consistent with the content of the article reprinted by the Appellant. (2) By comparing the screenshots and video records of information on www. cye. com. cn, www. 168jiameng. com, www. qqhzpjmw. com, and www. zzjc371. com, the article reprinted by Chiji Technology, and the article published on www. cye. com. cn, it is proven that the article on the Appellant's website came from www. cye. com. cn. Relevant content has also been reprinted on other websites. (3) A screenshot of the search page of Baidu Baike proves that the services provided by the Appellant are the same as those described by Baidu Baike, with a view to reprint relevant article and use relevant trademarks for introducing the Natural Beauty Salon.

The Appellee, Natural Beauty, had no objection to the authenticity of the above – mentioned evidence. But it held that although the Appellee's website had franchise information, the publicity content was different from the article involved. Even if the article published by the Appellant was reprinted from other websites, the relevant content still need be authorized by the trademark holder.

The Appellee, Natural Beauty, submitted the following evidential materials: the inquired ICP record information of www. zzjc371. com and www. 168jiameng. com proves that the record approval time of the two websites was both later than the update time of the article in question on the two websites. The contents of related article published on the two websites were not authentic.

The Appellant, Chiji Technology, had no objection to the authenticity of the above evidence. But it held that the time for the approval of website record would be updated. Although the time indicated for the article was earlier than the approval time, the contents of the article were authentic.

The SIPC holds that the screenshots of the official website of Natural Beauty provided by the Appellant could prove the fact that the Appellee released the franchise information, and thus confirms such fact. The remaining evidence could not prove that the article published on the website was reprinted from other websites. Such evidence lacks necessary relevance to the case, and is not accepted by the SIPC. The evidence provided by the Appellee was counter – evidence against the Appellant's evidence that is rejected by the SIPC, so it is also rejected by the SIPC. Based on the above – mentioned evidence confirmed by the SIPC, the following facts are ascertained:

The logo used on the homepage of the website of the Appellee, Natural Beauty (nblife. com), was the graphic trademark, "Eastern NATURAL BEAUTY". The option of "Joining Natural Beauty" on the website contained relevant promotion content about joining Natural Beauty Salon, but the relevant content was different from that in the article involved in this case.

The SIPC also found the following facts:

There was a pop – up window in the lower right corner of the article involved, through which one could contact the online customer service operator of the website. The content of the dialogue in the pop – up window showed: "Hello, I am an entrepreneurial consultant, and I am here to serve you. Please leave your mobile phone number. We will send the information, quotation sheet and profit return, etc. of the recommended project to your mobile phone so that you can have a more comprehensive understanding of the project for later inspection."

During the trial, the Appellant stated that after browsing the franchise information posted on its website, if an Internet user wished to become a franchisee and contacted the website, the Appellant would recommend franchise projects in cooperation with the platform to such Internet user. For franchise projects not in cooperation with the platform, the website would only provide information visible on the web page and no recommendation would be made.

The SIPC holds that the focuses of dispute in the second instance of the case are mainly as follows: (1) Was the article involved reprinted by the Appellant? (2) Did the behavior of using relevant marks in the article involved constitute an act of trademark infringement? (3) If it was an act of infringement, was the amount of compensation determined by the first instance reasonable?

Regarding the first focus of dispute, the Appellant claimed that the article involved in the case had been reprinted from www. cye. com. cn was not accepted by the Appellee. The SIPC holds that on the Appellant's website page, it was only stated in the disclaimer that the information on the page came from the Internet with no mention of the name of the website which was the source. In addition, there is no other evidence to prove that the content on the webpage has been reprinted from www. cye. com. cn. Therefore, the SIPC rejects the above – mentioned claim of the Appellant. Even if the article involved in the case originated from www. cye. com. cn, the Appellant's publication of the content of the said article as the content of its own website should be deemed as an act of publishing the article by itself and the liability arising therefrom should still be borne by the Appellant.

With regard to the second focus of dispute, the Appellant claims that the "Natural Beauty Salon" logo in the article was a description and introduction of the services of the "Natural Beauty" salon, which was a reasonable use of the Appellee's trademark rather than an act of infringement. The SIPC holds that when a mark is used in good faith not as a trademark, but only to explain or describe one's own goods or services and would not cause confusion or misunderstanding among the relevant public, the relevant act of using the trademark could be defined as an act of reasonable use of the trademark. Therefore, the judgment over the Appellant's behavior in the case should be based on the following aspects. Firstly, was the Appellant's behavior an act of using a trademark? Secondly, was the behavior subjectively in good faith? Thirdly, would the Appellant's behavior cause confusion or misidentification among the relevant public? In the case, the Appellant used the logo in the article and prominently used the words "Natural Beauty Salon" in many places, which already played a role in distinguishing the source of goods or services. Therefore, the logo was used as a commercial one and it was a behavior of using a trademark in the sense of the *Trademark Law*. The Appellant's website provides franchise promotion services. According to the general business practice, it was a website providing business opportunities for initiators and investors to cooperate with each other concerning projects. When an investor saw the franchise project of the Natural Beauty Salon and intended to become a franchisee, he or she could directly contact the project initiator or be led to the project initiator by the Appellant.

However, in the first instance of the case, after the court dialed the consulting telephone number of the project on the webpage and put through to the staff member of the Appellant, the staff member didn't lead the caller to the Appellee. In the second instance, the Appellant also confirmed that it would not recommend projects not in cooperation with its platform. As a website serving as a platform for publishing franchise projects, the Appellant would increase the popularity and traffic of its website by publishing some well – known franchise projects, thus increasing the commercial benefits of the website. In the case, the Appellant published the franchise project of the Natural Beauty Salon, but failed to guide website users to the Appellee or recommend the Appellee to the website users. It is thus difficult to identify the Appellant's use of the Appellee's trademark in the article involved in the case as a behavior in good faith. As for whether the Appellant's action would cause confusion or misidentification, the Appellant states that the goods and services it provides are different from those provided by the Appellee and that its trademark is not the same as or similar to the trademark involved in the case. The SIPC holds that although there would be no confusion or misidentification concerning the Appellant's own trademark, the Appellant's publication of franchise information of the Natural Beauty Salon and its use of the Natural Beauty trademark in multiple places in the published information would cause the relevant public to mistakenly believe that there is a certain business partnership between the Appellant and Natural Beauty. As a result, the Appellant's use of the Natural Beauty trademark would indeed cause the relevant public to misidentify the role and status of the Appellant in the franchise project of the Natural Beauty Salon.

In summary, the Appellant's website is a one that publishes all kinds of franchise information. The Appellant's behavior of publishing the franchise information of the Natural Beauty Salon operated by the Appellee on its website without authorization is not in good faith for the explanation or description of commodities or services provided by itself but for attracting Internet users by making use of the business reputation of the Appellee and for increasing the traffic and competitiveness of its website. Such behavior may also easily cause the relevant public to have confusion and misunderstanding concerning the relationship between the Appellant and the Appellee, believing that the Appellant has been authorized by the Appellee to be engaged in the franchise project of the Appellee's beauty salon or thinking that the two were interrelated. Therefore, the behavior of the Appellant was not an act of reasonable use of the trademarks. The SIPC rejects the above claims of the Appellant in the appeal. The information published on the Appellant's website is about the provision of beauty salon services, which belongs to the same service category of beauty and beauty salon that the trademarks for which the Appellee claims rights have been accredited to be used on. The trademarks for which the Appellee claims rights contain the words "Natural Beauty", which are the leading part identifying the trademarks it holds. The marks used by the Appellant all contain the words "Natural Beauty", of which the logo "Natural Beauty Salon" contains "Beauty Salon" as the name of the industry. As a result, in the logo, the words "Natural Beauty" play the role of commercial identification. In the logo of used by the Appellee, the Chinese characters, "自然美" (natural beauty), is the leading component. The Chinese, English and graphic components of the logo were exactly the same as the Appellee's No. 4637124 trademark, merely with differences in permutation and combination. Therefore, the logos used by the Appellant are similar to the trademarks for which the Appellee claims rights, which is an act of using trademarks similar to those of the Appellee for the same services, and it is likely to cause confusion among the relevant public about the source of services provided by the two parties. Such behavior constitutes infringement on the right to use the trademarks in question enjoyed by the Appellee, and it is justifiable for the Appellant to bear relevant civil liability such as paying compensation for the Appellee's losses.

With regard tothe third focus of dispute, according to the provisions of *Trademark Law*, the amount of compensation for infringement on the exclusive right to use a trademark shall be determined according to the actual losses suffered by the right holder due to the infringement. If the actual losses are difficult to determine, it may be determined according to the benefits obtained by the infringer from such infringement. If it is difficult to ascertain the losses of the right holder or the benefits obtained by the infringer, it shall be reasonably determined with reference to the multiple of the trademark license fee. For malicious infringement on the exclusive right to use a trademark, if the circumstances are serious, the amount of compensation may be determined at more than the amount determined in accordance with the above - mentioned method but less than three times. The amount of compensation shall include the reasonable expenses paid by the right holder to put a stop to the infringement behavior. If it is difficult to determine the actual losses suffered by the right holder due to the infringement, the benefits obtained by the infringer from the infringement, and the license fee for the registered trademark, the people's court shall award an amount of compensation of less than RMB 5 million based on the circumstances of the infringement. In the case, since the Appellee failed to provide evidence to prove its actual losses suffered due to the infringement involved in the case, nor did it prove the interest gained by the Appellant as a result of the infringement, the court of first instance properly determined the economic losses of the Appellee and the reasonable amount of expenses by comprehensively considering factors such as the popularity of the trademark involved, the nature and consequences of the infringement behavior in the case, the difficulty of handling the case, the workload of the lawyers, the charging standard, and the cost of notarization, and there was nothing inappropriate. The total amount of compensation was also within the scope of discretion of the people's court. Therefore, the SIPC confirmed the ruling.

In summary, the Appellant, Chiji Technology's requests in the appeal were groundless and should be rejected. The fact – findings in the judgment of first instance were clear, and the applicable law was correct, so the judgment of first instance should be affirmed. Pursuant to the provisions of Item 1, Paragraph 1, Article 170 of the *Civil Procedure Law of the People's Republic of China*, the SIPC rules as follows:

The appeal is dismissed and the original judgment is affirmed.

The fees for accepting the case of RMB 1050 in the second instance shall be borne by the Appellant, Chongqing Chiji Technology Co., Ltd.

This ruling is final.

Presiding Judge Chen Huizhen
Judge Du Lingyan
Judge Yi Jia
August 10, 2020
Judge Assistant
Clerk
Zhu Yonghua

Annex: Relevant Laws

Civil Procedure Law of the People's Republic of China

Article 170 The people's court of second instance shall, after hearing a case of appeal, deal with the case separately according to the following circumstances:

(1) If the original judgment or ruling finds the facts clearly and apply laws

correctly, the appeal shall be dismissed by way of judgment or ruling and the original judgment or ruling shall be affirmed;

...

Ⅳ. Disputes over Copyright

12. Appeal of fischertechnik GmbH Against Shanghai East Teaching Aid Co., Ltd. and Another Appellee for the Dispute over Copyright Infringement and Unfair Competition

The People's Republic of China
Shanghai Intellectual Property Court
Civil Judgment

(2018) H73MZ No. 268

Appellant (Plaintiff of first instance): fischertechnik GmbH.

Legal representative: Ma, General Manager of fischertechnik.

Legal representative: Ke, General Manager of fischertechnik.

Agent ad litem: Rong, lawyer of Shanghai Boss & Young Attorneys – at – Law.

Agent ad litem: Zuo, lawyer of China Shanghai Shenxin Law Firm.

Appellee (Defendant of first instance): Shanghai East Teaching Aid Co., Ltd.

Legal representative: Ji 1, Chairman of East Teaching Aid.

Agent ad litem: Liu, lawyer of Shanghai All Bright Law Offices.

Agent ad litem: Jin, lawyer of Shanghai All Bright Law Offices.

Appellee (Defendant of first instance): Shanghai Yaxun Intelligent Robot Technology Co., Ltd.

Legal representative: Li 1, Manager of Yaxun Technology.

Agent ad litem: Liu, lawyer of Shanghai All Bright Law Offices.

Agent ad litem: Lu, lawyer of Shanghai All Bright Law Offices.

The Appellant, fischertechnik GmbH (hereinafter referred to as "fischertechnik"), lodged an appeal to the SIPC as it held objection to the civil judgment ((2016)

H0104MC No. 24421) made by the Primary People's Court of Xuhui District of Shanghai Municipality concerning the case of dispute over copyright infringement and unfair competition with the Appellees, Shanghai East Teaching Aid Co., Ltd. (hereinafter referred to as "East Teaching Aid") and Shanghai Yaxun Intelligent Robot Technology Co., Ltd. (hereinafter referred to as "Yaxun Technology"). After accepting the case, the SIPC organized a collegiate bench and heard it in public pursuant to the law. Rong and Zuo, agents ad litem of fischertechnik, Jin, agent ad litem of East Teaching Aid, Lu, agent ad litem of Yaxun Technology, and Liu, agent ad litem jointly assigned by the two Appellees, attended the proceedings in court. Now, the case has been closed.

fischertechnik's requested in the appeal that: (1) The civil judgment ((2016) H0104MC No. 24421) should be amended pursuant to the law and all of the Appellant's claims should be supported. (2) The Appellees shall be ordered to bear all litigation costs in the first and second instances. Facts and reasons: (1) Reasons for the appeal concerning copyright: In addition to the three types of graphic works that should be protected under the ruling of the court of first instance, all 30 three – dimensional models in this case should also be recognized as "three – dimensional works" in accordance with the *Berne Convention for the Protection of Literary and Artistic Works* (hereinafter referred to as the "*Berne Convention*") or recognized as model works in accordance with the Copyright Law of the People's Republic of China (hereinafter to as the "*Copyright Law*"). The works should enjoy copyright from the date of completion, and no matter whether their physical carriers are damaged, disassembled or lost, their copyright should not be affected. fischertechnik sold mechanical and structural combination packages (hereinafter referred to as the "copyrighted products") to the public in the form of discrete components and such components were in nature commercial products. The scattered state of the products did not mean that the perceivable external expressions of the 30 three – dimensional works that could be built should be denied. The plane maps of the 30 completed static models of fences and turntables and so on shown on the back of the cover and on the first page of the manual were the planar expressions of the three – dimensional works. The 30 models involved could be fixed and were original and they should be protected. (2) Reasons for the appeal concerning unfair competition: The use of the product name and trademark together did not reduce the distinctiveness of the product name. The Creative Combination Model was the original product name created by fischertechnik. There were primary and secondary colors for the products. The primary colors defined the identification characteristics of the products. The three colors, red, yellow and black, were the primary colors forming the uniqueness of the packaging and decoration. fischertechnik spent a lot of manpower and material resources to promote the copyrighted products among clients in the early stage of product promotion. The numbers of the parts of the copyrighted products were of commercial value. The two Appellees copied all the 102 part numbers of the copyrighted products, using low – end counterfeits of the copyrighted products to replace the market position of the copyrighted products, violating the provisions on general rules of Article 2 of the *Anti – Unfair Competition Law of the People's Republic of China* (hereinafter referred to as the "*Anti – Unfair Competition Law*"). (3) The amount of compensation in the first instance was too low and the amount of compensation it should be determined as 1 to 3 times that of the losses with reference to the *Trademark Law of the People's Republic of China* (hereinafter referred to as the "*Trademark Law*"). The two Appellees had access to and seamlessly reproduced the copyrighted products and were intentional in causing confusion in the market. The two Appellees' refusal to provide financial account books constituted an obstacle to presentation of proof. The copyrighted products were high – value commodities with a unit price of RMB 2000 – 3000. In addition, East Teaching Aid was a well – known and leading enterprise in the industry, and the existing evidence could not rule out that there might be infringing products among the bid winning products. This case was first filed in 2015 and went through withdrawal and second action with all efforts having been made to fulfill the burden of proof. In summary, fischertechnik requested to support the above appeal requests.

East Teaching Aid argued that the commodities sold by the Appellant and the Appellees were sold with the combination of components and product manual. What the Appellant requested for protection were the final model products. The originality of the model products was reflected in the design process. The process by which consumers built the components into finished models according to the product manual was a process of reproduction. The finished products were consistent with the figures in the product manual. The process was the reproduction of plane maps into three – dimensional models instead of the creation of original works. It was the consumers who did the construction instead of the Appellee. Even if there was copying, it was only the copying of components. In addition, it was impossible for all 30 models to be completed once and dismantling and rebuilding were required to build a second model. The final model was not fixed on a tangible material carrier, so it was impossible to fix all 30 model products. The construction should not be regarded as copying because the constructed work couldn't be fixed permanently.

Yaxun Technology argued that: (1) The 30 static models did not constitute works in the sense of the *Copyright Law*. The goods sold by the Appellant and the Appellees were in the form of components instead of constructed works. So, the 30 models were not expressed tangibly. As a result, the *Copyright Law*, which follows the principle of expression, should not be applied here. Constructing the 30 models was the precise reproduction of graphic works, and no new expression was formed in this process. Three – dimensional models such as ladders and cranes were consistent with objects in real life. In this light, artistic expression was not separated from practical expression, not conforming to the principles of the *Copyright Law*. In addition, components were built by consumers into models or other shapes. The consumers were to develop an understanding of the models through the process of building and the models themselves were not why consumers made purchases. (2) "Creative Combination Model" did not constitute a special name of a well – known commodity. Instead, it was a generic name, which had no role in distinguishing the source of commodity. (3) Consumers could not see the red, yellow or black colors or part numbers before unpacking, so, such factors would not be recognized by consumers as logos or unique decorations.

The two Appellees jointly argued: (1) The copyright of the products involved in the case was only for graphic works. The 30 static models were not works, and the construction behavior was three – dimensional reproduction without generating new copyright. They recognized the judgment of first instance concerning the identification of infringement over the copyright of the installation manual but punishment should not be made repeatedly. *The Berne Convention* should not be used to identify three – dimensional works. (2) In the case that both parties had their own distinctive commercial marks, the purchasers would not mistake the Appellees' products for the Appellant's products. With regard to the red, yellow and black color combination, since the products involved were not a type of "well – known goods" in China, the Appellant had no right to prohibit the two Appellees from using this color combination for decoration. The name of the "Creative Combination Model" was not distinctive as it was a common name used in the industry. The Appellant used the "fischertechnik Creative Combination Model" to distinguish the source of goods through "fischertechnik", meaning that it subjectively did not use "Creative Combination Model" as a unique name to distinguish the source of goods. The distinctiveness of part numbers was weak, and the Appellant had no right to have exclusive rights to the part numbers. The infringement behaviors alleged by the Appellant could be evaluated one by one through legal provisions and the provision on the general rules of Article 2 of the *Anti – Unfair Competition Law* should not be repeatedly applied. The legal grounds claimed by the Appellant was flawed and it was impossible to obtain more business opportunities through the competitive advantages claimed by the Appellant. Therefore, the Appellees did not seize business opportunities reasonably expected by the Appellant. (3) In the judgment of first instance, the evidence submitted by the Appellant was considered and the Appellees' evidence impeding behaviors were also mentioned, so the amount of compensation determined was reasonable.

In the trial of first instance, fischertechnik requested that the following orders should be made against East Teaching Aid and Yaxun Technology: (1) The behaviors of infringing on the copyright of the three – dimensional works and the product drawings and schematic diagrams in the installation manual in the "Fischer Creative Combination Models – Mechanical and Structural Combination Package" should be stopped immediately. In the trial of first instance, the works for which copyright were claimed included the display patterns for the completed 30 three – dimensional models, 102 display diagrams for assembling components, 30 schematic diagrams of assembly steps, and 30 three – dimensional models. (2) All the assembling components and the Assembly Manual in the "Creative Combination Models – Structural and Mechanical Principle Combination" (hereinafter referred to as "the goods involved in the case") jointly produced by East Teaching Aid and Yaxun Technology, which infringed on the copyright of fischertechnik, should be destroyed immediately. (3) Improper competition with fischertechnik should be stopped immediately. In other words, fischertechnik's "Creative Combination Model", which has been developed into a special name of well – known commodities, should not be used to mark goods involved in the case. As for the outer packaging and internal assembling components of the goods involved in the case, the color combination of red, yellow and black, which was the same as that used in the outer packaging and assembly components of the copyrighted products, should not be used. The goods involved in the case should not be claimed as products of fischertechnik China and no component number that was the same as that of any component of the copyrighted products could be used in the Assembly Manual of the goods involved in the case. (4) The two Appellees should jointly pay fischertechnik RMB 909 211.57 as compensation for its economic losses caused by the copyright infringement and unfair competition, RMB 5000 for the application fees for property preservation and RMB 85 788.43 in total for reasonable expenses on the part of the Appellant for stopping the copyright infringement and unfair competition behaviors.

Facts ascertained by the court of first instance:

Ⅰ. The parties involved in the case

fischertechnik entered into a company contract on April 30, 2003, which was revised for the last time on April 21, 2004 through a company resolution. The company's nominal capital is EUR 500 000 and it is engaged in the manufacturing and sales of various toys, including the development of all business activities directly or indirectly related to the area.

On February 23, 2016, outsiders of the case, Ma, Head of the legal department of fischerwerke GmbH & Co. KG, and Wu, the person in charge of the management of intellectual property, signed a statement in front of the notary public, E. The statement specified that "the company, fischerwerke GmbH & Co. KG was formerly known as fischer Holdings GmbH & Co. KG. On February 4, 2008, Fischer Holdings GmbH & Co. KG was merged with its subsidiary, fischerwerke Artur Fischer GmbH & Co. KG. On February 5, 2008, fischer Holdings GmbH & Co. KG changed its company name to Fischerwerke GmbH & Co. KG..." In the statement, the assets of fischertechnik were described as follows: (1) fischertechnik's business was established by Fischerwerke Artur Fischer GmbH & Co. KG in 1965. As a business unit, fischertechnik is specialized in the development, manufacturing and distribution of various toys, namely, the "fischertechnik" creative combination models; (2) On April 21, 2004, the technical business unit was separated from fischerwerke Artur Fischer GmbH & Co. KG and fischertechnik GmbH was established ... (3) fischertechnik inherited all Fischer technology assets of fischerwerke Artur Fischer GmbH & Co. KG, including all assets and debts related to Fischer technology business. (4) fischerwerke GmbH & Co. KG had no interest in the right to use copyright of Fischer technology related products. (5) Notes: Fischer technology products would always carry the "fischertechnik" trademark. The notary public, E, confirmed that Ma was on behalf of Fischerwerke GmbH & Co. KG in signing the statement and that the signature was real and valid. In addition, the notary public, E, checked the chronologically registered content in the electronic business registration record and made the notarization. The recorded content was consistent with the aforementioned statement.

East Teaching Aid was established on August 6, 1993 with registered capital of RMB 38 million. Its business scope covers teaching aids, teaching instruments, complete sets of equipment for teaching laboratories, office furniture, electronic products, computers and accessories, toys, models of science exhibits, site test systems for motor vehicle drivers' driving skills (except for measuring instruments), independent production and sales, material processing, interior decoration design and construction, technology development, consultation, transfer, and services in the fields of teaching equipment and popular science products, and leasing of self – owned properties. A shareholder change occurred in February 2009 and Li 2 became a shareholder of the company. On April 10, 2015, another shareholder change occurred and the original shareholders, Li 2 and Ji 1, were changed into Ji 1, Ji 2, and Ji 3. Li 2 served as the supervisor of the company.

Yaxun Technology, which was formerly known as Shanghai Yaxun Laboratory Equipment Co., Ltd., was established on April 9, 2003 with registered capital of RMB 3 million. With Li 2 serving as the legal representative, the company engages in business covering wholesale and retail of supporting facilities for teaching laboratories. In October 2009, the company name was changed to its current name after application, and then, its business scope was changed to technology development, transfer, consulting and services in the field of intelligent robots, the production, processing and sales of intelligent robots, and the wholesale and retail of supporting equipment for teaching laboratories. In January 2010, Li 2 ceased to serve as the legal representative of Yaxun Technology.

Ⅱ. About fischertechnik's claim for copyright protection

During the hearing, fischertechnik submitted a physical sample of the copyrighted goods. The actual product was packaged in two layers, namely the outer one and the inner one. The front of the outer layer contained the "fischertechnik" logo, and the lower end was marked with the words, "Fischer Creative Combination Models". The side of the outer package also contained the words "Special Equipment for the Fischer Division of the Mechanical Innovation Design Competition of China University Students" and the business name and contact information of Beijing Cedutech AI Technology Co., Ltd. (hereinafter referred to as "Cedutech AI"). The color of the inner package was mainly blue, red, yellow, and black, with the font being white and the side of assembly components being marked in gray. The front was printed with " MECHANIC + STATIC 30 MODELS " and the side with "fischertechnik", "93291" (product code), "fischertechnik GmbH", and "280714". Opening the inner package, two large boxes of assembly components could be seen, including an installation manual, an accompanying manual, and a product brochure listing and displaying fischertechnik's product families.

Among them, the Installation Manual (hereinafter referred to as "Manual 2012") was in full – color with the back cover containing the words "fischertechnik GmbH". On the he back of the cover and on the first page, what were shown were fences, turntables, crank transmission mechanism 1, crank transmission mechanism 2, cars No. 1, No. 2 and No. 3, gear transmission mechanism with chain, car with steering device, speed transmission, planetary gear mechanism, bevel gear transmission mechanism, electric kitchen utensils, differential mechanism, vehicle elevator, scissor lift, lathe, wiper, four – slipknot chain, bow saw, balance, balance with sliding weight, pulley block, workbench, herringbone ladder, beam bridge, bridge with lower joist, bridge with upper joist, high stool, and crane – display drawings of a total of 30 different static models that would appear after the completion of the construction. On pages 2 – 3, there was the 102 display diagrams for assembling components (each component was individually numbered with its quantity indicated). On pages 4 – 5, there were diagrams and instructions for the basic assembly methods of some specific components. And on pages 6 – 122, there were detailed descriptions of the specific construction steps of a total of 30 static models. For each step, the styles and quantities of the required components, the orientation and sequence of the assembly, and the assembly state of the components after the construction was completed were displayed. In addition, "111 195 · A1 · 04/12 · Co · Printed in Germany" was also marked on the right side of the bottom cover of Manual 2012. All the assembly components in the box were mainly colored in red, yellow and black while some components were green. At the same time, in addition to the four colors, red, yellow, black, and green, fischertechnik's series of products displayed in the product brochure also appeared in blue, white, and silver, and so on.

On November 24, 2014, E. , anotary public at the No. 3 Notary Public Office in Tübingen, issued two signed notarized documents. The first one proved that a product catalog and related oaths presented by Ai were true. According to Ai's statement, the product catalog was released in January 2004 (when he acted as a sales and marketing assistant at fischertechnik). The catalog recorded a product with the number 93291 and the name "MECHANIC + STATIC". The description below went, "... These modular components answer these questions and basic issues in the mechanical and structural combination package with 20 different models ..." The release date was shown on the right corner at the bottom of the back and it was January 2004 (displayed as "01/04"). In addition, the bottom of the brochure was marked with the words "fischerwerke Artur Fischer GmbH & Co. KG". The second one certified that a product catalog and related oaths presented by Ha (who had worked for fischertechnik since 1993 as a development supervisor) were true. The product catalog was named as "Fischer Creative Combination Models – Technical Learning, Education and Fun, 2006" according to the statement of Ha. The release time was January 2006 and distribution was conducted in occasions such as the "International Toy Fair" held in Nuremberg, Germany from January 2 to 7, 2006. The product brochure contained the words "Toy Fair Nuremberg International Toy Fair from February 2 to 7, 2006". And for the product coded 93291 and named "MECHANIC + STATIC", the introduction was "This is the ultimate technical construction package specially designed for future mechanical engineers, technicians and mechanics... Answers to these questions as well as answers to other basic issues of mechanics and structures can be found in this construction package. There are 30 different models in the package". "fischertechnik GmbH" was marked at the bottom of the brochure.

On February 23, 2016, Notary Public E. issued a signed and notarized document certifying that L. was once the export sales manager of fischertechnik and that the installation manual and related oaths presented by L. were true. According to the statement by L., the installation manual was for the Fischer Creative Combination Model Package, "MECHANIC + STATIC", published in August 2004, and it was attached to the "MECHANIC + STATIC" Creative Combination Model Package delivered to the customers in October 2004 (hereinafter referred to as "Manual 2004"). Manual 2004 was in full color and in English and German. Compared with Manual 2012, there were some differences in the photos on the back cover and the corresponding pictures. Apart from that, the appearances of the two were basically the same on the outer covers, especially noteworthy was that the words "fischertechnik GmbH" were marked on the page bottom of the two versions of manuals. Opening the inner page, on the back page of the cover and the first page, what were shown were the display patterns for a total of 30 different static models after construction was completed, and the content and name were consistent with those displayed in Manual 2012. On pages 2 – 3, there was a display of 105 drawings of assembly components (each component had a number and the quantity was marked). Compared with Manual 2012, three assembly component drawings numbered 32233, 32263 and 36708 were added. On page 4, there were drawings and descriptions of the basic assembly methods of some specific components, with pictures slightly different from those in Manual 2012. On pages 5 – 121, there were detailed explanations of the specific construction steps of a total of 30 static models. Except for the few differences that appeared due to the aforementioned supplementary assembly components, the content of Manual 2004 was basically the same as the corresponding content of Manual 2012. In addition, "111 195 · 08/04 · KW · Printed in Germany" was marked on the right side of the back cover of Manual 2004.

Ⅲ. About authorized sales of copyrighted commodities

On January 1,2006,fischertechnik signed an authorization letter,confirming that Beijing Cedutech Technology Co., Ltd. (hereinafter referred to as"Cedutech") was its sole agent, responsible for the sales of Fischer technology products and the signing of bidding – related documents in China. The certificate was valid for three years, effective from the signing date. On January 1, 2014, fischertechnik signed an authorization letter, granting permanent exclusive agency rights to Cedutech AI, authorizing it to import and distribute copyrighted products in China. On April 18, 2016, fischertechnik signed an authorization letter again to grant permanent exclusive agency rights to Cedutech AI, authorizing it to import and distribute copyrighted products in China. On February 8, 2017, fischertechnik issued an authorization confirmation letter confirming the authenticity and validity of the aforementioned three authorization letters.

On May 3,2016,Cedutech AI issued a *Fact Sheet* to the court of first instance, which stated: "... Our company has been acting as an agent for the sales of the Fischer Creative Combination Models in China since 2012. As the exclusive distributor of Fischer Creative Combination Models in China, our company is solely responsible for the sales of Fischer Creative Combination Model products in China. The Fischer Creative Combination Models sold by our company are imported from fischertechnik GmbH of Germany. The combination packages of the Fischer Creative Combination Models have different product codes. In the sales process, we use the product codes of the packages to describe the products. And the product codes are also reflected in the invoice or sales list. For the convenience of domestic sales, we also give the corresponding product codes Chinese names, but the product code on a product package is the main logo for distinguishing different products ... Fischertechnik authorizes and entrusts our company to be responsible for the promotion and popularization of the Fischer Creative Combination Models in China. After accepting the entrustment, we have participated in the undertaking and co – organization of college students' mechanical innovation activities and competitions, teaching of regular and elective courses of mechanical disciplines, and the construction of innovative laboratories advocated by the Chinese government, winning the favor and recognition of many 211 and 985 universities. The Mechanical Innovation Design Competition of China University Students, which is organized by the Guiding Committee for Teaching of Basic Mechanical Courses for Institutions of Higher Education of the Ministry of Education and the Organizing Committee of the Mechanical Innovation Design Competition of China University Students, has been held seven times from 2003 to 2016. It is one of the most influential competitions for university students in China, with significant impacts in cultivating college students' practical engineering skills and comprehensive qualities. It was approved of three times as a college student competition jointly funded by the Ministry of Education and the Ministry of Finance in 2007, 2008, and 2010. Since the third Mechanical Innovation Design Competition of China University Students, the Fischer division has been added. The competition in the division has been held for ten years and five times in total. The following is a statement concerning the three Fischer competitions that have been held since 2012: ... The Fischer Division of the 5th Mechanical Innovation Design Competition of China University Students held in 2012 was undertaken by China Three Gorges University. After the primary selection, 71 colleges and universities came to China Three Gorges University to participate in the competition with 187 works. From the on - campus selection to the competition in China Three Gorges University, the event was expected to involve nearly 10 000 college teachers and students. The Fischer Division of the 6th Mechanical Innovation Design Competition of China University Students held in 2014 was undertaken by Beijing Institute of Technology. There were 282 entries registered. After the preliminary evaluation, 89 colleges and universities came to Beijing to participate in the competition with 171 entries, involving a total of more than 10 000 teachers and students. The Fischer Division of the 7th Mechanical Innovation Design Competition of China University Students held in 2016 was undertaken by Beijing Institute of Graphic Communication. More than 400 entries were registered for the preliminary competition. After preliminary evaluation, 309 works from 123 universities across the country were taken to Beijing Institute of Graphic Communication. Both the scale of participants and the number of works broke the record of all previous competitions."

On May 6, 2016, Cedutech issued a *Fact Sheet* to the court of first instance, which stated: "Our company ... is engaged in the sales and agency business of electronic products, creative combination model toys, etc. Since 2005, we have been representing fischertechnik in the sales of the Fischer Creative Combination Models in China. And as the general agent of the Fischer Creative Combination Models in China, we are responsible for the sales of the Fischer Creative Combination Model products in China...The Fischer Creative Combination Models sold by our company are imported from fischertechnik GmbH of Germany. The combination packages of Fischer Creative Combination Models have different product codes. In the sales process, we use the product codes of the packages to describe the products. And the product codes are also reflected in the invoice or sales list...The product code on a product package is the main logo for distinguishing different products. Over the years, our company has established extensive contacts with the laboratories of many universities across China, and our sales channel is mainly direct sales to direct customers... Fischer Creative Combination Models are mainly used for the innovation education of students and the development, extension and cultivation of their comprehensive practical abilities. After the Fischer Creative Combination Models entered the Chinese market in the 1990s... Such products began to be used in the cultivation of students' innovative ability in the World Bank loan supported project since 2000, entering well – known Chinese universities, such as Tsinghua University and Jilin University. Based on the above characteristics, starting from 2008, the Mechanical Innovation Design Competition of China University Students, which was supported by the Ministry of Finance, approved by the Department of Higher Education of the Ministry of Education, and organized by the Guiding Committee for Teaching of Basic Mechanical Courses of the Ministry of Education, began to include Fischer Creative Combination Models into competition. This competition is held every two years and is a Class I event in China. Our company has rendered the use of Fischer Creative Combination Models in more than a hundred colleges and universities in China, and has successively published various teaching materials in cooperation with others since we began to represent fischertechnik in selling the Fischer Creative Combination Models in 2005."

From 2006 to 2014, Cedutech and Cedutech AI signed multiple (purchase and sales) supply contracts with Tsinghua University, Xi'an Jiaotong University, Xidian University, Nanjing University of Aeronautics and Astronautics, Shandong University, Harbin Engineering University, Kunming University of Science and Technology (provincial government procurement project in Yunnan Province), Tiangong University, Tianjin University of Science and Technology, Shanghai University of Electric Power, Jiangxi University of Science and Technology, University of Electronic Science and Technology of China, Sichuan Vocational and Technical College of Communications, Dalian Jiaotong University (government procurement project of Dalian Jiaotong University), Guangxi Nanning Huisheng Technology and Trade Co., Ltd., Guiyang Xinyuan Electronic Technology Development Co., Ltd., Shanghai Publishing and Printing College, Nanjing Institute of Technology, and No. 4 Middle School of Yanqing County, etc. through various means such as bidding, agreement and negotiation, selling a large number of congeneric fischertechnik products of different models with the transaction amounts ranging from RMB tens of thousands to hundreds of thousands. In the aforementioned contracts, the traded commodities were often named as "German Fischer Creative Combination Models" "Fischer Creative Combination Models" "Fischer Training Models", and "Fischer Products", etc. The specific goods were each marked with a product code consisting of digits before the name of the specific goods. Many of the contracts contained goods with the product code "93291" and the name "mechanical and structural combination package", at the unit price (contracted) of RMB 2050 ~ 2300. Some contracts were even directly marked with the trademark (brand), "Fischer". Among them, it was stated in a number of contract clauses that the buyer had the right to participate in national – level innovation competitions in China organized or co – organized by the supplier after becoming a user of Fischer. The buyer could also participate in academic exchange activities about Fischer in China organized by the supplier.

Ⅳ. About awards won by assembly models produced by fischertechnik and their popularity

In December 2006, the organizing committee of Network Originality Competition (NOC) awarded the copyrighted products sold by Cedutech the title of "Recommended Products" for the Original Intelligent Robot Design Project of Network Originality Competition.

In the slide presentation, *Introduction to the Fischer Engineering Technology Innovation Design Competition*, made by Cedutech, there were a large number of on – site photos and photos of works of the previous Fischer innovation design competitions. The words of "Fischer Engineering Technology Innovation Design Competition" appeared repeatedly in on – site photos along with the participating teams, the actual competition scenes, the names of some universities undertaking the competition, the awarding ceremonies, the audience and the judges' observation and evaluation, etc. According to the on – site photos, there were a large number of participants in this series of competitions, which were of considerable scales. The photos of the works were displayed as three – dimensional objects assembled using model components produced by fischertechnik, such as stair climbing robots, obstacle avoidance robots, smart garages, and automatic feeding line systems for farms. In addition, in the series of promotional materials named "2010—2012 Excellent Works Collection of Fischer Division of the Mechanical Innovation Design Competition of China University Students", there were a large number of photos of models assembled mainly using model components produced by fischertechnik, such as multifunctional automatic roof snow removal robots, paid recovery devices for discarded optical discs, and automatic vacuum cleaners for corridor walls, etc. The text description attached to each model contained information about the model name, participating schools, participants, instructors, model principles, functions and so on.

The Organizing Committee of the Mechanical Innovation Design Competition of China University Students and the Guiding Committee for Teaching of Basic Mechanical Courses for Institutions of Higher Education of the Ministry of Education issued the third, fourth, fifth, sixth, seventh, and eighth *Notice for the Mechanical Innovation Design Competition of China University Students (Theme and Content)*. The aforementioned documents clearly identified the Fischer Division as a participating group or competition division (and set up the organizing committee for the Fischer Division accordingly), with a special Fischer Division competition stage established for this group. Among them, in the "Work Requirements" of the third *Notice for the Fischer Division Competition of Mechanical Innovation Design Competition of China University Students* 2008, it was clearly required that the main structure of the entries should be completed with "Fischer" components.

It was also found that the Mechanical Innovation Design Competition of China University Students was an important extracurricular competition of science and engineering in China approved by the Department of Higher Education of the Ministry of Education on June 12, 2003. It was organized by the Organizing Committee of the Mechanical Innovation Design Competition of China University Students and the Guiding Committee for Teaching of Basic Mechanical Courses for Institutions of Higher Education of the Ministry of Education and was co – organized by the China Institute of Mechanical Principles Teaching and Research, the China Institute of Mechanical Design Teaching and Research, the Institute of Metal Technology Teaching and Research, and famous universities and social forces once every two years. The main purpose of the competition was to guide colleges and universities to cultivate the innovative design ability, comprehensive design ability and teamwork spirit of college students, to strengthen the training of students regarding hands – on abilities and engineering practice, to improve their innovative thinking, mechanical design and production abilities and other actual work capabilities in response to actual needs and to attract and encourage students to take the initiative to participate in extracurricular scientific and technological activities.

In Chapter 8, Innovative Mechanical Design Experimentation, of the two books, *Experiment Courses of Mechanical Fundamentals* (a textbook for institutions of higher education, authored by Zhu Wenjian, et al. and published by the Science Press in 2005) and *Experiment Courses of Mechanical Fundamentals (Second Edition)* (a national – level textbook for the Eleventh Five – Year Plan of Regular Higher Education, a textbook planned by the National Teaching Demonstration Center for

Fundamental Mechanical Experimentation, authored by Zhu Wenjian, et al. and published by Science Press in 2007), there was the section, "Fischer Technology Innovation Design Experiment". In *A Guide to Fundamental Experiments in Mechanical Design*(A planned textbook of mechanical and electrical engineering for institutions of higher education, authored by Lin Xiujun, et al. and published by Tsinghua University Press in February 2011), there was a chapter dedicated to "Fischer Technology Innovation Design Experiment". In Section 1 of Chapter 6, "Realization of the Fischer Models", of the book, *A Guide to the Course Design of Mechanical Fundamentals*(a 21st century textbook in the mechanical series, with Qiu Jianxin serving as the chief editor, published by the Higher Education Press in April 2005), there was the content, "Fischer Creative Combination Models (fischertechnik) are patented products of fischertechnik in Germany...". In Chapter 8, Fischer Creative Combination Experiments, of *Experiment Courses of Mechanical Principles*(a textbook for the Twelfth Five-Year Plan of Regular Higher Education, edited by Li Ansheng, et al. and published by the China Machine Press in February 2011), under the item of "Purpose of Experiment", there was the content, "Understanding the overall idea and developing an overview of the German Fischer Creative Combination Models ... The Fischer Creative Combination Models are assembled through the combination of various components (functional modules)...". In the preface of the book, *Innovative Design of Robots - Robot Production Based on Fischer Creative Combination Models*(authored by Jing Weihua and Cao Shuang and published by the Tsinghua University Press in July 2014), there was the content, "Robotics is a highly comprehensive discipline... The Fischer models incorporate knowledge of robotics and lowers the threshold of robotics, making remarkable achievements in robotics innovation education...". In a section of 2010 *Papers Collection of Mechanical Course Report Forum*(edited by the organizing committee of the Mechanical Course Report Forum and published by the Higher Education Press in December 2010), Fischer Component Aided Teaching Design, it was mentioned that "Fischer Creative Combination Models (fischertechnik) were a kind of teaching aids produced by fischertechnik GmbH of Germany. It is a family model of structural components, an innovative system composed of mechanical components, electrical components, sensors, pneumatic components, controllers and software...". In *A Guide to Mechanical Principles and Machinery Design Experiments* (With Qian Xiangyong serving as the chief editor, published by the Zhejiang University Press in September 2005), there was the article, "Fischer Shaping Machine Mechanism Experiment". Under the column of "Brief Introduction to Models", it was mentioned that "There are two major categories of Fischer Creative Combination Models (fischertechnik): training combination models and industrial models ...". In addition, the Case Collection of China's Mechanical Engineering Curriculum Design Reform (compiled under the organization of the Teaching Guidance Subcommittee of Machinery Design and Manufacturing and Automation for Institutions of Higher Education of the Ministry of Education and published by the Tsinghua University Press in May 2010) and other works also introduced and made explanations about Fischer Combination Models.

V. East Teaching Aid' access to the copyrighted products

On October 15, 2009, Cedutech (the seller) issued a value – added tax invoice to East Teaching Aid (the purchaser). The names of the traded commodities listed were machinery and structure package (00093291), natural energy package, pneumatic technology package 2, electronic technology package, DC switch power supply, six – in – one experiment manual, and four – in – one manual, and the face value was RMB 7892 (the unit price of machinery and structure package including tax was about RMB 1786). According to the *Sales Invoice* filed by Cedutech, on October 15, 2009, Cedutech sent all the goods listed in the aforementioned value – added tax invoice along with the invoice to East Teaching Aid through China Railway Express. On December 23, 2016, fischertechnik appointed the agent ad litem Zuo, under the supervision of a notary public, to go to the premises marked with the words "Logistics Center of the Higher Education Press" at Pangwei Road, Daxing District, Beijing, conducting an on – site inspection over the financial vouchers deposited by Cedutech. After investigation, in the *Sales and Import Account Book of Beijing Cedutech Technology Co., Ltd.* filed by Cedutech, it was clearly stated that there was a transaction record with the date of voucher accounting being October 22, 2009, the customer being East Teaching Aid and the invoice amount being RMB 7892. On January 21, 2017, the Beijing Chang' an Public Notary Office issued the notarial deed ((2016) JCZNJZ No. 40144) for the above – mentioned notarization process.

VI. Notarization involved and related information

On August 27, 2014, the agent of fischertechnik, Huaxia Depu (Beijing) Technology Development Co., Ltd., signed a *Purchase and Sale Contract* with East Teaching Aid, agreeing that the former would purchase a number of goods from the latter. The total transaction amount was RMB 20 384. The "Procurement List" attached to the contract contained the products named "Basic Mechanical Structure Combination" and the corresponding column of technical parameter contained the following content, "...The more than 360 components can be used to construct a total of over 30 standard reference models: transmission railing, turntable, crank transmission mechanism, automobile, gear transmission mechanism with chains, automobile with steering device, speed transmission, gear mechanism, bevel gear transmission, differential mechanism, vehicle elevator, mobile elevator, lathe, wiper, four - slipknot chain, bow saw, workbench, herringbone ladder, bridge, high stool, hoisting machine...". The corresponding unit price was RMB 1512 and the quantity was 2 units.

On September 29, 2014, under the supervision of notaries public, Rong, agent ad litem of fischertechnik, went to the "Qualified Service Outlet of S. F. Express" at 1 - B - 107 West Diaoyutai · Jiayuan, Beijing, and checked that the two express parcels (SF Express 904541186079 and 005285754174) were packaged and signed for receipt. Afterwards, they went to Beijing Guoxin Notary Public Office, whose address was 9/F, Building C, Urban Construction Building, 18, Beitaipingzhuang Road, Haidian District, Beijing, to open the parcels on site. According to inspection by the notaries public, the parcels contained "Creative Combination Models - Mechanism and Mechanical Principle Combination" and the corresponding value - added tax invoice.

Based on a court inspection, the product involved in the case was named "Creative Combination Models - Structure and Mechanical Principle Combination". On the exterior of the box, there were pictures of the assembled bridge model and the upper left corner was marked with children's patterns and the words "6 + " and "300 + " while the lower right corner was marked with "30 MODELS". The manufacturer was not marked on the exterior of the box. Opening the cover, there were three bags of red parts, two bags of yellow and black parts respectively, and some spare parts. There was also "Assembly Manual for Creative Combination Models - Structure and Mechanical Principle Combination" (hereinafter referred to as the "Assembly Manual"), containing a certificate of qualification with the "Labox ® " logo. Among them, the Assembly Manual was in full color with the name of Yaxun Technology at the bottom of the first and last pages. On Pages 1 - 2, there were drawings for 30 types of static models that had been completed, with the following names: fence, turntable, crank transmission mechanism 1, crank transmission mechanism 2, cars No. 1, No. 2, and No. 3, gear transmission mechanism with chains, cars with steering device, speed transmission, planetary gear mechanism, bevel gear transmission mechanism, electric kitchen utensils, differential mechanism, vehicle elevator, scissor lift, lathe, wiper, four - slipknot chain, bow saw, balance, balance with sliding weight, pulley block, workbench, herringbone ladder, beam bridge, bridge with lower joist, bridge with upper joist, high stool, and crane. On Pages 3 - 4, there was a list of materials, showing a total of 103 pictures displaying assembly components (each component was individually numbered, with the quantity being marked). On Page 5, there were diagrams and instructions for the basic assembly methods of some specific components. On Pages 6 - 120, there were detailed descriptions of the specific construction steps of a total of 30 static models. For each step, the required building components and their quantities, the orientation and sequence of assembly, and the assembly state of the components after the construction was completed were displayed.

The back of the certificate containing the "Labox ® " logo was marked with the following content: " Product Name: Physical Experiment Box " and " Date of Production: March 28, 2014".

East Teaching Aid stated that the goods involved in the case were produced by Yaxun Technology, which was the exclusive right holder of the registered trademark "Labox". During the sales process, East Teaching Aid considered it inappropriate for the products involved in the case to have no labels, and put in the certificate at the request of customers. The certificate was not available for every commodity involved in the case, and it was produced by East Teaching Aid.

On May 16, 2014, Zuo, agent ad litem of fischertechnik, went to the venue of 2014 Spring China Higher Education Equipment Exhibition held in Tianjin Binhai International Convention and Exhibition Center (hereinafter referred to as the "Tianjin Exhibition") under the supervision of notaries public. In the venue, on - site photos were taken at the exhibition booth of East Teaching Aid. According to the photos taken, the company name of East Teaching Aid was marked on the storefront just above the entrance of the booth. When entering the exhibition hall, the posters and curtain walls on both sides were marked with the words "Creative Combination Model Series". On May 30, 2014, Tianjin TEDA Notary Public Office issued the notary deed ((2014) JDTZJZ No. 2591) for the above - mentioned notarization process.

On November 10, 2014, Zuo, agent ad litem of fischertechnik, once again went to the venue of the 2014 Autumn China Higher Education Equipment Exhibition and the 2014 China International Education Technology and Equipment Exhibition (hereinafter referred to as the "Chengdu Exhibition") held in Chengdu Century City International Exhibition Center under the supervision of notaries public, taking photos of the exhibition booth of East Teaching Aid on - site and obtaining a brochure and several business cards. According to the photos taken, the situation of the on - site booth was basically the same as what had been notarized by the notary deed ((2014)

JDTZJZ No. 2591) and the words "Creative Combination Model Series" was also marked there. A brochure of "Encouraging Wisdom for Innovation in Technology" was obtained on site. Printed at the bottom of the brochure were the company name of East Teaching Aid and that of an outsider of the case, Fischer Education Technology (Shanghai) Co., Ltd., which were listed vertically. Turning to the title page, the following introduction could be seen: "The creative combination models are a type of high-tech engineering technology assembly kits and it is also a teaching tool that embodies the world's most advanced education concept... The main components are made of high-quality nylon and they are accurate in size and not easy to wear... It can be ensured that the accuracy of model combination will not be affected by repeated disassembling and assembling. The components can be spliced on all six sides... The special components and special technical components (pneumatic, electronic and electrical, transmission parts) are designed according to industrial design standards to meet the technical requirements... Each creative combination model package and educational robot package is assembled from a basic model... They are products for exploring the knowledge of different subjects and different fields. They can not only be applied to the subject teaching of each grade in primary and secondary schools, but also be used for the research of different programs and themes in universities...". The catalog page indicated that the whole manual was divided into three parts, respectively for "creative combination models", "education robots" and "industrial simulation models". Each part contained items of bionic combination, mechanical and structural combination, cantilever crane, and PLC experimental training, and so on. On the inner pages, there were a large number of component assembly models. Also displayed were pictures showing the outer packaging box of the goods involved in the case (on the front of the box were photos of the completed "bridge with joist" and other models) and a photo of the "planetary gear mechanism". On November 12, 2014, the Shudu Public Notary Office of Chengdu City of Sichuan Province issued the notary deed ((2014) CCSZZ No. 10826) for the above-mentioned notarization process.

On May 9, 2016, Zhang, an outsider of the case, went to the Shenyang International Exhibition Center at 9 Huizhan Road, Sujiatun District, Shenyang, and took photos of the E2B006 exhibition booth of the 70th China Education Equipment Exhibition (hereinafter referred to as the "Shenyang Exhibition") during its exhibition. The upper storefront signboard of the booth was marked with the name of East Teaching Aid. Upon entering the exhibition hall, it could be seen that the relevant content for display was basically the same as described in the notary deeds

((2014) JDTZJZ No. 2591 and (2014) CCSZZ No. 10826). The words in the title included "Creative Combination Model Package Series" and so on. Part of the assembled models were also placed on the stage. On May 10, 2016, Hengxin Notary Office of Shenyang City of Liaoning Province issued the notary deed ((2016) SHZMZ No. 1073) for the above notarization process.

In addition, in the 2014 Recommendation Catalogue of New Products and New Technologies for Educational Equipment of Elementary and Secondary Schools in Guangdong Province, the "Basic Mechanical Mechanism Combination" provided by East Teaching Aid, which was a production supplier, was listed as a recommended product.

Ⅶ. Reasonable expenses

On October 8, 2014, fischertechnik and Shanghai Baiyue Law Firm signed an entrustment contract, agreeing that the latter would appoint attorney Rong to represent the former in suing East Teaching Aid and Yaxun Technology for suspected infringement on the copyright of fischertechnik's copyrighted goods and for unfair competition. The representation fees for the action of first instance was RMB 60 000. On February 25, 2015, Shanghai Baiyue Law Firm issued an invoice for the attorney's representation fees of RMB 60 000. On January 27, 2015, CTPC Translation (Shanghai) Co., Ltd. issued a bill for translation services and an invoice. The listed services included English – Chinese translation and German – Chinese translation at the cost of RMB 5627. The notarial fees for the production of two notarial deeds ((2014) JDTZJZ No. 2591 and (2014) CCSZZ No. 10826) were RMB 8920 in total. The agent ad litem, Zuo, spent a total amount of RMB 5514 on air tickets for Tianjin – Shanghai and Chengdu – Shanghai round trips for the production of the above – mentioned notarial deeds. The notarial fees of the notary deed ((2016) SHZMZ No. 1073) was RMB 5000 and the (attorney's) consulting fees in this regard amounted to RMB 7733.93.

Apart from fees spent on the notary deed ((2016) SHZMZ No. 1073), (attorney's) representation fees, (attorney's) consulting fees, and fees for purchasing goods involved in the case, of the aforementioned reasonable expenses claimed by fischertechnik, the corresponding evidence or the reasons for relevant expenditure were all overlapped with those mentioned in the case ((2016) H0104MC No. 24423) (hereinafter referred to as the "No. 24423 case"). Fischerwerke GmbH & Co. KG, an outsider of the case, made it clear in the No. 24423 case that all reasonable expenses claimed in the case had been paid by itself alone. fischertechnik also stated in the trial that the reasonable expenses involved the No. 24423 case would not be repeatedly claimed in the case.

Ⅷ. Others

East Teaching Aid and Yaxun Technology also jointly submitted various model products constructed with assembling components. The colors of these models were mostly in three colors, red, yellow, and black.

On March 31, 2015, fischertechnik sued East Teaching Aid and Yaxun Technology in the court of first instance based on the same facts as this case (Case No: (2015) XMS(Z)C No. 519), and paid the property preservation application fees of RMB 3020 to the court of first instance. Later, it applied to the court of first instance to withdraw the action for some reason. On May 24, 2016, the court of first instance ruled to grant the withdrawal. East Teaching Aid and Yaxun Technology had no objection to that fischertechnik's claim for the aforementioned fees of property preservation application in the case was to be judged by the court of first instance in accordance with the law.

During the trial, fischertechnik applied to the court of first instance to order East Teaching Aid and Yaxun Technology to submit the sales account book, sales record and the bidding documents for the projects that it won the bid from January 1, 2013 to October 28, 2016 based on the *Interpretation of the Supreme People's Court of P. R. C. on the Application of the Civil Procedure Law of the People's Republic of China* (hereinafter referred to as the "*Interpretation of the Civil Procedure Law*"). Upon this application, the court of first instance ordered East Teaching Aid and Yaxun Technology to provide account books and sales records of the goods involved in the case, but both of them refused on the grounds that they did not conduct infringement.

The court of first instance held that the focuses of dispute in this case were as follows. (1) Did the objects claimed by fischertechnik to be protected under the *Copyright Law* constituted works in the legal sense? (2) If they were works, who enjoyed the ownership of their copyright? (3) Did East Teaching Aid and Yaxun Technology infringe on such copyright? (4) Concerning the copyrighted products, did fischertechnik enjoy competitive interests in terms of the outer packaging, the red, yellow, and black combination, and part numbers of the assembly components, and the expression "creative combination models"? And did East Teaching Aid and Yaxun Technology conduct an act of unfair competition? (5) If the infringement was confirmed, what legal liability should East Teaching Aid and Yaxun Technology assume?

Facts ascertained by the court of first instance:

Ⅰ. The display patterns for the completed 30 three – dimensional models, 102 display diagrams for assembling components, 30 schematic diagrams of component assembling steps, which were claimed by fischertechnik as works

The *Regulation on the Implementation of the Copyright Law of the People's Republic of China* (hereinafter referred to as the "*Regulation Implementation of the Copyright Law*") provides that the term "works" as mentioned in the *Copyright Law* refer to the intellectual achievements that were original and can be reproduced in some tangible form in the fields of literature, art and science. Based on this definition, works protected by the *Copyright Law* must be objectively embodied in a certain perceivable form, rather than an assumption or imagination based on abstraction instead of reality. In this case, fischertechnik claimed that the 30 static models constructed according to the assembly steps contained in Manual 2012 constituted three – dimensional works. The court of first instance noted that the products produced and sold by fischertechnik were still in a scattered state of the assembling components, not the 30 static models that had been built. After unpacking the commodity, assemblers should strictly follow the steps contained in Manual 2012 and complete the static models with single components, it was the process of the tangible expression of constructing 30 static models, but this was the form that the real objects of the copyrighted goods produced by fischertechnik did not have. In short, in this case, the 30 static models that fischertechnik claimed to be three – dimensional works and should be protected were still conceived "drafts in the mind", and they were only at the "able to be built" stage, lacking the key external expression of "completed construction". This typically involved the ideological field. Since the works were not perceptible, they could not be protected by the *Copyright Law* as works. On this ground, fischertechnik's claim that they should be protected as three – dimensional works lacked a legal basis and should not be adopted.

In the field of *Copyright Law*, only intellectual achievements that were rich in artistic beauty and originality could be regarded as works and be included in its protection. However, based on the diversity of the types of works, there were in practice no uniform or constant applicable standards for judging the artistic beauty of works and measuring their originality, and there were objective differences in the aesthetics and originality scales required for different types of works. As in the case, static display patterns of the 30 completed models, 102 display diagrams of assembling components and schematic diagrams of component assembling steps claimed by fischertechnik as graphic works were mainly used to "guide and help the assemblers to complete the construction". Therefore, when judging whether they were works, the focus should be whether the geometric composition and the elements of points, lines, and surfaces contained in these figures were originally selected and expressed, and whether they reflected the simplicity and symmetry of artistic beauty. The court of first instance noticed that, regarding the display patterns of the 30 static models after completion claimed by fischertechnik as works, the overall composition of each pattern was meticulous, exquisite, harmonious and beautiful, so they had a certain artistic beauty. Especially noteworthy was the fact that the different graphics were marked by three main colors, red, yellow, and black (gray) according to the different categories of components for different parts, reflecting the pursuit and efforts of the drawers for the beauty of neatness, symmetry and harmony. The selection of display angles and the specific arrangements for the color matching of graphics indeed met the artistic beauty and originality requirements of graphic works for legal protection and the patterns constituted works in the sense of the *Copyright Law*. As for all schematic diagrams of component assembling steps claimed by fischertechnik as works, in addition to sharing the artistic beauty and color matching of the display patterns of the 30 static models, they also reflected scientific and rigorous choices in terms of the component display of each assembly unit and annotations for each assembly step. They were also works in the sense of the *Copyright Law*. Apart from that, the court of first instance held that although the 102 display diagrams for assembling components claimed by fischertechnik as works were objective and plane displays of the three - dimensional assembly components of the copyrighted products and the room for expression was limited, fischertechnik's selection of component display angles and its numbering of the components one by one according to the different collocations of different types and different background colors had made them meet the minimum originality requirements of the *Copyright Law* for graphic works. Therefore, all of them could be identified as graphic works.

East Teaching Aid and Yaxun Technology held that aforementioned copyrighted objects claimed by fischertechnik were all "matching the objects in real life and their means of construction to the maximum extent and were thus restricted thereby, rendering the artistic expression to be limited and making it inadequate to call them works". In this regard, the court of first instance held that relatively limited expression did not mean there was only one way of expression. The extent of originality required of graphic works should not be the same as that of fine art works. Moreover, the originality of the aforementioned works cited by the court of first instance was sufficient to show that in these works, ideas were far from being confused with expressions. The corresponding defenses of East Teaching Aid and

Yaxun Technology were contrary to the facts and would not be adopted.

Ⅱ. The copyright of the works belonged to fischertechnik and the works were protected by the *Copyright Law*

The *Copyright Law* provides that if there is no proof to the contrary, the citizen, legal person or other organization whose name is on a work shall be the author. The name of fischertechnik was not only displayed on the inner packaging box of the presented copyrighted goods, but also marked on the back cover of Manual 2012, which was the physical carrier of the 30 display patterns of the static models after completion, the 102 display diagrams of assembling components and the schematic diagrams of component assembling steps (hereinafter collectively referred to as the graphic works involved in the case), clearly indicating the relationship between the graphic works involved in the case and fischertechnik. And the mark could be identified as a signature in the sense of the *Copyright Law*. Accordingly, the court of first instance presumed that fischertechnik was the copyright holder of the graphic works involved in the case. As for East Teaching Aid and Yaxun Technology's claim that the relevant evidence issued by fischertechnik showed contradiction in terms of the ownership of copyright and that Fischerwerke Artur Fischer GmbH & Co. KG was the copyright holder of the graphic works involved in the case, the court of first instance held that registration information of the company's name change consulted by the notary public, E., and the statement signed by the two persons in charge of fischerwerke GmbH & Co. KG, an outsider of the case, under E.'s witness, were sufficient to prove that it was impossible for fischerwerke Artur Fischer GmbH & Co. KG to be the current copyright holder of the graphic works involved in the case. What's more, the signature of fischerwerke Artur Fischer GmbH & Co. KG only appeared on a product catalog for promotion rather than on the carrier of the graphic works involved in the case and it was far from enough to overturn the aforementioned conclusion presumed on the copyright ownership. Therefore, the court of first instance rejected the corresponding defense opinions.

According to the provisions of the *Copyright Law*, any work of a foreigner or stateless person which enjoys copyright under an agreement concluded between the country to which the author belongs or in which the author permanently resides and China, or under an international treaty to which both countries are parties, shall be protected by the law. As an enterprise established in the Federal Republic of Germany, which is a member state of the *Berne Convention* along with China, the copyright enjoyed by fischertechnik concerning the graphic works involved in the case is protected by the *Copyright Law*.

Ⅲ. The behaviors of East Teaching Aid and Yaxun Technology infringed on the copyright of the graphic works involved in the case

(Ⅰ) The content contained in the Assembly Manual was substantially similar to the graphic works involved in the case

Comparing the Assembly Manual with Manual 2012, the contents of 30 display patterns of the static models after the completion of construction were the same except for slight differences in the direction of a few lines and in the display angles of the models. Moreover, with the exception of the name "balance with sliding weight", the names and arrangement order of the model patterns in the Assembly Manual were also consistent with Manual 2012. As for the display diagrams of assembling components, there were 103 diagrams in the infringing manual while 102 ones in Manual 2012. Except for the fact that the latter did not have the three diagrams for assembling components No. 32233, 32263 and 36708 displayed in the former and the former did not have the two diagrams for assembling components No. 68535 and 135719 displayed in the latter, the two were exactly the same in terms of part numbering, color combination and style for the 100 remaining display diagrams of assembling components. As for the schematic diagrams for component assembling steps of the 30 static models, after a comparison with the corresponding parts of Manual 2012, except for necessary adjustments for reasons concerning assembly components, the main contents for display in the Assembly Manual were the same as those of Manual 2012 (almost exactly the same as the corresponding part of Manual 2004). There were only slight changes in the display angle, color matching and layout. In view of such circumstances, the court of first instance determined that, with the exception of three display diagrams of assembling components, the Assembly Manual was an "exact copy" of the graphic works in Manual 2012, making the two manuals substantially the same. As for East Teaching Aid and Yaxun Technology's argument that their manual was not the same as Manual 2012 with the citation of differences in angles and color schemes in some display diagrams, the court held that the differences were extremely subtle and not sufficient to affect the foregoing conclusions.

(Ⅱ) Publication of the graphic works involved in the case

Publication defined in the *Copyright Law* refers to making a work public so that it is in a factual state and can be known to unspecified people. For a certain work, its publication itself should be an instantaneous act. It can only happen once and it is not subjected to geographical restrictions. Even if a work has undergone several revisions after its publication, as long as no new derivative work has been formed, the time of publication of the work should still be determined as the time when the work was first published to the public before the revisions.

The graphic works involved inthe case for which fischertechnik enjoyed copyright were published in the Installation Manual as an attachment to the copyrighted products and their service functions determined that it was entirely possible to make timely modifications to them in accordance with improvements to the copyrighted products. This was confirmed by differences in the contents of Manual 2012 and Manual 2004. The court of first instance also held that the differences in the graphic works of the two manual editions were subtle and far from reaching the point where a new work was formed after modification and derivation. Therefore, they were still the same work and the publishing time should be determined by information carried by the earlier carrier of the graphic works involved in the case. According to the previous statements of Ai, Ha and especially L. , from 2004 to 2006, the copyrighted products went through a series of events such as pre – sale promotion, actual delivery, and participation in exhibitions as new products. In addition, based on the time information on the manual itself, the court of first instance presumed that the time of publication of the graphic works involved in the case was no later than the time when East Teaching Aid acquired the copyrighted products, meaning no later than October 2009.

(Ⅲ) East Teaching Aid and Yaxun Technology jointly accessed the copyrighted products and carried out infringing production

The goods involved inthe case included not only the Assembly Manual marked with the name of Yaxun Technology, but also the registered trademark logo exclusively owned by East Teaching Aid that was put in the manual. Without counter – evidence, the court of first instance determined that the goods involved in the case were jointly manufactured by East Teaching Aid and Yaxun Technology. Since the Assembly Manual was an accessory attached to the product, the legal liability corresponding to the content contained in it should also be borne by East Teaching Aid and Yaxun Technology jointly.

As for accessing the copyrighted products, according to the transaction records and corresponding evidence, East Teaching Aid had obtained copies of the graphic works involved in the case through actual purchases. Taking into account the time when East Teaching Aid purchased the copyrighted products, Li 2, who was a shareholder of East Teaching Aid and the legal representative of Yaxun Technology, made the two companies in an associated relationship. And immediately after acquisition of the copyrighted products, Yaxun Technology made a series of changes, including changing in its name, changing its industry category from the original laboratory equipment to intelligent robots, and changing the business scope with the addition of business activities such as technology development, technology transfer, technical consulting, technical services, production, processing, and sales of intelligent robot, etc. in the field of intelligent robots. Yaxun Technology failed to make a reasonable explanation concerning the above facts. Therefore, the court of first instance presumed that Yaxun Technology had accessed the graphic works involved in the case. At the same time, the conclusion could also be supported by the high degree of consistency between the Assembly Manual marked with Yaxun Technology's name and the corresponding content of Manual 2012.

Pursuant to the *Copyright Law*, unless otherwise provided, copying, distributing and disseminating works without the permission of the copyright holder were behaviors of infringement. East Teaching Aid and Yaxun Technology did not prove that the copying and publishing of pictures and drawings substantially the same as graphic works involved in the case in the Assembly Manual had been licensed by fischertechnik, nor did they prove that there were other reasons for exemptions provided by law. Therefore, the court of first instance determined that the Assembly Manual containing the infringing pictures had infringed on the reproduction and distribution rights of fischertechnik with respect to the graphic works involved in the case. In addition, in view of the fact that the authorship of fischertechnik was not indicated in the Assembly Manual, the identity link between fischertechnik as the author and the graphic works involved in the case were objectively separated. Therefore, the court of first instance determined that East Teaching Aid and Yaxun Technology's act also infringed on the right of authorship of fischertechnik for the graphic works involved in the case.

Ⅳ. The behavior of East Teaching Aid and Yaxun Technology was not identified as an act of unfair competition

In the *Anti – Unfair Competition Law* (1993), one of the objects intended to be protected against counterfeiting unfair competition activities is the legal competition rights and interests arising from the use of commercial marks by competitors in the market operation process. Specifically, the premise for the protection of unregistered commercial marks requires that competitors actively and stably use the commercial marks and bind them with the goods (or services). If the usage patterns are changeable, or there is even no active use of the marks, there will be by no means relevant competitive benefits.

In this case, when fischertechnik or its authorized distributors actually sold or advertised and promoted all assembling models including the copyrighted products, they often referred to them as Fischer Creative Combination Models or even Fischer Models, etc. There was no evidence to support the long – term and stable use of "creative combination models" to label their products. In view of the fact that fischertechnik obviously lacked the intention to actively use "creative combination models" to indicate the source of the goods it produced, the court of first instance determined that it had no competitive interest in the title of "creative combination models". fischertechnik maintained that "creative combination model" was a unique name for well – known products and that it enjoyed competitive rights and interests on that ground, which was rejected by the court of first instance. As for whether the three – color matching of red, yellow, and black was the unique packaging and decoration of well – known products, during the trial of first instance, fischertechnik failed to define the specific scope of well – known products. However, regardless of whether the well – known products it claimed were the copyrighted products or all assembling models produced by itself, according to the facts ascertained by the court of first instance, the color matching of the assembling components was not constant and there were other colors such as blue, white and silver apart from red, yellow and black. Therefore, considering that fischertechnik failed to prove that the red, yellow, and black color matching had indeed performed the function of identifying its products, its corresponding claims were rejected by the court of first instance. In addition, fischertechnik also claimed protection for the numbering of the display diagrams of assembling components on the ground that East Aid and Yaxun Technology was in violation of the business ethics of honesty and credibility. In this case, the numbers of the assembling components that fischertechnik claimed rights for were included in Manual 2012, which was in turn tightly wrapped in the packaging of the copyrighted products and could not be displayed unless the package was opened. On that ground, the court of the first instance judged that since the numbers of the assembling components failed to be shown externally, it was difficult for the relevant public to identify them. Consequently, competitive rights would not be generated. Therefore, the corresponding claims of fischertechnik were not supported by the court of first instance.

Ⅴ. The legal liability to be borne by East Teaching Aid and Yaxun Technology

(Ⅰ) Stopping infringement behavior

According to the *Tort Law of the People's Republic of China*, when there is any behavior of copyright infringement, the civil liability of stopping such infringement behavior shall be borne. Therefore, East Teaching Aid and Yaxun Technology should stop infringing upon the copyright of the graphic works involved in the case. In other words, East Teaching Aid and Yaxun Technology should stop copying and distributing the graphic works involved in the case and stop infringing on the right of authorship of fischertechnik over the graphic works involved in the case. In addition, fischertechnik requested the destruction of all the assembling components of the goods involved in the case jointly produced by East Teaching Aid and Yaxun Technology. Since fischertechnik did not claim the rights of assembling components in the case, the court of first instance did not support such claim. As for the destruction of the infringing Assembly Manual, as fischertechnik did not provide evidence to clarify the number and storage location of the infringing Assembly Manual, this claim could not be enforced, so the court of first instance could not support it.

(Ⅱ) Compensation for economic losses

The *Copyright Law* provides that if copyright is infringed, the person committing infringement shall pay compensation based on the actual losses of the right holder. If the actual losses were difficult to calculate, compensations may be made based on the illegal incomes of the person committing infringement. If the above actual losses or illegal incomes could not be determined, the people's court shall award a compensation of less than RMB 500 000. In view of the fact that fischertechnik failed to provide direct evidence to prove the actual losses caused by the copyright infringement of East Teaching Aid and Yaxun Technology or to prove the latter's illegal gains to the court of first instance, it then required that the amount of compensation for economic losses be determined in accordance with the statutory compensation method. The court of first instance supported this request. The primary considerations of the court of first instance for applying statutory compensation was the subjective fault of East Teaching Aid and Yaxun Technology. In this case, Yaxun Technology, which participated in the manufacturing of the goods involved in the case, was closely related to East Teaching Aid. After East Teaching Aid obtained the copyrighted goods in October 2009, Yaxun Technology immediately revised the company name and business scope and added content relevant to intelligent robots. Various changes concurred in such a way that excuses that they were accidental occurrences were hardly viable. What as more obvious was that not only was the content in the Assembly Manual of the goods involved in the case almost the same as the corresponding graphic works involved in the case, but also the names and arrangement order of the display patterns and the assembly component numbers of the 30 static models after completion, along with other slight details, of the former were almost the same as those of the latter. In view of the above factors, the court of first instance had reasons to believe that East Teaching Aid and Yaxun Technology had known that fischertechnik held the copyright of the graphic works involved in the case. After accessing the above works, they made slight changes and made new Assembly Manuals that were put into the market along with the goods involved in the case. The two had considerably subjective malice. At the same time, in the case, East Teaching Aid also sold the creative combination models including the goods involved in the case through retail, participation in bidding and other approaches. It even participated in professional exhibitions to promote infringement sales across China without obvious geographical restrictions. In addition, fischertechnik requested the application of statutory compensation in this case, but in view of its application to the court of first instance based on the *Interpretation of the Civil Procedure Law*, the court of first instance, based on its application, ordered East Teaching Aid and Yaxun Technology to provide the account books and sales records of the goods involved in the case, they refused to do so without proper reasons. Therefore, the court of first instance determined that East Teaching Aid and Yaxun Technology's behavior was an obstruction of proof. And the court would determine the amount of compensation comprehensively based on fischertechnik's claims in accordance with the law. In addition to the above factors, in determining the amount of compensation, the court of first instance also comprehensively considered circumstances such as the type and degree of originality of the graphic works involved in the case, the unit price and popularity of the copyrighted commodities, the value contributed by the graphic works involved in the case to the copyrighted commodities, the sales price and actual sales scale of goods involved in the case that were manufactured and sold by East Teaching Aid and Yaxun Technology, and the similarity between the infringing content and the graphic works involved in the case.

(Ⅲ) Fees for property preservation application and reasonable expenses

Since East Teaching Aid and Yaxun Technology held no objection to that the fees for property preservation application paid by fischertechnik in the case((2015) XMS(Z)CZ No. 519) could be regarded as a claim in this case and be determined by the court of first instance in accordance with the law, and the expenditure was indeed closely related to the rights protection activities of fischertechnik, so the court of first instance supported such request.

Since fischertechnik has made it clear that the reasonable expenses involved in the No. 24423 case would not be repeatedly claimed in this case, the court of first instance only made judgment on the notary deed ((2016) SHZMZ No. 1073), (attorney's) representation fees, (attorney's) consulting fees and the cost of purchasing the goods involved in the case.

Regarding the cost of purchasing infringing products and the production cost ofthe notary deed((2016)SHZMZ No. 1073),which were indeed necessary for the rights protection in this case,the court of first instance supported such request. The relevant(attorney's)consulting fees would be supported by the court of first instance according to the actual needs of rights protection. For the relevant (attorney's) representation fees,the court of first instance would make judgments based on the complexity of the case, the actual workload of the agent, the clauses in the entrustment contract,the government – guided price standard for relevant attorney's service fees,and the proportion between the actual amount of compensation and the petitioned amount of compensation.

In summary,in accordance with Article 2 and Item 1 and 6 of Paragraph 1 and Paragraph 2 of Article 15 of the *Tort Law of the People's Republic of China*,Paragraph 2 of Article 2,Item 2,5 and 6 of Paragraph 1 of Article 10,Paragraph 1 and 4 of Article 11,Item 1 of Article 48 and Article 49 of the *Copyright Law*,Article 2 and Item 12 of Article 4 in the *Regulation on the Implementation of the Copyright Law of the People's Republic of China*,Paragraph 1 and 2 of Article 25 and Article 26 of the *Interpretation of the Supreme People's Court of P. R. C. on Several Issues Concerning the Application of Law in the Trial of Civil Cases of Dispute over Copyright*,the court of first instance ruled:(1)Shanghai East Teaching Aid Co.,Ltd. and Shanghai Yaxun Intelligent Robot Technology Co.,Ltd. should stop infringing on the copyright of the graphic works carried in the Installation Manual to Fischer Creative Combination Models – Mechanical and Structural Package (product code 93291) enjoyed by fischertechnik GmbH,starting from the date when the judgment of the first instance takes effect. (2)Within ten days upon the judgment of the first instance coming into effect,Shanghai East Teaching Aid Co.,Ltd. and Shanghai Yaxun Intelligent Robot Technology Co.,Ltd. should jointly compensate fischertechnik GmbH for its economic losses,fees for property preservation application,and reasonable expenses totaling RMB 160 000. (3)fischertechnik GmbH's others claims were rejected.

During the second instance of this court,all parties provided no new evidence.

After the trial,the SIPC found that the facts ascertained in the first instance were true,and the SIPC confirmed such facts.

The SIPC also found out:(1)The assembling components in the copyrighted product, "Fischer Creative Combination Models – Mechanical and Structural Combination Package",could be built into 30 three – dimensional models involved in the case according to the assembly diagrams in Manual 2012. In the mechanical innovation design competition using the copyrighted products as tools, participants could build more creatively according to their own ideas based on their familiarity with the parts. The product components involved in the case also had the same construction functions as mentioned above. (2) It was noted in the notary deed ((2016)SHZMZ No. 1073) that on May 9, 2016, at the E2B006 exhibition booth of East Teaching Aid at the 70th China Educational Equipment Exhibition at Shenyang International Exhibition Center, three – dimensional models of speed transmission, crane, and scissor lift were displayed along with a large number of other three – dimensional models. (3) It was noted in the after – sales service cards accompanying the copyrighted products that "If a component in this package is missing or damaged, please request it for free through the following address with the following information: sender, the number of the missing component (see the list of parts in the Installation Manual), component name or product code (see the folding box), and production number". (4) According to China Procurement and Bidding Network (www. chinabidding. com. cn), on January 20, 2014, for the 02 package of the procurement project of science experiment boxes for elementary schools under the 2013 "Disadvantaged School Reconstruction Plan of Rural Compulsory Education" (bidding number: JXHZ2013 – G624 – 02), the name of the winning supplier was East Teaching Aid with the bid amount of RMB 2 077 600. According to the Announcement of the Winner of the Bid for Laboratory Equipment Procurement of Central China Normal University's Affiliated Longgang Middle School published on the website "Longgang Government Online", on February 28, 2014, the review of the laboratory equipment procurement of Central China Normal University's Affiliated Longgang Middle School was completed and the bid – winning supplier was East Teaching Aid, whose quotation was RMB 4 698 860. According to the Announcement of Candidate Bid Winner of the Public Bidding for the Teaching Equipment Purchase Project of the Education Bureau of Tiedong District, Siping City (the first package of laboratory equipment and the third package of music, sports, and art equipment), which was published on the China Government Procurement Network (www. ccgp. gov. cn), on February 16, 2015, the candidate bid winner of the project (No. 0773 – 1541GNJL00054/1), with the bid amount of RMB 2 054 738, was East Teaching Aid. 5. The names of the three – dimensional models of the model works which fischertechnik claimed for copyright were: fence, turntable, crank transmission mechanism 1, crank transmission mechanism 2, cars No. 1, No. 2 and No. 3, gear transmission mechanism with chain, car with steering device, speed transmission, planetary gear mechanism, bevel gear transmission mechanism, electric kitchen utensils, differential mechanism, vehicle elevator, scissor lift, lathe, wiper, four - slipknot chain, bow saw, balance, balance with sliding weight, pulley block, workbench, herringbone ladder, beam bridge, bridge with lower joist, bridge with upper joist, high stool, and crane. See the catalog page of the Installation Manual (2012) for patterns of the 30 three - dimensional models.

The SIPC holds that this case is a dispute over copyright infringement and unfair competition involving a foreign company. The court of first instance determined that the 102 drawings of assembling components, the 30 schematic diagrams of component assembly steps and the drawings of the 30 static three - dimensional models recorded in the Installation Manual of the copyrighted goods, "Mechanical and Structural Combination Package", constituted graphic works. The 100 diagrams of assembling components, the 30 schematic diagrams of component assembling steps and the diagrams of the 30 static three - dimensional models after the completion of construction, as recorded in the Assembly Manual of the suspected infringing products, "Structural and Mechanical Principle Combination", were in essence the same as the corresponding graphic works involved in the case. The two Appellees copied and distributed the Assembly Manual, infringing on the rights of authorship, reproduction, and distribution of the graphic works involved in the case enjoyed by fischertechnik. In this regard, the Appellant did not hold any objection and the two Appellees did not file an appeal. Therefore, the SIPC confirmed the above judgment.

Based on the arguments of the partiesto the case during the second instance, the focuses of dispute in the case are as follows. (1) Did the 30 three - dimensional models involved in the case constitute works protected by the *Copyright Law*? And if they were, did the two Appellees infringe on fischertechnik's copyright over the 30 three - dimensional models involved in the case? (2) Was the two Appellees' manufacturing and selling of "Structural and Mechanical Principle Combination" packages a behavior of unfair competition? (3) Was the amount of compensation awarded in the first instance reasonable?

Ⅰ. Did the 30 three - dimensional models involved in the case constitute works protected by the *Copyright Law*? And if they were, did the two Appellees infringe on fischertechnik's copyright over the 30 three - dimensional models involved in the case?

(Ⅰ) Did the 30 three - dimensional models involved in the case constitute model works?

Fischertechnik appealed that the 30 three - dimensional models involved in the case had physical forms and should be recognized as three - dimensional works under the *Berne Convention*, or as model works under the *Copyright Law*. The two Appellees argued that the goods involved in the case were sold in bulk but not constructed into three – dimensional models. Even if there were physical three – dimensional models, they were copies of the 30 plane schematic drawings in three – dimensional versions, and should not be individually identified as works.

The SIPC holds that Paragraph 2 of Article 2 of the *Copyright Law* stipulated: "Any work of a foreigner or stateless person which enjoys copyright under an agreement concluded between the country to which the author belongs or in which the author permanently resides and China, or under an international treaty to which both countries are parties, shall be protected by the law." China and Germany, where the Appellant is located, are both member states of the *Berne Convention*. Item 7 of Article 3 of the *Copyright Law* clearly provides protection for model works, so the Berne Convention does not need to be applied in the case. Item 13 of Article 4 of the Regulation on Implementation of the Copyright Law provides that "model works refer to three – dimensional works made according to the shapes and structures of objects in a certain proportion for the purposes of display, experiment or observation." By interpreting the legislative intent of the *Copyright Law*, three conditions must be met to form a model work. Firstly, the works must be for display, experiment or observation, such as intellectual creation related to geography, topography, architecture or science. Secondly, the works must be original. Three – dimensional models that were produced by enlarging or shrinking physical objects precisely according to a certain proportion or such shapes that were in the exact size of the physical objects were merely copies of the physical objects. Model works should be produced according to certain proportions based on the shapes and structures of objects. But they must be original in terms of model design. Thirdly, three – dimensional models should be able to be fixed in tangible forms. As far as this case was concerned, first of all, the 30 three – dimensional models involved in the case, such as fence and crank transmission mechanism, were abstracted from real mechanical and engineering structures. There were objects or structures corresponding to them in reality, but they were not entirely copies of real objects. However, they could show the mechanical principles and physical structures of the real objects. In addition, the designer selected, refined, abstracted and simplified the existing mechanical and engineering structures, making selections of three – dimensional structures, condensing and abstracting them to show the beauty of science and technology in the process of creation. The ideas and arrangements of the designer were reflected in layout, structural arrangements, matching and combination, and so on, showing the originality of the works. Lastly, by using components and following the step diagrams in the manual, 30 three – dimensional models the same as patterns shown in the Installation Manual in the form of physical objects could be built. In other words, the models could be fixed in tangible forms. To sum up, the 30 three – dimensional models involved in the case all met the requirements for model works stipulated by the *Copyright Law* and each was a model work independent of the graphic works. As a result, they should be protected by the *Copyright Law*. The two Appellees held that the 30 three – dimensional models were not original and that the Appellant had no right to claim copyright for the three – dimensional models based the two – dimensional works. This opinion was rejected by the SIPC. The court of first instance improperly determined that the 30 three – dimensional models lacked external expression in the form of completed construction and were thus not perceptible, making them unable to be protected as works by the *Copyright Law*. The SIPC hereby makes correction.

(Ⅱ) Was the two Appellees' manufacturing and selling of "Structural and Mechanical Principle Combination" packages an act of infringement on fischertechnik's copyright over the 30 model works involved in the case?

The Appellant helds that the two Appellees producing the goods involved in the case without permission and selling them together with the plagiarized product manuals was an act of infringement on the copyright of the 30 model works. The two Appellees held that even if the 30 three – dimensional models were works, it was the users who built them according to the drawings. The Appellees only copied the components instead of the 30 three – dimensional models. So, they did not commit copyright infringement.

The SIPC holds that Article 10 of the *Copyright Law* provides that copyright includes the right of reproduction, namely the right to make one or more copies of a work by printing, copying, etc. The copyrighted goods of the Appellant were sold in the form of components accompanied with detailed installation instructions. When the purchaser obtained the goods at the consideration, he or she also obtained the permission to assemble and copy the 30 model works. The license authorization should of course be exercised by the copyright holder, or with the permission of the copyright holder. The two Appellees, however, produced and sold the goods involved in the case in the same way without the permission of the Appellant, which was the copyright holder, essentially exercising the right to copy the 30 model works themselves. Based on the views of the parties to the case in the trial process, the SIPC holds that: First, the Assembly Manual was provided together with the component package and the two should be taken as a whole and should not be judged separately. Secondly, although the goods involved in the case have uses and functions other than the construction of the 30 model works involved, the ability to build the 30 model works involved in the case was a selling point for marketing the goods involved in the case and it reflected their market value. The evidence on record showed that the unit price of the goods involved in the case was relatively high and that education and training institutions such as schools were the main purchasers, and they mainly used the goods as teaching aids. The two Appellees purchased the copyrighted goods and accurately imitated them into the goods involved in the case. The users of the goods involved in the case built them in accordance with the instructions of the Assembly Manual when they started learning, which was foreseeable by the two Appellees when they provided the goods involved. Therefore, they had the subjective intention to commit infringement on the Appellant's copyright to the copyrighted work. Finally, the two Appellees provided specific steps in the Assembly Manual to build the components into any of the 30 model works involved in the case. According to the schematic diagrams, there was no need to use imagination to build the physical models, which were copies of the model works involved in the case. While providing the goods involved in the case (including the Assembly Manual and parts), the two Appellees also provided the purchaser with the authorization to assemble and copy the model works involved in the case in accordance with the Assembly Manual, and the purchaser was commercially permitted to copy the copyrighted works. Item 1 of Article 48 of the *Copyright Law* provides that if a work is reproduced without the permission of the copyright holder, unless otherwise provided in the law, civil liability such as cessation of the infringement and compensation for losses should be borne based on the circumstances. The essence of copyright is the right to prohibit others from performing certain actions without permission. It is a right of prohibition. The copying right of the copyright holder not only forbids the direct infringement behavior of reproducing works without the permission thereof, but also forbids commercially permitting others to reproduce works without the permission thereof. Accordingly, when the two Appellees, without enjoying the right to reproduce the model works involved in the case themselves, provided the purchasers with the authorization to reproduce the copyrighted works commercially, they infringed on the reproduction right enjoyed by fischertechnik to the model works involved in the case. As for fischertechnik's claim that the two Appellees' possible construction of three – dimensional models during the design and manufacturing process of the goods involved in the case and their construction and display of some of the three – dimensional models of the "Structural and Mechanical Principle Combination" involved in the case(transmission, crane, scissor lift, etc.) for the needs of exhibitions were acts of infringement, these behaviors were attached to the production and sales of the goods involved in the case by the two Appellees, and they should be treated as a whole. Therefore, the SIPC would not evaluate them separately. The two Appellees should stop the above – mentioned infringement of the Appellant's copyright by manufacturing and selling the goods involved in the case, " Creative Combination Models – Structural and Mechanical Principle Combination", as mentioned above, and bear other corresponding civil liability.

Ⅱ. Was the two Appellees' manufacturing and selling of " Structure and Mechanical Principle Combination" packages a behavior of unfair competition?

First of all, fischertechnik advocated that " Creative Combination Models" was a unique name for well – known products. The SIPC holds that for a product name that had the function and purpose of describing a product, evidence was needed to prove that the name had acquired a second meaning that could distinguish the source of the product through the use of the right holder in order to be recognized as a special name for a well – known commodity. In this case, the term " Creative Combination Models" was composed of the three words, " creative" " combination' and " models". According to the explanation on the Chinese dictionary, " creative" means " creating new ideas", " combination" means " organizing something into a whole", and " models" are " objects made in proportion to the shapes and structures of the actual objects". " Creative Combination Models" thus means models that can be constructed freely, which directly indicates the type and function of the commodity. The name itself is not distinctive. It was found in the first instance that the copyrighted product's outer package contained the " fischertechnik" logo on the front and the words " Fischer Creative Combination Models" at the bottom. From 2006 to 2014, in the supply contracts of different types of goods sold by distributors of the copyrighted commodities in China, the traded commodities were often named " German Fischer Creative Combination Models" " Fischer Creative Combination Models" " Fischer Training Models" and " Products of Fischer", and so on. Considering the sales approaches of the copyrighted commodities and the relevant public's cognition, the right holder subjectively used " Fischer" as a mark to identify the source of the commodities. Objectively speaking, " Creative Combination Models" failed to overcome its own nature of describing the function of the products and failed to achieve the effect of making the relevant public associate " Creative Combination Models" with fischertechnik. Based on the grounds, fischertechnik's claim that the name, " Creative Combination Models", was a special name for well – known products, was inconsistent with the facts and was not supported by the SIPC.

Secondly, fischertechnik claimed that of the copyrighted products, the majority of the components were in red, yellow, and black, which were the main colors of the copyrighted products, forming the unique packaging and decoration of well – known products. The SIPC holds that the majority of the components of the copyrighted products were indeed in red, yellow, and black, but there were also some ones in blue, white, and silver. Moreover, it was common practice for children's toys to be in bright colors. Therefore, the court of first instance held that the colors of red, yellow, and black did not perform the function of identifying a specific direction concerning the copyrighted commodities, which determination was supported by the SIPC.

Apart from that, fischertechnik claimed that the two Appellees copied all the numbers of the 102 components onto the goods involved in the case, which violated Article 2 of the *Anti – Unfair Competition Law*. The two Appellees held that the component numbers of the copyrighted commodities were composed of ordinary digits and were used to identify the parts in the product manual. They had minimal impact on the choices made by consumers, and would not cause actual harm to the Appellant, nor would they harm any of the Appellant's business opportunities or cause any confusion about the copyrighted commodities. This court holds that the principles and provisions of the *Anti – Unfair Competition Law* should be applied cautiously. The *Intellectual Property Law* included provisions for limited types of intellectual property rights, such as copyright, trademark right, and patent right, leaving fruits that did not have a legal form in the public domain. If the *Anti – Unfair Competition Law* once again filtered out part of the commercial fruits from the public domain for protection, the standards for protection must be stringent. The numbers involved in the case was not used to identify the commodity. Such numbers only appeared in the manual and after – sales service cards that displayed the list of materials. And fischertechnik did not gain additional competitive benefits due to the component numbers. Therefore, regarding fischertechnik's request for protection of the component numbers, the SIPC finds it difficult to grant the support.

Ⅲ. Determining the amount of compensation in this case

As provided in Article 49 of the *Copyright Law*, for infringement of copyright or copyright – related rights, the one who commits the infringement shall pay compensation based on the actual losses of the right holder. If it is difficult to calculate the actual losses, it may be compensated based on the illegal incomes gained by the infringer. The amount of compensation shall also include the reasonable expenses paid by the right holder to stop the infringement. If the actual loss of the right holder or the illegal income of the infringer cannot be determined, the people's court may, based on the circumstances of the infringement, award compensation of less than RMB 500 000. In view of the fact that fischertechnik failed to provide direct evidence to prove the actual losses caused by the copyright infringement of East Teaching Aid and Yaxun Technology, or to prove the latter's illegal gains, the method of statutory compensation should be applied to determine the amount of compensation for economic losses in the case. In view of the fact that the first instance has found: (1) East Teaching Aid and Yaxun Technology knew exactly that fischertechnik held copyright to the copyrighted works. After obtaining the copyrighted works, they accurately reproduced them, with significantly subjective malice. (2) East Teaching Aid sold infringing products through retailing, participating in bidding and professional exhibitions, etc., all over China without obvious geographical restrictions. (3) After the court of first instance made explanation and issued orders, East Teaching Aid and Yaxun Technology refused to provide account books and sales records of the goods involved in the case to find out infringement profits, which was an act of evidence obstruction. In addition, in the case, it should also take into comprehensive consideration circumstances such as the type of the copyrighted works, their extent of originality, the unit price of the copyrighted commodities and their popularity, the contribution of the copyrighted works to the value of the copyrighted commodities, the unit price of the infringing products involved in the case and their actual sales scale, the extent of similarity between the infringing goods and the copyrighted works. Although evidence provided by fischertechnik in the case proved to a certain extent the sales scale of the goods involved in the case, it was not sufficient to prove that the profits gained by East Teaching Aid and Yaxun Technology from the infringement of the goods involved in the case exceeded the upper limit on the amount of statutory compensation specified in the *Copyright Law*. Taking the above factors into consideration, the SIPC determines the compensation amount for damages in this case based on the upper limit of statutory compensation for copyright infringement. Fischertechnik argued that in this case, the amount of compensation should be determined with reference to the multiples prescribed by the *Trademark Law*, which lacked legal grounds and could hardly be supported by this court.

The rights protection expenses clearly asserted by fischertechnik in the first instance included the notarial fees of RMB 5000 for producing the notary deed ((2016) SHZMZ No. 1073), the (attorney's) representation fees of RMB 60 000, the (attorney's) consulting fees of RMB 7733.93, the costs of RMB 3024 for purchasing the goods involved in the case, and the fees of RMB 3020 for preservation application, totaling RMB 78 777.93. Among them: the notarial fees, the costs for purchasing goods involved in the case, and the fees for preservation application were all incurred for the protection of rights in this case and were thus supported by the SIPC. Regarding the attorney's fees, considering the difficulty and complexity of handling the case, the working hours and workload of the agents ad litem to provide legal services in the case, they were also supported by the SIPC. Regarding the consulting fees, fischertechnik stated that it was used to pay for the consulting and travel expenses of its agents ad litem for notarization and evidence collection, which would thus be supported by this court accordingly.

In summary, the court of first instanceruled that East Teaching Aid and Yaxun Technology should stop infringing on the reproduction right, distribution right, and right of authorship of the graphic works involved in the case, which was upheld by the SIPC. The 30 three – dimensional models involved in the case were model works. East Teaching Aid and Yaxun Technology's sale of "Structural and Mechanical Principle Combination" products infringed on fischertechnik's right to reproduce the 30 model works involved in the case. This ground of appeal of fischertechnik was justified. There was nothing wrong with the court of first instance finding that East Teaching Aid and Yaxun Technology did not commit behavior of unfair competition and the SIPC upholds this determination. In view of the fact that fischertechnik failed to submit evidence to prove that the goods involved in the case were in stock, and the SIPC has also ordered the two Appellees to stop the production and sale of the goods involved in the case that infringed on the copyright of the Appellant, this court maintained the determination of the court of first instance concerning the appeal for the Appellees to destroy the goods involved in the case. In accordance with Paragraph 2 of Article 2 and Item 7 of Article 3 of the *Copyright Law of the People's Republic of China*, Item 13 of Article 4 of the *Regulation on the Implementation of the Copyright Law of the People's Republic of China*, Item 1 and Item 2 of Paragraph 1 of Article 170 of the *Civil Procedure Law of the People's Republic of China*, it is ruled as follows.

Ⅰ. The first item of the civil judgment ((2016) H0104MC No. 24421) by the Primary People's Court of Xuhui District of Shanghai Municipality of the People's Republic of China is upheld.

Ⅱ. The second and third items of the civil judgment ((2016) H0104MC No. 24421) by the Primary People's Court of Xuhui District of Shanghai Municipality of the People's Republic of China are revoked.

Ⅲ. The Appellees, Shanghai East Teaching Aid Co., Ltd. and Shanghai Yaxun

Intelligent Robot Technology Co.,Ltd., shall cease infringing on fischertechnik's copyright to the 30 model works involved in the case, from the date when this judgment takes effect.

Ⅳ. The Appellees, Shanghai East Teaching Aid Co.,Ltd. and Shanghai Yaxun Intelligent Robot Technology Co.,Ltd., shall jointly compensate the Appellant, fischertechnik, for economic losses of RMB 500 000 and the fees for property preservation application and other reasonable expenses of RMB 75 000 within ten days from the date when this judgment takes effect.

Ⅴ. The other claims of Fischertechnik are rejected.

If the obligation to pay money is not fulfilled within the period specified in the judgment, the interest on the debt during the period of delay shall be doubled in accordance with the provisions of Article 253 of the *Civil Procedure Law of the People's Republic of China*.

The fees for accepting the case in the first instance is RMB 13 800, of which the Appellant, fischertechnik, shall bear RMB 2932 and the Appellees, Shanghai East Teaching Aid Co.,Ltd. and Shanghai Yaxun Intelligent Robot Technology Co.,Ltd., shall jointly bear RMB 10 868. The fees for accepting the case in the second instance is RMB 12 200, of which the Appellant, fischertechnik, shall bear RMB 1918 and the Appellees, Shanghai East Teaching Aid Co.,Ltd. and Shanghai Yaxun Intelligent Robot Technology Co.,Ltd., shall jointly bear RMB 10 282.

This ruling is final.

Presiding Judge Chen Huizhen
Judge Shang Jiangang
Judge Yang Fuyu
September 19, 2019
JudgeAssistant
Clerk Qing Tianning

Annex: Relevant Laws

1. *Copyright Law of the People's Republic of China*

Article 2 ...

Any work of a foreigner or stateless person which enjoys copyright under an agreement concluded between the country to which the author belongs or in which the author permanently resides and China, or under an international treaty to which both countries are parties, shall be protected by the law.

...

Article 3 "Works" mentioned in the law shall include works of literature, art, natural science, social science, engineering technology and the like made in the following forms:

...

(7) Drawings of engineering designs and product designs, maps, schematic diagrams and other graphic works as well as model works;

...

2. *Regulation on the Implementation of the Copyright Law of the People's Republic of China*

Article 4 Thedefinitions of the following works in the *Copyright Law* and the *Regulations*:

...

(13) Model works are three – dimensional works that are created in certain proportions according to the shapes and structures of objects for the purpose of demonstration, experiment or observation, etc. ;

...

3. *Civil Procedure Law of the People's Republic of China*

Article 170 The people's court of second instance shall, after hearing a case of appeal, deal with the case separately according to the following circumstances:

(1) If the original judgment or ruling finds the facts clearly and apply laws correctly, the appeal shall be dismissed by way of judgment or ruling and the original judgment or ruling shall be affirmed;

(2) If the facts found in the original judgment or ruling are inaccurate or if the application of the law is incorrect, the said judgment or ruling shall be amended, revoked or modified in accordance with the law;

...

13. Appeal of Shanghai Ibaotu Network Technology Co., Ltd. Against Chu for the Dispute over Infringement of the Right of Authorship and the Right of Communication of Works through Information Network

Shanghai Intellectual Property Court
Civil Judgment

(2019) H73MZ No. 312

Appellant (Defendant of first instance): Shanghai Ibaotu Network Technology Co., Ltd.

Legal representative: Song, Director and General Manager of Ibaotu.

Agent ad litem: Tang, lawyer of Watson & Band Shanghai Office.

Agent ad litem: Zeng, lawyer of Watson & Band Shanghai Office.

Appellee (Plaintiff of first instance): Chu.

Agent ad litem: Li, lawyer of Hiways Law Firm Nanjing Office.

Agent ad litem: Yan, lawyer of Hiways Law Firm Nanjing Office.

The Appellant, Shanghai Ibaotu Network Technology Co., Ltd. (hereinafter referred to as "Ibaotu") refused to accept the civil judgment ((2019) H0115MC No. 17201) regarding the dispute over infringement on the right of authorship and the right of communication of a work through information network between Ibaotu and the Appellee Chu made by the Primary People's Court of Pudong New Area of Shanghai Municipality, and lodged an appeal to the SIPC. After accepting the case on August 19, 2019, the SIPC organized a collegial bench and heard the case in public on October 8, 2019. Tang and Zeng, agents ad litem of the Appellant, Ibaotu, and Li, agent ad litem of the Appellee, Chu, attended the proceedings in court. Now, the case has been closed.

The Appellant, Ibaotu appealed to the court, requesting to revoke the judgment of first instance, remand the case for retrial or dismiss all the claims of the Appellee in the first instance. Facts and reasons: (1) The determination and judgment of infringement behavior in the first - instance judgment is incorrect, because the alleged infringing video is not posted by the Appellant and the Appellant is just a network service provider instead of the direct infringer. (2) The determination of infringement liability in the firs – instance judgment is not correct for lack of analysis over the Appellant's subjective state. The communication of the work involved on the information network is from a legitimate source, and the Appellant should not be held liable without the subjective intent of infringement because it has fulfilled its obligation on anti – infringement review as a network service provider, satisfying the requirements for the "Safe Harbor" defense. (3) The omission of the necessary party to a joint action in the first – instance judgment leads to a defect in procedural legitimacy. (4) The Appellant's behavior does not constitute an act of infringement on the right of authorship or only involves minor circumstances, so it should not be ordered to make an apology.

The Appellee, Chu, argued that the court of first instance clearly analyzed the nature of the Appellant's infringement behavior and the liability it should bear. The Appellant communicated the work posted by the so – called designer without conducting any substantive review, and enjoyed the benefits brought by the long – time communication of the work.

Chu filed a lawsuit to the court of first instance requesting that: (1) Ibaotu should pay him RMB 200 000 to compensate for his economic losses as well as the attorney's fees of RMB 5 000, notary fees of RMB 2000 and travel expenses of RMB 1000 he had paid for preventing infringement. (2) Ibaotu should post a statement of apology in a conspicuous location on the homepage of www. ibaotu. com and keep showing it through for a week.

The court of first instance ascertained the following facts: Chu took a large number of photos by way of time – lapse photography in different places of Beijing and made a video through post production including selection, editing, and dubbing. Chu posted the video on Youku under his account "Chu Travels Around the World" on August 16, 2016 using the name of "Beijing (Time) – Time – lapse Photos Showing the Beauty of Beijing". The video has a duration of two minutes and 12 seconds with Chu's personal web address and WeChat account indicated at its lower – right corner. There were 56 followers to the account and totally 49 videos under the account on September 5, 2018, and the videos had been played for 200 000 times.

In April 2018, Chu authorized an outsider of the case to use totally ten – second long video footage consisting of five sections of the above – mentioned video once in the pre – show publicity video for an auto show in Beijing (with communication on YouTube and WeChat permitted), with a license fee of RMB 5000.

Ibaotu is the operator of the website www. ibaotu. com. According to Agreement for the Use of Network Services of Ibaotu and Ibaotu Privacy Policy, the website provides registered users with posting, sharing, searching and downloading services of images and videos. Section 4.2 "Service Regulations" of the agreement provides that users "may upload, post or communicate related contents with Ibaotu services, including but not limited to words... videos... and other information or data, but you should assume liability related to such contents... Unless otherwise proved by contrary evidence, Ibaotu will regard you as the copyright owner of the contents you upload, post or communicate on Ibaotu..."

According to the notarization of evidence preservation made by Chu on September 5, 2018: (1) Four search results were provided by searching "High - definition time - lapse video footage showing the urban tour scenery in Beijing" on www. ibaotu. com, and there was the watermark of Ibaotu's website in the upper - right corner of the video preview occurring by clicking on the first search result. It was shown in the video information beside the preview that the video was uploaded on July 19 2017 and had been viewed for 19 578 times, saved for 401 times and downloaded for 4789 times by the date of notarization. (2) The statement beside the video indicated that "the contents of templates are for reference only, and as Ibaotu is a commercial database of genuine images, all the original works (including video previews) are protected by the Copyright Law. The copyright and related rights of these works are owned by the website, and no one may use any of them without permission, or the violators may be requested to bear the liability for compensation of up to RMB 500 000 pursuant to law". After clicking on the description of "Learn about Licensing for Commercial Use" beside the video, there were allegations of the website such as "An ocean base of genuine footage for downloading" "Zero risk for commercial use" "All the images and video footage on the website...are available for mass download" and "www. ibaotu. com exclusively owns the copyright to all the footage of the website ..." (3) "Copyright Ownership Agreement" and "Copyright Statement" were disclosed on www. ibaotu. com. Of them, it is specified in the template of "Copyright Ownership Agreement" that Party B only owns the right of authorship to all the works it creates upon the commission of Party A (i. e. Ibaotu), and Party A owns all the other rights other than the right of authorship; Party A shall provide Party B with access to the background for uploading. Ibaotu indicates in its "Copyright Statement" that all the works on Ibaotu are originally designed by its contracted designers, which guarantees their originality, novelty and legal authorization; and www. ibaotu. com reviews the original works and other information posted by its contracted designers to guarantee the legitimacy, compliance and non -

infringement of the works to the greatest extent.

Comparison between the above – mentioned video on www. ibaotu. com and the video made by Chu by playing them shows that their contents are exactly the same except that the former is 12 seconds shorter than the latter and the watermark of www. ibaotu. com is added at the upper – right corner of the former.

According to the background information of www. ibaotu. com submitted by Ibaotu, the alleged infringing video was uploaded by a designer named Gao on July 17, 2017 and removed on September 29, 2018. Ibaotu paid RMB 2440 to the designer's bank account through an outsider of the case on August 6, 2017. Only the VIP users of www. ibaotu. com who must pay for the membership may download the video.

During the first – instance trial, Ibaotu submitted the VIP prices disclosed on www. ibaotu. com, including the annual price of RMB 199 (standard price of RMB 594) for VIP membership of the whole website, and the annual prices of RMB 99 (for mass download) and RMB 39 (at most ten videos may be downloaded every day) for multimedia VIP membership.

Chu paid notary fees of RMB 2440 for the litigation of the case.

The court of first instance also ascertained that, on October 16, 2018, Chu posted an article on his WeChat official account of "Chu Travels around the World" using the title of "www. ibaotu. com, an Infringed Designer Asks You to Return Home to Eat Shit" and its main contents were as follows: Chu found upon his friend's warning that www. ibaotu. com had posted the time – lapse Beijing – themed video he posted on Youku after cutting the logo at the lower – right corner and provided download permissions for paid users by alleging that it owned the copyright to it. Gao also found that there were many time – lapse videos on www. ibaotu. com which were cut out from other video website and labeled as "Ownership of Copyright". On October 19 the same year, Chu posted another article on his WeChat official account using the title of "A Nightmare of Designers: the Backstage Manipulator Han of Ibaotu, Wotu, 58pic and Shetu" and its main contents were as follows: After the aforesaid article was posted, www. ibaotu. com began to complain about the article for suspected defamation and infringement of reputation right. A few photographers contacted Chu for joint protection of rights and some of Chu's friends who had purchased footage from www. ibaotu. com inquired whether they would be sued by the original authors of the footage after reading the above – mentioned article. The relations between the image websites mentioned above were also described in the article. Ibaotu entrusted a law firm to send an attorney demand letter to Chu on November 12 the same year, alleging that Ibaotu had committed no behavior infringing upon Chu's rights and interest while the above – mentioned articles posted by Chu defamed and damaged the reputation of Ibaotu and demanding that Chu delete all the negative statements about Ibaotu, publicly clarify the facts and make an apology.

The court of first instance holds that the term "works" in the *Copyright Law of the People's Republic of China* (hereinafter referred to as the "*Copyright Law*") refers to the intellectual creations in the fields of literature, art and sciences which are of originality and can be reproduced in a tangible form. According to the applicable provision in the *Regulations for the Implementation of the Copyright Law of the People's Republic of China*, cinematographic works and works created by a process analogous to cinematography mean works which are recorded on some medium, consisting of a series of images, with or without accompanying sound, and which can be projected with the aid of suitable devices or communicated by other means. The video to which Chu claimed rights is made through post production including selection, editing, and dubbing from a large number of photos showing the urban scenery in Beijing which were taken by Chu with time – lapse photography, and it is a work protected by the *Copyright Law* due to its originality in expression. Similar to films and TV dramas, the video consists of a series of images with accompanying sound, and can be projected with the aid of suitable devices like computer and communicated by the Internet and other means. Therefore, they are exactly the same in the form of expression but different in the method of creation. The protection of the *Copyright Law* for a work is based on its form of expression instead of method of creation. In addition, with the development of technology, the method of creation for films is not limited to "cinematography" any more. For example, there are a lot of animation films using computer as the main creation tool. Given the similar form of expression of the video by Chu to cinematographic works, the court of first instance recognized it as a work created by a process analogous to cinematography.

In accordance with Article 7 of the *Interpretation of the Supreme People's Court of People's Republic of China on Several Issues Concerning the Application of Laws in the Trial of Civil Disputes over Copyright*, the manuscript, original copy, legitimate publication, certificate of copyright registration, certification issued by a certification body and the contract proving acquisition of rights provided by a party engaged in a lawsuit which are related to copyright may be used as evidence. The natural person, legal person or other organization that signs on a work or a product shall be deemed as the holder of copyright and copyright – related interests, unless there is contrary evidence. In the case, Chu provided information about publication of the video on a third – party platform, submitted corresponding high – definition images used for creation of the video and the video finally created, and described the process of creation of the time – lapse video. They were mutually corroborated in contents and jointly proved that Chu is the author of the work in dispute. As there was no contrary evidence, the court of first instance held that Chu was the author of the work in dispute and should enjoy the copyright under law.

The notarial deed submitted by Chu proves that the behavior of Ibaotu providing the public with the work created by Chu on www. ibaotu. com under its operation infringed upon Chu's right of communication through information network to the work. Ibaotu infringed upon Chu's right of authorship because it didn't put Chu's name to the work while using it. Ibaotu defended itself arguing that the website it operated only provided storage space for information, the infringing video was uploaded by one of its registered users, and it had performed its duty of due care. The court of first instance found that there was not any information about the person uploading the infringing video on the web page in question but it was clearly indicated that the copyright to the video belongs to Ibaotu. Based on the above facts, it could be ascertained that Ibaotu provided the infringing video for its network users on its website. According to the background information provided by Ibaotu and the fact that it had paid remuneration to the corresponding designer in combination with the "Copyright Ownership Agreement" and "Copyright Statement" disclosed on www. ibaotu. com, the infringing video was uploaded by one of its certified designers. However, based on statements of Ibaotu, a designer enjoys only the right of authorship to the material he or she uploads, and other rights in copyright belong to Ibaotu, which will pay remuneration to the designer after reviewing its quality. It is an operation mode in essence that Ibaotu purchases the copyright to creation materials from their designers and communicates them to the public through its website to earn profits. Therefore, the video footage uploaded by the designer to www. ibaotu. com is the subject matter transferred according to the agreement between the designer and Ibaotu, so the company acts as the copyright owner of the video footage in communicating it through its website. It is thus clear that Ibaotu directly committed the behavior of providing the infringing video for its network users rather than only providing storage space of information for the designer. In view of such facts, whether Ibaotu had performed its duty of due care had no impact on determination of its liability. Therefore, the court of first instance rejected the above counterarguments raised by Ibaotu.

Ibaotu should assume corresponding liability for its behavior infringing on Chu's right of authorship and right of communication through information network. Considering the fact that Ibaotu not only removed the author's name but alleged that it owned the copyright to Chu's work while communicating it through its website, the court of first instance supported Chu's request that Ibaotu should make an apology on its website. As for the amount of damages, Ibaotu argued that it earned profits of less than RMB 50 from the infringing video based on the quantity of multimedia footage on its website, VIP prices and the download volume of the infringing video. The court of first instance held that the VIP members of Ibaotu wouldn't necessarily download all the materials on its website, and the more abundant materials there were on the website of Ibaotu, the more users would be attracted, which would increase the traffic and value of the website of Ibaotu. Therefore, the method that Ibaotu used for calculation of its gains from such infringement act was groundless. In addition, Ibaotu alleged on its website that it held the copyright to the infringing video and that users could use it for commercial purpose, so at least part of the users who downloaded the infringing video would use it for commercial purpose, which might squeeze Chu's market share in licensing the video for commercial use and cause damages to Chu. Therefore, the court of first instance rejected Ibaotu's defense because the method it used for calculation of profits was groundless and its alleged gains from infringement differed greatly from Chu's losses due to the infringement. Considering that both Chu's actual losses resulting from the infringement and the unlawful gains of Ibaotu could not be determined, the court of first instance determined the amount of damages by taking into comprehensive consideration the type and degree of originality of Chu's work, the fact that Ibaotu alleged it owned the copyright to the infringing video and provided access to download for paid users, the situation of viewing, saving and downloading the infringing video, the operation scale of www. ibaotu. com, the duration of the infringer's misconduct and consequences. Ibaotu should also compensate Chu's reasonable spending on prevention of infringement. Considering that Chu paid notary fees of RMB 2440 but only claimed compensation of RMB 2000 based on disposition of his right, the court of first instance supported the claim. As per the related standard rates for attorney's fees, details of the case, workload of Chu's agent ad litem in the case, the compensation for attorney's fees claimed by Chu was reasonable, so it was supported by the court of first instance. As for the travel fees claimed by Chu, the court of first instance supported the claim at its own discretion based on the actual situation of appearing in court by Chu's agent ad litem.

In summary, according to Item 2 and 12 of Paragraph 1 of Article 10, Item 1 of Article 48 and Article 49 of the *Copyright Law* and Article 7, Paragraph 1 and 2 of

Article 25 and Article 26 of the *Interpretation of the Supreme People's Court of P. R. C. on Several Issues Concerning the Application of Laws in the Trial of Civil Disputes over Copyright*, the court of first instance ruled that: (1) Ibaotu shall pay Chu RMB 100 000 as compensation for economic losses and reasonable spending of RMB 7400 on prevention of the infringement behavior within ten days after the judgment takes effect. (2) Ibaotu shall post an apology statement in a conspicuous position on the homepage of www. ibaotu. com within ten days after the judgment takes effect and keep showing it for one week (the contents must be reviewed by the court of first instance). If Ibaotu fails to perform the obligation within the time limit specified in the judgment, the court of first instance will disclose the main contents of the judgment in relevant media, and the costs thus incurred shall be borne by Ibaotu. (3) Chu's other claims are rejected. If the litigant obligated to pay money fails to perform its obligation to make payment within the time limit specified in the judgment, it shall pay twice the amount of interest on the debt for the period during which the performance is deferred pursuant to Article 253 of the *Civil Procedure Law of the People's Republic of China*. The fees for accepting the case of RMB 4420 in the first instance shall be charged by half, i. e. RMB 2210, of which Chu shall bear RMB 534 and Ibaotu RMB 1676.

After trial, the SIPC found that the facts ascertained by the court of first instance were true, and the SIPC affirmed such facts.

Ibaotu submitted to the court the following evidence surrounding its appeal during the second - instance hearing: The first set of evidence includes About Us, Inquiry about Filing Information, Information on Networking Filing and Homepage Bottom of www. ibaotu. com; the second set of evidence includes the License for Internet Culture Operation, the License for Radio and Television Production and Operation, the License for Publication Operation, Filing Form for Online Distribution of Publication, Website Prestige Accreditation Certificate and Rating Certificate for Security Alliance Enterprise Prestige; the third set of evidence includes Sign - in Web Page, Regulations of www. ibaotu. com for Designers, and Procedure for Signing a Contract; the fourth set of evidence includes Homepage and Contact Us of the website; the fifth set of evidence includes the web page for Uploading Works, Requirements for Work Production by Designers, Work Review Process of www. ibaotu. com, and Baidu Image Recognition; and the sixth set of evidence includes the Background Data of www. ibaotu. com. The first to sixth sets of evidence was used to prove that www. ibaotu. com had no motive to infringe others' intellectual property rights as a platform providing creative contents, and defend itself as a platform having the right to cite the legitimate source pursuant to law. The seventh set of evidence consisting of the information about review by Ibaotu on the works uploaded by the outsider Gao to its website since 2017 was used to prove that Gao was a qualified designer and Ibaotu had fulfilled its obligation of reasonable review.

Chu's opinions upon examination of the above evidence are as follows: He had no objection to the authenticity of the first to sixth sets of evidence but thought they were irrelevant to the case. It was impossible to verify the identity of the designer, Gao, involved in the seventh set of evidence.

The opinions of the SIPC after examining the above evidence are as follows: The first to the sixth sets of evidence reflected the relevant qualifications of Ibaotu and its rules & regulations and procedures related to review of works, but not the review of the work in dispute, without direct relevancy to the case, so such evidence was not accepted by the SIPC. The reviewed works involved in the seventh set of evidence didn't include the work in dispute in the case, thus lacking direct relevancy to the case, so the SIPC did not to accept it.

The SIPC holds that according to the litigants' arguments and defenses, the focus of dispute in the second instance of the case rests with whether Ibaotu was eligible for defense of legitimate source, whether Ibaotu was at fault for alleged infringement behavior and whether the assumption of civil liability determined by the court of first instance was reasonable. For that, the SIPC comments as follows:

Ⅰ. Whether the Appellant can claim for defense of legitimate source

In this case, the Appellant alleges that its behavior satisfies the conditions for the defense of legitimate source specified in Article 53 of the *Copyright Law* and should not assume corresponding legal liability. The SIPC holds that Article 53 of the *Copyright Law* provides that a publisher or a producer of reproductions who fails to prove that it is legally authorized publishing or producing of the reproductions, or a distributor of reproductions or a renter of reproductions of a cinematographic work or a work created by a process analogous to cinematography, computer software, sound recording or video recording who fails to prove the legal source of the reproductions that it distributes or rents, shall bear legal liability. First, in accordance with the textual interpretation of the above article, the subjects which can claim for the defense of legitimate source include the publishers and lessors of works, the Appellant does not conform to the provision in the article concerning the subjects for defense of legitimate source as the transferee of the copyright to the work in dispute. Second, whether the subjects for defense of legitimate source specified in Article 53 in the *Copyright Law* can be expanded to the transferee of copyright? The Appellant argues that expanded interpretation should be applied to the above article and it is eligible to claim for defense of legitimate source as a transferee of copyright. The SIPC holds that the prerequisite for expanded interpretation is existence of a loophole in the law and a legal loophole refers to a situation where the expression of an article falls short of the legislators' goal and is thus incomplete. And to judge whether there is a loophole in an article needs to analyze the purpose the law. The SIPC holds that as for the provision of Article 53 of the *Copyright Law*, its inclusion of the publishers of reproductions in the subjects for defense of legitimate source but exclusion of the transferee of copyright is due to an intentional selection of legislators instead of a legal loophole. The reason is as follows: publishing right is a right to provide the public with the original copy or reproductions of a work in the form of sale or donation and the publishing of reproductions is limited to the sale of tangible reproductions of a work. the "legitimate source" specified in Article 53 of the *Copyright Law* does not mean that copyright has a legitimate source but products as tangible reproductions have a legitimate source. The reason why it is interpreted in this way is that, on the one hand, for sellers of reproductions, the profits they earn are mainly from the price difference between purchased goods and sold goods instead of the value deriving from the copyright of works. If the sellers of reproductions are required to conduct substantive review of copyright ownership, it will lead to unbalanced burden and interests for them and they usually have no the required conditions and capabilities for substantive review of copyright ownership. As a result, publishers of reproductions may be exempted from corresponding legal liability as long as they can prove the tangible reproductions have a legitimate source pursuant to law. By comparison, profits the transferee or licensee of copyright earns are mainly based on the value deriving from the copyright to works or closely related to the value of the copyright to works, so they are obliged to conduct substantive review of the ownership of copyright to a transferred work, which is different from the review by publishers of reproductions on the legitimate source of tangible reproductions in nature. On the other hand, reproductions of works carry both the property right of commodities and copyright to works, it is necessary not to impose a higher obligation of attention for copyright ownership review on sellers of reproductions so as to balance the interests between property right holders and copyright holders and facilitate circulation of commodities on the market, or circulation of commodities will be improperly obstructed. In view of that, inclusion of the publishers of reproductions in the subjects for defense of legitimate source in the *Copyright Law* is associated with the characteristics of tangible reproductions of works, and expansion of the subjects for defense of legitimate source to the transferee of copyrights to works is contrary to the purpose of the *Copyright Law*, so the Appellant's claim for defense of legitimate source is legally groundless and the SIPC does not adopt such claim.

Ⅱ. Whether the Appellant has subjective fault for the alleged infringement behavior

Pursuant to Article 6 of the *Tort Law of the People's Republic of China*, one who is at fault for infringement upon the civil right or interest of another person shall held liable for infringement. As mentioned above, the Appellant cannot claim for exemption of legal liability by citing the provision of the *Copyright Law* concerning the defense of legitimate source, but whether an infringer should bear the liability for compensation and to what extent an infringer should bear the liability for compensation should be based on whether the infringer is at fault and the degree of fault. In this case, despite the fact that the so – called copyright to the work in dispute is transferred to Ibaotu by Gao, an outsider of the case, it does not naturally mean that the Appellant is not at fault. The SIPC holds that Ibaotu is at fault for occurrence of the alleged infringement behavior, and the main reasons are as follows: first, though Ibaotu alleged in this lawsuit that it had conducted manual review on the copyright to the work in dispute and make comparison in Baidu Image Recognition, it failed to provide corresponding evidence to prove its allegation, and it also failed to prove that it had asked the outsider, Gao, to specify the tools used for shooting the work in dispute, and the time and process of creation, which is enough to show that the Appellant failed to fulfill its reasonable review obligation on the copyright ownership of the work in dispute. Second, the work in dispute is a video created through post production including selection, editing, and dubbing after photographing a large number of images, it naturally involves greater costs due to the long time spent on shooting photos. However, as a professional website engaged in the business of images and videos, the Appellant paid the outsider, Gao, an amount of fees for the work in dispute obviously lower than the market price, so it is natural for the Appellant to be aware of the higher probability of the work in infringing on the copyright of other people but it took no further review measures.

Ⅲ. Whether the assumption of civil liability decided by the court of first instance is reasonable

As for determination of the amount of damages, the SIPC holds that considering that both the Appellant's gains from infringement and the Appellee's losses could not be determined, the court of first instance determined the amount of damages by taking comprehensive account of the type and degree of originality of the work in dispute, the fact that Ibaotu alleged it owned the copyright to the infringing video and provided access to download for paid users, the situation of viewing, saving and downloading the infringing video, the operation scale of www.ibaotu.com, the duration of the infringer's misconduct and consequences. Comprehensive factors were taken into account in the process of determination and the determined amount of damages was also reasonable, so the SIPC affirmed the determination.

As for assumption of the civil liability of making an apology, the SIPC holds that the Appellant infringes upon the Appellee's right of authorship because the Appellant did not put the Appellee's name on the work in dispute and alleged it owned its copyright while communicating it. Assumption of the civil liability of making an apology applies to infringement upon personal rights and copyright is a personal right of the copyright holder. Therefore, since the Appellant's behavior infringes on the Appellee's personal right, it is appropriate for the court of first instance to rule that the Appellant shall make an apology and the SIPC affirms it.

To sum up, the Appellant's claim of appeal is not justified and shall be dismissed. The fact - findings in the judgment of first instance were clear, and the applicable law was correct, so the judgment of first instance should be affirmed. Pursuant to the provision in Item 1, Paragraph 1, Article 170 of the *Civil Procedure Law of the People's Republic of China*, the following ruling is made:

The appeal is dismissed and the original judgment is affirmed.

The fees for accepting the case of RMB 2448 in the second instance shall be borne by the Appellant, Shanghai Ibaotu Network Technology Co., Ltd.

This ruling is final.

Presiding Judge	He Yuan
Judge	Wu Yingzhe
Judge	Fan Jingbo
	December 28, 2019
Judge Assistant	Chen Yunzhi
Judge Assistant	Zhu Shiyue
Clerk	Zhou Ying

Annex: Relevant Laws

Civil Procedure Law of the People's Republic of China

Article 170 The people's court of second instance shall, after hearing a case of appeal, deal with the case separately according to the following circumstances:

(1) If the original judgment or ruling finds the facts clearly and apply laws correctly, the appeal shall be dismissed by way of judgment or ruling and the original judgment or ruling shall be affirmed;

...

14. Appeal of Chen Against Beijing Qihoo Technology Co., Ltd. and other Appellee for the Dispute over Infringement of the Right of Dissemination of Works through Information Network

Shanghai Intellectual Property Court
Civil Judgment

(2020) H73MZ No. 30

Appellant (Plaintiff of first instance): Chen.

Agent ad litem: Shen, lawyer of Shanghai SUNHOLD Law Firm.

Appellee (Defendant of first instance): Beijing Qihoo Technology Co., Ltd.

Legal representative: Zhou, Executive Director of Qihoo.

Agent ad litem: Li, female, employee of Qihoo.

The Appellant Chen appealed to the SIPC due to refusal to accept the Civil Judgment ((2018) H0115MC No. 61245) made by the Primary People's Court of Pudong New Area of Shanghai Municipality on the dispute over the infringement upon the right of dissemination of works via information networks with the Appellees Beijing Qihoo Technology Co., Ltd. (hereinafter referred to as "Qihoo") and Shanghai MediaV Advertising Co., Ltd. (hereinafter referred to as "MediaV"). After filing the case on January 6, 2020, the SIPC formed a collegial bench in accordance with the law. After investigation, the Appellee MediaV had cancelled its registration before this case was filed, so Chen applied for withdrawing the lawsuit against MediaV, to which Qihoo agreed, and the SIPC made an oral ruling approving the application and made a written record. On May 14, 2020, the SIPC held a public hearing on this case. The Appellant Chen and her agent ad litem Shen, and Li, agent ad litem of the Appellee Qihoo appeared in court. This case has now been concluded.

Chen requested the SIPC to: revoke the judgment of first instance, remand the case for retrial or make an amendment supporting all of Chen's claims against Qihoo in the first instance in accordance with the law. Facts and grounds: (1) The 360 Image Search service operated by Qihoo loads advertisements on the picture in question in the search results. It can redirect to the advertisement page only when users click on the picture. Therefore, Qihoo does not simply display search results in the form of thumbnail, but further uses the search results for commercial purpose, which has not only affected the normal use of the picture in question, but also unreasonably damaged the Appellant's legitimate rights and interests in and to the picture in question, hence such act shall be determined to constitute copyright infringement; (2) The evidence provided by MediaV in the first instance cannot prove that it has used linking technology for the picture in question, so the use of the picture in question by MediaV constitutes a provision of works. Qihoo has a keyword targeted advertising partnership with MediaV, and Qihoo's setup of a link to the infringing picture of MediaV constitutes contributory infringement.

The Appellee Qihoo argued that: (1) The display by Qihoo, as a search engine provider, of the thumbnail of the picture in question in the search results based on the search terms entered by the user is in line with the common practice of the search engine industry and belongs to the reasonable use of the picture in question; The setup of advertising links to some thumbnails does not involve the storage and display of pictures, which is not an adjustment subject to the Copyright Law of the People's Republic of China (hereinafter referred to as the "*Copyright Law*"). (2) Qihoo and MediaV are only the search provider and the searched party respectively. Whether the use of the picture in question on the website of MediaV constitutes an infringement is unrelated to Qihoo, so the Appellant's accusation of contributory infringement cannot be established.

Chen filed a lawsuit to the court of first instance, requesting: (1) Qihoo and MediaV to immediately stop infringing upon the right of dissemination of Chen's works via information networks; (2) Qihoo and MediaV to jointly compensate Chen for infringement losses of RMB 300 000; (3) Qihoo and MediaV to jointly compensate Chen for reasonable expenses of RMB 40 074 for stopping the infringement; (4) Qihoo and MediaV to respectively publish statements of apology in prominent positions on the homepage of their official websites (www. 360. cn, www. mediav. com) and maintain it for 30 days. During the trial of the first instance, Chen withdrew the first claim.

The court of first instance found the following facts:

In 2017, Chen took a series of photos of the monolithic moving and jacking – up of Buddhist Statues in Main Hall of Shanghai Jade Buddha Temple, including the photographic works in question "Juexing monk from Jade Buddha Temple holding a container containing a branch of a willow and dew" shot on September 17, 2017. Chen uploaded a number of pictures, including the picture in question, to chinapic. people. com. cn.

Qihoo is the sponsor of 360 Search(domain name: so. com), and MediaV is the sponsor of MediaV Net(domain name: mediav. com).

Ⅰ. Suspected infringement of Qihoo and MediaV

Chen asserted that Qihoo and MediaV used the picture in question in advertising, and Chen preserved evidence on relevant web pages through notarization.

The notarial deed((2018) HDZZ No. 998) issued by the Shanghai Oriental Notary Public Office specifies that on January 22, 2018, this notary office conducted evidence preservation notarization on the relevant web pages based on Chen's application. (1) Open the Google Chrome browser and enter "www. so. com" in the address bar to enter the website of 360 Search. Enter the "moving of Buddhist Statues in Main Hall of Shanghai Jade Buddha Temple" in the search box of 360 Image Search(image. so. com), and the search results showed a large number of pictures related to Shanghai Jade Buddha Temple, including the picture in question taken by Chen. There is a word "advertisement" on each of the first six pictures(the picture in question is not involved therein), click on the picture with the word "advertisement", the web page will directly redirect to the third – party website corresponding to the advertisement. (2) Click on the thumbnail of the picture in question, and a larger picture is displayed on the preview page, with the logo of "chinapic. people. com. cn" on the lower right corner of the picture, and a text ad link below the picture. Click on the picture, the web page redirects to the shopping navigation page of MediaV Net (gouwu. mediav. com). The picture on the upper left corner of the web page is the picture in question, and there is a word "direct link" on the right side of the picture. (3) Click on the picture in question on the MediaV Net, and the web page redirects to other shopping navigation pages of gouwu. mediav. com.

The notarial deed((2018) HDZZ No. 6670) issued by the Shanghai Oriental Notary Public Office specifies that on Thursday, June 21, 2018, this notary office conducted evidence preservation notarization on the relevant web pages based on Chen's application. (1) Open the Google Chrome browser and enter "www. so. com" in the address bar to enter the website of 360 Search. (2) Enter the "Buddhist Statues in Main Hall of Shanghai Jade Buddha Temple" in the search box of 360 Image Search (image. so. com), and the search results showed a large number of pictures related to Shanghai Jade Buddha Temple, and there is a word "advertisement" on each of the first six, including the picture in question.

The notarial deed((2018) HDZZ No. 6671) issued by the Shanghai Oriental Notary Public Office specifies that on Thursday, June 21, 2018, this notary office conducted evidence preservation notarization on the relevant web pages based on

Chen's application. (1) Open the Google Chrome browser and enter "www. so. com" in the address bar to enter the website of 360 Search. Enter the "Shanghai Jade Buddha Temple" in the search box of 360 Image Search (image. so. com), and the search results showed a large number of pictures related to Shanghai Jade Buddha Temple, including the picture in question. There is a word "advertisement" on each of the first six pictures (the picture in question is not involved therein). (2) Click on the thumbnail of the picture in question, and a larger picture is displayed on the preview page, with the logo of "chinapic. people. com. cn" on the lower right corner of the picture, and a text ad link below the picture. Click on the picture, the web page redirects to the original web page of the picture on chinapic. people. com. cn. (3) Enter the "monolithic moving and jacking - up of Buddhist Statues in Main Hall of Shanghai Jade Buddha Temple" in the search box of 360 Image Search (image. so. com), and the search results showed a large number of pictures related to Shanghai Jade Buddha Temple. There is a word "advertisement" on each of the first six pictures in the search results, including the picture in question. Click on the picture, the web page will directly redirect to the third - party website corresponding to the advertisement.

The notarial deed ((2018) HDZZ No. 4267) issued by the Shanghai Oriental Notary Public Office specifies that on Tuesday, April 24, 2018, this notary office conducted evidence preservation notarization on the relevant web pages based on Chen's application. (1) Chen used the Huawei mobile phone provided by the notary office, connected it to the wireless network at the notary office, and installed the Android version of "360 Browser" on the mobile phone. (2) Entered the "moving of Buddhist Statues in Main Hall of Shanghai Jade Buddha Temple" in the search box of 360 Image Search for image search, and the search results showed a large number of pictures related to Shanghai Jade Buddha Temple. There is a word "advertisement" on each of the first four pictures in the search results, including the picture in question. Click on the picture, the web page will directly redirect to the third - party website corresponding to the advertisement. Chen paid notarial fees of RMB 1400 for this notarization.

The notarial deed ((2019) HDZZ No. 908) issued by the Shanghai Oriental Notary Public Office specifies that on Monday, January 21, 2019, this notary office conducted evidence preservation notarization on the relevant web pages based on Chen's application. (1) Open the Google Chrome browser and enter "www. so. com" in the address bar to enter the website of 360 Search. Enter the "moving of Buddhist Statues in Main Hall of Shanghai" in the search box of 360 Image Search (image. so. com), and the search results showed a large number of pictures related to Shanghai Jade Buddha Temple. There is a word "advertisement" on each of the first six pictures in the search results, including the picture in question. (2) Click on the picture, the web page will directly redirect to the third - party website corresponding to the advertisement. Chen paid notarial fees of RMB 2674 for this notarization.

The above notarization also involves other photographic works of Chen.

Ⅱ. Notarization by Qihoo and MediaV on the demonstration of the technology in question

MediaV claimed that the picture in question displayed on the MediaV Net was stored on the server of the people. cn, and only a link was set up to it. Such notarial deed ((2019) JFYNJZZ No. 02367) issued by the Beijing Fangyuan Notary Public Office as presented by MediaV as evidence specifies that on January 28, 2019, the agent ad litem of MediaV conducted evidence preservation on the relevant web pages using the Internet - connected computer at the notary office. (1) Open the Google Chrome browser and clear the browsing data. Enter the "moving of Buddhist Statues in Main Hall of Shanghai Jade Buddha Temple" in the search box of 360 Image Search, click on the thumbnail of the picture in question in the search results, and a larger picture is displayed on the preview page. Click on the picture, and enter relevant web page of gouwu. mediav. com, on the upper left corner of which there is the picture in question, and there is a word "direct link" on the right side of the picture. (2) Click on the picture in question on the gouwu. mediav. com webpage, a pop - up menu appears, click the "check" option in the menu, and the developer tool window of the browser will pop up on the right side of the page. In the source code of the web page, the URL of the picture in question is the URL related to chinapic. people. com. cn. (3) Click the "direct link" on the right side of the picture in question, the web page will redirect to the page of chinapic. people. com. cn where Chen posted the picture in question on September 17, 2017, and view the network address of the original picture in question on the chinapic. people. com. cn. After comparison, the address is consistent with the network address of the picture in question on the alleged infringing web page (gouwu. mediav. com) displayed in the developer tool. MediaV also checked the network addresses of other pictures involved in Chen's notarization in the same way.

MediaV claimed that there is a transparent layer on the window where the picture in question is displayed on the website of MediaV. When clicking on the picture in question, the user is actually clicking on the transparent layer, and the web page will redirect to the advertisement page corresponding to the transparent layer.

The act of adding layer advertisement and the act of adding picture link are independent and different. Such notarial deed((2019)JHCNMZZ No. 01553)issued by the Beijing Haicheng Notary Public Office as presented by MediaV as evidence specifies that on February 15,2019,the agent ad litem of Qihoo conducted evidence preservation on the relevant web pages using the Internet – connected computer at the notary office. (1) Open the Google Chrome browser and clear the browsing data. Enter the " moving of Buddhist Statues in Main Hall of Shanghai Jade Buddha Temple" in the search box of 360 Image Search (image. so. com), click on the thumbnail of the picture in question in the search results, and a larger picture is displayed on the preview page. Click on the picture, and enter relevant web page of gouwu. mediav. com, on the upper left corner of which there is the picture in question. (2) Click on the picture in question on the web page of the gouwu. mediav. com, and the page redirects to the Tmall website(www. tmall. com). (3) Open the developer tool of the browser and view the source code of the alleged infringing web page of gouwu. mediav. com in the developer tool window. The web page displaying the picture in question contains the transparent layer advertisement code and the original URL of the picture in question. After deleting the transparent layer advertisement code(a piece of code containing www. tmall. com), click again on the picture in question on the upper left corner of the gouwu. mediav. com page, and the web page redirects to the page of the picture in question on the chinapic. people. com. cn. (4) After reloading the relevant page of gouwu. mediav. com containing the picture in question, and deleting the code of the original URL of the picture in question from the website source code (a piece of code containing chinapic. people. com. cn), the relevant page on Gouwu. mediav. com, where the picture in question would have been displayed, becomes blank. Click on the blank window, the web page still redirects to the Tmall website.

Qihoo claimed that search engines will display advertising links on relevant thumbnails based on search keywords entered by users. Such notarial deed((2019) JHCNMZZ No. 00449) issued by the Beijing Haicheng Notary Public Office as presented by Qihoo as evidence specifies that on January 8,2019, the agent ad litem of Qihoo conducted evidence preservation on the relevant web pages using the Internet – connected computer at the notary office. (1) Open the Google Chrome browser and clear the browsing data. Enter "travel" in the search box of 360 Image Search(image. so. com), it can be seen that there is a word "advertisement" on each of the first six pictures in the search results. Click on the picture with the word "advertisement", the web page directly redirects to the third – party website corresponding to the advertisement. (2) Enter "Liu", "Fu", "Cai", and "Niu" in the search box of 360 Image Search successively, it can be seen that there is no word "advertisement" on the pictures in the search results, click on the picture to display a preview of the picture, and the original URL of the picture is displayed on the right side of the page. (3) Enter "Liu's travel", "Fu's travel", "Cai's travel", and "Niu's travel" in the search box of 360 Image Search successively, it can be seen that there is a word "advertisement" on each of the first six pictures in the search results. Click on the picture with the word "advertisement", the web page directly redirects to the third – party website corresponding to the advertisement.

Qihoo claimed that there is a word "advertisement" on some pictures in the 360 image search results, but they are still thumbnails. Such notarial deed ((2019) JHCNMZZ No. 02348) issued by the Beijing Haicheng Notary Public Office as presented by Qihoo as evidence specifies that on March 8, 2019, the agent ad litem of Qihoo conducted evidence preservation on the relevant web pages using the Internet – connected computer at the notary office. (1) Open the Maxthon 5 browser and clear the browsing data. Visit the official website of 360 Image (image.so.com), enter the kernel switch function page of the browser and select the IE 8 kernel. (2) Enter "Xuewawa", and "Xuewawa Mengchong" in the search box of 360 Image Search successively, it can be seen that there is no word "advertisement" on the pictures in the search results. (3) Enter "masking tape" in the search box of 360 Image Search, it can be seen that there is a word "advertisement" on each of the first six pictures in the search results. Click on the picture with the word "advertisement", the web page directly redirects to the third – party website corresponding to the advertisement. Click the seventh picture in the search results (that is, the first picture without the word "advertisement" in the search results), the page shows a larger preview of the picture, on both sides of which there are page turning buttons "<" ">". Click the "<" button, the previews of the first six pictures can be viewed in turn, and the website where the picture is located is displayed on the right side of the page; click the picture preview, the web page redirects to the original website where the picture is located.

Qihoo claimed that there is a word "advertisement" on some pictures in the 360 image search results; the web page will directly redirect to the third – party website corresponding to the advertisement after clicking on the picture, because the thumbnail is covered with a transparent advertising layer (floating layer). The thumbnail and the advertising link (floating layer) are two parts. Such notarial deed ((2019) JHCNMZZ No. 02349) issued by the Beijing Haicheng Notary Public Office as presented by Qihoo as evidence specifies that on March 8, 2019, the agent ad litem of Qihoo conducted evidence preservation on the relevant web pages using the Internet – connected computer at the notary office. (1) Open the Maxthon 5 browser and clear the browsing data. Visit the official website of 360 Image (image. so. com), enter the kernel switch function page of the browser and select the IE 8 kernel. (2) Enter "Mengchong Xuewawa masking tape" in the search box of 360 Image Search, it can be seen that there is a word "advertisement" on each of the first six pictures in the search results. Among them, the subject to the fourth picture is ant (this picture is hereinafter referred to as ant picture), on which there is the word "advertisement". Click on the picture, the page redirects to the Taobao. com corresponding to the advertisement. (3) Click the seventh picture in the search results (that is, the first picture without the word "advertisement" in the search results), the preview page presents a larger picture, on the both sides of which there are page turning buttons "<" ">". Click the "<" button, the previews of the first six pictures can be viewed; turn to the preview of the fourth picture in the search results (that is, the ant picture), and click on the same, it redirects to the relevant page of www. duitang. com where the picture is located. (4) Right – click the fourth picture in the search results (that is, the ant picture), and select "review elements" from the pop – up shortcut menu to view the source code of the web page. After deleting the transparent layer advertisement code from the source code of the web page, there is no word "advertisement" on the fourth picture in the search results. Click on the picture, the web page redirects to the relevant page of www. duitang. com where the picture is located. Delete part of the code that contains the URL of the ant picture in question from the source code of the web page, the fourth picture in the search results becomes blank (there is no picture, but only a word "advertisement"). Click on the blank space, the page still redirects to Taobao. com.

The court of first instance held that, asprovided in Item 10 of Article 4 of the *Regulation for the Implementation of the Copyright Law of the People's Republic of China*, photographic works refer to artistic works created by recording images of objects on light – sensitive or other materials with the aid of devices. As provided in Paragraph 1 of Article 7 of the *Interpretation of the Supreme People's Court Concerning the Application of Laws in the Trial of Civil Disputes over Copyright*, the manuscripts, original scripts, lawful publications, copyright registration certificates, attestations issued by authentication institutions, contracts for acquiring rights, etc. as submitted by the parties concerned may be adopted as evidence for the determination of ownership. The picture in question in Chen's claim is photographic works. According to the electronic file of the picture in question submitted by Chen and the information posted on chinapic. people. com. cn, Chen can be deemed as the author of the picture in question.

Chen alleged that Qihoo and MediaV used her picture to advertise, infringing upon the right of dissemination of Chen's works via information networks. Qihoo argued that it provides search services; the pictures displayed in 360 Image Search are thumbnails commonly used by search engines, and the provision of thumbnails does not constitute infringement. The court of first instance held that, as provided in Article 5 of the *Provisions of the Supreme People's Court on Several Issues concerning the Application of Law in Hearing Civil Cases of Dispute over Infringement of the Right of Dissemination on Information Networks*, "Where a network service provider materially substitutes other network service providers to provide relevant works to the public by providing web page snapshots, thumbnails, etc. , the people's court shall hold that it constitutes an act of provision. Where the act of provision provided in the preceding paragraph does neither affect the normal use of related works, nor unreasonably damage the legal rights and interests of the right owner in and to the works, and the network service provider claims that it has not infringed upon the right of dissemination via information networks, the people's court shall support it." In order to provide network users with a better experience, when providing picture search services, search service providers will compress the pictures captured by search engines to form thumbnails and store them on the server. When network users use the picture search service, the small pictures presented on the search result page are thumbnails. Since the size and definition of the thumbnail is usually much lower than the original picture, the thumbnail usually cannot substantially replace the original picture. Search service providers providing users with thumbnails will neither cause damage to, nor infringe upon the right of dissemination via information networks available to the right owners of the original pictures. The picture in question of Chen appearing in the search results of the 360 Image Search is a thumbnail generated by the search engine. The reason why the 360 Image Search can find the picture in question is that Chen uploaded the picture in question to chinapic. people. com. cn, which, however, did not prohibit crawlers of the 360 Search Engine from capturing information from the website. Qihoo captured the picture in question to form a thumbnail, and presented such thumbnail in the search results, which did not infringe upon the right of dissemination via information networks available to Chen in and to the picture in question.

The relevant web page of the website operated by MediaV presents the picture in question owned by Chen. Click the picture in question on the web page, the web page will redirect to the relevant shopping navigation page. According to the technology demonstrated by the notarial deeds provided by Qihoo and MediaV, it can be determined that this situation is caused by the fact that MediaV has superimposed a transparent layer on the window displaying the picture in question. When the transparent layer advertisement code is deleted from the source code of the web page, the web page will redirect to the original website where the picture is located after network users click on the picture. When the code of the original URL of the picture is deleted from the source code of the web page, the picture is not displayed in the relevant position of the web page, and only a transparent layer displayed. Click on the blank space, the web page still redirects to the relevant advertisement page. MediaV. com can present the picture in question because MediaV sets up a link to the picture in question. Article 3 of the *Provisions of the Supreme People's Court on Several Issues concerning the Application of Law in Hearing Civil Cases of Dispute over Infringement of the Right of Dissemination on Information Networks* provides for that: "Where a network user or network service provider provides, on an information network, any work, performance, or audio or video recording which a right owner enjoys the right to disseminate on information networks without the permission of the copyright owner, the people's court shall determine that the network user or network service provider has infringed upon the right of dissemination via information networks, except as otherwise provided for by laws and administrative regulations. If the work, performance, audio or video recording is placed on an information network by means such as uploading to a network server, file sharing settings or using file sharing software, allowing the general public to download, browse or otherwise obtain the work, performance, audio or video recording at the time and place chosen individually, the people's court shall determine that the network user or network service provider has committed the act of provision as mentioned in the preceding paragraph." MediaV used linking technology to display the picture in question on its website, instead of directly uploading Chen's picture to the server. MediaV did neither provide users with the picture in question, nor infringe upon the right of dissemination of Chen's works via information networks.

Qihoo and MediaV used the technology of superimposing transparent layers on the window where the pictures are displayed when presenting some pictures to network users. When a network user clicks on the picture, the effect of clicking on the picture is not realized. In fact, he/she has only clicked on the transparent layer on the picture; as a result, the web page does not redirect to the original page of the picture in question, but the page guided by the transparent layer. This situation does not conform to the users' general understanding of search and link services, but the actions of Qihoo and MediaV do not constitute copyright infringement. The court of first instance made no comments on whether the actions of Qihoo and MediaV violated the principle of good faith, harmed the interests of the right owners of the pictures, and constituted unfair competition, since this case only involves copyright infringement.

Based on these grounds, the court of first instance made the judgment in accordance with Item 12 of Paragraph 1 of Article 10 of the *Copyright Law*, and Article 3 and 5 of the *Provisions of the Supreme People's Court on Several Issues concerning the Application of Law in Hearing Civil Cases of Dispute over Infringement of the Right of Dissemination on Information Networks*: Wu's claims were dismissed.

Upon trial, the SIPC found that the facts ascertained by the court of first instance were authentic, and determined the same.

The SIPC also found that the evidence submitted by Chen in the first instance showed that she had paid RMB 30 000 as attorney's fees and RMB 10 074 as notarial fees for this case.

During the second instance, the Appellant Chen submitted the following evidence materials: (1) Civil Judgment ((2019) J0491MC No. 20329), Civil Ruling ((2019) J0491MC No. 26976), Civil Ruling ((2018) J0102MC No. 47174), to prove that Qihoo and MediaV entrust the same agent ad litem in the relevant litigation, and have a mixture and thus shall bear joint and several liabilities for infringement; (2) Information about "Yang Jiongwei" on Baidu Baike, to prove that the legal representative of MediaV is the vice president of 360 Group, and Qihoo and MediaV have a mixture and thus shall bear joint and several liabilities for infringement; (3) Qihoo's information on TianYanCha. com, to prove that Qihoo's merger and acquisition of the MediaV Ad Platform, Qihoo and MediaV have a mixture and thus shall bear joint and several liabilities for infringement; (4) Notarial Deed ((2018) JFYNJZZ No. 13448), to prove that Qihoo and MediaV have jointly launched the keyword targeted advertising business, have established in – depth cooperation in information sharing, and thus shall bear joint and several liabilities; and (5) Civil Judgment ((2018) J0491MC No. 2086), to prove that MediaV has admitted in the related case that the picture is stored on its own server.

The Appellee Qihoo held in the cross – examination that: The relevance of evidence 1 was not recognized, which could not prove that the employee represented different companies in the same period, and the identity mixture of the employee was not equivalent to the mixture between the companies. The authenticity and relevance of evidence 2 were not recognized. 360 Group was different from Qihoo, and the legal representative's service in an affiliate could not prove mixture between the companies; the relevance of evidence 3 was not recognized. 360 Group was different from Qihoo, and the affiliation between the companies was not equivalent to the mixture between the companies. The relevance, authenticity and legality of evidence 4 were all not recognized. Keyword advertising was different from the provision of the picture, which could not prove that Qihoo participated in providing picture; the relevance of evidence 5 was not recognized since it was a judgment on the dispute over right of portrait and was unrelated to this case.

The Appellee Qihoo submitted the following evidence materials: (1) Civil Judgment((2019) J0491MC No. 20547), to prove that Qihoo does not have a cooperative relationship with the advertiser linked to the thumbnail; (2) Notarial Deed((2019)JHCNMZZ No. 11582), to prove that the reason why there is a word "advertisement" on some thumbnails is that they are covered with transparent advertisement layer; and (3) Civil Judgment((2019)J02MZ No. 6289), to prove that the act of loading advertisement layers into thumbnails in 360 search results is accidental, instead of a special technical setup.

The Appellant Chen held in the cross - examination that: The relevance, authenticity and legality of evidence 1 were all not recognized; evidence 2 was formed after the infringement notarization, which could not prove Qihoo's claim; the relevance of evidence 3 was not recognized.

Based on the evidence and cross - examination opinions of both parties, the SIPC held that: the evidence 1 - 3 provided by the Appellant could only prove that Qihoo and MediaV have an affiliation, but couldn't prove that they have a mixture of subject, and lacked relevance to this case, so it was not adopted by the SIPC. The evidence 4 provided by the Appellant was the notarization in the first instance of this case and was related to the business model of Qihoo and MediaV. Although Qihoo did not recognize its authenticity, it failed to provide contrary evidence, so it was confirmed by the SIPC; the evidence 5 provided by the Appellant was not an effective judgment and lacked relevance to this case, so it was not accepted by the SIPC. The evidence 1 - 3 provided by the Appellee was judgment on other cases, and lacked relevance to this case, so it was not adopted by the SIPC. The evidence 2 provided by the Appellant was used to prove the matters the same as those proved by the Notarial Deed((2019)JHCNMZZ No. 02349) provided by the Appellant in the first instance, so it was not adopted by the SIPC repetitively.

On the basis of the foregoing reviewed and confirmed evidence, the Court further found that:

On May 16, 2018, Beijing Hengde Law Firm applied to the Beijing Fangyuan Notary Public Office for notarization of evidence preservation; clicked on the MediaV Ad Platform on www. mediav. com and entered e. 360. cn using the computer at the notary office, a page of e. 360. cn contains such introductions as more than 90% of the market penetration rate, precise positioning of target users, targeting users through keywords, region, time and other positioning methods, and making the promotion more effective; clicked on the MediaV Ad Platform on www. mediav. com and entered the 360 Analysis Page, which introduces that its advantages include promotion analysis, and fully connection to e. 360. cn, thereby realizing the combination of conversion and promotion data, and optimizing release more easily; according to the introduction on the page of MediaV Ad Platform, "keyword targeted advertising" is a brand – new promotion plan jointly developed and launched by MediaV and Qihoo 360, which can precisely target the target audience by specifying keywords on the MediaV Ad Platform based on the search behavior of network users in the 360 Search, and creatively display the keywords in various forms on high – quality media partners of MediaV.

This Court held that the disputes in the second instance of this case mainly lie in: First, whether Qihoo's act of providing the thumbnail of the picture in question and loading an advertising link to the thumbnail constituted copyright infringement; second, whether Qihoo and MediaV constituted joint infringements.

In terms of the first focus of the dispute, both parties confirmed that the picture in question appearing in the search results of the 360 Image Search operated by Qihoo was a thumbnail generated by the search engine, of which the size and definition was lower than the original picture, and the thumbnail was saved on Qihoo's server. The dispute between both parties lies in whether Qihoo's act of providing a thumbnail of the picture in question and loading an advertising link to the thumbnail constituted copyright infringement.

In this regard, the SIPC held that, first, although the size and definition of the picture in question in the search results of the 360 Image is lower than the original picture, the picture itself has completely and clearly reproduced all the content of the original picture, so it should be identified as a reproduction of the original picture. In view of the fact that the reproduction is stored on Qihoo's server, Qihoo's display of the picture in question in the search results of the 360 Image is to provide the reproduction of the original picture it stores for the public via information networks, so that the public can download and browse the same at the time and place selected by themselves, so it shall be deemed that Qihoo has implemented the act of providing the picture in question.

Second, whether the use by Qihoo constitutes reasonable use. In order to enable network users to have an intuitive understanding of the searched pictures, Qihoo, as a search engine service provider, will usually reduce the searched pictures to acertain percentage when providing picture search services, that is, show the thumbnail to the network users; the thumbnail is saved on its server, and the user can click on it and enter the linked website to view its original picture. That is, in a general sense, the search engine service providers provide thumbnails for the purpose of providing search results for users instead of just providing thumbnails themselves; the thumbnail itself is a link to its original picture and is a more intuitive form of display of the original picture link, so the thumbnail has the function of transformative use. The purpose of providing thumbnail is to better serve the function of search engine, so the act of providing thumbnail can be generally determined to constitute reasonable use.

However, in this case, based on the multiple notarial deeds provided by both parties, the SIPC found that when entering a specific keyword into the search box of 360 Image Search, a large number of pictures related to that keyword will appear in the search results, among which there will be a word "advertisement" on each of the first six pictures, which is also a link to goods or services related to the aforementioned specific keyword; when clicking on these pictures, the web page will directly redirect to the third - party website corresponding to the advertisement rather than original page corresponding to them. In other words, Qihoo conducted both picture search and advertising search on the 360 Image Search page according to the keywords entered by users, and randomly matched the first six images with the advertising links of related goods or services on the search results display page. In this case, the pictures with the word "advertisement" no longer have the function of linking to the original picture, network users can not view the searched original picture on the linked website by clicking on the picture, so the pictures are mainly functioned to match with the advertising links of specific goods or services and provide related advertising services. When network users click on the pictures, the web page will only redirect to the third - party website corresponding to the advertisement.

In summary, Qihoo's act of loading an advertising link on the thumbnail of the picture in question while providing the thumbnail makes the use of the picture in question no longer have the function of transformative use linking to the original picture, or no longer for the purpose of serving its search engine, which has also caused a certain influence on the use of the original picture by the right owner, so Qihoo's argument that loading advertising links on the thumbnail constitutes reasonable use lacks factual and legal basis and is not supported by the SIPC.

In terms of the second focus of the dispute, the Appellant claimed that MediaV had committed the act of providing works and that Qihoo had constituted contributory infringement. In this regard, the SIPC held that, in accordance with Article 6 of the *Provisions of the Supreme People's Court on Several Issues concerning the Application of Law in Hearing Civil Cases of Dispute over Infringement of the Right of Dissemination on Information Networks*, if the plaintiff has preliminary evidence to prove that the network service provider has provided relevant works, performances, audio and video recordings, but the network service provider can prove that it only provides network services and is not at fault, the people's court should not determine that it constitutes an infringement. According to the above provisions, where the right owner has provided preliminary evidence, the network service provider claiming that it only provides network services should bear the corresponding burden of proof. In this case, the notarial deeds provided by the Appellant in the first instance can prove the presence of the picture in question on the website of MediaV, which have constituted preliminary evidence, while MediaV provided the Notarial Deeds ((2019) JFYNJZZ No. 02367) and ((2019) JHCNMZZ No. 01553) to prove that it only provides network services. In accordance with Article 108 of the *Interpretation of the Supreme People's Court on the Application of the Civil Procedure Law of the People's Republic of China*, for evidence provided by a party who bears the burden of proof, where a people's court finds out high possibility of existence of the facts to be investigated upon examination in combination with relevant facts, it shall be deemed that the facts exist. This Court noticed that, first, the date of the two notarial deeds submitted by MediaV fell into the period of the first instance, which was later than the Appellant's notarization date of evidence preservation. Second, according to the Notarial Deed ((2019) JFYNJZZ No. 02367), when clicking on the "direct link" on the right side of the picture in question on the MediaV Net, the page will redirect to original URL of the picture; while according to the Notarial Deed ((2018) HDZZ No. 998) provided by the Appellant in the first instance, when entering the MediaV Net by clicking on the thumbnails of other pictures, and clicking on the "direct link" on the right side of the picture on the MediaV Net, the page will redirect to other advertising page of the MediaV Net rather than the original URL of the picture. In summary, it can be seen that the notarized facts submitted by MediaV in the first instance are different from those submitted by the Appellant, so the two notarial deeds fail to meet the standard of proof of high probability, and are not enough to prove that MediaV has only provided network services for the picture in question. The Appellant's claim that MediaV has committed the act of providing works can be supported.

In terms of whether Qihoo has constituted contributory infringement, the SIPC held that, first, according to the notarial deeds submitted by the Appellant in the first instance, by clicking on the thumbnail of the picture in question for several times, the page sometimes redirects to the third - party website corresponding to the advertisement, sometimes the shopping navigation page of the MediaV Net, and sometimes the original web page of the picture on chinapic. people. com. cn, which indicates that the thumbnail of the picture in question provided by Qihoo is not a fixed link to the website of MediaV. Second, although the notarial deeds provided by the Appellant in the second instance show that MediaV claims on its website that it has jointly developed and launched "keyword targeted advertising" with Qihoo 360, Qihoo challenges this, and in the absence of other evidence, the evidence provided by the Appellant is not yet sufficient to prove that Qihoo and MediaV have cooperation in keyword targeted advertising, and that the alleged infringement in this case is the content under the aforementioned cooperation in keyword targeted advertising. Accordingly, the Appellant's claim that Qihoo has a common fault for MediaV's act of using the picture in question lacks factual and legal basis, and the SIPC did not support it.

In summary, the Appellee Qihoo's provision of the thumbnail of the picture in question and loading of advertising links on the thumbnail belongs to dissemination of the picture in question in and to which the Appellant enjoys the ownership to the public via information networks without permission and constitutes an infringement upon the right of dissemination via information networks available to Chen, so the Appellee Qihoo shall stop infringement, compensate for the losses, and bear other civil liabilities. This Court approved the Appellant's application for withdrawing the claim of stopping infringement in the first instance. In terms of the determination of the amount of compensation, Article 49 of the *Copyright Law* provides that in case of infringement upon copyright or copyright - related rights, the infringer shall make compensation based on the actual loss of the right owner; if it is difficult to calculate the actual loss, compensation may be made based on the infringer's illegal gains. The amount of compensation shall include the reasonable expenses paid by the patentee for putting an end to the infringement. If the actual loss of the right owner or the illegal gains of the infringer cannot be determined, the people's court shall, based on the circumstances of the infringement, award a compensation of less than RMB 500 000. In this case, in view of the fact that the Appellant did not submit definitive evidence that could prove the actual loss of the right owner or the infringer's illegal gains, the SIPC determined the amount of compensation to be borne by the Appellee Qihoo as appropriate based on an overall consideration of the type of the works in question, infringement method, subjective fault and consequence of act of the infringer. As for the reasonable expenses, the SIPC also noticed that the notarization submitted by the Appellant involved the notarization of several pictures, and determined the expenses as appropriate after comprehensive consideration of the rationality and necessity of the expenses. In terms of the petition for an apology, the SIPC held that apology is a method for assuming civil liability for the infringement upon personal rights. The Appellant now claims that the Appellee, Qihoo, has infringed upon the right of dissemination of her works via information networks, that is, she is claiming the infringement upon the property rights in her works. Therefore, the Appellant's claim that the Appellee Qihoo shall bear the civil liability of an apology lacks a legal basis, and is thus not supported by the SIPC.

In summary, part of the Appellant Chen's claims is established, and should be supported. In accordance with the Item 12 of Paragraph 1 of Article 10, Item 1 of Paragraph 1 of Article 48, and Article 49 of the *Copyright Law of the People's Republic of China*, and Item 2 of Paragraph 1 of Article 170 of the *Civil Procedure Law of the People's Republic of China*, the Judgment is hereby made as follows:

Ⅰ. The Civil Judgment ((2018) H0115MC No. 61245) made by the Primary People's Court of Pudong New Area of Shanghai Municipality is revoked;

Ⅱ. The Appellee (Defendant of first instance), Beijing Qihoo Technology Co., Ltd. shall compensate the Appellant (Plaintiff of first instance) Chen for the financial loss of RMB 2000 within ten days from the effective date of this Judgment;

Ⅲ. The Appellee (Defendant of first instance), Beijing Qihoo Technology Co., Ltd. shall compensate the Appellant (Plaintiff of first instance) Chen for the reasonable expense of RMB 25 000 within ten days from the effective date of this Judgment;

Ⅳ. Other claims made by the Appellant (Plaintiff of first instance) Chen in the first instance were dismissed.

The acceptance fee of this case in the first instance was to be RMB 6340, RMB 2918 of which was to be borne by Chen, and RMB 3422 by Beijing Qihoo Technology Co., Ltd.; the acceptance fee of this case in the second instance was to be RMB 6340, RMB 2918 of which was to be borne by the Appellant (Plaintiff of first instance) Chen, and RMB 3422 by the Appellee (Defendant of first instance), Beijing Qihoo Technology Co., Ltd.

This Judgment shall be final.

Presiding Judge	He Yuan
Judge	Du Lingyan
Judge	Chen Yaoyao
	June 29, 2020
Judge Assistant Clerk	Zhu Yonghua

Annex: Relevant Laws

Ⅰ. *Copyright Law of the People's Republic of China*

Article 10 Copyright shall include the following personal rights and property rights:

...

(12) The right of dissemination via information networks, that is, the right to provide works that may be obtained by the public at the time and place selected by the public by wired or wireless means;

...

Article 48 Anyone who commits any of the following acts of infringement shall bear civil liability for such remedies as ceasing the infringing act, eliminating the effects of the act, making a public apology or paying compensation for damages, depending on the circumstances; where he/she damages public interests at the same time, the copyright administration department may order him/her to cease the infringing act, may confiscate his/her illegal gains, confiscate and destroy the reproductions of infringement, and impose a fine on him/her; if the case is serious, the copyright administration department may also confiscate the materials, instruments and equipment, etc. mainly used to make the reproductions of infringement; where his/her act has constituted a crime, he/she shall be investigated for criminal liabilities in accordance with the law:

(1) Without the permission from the copyright owner, reproducing, distributing, performing, projecting, broadcasting, compiling, disseminating to the public through

information network his/her works, except where otherwise provided in this Law;

...

Article 49 In case of infringement upon copyright or copyright – related rights, the infringer shall make compensation based on the actual loss of the right owner; if it is difficult to calculate the actual loss, compensation may be made based on the infringer's illegal gains. The amount of compensation shall include the reasonable expenses paid by the patentee for putting an end to the infringement.

If the actual loss of the right owner or the illegal gains of the infringer cannot be determined, the people's court shall, based on the circumstances of the infringement, award a compensation of less than RMB 500 000.

Ⅱ. *Civil Procedure Law of the People's Republic of China*

Article 170 The people's court of second instance shall, after hearing a case of appeal, deal with the case separately according to the following circumstances:

(1) If the original judgment or ruling finds the facts clearly and apply laws correctly, the appeal shall be dismissed by way of judgment or ruling and the original judgment or ruling shall be affirmed;

(2) If the facts found in the original judgment or ruling are inaccurate or if the application of the law is incorrect, the said judgment or ruling shall be amended, revoked or modified in accordance with the law;

...

V. Disputes over Unfair Competition

15. Appeal of Romax Ceramics (Shanghai) Co., Ltd. Against Shanghai Ronglian Ceramics Sales Co., Ltd. and Another Appellee for the Dispute over Commercial Defamation

Shanghai Intellectual Property Court
Civil Judgment

(2018) H73MZ No. 325

Appellant (Defendant of first instance): Romax Ceramics (Shanghai) Co., Ltd.

Legal representative: Huang, Chairman of Romax.

Agent ad litem: Zhou, lawyer of Shanghai Zhongyuan Lantian Law Firm.

Appellee (Plaintiff of first instance): Shanghai Ronglian Ceramics Sales Co., Ltd.

Legal representative: Lyu, Executive Director of Ronglian Ceramics Sales.

Appellee (Plaintiff of first instance): Shanghai Ronglian Construction Ceramics Co., Ltd.

Legal representative: Gong, Executive Director of Ronglian Construction Ceramics.

Agent ad litem of the above two Appellees: Xing, lawyer of Shanghai Yiping Law Office.

Agent ad litem of the above two Appellees: Feng, lawyer of Shanghai Yiping Law Office.

The Appellant, Romax Ceramics (Shanghai) Co., Ltd. (hereinafter referred to as "Romax"), appealed to the SIPC for its objection to the Civil Judgment ((2017) H0112MC No. 33238) made by the Primary People's Court of Minhang District of Shanghai Municipality over its commercial defamation dispute with the Appellees, Shanghai Ronglian Ceramics Sales Co., Ltd. (hereinafter referred to as "Ronglian

Ceramics Sales") and Shanghai Ronglian Construction Ceramics Co., Ltd. (hereinafter referred to as "Ronglian Construction Ceramics"). After filing the case, the SIPC formed a collegial bench in accordance with the law and heard the case in public on August 24, 2018. Zhou, agent ad litem of the Appellant, Romax, and Xing, agent ad litem of the two Appellees, Ronglian Ceramics Sales and Ronglian Construction Ceramics, attended the proceedings in court. Now, the case has been closed.

The Appellant, Romax, requested in the appeal to revoke the judgment of first instance, and amend the judgment to dismiss all the claims of the two Appellees in the first instance under law. Facts and reasons: (1) The factual basis on which the judgment of first instance was made was incorrect. ①The program involved in the case was neither produced by the Appellant, nor broadcasted after the Appellant's review and confirmation. If there is any misunderstanding, it is the misoperation of the program production company, and the Appellant should not be held liable for any consequences. ②The Appellant is the sole successor and owner of the Roma series of brand trademarks, and the court of first instance did not confirm the evidence on the grounds that the *Letter of Authorization for the Use of Trademarks* provided by the Appellant was made overseas and the Appellant failed to submit the corresponding notarial certification formalities, which was incorrect. (2) The judgment of first instance evaded the fact that the two Appellees used "Roma Era" corresponding to their registered trademark "ROMAERA", which is prohibited by the law in China. If the goodwill of a commodity is not legal, it cannot be protected. ①In accordance with the provisions of the *Trademark Law of the People's Republic of China* (hereinafter referred to as the "*Trademark Law*"), foreign place names known to the public shall not be used as trademarks, and the "Roma Era" used by the two Appellees not only fails to correspond to its registered trademark "ROMAERA", but also is prohibited by the *Trademark Law*. When publicizing or selling the products it manufactures in China, the Appellant used its assigned trademark approved and registered in China in a normative way. ②The delivery note, order and business card of the two Appellees appeared in the program involved in the case contained the words "Roma Tile", which showed that the illegal acts and malice of the two Appellees were extremely obvious. Since the products sold by the two Appellees are illegal, their goodwill shall not be protected by law. (3) The Appellant did not fabricate or spread false facts, which does not constitute commercial defamation. The Appellant contacted the Program Division and participated in the recording of the program involved in the case in order to clarify that the products with quality problems are not manufactured by the Appellant. The Appellant did not make any evaluation on the quality of the products of the two Appellees, but commented on the common phenomena in the current tile market such as brand imitation and deception, but not on the two Appellees. In summary, the Appellant requested the SIPC to support its claims in the appeal and amend the judgment in accordance with the law.

The Appellees, Ronglian Ceramics Sales and Ronglian Construction jointly argued as follows: (1) the program involved in the case was produced with the Appellant's active participation, and it could not have been produced without the Appellant's active intervention. In addition, it is provided in the law that foreign place names known to the public shall not be registered and used as trademarks. It is impossible for the Appellant to have any rights to the trademark "Roma Tile" and there is no basis for its claim that it is the sole successor and owner of the Roma series of brand trademarks. (2) Whether the two Appellees have any illegal act was not related to the determination of the alleged infringement in the case, and in fact, the two Appellees used the trademark that has been approved for registration and the Chinese logo corresponding to the Chinese meaning of the trademark in the actual operation process, which did not violate the provisions of the *Trademark Law*. (3) Subjectively, the Appellant intended to strike its competitors, and objectively, the Appellant fabricated facts, and actively carried out discrediting behavior, which constitutes commercial defamation. ① The Appellant's statement in the program involved in the case was not just to "clarify the facts" or had far exceeded the need for "clarifying the facts", but took the opportunity to strike its competitors and obtain advantages in market competition. The Appellant committed "defamation" in the name of "clarification". ②The program involved in the case was produced on the basis of the previous program, which showed the documents and business cards of the two Appellees. The Appellant and the relevant public knew that the program involved in the case was aimed at the two Appellees, and the Appellant's claim that "there was no action against the two Appellees" was unfounded. ③Knowing that logos such as "罗马" and "ROMA" cannot be registered as trademarks, and it is impossible for it to produce any trademark right or other legitimate rights and interests to "Roma Tile" through long-term use, the Appellant still fabricated the fact that it produces the "real Roma Tile". At the same time, it put forward the words such as "brand imitation" and "deceiving consumers", which not only constituted discredit of the commercial reputation and commodity reputation of the two Appellees, but also misled consumers who do not know the truth, thus constituting a typical act of unfair competition. In summary, the two Appellees requested that the claims in the appeal of the Appellant be dismissed and the original judgment be affirmed.

Ronglian Ceramics Sales and Ronglian Construction Ceramics filed a lawsuit with the court of first instance, requesting that: (1) Romax should immediately stop the commercial defamation act against Ronglian Ceramics Sales and Ronglian Construction Ceramics; (2) Romax should publish a statement on "Shanghai Media Group Entertainment Channel" "Kankan News" and *Xinmin Evening News* to eliminate the ill effects; (3) Romax should compensate Ronglian Ceramics Sales and Ronglian Construction Ceramics for the economic loss of RMB 500 000 (the currency stated in the following text is RMB) and reasonable expenses of RMB 27 000. In the lawsuit of first instance, Ronglian Ceramics Sales and Ronglian Construction Ceramics clearly indicated that Romax had stopped the unfair competition involved in the case, so they applied for withdrawing the first claim, which was approved by the court of first instance.

The facts found by thecourt of first instance:

Ronglian Ceramics Sales was founded on September 19, 2007, with its business scope covering selling ceramic products and building decoration materials. Ronglian Construction Ceramics was founded on September 25, 2010, with its business scope covering selling ceramic products and building decoration materials, and entrusted production and processing of ceramic products. Romax was founded on December 22, 2010, engaging in the business scope of wholesale of ceramic products and building materials.

On January 7, 2011, Ronglian Construction Ceramics was approved to register the No. 7944115 trademark "ROMAERA", certified to be used on goods including tiles, which was valid until January 6, 2021.

On July 28, 2011, Shanghai Ronglian Ceramics Co., Ltd. was approved to register the No. 8500279 trademark " ", certified to be used on goods including tiles, which was valid until July 27, 2021.

On January 20, 2017, Shanghai Ronglian Enterprise Development Co., Ltd. became the owner of the above two trademarks after transfer. On February 6, 2017, the company signed a *Trademark Use Licensing Contract* with Ronglian Ceramics Sales and Ronglian Construction Ceramics to license the above two trademarks to Ronglian Ceramics Sales and Ronglian Construction Ceramics for use in the form of ordinary license.

As recorded in the Notarization Certificate ((2017) HLZJZ No. 3459) issued by Shanghai Luwan Notary Public Office, on August 31, 2017, it logged in Kankan News (www. kankanews. com) and watched the 2,651st episode of "Ga Shan Hu (Gossip)" broadcasted by the "New Entertainment" Channel on August 25, 2017. The episode is mainly aimed at the return visit of a consumer who bought the tiles produced and sold by Ronglian Ceramics Sales and Ronglian Construction Ceramics due to the quality problems such as cracks and flaws. Before the broadcast of the episode, Romax actively contacted the Program Division, claiming that it produced the real Roma tiles and came to the interview site of the previous episode together. In the program, the manager of Romax stated that "this should be a brand imitation effect" "the tiles that Mr. Hu bought are not Roma tiles, but Roma Era tiles" "the consumer suffered such a loss, or was deceived" "For the so - called brand imitation behaviors now... there are not only this so - called Roma Era", and so on. In addition, the legal advisor of Romax stated in the program that Romax "cooperates with the industry and commerce administration to fight against counterfeiting, and organizes a joint report and investigation campaign on trademark infringement or unfair competition with the industry and commerce administration", and so on. During the course of their statements, the program inserted the sales list with the title of Ronglian Ceramics Sales and business cards containing the names of Ronglian Ceramics Sales and Ronglian Construction Ceramics.

Ronglian Construction Ceramics paid RMB 2000 as notary fees for the preservation of evidence and RMB 25 000 as attorney's fees for engaging an attorney for the lawsuit.

The court of first instance also found that United Ceramics Co., Ltd. was approved to register the trademarks "榮聯羅馬 ROMAX" (No. 996974) and "ROMAX" (No. 8427165) on May 7, 2007 and July 14, 2011, respectively, certified to be used on goods including tile and cement. After renewal, the two trademarks are valid until May 6, 2027 and July 13, 2021, respectively. On August 7, 2015, Romax became the owner of the above two trademarks after transfer.

The court of first instance held that in this case, the unfair competition claimed by Ronglian Ceramics Sales and Ronglian Construction Ceramics was against the relevant content in the TV program broadcasted on August 25, 2017, and Ronglian Ceramics Sales and Ronglian Construction Ceramics also made it clear in the hearing of first instance that the alleged unfair competition had ceased, so the *Anti - Unfair Competition Law of the People's Republic of China* (hereinafter referred to as the "*Anti - Unfair Competition Law* (effective as from December 1, 1993)") before the amendment in 2017 should be applied herein. As defined in Article 14 of the law, the commercial defamation acts refer to behaviors of operators in fabricating or spreading false facts to damage the commercial reputation and commodity reputation of competitors. Fabrication and spread of false facts not only include false facts, but also the facts causing misunderstanding have a defamatory effect fall within the scope of commercial defamation. The business scope of Ronglian Ceramics Sales, Ronglian Construction Ceramics and Romax all covers the production and sales of ceramic products. Engaging in business activities of the same nature, they are in direct competition. In the case, a customer of Ronglian Ceramics Sales and Ronglian Construction Ceramics sought help from the TV media for the quality problems of their products. As the tiles sold by Romax are under the brand containing "羅馬", which are similar to "罗马", after watching the previous episode, Romax clarified through the same channel that its relationship with the "problematic" products was understandable. However, when interviewed by the media, the staff members and legal advisor of Romax used terms such as "brand imitation" "deceived" and "counterfeit". During the broadcast of the TV program, there were also delivery notes containing Ronglian Ceramics Sales and business cards containing the names of Ronglian Ceramics Sales and Ronglian Construction Ceramics, which easily made the viewers and related consumers think that the products produced by Ronglian Ceramics Sales and Ronglian Construction Ceramics had quality problems or were suspected of trademark infringement or unfair competition against Romax before the issues involved in the TV program were clarified, and adversely affected the commercial reputation and commodity reputation of Ronglian Ceramics Sales and Ronglian Construction Ceramics. Therefore, the court of first instance identified that the above – mentioned acts of Romax constituted commercial defamation on Ronglian Ceramics Sales and Ronglian Construction Ceramics. In addition, for the statement made by the personnel of Romax that "the products purchased by Mr. Hu are not Roma tiles but Roma Era tiles", the evidence submitted by the Parties is not sufficient to prove that their products have a one – to – one correspondence with "Roma Tile" and the above statement of Romax is not sufficient to adversely affect the goodwill or commodity reputation of Ronglian Ceramics Sales and Ronglian Construction Ceramics. Therefore, the claim of Ronglian Ceramics Sales and Ronglian Construction Ceramics that the above statement of Romax constitutes commercial defamation was not adopted by the court of first instance.

In view of the fact that the act of Romax has constituted commercial defamation against Ronglian Ceramics Sales and Ronglian Construction Ceramics, the court of first instance affirmed the legal basis for the claim that Ronglian Ceramics Sales and

Ronglian Construction Ceramics required Romax to eliminate the impact and compensate for their losses. The court of first instance determined the form of elimination of impact in the light of the circumstances of the case. Since Ronglian Ceramics Sales and Ronglian Construction Ceramics failed to provide evidence of the actual losses suffered or the benefits gained by Romax, the court of first instance comprehensively considered that the alleged unfair competition was disseminated through television and the Internet, and had a large scope of impact, but in view of the relatively small amount of content in the entire TV program involved in the case in which Romax discredited its competitors and the minor consequences, the court determined the amount of compensation for economic damages at its discretion. The notary fees claimed by Ronglian Ceramics Sales and Ronglian Construction Ceramics were indeed necessary for the lawsuit, and the amount they claimed was reasonable, so the claim was supported by the court of first instance. Attorney fees were also required for the lawsuit, but the amount claimed by Ronglian Ceramics Sales and Ronglian Construction Ceramics was excessive, so the claim was supported by the court of first instance in light of the case, the workload of lawyers and the relevant charging standards. Since the above reasonable expenses were actually paid by Ronglian Construction Ceramics, Romax shall make compensation to the company.

To sum up, the court of first instance, in accordance with the provisions of Article 14 and Article 20 of the *Anti - Unfair Competition Law* (effective as from December 1, 1993), ruled that: first, Romax shall publish a statement in the *Xinmin Evening News* to eliminate ill impact within 10 days from the date when the judgment takes effect (the content shall be reviewed by the court of first instance, and the duration shall not be less than 7 days); second, Romax shall compensate Ronglian Ceramics Sales and Ronglian Construction Ceramics for their financial losses of RMB 50 000 within 10 days from the date when the judgment takes effect; third, Romax shall compensate Ronglian Construction Ceramics for its reasonable expenses of RMB 10 000 within 10 days from the date when the judgment takes effect. If Romax fails to fulfill its obligation to pay the said money within the period specified in the ruling, it shall pay double the interest on the debt for the period of delayed performance in accordance with Article 253 of the *Civil Procedure Law of the People's Republic of China*. Of the fees for accepting the case of RMB 9070 for the first instance, Ronglian Ceramics Sales and Ronglian Construction Ceramics shall bear RMB 7770 and Romax RMB 1300.

During the second instance in the SIPC, the Parties submitted evidence in accordance with the law as requested in the appeal. The SIPC organized the Parties to exchange and cross – examine evidence.

The Appellant submitted the following evidence to the SIPC: (1) The original copy of the *Decision on Administrative Punishment of Xuhui Branch of Shanghai Administration for Industry and Commerce*(HGSXACZ 〔2012〕No. 040201210079) (only a duplicate was submitted in the first instance, hereinafter referred to as the "Decision on Administrative Punishment") to prove that the two Appellees' tile products had been punished for trademark infringement and unfair competition. (2) The video disc of the previous episode related to that involved in the case to prove that the tiles sold by the two Appellees in the name of "Roma Tile" were complained by customers due to quality problems. However, in fact, the two Appellees did not have the right to use the "Roma Tile" trademark, which damaged the Appellant's product image. After cross – examination, the two Appellees recognized the authenticity and legality of the above two pieces of evidence, but held that the products involved in the Decision on Administrative Punishment were not produced and sold by the two Appellees, and had nothing to do with them. Moreover, they were not related to the commercial defamation in the case. The dispute between the two Appellees and the consumers in the video of the previous episode involved in the case was caused by the quality of products, not by selling "Roma Tile" by the two Appellees, and the quality dispute has been properly resolved, so the Appellees did not recognize the relevance of the above two pieces of evidence. After examination, the SIPC confirmed the authenticity of the above two pieces of evidence, but the parties involved in the Decision on Administrative Punishment in Evidence 1 are not the two Appellees in the case, and also the company names printed on the tile products involved do not belong to the two Appellees. In addition, the Appellant failed to provide other evidence to prove that the administrative penalty is related to the two Appellees, so the evidence was rejected by the SIPC. In evidence 2, the video of the previous episode only involves the two Appellees' customers complaining about the quality of the tiles they bought, not about the "Roma Tile" dispute involved herein, so the evidence was also not accepted by the SIPC.

The two Appellees submitted to the SIPC a written statement from Mr. Hu, a customer of the two Appellees who appeared in the program involved in the case, proving that Hu only raised objections to the quality of the tiles he purchased and that the dispute had been properly resolved. After cross – examination, the Appellant argued that the two Appellees did not provide proof of Hu's identity, and that the written statement was dated earlier than the time of the broadcast of the program involved in the case, so it refused to recognize the authenticity of the evidence. After examination, the SIPC held that the evidence belonged to the testimony of the witness, but the witness failed to testify in court, and the Appellant did not recognize the authenticity of the evidence, so the evidence was not accepted by the SIPC.

After trial, the SIPC ascertained that the fact – findings of the court of first instance were true and the SIPC hereby affirmed the facts.

Based on the Parties' arguments and defenses during the second instance, the SIPC held that the main focuses of dispute herein were: first, whether the Appellant had committed unfair competition act of commercial defamation against the two Appellees; second, if the Appellant's act constituted commercial defamation, whether the adjudication of the court of first instance on the liability to be borne by the Appellant was appropriate.

As for the first focus of dispute, the SIPC held that the unfair competition alleged herein occurred before the newly – amended *Anti – unfair Competition Law* came into force on January 1, 2018, and the two Appellees clearly indicated that the alleged unfair competition had been ceased in the first instance, so the *Anti – Unfair Competition Law* (effective on December 1, 1993) should be applied herein. Article 14 of the law provides that operators shall not fabricate or spread false facts to damage the commercial reputation and commodity reputation of their competitors. False facts include not only information that does not correspond to the actual situation and whose content is untrue, but also misleading information that tends to trigger inappropriate associations. In the case, the Appellant submitted the *Letter of Authorization for the Use of Trademarks* and other evidence in the first instance, proving that it was authorized by United Ceramics Co., Ltd. to enjoy the right to use the so – called Roma series of trademarks registered in Taiwan Region in the Chinese mainland, but the evidence was formed outside the region and the Appellant failed to submit the corresponding notarial certification formalities, so there was nothing inappropriate for the court of first instance to reject the relevant evidence. Even if the above – mentioned evidence submitted by the Appellant proves its statement, according to the relevant provisions of the *Trademark Law*, foreign place names known to the public shall not be used as trademarks, and the Appellant claimed in the second instance that when it advertised or sold the products it manufactured in the Chinese mainland, it used its assigned trademarks which were approved and registered in the Chinese mainland. Therefore, the existing evidence submitted by the Appellant cannot prove that Appellant enjoys the trademark rights to "Roma Tile" or has established a sole corresponding relationship with "Roma Tile" in the Chinese mainland. The episode involved in the case was produced with the active intervention and participation of the Appellant against the products of two Appellees that the consumer made complaints in the previous episode. In the program, the Appellant stated that "the consumer suffered such a loss or were deceived" "brand imitation" "cooperates with the industry and commerce administration to fight against counterfeiting", etc. , directly identifying the two Appellees and the products they manufactured and sold. Such acts easily made the audience or consumers come to the conclusion that the Appellant was the legitimate owner of "Roma Tile" and that the two Appellees had infringed the trademark or engaged in unfair competition by imitating the Appellant's brand name, affecting the public's evaluation of the two Appellees' products and damaged the commodity reputation and commercial reputation of the two Appellees. Therefore, the above – mentioned acts of the Appellant constituted commercial defamation on the two Appellees. Since the relevant statements in the program involved in the case were made by the Appellant's related personnel, the Appellant should bear the corresponding liability. The SIPC rejected the Appellant's argument in the appeal that if the program involved in the case was misunderstood, it was misoperation of the program production company and the Appellant should not be held liable for the consequences. In addition, although the two Appellees were licensed to use the registered trademark "ROMAERA", they used it in correspondence with "Roma Era" in the actual business operation, and there were obvious noncompliant behaviors in such use. In view of the fact that this case only involves the determination of whether the Appellant's statement in the program involved in the case constitutes commercial defamation against the two Appellees, and whether the two Appellees use their registered trademarks in their business activities in accordance with the law does not fall within the scope of judgment herein, the SIPC rejected the Appellant's opinion of appeal that the two Appellees had illegal acts and their goodwill was not protected by law.

The Court held that the second focus of dispute was firstly about the liability to eliminate ill effects. In this case, the Appellant committed a behavior of commercial defamation in the television program of Shanghai "New Entertainment" Channel, which caused adverse effects on the reputation of the two Appellants, so the court of first instance, based on the request of the two Appellees, ruled that the Appellant shall eliminate such ill impact by publishing a statement in the *Xinmin Evening News* in Shanghai, which was not improper and was affirmed by the SIPC. Secondly, the liability for compensating damages. Pursuant to Article 20 of the *Anti – Unfair Competition Law* (effective as from December 1, 1993), if an operator violates the provisions of this Law and causes damages to an infringed operator, the operator shall be held liable for damages. If the infringed operator's damages are difficult to calculate, the amount of compensation shall be the profits gained by the infringer during the period of infringement; and the operator shall bear the reasonable costs paid by the infringed operator for investigating the unfair competition of the operator's infringement upon its legitimate rights and interests. In this case, since there was no evidence to prove the losses suffered by the two Appellees due to the infringement, and no evidence to prove the profits made by the Appellant due to the infringement, the court of first instance comprehensively took into account the scope of influence of the alleged unfair competition and the circumstances and consequences of the Appellant's infringement, as well as the notary fees claimed by the two Appellees, the workload of lawyers and the relevant charging standards to determine the amount of compensation for the losses, all of which were not improper and were affirmed by the SIPC. The Appellant's relevant arguments in the appeal were not accepted by the Court.

In summary, the claims of the Appellant, Romax, in the appeal could not be established and should be dismissed. The fact - findings in the judgment of first instance were clear, and the applicable law was correct, so the judgment of first instance should be affirmed. In accordance with the provisions of Item 1 of Paragraph 1 of Article 170 of the *Civil Procedure Law of the People's Republic of China*, the SIPC rules that:

The appeal is dismissed and the original judgment is affirmed.

The fees for accepting the case of RMB 1300 in the second instance shall be borne by the Appellant, Romax Ceramics (Shanghai) Co., Ltd.

This ruling is final.

Presiding Judge Chen Yajuan
Judge Qian Guangwen
Judge Wu Yingzhe
October 10, 2018
Judge Assistant Xie Ling
Clerk Zhu Lina

Judge's Post - Judgment Remarks

The Parties herein are all operators who have been operating in the ceramic industry for many years, and have made painstaking efforts for the production and sales of their products. Although the dispute involved by the Parties herein is one over commercial defamation, in essence, it is the competitive behavior of the Parties for the market shares and consumers of their products. In this process, the conduct of Romax Ceramics (Shanghai) Co., Ltd. does constitute unfair competition of commercial defamation, so it is necessary to bear the corresponding liability. But the problems reflected herein are not limited to that. The Parties are aware that foreign place names known to the public in the Chinese mainland shall not be used as trademarks. Therefore, in the operation, the Parties shall not use the logo of "Roma Tile" to sell or publicize the products manufactured by them in the Chinese mainland, but shall standardize the use of the registered trademarks owned by them, namely, Romax Ceramics (Shanghai) Co., Ltd. shall not directly use the so - called registered trademarks in Taiwan region for the production, sales and other business activities in the Chinese mainland, and Shanghai Ronglian Ceramics Sales Co., Ltd. and Shanghai Ronglian Construction Ceramics Co., Ltd. shall not directly use the registered trademark "ROMAERA" in correspondence with "Roma Era", which is a requirement for operating in accordance with the law, and the premise of honest competition. As the old saying goes, you must first estimate that you can do it before you can ask others to do it. The Parties herein should all maintain respect for the law, comply with the principles of competition under the law, and operate in good faith to win the market, which is the general practice and the right way for the lasting development of an enterprise.

Annex: Relevant Laws

Civil Procedure Law of the People's Republic of China

Article 170 The people's court of second instance shall, after hearing a case of appeal, deal with the case separately according to the following circumstances:

(1) If the original judgment or ruling finds the facts clearly and apply laws correctly, the appeal shall be dismissed by way of judgment or ruling and the original judgment or ruling shall be affirmed;

...

16. Appeal of Beijing iQIYI Science & Technology Co., Ltd. Against Beijing Sogou Information Service Co., Ltd. and Other Parties for the Dispute over Unfair Competition

Shanghai Intellectual Property Court
Civil Judgment

(2018) H73MZ No. 420

Appellant (Plaintiff of first instance): Beijing iQIYI Science & Technology Co., Ltd.

Legal representative: Geng, Vice President of iQIYI.

Agent ad litem: Luo, lawyer of Shanghai DeBund Law Offices.

Agent ad litem: You, lawyer of Shanghai DeBund Law Offices.

Appellee (Defendant of first instance): Beijing Sogou Information Service Co., Ltd.

Legal representative: Zhou, Chairman of Sogou.

Agent ad litem: Tian, lawyer of Fangda Partners (Beijing).

Agent ad litem: Han, lawyer of Fangda Partners (Beijing).

Appellee (Defendant of first instance): Shanghai Nduo Network Technology Co., Ltd.

Legal representative: Chen, General Manager of Nduo.

Third Party of first instance: Fuzhou Milai Network Technology Co., Ltd.

Legal representative: Zou, Executive Director of Milai.

The Appellant Beijing iQIYI Science & Technology Co., Ltd. (hereinafter referred to as "iQIYI") filed a lawsuit to the SIPC due to refusal to accept the Civil Judgment ((2017) H0110MC No. 12555) made by the Primary People's Court of Yangpu District of Shanghai on the case of dispute over unfair competition with the Appellant v. the Appellees Beijing Sogou Information Service Co., Ltd. (hereinafter referred to as "Sogou") and Shanghai Nduo Network Technology Co., Ltd. (hereinafter referred to as "Nduo"), Third Party of first instance Fuzhou Milai Network Technology Co., Ltd. After filing the case on September 11, 2018, the SIPC formed a collegial bench in accordance with the law, and held a public hearing on this case on October 31, 2018. Luo and You, agents ad litem of the Appellant iQIYI, and Tian and Han, agents ad litem of the Appellee Sogou appeared before the court. The Appellee Nduo was subpoenaed by the SIPC, but refused to appear in court without justifiable reasons, so the SIPC tried this case in accordance with the law in its absence; the Third Party of first instance Milai was subpoenaed by the SIPC, but also refused to appear in court without justifiable reasons, which exerted no influence on the trial of this case. This case has now been concluded.

The Appellant iQIYI requested the SIPC to: revoke the judgment of first instance, and make an amendment supporting the Appellant's claim in the first instance in accordance with the law. Facts and grounds: (1) The court of first instance held that the functions of "candidates for search" and "candidates for entry" were "arranged on the upper and lower two layers, with different font sizes", and candidates for search were marked with a "magnifying glass" icon, which would not cause confusion to consumers. The above determination was wrong. First of all, "arranged on the upper and lower two layers, with different font sizes" cannot be distinguished in the mobile phone interface, but it makes users think that it is a way of distribution and arrangement to match the mobile phone interface; second, although the "font size" is indeed different, the difference between the two is not obvious, and it is even more difficult to distinguish them in the mobile phone interface; third, the "magnifying glass" icon has the meaning of "search". Based on the entry environment of the mobile Internet, the confirmation button is often the "magnifying glass" icon. Therefore, the magnifying glass icon not only cannot enable users to distinguish between "candidates for search" and "candidates for entry", but also makes it easier for users to make wrong operation, by which the original visited page will redirect to the "Sogou Search" page. (2) The court of first instance held that after long-term use, users can distinguish the difference between candidates for search and candidates for entry, so its determination that no confusion would be caused was wrong. Instead, this determination by the court of first instance recognized that the accused act would indeed cause confusion among users; even if users could "distinguish", there were multiple "confusions" in this process, which would inevitably bring losses to iQIYI, and thus constitute unfair competition. (3) The court of first instance determined that the "candidates for search" provided with the close function was justified, which was incorrect. The alleged "candidates for search" function is opened and provides the Sogou Search Engine by default, but Sogou has never actively prompted users to open/close or change the search engine, and the operation process of related settings is complicated, so, in fact, most users will not change this setting. (4) The court of first instance held that the "candidates for search" function did not directly redirect to the video playback web page, so it did not constitute unfair competition, which was incorrect. The "candidates for search" function redirects to the search engine of "Sogou Search", and provides the playback page of its affiliate "Sohu Video" by default, which actually achieves the effect of snatching iQIYI's trading opportunities and potential users. (5) The court of first instance held that the "candidates for search" function was not opened by default for iQIYI APP, so it did not constitute unfair competition, which was incorrect. The accused act in this case occurred in the web browser, and the "candidates for search" function was not opened in the APP, which further demonstrated the subjective malice of Sogou. (6) The court of first instance held that the "candidates for search" function was not specially set for movies and TV plays, and video didn't necessarily rank first in search results, so it did not constitute unfair competition, which was incorrect. The search terms exemplified by the court of first instance in the judgment could precisely prove that the recommended terms must be the result of manual intervention. (7) The court of first instance held that the "candidates for search" function was not specially set for iQIYI, and also presented search results of other video websites, so it did not constitute unfair competition, which was incorrect. First, Sogou's act targeted all video websites including iQIYI, so iQIYI had the right to claim rights and interests; Second, the results of "candidates for search" all showed "Sohu Video" as the default video source; although other sources could be selected by operation, this operation was not convenient on the mobile APP and users were unlikely to make changes. (8) The court of first instance held that the "candidates for search" function didn't exert adverse influence on iQIYI and granted consumers the right of choice, so it did not constitute unfair competition, which was incorrect. First, when a user visits the iQIYI website through a web browser, it is a great opportunity for iQIYI to use its own services to attract users and convert them into those with higher "stickiness". At this time, due to the "candidates for search" function, users transfer to visit the competitor's website, thereby obviously causing losses to iQIYI. Second, in terms of the so – called consumers' "right of choice", based on the users' usage habits, in case of no notice given to users and opening the function by default, users will not close or change the search engine function with a high probability; so this right of choice is not fair and objective, and cannot be used as a ground for failure to constitute unfairness.

The Appellee Sogou argued that: First of all, the "candidates for search" function of the Sogou Input Method involved in this case is a combination of the search company's technical advantages in search engine and input method for the purpose of providing users with more services, and improving user experience. Second, the "candidates for search" function of the Sogou Input Method has reasonable product and matching function settings. Taking into account the users' life experience and cognitive level, it can be concluded that it is not easy to mislead users in fact. Third, the "candidates for search" function in question did neither hinder the normal function of iQIYI's website, nor damage the interests of iQIYI. In summary, the accused act is not improper, and the court is requested to uphold the judgment of the first instance.

The Appellee Nduo and the Third Party of first instance Milai did neither participate in the litigation, nor submit written defense opinions.

iQIYI requested the court of first instance to: (1) order Sogou to immediately stop providing users with the "candidates for search" function of the "Sogou Input Method" software operated by it in the form of unfair competition; (2) order Sogou to compensate iQIYI for financial losses of RMB (the following currency is also RMB) 1 000 000, and Nduo to assume joint and several liability for RMB 100 000 in the aforesaid amount of RMB 1 000 000; (3) order Sogou and Nduo to jointly compensate iQIYI for reasonable expenses of RMB 134 000 incurred by iQIYI to stop the infringement.

The court of first instance found the facts:

Ⅰ. Business status of iQIYI and Sogou

iQIYI was established on March 27, 2007, with a registered capital of RMB 30 000 000, and business scope including: Internet information service business; production and broadcasting services of literature and art, entertainment, science and technology, finance, sports, education, and other specialized audio - visual programs (item 3) in the class Ⅱ Internet audio - visual program services; collection and broadcasting services of audio - visual programs such as films, TV plays, and cartoons; management of music entertainment products, performance dramas (programs), animation products, and game products, and exhibition of network cultural products via information networks... ; production and distribution of cartoons, feature films, TV variety shows, etc.

As the sponsor and operator of the website www. iqiyi. com, iQIYI has the Value - added Telecommunications Business License and License for Dissemination of Audio - visual Programs via Information Networks (including Internet audio - visual program services for www. iqiyi. com and mobile Internet audio - visual program services for iqiyi. com). According to the website www. iqiyi. com, network users can purchase gold VIP memberships at a membership fee of RMB 19.8 per month, RMB 58 per quarter, and RMB 198 per year.

On April 1, 2014, Beijing Qiyi Century Technology Ltd. and New Classics Times Entertainment Co., Ltd. signed the *Exclusive License Agreement for Movie and TV Plays of the Imperial Doctress*, with the license period of 7 years from the date of premiere on satellite TV, and royalty of RMB 1 200 000 per episode. On April 10, 2014, Beijing Qiyi Century Technology Ltd. and Shandong Film & TV Media Group Co., Ltd. signed the *Exclusive License Agreement for Movie and TV Plays of Nirvana in Fire*, with the license period of 10 years. On March 17, 2016, Beijing Qiyi Century Technology Ltd. signed the Purchase Agreement for Exclusive Right to Use the Right of Dissemination of TV Plays of *the Starry Night, the Starry Sea* via Information Networks with Khorgos Menghuan Xingshengyuan Media Co., Ltd. and Feihu Information Technology (Tianjin) Co., Ltd., with the license period expired when the TV plays have been launched on the platform for 10 years. On June 20, 2016, Beijing Qiyi Century Technology Ltd. and New Classics Television Entertainment Investment Co., Ltd. signed the *Exclusive License Agreement for TV Plays of Razor*, with the license period expired when the TV plays have been launched on the platform for 10 years. On April 2, 2016, Beijing Qiyi Century Technology Ltd. and Shanghai Hongquan Films Co., Ltd. signed the *Exclusive License Agreement for TV Plays of Across the Ocean to See You*, with the license period expired when the TV plays have been launched on the platform for 5 years, and royalty of RMB 1 800 000 per episode. In August 2017, Beijing Qiyi Century Technology Ltd. issued a statement confirming that it had licensed the copyrighted or licensed films to iQIYI for online playback or download on the web page, and related clients and mobile terminals of iqiyi. com.

Sogou was established on December 28, 2005, with a registered capital of RMB 20 000 000, and business scope including: Internet information service business (including the publishing of online advertisements); operation of music and fine art entertainment products, performance dramas (programs), and animation products via Internet; technological development, technological consulting, technological service, and technological transfer; software development; basic software services, etc. During the first instance, Sogou confirmed that the Sogou Input Method software was developed and operated by it. The "candidates for search" function was launched around October 2015, the use of which required online technical support from such software. The court of first instance further found that the sponsor of the www. sohu. com website is Beijing Sohu Internet Information Service Co., Ltd., and Sogou confirmed that Beijing Sohu Internet Information Service Co., Ltd. and Sogou are affiliates.

Ⅱ. Facts related to the unfair competition alleged by iQIYI

On April 14, 2017, Luo, agent ad litem of iQIYI, applied for notarization of evidence preservation to the Shanghai Oriental Notary Public Office. Under the on-site supervision of the notary public Pan and staff member Gao at the notary public office, Luo used the ZTE mobile phone provided by the notary public office to open the browser and enter "pinyin. sogou. com", download and install the "Sogou Input Method (Android V8. 9)" APP, and enable the input method after installation. Then, reopen the browser, and enter "iqiyi. com" in the address bar. After entering "piaoya" using the Sogou Input Method in the search bar of the website, the candidates for entry box appears above the alphabet keyboard, showing "飘亚" "票" "飘" "漂" "嫖" "朴" and other candidate words for entry in turn from left to right, among which "飘亚" is displayed in red, and the candidates for search box is displayed above the candidates for entry box, in which a magnifying glass icon and the candidate words for search such as "漂洋过海来看你" and "漂洋过海来看……" are displayed in turn from left to right, with the font size of the candidate words for search slightly smaller than that of the candidate words for entry. The entered pinyin "piaoya" is displayed above the candidates for search box (see Fig. 1). After entering "piaoyangguohailaikanni" using the Sogou Input Method, the candidates for entry box will display candidate words such as "漂洋过海来看你" and "漂洋过海" from left to right, and the candidates for search box will display a magnifying glass icon, "漂洋过海来看你" and "漂洋过海来看……" from left to right. Click on the words "漂洋过海来看你" on the right side of the magnifying glass icon, the web page will redirect to the Sogou search result page with the keywords of "漂洋过海来看你", containing the first search result of "漂洋过海来看你_watch all episodes online_Sogou Video", and the second of "漂洋过海来看你_plot of each episode". Below the first search result, there is a "watch now" button, on the right side of which there displays a video source of "Sohu" with a "▼" icon (see Fig. 2). Click "watch now", the web page will redirect to the "Sohu Video" website again, and play the TV plays *Across the Ocean to See You*.

Fig. 1　Display of Sogou Input Method

Fig. 2　Redirected web page

After returning to the "iqiyi. com" website and entering "tidao" in the search bar, the candidates for entry box will display candidate words such as "提到" "剃刀" "踢到" and "提刀" in turn from left to right, and the candidates for search box will display a magnifying glass icon, "剃刀边缘" and "剃刀边缘电视剧" from left to right. After entering "tidaobianyuan" in the search bar, the candidates for entry box will display candidate words such as "剃刀边缘" "提到" "踢到" and "剃刀" in turn from left to right, and the candidates for search box will display a magnifying glass icon, "剃刀边缘" and "剃刀边缘电视剧" from left to right. Click on the words "剃刀边缘" on the right side of the magnifying glass icon, the web page will redirect to the Sogou search result page with the keywords of "剃刀边缘", containing the first search result of "剃刀边缘_watch all episodes online_Sogou Video", and the second of "剃刀边缘_plot of each episode". Below the first search result, there is a "watch now" button, on the right side of which there displays a video source of "Sohu" with a "▼" icon.

After returning to the "iqiyi. com" website and entering "napian" in the search bar, the candidates for entry box will display candidate words such as "那片" "纳片" "那篇" and "哪篇" in turn from left to right, and the candidates for search box will display a magnifying glass icon,"那片星空那片海"and"那片星空那片……"from left to right. After entering "napianxingkongnapianhai" in the search bar, the candidates for entry box will display candidate words such as"那片星空那片海"and "那片星空那……"in turn from left to right,and the candidates for search box will display a magnifying glass icon,"那片星空那片海"and"那片星空那片……"from left to right. Click on the words"那片星空那片海"on the right side of the magnifying glass icon,the web page will redirect to the Sogou search result page with the keywords of"那片星空那片海",containing the first search result of"那片星空那片海_watch all episodes online_Sogou Video",and the second of"那片星空那片海_plot of each episode". Below the first search result, there is a"watch now" button,on the right side of which there displays a video source of"Sohu"with a"▼" icon.

After returning to the"iqiyi. com"website and entering"nvyi"in the search bar, the candidates for entry box will display candidate words such as"女衣""女一""女医"and"女"in turn from left to right,and the candidates for search box will display a magnifying glass icon,"女医明妃传"and"女婴周岁长发及肩"from left to right. After entering"nvyiminfeizhuan"in the search bar,the candidates for entry box will display candidate words such as"女医明妃传","女一"and"女衣"in turn from left to right,and the candidates for search box will display a magnifying glass icon,"女医明妃传"and"女医明妃传小说"from left to right. Click on the words"女医明妃传"on the right side of the magnifying glass icon,the web page will redirect to the Sogou search result page with the keywords of"女医明妃传",containing the first search result of"女医明妃传_watch all episodes online_Sogou Video", and the second of"女医明妃传_plot of each episode". Below the first search result,there is a"watch now"button, on the right side of which there displays a video source of "Sohu"with a"▼"icon. After clicking the"home page"link at the bottom of the search result page,the page will redirect to the home page of Sogou Search.

After returning to the"iqiyi. com"website and entering"lang"in the search bar, the candidates for entry box will display candidate words such as"狼""""朗""浪""郎""啷"and"琅"in turn from left to right,and the candidates for search box will display a magnifying glass icon,"琅琊榜""狼与兄弟"and"狼人杀"from left to right. After entering"langyabang"in the search bar,the candidates for entry box will display candidate words such as"狼牙棒""狼牙榜"and"琅琊榜"in turn from left to right,and the candidates for search box will display a magnifying glass icon,"琅琊榜"and"琅琊榜电视剧"from left to right. Click on the words"琅琊榜"on the right side of the magnifying glass icon, the web page will redirect to the Sogou search result page with the keywords of "琅琊榜", containing the first search result of "琅琊榜_watch all episodes online_Sogou Video", and the second of "琅琊榜_plot of each episode". Below the first search result, there is a "watch now" button, on the right side of which there displays a video source of "Sohu" with a "▼" icon. After clicking the "home page" link at the bottom of the search result page, the page will redirect to the home page of Sogou Search.

After returning to the "iqiyi. com" website, entering "漂洋过海来看你" in the search bar and clicking on the search button, at the top of the search results there displays the "(TV plays) Across the Ocean to See You (2017)", below which there are two buttons "broadcast now" and "download". After clicking the button "broadcast now", the TV plays *Across the Ocean to See You* will be broadcast on the website. Then, after entering "Razor" "the Starry Night, the Starry Sea" "the Imperial Doctress" and "Nirvana in Fire" respectively in the search bar, such films and TV plays can be broadcast on the website.

After returning to the home page of the mobile browser, enter "Nduoa Market" in the search bar and click search, and then enter "www. nduoa. com" in the address bar of the redirected page, the bottom of the page displays "company name: Shanghai Nduo Network Technology Co., Ltd.". After searching "Sogou Input Method" in the search bar at the top right of the web page, the result shows that the website provides download of the Version 8.6 of "Sogou Input Method", with 66.24 million downloads.

The staff of the notary public office supervised the above process and issued the Notarial Deed ((2017) HDZJZ No. 8184) on May 7, 2017. In the first trial, both iQIYI and Sogou confirmed that by clicking on the above "▼" icon that appeared in the notarization, other video sources of the aforesaid films and TV plays could be displayed and selected to broadcast.

On April 14, 2017, Luo, agent ad litem of iQIYI, applied for notarization of evidence preservation to the Shanghai Oriental Notary Public Office. Under the on–site supervision of the notary public Pan and staff member Gao at the notary public office, Luo used the ZTE mobile phone provided by the notary public office to open the browser and enter the Baidu search page; after searching "Across the Ocean to See You", the first result is the broadcast link of the TV plays, below which the broadcast sources such as "iQIYI" "Sohu" "LeTV" "Tencent" and "56. com" are displayed in turn; after searching the "Razor", the first result is the broadcast link of the TV plays on the iQIYI's website; after searching "the Starry Night, the Starry

Sea", the first result is "the Starry Night, the Starry Sea_Baidu Baike", and the second is the broadcast link of the first episode of the TV plays, below which the broadcast sources such as "iQIYI" "Sohu" "Mango TV" and "56. com" are displayed in turn; after searching "the Imperial Doctress", the first result is the broadcast link of the TV plays, below which the broadcast sources such as "iQIYI" "Sohu" "LeTV" and "Tencent" are displayed in turn; after searching the "Nirvana in Fire", the first result is the broadcast link of the first episode of the TV plays, which successively shows "iQIYI" "Sohu" "LeTV" "Tencent" and other broadcast sources; after clicking "broadcast now", the page will redirect to the broadcast page of the iQIYI's website. The staff of the notary public office supervised the above process and issued the Notarial Deed ((2017) HDZJZ No. 8185) on May 7, 2017.

Ⅲ. Facts related to Sogou's defense opinions

On January 25, 2007, Beijing Sogou Technology Development Co., Ltd. applied to the China National Intellectual Property Administration for an invention patent entitled "a convenient information search method and system, and an input method system", and on September 25, 2013 obtained the authorization announcement with the patent number of ZL200710000399. 3. The invention patent mainly relates to the technology of combining the input method with the search engine. First, the input method system determines the search keywords required by the users based on their entry, and then the input method system generates a search command based on the search keywords and sends it to the search engine, and finally the search engine returns the search result to the input method system and presents it to the users.

On July 12, 2017, Jin, agent ad litem of Sogou, applied for notarization of evidence preservation to the Beijing Fangyuan Notary Public Office. Under the supervision of the notary public Wang and staff member Zhang at the notary public office, Dong, a staff member of Sogou, used his/her Xiaomi mobile phone to download and install the "Sogou Input Method" "Baidu Input Method" "TouchPal Input Method" and "iFlytek Input Method" upon cleanliness inspection, entered "beijingtianqi" "yuanmingy" "fanbingbing" "miyuezhuan" "youxi" "xiaohua" "huanglei" "beidaihe" "taobaowang" "chuzuche" "beijing" "shentong" "liepinwangzhaopin" "Yingerc" "babaocai" and "aibingbisheng" in turn respectively using the "Pinyin Nine Keyboards" of the above input methods, and entered "xilal" "fuyaobolicaodew" "jingjinjiwum" "xinlangw" "mabiday" "sunyi" and "dongzij" in turn using the "Pinyin Full Keyboards". The candidate words for entry of the input methods are basically the same except for those appearing with differences when entering "fuyaobolicaodew" and "dongzij". The staff of the notary public office supervised the above process and issued the Notarial Deed ((2017) JFYNJZZ No. 51179).

On August 18, 2017, Jin, agent ad litem of Sogou, applied for notarization of evidence preservation to the Beijing Fangyuan Notary Public Office. Under the supervision of the notary public Wang and staff member Zhang at the notary public office, Han, a staff member of Sogou, used his/her Xiaomi mobile phone to perform the following operations upon cleanliness inspection: After connecting to the network at the notary public office, download and install the "Sogou Input Method" and "UC Browser", and set "Sogou Input Method" as the default input method; after opening the "UC Browser", and entering "zhishuj" in the search bar using the Sogou Input Method, the candidates for entry box appears above the alphabet keyboard, showing "植树节" "指示剂" "指数" "直属" and other candidate words in turn from left to right, and the candidates for search box is displayed above the candidates for entry box, in which a magnifying glass icon, "植树节是几月几日" and "植树节" are displayed from left to right; after entering "boluoben", the candidates for entry box shows "伯罗奔" "菠萝" "博罗" "波罗" and other candidate words in turn from left to right, and the candidates for search box shows a magnifying glass icon, "伯罗奔尼撒战争" and "伯罗奔尼撒" from left to right; after entering "cai", the candidates for entry box shows "才" "菜" "蔡" "彩" "猜" and other candidate words in turn from left to right, and the candidates for search box shows a magnifying glass icon, "彩票开奖查询" "彩票" and "蔡乙嘉" from left to right; after entering "chif", the candidates for entry box shows "吃饭" "赤峰" "吃法" "吃粉" and other candidate words in turn from left to right, and the candidates for search box shows a magnifying glass icon, "赤峰天气预报" and "赤峰", etc. from left to right; after entering "song", the candidates for entry box shows "送" "宋" "松" "颂" "怂" and other candidate words in turn from left to right, and the candidates for search box shows a magnifying glass icon, "宋茜" "宋仲基" and "宋祖儿", etc. from left to right; after clicking the magnifying glass icon, the pop – up dialog box displays "you have opened the candidates for search function"; after clicking the check icon in the dialog box until it disappears, the dialog box displays "you have closed the candidates for search function". After clicking "confirm" and re – entering "zhishuj" in the search bar, the content of the candidates for search box will not be displayed; after clicking the icon above the keyboard of Sogou Input Method, and clicking "candidates for search" on the page, "candidates for search is enabled" is prompted above the keyboard, at which time, after entering "zhishuj", the content of the candidates for search box will be displayed. After clicking the "candidates for search" again at the above location, "candidates for search closed" is prompted above the keyboard. After clicking the icon above the keyboard of Sogou Input Method, clicking to enter "entry settings" after clicking "more settings" on the page, and then clicking the box to the right of "candidates for search" until the check icon appears, indicating "open", at which time, after entering "zhishuj", the content of the candidates for search box will be displayed. Click "search engine" in the above "entry settings", and click the "Baidu" in the pop - up prompt box. After returning to the "UC Browser" page, enter "zhishuj" "boluoben" "cai" "chif" and "song" respectively in the search bar, and the content displayed in the candidates for search box is the same as before; after respectively clicking the words "植树节是几月几日" "伯罗奔尼撒战争" "彩票开奖查询" "赤峰天气预报" and "宋茜" on the right side of the magnifying glass icon, the page will redirect to the Baidu search result page with the corresponding words as the keywords. The staff of the notary public office supervised the above process and issued the Notarial Deed ((2017) JFYNJZZ No. 60027).

On August 9, 2016, Liu, agent ad litem from Beijing Unitalen Law Office, applied for notarization of evidence preservation to the Beijing Fangzheng Notary Public Office. Under the supervision of the notary public Guo and staff member Yu at the notary public office, Liu entered Sogou Search, Youku, sofang. com, 58. com, Tudou and other websites through the browser, in the search bar of which there is a magnifying glass icon. The staff of the notary public office supervised the above process and issued the Notarial Deed ((2016) JFZNMZ No. 86814).

On August 18, 2017, Jin, agent ad litem of Sogou, applied for notarization of evidence preservation to the Beijing Fangyuan Notary Public Office. Under the supervision of the notary public Wang and staff member Zhang at the notary public office, Han, a staff member of Sogou, used his/her Xiaomi mobile phone to perform the following operations upon cleanliness inspection: download from the mobile "APP Market" and install the "Sogou Input Method" and "iQIYI" APP, and set the "Sogou Input Method" as the default input method; after opening the "iQIYI" APP, and entering "langyabang" in the search bar using the Sogou Input Method, the candidates for entry box appears above the alphabet keyboard, showing "狼牙棒" "琅琊榜" "狼牙" and other candidate words in turn from left to right, and the candidates for search box is displayed above the candidates for entry box, in which a magnifying glass icon, "琅琊榜第一季" and "琅琊榜第二季" are displayed from left to right; after clicking the "琅琊榜第一季" in the candidates for search box, and "琅琊榜" in the candidates for entry box, both searches are completed in the "iQIYI" software. Download and install the "UC Browser", enter the "www. iqiyi. com" website, in the search bar of which enter "Nirvana in Fire" and click the search button, the search is completed on the website; click "Nirvana in Fire" in the drop - down menu of the search bar, "Nirvana in Fire" in the search history, and "iPartment" in the popular search, all the searches are completed on the website; Enter "You are the Best View on the Earth" and "the Temptation of Dinner" in the search bar of this website, and click the search button, the search results show that the video sources are Youku and Tencent Video respectively. The staff of the notary public office supervised the above process and issued the Notarial Deed ((2017) JFYNJZZ No. 60025).

On August 18, 2017, Jin, agent ad litem of Sogou, applied for notarization of evidence preservation to the Beijing Fangyuan Notary Public Office. Under the supervision of the notary public Wang and staff member Zhang at the notary public office, Han, a staff member of Sogou, used his/her Xiaomi mobile phone to download and install the "Sogou Input Method" and "UC Browser" upon cleanliness inspection; after opening the "UC Browser", enter "langyabang" using the Sogou Input Method in the search bar of the websites of Youku, Tencent Video, LeTV, Sohu Video, and Mango TV respectively, the candidates for entry box all displays candidate words such as "狼牙棒" "琅琊榜" and "狼牙" from left to right, and the candidates for search box all displays a magnifying glass icon, "琅琊榜" "琅琊榜 2" and "琅琊榜演员表". The staff of the notary public office supervised the above process and issued the Notarial Deed ((2017) JFYNJZZ No. 60026).

On September 12, 2017, Jin, agent ad litem of Sogou, applied for notarization of evidence preservation to the Beijing Fangyuan Notary Public Office. Under the supervision of the notary public Wang and staff member Liu at the notary public office, Han, a staff member of Sogou, used his/her Xiaomi mobile phone to perform the following operations upon cleanliness inspection: Download from the mobile "APP Market" and install the "Sogou Input Method" and "UC Browser", and set the Sogou Input Method as the default input method; after opening the "UC Browser" and entering the "iQIYI" website, and entering "gong" in the search bar using the Sogou Input Method, the candidates for entry box appears above the alphabet keyboard, showing "宫" "工" "公" "龚" "攻" and other candidate words in turn from left to right, and the candidates for search box is displayed above the candidates for entry box, in which a magnifying glass icon, "工商银行" "龚玥菲" and "功夫瑜伽" are displayed from left to right. Click the candidate word for entry "宫" and click the search button, the search is completed on the "iQIYI" website, and the first and second search results are the TV plays *Jade Palace Lock Heart*; after entering "jujiao" in the search bar, the candidates for entry box will display candidate words such as "聚焦" "拒缴" "咀嚼" and "句" in turn from left to right, and the candidates for search box will display a magnifying glass icon, "聚焦瓷都" "巨角幻兽" and "聚焦三农" from left to right. Click the candidate word for entry "聚焦" and click the search button, the search is completed on the "iQIYI" website, and the first search result is the film *Spotlight*; after entering "langyabang" in the search bar, the candidates for entry box will display candidate words such as "狼牙棒" "琅琊榜" "狼牙" and "琅琊" in turn from left to right, and the candidates for search box will display a magnifying glass icon, "琅琊榜" and "琅琊榜演员表", etc. from left to right; after clicking the candidate words for search "琅琊榜", the page will redirect to the Sogou search result page with the keywords of "琅琊榜", and the first search result is "reading Nirvana in Fire on QQ"; after returning to the home page of the "iQIYI" website, entering "bailuyuan" in the search bar, the candidates for entry box will display candidate words such as "白鹿原" "白鹭园" and "白露" in turn from left to right, and the candidates for search box will display a magnifying glass icon, "白鹿原" and "白鹿原小说", etc. from left to right; after clicking the candidate words for search "白鹿原", the page will redirect to the Sogou search result page with the keywords of "白鹿原", and the first search result is "reading White Deer on QQ"; after returning to the home page of the "iQIYI" website, entering "huakaiyue" in the search bar, the candidates for entry box will display candidate words such as "花开月", "花开" and "划开" in turn from left to right, and the candidates for search box will display a magnifying glass icon, "花开月正圆电视剧" and "花开月正圆" from left to right; after clicking the candidate words for search "花开月正圆电视剧", the page will redirect to the Sogou search result page with the keywords of "花开月正圆电视剧", and the first search result is "introduction to the plot of Nothing Gold can Stay (episodes 1 – 75_MoreTV)"; the staff of the notary public office supervised the above process and issued the Notarial Deed ((2017) JFYNJZZ No. 62382).

On September 19, 2017, Han, agent ad litem from Fangda Partners (Beijing), applied for notarization of evidence preservation to the Beijing Fangyuan Notary Public Office. Under the supervision of the notary public Wang and staff member Liu at the notary public office, Han used his/her Xiaomi mobile phone to perform the following operations upon cleanliness inspection: Download from the mobile "APP Market" and install the "Sogou Input Method" and "UC Browser"; open the "UC Browser" and respectively enter "piaoya" "napian" "tidao" "lang" "nanian" and "chunfeng" using the mobile phone's built – in input method on the pages of "Sogou

Search" "Baidu Search" and "God Horse Search", the candidate words recommended by the corresponding search engine appear, among which the first candidate words recommended by "Sogou Search" are respectively "漂洋过海来看你" "那片星空那片海 2" "剃刀边缘" "狼与兄弟" "那年花开月正圆小说" and "春风十里不如你"; the first candidate words recommended by "Baidu Search" are respectively "漂洋过海来看你" "那片星空那片海" "剃刀边缘" "朗逸 2017" "那年花开月正圆" and "春风十里不如你"; and the first candidate words recommended by "God Horse Search" are respectively "漂洋过海来看你" "那片星空那片海" "剃刀边缘" "狼与兄弟" "那年花开月正圆" and "春风十里不如你". Set Sogou Input Method as the default input method, open "UC Browser" and enter "dianping. com" "Taobao. com" "guokr. com" "chinacourt. org", then enter "piaoya" "lang" "nanian" and "wang" in turn in the search bar using Sogou Input Method, the candidate words for search appearing in the first place are all "漂洋过海来看你" "浪花一朵朵" "那年花开月正圆" and "王者荣耀". The staff of the notary public office supervised the above process and issued the Notarial Deed ((2017) JFYNJZZ No. 63662).

Ⅳ. Running status of historical versions of Sogou Input Method

On December 12, 2017, Sun, agent ad litem of Sogou, applied for notarization of evidence preservation to the Beijing Fangyuan Notary Public Office. Under the on – site supervision of the notary public Wang and staff member Liu at the notary public office, Dong, a staff member of Sogou, used his/her Xiaomi mobile phone to download and install the "UC Browser" and Version 8. 6 of "Sogou Input Method", enter "huohua" "shuzui" "yangguangxiaomeinv" "link" "jiaof" "hongse" "yingx" and "weicheng" in the search bar of the "iQIYI" website using the Sogou Input Method, showing the first candidate words for entry respectively as "火花" "赎罪" "阳光小美女" "林肯" "教父" "红色" "英雄" and "围城", and the first candidate words for search respectively as "霍华德" "赎罪营漫画全集" "阳光小美女百度云" "林肯公园" "交锋" "红色警戒" "英雄联盟" and "未成年". Click the first candidate words for entry, and then click the search button to search on the "iQIYI" website, the search results show the films and TV plays named such candidate words for entry; click the first candidate words for search to redirect to the Sogou search result page with the keywords of such words, and all the first search results are not a link to broadcast films and TV plays. Subsequently, Dong uninstalled the Version 8. 6 of Sogou Input Method and installed the Version 8. 9 of Sogou Input Method, repeating the above operations, and the displayed results were the same. The staff of the notary public office supervised the above process and issued the Notarial Deed ((2017) JFYNJZZ No. 77126) on December 29, 2017.

On December 12,2017,Sun,agent ad litem of Sogou,applied for notarization of evidence preservation to the Beijing Fangyuan Notary Public Office. Under the on - site supervision of the notary public Wang and staff member Liu at the notary public office,Dong,a staff member of Sogou,used his/her Xiaomi mobile phone to download and install the Versions 8.6 and 8.9 of "Sogou Input Method", and repeated the operations set forth in the Notarial Deeds((2017)JFYNJZZ Nos. 60027,62382 and 63662);except for the difference in the displayed individual candidate words for entry and candidate words for search(for example, after entering "cai", the second candidate word for entry is displayed as "蔡";after entering "chif",the first candidate words for search are displayed as "赤凤传说漫画"; after entering "gong", the candidates for search box show a magnifying glass icon, "工口漫画" and "功守道", etc. from left to right;and after entering "jujiao",the first candidate words for search are displayed as "聚焦城管校" in the Version 8.9), other circumstances are the same as those set forth in the aforesaid Notarial Deeds. The staff of the notary public office supervised the above process and issued the Notarial Deeds((2017)JFYNJZZ Nos. 77127 and 77128)on December 29,2017.

In addition,Sogou submitted the Notarial Deed((2016)JFZNMZ No. 68699)in order to prove the function of the Version 8.2 of its Sogou Input Method, which shows: on June 7,2016, entered "zhishu" "boluoben" "leix" "qinai" and "bai" using this input method in the search bar of "UC Browser" and "360 Browser",and clicked the first candidate words for search,the page redirected to the corresponding Sogou search result page, and users could choose to open or close the "candidates for search" function through the magnifying glass icon and "settings".

V. Business status of Nduo and Milai and facts related to "Nduoa Market" platform

Nduo was established on June 10, 2010, with a registered capital of RMB 10 000 000, and business scope including: technological development, technological transfer, technological consulting, and technological service in the network technology field; software development; and advertising through we - media.

Milai was established on September 14,2016,with a registered capital of RMB 1 000 000, and business scope including: technological development, technological consulting, technological service, and technological transfer of computer network, and computer software and hardware; software development; computer system integration; and wholesale, and acting as an agent for purchasing and selling computer software and hardware, electronic products, and household appliances.

The "Nduoa Market" background shows that the Sogou Input Method software is uploaded to the platform by Beijing Sogou Technology Development Co.,Ltd. Users need to agree to the "Developer Registration Terms" when making registration on "Nduoa Market", which provides that "Nduoa Market" is owned and operated by Nduo, through which developers can release products, provided that they shall warrant the product content does not infringe upon copyright, patent right, trademark right, naming right, portrait right or the rights of other third parties.

On October 19, 2016, Nduo issued a power of attorney to Milai, stating that as the owner and actual operating entity of "Nduoa Market", it hereby authorizes Milai to operate "Nduoa Market" and be responsible for its daily management due to business development, with the authorization period commencing from October 19, 2016 and ending on October 18, 2017. Log in to the "ICP/IP address/domain name information filing management system" for inquiries, showing that the sponsor of www. nduoa. com and www. nduo. cn is Milai, the website filing/license number is "M ICP No. 16033874 – 2", and the review time is March 7, 2017.

Ⅵ. Other facts related to this case

In March 2017, Shanghai iQIYI Culture Media Co., Ltd. Guangzhou Branch signed an advertising release order with Guangdong Advertising Group Co., Ltd., with the advertising release cycle commencing from March 19, 2017 and ending on April 22, 2017, and advertising expense of RMB 808 420. In April 2017, GroupM (Shanghai) Advertising Co., Ltd. issued an advertising order to Shanghai iQIYI Culture Media Co., Ltd. for the printer products of HP Technology (Beijing) Co., Ltd., with the advertising period commencing from April 10, 2017 and ending on April 28, 2017, and the total order amount of RMB 600 000. In August 2017, Shanghai iQIYI Culture Media Co., Ltd. issued a confirmation letter, which reads: the advertising contracts of iqiyi. com, iQIYI mobile terminal and other video broadcasting platforms under iQIYI are all signed by its agents, and are published on the various broadcasting platforms of iQIYI, and the final advertising revenue belongs to iQIYI.

On April 11, 2017, Jin, agent ad litem of Sogou, applied for notarization of evidence preservation to the Beijing Fangyuan Notary Public Office. Under the supervision of the notary public Wang and staff member Zhang at the notary public office, Jin used the computer at the notary public office to check the reports titled "Sogou Input Method Smart Version 2. 0 Released: Not Just an Input Method" from the NetEase Mobile Network, "Sogou Input Method Smart Version 2. 0: Consonance" from the xinhuanet. com, "Sogou Input Method We Used in Those Years" from the ChinaByte, and "Input Method + Search Enables Sogou to Open the New Imagination Space of the Input Method" from the news. 163. com, which introduce the Sogou Input

Method, "consonance" function and "candidates for search" function, etc. The staff of the notary public office supervised the above process and issued the Notarial Deed ((2017)JFYNJZZ No. 30737).

The court of first instance also found that iQIYI had paid attorney's fees of RMB 130 000 and notarial fees of RMB 4000 for this case.

The court of first instance held that the focus of the dispute in this case covers: (1) Whether there is a competitive relationship between iQIYI and Sogou, and whether the *Anti - Unfair Competition Law of the People's Republic of China* (hereinafter referred to as the "*Anti - Unfair Competition Law*") can be applied. (2) Whether Sogou has implemented unfair competition. (3) Whether the act of Nduo constitutes unfair competition. (4) What kind of civil liability should be borne if the accused act constitutes unfair competition.

In terms of the first focus of the dispute, the court of first instance held that the *Anti - Unfair Competition Law* could be applied in this case.

The legislative purpose of the *Anti - Unfair Competition Law* is to maintain a legal and orderly market competition order, encourage and protect fair competition, stop unfair competition, and protect the legitimate rights and interests of business operators and consumers. The *Anti - Unfair Competition Law* has no clear provisions on competitive relationship, which mostly refers to market competition relations between business operators with the same or similar business. However, with the rapid development of the social economy, various economic activities are closely intertwined. Even if the business operators do not have the same or similar business, they may cause damage to each other in the market competition due to their improper business and model. Therefore, if the scope of competition is restricted to competitors in the same or similar goods or services, it is obviously difficult to achieve the legislative purpose of the *Anti - Unfair Competition Law*. In the Internet environment, the diversified development of network business models and the interweaving of the needs of different user groups have made market boundaries increasingly blurred. Companies with cross or related business may have market competition and belong to the business operators in the sense of the *Anti - Unfair Competition Law* of China.

In this case, iQIYI is the operator of www. iqiyi. com, of which the core business model is to attract more network users to watch videos on its platform, and to make profits by charging advertisers for advertising or users for membership. Sogou is the operator of Sogou Input Method. First of all, both of them achieve their business goals through networks and computer equipment, and may use the same platforms and provide services for the same network users in their business operations, and thus may have the same ultimate interests. Second, although iQIYI and Sogou do not directly have the same or similar business, iQIYI claims that the "candidates for search" function in question will guide its consumers to Sogou's affiliates that also provide video playback services, thereby causing improper damages to its interests. Therefore, Sogou may compete with iQIYI for market interests within the scope of the aforementioned accused act. Third, the *Anti – Unfair Competition Law* (revised in 2017) focuses on adjusting the competition relations through regulating actions. From the perspective of its definition of unfair competition, it does not require a strict competition relation, as long as the operator violates the principle of good faith and recognized business ethics, carries out activities that disrupt the order of market competition and damages the legitimate rights and interests of other business operators or consumers, its actions can be deemed as unfair competition. In summary, the *Anti – Unfair Competition Law* can be applied to this case.

In terms of the second focus of the dispute, iQIYI claimed that the Sogou Input Method of Sogou arranges "candidates for search" and "candidates for entry" in a confusing manner, without obvious distinction. The "candidates for search" function recommends popular film and TV plays in an unreasonable associating way to induce users to click on candidate words for search, thereby directing iQIYI's traffic and trading opportunities to Sogou's affiliates, violating Articles 2 and 10 of the *Anti – Unfair Competition Law* (revised in 2017) and constituting unfair competition. In this regard, the court of first instance held that, first, the unfair competition mentioned in the *Anti – Unfair Competition Law* refers to the conduct of an operator that disrupts the order of market competition and harms the lawful rights and interests of other business operators or consumers during production and business activities. The socialist market economy encourages business operators to compete in the market, and market competition will always lead to the fluctuations in the interests of the business operators. The fair market competition of business operators which has caused damage to the interests of other business operators is not regulated by the law. Only the market competition that disrupts market order, violates laws and business ethics, can bring a competitive advantage to the actor or cause damages to other business operators should be regulated by the *Anti – Unfair Competition Law*. Second, it cannot be inferred that other business operators must have acts of unfair competition just because the interests of the business operators have been harmed. The existence of unfair competition should be determined from the aspects of whether the relevant act is improper, whether it can bring competitive advantage to the actor or enough to cause competition disadvantages to other business operators, harm the rights and interests of consumers, and whether the actor has the intention of obtaining improper gains. In this case, the court of first instance determined that Sogou did not conduct unfair competition based on the following grounds:

(Ⅰ) It is not inappropriate for Sogou to set the "candidates for search" function in Sogou Input Method

The "candidates for search" function will not confuse consumers. On the one hand, according to the notarial deed submitted by the party concerned, when using the Sogou Input Method for entry in the Android mobile web environment, between the entry keyboard and the entry bar, the candidates for search box and the candidates for entry box are arranged in two layers, there a difference in font size inside, and there is a magnifying glass icon in the candidates for search box, so it is obvious that there is a difference between the two for general network users and consumers. After clicking the candidate words for search, there will be an obvious process of redirecting to other web pages from the current web page. Network users can clearly know that they have left the current web page and will not mistakenly recognize that the page after the redirection is still the original web page. On the other hand, applications in the field of computer networks mostly present the characteristics of user experience. When a network user uses an application, he/she will usually first have a process to experience and familiarize himself/herself with the functionality of the application. The input method is an application that can be used repeatedly for a long term, so consumers can clearly distinguish the difference between "candidates for search" and "candidates for entry" after initially experiencing the "candidates for search" function of Sogou Input Method, and will not confuse them with each other during the long - term and repeated use in the future based on their prior experience and understanding.

There are appropriate ways to set the "candidates for search" function. According to the Notarial Deed ((2017) JFYNJZZ No. 60027) submitted by Sogou, when users use the Sogou Input Method and click the magnifying glass icon next to the candidate words for search, the option to close the "candidates for search" function will appear; Users can also click the icon above the input method keyboard and click the "candidates for search" option to open or close the "candidates for search" function, and set the use of Sogou Search or Baidu Search. Although the "candidates for search" function is opened by default, when new Internet technologies continue to be introduced, users can first experience a new network service function through opening by default before deciding whether to close it, which can reduce the promotion cost of R&D companies without placing additional burdens on the users. In the case where users can choose to close or open the "candidates for search" function and select the search engine enabled by the "candidates for search" function in a variety of ways, it cannot be considered that the "candidates for search" function has the function of forcibly redirecting. Therefore, the court of first instance determined that the setting method of the "candidates for search" function is appropriate.

The effect of the "candidates for search" function is not to redirect directly to the video playback page, nor does it modify the content of iQIYI's website. According to the notarial deeds submitted by both parties, after network users choose to click on the candidate words for search, there is no modification to the content of iQIYI's website, and no video source broadcast screen that competes with iQIYI directly appearing on the mobile interface.

The "candidates for search" function does not exceed the appropriate scope of application. According to the Notarial Deed ((2017) JFYNJZZ No. 60025) submitted by Sogou, in the environment of using the iQIYI APP, when clicking the candidate words for search in the Sogou Input Method, the effect of web page redirection arising on the browser web platform after using the "candidates for search" function will not occur, but the search will still be completed in the APP, which reflects that the "candidates for search" function of Sogou Input Method has realized the avoidance of redirection to the search engine page in the APPs of other operators.

The "candidates for search" function is not specifically set for content related to films and TV plays. First, according to the description of the "candidates for search" function involved in the patent specification, the search keyword is determined based on the users' entry, then the search command is generated and sent to the search engine, and finally the search engine returns the search result to the input method system. It can be seen that this function is to display the recommended search content of the search keyword in the search engine to users. The content of the candidate words for search depends on the popularity and relevance of the search keyword and the recommended search content, but doesn't distinguish between the type of content searched, the nature of the website used, etc. In this case, according to the Notarial Deed ((2017) JFYNJZZ No. 60027) submitted by Sogou, when entering "zhishuj" using the Sogou Input Method in the search bar of "UC Browser", such candidate words for search as "植树节是几月几日" and "植树节" will appear; when entering "boluoben", such candidate words for search as "伯罗奔尼撒战争"

and"伯罗奔尼撒"will appear; when entering"cai", such candidate words for search as"彩票开奖查询""彩票"and"蔡乙嘉"will appear; when entering"chif", such candidate words for search as"赤峰天气预报"and"赤峰"will appear. The diversity of recommended candidate words for search proves the logic and way for the operation of the"candidates for search"function. Second, the evidence collection page in the Notarial Deed ((2017) HDZJZ No. 8184) submitted by iQIYI shows that such recommended candidate words for search of the Sogou Input Method as"狼人杀""狼与兄弟""女医明妃传小说"and other vocabularies unrelated to films and TV plays will also appear. According to the Notarial Deed ((2017) JFYNJZZ No. 62382) submitted by Sogou, when entering"gong""jujiao"and other Pinyin in the search bar of the Sogou Input Method, such candidate words for search as"工商银行""聚焦瓷都"and other vocabularies unrelated to films and TV plays will first appear, which can reflect that candidate words for search are not only related to the name of film and TV plays. Third, the Notarial Deed ((2017) HDZJZ No. 8184) submitted by iQIYI shows that by clicking on the recommended Chinese characters"琅琊榜"of candidates for search, the search results on the redirected page include"琅琊榜_Sogou pictures"; while according to the Notarial Deed((2017)JFYNJZZ No. 62382) submitted by Sogou, by clicking on the recommended words"琅琊榜"of candidates for search, the search results on the redirected page include"reading Nirvana in Fire on QQ", which can be seen that after clicking on the recommended word of candidates for search, the search results on the redirected page are not just links to videos of films and TV plays.

There is no discriminatory treatment against iQIYI in the result of the "candidates for search"function. The Sogou Input Method does not specifically set a "candidates for search"function for iQIYI's film and TV plays video website. When using this input method on non - video websites such as "Dianping. com" and "Taobao. com", there is also a"candidates for search"function. According to the Notarial Deed((2017) HDZJZ No. 8184) submitted by iQIYI, after clicking on the recommended words related to film and TV plays in the"candidates for search", the source of the first relevant video in the search results on the redirected page is not only Sohu Video, but includes other video sources with the"▼"icon, so it can be seen that the"candidates for search"function in question does not block or take other discriminatory measures for the broadcast sources of films and TV plays, including iQIYI. Although according to the notarial deed submitted by iQIYI, the first video source is often Sohu Video associated with Sogou in the case of multiple broadcast options in the search results of films and TV plays through the candidate words for search, but on the one hand, according to the Notarial Deed ((2017) JFYNJZZ No. 62382) submitted by Sogou, by clicking on the candidate words for search "花开月正圆电视剧", the video source in the first search result displayed is More TV rather than Sohu Video; On the other hand, even if the first video source in the relevant search results is Sohu Video, this result is actually the search result presented by the Sogou Search Engine. Considering that by searching in a search engine in the Internet environment, there must be a video source that will be arranged first; based on the association between Sogou and the operator of Sohu Video, Sohu Video is listed as the first source of search results without taking improper measures such as blocking or disconnecting other video sources, which is not beyond the scope of normal commercial competition, nor does it violate recognized business ethics.

(Ⅱ) The "candidates for search" function set by Sogou in the Sogou Input Method has not adversely affected iQIYI or consumers

First, the "candidates for search" function is not enough to detract from the competitive interests of iQIYI. The Notarial Deed ((2017) JFYNJZZ No. 60025) submitted by Sogou shows that in an environment where a user uses the iQIYI APP, when clicking on the recommended candidate words for search of the Sogou Input Method, the page will not redirect to other pages beyond iQIYI APP, which reflects that the "candidates for search" function in question has avoided leading iQIYI APP users who have a fixed stickiness with iQIYI to the service platform other than that of iQIYI. When applying for notarization (Notarial Deed (2017) HDZJZ No. 8184), iQIYI firstly enters the www. iqiyi. com website, and then performs the operation of "candidates for search" function of the Sogou Input Method on such website page, but under normal circumstances, if network users have established a certain viscosity with iQIYI's services (such as registering as a member), they usually prefer iQIYI APP when watching video programs using mobile devices, and in the APP environment, when clicking on candidate words for search, the page will not redirect to the search engine. Even if users log in to the iQIYI website on a mobile device and use the "candidates for search" function of the Sogou Input Method, they can still choose to return to the original iQIYI website page, or choose the iQIYI video source in the relevant search results of the redirected page in case of a web page redirection, without misleading, deceiving, or forcing users to close the video playback service provided by iQIYI. Therefore, it cannot be inferred that the "candidates for search" function will inevitably weaken iQIYI's stickiness with its users or detract from its competitive interests. Both iQIYI and Sogou are Internet companies, so the form of technology and the mode of competition are different from traditional industries in the

Internet environment; in order to ensure the development of new Internet technologies and competitive models, the judicial adjudication should be modestly objective. The iQIYI's website focus on providing online video – on – demand services, while Sogou's Sogou Input Method focuses on providing services for entering various symbols into computers and mobile devices, so, take a step back, if users enter related video names on the iQIYI's website, use the "candidates for search" function, and finally choose other video sources in Sogou's search results, such act is not serious enough to require judicial intervention since such users have a weak viscosity with iQIYI.

Second, consumers' right to choose is not excluded during the use of the "candidates for search" function. On the one hand, after consumers choose to click on the recommended candidate words for search, the search result displayed on the redirected page contains multiple video playback sources. Consumers can freely choose the video playback source, or choose to return to the iQIYI website; on the other hand, consumers have the right to make their own choice every time they use the "candidates for search" function, without the influence by the previous use. In other words, the previous use of the "candidates for search" function will not cause the recommended candidate words for search to be automatically and forcibly set as the only or prior display of the entered result every time the Sogou Input Method is activated and used, or block the candidate words for entry, or cause the effect of redirection from the original web page when clicking on the candidate words for entry. Namely, the "candidates for search" function in question does not hijack the consumers' will.

In terms of the third focus of the dispute, the court of first instance held that Nduo's actions did not constitute unfair competition.

First, according to the power of attorney issued by Nduo to Milai, Nduo authorized Milai to be responsible for the daily operation of the "Nduoa Market" in question, and the ICP filing of the www. nduoa. com and www. nduo. cn websites was registered in the name of Milai; also, the filing and review time was earlier than the time of notarization applied for by iQIYI against this case, so Nduo was no longer the operator of "Nduoa Market" before iQIYI applied for notarization of the evidence collection.

Second, the "Nduoa Market" platform in question is a platform that provides software upload, storage, and download, and its operator is defined as a network service provider. From an objective point of view, due to the massive amount of software uploaded through the open software platforms, if their operators are required to conduct substantive review of all uploaded software one by one, it will not only increase the operating costs of network service providers, but also affect their enthusiasm to provide services for free. In addition, the unfair competition claimed by iQIYI in this case is not against the Sogou Input Method software itself, but the "candidates for search" function under the software, making it difficult to require the operator of the "Nduoa Market" platform in question to review whether the function constitutes unfair competition; also it is impossible for the platform operator to have known or clearly know that the function may constitute unfair competition. Therefore, iQIYI's claim against Nduo lacked basis and was not supported by the court of first instance.

Since iQIYI's claim that Sogou and Nduo conducted unfair competition was not established, the court of first instance did not support its claim that Sogou and Nduo should bear corresponding civil liabilities. Nduo was legally summoned by the court of first instance, but failed to appear in court without justifiable reasons, which did not affect the trial of this case.

Based on these grounds, in accordance with Articles 2 and 12 of the *Anti – Unfair Competition Law of the People's Republic of China* (revised in 2017), Paragraph 1 of Article 64, and Article 144 of the *Civil Procedure Law of the People's Republic of China*, the court of first instance made the following judgment: iQIYI's claims were dismissed. The acceptance fee of this case in the first instance was to be RMB 15 006, which was to be borne by iQIYI.

Upon trial, the SIPC found that the facts ascertained by the court of first instance were authentic, and determined the same.

In the second instance, none of the parties submitted new evidence.

According to the defense opinions of the parties, the focus of the dispute in the second instance of this case is whether the accused act constitutes unfair competition.

This Court held that the accused act of Sogou in this case is not an unfair competition clearly provided by the *Anti – Unfair Competition Law*. In terms of whether it constitutes unfair competition, it is necessary to judge whether iQIYI's interests have been harmed by Sogou's acts, and whether Sogou's acts have violated business ethics. The following comments are made separately:

Ⅰ. Whether iQIYI's interests have been harmed by Sogou's acts

The accused act in this case is that when a mobile phone user enters the iQIYI website in a browser environment and uses the Sogou Input Method to enter the name of the video to be searched, the user clicks on the candidate words for search provided by the Sogou Input Method and the page redirects to the Sogou Search Engine, and the content of Sohu Video is displayed in the first search result. This

Court held that the accused act in this case occurred after the user had entered the iQIYI website and started the search. The purpose of the user to search or watch the video on the iQIYI website was obvious, and iQIYI could have obtained corresponding trading opportunities or at least the corresponding search traffic. Although Sogou Input Method has arranged the contents of "candidates for search" and "candidates for entry" in two layers, with different font size, and set the function of closing the "candidates for search", which helps to reduce the degree of confusion to a certain extent, but is not enough to completely avoid user confusion in the absence of a more explicit reminder. Therefore, due to the involvement of the accused act, some trading opportunities or search traffic may be transferred from iQIYI to Sogou or its affiliates, making the losses suffered by iQIYI objective. As for whether this degree of loss should be subject to judicial intervention, the SIPC will discuss it below.

Ⅱ. Whether Sogou's acts have violated business ethics

The market competition is manifested as the competition for trading opportunities. The loss of a certain trading opportunity by business operators is the inevitable result of competition, and loss of interests does not mean that they should certainly receive legal relief; only the accused act violates business ethics, such act can be held accountable. Business ethics in the sense of the *Anti – Unfair Competition Law* cannot be determined only through subjective moral judgments, nor can it be equated with personal morality or social morality. Instead, the act should be judged under the legislative purpose of promoting the healthy development of market economy, encouraging and protecting fair competition, and protecting the legitimate rights and interests of business operators and consumers of the *Anti – Unfair Competition Law*, so as to prevent the judgment on pan – moralization beyond the objectives of the *Anti – Unfair Competition Law*. In terms of whether Sogou's accused act violates business ethics, the SIPC will make a judgment after a comprehensive consideration of the following factors:

(Ⅰ) Influence of the accused act on the operation of iQIYI

What iQIYI claims to protect in this case is not a statutory right, and the accused act is not an act of unfair competition categorized by the *Anti – Unfair Competition Law*. When determining the legitimacy of the accused act in accordance with the general terms, it is necessary to examine the extent to which iQIYI's interests have been damaged, and in particular to consider whether the accused act has materially affected the normal operation of iQIYI website, so as to prevent excessive interference in market competition. As mentioned above, the "candidates for search" function loaded into the Sogou Input Method may lead to a decrease in the traffic or trading opportunities of iQIYI website, but at the same time measures have been taken to reduce the degree of confusion, so the loss thus incurred to iQIYI will be limited. In addition, Sogou has not taken measures to force web page redirection, or mislead or force users to close the iQIYI website, nor has it taken measures to cause the search function of iQIYI not to operate normally, so the normal operation of the iQIYI website has not been substantially hindered or destroyed. Therefore, in terms of the extent of damage suffered by iQIYI, it is not enough to meet the need of relief in accordance with the *Anti – Unfair Competition Law*.

(Ⅱ) Influence of the accused act on the protection of consumers' rights and interests

From the legislative purpose of the *Anti – Unfair Competition Law*, it can be seen that the legal interests to be protected by the *Anti – Unfair Competition Law* are diverse, which include the legitimate rights and interests of business operators, and the consumers' legitimate rights and interests protected through regulation of unfair competition. Consumers' rights and interests should be considered as one of the important factors for measuring the legitimacy of a non – categorized competition. In this case, iQIYI claimed that Sogou's actions caused confusion among users and harmed the interests of consumers. This Court held that the accused act in this case is different from general counterfeiting, and its influence on the interests of consumers has a certain degree of complexity. On the one hand, as mentioned previously, the accused act fails to completely avoid confusion among users; on the other hand, the accused act will also increase the welfare of consumers to a certain extent. When users click on the "candidates for search", the web page will redirect to the Sogou Search Engine, which provides more search results for users to choose. At this time, users can choose to return to the iQIYI website or continue the further operations in the Sogou Search Engine. Moreover, compared with the physical environment, in the network environment, the cost in choosing to return to the iQIYI website by users is very small, and the overall consumer welfare has improved with respect to the increased choices for users.

This Court also needs to emphasize that the *Anti – Unfair Competition Law* is a law that safeguards the order of market competition, under which the legitimate rights and interests of consumers are not the interests of individual consumers, but the interests of consumer groups, that is, protecting consumers' overall access to accurate and adequate information and freedom of trading decisions. From the perspective of maintaining the order of market competition, the legitimate rights and interests of consumers protected by the *Anti – Unfair Competition Law* are ultimately reflected in the market information transmission function and the market selection function not being distorted or destroyed. For the network users involved in this case, their purpose is to watch the corresponding film and TV plays on the Internet, and the actual trading decision the users have to make is to watch the video on a certain video website. Prior to this, the confusion caused to users based on the "candidates for search" provided by the Sogou Input Method has no direct relationship with the trading decision that users ultimately need to make. It should be noted that there is a certain difference between the possibility of confusion caused by accused act in this case and that by general counterfeiting. The intention of general counterfeiting is to directly affect consumers' trading decisions and undermine market information transmission and selection functions, while in this case, even if some consumers are misled to click on the "candidates for search" provided by Sogou Input Method and enter the Sogou Search Engine, at this time they have clearly known that the search results are not related to the iQIYI website, and they can choose to return to iQIYI website, so the market selection function has not been truly destroyed.

(Ⅲ) Influence of the accused act on market competition order

The *Anti – Unfair Competition Law* encourages business operators to conduct efficiency competition through technological innovation, improving product quality and service, and prohibits unfair competition that gains competitive advantage by deceiving, forcing customer transactions, or obstructing the normal operation of others. In this case, the Sogou Input Method has both "candidates for search" and "candidates for search" functions, which is a technological innovation and has a certain positive market effect. Although the use of Sogou Input Method on the iQIYI website interface may cause the iQIYI website to lose a certain amount of traffic, or in other words, Sogou Input Method uses iQIYI website to bring a certain amount of traffic to itself, this seeming intervention in iQIYI website products is not enough to prove its impropriety. First, with the increasingly fierce competition in the Internet market and the development of information technology and Internet technology, the relevance and dependence of various products or services in the Internet market field continue to deepen, it is impossible for business operators to stick to the existing market or technical field, and it is inevitable for them to compete with their competitors in various ways in the competitors' field. Second, the important purpose of encouraging market competition is to promote innovation. Innovation often does not come from self – cultivation behind closed doors, but more from the fierce collision between business operators' technologies or business models. If the legitimacy of a certain technology or business model is negated just because it intervenes in a competitor's operation, it will undoubtedly greatly dampen the motivation for innovation. As mentioned above, the accused act in this case did not excessively hinder the normal operation of iQIYI website, nor did it disrupt the normal market selection function, so such act had not yet reached the level of disrupting the order of market competition. According to the principle of proportionality, the accused competition is still a kind of efficiency competition in general.

Competition is the most basic operating mechanism of a market economy, and also the source of market vitality. The vigorous development of the Internet industry precisely benefits from relatively sufficient and free market competition. Practicing the legislative spirit of the *Anti – Unfair Competition Law* requires not only judicial suppression of unfair competition that disrupts market order, but also a certain degree of judicial restraint to give the market room for free competition. Such room for free competition is not only needed by Sogou, but also by iQIYI and all market competitors.

In summary, Sogou's accused act does not constitute unfair competition, and iQIYI's claims cannot be established and thus shall be dismissed; the facts were clearly ascertained and the judgment was properly made by the court of first instance, so the judgment of first instance shall be upheld. In accordance with Article 164, Item 1 of Paragraph 1 of Article 170, and Article 174 of the *Civil Procedure Law of the People's Republic of China*, and Article 240 of the *Interpretation of the Supreme People's Court on the Application of the Civil Procedure Law of the People's Republic of China*, the Judgment is hereby made as follows:

The appeal was dismissed and original judgment was upheld.

The acceptance fee of this case in the second instance was to be RMB 15 006, which was to be borne by the Appellant Beijing iQIYI Science & Technology Co., Ltd.

This ruling is final.

Presiding Judge Qian Guangwen
Judge Fan Jingbo
People's Juror Huang Minruo
December 10, 2018
Judge Assistant Chen Yunzhi
Clerk Zhou Ying

Annex: Relevant Laws

Ⅰ. *Civil Procedure Law of the People's Republic of China*

Article 144 If a defendant, having been served with a summons, refuses to appear in court without justified reasons, or if he withdraws during a court session without the permission of the court, the court may make a judgment by default.

Article 170 The people's court of second instance shall, after hearing a case of appeal, deal with the case separately according to the following circumstances:

(1) If the original judgment or ruling finds the facts clearly and apply laws correctly, the appeal shall be dismissed by way of judgment or ruling and the original judgment or ruling shall be affirmed;

...

Article 174 In the trial of a case on appeal, the people's court of second instance shall, apart from observing the provisions of this Chapter, follow the ordinary procedure for trials of first instance.

Ⅱ. *Interpretation of the Supreme People's Court on the Application of the Civil Procedure Law of the People's Republic of China*

Article 240 The trial of the case shall not be affected if a third party without independent claim refuses to appear in court without justified reasons after being subpoenaed by the people's court or withdraws from the court midway without permission of the court.

17. Appeal of Beijing iQIYI Science & Technology Co., Ltd. Against Hangzhou Feiyi Information Technology Co., Ltd. and Other Parties for the Dispute over Unfair Competition

Shanghai Intellectual Property Court
Civil Judgment

(2019) H73MZ No. 4

Appellant (Plaintiff of first instance): Beijing iQIYI Science & Technology Co., Ltd.

Legal representative: Geng, Vice President of iQIYI.

Agent ad litem: Ma, lawyer of Beijing Zhong Lun Law Firm Shanghai Office.

Agent ad litem: Shen, lawyer of Beijing Zhong Lun Law Firm Shanghai Office.

Appellant (Defendant of first instance): Hangzhou Feiyi Information Technology Co., Ltd.

Legal representative: Lyu, Executive Director and Managing Director of Hangzhou Feiyi.

Appellant (Defendant of first instance): Lyu.

Appellant (Defendant of first instance): Hu.

Agent ad litem of the above three Appellants: Zhang, lawyer of Boss & Young Attorneys – At – Law Hangzhou Office.

Agent ad litem of the above three appellants: Lin, lawyer of Boss & Young Attorneys – At – Law Hangzhou Office.

Appellants, Beijing iQIYI Science & Technology Co., Ltd. (hereinafter referred to as "iQIYI"), Hangzhou Feiyi Information Technology Co., Ltd. (Hereinafter referred to as "Hangzhou Feiyi"), Lyu, and Hu filed an appeal to the SIPC, refusing to accept the civil judgment ((2017) H0104MC No. 18960) made by the Primary People's Court of Xuhui District of Shanghai Municipality regarding the case of dispute over unfair competition. After accepting the case on January 2, 2019, the SIPC organized a collegial bench pursuant to law, and heard the case in public on January 31, 2019. Ma and Shen, agents ad litem of the Appellant, iQIYI, Zhang and Lin, agents ad litem the Appellants, Hangzhou Feiyi, Lyu and Hu attended the proceedings in court. Now, the case has been closed.

The Appellant, iQIYI, requested in the appeal to revoke the third item of the civil judgment((2017)H0104MC No. 18960) of the Primary People's Court of Xuhui District of Shanghai Municipality, and amend the judgment by ordering Hangzhou Feiyi, Lyu and Hu to jointly make economic compensation of RMB 5 million to iQIYI (all the following currencies shall be RMB). Facts and reasons: The court of first instance ruled that the compensation of RMB 500 000 jointly made by Hangzhou Feiyi, Lyu and Hu for the financial losses of iQIYI was not enough to make up iQIYI's losses, nor tallied with the illegal incomes of Hangzhou Feiyi, Lyu and Hu. (1) The evidence on record proved that Hangzhou Feiyi, Lyu and Hu also charged fees from the client for noneffective video access data by way of click farming identified by iQIYI. (2) Only in the period from February 1 to June 1, 2017, Hangzhou Feiyi, Lyu and Hu made over 950 million video clicks with the "meijujia" field by way of click farming, with the number of monthly average clicks hitting 237.5 million. Therefore, for the 2612.5 million clicks during the infringement period from October 2016 to September 13, 2017, Hangzhou Feiyi, Lyu and Hu have made illegal incomes of RMB 3 918 750 based on the rate of RMB 15 each 10 000 clicks. Even if it is calculated on the success rate of click farming of 24.05%, Hangzhou Feiyi, Lyu and Hu could also have incomes of RMB 942 459. (3) The infringement costs of Hangzhou Feiyi, Lyu and Hu should not be removed from their illegal incomes. (4) In spite of the explanation by the court of first instance, Hangzhou Feiyi, Lyu and Hu refused to provide statistics about their illegal incomes and the total volume of video click farming, so it is reasonable to make presumption unfavorable to them. (5) In determining the amount of compensation, it shall also take into consideration comprehensive factors such as the subjective malice of Hangzhou Feiyi, Lyu and Hu, and the massive commercial value of the data accessed to iQIYI. To sum up, iQIYI requested the SIPC to uphold its claims.

Hangzhou Feiyi, Hu and Lyu defended themselves by arguing that: (1) The video click farming behavior involved in the case was solely committed by Hangzhou Feiyi, and the consequences of Lyu and Hu's behaviors should be borne by Hangzhou Feiyi because they just performed their job duties as employees of the company, so Lyu and Hu should not bear any liability in the case. (2) The video click farming behavior of Hangzhou Feiyi neither infringed on the legitimate rights and interests of iQIYI nor made iQIYI incur damages, so it did not constitute an act of unfair competition against iQIYI. First, the primary business of Hangzhou Feiyi was completely different from that of iQIYI, so they did not have a competitive relationship. Second, the video click farming behavior alleged by iQIYI in the case did not belong to the acts of unfair competition specified in the *Anti – Unfair Competition Law of the People's Republic of China* (came into force as of December 1, 1993, hereinafter referred to as the "*Anti – Unfair Competition Law*"). Third, the video click farming behavior of Hangzhou Feiyi only changed the video viewing data involved and had no any impact on iQIYI as the platform operator. (3) Even if the video click farming behavior of Hangzhou Feiyi constituted an act of unfair competition against iQIYI, considering that iQIYI did not prove its losses and the gains of Hangzhou Feiyi from such behavior; Hangzhou Feiyi committed the video click farming behavior upon the entrustment of the marketers of videos involved, and the resultant liability should be solely borne by the marketers; the ultimate incomes of Hangzhou Feiyi from video click farming were relatively low due to the greatly reduced success rate of video click farming brought by the shielding technology used by iQIYI, with expenditures including labor costs and operating costs deducted; and the video click farming behavior substantially increased the advertising incomes of iQIYI in an objective manner, Hangzhou Feiyi should not be liable for compensation in the case. (4) As the video click farming behavior of Hangzhou Feiyi was not conducted openly and thus was not known to third parties, it did not lower the social evaluation of iQIYI, and video click farming does not constitute an act of unfair competition provided in Articles 5, 9 and 14 under the *Anti – Competition Law*, so Hangzhou Feiyi should not bear the civil liability for elimination of impact in the case.

Claiming that the above defenses were facts and reasons, Hangzhou Feiyi, Lyu and Hu filed an appeal requesting for revocation of the civil judgment ((2017) H0104MC No. 18960) made by the Primary People's Court of Xuhui District of Shanghai Municipality and rejection of all the claims of iQIYI in the first instance by amending the judgment.

iQIYI defended itself by arguing that the court of first instance which ruled that Hangzhou Feiyi, Lyu and Hu constituted an act of unfair competition against iQIYI ascertained facts clearly and applied the law correctly, but the amount of damages awarded by the court of first instance was too low, and iQIYI insisted on its opinions on appeal.

iQIYI brought a claim to the court of first instance requesting that: (1) Hangzhou Feiyi, Lyu and Hu should immediately stop the act of unfair competition, infringement on the legitimate rights and interests of iQIYI, and stop the click farming on videos on the website of iQIYI (iqiyi. com); (2) Hangzhou Feiyi, Lyu and Hu should jointly pay

RMB 5 million as compensation for its economic losses; (3) A statement should be published on the printed pages of the *Legal Daily* except the vertical space to eliminate the impact (content of the statement shall be reviewed by the court in advance). During the trial of first instance, iQIYI confirmed that Hangzhou Feiyi, Lyu and Hu had stopped the act of unfair competition involved in the case, and thus applied to the court of first instance to withdraw the above first request to stop infringement.

After trial, the court of first instance found the following facts:

Ⅰ. Profile of iQIYI andits website (iqiyi. com)

iQIYI was incorporated on March 27, 2007, with registered capital of RMB 30 million. Its scope of business covers parts of Category No. 2 Internet audio - visual programming service, to be specific, Item 3: the production (excluding interview) and broadcasting services of professional audio - visual programs on literature & art, entertainment, science & technology, finance & economy, sports and education; Item 4: the production and broadcasting service of network dramas; Item 5: the collection and broadcasting service of audio - visual programs including films, TV shows and cartoon shows; Item 6: the collection and broadcasting service of professional audio - visual programs on literature & art, entertainment, science & technology, finance & economy, sports and education (the validity period of its operational Internet information service permit expired on October 23, 2018); operation of music & entertainment products with the information network, and engaging the business of exhibition of network culture products, works of art for competitions, plays (shows) for performance, animation products, and game products (including issuance of virtual currencies used for network games) (the validity period of its culture operating permit expired on July 6, 2018).

The iQIYI website operated by iQIYI mainly provides video broadcasting and advertising promotion services, with the homepage address of www. iqiyi. com.

The permit for communication of audio - visual programs through information network numbered 0110544 issued by the State Administration of Press, Publication, Radio, Film and Television of the People's Republic of China (SAPPRFT) indicated the following information: the operator was iQIYI; the validity period was from October 23, 2015 to October 23, 2018; business name was Internet audio - visual programming service, with website domain name of www. iqiyi. com, and the transmission network was international Internet; the business name was mobile Internet audio - visual programming service, with the business model of mobile phone wap site (iqiyi. com), and transmission network is mobile Internet.

Ⅱ. Operational situation of the iQIYI website

iQIYI provides a great number of videos on the website it operates by obtaining licensing from their copyright holders and pays the copyright holders licensing fees based on video views. The model tends to provide that the copyright holder may not commit the act of unfair competition by inflating views with malice and defines valid VoD. To watch a video provided by the iQIYI website, an ordinary user has to firstly watch the pre – movie adverts before the movie starts.

The producer of the movie *Little Lin Huiyin* included Fuzhou Hangzhou Feiying Film Co., Ltd. and Fujian YI SHI Film Co., Ltd. The two companies granted Beijing Gana Film Co., Ltd. the exclusive – right of communication through information network and sublicensing of the movie from September 18, 2016 to September 17, 2026. Beijing Gana Film Co., Ltd. issued a licensing letter on November 16, 2016, granting iQIYI the non – exclusive right of communication through information network, right to advertising and right to income of the movie *Little Lin Huiyin.* Licensed platforms included the websites (iqiyi. com, pps. tv and ppstream. com) operated by iQIYI and its associated companies, their subdomains, software & hardware client terminal platform, OTT TV integrated broadcasting and control platforms and their self – owned OTT TV client terminals. Unit price for royalty income sharing was RMB 1. 5 per valid SVoD, the period of licensing was two years since its on – line release date and the period of payment was three months since its on – line release date.

The producers of the drama series *Song of Phoenix* was Beijing Flying Youth Cultural Media Co., Ltd., Beijing Perfect World Pictures Co., Ltd., Hunan Little Companions Film & Television Cultural Development Co., Ltd., Beijing Unified Image Media Design Co., Ltd. and iQIYI. The other producers except iQIYI issued a copyright statement respectively in August 2016, confirming that they reserved the right of signature only and the copyright of the drama belongs to Beijing Flying Youth Cultural Media Co., Ltd. Based on the licensing of Beijing Flying Youth Cultural Media Co., Ltd. and associated companies, iQIYI obtained the exclusive right of communication through information network for ten years since the on – line release date of *Song of Phoenix* by paying a fixed royalty per episode on November 30, 2015.

The movie *Deadly Hangover* was jointly produced by Hegu Pictures (Shenzhen) Co., Ltd., Shenzhen Ding Hai Cultural Creative Industry Development Co., Ltd., Shenzhen Hemei Culture Communication Co., Ltd. and Shenzhen Guyuan Culture Communication Co., Ltd. The above parties issued a licensing letter in January 2017, confirming that Shenzhen Hemei Culture Communication Co., Ltd. held the exclusive right of communication through information network and the right of sublicensing, with a five - year period of licensing. Shenzhen Hemei Culture Communication Co., Ltd. signed a video cooperative agreement with iQIYI in March 2017, granting the latter the exclusive open broadcasting right across the whole platform & the right of open communication, exclusive right of advertising and right to income, and exclusive right to safeguard the rights & interests to *Deadly Hangover*, as well as the right to sublicense the above rights. According to the agreement, the rate for royalty income sharing was RMB 2 per valid SVoD, the period of licensing was two years since the on - line release date of the movie, and the period of payment was six months since the on - line release date of the movie. Shenzhen Hemei Culture Communication Co., Ltd. guaranteed that, it would not engage in acts of unfair competition, including but not limited to click - farming, to increase clicks and shared royalties with malice; all the valid SVoD to *Deadly Hangover* shall derive from users who were really interested in it, and broadcasting methods like program - generated clicking and fake views would generate invalid SVoD. In addition, iQIYI had the right to refuse to share royalties even if there as income generated. Program - generated clicking referred to any searches and clicks simulating a user which were generated by a program or script, including but not limited to auto browsing, clicks from proxy servers, clicks from fake IP addresses, auto refresh and other data control means; fake views referred to fake broadcasting by pause, fast - forward, or dragging the progress bar forward.

Ⅲ. Profile of Hangzhou Feiyi, Lyu and Hu

Hangzhou Feiyi was incorporated on December 30, 2014, with registered capital of RMB 1 million. Its scope of business covers development of mobile phone software, computer - related IT service, and the technology development & technology service of computer software & hardware and automated control systems. As the legal representative of Hangzhou Feiyi, Lyu subscribed capital contribution of RMB 510 000 and served as its executive director and general manager. Hu subscribed capital contribution of RMB 490 000 and served as supervisory director of the company.

On May 27, 2017, the ICP/IP Address/Domain name Information Registration System indicated the operator of www. losery. com was Hu, and that the website passed the review on March 7, 2014.

Hu applied and registered the following domain names, including qchzx. cn, jxqfu. cn, dzhss. cn, styyc. cn, icfsw. cn, xv580. cn, and Jl360. cn.

Ⅳ. Acts of unfair competition accused by iQIYI

(Ⅰ) Information of the website operated by Hangzhou Feiyi, Lyu and Hu which was related to the dispute in the case

The idodo. php file was downloaded from http://meijujia. cn/js/idodo. php using the Thunder software, and the zsfwap. php file was download from http://www. losery. com/zsfwap. php. The idodo. php file contained the following seven pieces of information:

http://jl360. cn/js/my. php? tt = http% 3A% 2F% 2Fm. iqiyi. com% 2Fw_19ru2487x1. html&vid = 208788, http://qchzx. cn/js/my. php? tt = http% 3A% 2F% 2Fm. iqiyi. com% 2Fv_19rr7c45lg. html&vid = 209343, http://jxqfu. cn/js/my. php? tt = http% 3A% 2F% 2Fm. iqiyi. com% 2Fv_19rr7ci7u0. html&vid = 209346, http://dzhss. cn/js/my. php? tt = http% 3A% 2F% 2Fm. iqiyi. com% 2Fv_19rr7a2p28. html&vid = 209328, http://styyc. cn/js/my. php? tt = http% 3A% 2F% 2Fm. iqiyi. com% 2Fv_19rr7ewq8k. html&vid = 210193, http://icfsw. cn/js/my. php? tt = http% 3A% 2F% 2Fm. iqiyi. com% 2Fv_19rr7c2p1w. html&vid = 209344, and http://xv580. cn/js/my. php? tt = http% 3A% 2F% 2Fm. iqiyi. com% 2Fv_19rraz0vu4. html&vid = 207102.

After entering the www. losery. com website, there was the following information, including "Promotion via Hangzhou Feiyi by calling the mobile phone number 159 × × × ×6896," "The latest announcement: Improve the ranking of views on leading streaming service providers including Youku, Tudou, Tencent, iQIYI, Sohu and Leshi," "Quotations for video promotion ... Youku PC ... RMB5/10000 views ... thumbs – up on Youku...RMB 5/1000 thumbs – up...save a video on Youku...RMB 20/1000 times...," and "Please contact us via the customer service QQ: 199188 × × × ×, phone number: 159 × × × × 6896". After entering the www. losery. com website, there was the following information shown in the table for the types of provided services, including "Business Name ... Rate of Business ... Youku Mobile [including an index] ... RMB 8/10000 views", "Inflate thumbs – up on Youku... RMB 1/300 thumbs – up", and "iQIYI.... RMB 15/10000 views."

During the trial of first instance, the parties involved in the case confirmed that the idodo. php file was used for performing access in batch and the above seven pieces of information were respectively targeted at seven videos on iQIYI website including *Do You Want to Go to Sanya?* and the 1st, 7th, 8th, 10th, 15th and 42nd episodes of *Song of Phoenix*. Hangzhou Feiyi, Lyu and Hu confirmed the QQ number 199188 × × × × was applied and registered by Lyu and that the mobile phone number 159 × × × ×6869 was registered under Hu's name.

(Ⅱ) Information on communication between iQIYI's authorized agents and Hangzhou Feiyi, Lyu and Hu & related personnel about inflating video views by technical means

An authorized agent of iQIYI (under the alias name of Xiaomage) communicated with a QQ user (under the alias name of Laogaoxing) with the number of 199188 × × × × as follows: on May 27, 2017, "Xiaomage: Can you help to promote a video?" "Laogaoxing: Ok." ... "Xiaomage: Can you inflate 500 000 views?" "Laogaoxing: No problem." ... "Laogaoxing: You can first place an order, and then send the video URL to me. I'll ask one of my colleagues to communicate with you." ... "Laogaoxing: ... You need to order 37 pieces and pay RMB 740 for that." On June 2, 2017, Laogaoxing sent a webpage screenshot during communication, which indicated that the number of inflated views of *Hao brother Erlong Lake: We Are Brothers in This Life* was 500 548 by 14:00 of June 2, 2017, with a completion rate of 500 548101%. "Xiaomage: Received! I will observe whether the inflated views will drop during the following several days." "Laogaoxing: The number may drop, but our system will automatically make up for it. As long as the number drops, our system will automatically detect and make up for it." "Xiaomage: You are busy as a boss. I see." "Laogaoxing: I'm just an ordinary employee rather than a boss."

The authorized agent of iQIYI (under the QQ alias of Xiaomage) communicated with a QQ user (noted as Colleague Referral) with the number of 83686 who was recommended by Laogaoxing. The historical signature of the user on January 3, 2017 read "inflating video views, improving the number of click – through rate and times of broadcasting, and efficiently promoting comments." They mainly communicated about the following information: on May 27, 2017, "Colleague Referral: Hi, I am engaged in inflation of views for videos on the iQIYI website. Do you want to inflate 500 000 views? You send the video URL to me and I will arrange inflation of its views. You can place an order using this link... Order 37 pieces and the price is exactly RMB 740, with a discount of RMB 10." ... "Xiaomage: http://www.iqiyi.com/v19rrnztgm0.html? list = 19rrkbuubm." "Xiaomage: I want to inflate the views of *Hao brother Erlong Lake* by 500 000 on May 31. Is it Ok?" ... "Xiaomage: But how can I check the result?" "Colleague Referral: You can check it by viewing the number of views below the video." "Xiaomage: I don't know when you begin to inflate it." "Colleague Referral: I will send you a screenshot after completion." "Xiaomage: You'd better send me a screenshot respectively before and after inflating its views." Colleague Referral sent a webpage screenshot during the communication, which indicated the views of *Hao brother Erlong Lake: We Are Brothers in This Life* at that time was 66.24 million. The link sent by Colleague Referral during the communication was used for Taobao goods, the real name of the Taobao seller was Lyu, and the authorized agent of iQIYI paid RMB 740 via Alipay. On March 31, 2017, "Xiaomage: How is it going?" "Colleague Referral: We started it from 12:00 last night and have inflated 120 000 views." "Xiaomage: How many views you can inflate one day at a low speed?" "Colleague Referral: The speed of videos on iQIYI cannot be changed. The method of click farming for iQIYI is different and the speed cannot be changed." "Xiaomage: Do you inflate views from the IP of different domain names. Since iQIYI has an anti - click farming system, does your method work?" "Colleague Referral: This is a matter of technology. Only our technicians know the details. What matters is that no customer has complained about dropping off of inflated views since we started the business." "Xiaomage: I find that your quotation for iQIYI click farming is the highest among all the click farms." "Colleague Referral: Other click farming service providers cannot inflate the views on iQIYI. Even if they inflate views, they cannot prevent the views from dropping off and the inflated views will become zero in two or three days. We guarantee inflated views will not drop off and you will see it, or we cannot survive the fierce competition and exist to date." Colleague Referral sent different screenshots during the communication, indicating that at 15:00 of May 31, 2017, the initial number of views of *Hao brother Erlong Lake: We Are Brothers in This Life* was 66 327 058, inflated views stayed at 121 241, with a completion rate of 121 241 25% against the target of 500 000 views. On June 1, 2017, inflated views reached 308 486, with a completion rate of 308 486 62%.

An authorized agent of iQIYI (under the WeChat alias name of Meimiaoshenghuo) communicated with a WeChat user under the alias name of Yiyeshu (with the telephone number of 159xxxx6896) as follows: on May 31, 2017, "Meimiaoshenghuo: Hi, do you engage in click farming?" "Yiyeshu: Do you need to inflate traffic? You can add the customer service representative on QQ and WeChat." "Meimiaoshenghuo: Are you the boss?" "Yiyeshu: I am a technician. Generally it is the customer service representative who is responsible for communication with customers."

The authorized agent of iQIYI (under the WeChat alias name of Meimiaoshenghuo) communicated with a WeChat user under the alias name of Aiqinhai recommended by Yiyeshu as follows: on May 31, 2017, "Meimiaoshenghuo: Are you the customer service representative of Hangzhou Feiyi?" "Aiqinhai: Yes." "Meimiaoshenghuo: Can you inflate views of videos on iQIYI and Tencent?"

"Aiqinhai: Yes." On June 1, "Meimiaoshenghuo: What's your quotation for iQIYI video click farming?" "Aiqinhai: RMB 15 per 10 000 inflated views, and the price may be lower for large orders." "Meimiaoshenghuo: Inflate the views of *Super Martial God: A Dragon Travels Around the World* by 100 000." Meimiaoshenghuo paid Aiqinhai RMB 150 via WeChat Pay on the same day. Aiqinhai sent a webpage screenshot during the communication, indicating the number of initial views of *Super Martial God: A Dragon Travels Around the World* was 3 178 236, and inflated views reached with a completion rate of 101 253 102% against the target of 100 000. The click farming began from 11:58 of June 1, 2017 and ended at 17:36 of the same day.

During the trial of first instance, Hangzhou Feiyi, Lyu and Hu alleged that the payment received by the employee under the WeChat alias name of Aiqinhai via WeChat was passed on to Hu, and that the payment along with other payments received by Lyu via Alipay was directly used for payment of expenses for servers, traffic and employees' remuneration without being transferred to the company's account, and the remaining surplus was used as dividends for shareholders.

(Ⅲ) Information of the operating data of the iQIYI website which was related to the dispute in the case

After one logging in to the unified login platform of iQIYI and searching for the data about *Little Lin Huiyin* from March 1 to May 1, 2017 from the episode statistics of operating data, the results showed that there were significant fluctuations in the broadcasting VV data (VV data refer to the times a video and ads attached to it were turned on) which represented the trends in video broadcasting, with the numbers being 9184, 211 202, 16 712, 193 327, 12 572, 333, 37 831, 324, and 1553 respectively from March 28 to April 5, 2017.

When one searching for the data about *Hao brother Erlong Lake: We Are Brothers in This Life* from March 1 to May 1, 2017, the results showed that there were significant fluctuations in the broadcasting VV data which represented the trends in video broadcasting, with the numbers being 18 541, 17 919, 18 008, 19 200, 20 603, 24 678, 25 273, 25 299, and 97 217 respectively from May 23 to May 31, 2017.

When one logging in to the server with the IP address 10. 153. 104. 79 using the Xshell 5 computer software, the login interface indicated the declaration of rights of iQIYI. In searching for the data of front - end IP addresses from server data which accessed the iQIYI website from February 1 to June 1, 2017 and contained the field of meijujia, and each search result included visitor's IP address, access time, ID of broadcast video, front - end address, access tool and used equipment, and totally the iQIYI website was accessed by such address for 950 million times. In searching for the data of front – end IP addresses from server data which accessed *Little Lin Huiyin* from March 15 to April 20, 2017 and contained the field of meijujia, the front – end IP address of each search result contained information like http://meijujia. cn/js/idodo. php. In searching for the data of front – end IP addresses from server data which accessed *Hao brother Erlong Lake: We Are Brothers in This Life* on May 31, 2017 and contained the field of meijujia or cn/js/my. php, there were 299 370 results in total and the front – end IP address of each result contained information like http://styyc. cn/js/my. php or http://icfsw. cn/js/my. php.

During the trial of first instance, iQIYI confirmed that the number of more than 950 million views was an original figure, including fake views which had been identified.

V. Other situations related to the case

During the trial of first instance, iQIYI confirmed that Hangzhou Feiyi, Lyu and Hu stopped the behavior of inflating views of videos on the iQIYI website by technical means on September 13, 2017 and thus applied for withdrawal of the request to stop infringement, the court of first instance issued a ruling approving the application upon examination on April 20, 2018.

Hangzhou Feiyi, Lyu and Hu argued they started to inflate video views on the iQIYI website by technical means from October 2016, and that the related entrusting parties communicated with them through information network, but did not provide the entrusting parties' identity information. iQIYI alleged that it would not claim for liability for breach of contract to the entrusting parties even if it is verified that they are the cooperating parties to the related video cooperation agreements.

The court of first instance held that, given iQIYI confirmed that Hangzhou Feiyi, Lyu and Hu had stopped their video click farming behavior on the iQIYI website on September 13, 2017, the dispute in the case shall be judged pursuant to the *Anti – Unfair Competition Law*.

According to the claims and defenses of the parties, there were the following focuses of dispute involved in the case: (1) Whether the behavior of Hangzhou Feiyi, Lyu and Hu of inflating video views on the iQIYI website by technical means alleged by iQIYI constituted unfair competition? (2) If the court of first instance determined it constituted unfair competition, what civil liability should be borne by Hangzhou Feiyi, Lyu and Hu?

Regarding the first focus of dispute, as provided in Article 2 of the *Anti – Unfair Competition Law*, businesses shall, in their market transactions, adhere to the free will, equality, fairness, and good faith principles, and abide by recognized business ethics. For the purposes of the law, "act of unfair competition" means that a business causes damages to the lawful rights and interests of other businesses and disrupts the social economic order in violation of the law. For the purposes of the law, "business" means a legal person, a non – legal person economic organization, or a natural person that engages in the operation of commodities or for – profit services (commodities referred to below include services).

Hangzhou Feiyi, Lyu and Hu argued that the *Anti – Unfair Competition Law* clearly listed various kinds of acts of unfair competition and inflating video views by technical means was not inhibited by the law, so their behavior should not be governed by the law. The court of first instance held that, it was a fact that the behavior alleged by iQIYI in the case was not listed among the acts of unfair competition specified in the law, but the *Anti – Unfair Competition Law* could only specify the acts of unfair competition which were stably existent when it was amended considering the actual situations of unfair competition were complicated, and for an untypical act of unfair competition which was still non – existent or in a stage of evolution during amendment of the law, the people's courts may determine it pursuant to Article 2 of the law. The main points of adjudication of guiding case No. 45 selected and released by the *Supreme People's Court of P. R. C.* point out that, a behavior in violation of the good faith principle and recognized business ethics which disrupts the lawful operations of other businesses and causes damages to their legitimate rights and interests may be determined as an act of unfair competition pursuant to the provision on the general rules in Article 2 of the law, and the above principle of judgment shall be referenced, so the court of first instance did not accept Hangzhou Feiyi, Lyu and Hu's above defense.

Article 2 of the *Anti – Unfair Competition Law* is a clause regarding the general rules, and an act governed by it should satisfy the following conditions: (1) It shall be a behavior conducted by a business for market competition; (2) It is in violation of the principles of market economy governing competition and unlawful. (3) It causes damages to the legitimate rights and interests of other businesses.

(I) Hangzhou Feiyi, Lyu and Hu were operators, and their behavior of inflating video views by technical means was a competitive behavior

Hangzhou Feiyi, Lyu and Hu argued that, Lyu and Hu's behavior was to perform their job duties so corresponding legal liability should be borne by Hangzhou Feiyi, and that even if their behavior was not determined as performance of job duties by the court, they did not belong to the subjects governed by the *Anti – Unfair Competition Law* as they were not market operators. Since iQIYI made gains from advertisement fees and membership fees as a video streaming operator, while Hangzhou Feiyi got remuneration from its entrusting parties by inflating video views with technical means, they were differentiated in the scope of business and profit model and there was no competitive relationship between them, so their legal relations should not be governed by the *Anti – Unfair Competition Law*. The court of first instance held that, first, Article 62 of the *General Rules of the Civil Law of the People's Republic of China* provides that where the legal representative of a legal person causes any damages to others in performing his or her duties, the legal person shall assume the corresponding civil liability. Article 34 of the *Tort Law of the People's Republic of China* (hereinafter referred to as the "*Tort Law*") provides that, where an employee of an employer which is an entity causes any harm to another person in the execution of his or her duties, the employer shall assume the tort liability. The above laws provide that an infringer may be exempted from legal liability on the precondition that the feasor is performing his or her job duties in the interest of the business when the infringement is committed. According to the facts ascertained by the court of first instance, Hangzhou Feiyi was mainly engaged in website operations and promotion of its business of inflating video views by technical means; Lyu opened a Taobao store in his own name, made up goods and received payments through Alipay; Hu applied and registered domain names for commitment of the behavior involved in the case, provided technical support and received payments. In addition, payments received by Lyu and Hu were handled by them at discretion instead of being controlled by Hangzhou Feiyi, their behaviors were independent of the interest of Hangzhou Feiyi rather than the performance of job duties in the interest of Hangzhou Feiyi. In summary, Hangzhou Feiyi, Lyu and Hu jointly engaged in the video click farming against the iQIYI website by playing different roles, so Lyu and Hu shall be determined as market operators. Second, according to textual interpretation of Article 2 of the *Anti – Unfair Competition Law*, the provision is to regulate the acts of unfair competition in operating activities, with the focus on whether a competitive behavior disrupts the order of market economy to gain unlawful interests and causes damages to the legitimate rights and interests of other businesses, and is not limited to the competition in the same industry, so for natural persons, Lyu and Hu, and Hangzhou Feiyi which was differentiated from iQIYI in the scope of business and profit model, as long as they sought to gain a competitive advantage in the operating activities associated with iQIYI or disrupt iQIYI's competitive advantage, they shall be deemed to have conducted competitive behaviors and shall be governed by the *Anti – Unfair Competition Law*. To sum up, the court of first instance did not accept all of the above claims of Hangzhou Feiyi, Lyu and Hu.

In the case, Hangzhou Feiyi, Lyu and Hu inflated the views of a number of videos on the iQIYI website operated by iQIYI upon entrustment of some clients and disturbed the real video views on the iQIYI website, thus generating the following consequences: (1) Hangzhou Feiyi, Lyu and Hu thus gained trading opportunities and got economic interests from their entrusting parties; (2) Related counterparties of iQIYI which entered into a video cooperation agreement with iQIYI gained economic interests owing to Hangzhou Feiyi, Lyu and Hu's behavior and increased iQIYI's payment of shared royalties which it should not have borne; (3) The authenticity and completeness of video views collected by iQIYI was undermined, which further affected iQIYI's decisions on operations and cooperative strategies with its associated companies which were made upon the systematic analyses of the access data. Therefore, the court of first instance determined that the behavior committed by Hangzhou Feiyi, Lyu and Hu which was involved in the case constituted a market competition act.

(Ⅱ) The behavior involved in the case violated the principles of market economy governing competition and was unlawful

Business operators always seek to maximize their interests, so it is inevitable that the winner gets gains by winning a trading opportunity while the loser suffers losses due to failure in getting a trading opportunity. "Survival of the fittest" is a necessary consequence of market competition, but if a competitive behavior violates the competition principles of market economy and is unlawful, it shall be inhibited by the *Anti – Unfair Competition Law.* According to the competition principles of market economy established by Article 2 of the law, it is necessary to examine whether the behavior involved in the case is in violation of the principles of free will, equality, fairness and good faith or recognized business ethics.

For iQIYI, the data of video views collected from operations of the iQIYI website have the following commercial values: first, as a video streaming platform which attracts customers by providing a large number of videos, the iQIYI website not only needed to acquire licensing from copyright holders by paying a fixed royalty but also adopted the method of paying royalties based on the number of views of a video, so the data of video views constituted the basis for calculation of such royalties. Second, ordinary users must first watch pre – movie adverts to watch the videos on the iQIYI website, and the data of video views constituted the basis for calculation of advertising fees that advertisers were required to pay. Third, the data of video views collected by iQIYI included the IP address of a visitor, access time, ID of broadcast video, front – end IP address, access tool and used equipment. By analyzing the above information, iQIYI was capable of understanding the geographical distribution of its visitors, distribution of time for video viewing, and degree of popularity of a video, which formed the basis for making decisions on operations including determination of market demands, procurement and promotion of videos, and layout of servers. Fourth, the number of views constituted a factor affecting the rankings of videos on the iQIYI website, which may further affect customers' judgment of iQIYI's business reputation. In addition, the video cooperation agreements between iQIYI and related copyright holders specified the definition of valid click on a video. Hangzhou Feiyi, Lyu and Hu also acknowledged that iQIYI adopted effective technical means for identification of noneffective number of video views, it proved that iQIYI was clearly aware of the commercial value of the data on video viewing and actively took effective protective measures.

The court of first instance thus determined that, for video streaming platform operators, viewing data directly affected their incomes and could become an important consideration in operational decision – making after systematic analyses, with a significant commercial value which could grant them a competitive advantage. Therefore, the commercial interest of iQIYI it acquired from the viewing data shall be protected by law. Other businesses may compete freely with video streaming platform operators, but it was prohibited to impose interference and disruption beyond the reasonable boundary on their viewing data, which fell within the business ethics recognized not only by video streaming platform operators but also by the related businesses engaged in business including copyright trading and advertising through information network. In the case, though Hangzhou Feiyi, Lyu and Hu was fully aware that iQIYI used technical means to prevent noneffective viewing data and should know the significant commercial value of video – viewing data to iQIYI, they still inflated views of some videos on the iQIYI website by technical means to get unlawful interests, and continuously interfered and disrupted the authenticity and completeness of the statistics on the iQIYI website on a large scale by promoting the business through information network, with obviously subjective malice. Their willful behavior without respect to the legitimate rights and interests of others was obviously contrary to recognized business ethics, so the behavior involved in this case violated the competition principles of market economy and was unlawful.

(Ⅲ) The behavior involved in the case which inflated video views by technical means infringed on the legitimate rights and interests of iQIYI

The court of first instance held that, given the commercial value of video – viewing data to iQIYI, the behavior involved in the case accordingly caused damages to iQIYI. To be specific, first, as iQIYI paid copyright royalties based on video - viewing data, it would pay unnecessary royalties it needn't have borne if it failed to identify fake views considering the technology it used for identification was limited and lagged behind the actual situation. Second, as iQIYI made systematic analyses of video - viewing data to grasp market demands and make operational decisions, inflated views would lead iQIYI to wrong judgments and loss of its competitive advantage. Third, viewing data constitute a factor affecting the ranking of a video on the iQIYI website. Due to limited time of viewing against oceans of videos, customers will select videos according to the rankings provided by service providers. As the videos with higher rankings due to inflated views do not reflect the real demand of customer and the market, misguided customers will get bad user experience once they find the quality of a video does not match up to its ranking. Therefore, they will doubt the viewing data on the iQIYI website, lose trust in the iQIYI's reputation, and consequently turn to other service providers, which will lead to greater losses of iQIYI in its economic interests.

In addition, the dispute in the case occurred in the video streaming service industry based on information network. As one of the characteristics of information network is lack of an obvious boundary, thus covering a larger group of customers, as a noted operator of video streaming service, iQIYI boasts a massive customer base. One of the purposes of the *Anti - Unfair Competition Law* is to safeguard customers' legitimate rights and interests, so while judging whether the behavior involved in the case constituted unfair competition, it was necessary to consider whether the behavior misled customers and caused damages to customers' legitimate rights and interests. As discussed above, if fake views cannot be effectively removed from the iQIYI website, a video with inflated views would rank higher, and customers would be misled thinking the video met popular taste and was worth viewing, and thus paid attention to it by mistake. The geographical distribution of servers made by iQIYI based on analyses of wrong viewing data may have an adverse impact on customers' viewing experience.

To sum up, the court of first instance held that, in market competition, Hangzhou Feiyi, Lyu and Hu joined together to commit the behavior of interference with and disruption of the viewing data of the video streaming service platform operated by iQIYI by technical means. As the behavior violated recognized business ethics, and caused damages to the legitimate rights & interests of iQIYI and its customers, it constituted unfair competition pursuant to Article 2 of the *Anti - Unfair Competition Law*.

iQIYI additionally claimed that the behavior involved in the case was in violation of Article 19 of the *Measures for the Administration of On – line Transactions* and Article 27 of the *Cybersecurity Law of the People's Republic of China*. The court of first instance held that, first, Article 4 of the *Regulations of the Supreme People's Court Concerning Citation of the Law, Regulations and Other Legal Normative Documents in Adjudicative Documents* provides, civil adjudicative documents shall cite the law, legal interpretations or judicial interpretations. Administrative regulations, local regulations or regulations on the exercise of autonomy and separate regulations which shall be cited may be directly cited. As the *Measures for the Administration of On – line Transactions* belongs to administrative rules, it should be not applied by the court in hearing the dispute in the case. Second, Article 27 of the *Cybersecurity Law of the People's Republic of China* is mainly intended to govern the behaviors harmful to cybersecurity, rather than to prevent the acts of unfair competition which damage others' competitive advantages by relying on others' information network, so it is not applicable to the dispute in the case. Therefore, the court of first instance did not adopt the above grounds for the claim of iQIYI.

With regard to the second focus of dispute, the *Tort Law* provides that one who infringes upon a civil right or interest of another person shall be bear the tort liability including compensation for losses and elimination of impacts. Where two or more persons jointly commit a tort, causing harm to another person, they shall be held liable jointly and severally.

The court of first instance held that Lyu and Hu's behavior involved in the case was not performance of their job duties for the interest of Hangzhou Feiyi, and Hangzhou Feiyi, Lyu and Hu, induced by a common intent, joined together to commit the infringement behavior involved in the case and shall be determined as joint infringement, so they shall be held liable jointly and severally.

iQIYI requested that compensation be determined as per the statutory rate for it was hard to determine its losses resulting from the infringement in the case and the illegal gains of Hangzhou Feiyi, Lyu and Hu from their infringement behavior, and the court of first instance approved it, and determined the amount of compensation at RMB 500 000 based on Hangzhou Feiyi, Lyu and Hu's duration & scale of infringement, charge rate and the times of obstruction and disruption to the viewing data on the iQIYI website and the degree of their subjective malice. During the trial of first instance, iQIYI claimed the economic losses it sustained reached RMB 5 million on the grounds that the number of times of obstruction to the viewing data of the iQIYI website was excessively high, because during the four months from

February 1 to June 1,2017,there were more than 950 million fake views inflated by Hangzhou Feiyi, Lyu and Hu's infringement behavior of which the IP address contained the meijujia field. As for Hangzhou Feiyi,Lyu and Hu's rate of RMB 15 per 10 000 clicks in combination with the duration of infringement starting from October,2016 which was voluntarily confessed by them, Hangzhou Feiyi, Lyu and Hu's illegal gains should not be less than RMB 3.9 million, and considering that Hangzhou Feiyi,Lyu and Hu committed infringement using multiple domain names, their actual illegal gains should far exceed RMB 5 million. For that,the court of first instance held that,first,though the viewing data provided by iQIYI really showed that there were more than 950 million views with an IP address containing the meijujia field during the four months,the number was only an original figure. Thanks to the technical means used by iQIYI for identifying fake views,the majority of fake views had been identified and sorted out. For noneffective viewing data,Hangzhou Feiyi, Lyu and Hu could not get payment from their entrusting parties and iQIYI needn't pay copyright royalties. Furthermore,iQIYI also acknowledged that not all the videos on its video streaming platform adopted the number of views as the basis for payment of copyright royalties, so it was unreasonable to regard the product of the original viewing data during a certain period multiplied by Hangzhou Feiyi, Lyu and Hu's charge rate as their illegal gains. Second,though Hangzhou Feiyi,Lyu and Hu failed to provide sufficient evidence proving the amount of actual costs they had paid,cost of equipment & traffic purchase and labor cost were really necessary for commitment of the infringement behavior in the case. The court held that such spending shall be taken into account in determination of amount of compensation,so the court of first instance did not support iQIYI's claim for economic losses of RMB 5 million.

As for iQIYI's request for publication of a statement on a page of the *Legal Daily* except the vertical space to eliminate the impact,considering that Hangzhou Feiyi, Lyu and Hu's infringement behavior involved in the case really misled the public concerned,caused damages to iQIYI's business reputation,and obstructed the normal order of market competition,it was necessary to eliminate the impacts, and iQIYI's request for publication of a statement to eliminate the impacts was reasonable,so the court of first instance supported the claim.

To sum up,according to the provisions of Article 2 and Paragraph 2 of Article 20 of the *Anti – Unfair Competition Law*,and Article 8,Item 6 and Item 8 of Paragraph 1 and Paragraph 2 of Article 15 of the *Tort Law*, the court of first instance granted judgment as follows: (1) Hangzhou Feiyi,Lyu and Hu should jointly pay iQIYI RMB 500 000 as compensation for its economic losses within ten days after the judgment takes effect. (2) Hangzhou Feiyi, Lyu and Hu shall publish a statement on a page of the *Legal Daily* except the vertical space within ten days after the judgment takes effect to eliminate the impact of the act of unfair competition on iQIYI (the content of statement must be reviewed by the court of first instance before hand. If the defendants fail to do so within the time limit specified in the judgment, the court of first instance will disclose the main contents of this judgment in relevant media, and the costs thus incurred shall be borne by Hangzhou Feiyi, Lyu and Hu jointly and severally. (3) iQIYI's other claims are rejected. If the litigants subject to enforcement fail to perform their obligations to pay within the time limit specified in the judgment, they shall pay twice the amount of interest on the debt for the period during which the performance is deferred pursuant to Article 253 of the *Civil Procedure Law of the People's Republic of China*. For the fees for accepting the case in the first instance, RMB 46 800, RMB 21 060 shall be borne by iQIYI, and the remaining RMB 25 740 shall be jointly borne by Hangzhou Feiyi, Lyu and Hu.

During the trial of second instance, all the litigants submitted no new evidence to the SIPC.

During the trial of second instance, iQIYI confirmed the following facts to the SIPC: (1) The videos provided by iQIYI on its video streaming platform mainly included self – made videos and videos licensed by their copyright holders. And iQIYI paid a copyright holder royalties based on the number of video views, advertising income sharing, a fixed royalty, etc. (2) The main profit model of iQIYI from its video streaming platform was from advertising incomes and collection of membership fees. Of them, advertising incomes were settled by calculating the number of clicks on the related videos, so the video click farming behavior in the case could also inflate the number of displays of an advertisement.

In this case, the litigants' main focuses of dispute lay in: (1) Whether the video click farming behavior involved in the case constituted unfair competition and the application of law. (2) Whether Hangzhou Feiyi, Lyu and Hu should be held liable jointly and severally in the case. (3) Whether the decision of the court of first instance that Hangzhou Feiyi, Lyu and Hu should jointly pay iQIYI RMB 500 000 as compensation for economic losses and should assume the civil liability for elimination of impacts was made on de facto and legal grounds.

Ⅰ. About the first focus of dispute

The SIPC holds that, on the one hand, the *Anti – Unfair Competition Law* adopts the legislative style of combination of general clauses with enumerative provisions. As general clauses have the substantive connotation elements which can direct and restrict judges in exercise of the power of discretion, and their application can ensure the applicability of law to new developments and new requirements and ensure the flexible and timely legal updating, so general clauses constitute an open basis in determination of unlisted offenses in the law and have the functions of being generally applicable to unlisted situations and keeping open. On the other hand, as a law aiming at regulating the order of market competition, the *Anti – Unfair Competition Law* puts the value of safeguarding the freedom of competition and market efficiency first. Whether constantly emerging new technologies and new business models in modern society drive free competition and boot market efficiency or bring completely opposite results may require more careful analyses and balance of interests. Therefore, it is necessary to keep modest as judges in application of the general clauses under the *Anti – Unfair Competition Law*, give limited intervention in competitive behaviors, adhere to the philosophy of judicial restraint, and strictly meet the application conditions of general clauses so as to avoid obstruction to free competition in the market caused by improper intervention. In general, it is required to adhere to the following principles in application of the general clauses of the *Anti – Unfair Competition Law*: first, a behavior to which the general clauses of the *Anti – Unfair Competition Law* are applicable should not be an act of unfair competition listed in Chapter 2 of the *Anti – Unfair Competition Law* and there should be no special provisions on such behaviors in other special laws. Second, when an general clause of the *Anti – Unfair Competition Law* is applied to determine whether an unlisted behavior constitutes unfair competition, it is required to be subject to the restraint and guidance of the constituting element of the general clause of the law and make comprehensive measurement and judgment, with the following considerations: (1) Whether the behavior violates the principles of free will, equality, fairness and good faith & recognized business ethics and as a result is unlawful; (2) Whether it causes damage to competition, especially to the mechanism of market competition.

As far as the case is concerned, first, Article 2 of the *Anti – Unfair Competition Law* provides, businesses shall, in their market transactions, adhere to the principles of free will, equality, fairness, and good faith, and abide by recognized business ethics. For the purposes of the law, "act of unfair competition" means that a business causes damages to the legitimate rights and interests of other businesses and disrupts the social economic order in violation of the law. For the purposes of the law, "business" means a legal person, a non – legal person economic organization, or a natural person that engages in the operation of commodities or for – profit services (commodities referred to below include services). The above legal provisions show that the behaviors of businesses in market transactions are governed by the *Anti – Unfair Competition Law*, and whether businesses compete with each other in the same industry does not constitute a statutory element in deciding whether unfair competition exists. As the video click farming behavior involved in the case is a market transaction behavior, whether it constitutes unfair competition should be judged according to the specific provisions of the *Anti – Unfair Competition Law*. The SIPC did not accept Hangzhou Feiyi, Lyu and Hu's grounds for appeal that, since the primary business of Hangzhou Feiyi was completely different from that of iQIYI, Hangzhou Feiyi did not constitute unfair competition against iQIYI.

Second, as discussed above, to determine whether the video click farming behavior involved in this case should be regulated by Article 2 of the *Anti – Unfair Competition Law*, it is necessary to judge whether the behavior falls within the acts of unfair competition listed in Chapter 2 of the *Anti – Unfair Competition Law* and whether there is no special provisions on such behaviors in other special laws. In this regard, the SIPC holds that, Article 9 of the *Anti – Unfair Competition Law* provides that, a business shall not use advertisements or other means to conduct any false publicity in respect of the quality, composition, performance, purpose, manufacturer, validity period and place of origin of its commodities, in order to defraud or mislead consumers. In the case, inflating video views in fact boosted the false recognition among the relevant public concerning the quality, number of views and product awareness of the videos with inflated views, and thus reached the goal of attracting customers. Therefore, inflating video views was part of false advertising committed by businesses, so it shall be regulated according to the provisions for false advertising. For that, the SIPC holds that inflating video views falls within the act of unfair competition, "false advertising," governed by Article 9 of the *Anti – Unfair Competition Law*.

Third, in this case, as the operators inflating video views by technical means, Hangzhou Feiyi, Lyu and Hu were aware that the views they inflated by technical means had no real broadcasting or real audience, thus constituting fake video views. And inflated video views would boost the false recognition among relevant public concerning the quality, number of views and product awareness of videos with inflated views, and consequently misled customers as false advertising. However, Hangzhou Feiyi, Lyu and Hu still committed the behavior of inflating video views by technical means as entrusted by their clients. Hangzhou Feiyi, Lyu and Hu's committed false advertising by helping the feasors to mislead people, which shall be governed by Article 9 of the *Tort Law*. So Hangzhou Feiyi, Lyu and Hu shall be liable jointly with the feasors. The SIPC does not accept Hangzhou Feiyi, Lyu and Hu's grounds for appeal that since the video click farming behavior was committed upon the entrustment of marketers of related videos, related liability should be solely borne by their entrusting parties.

To sum up, the SIPC holds that, inflating video views constitutes false advertising listed in Article 9 of the *Anti - Unfair Competition Law*. In accordance with the provisions of the article, Hangzhou Feiyi, Lyu and Hu's video click farming behavior constitutes commitment of false advertising by helping others to mislead people, so their behavior shall be regulated by existing specific law & regulations, without requiring citation of Article 2 of the *Anti - Unfair Competition Law* for additional judgment. The determination of the court of first instance that video click farming constituted unfair competition was not improper, but there was a defect in application of the specific clause of the *Anti - Unfair Competition Law*, so the SIPC made corrections pursuant to the law.

Ⅱ. About the second focus of dispute

The SIPC holds that, according to the facts ascertained by the court of first instance, Hangzhou Feiyi was engaged in website operations and promotion of its business of inflating video views by technical means; Lyu opened a Taobao store in his own name, made up goods and received payments through Alipay; Hu applied and registered domain names for commitment of the behavior involved in the case, provided technical support and received payments. In addition, payments received by Lyu and Hu were handled by them at discretion instead of being controlled by Hangzhou Feiyi. As shown above, Hangzhou Feiyi, Lyu and Hu joined together to commit the video click farming behavior involved in the case, and the judgment of the court of first instance that Hangzhou Feiyi, Lyu and Hu shall be liable jointly and severally in the case was legally justified and not improper, so the SIPC upholds it pursuant to the law. The SIPC does not adopt Hangzhou Feiyi, Lyu and Hu's grounds for appeal that the video click farming behavior was committed by Hangzhou Feiyi, so related civil liability should be borne by it, and that Lyu and Hu just performed their job duties as employees of the company, so Lyu and Hu should not bear any liability in the case.

Ⅲ. About the third focus of dispute

The SIPC holds that, first, for the market participants in the video streaming commercial field, iQIYI is only a type of market dealer as a video streaming platform operator. In the commercial field, related market participants also include the investors & producers of video contents, dealers and advertisers. Video - viewing data can provide reference and guidance to some extent for investors to invest in video filming, for producers to select what video contents to produce, for dealers to select what video contents to trade and for advertisers to select a video to put ads on. The false video viewing data caused by video click farming may cause related market participants to make a misjudgment and thus cause damages to their operations. Therefore, the video clicking farming behavior involved in this case caused damages to the related participants including iQIYI in the commercial field of video streaming. Furthermore, according to the facts ascertained by the court of first instance, the video click farming behavior involved in the case falsely inflated viewing data, caused iQIYI to pay additional shared royalties which wouldn't have existed without the behavior and increased its costs of monitoring and management. Therefore, the video click farming behavior committed by Hangzhou Feiyi, Lyu and Hu has caused actual damages to iQIYI. The SIPC does not adopt Hangzhou Feiyi, Lyu and Hu's grounds for appeal that the video click farming behavior involved in the case only changed the view data but had no any impact on iQIYI. The SIPC holds that Hangzhou Feiyi, Lyu and Hu shall bear corresponding civil liability for the damages to iQIYI caused by their video click farming behavior involved in the case.

Second, whether the decision of the court of first instance that Hangzhou Feiyi, Lyu and Hu shall jointly pay iQIYI RMB 500 000 as compensation for economic losses was reasonable. The SIPC holds that, first, as discussed above, Hangzhou Feiyi, Lyu and Hu's act of unfair competition not only caused damages to the legitimate rights and interests of iQIYI, but may cause damage to other participants in the market. Therefore, Hangzhou Feiyi, Lyu and Hu's gains from video click farming could not all be regarded as iQIYI's losses. Second, the SIPC notes that the profit model of iQIYI included settlement of advertising incomes based on calculation of video views, so the video click farming behavior involved in the case may really increase iQIYI's advertising incomes. However, on the one hand, there was no evidence that the video click farming behavior involved in the case really covered a video for which advertising incomes was settled based on the number of video views. On the other hand, once an advertiser found out fake viewing data, he would raise an objection to iQIYI, and it was more likely that the parties would make settlement based on actual viewing data. Therefore, under the situation that there was no evidence that the video click farming behavior involved in the case really increased iQIYI's advertising incomes, the SIPC did not accept Hangzhou Feiyi, Lyu and Hu's grounds for appeal that video click farming substantially boosted iQIYI's advertising incomes objectively. Third, under the circumstance that there was no sufficient evidence justifying iQIYI's specific losses and that the gains of Hangzhou Feiyi, Lyu and Hu from video click farming could not all be regarded as iQIYI's losses, the SIPC holds that it is reasonable to determine the amount of compensation for economic losses Hangzhou Feiyi, Lyu and Hu shall pay iQIYI based on the following factors, including: (1) Duration of Hangzhou Feiyi, Lyu and Hu's infringement behavior. According to ascertained facts in this case, Hangzhou Feiyi, Lyu and Hu committed the video click farming behavior involved in the case from October 2016 to September 13, 2017. (2) The scale of Hangzhou Feiyi, Lyu and Hu's infringement behavior. According to ascertained facts in the case, from February 1 to June 1, 2017, the front-end IP addresses which contained the meijujia field accessed the iQIYI website for more than 950 million times. (3) The rate of Hangzhou Feiyi, Lyu and Hu for their video click farming behavior in this case. Based on ascertained facts in the case, the charge rate of Hangzhou Feiyi, Lyu and Hu for video click farming involved in the case was RMB 15 per 10 000 views. (4) Actual situation of interference with and disruption to the views of the iQIYI website which was caused by Hangzhou Feiyi, Lyu and Hu's video click farming behavior. During the trial of the case, iQIYI confirmed that the number of more than 950 million views was only an original figure, without deducting the views which had been identified as fake ones, and the success rate of the video click farming behavior involved in the case which was recognized by iQIYI in its petition for appeal was 24.05%. Based on the general rules of market trading, the fake viewing data which had been sorted out by iQIYI must have had an impact on Hangzhou Feiyi, Lyu and Hu's video click farming behavior involved in the case. (5) Degree of Hangzhou Feiyi, Lyu and Hu's subjective malice. Hangzhou Feiyi, Lyu and Hu was clearly aware that video click farming would boost the false recognition among relevant public concerning the quality, number of view and product awareness of the videos with inflated views, but still committed the video click farming behavior involved in the case as entrusted by their clients, so obviously they were subjectively at fault. Judging from the above considerations, the decision of the court of first instance that Hangzhou Feiyi, Lyu and Hu shall jointly pay iQIYI RMB 500 000 as compensation for economic losses was reasonable, so the SIPC uphold it pursuant to the law. And the SIPC does not adopt related grounds for appeal of iQIYI, Hangzhou Feiyi, Lyu and Hu.

Finally, with regard to the claim of Hangzhou Feiyi, Lyu and Hu in the appeal that they should not bear the civil liability for elimination of impacts, the SIPC holds that, as the video click farming behavior involved in the case falsely inflated video-viewing data, as the calculator and releaser of such video-viewing data, iQIYI inevitably suffered damages in business reputation due to the fake viewing data. The judgment of the court of first instance that Hangzhou Feiyi, Lyu and Hu shall publish a statement on a page of the *Legal Daily* except the vertical space to eliminate the impacts on iQIYI caused by their video click farming behavior involved in the case was legally justifiable and appropriate, so the SIPC upholds it. And the SIPC does not adopt related grounds for appeal of Hangzhou Feiyi, Lyu and Hu.

In summary, the SIPC holds that the claims of appeal of iQIYI, Hangzhou Feiyi, Lyu and Hu were all groundless, so the court does not accept them. The judgment of first instance ascertained facts clearly albeit with a defect in the application of law, but the judgment was correct, so the SIPC upholds it in accordance with the law. Pursuant to the provisions in Paragraph 1 of Article 9 of the *Anti – Unfair Competition Law of the People's Republic of China* (effective as of December 1, 1993), Paragraph 1 of Article 9 of the *Tort Law of the People's Republic of China*, Item 1 of Paragraph 1 of Article 170 under the *Civil Procedure Law of the People's Republic of China*, and Article 334 of the *Interpretation of the Supreme People's Court Concerning Application of the Civil Procedural Law of the People's Republic of China*, it is ruled as follows:

The appeal is rejected and the original judgment is uphold.

For the fees for accepting the case in the second instance, RMB 42 800, RMB 19 260 shall be borne by Beijing iQIYI Science and Technology Co., Ltd., and the remaining RMB 23 540 shall be jointly borne by Hangzhou Feiyi Technology Co., Ltd., Lyu and Hu.

This ruling is final.

Presiding Judge Chen Huizhen
Judge He Yuan
Acting Judge Yue Qimu
June 28, 2019
Clerk Zhou Ying

Annex: Relevant Laws

Ⅰ. *Anti – unfair Competition Law of the People's Republic of China (effective as of December 1, 1993)*

Article 9 A business shall not use advertisements or other means to conduct any false publicity in respect of the quality, composition, performance, purpose, manufacturer, validity period and place of origin of its commodities, in order to defraud or mislead consumers.

…

Ⅱ. *Tort Law of the People's Republic of China*

Article 9 One who abets or assists another person in committing a tort shall be liable jointly and severally with the tort feasor.

…

Ⅲ. *Civil Procedural Law of the People's Republic of China*

Article 170 The people's court of second instance shall, after hearing a case of appeal, deal with the case separately according to the following circumstances:

(1) If the original judgment or ruling finds the facts clearly and apply laws correctly, the appeal shall be dismissed by way of judgment or ruling and the original judgment or ruling shall be affirmed.

…

Ⅳ. *Interpretation of the Supreme People's Court of P. R. C. on the Application of the Civil Procedure Law of the People's Republic of China*

Article 334 Where the original judgment or ruling has any defects in ascertaining facts or application of law but makes a correct decision, the court of second instance may give a judgment or ruling upholding the original judgment or ruling pursuant to Item 1 of Paragraph 1 of Article 170 of the *Civil Procedural Law* after correcting the defects.